寧波歷史文獻叢書

徐時棟集

寧波市人民政府地方志辦公室 整理

【一】

寧波出版社

寧波地方歷史文獻整理專家指導委員會成員

傅璇琮　清華大學中文系教授
　　　　中國古典文獻研究中心主任
　　　　原國務院古籍整理出版規劃小組秘書長、副組長
　　　　中華書局原總編輯

鄒逸麟　復旦大學歷史地理研究所教授

徐季子　寧波市政協原主席

包偉民　中國人民大學歷史學院教授
　　　　唐宋史研究中心主任

鄭利華　復旦大學古籍整理研究所教授
　　　　中國古代文學研究中心副主任

寧波市人民政府地方志辦公室

編　審　姚曉東

副編審　傅　曉　樊孟軍　傅建閩　邵建鳴

主　編　姚曉東

副主編　樊孟軍

執　行　高曙明

編　輯　樊建懷　孟俊權　楊海紅

影印説明

本書爲《寧波歷史文獻叢書》第五輯。

徐時棟，原字雲生，後改字定宇，一字同叔。號淡潺、淡齋等，别號西湖外史，又號柳泉，學者稱『柳泉先生』，清代鄞縣人。生於嘉慶十九年（1814），逝於同治十二年（1873）。詩人，學者，藏書家，方志學家。

全書分爲四册。

第一册：《烟嶼樓集》，原十六册七十一卷，底本爲天一閣博物館藏清同治、光緒間刻本，系徐時棟著作最全的合刻本，含《烟嶼樓文集》四十卷、《烟嶼樓詩集》十八卷、《重刻游杭合集》不分卷、《山中學詩記》五卷、《尚書逸湯誓考》六卷校勘一卷。

第二册：《烟嶼樓讀書志》，原六册十六卷，底本爲天一閣博物館藏民國十七年（1928）鄞縣徐方來蘧學齋鉛印本，徐時棟撰，徐子壽收集整理，董沛等審定，初名《烟嶼樓筆記》，後徐方來重抄，馮貞群重審。

第三册：《徐偃王志》，原一册六卷，底本爲天一閣博物館藏民國張壽鏞《四明叢書》本，徐時棟撰。《四明文獻集摘抄》，原一册不分卷，底本爲天一閣博物館藏清徐氏烟嶼樓抄本，徐時棟輯并加批注。《四明文獻集》由南宋王應麟撰。

第四册：《袁燮傳》，原一册不分卷，底本爲天一閣博物館藏清徐氏烟嶼樓抄本，徐時棟輯，校改五個版本的袁燮傳記。《舒文靖公類稿》，原三册四卷附録三卷，底本爲天一閣博物館藏民國張壽鏞《四明叢書》本，原书四卷爲南宋舒璘撰，附録三卷爲徐時棟輯。

目録

第一冊

烟嶼樓文集……一
烟嶼樓詩集……三二五
重刻游杭合集……四八一
山中學詩記……五〇一
尚書逸湯誓考……五四五

第二冊

烟嶼樓讀書志……六〇五

第三冊

徐偃王志……一一一五
四明文獻集摘抄……一三六七

第四册

袁燮傳……一六五五
舒文靖公類稿……一七二一

煙嶼樓文集

黃嵒王蜺題

光緒元年夏四月

松竹[illegible]蒿臣開雕

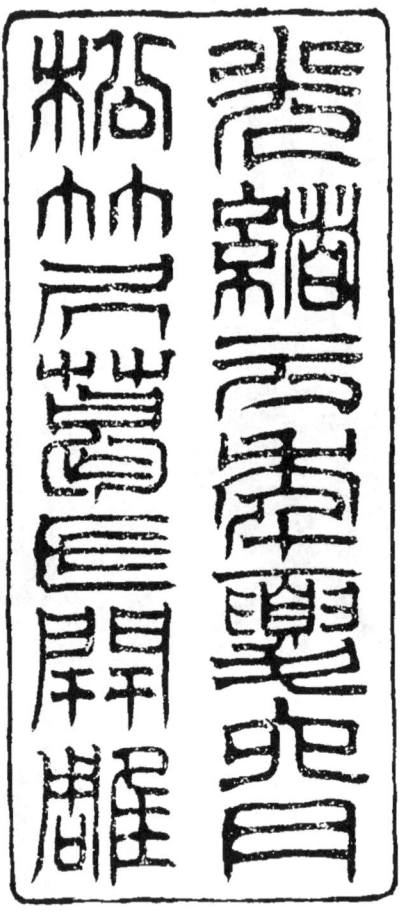

柳泉先生小像

甬上儒碩樓王萬全先生崛起踵
武前賢吐辭成章宏深四達英絶
領袖名振海國〻斯文求是折
中皋比兀坐以是始終瞻拜遺像
典型儼在巋乎一老来哲模楷

門人劉鳳章謹題

鄞縣志傳

徐時棟字定宇一字同叔學者稱柳泉先生少孤力學穎悟倍常道光二十三年充優貢學使羅文俊命呈所作詩古文歎爲異才旋中二十六年舉人兩上春官卽不復試以輸餉授內閣中書故居曰烟嶼樓藏書六萬卷盡發而讀之自夜徹曉丹黃不去手覃思精詣直造古人其論經最取先秦之說以經解經旁及諸子引爲疏證無漢宋門戶之習攷辨鑿鑿可息聚訟其論史獨推史遷班范以下則條舉而糾之多前人所未發留心文獻刻四明宋元六志考異訂訛允稱善本爲宋儒袁燮請從祀創一郡未有之事事實册出其手大學士倭仁見而韙之議上果得

俞旨他所撰著凡三十餘種兩遭兵火散佚始盡構新宅城西摒擋之暇時復憶錄然不能什四五矣文章宏深博偉入韓柳之奧詩亦浩落自喜後進高材咸出其門四方知名之士以事來鄞者類以所學相質問各得其意而去主四明講坫三十餘年時棟內行敦篤待朋友有恩紀力所不及稱貸以益之父桂林嘗建小學繕浮橋有德於鄉時棟偕其弟時樑繼之事益修舉佐巡道段光淸修洪水塘俾西南鄉無旱乾患建議爲縣中貞烈節孝諸婦女請旌多至千餘人監司守令重其名登門造訪一切謝之以名刺答拜而已同治七年開鄞志局延時棟主其事發凡起例總持大綱編輯討論則屬諸同事任之次年移局其家益發藏書及借閱同里盧氏杭州丁氏書搜採繁富至千數百種仿

國史館列傳之例注所徵引排比成文以是費日力十二年時棟已屬疾猶强起論志事臨歿執其友董沛手鄭重相委語不及私十一月卒年六十

序

吾友徐君柳泉博覽羣書自其少時卽抗心希古思登作者之堂視世俗科舉之學夷然有所不屑然試輒高等風檐急就詩賦時藝及柳汀社課諸作一時爭相傳誦而不知特其緒餘也道光癸卯以優行貢成均丙午中本省鄉試兩赴禮闈以輸餉授職內翰決然舍去家居著書不輟其學以治經爲宗而不墨守舊解其他子史雜說及枌榆掌故皆有論撰尤以詩古文名於時竊嘗觀其作文慘淡經營不肯苟下一字脫藁讀之一種雄直之氣浩浩落落不可掩抑未嘗剽竊字句以爲古

未嘗規仿格調以爲高蓋其天才亮特學識兼優明達事理而長於議論卓然自成一家吾鄉先正宋元如樓宣獻袁文清

國朝如姜西溟全謝山諸先生後未易一二數也余辱文字交四十年每有所作必出以見示別久輒手錄近藁寄余評論偶爾獻疑初不以爲然反覆辨難或至再三他日相見則曰吾子之言是也復出示其改定者相視一笑及兩遭鬱攸摒擋殘帙余多檢前藁歸之復徧訪友朋所傳鈔及劫後追憶所得手自刪定得文四十卷然其亡失者多矣曩刊煙嶼樓詩集索余弁言余勉題四律謂當俟文集告成幷序之同治癸酉君遽歸道山遺命其甥葛豫齋以定本付梓豫齋力肩其任而門下劉藝蘭嗣子平甫相與校訂之厥工既竣平甫請序於余自慚才不相及無能闡發君之所學然知己之感耿耿於懷墓草久宿言猶在耳用書此以踐前諾

光緒三年九月世愚弟陳勱序

序

自隋唐廢選舉而著述與科目劃然成兩途顧科目者千百著述者不過一二此一二之中著述與科目並顯者又不過什之一不得志科目而從事著述者幾什之九然則著述者科目之窮求其中心好之終始著述雖科目方利而屏棄弗顧若我舅氏徐柳泉先生實罕覯焉先生稟絕人之資生而嗜古幼習舉業便爲餘事其登賢書年甫逾立假令銳於仕進希志通顯躋武承明之廷當操券可得乃先生兩試禮部決然舍去歸而購草堂羅圖籍日夕寢饋杜門不復出蓋二十有餘年於

其殁也由經史迄說部論撰各數種編爲成書而精力所萃尤在古文四十卷於戲讀是文者可以見先生之所性矣先生之言曰古文之道根柢六經尙已然非旁涉乎子史及有資考證掌故之書以盡其變而博其趣則體不備非汎濫於古今名大家之集含咀其精華而遺棄其糟粕則詞不粹而氣不充吾十齡外卽喜聚書旣屏舉業乃盡發藏篋而讀之於是秦漢以至近代流傳之本鮮不寓目絕去門戶之見各討其用意所在以折衷於六經其究也於漢取司馬氏於唐取韓氏柳氏於宋取歐陽蘇氏夫東坡之文雄六一之文曲柳州昌黎之文古若敘事之作惟龍門一人足登左氏之堂後此蓋難乎爲繼故使節取其長凡挾一冊以鳴世者其間未嘗無一二心得發前人所未及苟條舉其得失雖以歐柳大家弊且有不勝詰者則甚矣文之難言也祥熊兒時過外家見先生臥起一室插架萬卷孜孜披誦及長請業過從益數先生之勤劬猶昔也蓋歲三百六十日先生無日不把卷非客至及有事未嘗離所處故雖前後辛壬遭寇避地礮聲轟然而先生之著述不輟其爲文不能限時日一字未安不輕出示人集中朱葉兩孺人墓志爲先生病中絕筆而神明嚴傷如平時於

戲昔人謂文必窮而益工此偏論耳夫有所廹而始爲與無所迫而爲之其用力安勉旣不同而爲時之蚤暮不啻相倍蓰矣若先生者固無所謂窮而以本無求達之心得并力以殫斯業則夫文之工拙又當何如哉祥熊侍先生有年未能知先生什一承先生遺命以梓斯集幸其成也謹述先生之緒論及平日所以窺先生者綴言簡端爲世之讀是集者告焉煙嶼故郡中月湖十景之一先生之樓當其地後居城外曰城西草堂以煙嶼名集不忘舊也集爲先生自定手汰者什之三刻成校勘之任嗣君壽及同門劉子鳳章實襄之祥熊未嘗

與其勞云

光緒三年歲次丁丑八月甥葛祥熊謹序

烟嶼樓文集目

卷一

序一

贈朱青石序己亥
賀凌竹嶼受 封典序戊辰
尙書逸湯誓考序癸亥
尙書逸湯誓考後序甲子
春秋規萬序庚午
四書精要錄序甲寅
呂氏春秋雜記序丙辰

呂氏春秋雜記後序丁巳
新河周氏家乘序己酉
四明宅山朱氏譜序丙寅
西河楊氏譜序辛未
象山黃公隩史氏支譜序甲寅

卷二

序二

先府君言行記序甲寅
葛壯節公遺札序庚申
重刊守身錄序乙卯
一十里雲山館印存序戊午
集荔子碑詩聯序丁巳
新刻萬季野先生明樂府序己巳
願學堂詩鈔序庚申
刻寄愁草序庚子
重刻遊杭合集序戊辰
閏重三夜聯句詩序辛丑
和天台三聖詩序甲寅
燕喜集序辛丑

卷三

壽序一

王筠叟先生八十序戊申
范雨叔先生八十序癸亥
陳餘山先生八十序丙寅
張鐵峯先生八十序己巳
徐曙峯七十序戊辰
封振威將軍縠亭黃公六十雙壽序辛未
陳子相六十序甲子

卷四

壽序二

勵仙雨六十序 丙寅
周茹香六十序 辛未
徐丕績六十序 丁巳
陳魚門五十序 丙寅
葛小士五十序 癸亥
族兄蒔雨六十序 己未
陳一樓母陸太安人七十序 壬申
第四姊七十序 壬申
道銜葉公夫人袁恭人六十壽序 甲寅

卷五

書一

答馮柳東先生論民社書
與柳東先生論朱氏逸經考書
與柳東先生論夫子不爲衛君書
再與柳東先生論夫子不爲衛君書
與鄭耐生丈書

卷六

書二

與友人論喪中應試書
答友人問夏后氏藝文書

與朱述之司馬書
與董覺軒論碑誌不書生年書 乙丑
與及門劉藝蘭書 丙寅

卷七

傳

秦孝子傳
王孝子傳
周抑齋先生傳
陳西耕先生傳 辛丑
長者王東亭翁傳
朱青石傳 己未
姚梅伯傳
建隩唐四傳 丙辰
李縫人及買杖者傳 壬戌

卷八

婦女傳　志傳

趙節母袁孺人傳
李母鍾孺人傳
戴氏三節婦傳 己未
王稽雲母節孝范太孺人傳 丁巳

董子禾生母趙太淑人傳 甲子
范子眞少室殉節張貓姑傳 甲子
城中女子傳
城中婦人傳 乙丑
鄞志藝術鍾世俊傳
鄞志寓賢朱緒曾傳
鄞志列女董邱氏傳
鄞志列女朱呂氏傳
鄞志列女李徐氏傳

卷九

譜傳

許小雲譜傳
胡君引之譜傳
董君耿軒譜傳 甲子
何君荆山譜傳 甲子
朱蕙北譜傳 丙寅
宅山朱氏三君子合傳 丙寅

卷十

家傳

先考義行府君家傳

先妣李太宜人家傳
先伯兄醒墨先生家傳 戊辰

卷十一

四明志作者傳一

宋元四明六志作者傳序目
張侍郎傳
胡尙書傳
方校官羅錄參傳
袁劉汪王繆蔣伍樓余夏李傳

卷十二

四明志作者傳二

魏吉州傳
陳清毅傳
顏尙書傳
吴丞相傳

卷十三

四明志作者傳三

梅太府劉通判傳
劉忠肅傳
馮州判馬總管傳

袁文清傳
郭敎諭吳敎授徐訓導傳
王總管傳
王敎諭傳
卷十四
事略　事狀　行狀
先義行府君事略集虞恭公碑字　辛未
請旌表王順孫事狀庚午
請旌表袁孝子事狀庚午
請旌表沙孝子事狀庚午
先妣陳太宜人行狀
卷十五
記
咸通塔記壬寅
曹說資福寺鐘銘記己酉
善長堂記甲子
三友圖記丁卯
醫俗軒記戊辰
陳氏重得舊畫記甲辰
崔氏世德記丁酉

周氏世德記辛未
五十七歲小像記庚午
卷十六
記事
記費緯祉辛酉
記周嘉瓚甲辰
記湯丈壬戌
記董秋史戊辰
記武公戊辰
記杭堇浦戊辰
記無錫王氏婦壬戌
記還簪壬戌
記雷壬戌
偷頭記癸亥
卷十七
思舊記
思舊記序丁酉
陸先生謹菴
包先生師竹
周丈薪岑

周丈雲巖
王丈漁山
宋丈培五
陸丈窠山
舅氏
唐君安嘉
從兄茗山

卷十八

碑文一

丁灣社碑 乙未

重修鄞大里黃公廟碑記 辛未
大雷汪王廟碑 甲辰
重建澤民廟碑 丁卯
四明宅山遺德廟從祀碑 己酉
廣德湖遺愛廟碑 丙辰
宋姑祠碑 癸丑
重修宋忠臣袁公祠堂碑記代 癸丑

卷十九

碑文二

月波寺改祀余文敏公碑記 丙辰
明武德將軍驍騎尉甯波衛左所世襲正千戶
殉難韓君廟碑銘 癸丑
四明田舍陳氏祠堂碑銘 癸丑
橫溪王氏均和安三大房宗祠碑記 丙寅
鄞江義火祠碑 丙午
甬江吳氏義莊碑記 壬子
董氏鷺湖書院碑記 丙辰

卷二十

碑文三

徐氏先德碑銘集表忠觀碑字 辛未

卷二十一

墓志一

布政司經歷贈資政大夫鄭君墓志銘 庚午
贈朝議大夫江君墓志銘 乙丑
貢生周君墓志銘 甲寅
封文林郎邵君墓志銘 丁巳
吳孝廉墓志銘 乙丑
城南袁君墓志銘 庚午
余尊沚墓志銘 辛酉
邵又橋墓志銘 丁巳

卷二十二

墓志二

徐遠香墓志銘 庚午
王警菴墓志銘 壬寅
封文林郎陳君權厝志 辛亥
鹽運司知事徐先生墓志 壬子
烈孝陳淑姑墓志銘 戊戌
貤贈孺人竺孺人墓志銘 丙辰
先妣陳太宜人權厝志 辛亥
亡妻朱葉兩孺人葬記 癸酉

小同瘞銘 甲辰

卷二十三

墓碑

武顯將軍福建海壇鎮總兵官鎮海倪公神道碑銘 戊午
戶部郎中慈谿葛君墓碑 癸酉
故隴州知州李君墓碑 丙辰
上高縣知縣死事傅君墓碑 庚申

卷二十四

墓碣

壽昌縣學教諭殉節宋君墓碣銘 庚申
殉難庠生郭君墓碣銘 丁卯
徵舉孝廉方正鄭君墓碣 庚申
同年袁君墓碣 庚戌

卷二十五

墓表一

中憲大夫知金山縣署知丹徒華亭縣加同知銜周君墓表 乙丑
文林郎前廣東大埔縣知縣任君墓表 丙辰
死事陳君墓表 戊辰

贈朝議大夫陳君墓表 乙丑

卷二十六

墓表二

贈文林郎山東臨淄縣知縣洪君墓表 戊辰
先師王綱齋先生墓表 庚子
蔣秀才墓版文 乙未
南山陳君墓門記
贈奉直大夫陳君墓門記 丙寅

卷二十七

考一

宅山遺德廟從祀考
廣德湖遺愛廟祀典考
卷二十八
考二
賀監里居考
卷二十九
考三
周氏譜源考
卷三十
論

夷齊讓國論上
夷齊讓國論中
夷齊讓國論下
象論 附說三則 丙寅
說象封在趙州
說零陵象祠之緐
說象廟之終不得毀
卷三十一
駁 說
駁歐陽子縱囚論
駁崔三過失殺父議
康子饋藥說 庚午
清風說
鮎說 丁卯
羅漢松說 丁卯
卷三十二
題跋一
書葛壯節公年譜後 庚申
跋管天筆記 己巳
跋錢忠節公南征集殘本 戊辰

跋續甬上耆舊詩 戊戌
跋句餘土音稿本 庚子
跋四明伎錫山漢隸 戊辰
書劉忠公南豐諡議眞蹟後 庚午
跋王厚齋尚書九里廟碑 庚午
卷三十三
題跋二
跋明陳半湖先生墨蹟 戊辰
再跋 庚午
跋朱竹垞檢討墨蹟 甲子

題鄭寒村詩札 戊辰
又題寒村山樹圖 戊辰
題查宮詹臨米南宮書 丁卯
題王太僕書幅 丁卯
題羅兩峯畫達摩像 丁卯
題俞石年花卉小幅 丁卯
題奚鐵生松萱圖 己未

卷三十四

題跋三

跋熹平石經存字十六首 辛未

卷三十五

題跋四

跋舊搨虞恭公溫彥博碑十一首 原碑全文附 辛未

卷三十六

贊一

分類重編學海堂經解贊二十一首 幷序 丁卯
宋元以來紀元表贊二首 戊辰

卷三十七

贊二 頌 銘

袁氏六世畫像贊 有跋 庚午
宋左朝奉大夫知處州容直袁公
宋左朝議大夫尚書倉部郎中子烈袁公
宋贈朝奉郎卿遠袁公
宋贈朝議大夫質甫袁公
先儒袁正獻公
宋贈少傅權兵部尚書袁正肅公
王厚齋先生畫像贊 丁卯
詠槐老人像贊 有序 庚午
陸東冬像贊 辛未
袁正獻公從祀文廟頌 庚午

元貞二年琴銘 有序 乙丑
陸文虎先生竹笏銘 有序 丙辰
四弟子舟摺扇銘 丁巳
陳生鈞堂竹摺扇銘 甲子
白摺扇銘 有序 甲子
青蜆東紫雲硯銘 有序 丙辰
竹筆筒銘 甲子

卷三十八

賦

海甯塘賦 癸卯

太陽生日賦
薪溪歸隱圖賦
卷三十九
辭　祭文
翰林院編修同年周君哀辭 癸酉
周仲雲哀辭 有序　丙午
董孝子祠堂迎神辭 戊戌
除夜迎神辭二章 甲辰
祭賀監文
四明岳忠武王廟徐氏歲祭文 丙寅
重葬宋儒王桃源先生祭文 有序　癸卯
明倫堂公祭宋儒袁正獻公文 闕
祭太平府同知駐龍州殉難秋槎王公文
祭壽昌縣教諭殉節朱君文 有跋　戊午
祭朱蘭洲文 乙未
立兄子爲後告家廟文 癸丑
卷四十
四六
上羅宮詹師書
與友人書
重建漢孝子董君廟碑 代
先府君七十生日祝文 戊戌
先府君百歲生日祝文 戊辰
公請宋儒袁正獻公從祀　文廟呈詞 丁卯

烟嶼樓文集目終

烟嶼樓文集卷一

鄞　徐時棟同叔稿　　甥葛祥熊豫齋校刊

序一

贈朱青石序 己亥

青石任氣敢言交遊甚盛意以爲無足當者被酒則罵座陵折人人望而去之勿願交青石青石以所爲駢體詩賦示世人見者傴走譁謂青石才青石乃藉以出其財帛攫取而揮霍之於是遨嬉都邑足踏豪門東西奔走終年無坐煖時比來稍倦遊而青石之年則已四十矣徐子曰嗟乎噫嘻我恨不能取青石而窮餓之耳夫千里之馬非其主則幸於一飽不羈之士失其時則安於小就我觀青石古所謂畸士者也充其志之所至可以有爲充其敢言之心足以　發其胸中磊落不平之氣乃始以罵座陵折人爲世所指惡一　變而復以駢體詩賦取鄉里譽望其才不一　見而其志若將終身嗟乎青石假令青石甚窮餓不得稍見於世青石將由閒道疾趨博功名富貴以成就其意向區區者豈足道哉青石之言曰我不願功名富貴但能長其年著等身書足矣夫不功名富貴而著等身書天下誰信之嗟乎青石我豈妄哉始青石乞余贈言諾而不果今年四月其弟子釀金爲青石壽余實得其酒食因以狂言箴青石夫四十無聞斯不足畏今青石爲有聞耶爲無聞耶青石其勉之矣

賀凌竹嶼受　封典序 戊辰

積而洩厚而久此天道之常而人事以爲憑焉者也吾鄉凌氏以忠厚積德世其家其始食貧自守其後儉勤得饒裕或覬覦之干之以非意輒遜然退謝不與校亦遂或得如其意以去里中父老每舉一二軼事相告語歎爲難能顧累世習舉業不能青一　衿皆疑而怪之親家竹嶼君誥贈朝議大夫榆鄉太翁之伯子而貤贈奉直大夫芑洲太翁之所後子也溫默和厚一守其高曾規矩讀書沈潛學旣成試於有司復連不得志久之以輸助軍餉奬敘藩佐而君意不少衰歲聘名師所以督教其兩弟一子者甚厚集郡中諸名士至其家爲會課供食飲而已察視之一　仿鐉院法無得有懷挾傳遞延時日者旣乃彙質名宿評定之若是者有年咸豐五年乙卯仲弟韻士戶部舉於鄉越四年戊午季弟子廉工部繼之明年己未戶部捷春闈其年而君之子忠鎭捷秋闈又明年庚申工部試春官得雋越九年戊

辰爲
今上同治七年而忠鎭復成進士接跡兩叔父以主事
點用謁選得吏部冢宰視爲能使以文選司兼驗封司
於是得
贈封祖父如其官是
誥封君爲奉直大夫吏部主事加一級
誥封君配丁安人爲宜人十四年中兄弟叔姪相率取
科第名位如拾芥昔之難若彼今之易若此皆譁而榮
之而不知所以致此之固有自焉今夫環山之田隄其
闕以爲湖其始澗谷也雨降而潤之屢雨而瀦之非不

汪洋成漣漪而其由山罅隄隙而偶出者往往噴沫涓
滴無奇觀至乎霖雨大作窮日夜不已羣山萬壑之水
交集而齊下而於是風發駿怒浩浩乎決隄堰障蔽而
狂奔而莫之能禦也夫世家之積德猶是也蓄之也淺
則其泄之也短泄之也早則其發之也小然後知今者
之易皆昔者難之報而昔者之難夫固若有故遏而鬱
之以待夫今者之大其觀焉者也忠鎭吾壻也乃者乞
假歸來省父母會戶部亦方以事還里門行當隨之供
職京師月吉辰良將會宗族婚友而觴之而乞余一言
爲二人壽余既道其先世之積德與君之能世其德以

爲君被
恩綸之所由致而更有進焉夫金羽之不敵夫人而知
之然而積羽可以沈舟碰金至一葉則孩提得而毀之
此無他厚則無不久與積之無不洩其理皆至常而天
人感應之說猶後也今忠鎭承先之蔭受君之教以得
繼諸父博取科第策名
朝廷政事教化之本民生風俗之原莫不習之於始仕
而布之於將來以厚存心少成習慣異時敭歷中外蘊
慈祥之德發之爲愷悌之政所以佐
皇仁者在是所以培祖澤者在是如水益深凌氏世德

將愈久而愈大由是揚名以顯其親當君壽受
寵命之日余又將以不腆之辭一爲君頌禱之而今茲
其濫觴也忠鎭勉乎哉

尚書逸湯誓考序 癸亥

逸湯誓考者所以考商書禱旱之誓之放佚者也昔者
成湯正夏湯誓爰作於後禱旱史錄爲書同厥名篇是
有二湯誓焉傳閱姬周篇名無恙內史過實舉後誓以
告襄王吾夫子又稱述之以詔弟子其他墨翟尸佼之
徒皆得見之戰國之季荀卿善著書而呂不韋以相父
之尊招致豪桀而作春秋並嘗奮筆援据其辭故凡周

秦古書若論語國語墨子荀子尸子呂覽其諸采引之在禱旱篇者灼然明白未可混也秦政不道焚滅經術帝王遺言蕩爲灰燼漢興濟南伏生憶所誦習口以傳授而年過九十耄多昏忘伐桀之篇粲然禱旱之誓無聞焉猶幸天不喪道斯文興起若前所稱諸書後先而出雖商史舊冊終復湮微而奇章隻句賴不泯絕乃漢儒不察炫惑同名但見湯誓概爲伐桀目睹大旱之語而妄解元牡之文手注祠禱之書而謬指征討之作則是是書也既亡其全於秦人燬書之秋而又滅其佚於漢儒注經之日也於是東晉妄人乘釁而動竄竊古書之所徵引綴集塗點僭爲湯誥彼僞馳騁紅紫亂朱朝野信之罔悟依託哀哉至於趙宋漸發其覆元明以來交相掊擊洎我

皇朝環儒接踵是乃抉擿隱匿始有定讞然而蠱於漢學阿好曲從一字之微無敢擬議墨稱禱旱孔云伐桀（謂孔君所注論語堯曰篇）以周人難漢儒用經文詁傳義秖牾至顯而爲漢者左袒故諸儒能知僞誥之剽逸誓曾莫知逸誓之所由來譬彼汙吏既伏其辜而敗露之贓未歸厥主也嗟乎古昔聖王爲民請命憂勤惕厲反躬自責精誠格上帝驩聲徧萬國史氏備紀其詳將爲後世遇變常法而其書火於秦滅於漢竊於晉晦於今茲尚書之厄於斯爲盛夫以先王恐懼修省之大經而坐令其隳廢於

右文稽古之世此逸湯誓考之所以不能無作也是用攟摭遺軼會粹舊聞發揮隱滯考定而疏證之敷暢鄙愚時有論駁總若干言雖然鄙諺有之虜自賣裘而不售士自譽辨而不信膚淺末學不經師匠辭理典據豈云至當惟是經義蒙塞餘二千年千慮一得其敢自祕孟子曰予豈好辯哉予不得已也輒復繕寫成書貢疑有道儻博雅君子化其門戶準裁紛錯其必將有取於吾言也同治二年九月鄞人徐時棟謹序

尚書逸湯誓考後序　甲子

余年二十好觀諸子嘗以墨稱湯說合符啓論同述告天之辭獨有大旱之語心竊異之研精覃思驗以他書豁然疑滯決爲禱旱是嘗著說一篇質之吾師馮雲伯先生先生奇余所作謬加稱賞謂斯實遺經之功臣而先儒之諍友也顧其爲說不過千言詞既簡略義亦未備於後瀏覽羣籍念茲在茲凡可證明手自錄附書眉紙尾幾無閒隙雖人事奔走未遑整比然而留意於斯學者則既三十年矣客歲之秋始摭羣言次第先後辨

論而考定之分爲上下其年冬仲遭罹彯攸會余方客慈溪倉皇顛沛中壽兒憖置儲倚筴余著作暴客舊集攫奪以去拋散泥塗或擲諸河重拾棄餘撿視殘賸則鄙著詩文什存五六說經諸作靡有孑遺而遙晢之考不可問矣夫經義宏深累世莫究前儒訓詁悉有淵源而欲以檮昧後進哆其辯辭妄思易幟攻勝往哲斯已難矣草稿甫就旋爲灰燼淸夜自省良用警懼雖然墨書布在詞非奧祕明明禱旱萬難曲解而逆反文義引其書而故歧其說此愚所未解者一也唐宋諸儒誤信僞詁又墨書微晦獲見不易至乎僞覆既發墨書盛行

而視若無睹置之不論甚或私意發難誣以增改此愚所未解者二也墨者所援實爲聖經諸儒據依盡出傳注夫紛競之論宜尊儒以闢墨考据之學豈容舍經而從傳乎此愚所未解者三也墨之爲道也是古非今訾賢毀聖至其稱說儒書豈敢僞造經語倒其戈戟反授人柄何況呂覽不謀同辭爲之證佐而乃盡廢周秦阿附漢晉此愚所未解者四也魯鈍固執其惑益甚欲達所疑復理前說顧卷帙既亡半出強記或憶其略而失其詳或識其義而忘其語茲復入城借晤時下陳樹諸門中翰樹珊魚駕部雨家客散主寢撿其插架手錄以歸始屬稾以

今夏五月下旬積四十餘日克有就緒粗可覽觀回念前著大略不異若其援引不能備也往者爲書二卷萬數千言今茲所成數幾倍之馬齒日長而學無寸進典據加少而議論滋多譽辯不信所由誦前言而生怍也而又歷序所遭并言其意惟庶幾正德君子矜我劬瘁閔其改作斵削紕繆參酌是非所謂擁篲清道企望高躅者意在斯乎意在斯乎同治三年歲在甲子七月既望謹序

春秋規萬序 庚午

吾鄉萬充宗先生著經學五書其中學春秋隨筆始隱

公迄昭公凡十卷前年余嘗取而讀之有暢然意滿者有於鄙意未合者輒以己見筆之書尸若乃經書元年謂諸侯之僭隱元書夫人孫齊不稱姜氏謂絕其族屬莊元書納子糾謂子以嗣君之稱而糾遂爲兄莊九書夫人氏無姜字謂別於生稱僖元書晉侯伐鄭謂州蒲之父成十書暨齊平謂魯與齊平昭七以至論桓公不書王桓三論莊公與齊盟莊十三與其納幣莊二十三論仲孫來魯閔元論叔武盟踐土僖二十八論左氏記趙盾宣二與立武宮成六論袁克葬故主昭八論意如出君昭二十五則皆私心大以爲不然者闌外行旁駁詰幾徧是時及門劉藝蘭方主我家塾謂實有

發前人所未發者不第爲萬氏諍友而已當別錄爲書以示學者忽忽三四年亦既忘之今秋曝書重見評本周視一過略有增益而黜乙既多或難循覽因授意壽兒命之鈔錄壽乃錄稿付書人鬻爲三卷繕寫既畢請余命名竊取劉氏規杜之義名之曰春秋規萬嗟乎充宗先生嘗兩纂春秋傳所見傳說數十百家擷精掇華斷以己見以爲是十卷之書此其浸漬之深若染羽者之七入而纁也其籤蹂之精若舂米者之七升而侍御也而後生小子乃欲從而益之墨而去其粃焉抑何不自量耶昔劉氏之規杜也豈不謂勝杜萬萬哉乃杜解

傳之後世立之學官而劉規無傳書孔氏疏杜解或引劉說後人始得見劉書崖略而因之以爲持平（前余嘗蓄此書今并忘作者姓名記是邵姓）然則杜解固不因劉規而損而劉說乃轉藉杜書以存也今余名余書以規萬他日有讀萬氏隨筆者亦或參引吾說而質正之則余書未必不因之而傳此余所以名規萬之私意而豈信能規之也乎藝蘭方在杭州而吾老友陳君子相善觀書精於抉擇往吾妄有所著必君爲我論定之今將以繕本示君故縷述其著書之緣與名書之意於卷端君盍亦不厭詳盡以規我乎藝蘭歸來當共與快讀之也同治九年八月十二夜子初時棟書

四書精要錄序 甲寅

世之詆時文者謂其道盛而經亡余謂時文不足以亡經也經之亡時文之衰也擘裂而咀嚼之媲比而塗澤之陳言爛語異喙同音稍或以疑義相質難目瞪舌撟而不能語則宜乎擘經之士之深惡而痛絕之也溪上袁梧山孝廉作四書精要錄亦爲時文之道者也吾外舅葉觀察與有連刻其遺書而謂余序之余觀其錄中論語上下篇如謂逸民之逸非隱逸聖賢之別在宮不在牆爲同姓之爲非平聲乃昭公自掩其過子貢之論

紂非爲紂恕夫子之論孟莊不改父政非三年無改意皆於常解外別自有會心足使學人共參之又謂危行言孫爲士之持身處世者言而非謂立朝者苟立朝有道無道如矢而已如之何其遠害也此則深有裨於世道人心之論而不徒善於解經已也夫經義至無窮也數千年之久億萬人之衆竭其心力而未必其盡蘊也擘裂媲比者無論已卽訓故之家能悉通之而無遺憾乎知一而昧二得此而失彼以余所見蓋四書中名物事理幾有自漢唐來未之能發者博觀約取以求當乎經旨然則是錄也雖擘經之士將不能無一二採也而

況爲時文之道者乎

呂氏春秋雜記序 丙辰

周秦之際儒墨分途異端橫起其家自爲學人自爲書者何可殫數暴秦吹燄眾說銷鑠然而存於今者六經孔曾思孟之道昭昭乎日月矣其他逸周書穆天子傳之餘於書大戴之餘於禮國語國策竹書紀年之餘於春秋三朝記之餘於論語弟子職之餘於孝經晏嬰荀況之儒鬻熊管夷吾老聃辛文關尹喜鬼谷莊周列禦寇鶡冠子之道商鞅韓非之法尹文子之名墨翟之墨太公孫子司馬法之兵書屈原宋玉之詩賦山海經之

數術黃帝扁鵲之方技無論僞作也卽前儒指稱爲古本者亦既皓首而不能徧讀況在秦以前哉於時呂不韋以相父之尊耦國之富招致天下豪桀士羅古今圖書刺取眾說采精錄異勒成巨編僭其名曰春秋專其號曰呂氏劉略班志品目之以爲雜家蓋精確乎不可易矣其書瓌瑋宏博幽怪奇豔上下鉅細事理名物之故粲然皆具讀之如身入寶藏貪者既得恣所欲以去廉介之士雖一毫無取而不能不歎羨其備物之富有也乃儒者獨以不韋之書而羞稱之嗚呼此豈陽翟大賈與奔走於其門下者之所能爲哉夫蠭之毒也而蜜人食之衣工之賤也而裘人衣之蜜成於蠭也蠭采之於百華裘成於工也工集之於千狐惡蠭而傾其蜜賤工而裂其服則豈不悖矣呂氏之書呂氏爲之抑豈呂氏之爲哉遺文軼事名言至理往往而在攷其徵引神農之敎黃帝之誨堯之戒舜之詩后稷之書伊尹之說夏之鼎商周之箴三代以來禮樂刑政以至春秋戰國之法令易書詩禮孝經周公孔子曾子子貢子思之言以及夫關列老莊文子子華子季子李子魏公子牟惠施愼到甯越陳駢孫臏墨翟公孫龍之書上志故記歌誦謠諺其攟摭也博故其言也雜然而其說多醇而少

疵嗚呼此豈賈人子與其食客之所能爲者哉漢人高誘有言尋繹此書大出諸子之右吾習其書尤信故於諸子中每好觀是書竊嘗總攬大略以論之如此高氏訓解稱善本自宋以來刊刻多謬譌至於我

聖朝有畢沅氏校刻者最爲精審循環誦繹覺高注畢校或羝牾本義失其旨趣私輒病之閒以鄙意筆諸眉端積久愈多別錄成冊爲呂氏春秋雜記千慮一得或未必無補於讀是書之君子若謂斲而裁之則吾豈敢

咸豐六年十二月甲午序

呂氏春秋雜記後序 丁巳

余既爲呂氏春秋雜記記鄉先生黃東發氏嘗校是書取視之但記每篇大意時或撮采其語而論衡者寡因摘其所論與吾言異同者附見一二又記近人梁氏玉繩嘗作呂子校補復取視之則詮釋駁辯所證據之書與吾言合者十有八條愛士篇處廣門之官順民篇湯早五年孟冬紀物勒工名至忠篇文摯治病長見篇觀存本味篇伊尹說長攻篇服褒登山慎入篇共伯精論篇好蜻不屈篇燀視高義篇賓萌郊分篇夏后啟召類篇司馬子罕過理篇帶益三副原亂篇無過亂門博志篇甯戚上周公上農篇后稷曰其十七條又庭立紀聞採諸以敎說貴信篇抽劒自承一條或纖悉盡符或大略不異豈惟不妒其先得抑亦足以驗吾言之或庶幾無大謬也各存其說更不刪薙而其餘條由鄙意以爲乖背

者亦或辨析之未能盡也凡雜記爲卷八爲條二百二十七爲文三萬二千有奇既而以示陳君子相或有所商搉取其說附之卷中又偶以記中語語宋君蓮叔亦嘗參數語又附之久之某君宿草堂讀是記半夜而盡既歸書來辯難所駁詰者四事滔滔九百五十餘言又久之余始答其辯四倍於原書今具以兩書附記末爲復記成書以後所聞見者爲此序合爲序目復二千言總凡十卷幾四萬言付之剞氏就正有道吾嘗謂自得之聰明每苦於不足求勝之意氣常處於有餘以有餘之意氣而睅目攘臂蹈蹈然爲不足之聰明爭勝負此水火之所以日甚而門戶之所以日闢也博其識以淵源乎周秦之書平其心以酌量乎漢宋之學博則會會則通平則公公則明由斯道也雖治經無難而況諸子然而知之非艱行之惟艱蓋未嘗不景仰先哲而撫卷以怍也咸豐七年九月望後二日書

新河周氏家乘序 己酉

周君楚堂修其家乘以草稿來相質問周君厚重謹慎凡三易稿而三質諸余塗乙是正歷八年始克成書既成而序之曰譜牒之書君子之所以收族也夫人心日

媮坐漠視其宗者於側而身教而口喻之不必其悔且悟而譜牒之書君子以之收族何哉夫天下之漠視其宗者非必其性使然將必未嘗有感之者也昔有兄弟訟者官不問而縛諸庭令曰兄呼弟弟呼兄無得絕聲不者笞汝其始閉目而強呼其繼面相視呼之既久皆大哭求罷訟夫譜猶是也有人於此方惑乎讒鬩而忿其宗乃試啟篋而觀譜焉不覺慨然歎曰某與我同祖某與我同宗以其漠視之人而聯之同枝是乃所以責其交相呼而感發其至性者也故吾嘗謂家無大小必當陳譜於室子幼父教之弟幼兄詔之椎魯而無文則

士夫及商賈之知書者告之出門而道遇焉曰此向者譜中之所謂某焉者也入廟而餕食焉曰此向者譜中之所謂某焉者也歸而求諸書而其名儼然與我同籍焉孝弟之心不由此生乎道路之人與同逆旅雖一日之暫而疏者以親況乃同宗祖之子孫聯之同籍取而觀之而猶漠然此豈人心也哉故曰譜牒之書君子之所以收族也世之爲譜者或以名位或以其先代或乞鉅公文字炫燿里俗其亦去作譜之意甚遠也吾與周君皆無取乎此也

四明宅山朱氏譜序 丙寅

四明朱氏爲宅山望族其先蓋發源人南宋初諱伯劭者官明州節推有惠政卒而其子子良葬之宅山廬墓講學是爲文淵先生民德節推猶祀之曰新安廟而號文淵家塾曰新安館其子孫聚族居此至於今且八百年其譜始作於明永樂中易世屢修入皇朝又更修之七修於道光甲午雲巖君聘張丈鐵峰主其事時余方讀書宅山獲觀其成雲巖君者吾外舅錦齋君之季弟也又久之其從子絲山有意家牒時諏訪宗親疏記瑣屑未得成書絲山隕命今年春雲巖君孫行志桐等始約其宗人抽整舊槀依仿前例續爲茲譜意所未合亦稍更變歷月若日繕冊以付予民謂余朱氏壻也備悉其家世請一言弁首簡於是距七修之歲三十有三稔矣夫譜者所以承先而啟後者也夫承先啟後之云則久爲陳言矣然而天下之至言未有不本於天下之陳言者也宅山水利溉鄞七鄉朱之先屢有功胡制使寶慶四明志魏吉州宅山水利備覽可考也文淵以循吏之子爲里大師鄉之人感之至以故籍名其館與其所居之橋若是乎德之入人深也傳閱數十世喬木無恙自余壻朱氏親見其老輩成梁浚河修舉黨政及余與數君子整治塘堰諸兄弟又交贊余而

曩時貞吾書塾之剏以敎宗族子弟與其義田之立以惠貧困者則固已追本文淵之淑其鄉者而推廣之嗚呼其不謂之善承而善啟者耶夫今昔之事莫不於譜焉詳之爲之裔者將徒爲是觀美以揚詡其先德於黨中人乎抑亦懼續德之不易而繩其武而圖履之乎朱氏固大族其子姓率敦厚端謹服疇食德久久弗替遠之則新安之遺緒也近之則貞吾之家敎也觀感興起夫不將有大其宗而以其族爲四明之望者乎不然而曰吾識名字而已別族屬而已又曰吾知先人之美而已是則非今茲所以修譜之心而亦非吾姻婭所以序

茲譜之意也

西河楊氏譜序 辛未

西河楊氏四明諸楊之微者也相傳當宋南渡時由江南來居鄞城西河營歲月浸久失其系本至明有所謂質庵公者乃始著名字可考見代世緜延入國朝到今又二百年於是由質庵以下得十四世或遷徙客寓他郡縣在鄞者僅僅數十家世德勿耀無顯赫名位著聞縣中可謂微矣然而士商工賈安居而樂業無莠民梗子敗壞家教其賈而賢者若秉圭若伯音皆能追念本源孳孳以譜牒爲念今之宗譜秉圭刱之伯音踵爲之伯音卒而秉圭實成之者也今夫豪宗强族非天生而位置之也奮發在子孫而積累必自其宗祖即以四明諸楊論之鄞楊莫盛於明之西楊文懿兄弟鼎然負天下重望其後簪組蟬聯遂爲吾鄞四姓之冠而吾誦野叟贈詩則文懿大父不過一村塾師耳白髮窮年咿喔里巷庸詎知越世而遂有名臣大儒踵接而起耶然則素位而行守吾先以待吾後人而已微宗奚憾耶譜成介吾友小苑來請序小苑其族兄也譜事蓋與有功焉抑賣支事人古今同慨四明諸楊之焜燿於宋明兩朝者同此郡縣攀附非難而譜中不牽連一語

是其識不尤高出庸衆人倍蓰耶

象山黃公隩史氏支譜序 甲寅

鄞史氏當南宋稱强宗而旁支在象山者獨以隱德傳至今六百有餘年蓋八行先生六世孫鏗孫以咸淳閒遷象山縣南六十里關頭保生五子世其居第三子文叟君在元至元閒又益遷而南去關頭五里曰黃公隩居焉其地負山而面海其風俗質樸而敦厚其子孫耕而讀以世其家其士常無志於仕宦代有名諸生距所居而近有田洋湖史之人田其中縣之諺曰種田須學田洋史蓋其耕者善力穡又如此嗟乎貴戚之門爭趨若鶩凡趑趄而卻顧者皆日夜謀黨附而不得其緣者也當史氏盛時三宰相五執政侍從卿監與中外列要津者未易悉數關頭而上五世與諸宰執皆期功昆弟旁近房從之親稍降心焉宜無不手援之者而吾考其家牒三世無官二世則末秩而已至於關頭乃遂遠去其宗衰之鄉子身海島至於其子又益去而遠焉六百年來傳二十世聚族數十家猶令人想望其高風明州宋大郡也而象山則僻陋之小邑也宋地志狀其縣風俗曰士夫安於恬退庸庶勤於耕墾吾觀諸史氏尤信黃公隩舊無譜附於關頭往年踵爲之者詮次失序於

是文叟君十四世孫松亭錫周及松亭之子錦標册爲
支譜數君子者皆庠序之選也其爲譜簡而不略詳而
不蔓有古法焉錦標嘗從余遊至是航海來鄞請余言
弁卷端故爲追美其先德而勖其後人且以著斯譜之
册始云

烟嶼樓文集卷一　　男隆壽半甫校字

烟嶼樓文集卷二

鄞　徐時棟同叔稿　甥葛祥熊豫齋校刊

序二

先府君言行記序 甲寅

言行記者所以記吾先公言行以敎誡吾先公之子孫者也時棟不幸生十六歲而孤詩禮之訓其得諸過庭者寡矣母氏之所詔諸父諸姑之所告先友之所讚揚吾交遊逮見先公者之所稱道恪聽默識亦既有年爰者僭爲家傳遺漏未盡竊伏自念先公本支至於今日時棟爲長今茲無述後世奚聞夫嘉言懿行載在書契

固已汗萬牛而未已然而繁稱博引陳義至高而言未更端聽者求去獨至舉其先世以爲告語雖甚不肖未有不待其辭之畢者也夫言患其不聽耳苟聽吾言驟得之而色喜傳道之而口熟中夜輾轉私輒嚮往縱其榘矱未易彷彿而由是反求諸身以思無忝乎斯人之子孫其殆亦庶幾矣是用疏厥傳聞與所親得由鄉邑規摹以逮庭幃瑣屑凡若干條綜爲茲錄既日自省且詒後昆嗚呼我先公子孫其敬聽之哉咸豐四年冬十月丙辰第三男時棟謹序

葛壯節公遺札序 庚申

王君立泉裒山陰葛壯節公前後所詒書札裝潢成帙而屬余敘之公成道光三年進士郎來甯波試用守備中間署提標定海諸營遊擊洊升至定海總兵在吾鄉最久多交遊而與王君尤親暱公札所謂分雖朋友情同骨肉者也故札中大約皆家常瑣屑營造購買諸微事道光十七年公官瑞安副將有陳提塘者屬王君懇公乞還補戰餉公答書言海舟以椗繚斗舵爲要事而兩營額設戰餉獨少責重糧微水師不力是以盡汰溢額書識及杭甯閩三處提塘之食戰餉者降食守餉以其半補兩營勁卒半補椗繚斗舵之用力者已定爲章

程行知都守諭兩營弁兵今豈能徇陳提塘之請而亂我軍政哉雖然足下既爲之請我不可虛足下意計戰餉之與守餉歲差不過三四金爲我語陳提塘苟盡心公事我必有以報之息壤在彼不食言也噫此亦微事耳然足見公愛惜士卒雖昵交密友之陳懇而終不以私害公如此公捕盜最力以海爲家每度歲於海外荒島故諸札多言巡洋亡友湯蓮塘孝廉型亦公故人嘗語余曰公治海盜非特其勇盜畏之乃其謀亦神算也某年歲除將士方休息公忽下令集舟師入海揚帆掩旗鼓直擣某山圍其島盜方酬飲盡縛之以歸歲旦僚

屬集公署賀歲聞入海捕盜皆大驚已而公至馬前纍大盜數十付有司詰問斬之而以所得器用財貨散士卒皆叩頭轅門歡聲雷動而去或請其故公笑曰海舶最細者出某山之下近吾訪諸市而無之此其山必聚盜故漁船不敢前異時捕之徒多苦我將士又散走難盡獲歲暮其醜類必聚窟中且料我必不出不設備故可揜而盡也聞者歎服外舅葉蓉客觀察嘗與公同事每語及公輒歎慕久之曰公遇人有片長稱揚不容口而往往謾罵其僚屬常曰既號稱武官乃不能殺一盜賊

國家設武官焉用此嗚呼當夷難未作公所處固宴然承平時也而如斯其竭忠盡智也今天下方用兵烽火交警盜賊四起

一人憂勞宵旰而幕烏粱燕恬熙如故簡閱久曠場圃草肥戰馬相奔逐戲臥其中海盜橫肆商賈求援於外夷江濱戰艦日糜爛無過問者余讀公遺札憶諸君話公言行不覺欷歔累息者久之嗚呼公往矣手跡無恙也尋常弄翰之士尺牘相問訊得者猶藏弆弗失而況墨寶如此帙乎夫忠臣義士浩氣薄雲漢其凿遺翰墨雖復恆言瑣語必在在有鬼神呵護者王君其勿以親暱故而褻視之矣札爲公手書者三十有八幕中士代書者五總凡四十有三札云咸豐十年正月

重刊守身錄序 乙卯

因果家言原出於道釋而其言則儒者之言也因果之說曰爲善昌爲不善亡吾取其言以求諸二氏之書而無有也夫二氏方以高清淨了死生爲宗旨其奚用斯言也吾又取其言以證諸儒者之言則靡不合也曰天道福善禍淫曰皇天無親常與善人又其切著者曰積善必有慶積不善必有殃非所謂因焉者乎曰羿奡不得死禹稷有天下非所謂果焉者乎十三經言理之所

以然因也二十四史記事之無不然果也我故曰因果之說儒者之言也夫既言儒者之言矣而必原於道釋何哉曰以世所稱鬼神崇奉而震懾之者皆本之道釋者也富貴利達之幸而冀之疾病禍患之惡而避之苟將哀求而呼籲焉其不於夫子之門牆而必於宮觀於梵宇也久矣舉天下所崇奉震懾之神靈一旦述其言而告之曰若爲善則昌若不善則亡其不有湧泣悔悟而從之者乎嗟乎風俗日以衰智巧日以盛所閱歷而聞見者大抵損人以利己已耳恐懼修省之言既已爲陳言當此時而欲無鬼神禍福之說以持之吾不知其

安極也是故其言之果出鬼神與否不可知而既有鬼神未有不望人之改過而遷善者也儒者之教不必盡出乎此而既有其言雖聖人復起其必將昌明其說以庶幾乎斯人之日進於爲善也昔有是錄自感應陰隲覺世諸經以至諸善說遴而梓之名之曰守身守身亦儒者言也其以名是錄者若曰苟爲善所以守此身也無爲不善所以守此身也能守其身而報應隨之矣吾友董大令虛竹讀而善之重刻其書而屬序於余余懼高明之士將薄其說而以爲非儒者之言也故揭其大旨以敬爲爲善者勸

二十里雲山館印存序 戊午

陳子子相來城西之草堂而示我以印存曰吾病痞而經年恆索居以離羣既不敢役心而滋病亦不能枯坐以養神與其妄念百起而雲擾孰如遜吾心而勞身乃刻畫乎金石庶用志之不分積既多而成卷且自怡以贈君子知我爲一言吾固非爭勝負於印人吾氏陳也（陳氏所注皆印文）吾有慕於無已而索何而閉門（閉門索句）吾家四明也（古明州人）在道書爲第九之洞天（第九洞天）吾願樵於二百八十峯之下（二百八十峰樵者）而接跡於遺塵（家鄰謝遺塵所居）吾有書在高閣也吾受儆廬於先人（廬書邀我共高閣）自吾宦遊而歸也（桂中山水我經遊）而松菊其猶存（松菊猶存）吾補葺而居之而題以何陋也蓋孔子之所云（何陋居）吾豈無齋也吾齋曰運甓（運甓齋）吾豈無館也吾館曰二十里雲（二十里雲山館）吾更題吾齋以求放心也（求放心齋）吾要以讀書勖子孫（我有兒孫要讀書）吾將爲閒叟於雨上也（雨上閒叟）吾將爲老圃於西鄞（鄞西老圃）吾如今便可爾也吾何用畢嫁而畢婚（如今便可爾何用畢婚嫁）嗟乎萬事常如棊也既儵忽而變更吾固以不著爲高也曾何有於寵驚（萬事如棊不著高）雌黃者吾口也（口不雌黃）吾守之而如瓶（守口如瓶）畦徑者吾胸也（胸無畦徑）吾防意而如城（防意如城）吾苟亦愛吾鼎也（吾亦愛吾鼎）庶吾心其太平（心太平）孫子

唶然歎曰此何以異於古者之箴銘乎蓋即物以見道而豈雕蟲篆刻者之所能吾固嘗起羞而貽慼茲吾用拜貺於良朋

集荔子碑詩聯序 丁巳

陳君子相之自粵西歸也余贈之長歌子相以坡書柳侯迎神詞石本爲報世所稱荔子碑者也往歲余於先大夫墓前爲二坊念坊柱穿中當有題字而世鮮高手因出此碑及坡書表忠觀碑集字成文鉤摹上石見者皆驚愕贊歎謂此豈時賢所能爲者二碑並眞書大徑四五寸端莊剛健自成一家而荔子更踞錢碑之上余

嘗謂其規矩方員中有變化不測之妙旣於夏秋之交臨仿數過乃復集其字以爲聯語顧碑字不滿百其始排比離合得句甚苦旣而漸造自然成二十餘聯而余病病間復爲之錯綜幻化奇變迭出佳妙之句有若天成初不自意何以能得此於窘迫中耶昔坡老嘗集歸去來辭爲詩矣辭字繁多捃摭旣易隨意命句屬對非難然且全用其文無蒻裁錘鍊卽其意義亦頗雷同假令坡老生今日得見余所爲者其不將驚愕贊歎皤然自悔其初作乎古人不見我眞可恨也忽念子相雅人也能知之且此碑其所贈也尤不可不使知之合前後

所集得五十八聯手錄以示重念古者投人以物必有所先因復集字爲詩得二百八十言具述本事且自道其欣喜曰于是蕉與荔于是丹與黃團之自我出驅之違其方排比離合之工也曰下水來汩汩乘風入非非秋山高白鶴春風飛柳旗錯綜幻化之巧也使壽兒攜以往子相果大喜始余詩落句有云進子吟堂中子其自知報於是子相笑曰受施而不報非禮也乃爲七絕四章以答余五古爲聯語八十有四以答余所爲聯五十有八者余所集者其數聯以贈君君亦爲數聯相謝其可謂靡德不報者矣余受而讀之詩心畫意淡遠高妙點綴古語自然無痕迹蓋其運用屬對往往出余意計之外因是知造物者付人心思各如其面文章之事雖小道亦奇幻變化不易測如此則又驚愕贊歎皤然自悔其向者欣喜之過情而尤以坡老不得見君之所爲者爲可恨也明年正月子相復命仲子其章合兩家詩聯書小冊贈余是亦不可無報也故序其事書以貽之

新刻萬季野先生明樂府序　己巳

萬君乃鄰季野先生八世從孫也同治七年以先生明樂府示余余出藏本爲校勘之明年以示陳君魚門魚

門爲之付雕蓋將盡刻其先世遺書而以是書爲先聲耳

國初多鴻博碩儒先生稍晚出而與爲眉目若史學則未有能竝駕者顧諸老著作焜燿海內至楮敗木漶而先生成書已刻者不過三數種其洋洋大編史稿則王氏攘之禮考則徐氏攘之樂府固先生少作不足以窺其底蘊而經當時諸先生序論之後亦若存若滅積二百年始付削氏可幸又可感也同治八年六月望後一日里後學徐時棟序

吾家藏本較此本多删節余疑出先生手定乃鄰鄭

重遺文但依余本次序而不敢以節本付刻亦孝子慈孫意也然有一事當證明者此本刪四手火燒頭二首余本皆無之火燒頭詠建文出亡事絕不作一疑詞他日乃極論此事誣妄潛研集中有先生傳詳記其語蓋先生少年以遜荒爲眞既師黎洲黎洲力闢之先生亦遂變其初說然則此首爲先生手汰可知事之有無信不易定

欽定明史亦兩存其說特先生一家言不可使之兩歧也故特識之以解讀者之惑至刪四手一章或以其廉而近酷跡涉沽名故刪之耶是則未可懸揣者矣

時棟又記

願學堂詩鈔序 庚申

自論詩以神韻爲大宗百喙附和而枵腹可以爲詩人鉅子者由依據其說而稍變之刻酷情狀以爲工街談巷語闌入一切以爲捌獲而於是溫柔敦厚之教蕩然盡矣吾鄉王筍右先生無詩名乃其詩則所謂無媿博雅者也先生少習舉業稍以餘力事吟詠壯隨兩兄奔走戎馬閒游覽山川閱歷情僞詩境爲之漸進兩兄罷官已復歷試不得志又遇火空所有窮愁日益甚讀書日益苦兀坐常隨緣室中點勘鈔纂滿屋皆書堆客至斂以還他所然後可坐乃以其所浸淫醞釀者爲詩而其詩遂益工顧先生之爲詩也既華之以卷籍又沈之以思力奧折之以門徑時輩讀其詩至相視茫然或稍稱少年之作而不知非其至者故著作千餘篇終老無詩名雖然當家自爲集之時而先生獨以多讀書提唱風雅啾啾百鳥忽見孤鳳俾後生小子接其流風知空疏弇陋之不可與言詩而指歸博雅則先生爲功於詩教甚大抑何患無知者乎時棟於詩學所得甚淺然頗知愛先生詩辱先生知我嘗召我往論之不果先慈陳太宜人年五十先生賦五古爲壽將謁謝面叩旨趣而

先生遽歸道山伯子東澤屢以集序見屬未誦全稿諾而緩之今方宦繫西安仲子雲干刊刻告竣以兄命申前請噫先生之詩其得爲大宗與否非敢與知而根柢之學不可誣也故備言之以質諸世之善論詩者

刻寄愁草序 庚子

冶師鍾雲扉者吾鄉之詩人也少時承箕裘煅鑄爲業一日聞鄰家哦詩聲躡足聽之以爲非難能從而效之略得其彷彿於是竟日爲之以廢其業無何託鉢西去渡長江走白下抵雲間賣卜臨安數年歸來囊空無一錢倒篋而視之則西遊詩稿纍纍然一巨束也其後復

理故業而爐炯炭爆之中時聞吟聲窮愁憂思之感於內山川風物之觸於外家人故舊哀樂悲怨悉寄諸詩愈積愈多合前後手自芟定去其十之八以爲寄愁草而自序之余生後雲屏幾四十年雲屏與余爲忘年交每過余必袖近作顧抑然自下不敢號能詩余屢索其稿數年不報今秋始攜來因擇其尤雅者約爲二卷以備甬上布衣詩之一種而付之剞氏始雲屏以詩交某廣文已而爲所累繫於官經歲得脫既出歎曰我冶師也而爲詩人獲罪宜也於是誓不復爲詩久之則又自笑曰吾除夜子身在囚中忽憶去年所作老鬧詩景狀

宛然得勿所謂詩讖者非邪無亦事果有前定不可逭邪於是復爲詩不輟噫怨而不怒何其厚也雲屏其信能詩者邪雲屏其進乎詩人者邪道光二十年九月序

重刻遊杭合集序 乙丑

道光丁酉余同徐君遠香赴省試遊覽湖山各爲韻語明年合正於吾師馮雲伯先生先生爲論次而序之既付剞氏遭亂板燬而印本尚有存者回憶舊事逮今將三十年少時遊戲之作有無聽之可已顧念先師之評論亡友之諷詠不容沒也且遠香之詩幽雅新秀亟爲吾師所賞而所謂畱烟稿者遠香自言來吾家烟嶼樓始畱詩稿故名畱烟稿其子楚亭明經付余藏弆而失之祝回則是區區者尤不容沒也抑又可念者己亥客杭州嘗寄邵又橋札云前年遊杭成集此行則西子湖頭裹足未到惟舟泊百官渡口有句云客篷小泊蘆花雨賣酒船從別港來得此十四字差足告知己蓋相去一二年遊興已不同如此其後屢渡錢江在省或數月或數日常常無詩有亦不過一二篇至庚戌遭大故絕意進取閉門不出矣嗟乎丁酉之遊樂矣窮名勝則可以忘歸撫慈線則自悔浪跡此集之卒所謂客遊雖云樂無事敢輕出者也庸詎知一爲鮮民并此有方之遊不能再得然則前塵如

夢雪泥鴻爪亦竟不容遽聽其浮沈也重刻既竟漫書卷端同治四年乙丑一月徐時棟同叔甫書於城西草堂

閏重三夜聯句詩序 辛丑

辛丑之春連雨不止每逢節候苦無佳日二三子趣嬉遊之樂皆離羣而索居於是閏三月矣重三之日天和氣清足舉風浴之典何君韻仙始招余兄弟出遊復同訪陳君子相王君稽雲相與徘徊歗傲恣意爲懽日既暮問沽於酒家而烏君釀仙者酒人也召之俱既而同來烟嶼樓出家釀重飲盃盤不盛而諸君皆得其樂當

是時酒無監史語不忌諱夜深坐久聯韻爲詩以紀其事東方雖白豪興未衰回念上巳之日陰雨冥幕殊使人獨居寡歡得今日之聚足以少補前歡夫天亦甚悔艮時之輕擲而又重哀二三子之不能盡致也故一暢其風日之美使得游衍里陌共樂生平而吾黨復窮極其意更爲秉燭歡以破昔人苦短之惑於是乎可以無負矣詩成共得二百五十言庸序之以示同好道光二十一年閏月既望

和天台三聖詩序 甲寅

三聖者寒山拾得豐干也釋氏據唐台州刺史閭邱嗣所撰詩序謂寒山文殊拾得普賢豐干彌陀也故曰三聖也唐人傳寒山詩三百七篇拾得四十八篇豐干二篇元之季年四明釋子梵琦字楚石者嘗竝和之

國朝康熙間益州僧福慧字野竹者復和之彙刻成卷得千餘篇故曰和三聖詩也三聖詩世多傳本而琦公首和則有繫於吾鄉詩事也故存之也梵琦象山人母感異夢而生小字曇曜泰定中住海鹽福臻院入明孝陵嘗徵至京師賜衣鉢放還工詩所著有北游鳳山西齋三集士大夫交口稱道以爲駕古昔方袍而上之而此卷及淨土詩則又爲强弩之末也當是時吾鄉噩夢

堂文章名天下以緇衣擁皋比奔走士大夫傳授文法而琦公以詩鳴此卷雖以提唱宗旨醒勸塵濁爲本不足見能事然或使昌黎譜小說少陵鼓盲詞其大力眞際即游戲三昧巾要自有洒洒然不可及者所謂三聖者姑勿論而野竹非其匹也咸豐四年八月二日

燕喜集序 辛丑

道光辛丑母年五十六月下旬逢母帨日上自邑侯逮於同學錫我詩詞三百餘篇冊弁卷受以獻以歌昔母自陳來歸先公襄勤於室繼德元配佐政廿載先公云亡勞勤十年以逮今日髮白齒落未肯少休俾我兄弟得讀父書惟是暴棄莫慰聖善朝訓夕誡罔底於成賴茲篇什彰我壼德敬謹集錄冠之序頌其開後先別以體裁同體之中略爲序齒繕書告成總十四卷敢拜嘉貺用志弗諼

烟嶼樓文集卷二

男隆壽平甫校字

烟嶼樓文集卷三

鄞　徐時棟同叔稿　甥葛祥熊豫齋校刊

壽序一

王筠叟先生八十壽序 戊申

某久耳先生名自成童至今餘二十年未嘗一請謁之也於稠人中兩見先生溫厚端重不苟言笑而方以賓主雜遝未遑一晉接之也今先生年八十矣長君引孫辱相去來謂某宜有記年之作往歲先生重遊泮宮將聲以詩不果今不得辭也先生弱冠補弟子員旣而以筆札佐大吏客遊三十年洎母太夫人春秋高歸受郡

邑大夫之聘者又二十年壯時業儒科連不得志循例得博士官亦無意進取吾師史侍郎視學浙中拔長君貢太學次君爲名秀才諸孫皆稟承家學有聲先生里居有義舉率以倡所興建修復甚衆晚年由蛟門來寓甬上頤養天和杜門而謝客矣始錢唐梁學士以書名天下先生客杭州最久得其神自歸里門求書者踵相接得古搨本及前輩手蹟非先生賞鑒不貴新刻一二種出取觀之必有先生跋尾學士晚年書漸造自然先生近所作殆過之某於先生旣未嘗親納履之役不足知先生稍學作字先生嘗語其長君謂不妄顧未能窺

前人藩籬亦不足知先生之書而獨於不知先生之中心甑愛而謂非凡輩所可及者蓋某自成童至今餘二十年凡學士大夫之言論里巷流俗人之傳說發乎人口而入乎吾耳者未始有華言風語私議先生夫自好之士何至以嫉私于物議然而形不與影期而影生於形聲不與音期而音生於聲十倍之聲償招衆口之謠諑至捷也而乃以日接當道之身時有所建白以至於六十年之久而翕然稱長者無異詞夫急於見世者固其意將有爲好議論人短長者其言未必不奇中慷慨自負悠悠之口曾若無足以動其心一旦遇老成人以

溫厚端重之度相與周旋不自意木然而氣沮矣然則天之以大年畀先生者殆所以留耆德而式後進者也在朝廷爲人瑞在鄉黨爲人師某雖不材尚有志於寡過他日摳衣隅坐來恩先生儻亦引而近之乎不腆之辭固將以爲褰修而終不足以知先生也

范雨叔先生八十壽序 癸亥

時棟年十五始交范子邦棠出西郭拜其尊甫雨叔先生先生年四十餘接物和厚藹乎可親會其仲兄緗芸先生爲楚南宰先生往佐治八年奉母湯太宜人以歸

旣歸復以舉子業爲人師嘗館吾家敎誨諸從子其後先生家居讀書課孫由然自樂八九年來時棟遷居城西與先生密邇去來尤數蓋自始見先生至於今三十有六年而先生之年則旣八十矣同治二年六月五日其生日也邦棠將洗腆稱慶而先生賦詩有屛障娛親轉失眞之句於是邦棠來草堂言曰命之矣雖然紀年之作遞十年而一爲之非所敢已也抑爲之而以飾辭是猶畫師寫吾眞而貌他人也則失眞孰甚子不工諛言而吾父尤愛子文章子爲之其必不拂吾父意乎今夫大年耄耋是人之所欲也然而雖聖賢亦難之何者

富貴可倖致而壽則天也乃至於先生則固若有可豫決者先生年二十六受知於劉侍郎入郡庠浮沈弟子籍中垂老始得充貢同學少年先後取科第登仕版而先生以世宦子孫身厠華膴在貴介之列乃夷猶今古視人世名位烜赫壹不足以動其心宜壽一也生平不妄名他錢東脩所入以具甘旨不足則以德配鍼黹佐之其在楚也錢穀出入主自先生先生謹身節用未嘗以苞苴請謁累其兄淸廉八年於外蕭然歸橐宜壽二也始娶李孺人卒而繼之以仇仇孺人生邦棠而病嗽粥糜臥牀簀者踰四十年先生相敬如賓不畜姬媵夜

定跌坐養氣爲導引之術故年旣八十須白童顏持杖而出曳杖而行見者私計其年殆五六十耳宜壽三也待人甚和販夫賤子必禮貌之無疾言遽色與時輩商搉經義尙論史事或故執一解持一說難先生先生頷而受之雖固知其不可勿辯也嘗曰毋多言多言損氣宜壽四也身不謁當道名不入公府足不履市井數十年來風俗彫敝叫囂奢靡之習盈乎目機械變詐之巧盈乎耳先生節樸敦厚不改往昔胸無町畦肫然誠慤以身教敎子孫時棟和先生詩有云此老生平但率眞紀其實也宜壽五也且夫范氏先故多老壽自先生本

支考之有明一代世以碩隱爲甬上耆舊遞入我聖淸延平守筆山先生生泰甯宰詞齋先生泰甯生商河宰西屛先生商河生朔州牧半村先生朔州生贈石門宰巢雲先生是爲先生之父五世夫婦竝享高年或七八十或九十餘無六十下者箕子陳疇以壽冠五福若是乎其難之而范氏獨世享遐齡若早受左券於天也者而況絕嗜慾而養心氣如先生者乎時棟生五十年矣十六而孤三十七而爲鮮民微獨不佞雖吾昵交密友相伯仲者亦尙有一二嬉戲膝下而樂俱存者乎而邦棠長我二年如天之福戴高履厚此誠生人遭際

之大幸而吾黨之士所爲額手而同慶者也邦棠潔脩奉養兩老人顧而樂之歡喜堅固將爲世壽范氏破期頤之天荒而先生以巍然大老表正末俗使吾儕後進與拜其賜是則私心頌禱卽時棟所以諾邦棠作紀年之意而固非失冥之諛言也

陳餘山先生八十壽序 丙寅

同治五年徐聞陳先生年八十七月望日其生日也士大夫暨門下士若郡縣俊乂爭獻詩歌壽先生累百十篇公子楚湘與先生之甥黃竹叔凡來草堂謂時棟宜有詞序壽讌謝不獲則請略舉先生生平而以私意所

歎望者一覼縷之可乎先生少隨宦汀州受詩教於其尊人梅岑先生年十八而孤潦倒困苦授徒自給十年而中鄉書爲東西南北之人者二十年而出宰關中關中少壯縣先生歷視四篆尤民貧地瘠劬勞鞅掌往來南山北山閒又幾二十年而宰省會未幾遷判廳又未幾擢同知而年既七十浩然歸矣今夫責神倕以斲大木強庖丁以割雞此其不謬指棄刀而遁者幾希何則所挾者大所使者小而用違其才也先生具砢礧之才充之以詩書老之以閱歷而又會益之以窮乏憂患不出已耳苟出而稍拂拭之將必一展布其蘊蓄爲

國家用而乃畀之以區區簿書錢穀之任任之至二十餘年之久是殆將有傲然不屑者耶抑姑與之浮沈焉而固有不能釋然於中者耶而先生循循勤施所至問疾苦救災患修廢舉墜凡百就理又皆爲之興書院育其俊秀而親教之士民相見舉欣欣然若家人父子或治劇邑下車淸積訟剗剔宿弊與之更始不數月而訟庭蕭然哦詩對酒幾忘其身之在風塵則命中矣於是兩山之民相率頌德政建生祠其大吏亦以卓異聞諸

朝及

文宗顯皇帝登極

詔廷臣舉所知而恆侍郎宜亭方由陝藩貳刑部謂先生悃愊無華獨以一縣令登薦牘

上俞旨召見僉爲先生慶知遇而微惜其太晚而既而

先生應

召入都矍鑠如壯歲又皆爲之欣幸乃甫見遷擢旋解組去始不以卑官爲鄙夷繼不以暮齒戀華膴其仕其止隨乎分而安之而後歎先生之學養固自有未易幾及者也先生既以高年歸里門少壯朋輩落落晨星顧舊姻若鐵峰張先生老友若竹人陳先生皆健飯無恙年相若也居相近也先生每晴日過訪白髮朱履扶杖

緩步行市中兒童驩呼市人爭讓道後輩或識或不識率旁立垂手肅肅問起居覩其去既遠而後敢行蓋在關中爲民父母而耆德之重於鄉者又如此時棟年二十始見先生詩而愛之於後兩走京師遇陝右士輒稱先生爲循吏近十年來時獲陪輿中游讌和藹靜默恍穆然對三代彝鼎背私竊謂如先生者德言既立宦成優游天殆欲以林下一老映照四明以矜式其後生小子而賜之以耄耋大齊而未有艾也不腆之辭聊述先生之才之遇以至其學養以答公子之請而佐其奉觴一日之歡抑先生詩宗也然而纖雅之集沫誦萬口有諸先生之序在無俟乎贅也

張鐵峰先生八十壽序 己巳

天生億兆必畀之以所以生之祿而才與福每靳之才與福是億兆之所希冀請禱而實大造之所珍祕者也求其一之畀而難之而況能兼有之乎乃觀於鐵峰張先生而竊歎其得天之獨厚也先是小峰都轉鼎輔守武定會山左有捻匪之亂積勞軍中去歲亂平破恩命超擢將大用而都轉謂來歲先生年八十循例乞歸養今春與諸故舊相見即屬時棟序壽讌時棟辭不獲則請以先生之才之福爲上壽賓朋一陳之可乎先生少隨任在外弱冠歸里應童試太守即歎爲奇才貢優行成均得教習旋與浙賦入都分教黃旗生爲二人年高請假歸來以脩脯潔養久之賦蓼莪而先生不復出矣遂乃覃經考史下帷著書若詩書周禮若漢書皆粲然成卷始與陳丈漁珊摭王伯厚遺文而譜其年繼與王丈臒軒訂全太史學案而搜其闕其他枌社掌故輯孱正謠各有專書而尤注意於水利往者慈谿與吾鄞爭塘堰當道誤讀沈文恭碑記幾誤判先生斷沈記屬讀句箋字釋而上之當道憬然悟得無更變邇歲鎭海爭錢湖請諸省將鑿山濬下流省眩其言幾可之先生驚曰是將盡錢湖之水而涸我鄞渠者也手爲圖說約同人共持之以白之省事遂已此二事皆時棟所與聞而實則修補開濬先生之盡心力於水利者已數十年而此其略也擅科舉之學而教在及門殫著作之業而功在文獻任敷治之勞而利濟在鄉國美哉淵淵乎先生之才之閎也先生以博學庠畐先生爲大父以循吏雙湖先生爲之父以純孝王太夫人爲之母焜燿載筆既極家世之盛生三子伯子都轉與仲子詩農觀察庭學同榜成進士同入詞垣是歲先生適游京師下車數日而榜發親見兩子赴

恩榮宴一時同年生聞先生在都相率求謁見羅拜旅
邸又既而季子聘廬司馬瑞梁復中秋榜於是三十年
中三子竝繼先生登賢書科名之盛又爲近世所希有
而諸子率稟家教出才力爲
國家用都轉觀察後先以軍功
晉秩
賞戴花翎司馬亦以勞績
授縣令得優敘至其諸孫雖年少皆績學能文章或在
庠序食既稟有聲蓋數世以來文學政事之美科第位
望之顯綿綿延延方興起未艾而先生一身自上承祖

訓至下課孫曾中閒歷際盛事疊受
封誥安樂寵貴頤養大年美哉洋洋乎先生之福之侈
也今夫十室有忠信吾豈能謂宇宙之未嘗有才也哉
然而境累之而身困之天若將使之有所表見而又若
故掣其肘使不得盡其才是其爲才也則通而用之則
窮少任子而晚封公安富尊榮則豈不福矣然而智短
計絀能飲酒食肉而已天若福之以口體之奉以娛其
老而姑置其心思使無所乎用之是其爲福也則豐而
亨之則庸先生身處華膴而安之如寒素年登大耋而
精力不少衰耳聰目明著書未已乃者有事縣乘先生

以河渠書自任時楝與諸君子方隨先生後共事丹鉛
而先生復以向所聞見紀錄者益我羽毛齒革又得拜
波及之賜以底於成夫才而窮福而庸吾固已惜之而
億兆猶難之而天猶靳之才未必皆福福亦自掩其才
劉將孫雖不能文其言則古今所同嘅也天下同文集序中語乃
至於先生造物者遂羅列其素所珍祕之通才豐福一
任先生之予取予求而久久而不之瑕也此吾所由重
歎先生之得天爲獨厚也予弟時樑出先生門下以是
兒弟時得親杖履而徧交其三公子於誼甚親故因都
轉之請也而爲是不腆之詞若乃德行之高福壽之遠

諸君子必有覶縷而爲先生頌者不贅述也

徐曙峰七十壽序 戊辰

去鄞治百二十里曰徐杜隩者吾友徐君曙峰之所居
也始道光二十二年君之尊府陶園翁年七十君來乞
余文爲壽越十有七年當咸豐八年君之季父載初翁
年七十余又爲文壽之又九年爲同治六年而君年七
十矣君生以九月望日會來歲一月當取孫婦其子艮
珣艮珩將以其明日洗腆用酒而循前事來請序余諾
之未爲也無何君知之作書貽余其言曰聞兒曹乞言
於足下若鄙意則以爲不然吾翁之七十也君爲我序

之沒齒不敢忘今吾及此年而析薪負荷行益遠不逮
先人不足序一矣兩兒服田力穡雖不安於惰遊尚校
我又弗如不足序二矣少小力學作文不肯居人後數
十年來無可表見者不足序三矣爲人教子弟幾半生
未聞有所成就不足序四矣生平頗有一二事在人口
顧亦自好之士所優爲未堪爲足下道不足序五矣足
下序人行多矣固不肯爲諛言亦必即其人生平鋪張
之今以僕之無所短長如此足下雖雕肝刻腎工爲文
章又豈能狀無鹽爲施旦耶不足序六矣且吾所以不
願足下之序我者更有二焉今夫壽讌之詞非定論也

當其時作者即小以見大由一端以推其餘極意獎借
於其人猶仿彿似之又其後血氣衰矣縱不至日暮倒
行而百計憂子孫者比比皆是瞶眊齷齪乃適與向者
序中年高德劭之語相正反作者以失言悔之受者以
改行媿之是不如當時無序之爲愈也不願一也夫此
猶操之在我者也以僕自視當不至是即足下亦當信
我乃至境遇之操於天者或久焉而其晚景不必如向
者序中之所頌禱是亦不如當時無序之爲愈也不願
二也夫以不足序之六益之以二不願其不必序明矣
然而吾意則亦有不能無求於足下者山中詩派木元

虛賀季眞遠矣自宋而元明至於我
盛朝高人逸士以篇什留貽者接踵相望數十年來音
沈響遏而僕竊不自揆時好爲謳吟冀自附於古作者
積久得有五六十篇裒之爲存存軒詩草此則近時山
中所寡有而吾自以爲不猶乎人者也昔婁江崔不雕
乞集序於吾鄉姜湛園謂古人汲汲於相知冀一遇不
可得幸得之而不能得其一言可乎今吾詩諒不及不
雕而足下則今之湛園也託乎相知既遇而幸得之彼
不雕之所望於湛園者足下倘有意乎吾之言如此於
是載初翁年七十九矣聞之謂珣珩兄弟曰若翁之言

非也夫以區區徐杜隩而舍人集中有七十之序三焉
不將使後世視我爲壽國乎爲我語舍人不爲序則已
果序之必序七十勿序詩也既而珣珩來以其父書且
述其叔祖之言而難之曰乞壽言乎吾翁之言如此乞
序詩乎吾從祖父之言又如彼吾笑曰是不難夫乃翁
之言達矣抑其言退然自下而思之甚深此有道者之
言也吾方將第其言以告夫世之好面諛者柰之何而
不序其七十也若乃翁之詩吾固嘗見之吾且嘗和之
而未得其全也老去律細他日手自删定而以存存軒
全集示我先睹爲快吾又當爲乃翁序之求一得二試

歸語乃翁其必撫掌而大笑也乎珣珩兄弟對曰不敢
請耳固所願也因書之以爲徐君曙峰七十壽序

封振威將軍穀亭黃公六十雙壽序 辛未

天中興我
聖清俾撻伐彰
天威基祥於億萬世則必生策勛佐
命之臣而其臣必稟承有自來受諸家以效諸
國而後乃對揚
皇庥拜
恩寵及其所生猗歟盛哉此豈偶然者哉史所稱名將

通侯若賈粱道兒時即爲大人所異決其必爲將率口
授兵法而羊祜舒參軍事其母辛夫人戒之謂軍旅之
間惟濟以仁恕以古況今則
誥封振威將軍甯鄉黃公穀亭曁德配
誥封一品夫人李夫人足媲美而無媿色者也於是公
子芍巖元戎既平粵寇奉
天子命自八閩來開閫吾兩浙整頓其軍伍而惠慈之
和厚其僚屬而督敎之卒乘輯睦僉愛戴元戎謂近今
所寡有乃者同治十一年封公與夫人年六十矣元戎
寅佐相率製屏障爲壽而參戎羅君春亭以胡提舉卣

笙所爲事略徵不佞壽讌之詞其略曰封公秉性純厚
至行尤惇篤事親孝敬愛其三昆數十年如一日待友
朋以誠里黨或紛爭不能決輒踵門相告一言開解之
皆歡然信服以去咸豐二年秋粵賊犯湖南急攻長沙
郡縣戒嚴是時元戎年未及二十封公知其才命之曰
男兒當建功業爲
國家用今省城被圍而優游鄉里非夫也行矣勿念家
室夫人亦慰勉而送之元戎始入趙方伯軍中每戰輒
奇捷於後征楚討粵所向披靡時或以便道歸省必勖
其勠力行間久之今恪靖伯左公統兵援浙元戎與之

俱來戎馬倥偬歷皖江閩粵違桑梓既遠封公又時以
書爲誡勉十餘年閒東南底定粵寇盪平元戎以功綴
受
主知累官至提軍
錫命服
賜勇爵名震寰宇而封公與夫人亦
晉封至一品然封公不以旣貴而驕倨也宗族鄉里有
公事任勞如其昔贊助義舉尤樂而忘勌邇歲董族人
葺譜謀倡修里中柳溪橋其門外故通衢也道路傾敧
十餘里出貲繕治之往歲未穫而湘中穀價踴貴貧者

不得食則出其藏粟賤賣之凡封公所爲多此比類云
胡君之言如此夫知元戎之足以戡定禍亂而使之從
軍而卒建功業古所謂知子莫若父者賈辛不得專美
於前矣雖然元戎以戰功崛起田閒爲
廟堂勛臣此豈特封公與夫人之教有以成之抑亦其
先世固有陰德未耀者耶而封公復好行其惠既貴不
忘以德世德其德滋大昔夏侯勝謂有陰德者必饗其
祿以及子孫其言既於封公徵之而後漢書又稱何比
干有陰德神人出懷中符策九百九十枚授之曰子孫
佩印綬如此算然則黄氏之德長矣封公之繼德宏矣

元戎之勛名始基之矣而殆猶未也不佞浙東下士也
當潢池告警之時閉門憂懼寇至竄伏山中未嘗學軍
旅不敢以一策干當世顧竊聞
朝廷命將告捷則額手忭懽頌
聖主得賢臣而問諸將姓名心識之以是耳元戎名甚
久及元戎秉節鉞涖茲土雖未獲謁軍門望見威儀而
數年之閒備稔其修舉戎政又私爲吾兩浙幸今讀胡
君事略然後知元戎之得力於庭誥而封公與夫人之
疊膺
寵命遐受多福者眞非偶然不佞因參戎之請得以不
腆之辭附名於稱觴諸君之末是亦文字之榮也敢拜
手而爲之序

陳子相六十壽序 甲子

於是吾友陳子相先生年六十矣昔吾先人交尊府最
密伯兄與先生同學於張丈蘆香及先生以選拔充貢
是歲余始爲弟子員同出史侍郎門下其後先生館吾
家吾季弟兄子爲之徒又其後余居城西密邇先生又
使壽兒往問字三世相親昵如此今茲記年之作固當
吾爲之往歲余年五十先生既賦詩四章復爲文壽余
是尤不可以無報也世之稱先生者吾聞之矣少年爲

名諸生
廷試第二授縣令而驅車至粵西遽拂袖歸隱既歸撫
軍以下交起之謝不就乃者朝臣疏其名以薦
上命旨勤問而先生恬然無出山意若是乎其高也交
遊徧郡縣老屋數閒戶外屨滿先生接之自士夫至負
販無二色好獎借後進自其弱冠爲經師從學日益衆
隸弟子籍者千百計諄諄術術無有所鄙薄工書法求
之無貴賤立應或重其名乞爲之書別籍要約亦笑而
諾之若是乎其和也夫高者傲物和者同流此其德恆
相反而其弊常相成獨先生兼之無過行此舉國之所

以稱願然也而余則謂此皆知先生而未得其深焉者也夫苟將不仕以爲高則不如無計偕捧檄之爲尤高也夫先生豈辟世之士哉當在粵也自念兄弟而二人已老吾得蘇爲養事將有不可知者以是決計歸里門不一年封公捐館舍於是壹志事老母收硯田歲入以爲滫瀡太夫人耄老苦風病懽樂受色養者二十年而後考終假令先生滯粵西或受聘浙中二十年之久夫豈不足以躋顯要而榮白髮然而鐘鼎之危如之何其易菽水之安耶板輿之勞如之何其易衡門之樂耶至於邇年則既已鄉飲觶杖者如之何其復出而爲選人耶江南之

命雖下其無志於應

召宜也而顧以是高之耶且夫高之名非美德也不能乎中庸而矯而爲此者也以挂冠歸養爲高將無絕裾而去者皆中行耶余之交先生也三十有餘年矣嘗試與之論古今人材以下至尋常屠沽者流涇渭判如也又與之論事機成敗洞如也夫知人也疏則與人也濫見事也遲則議事也訥而先生之於人也若更無有可否而於我乎靡不可親比者權度在其胸而輕重長短不易自其口出此殆數十年學養所由致而不惟是和之貴也然後知高之弊傲物而先生固非好爲高者也和之弊同流而先生固非一於和者也是乃吾所以知先生而自謂得其深焉者也一月二十七日先生生日也老妻賀於室五子率諸孫拜於堂是日也三黨交遊暨其弟子若諸子之弟子酣歌歡笑駢坒於其庭則試以吾言示諸君諸君且以爲何如若還以之質先生我知先生必不然吾言何則世以高與和稱先生先生猶遜然謝不敏而況乎其更有進耶

烟嶼樓文集卷三　男隆壽平甫校字

烟嶼樓文集卷四

鄞　徐時棟同叔稿　甥葛祥熊豫齋校刊

壽序二

厲仙雨六十壽序 丙寅

余少厲君仙雨者七歲而弱歲與之交至於今將四十年吾家世居鄞一都大墩其同都去二里而近曰四杜橋則君家世居之吾曾大父以雍正初遷居城中嘉道之閒先大夫刱建祠塾時往來故里粤府石齋贈翁後先大夫之生纔十餘日於吾宗人故有連而好行義施惠於其鄉黨與先大夫有同志嘗掩遺骼以語先大夫

先大夫歲修壞墓蓋自贈翁發之當是時君年二十餘余尤小少高天厚地處覆幬持載之中皆咿唔習兔園冊爲舉子業或相見話儕輩文字及試郡縣名第高下娓娓竟日曾不知夫少之能壯壯之能老而蔭庇之不可以久恃也余既不幸早歲爲孤兒而先大夫卒後十一年贈翁亦歿始贈翁生六女子而生君已而又連舉二女子故愛憐君尤甚教之成人教之讀書教之親師友以今追昔風木之感君固有萬不能釋然者雖然吾與君皆人子也而君聞過庭之訓久於我至十有八年即區區得失之所以慰期望者君入郡庠贈翁見之君食既稟贈翁又見之而余始爲諸生先大夫棄養已七年人生貴知足獨於庭幃無足境而幸不幸相去如此踽踽兩侏儒吾猶將視君爲修人也君有二子三孫長君璜多材善賈治利田宅事季君琨方十歲聰穎善讀書此則君之老福也君自言好飲好圍棋好朋友好詩歌相酬唱昔君壯時來吾家吾兄弟與君飲薄醉求去不可白日下門管重命酒大醻皆頹然傾倒然後已此景歷歷每憶之如在目前雖豪興交不衰而至於今歲而君年六十矣於是璜介吾友烏釀仙來請序邇歲釀仙在大墩爲吾家東塾師時過君家糺詩中酒故爲余

道君內行尤悉而君亦來草堂語余曰聞君將壽我非所敢當也顧兩先人交好之昵密吾與君數十年相愛之雅願一言記之以示我子孫嗟乎贈翁後先大夫之卒十一年亦逮今二十七稔一老不憖遺而其德惠之在鄉黨與準繩規矩之在家庭者無恙也昔之爲人子者今皆爲人父爲人祖守先訓以穀其後非今日事耶使他日者兩家門戶遙相望世有賢子孫克繩先德以久久弗替即老彭不足以比其壽矣詩有之雖無老成人尚有典刑又有之以似以續續古之人斯乃余以兩世交情不辭壽君之深意而固不唯是爲君紀年而已

也

周茹香六十壽序 辛未

久交難久交而心知則尤難偶見者必歡數見則厭生厭生故難久也浮慕聲氣老死不得見以書疏爲面目非交也勢利徵逐終其身同牀而異夢非久也乃至同道之士昵密數十年而意見所不然卒不得一與之開陳而往來燕笑嫌隙無幾微此不可謂非久交也然而非心交且夫知心者何哉弈秋之技未必無失著儀秦之辯未必無失言是非曲直夫豈有不瞭然於心者一言出而適如其心之所欲云是乃所謂知心者也强顏

以諛之回曲其辭以彌縫之受之者固知其譽我也而其言爲吾意所大快則稱歎謂非斯人莫知我而又以彼所譽我者還譽之以庶幾他日之終譽我微之爲標榜大之爲朋黨嗟乎是以違心爲知心而因之以爲久交者也若吾與周君則不然吾與君之同學於王絅齋先生也在道光壬辰是歲蓋無日不見其後會文柳汀數歲中無月不見其閒應省試同寓室則又無日不見既而遭辛壬之亂又既而吾奔走京師又既而與君先後遭大故或至積時不得見而未嘗曠隔至半年又既而吾遷居城西去君家益近相見益數及遭後辛壬之亂同匿山中則幾乎旦暮見之難平歸里相見如曩時今年吾聘君伯子獻甫懋才課吾孫君來或稍疏然總未有積旬月不見者蓋自壬辰至今歲同治辛未相距正四十年而相見之數也如此夫兄弟之親也而鬩牆夫婦之愛也而反目而況友朋然而作客萬里乍返其家雖素暴戾不翕合未有無一日之親愛者數者厭而偶者懽斯非其明驗耶數而不厭則兩心之相合爲之也同學之歲君年二十一吾年十九年相若業相等吾視君無以異於諸同學也一日儕輩或以微事爭執至反顏旁觀皆散走君獨自他室來侃侃論斷之吾始知

君非唯阿者而余性尤戇直時以所見評論古今人君心是余而常規余謂過激余聞君言未嘗不自悔也而不能自克以卒負狂名君諒余固無他也而終是余而終規余兩人相對終日夜無膚詞無腴言無語在心腹而格格不得出喉舌者揚其長無諛辭箴其短無曲說以是相見益數而相知益深方山中之避寇也余治詩爲學詩記每一篇成君必攜之去付獻甫錄之而以吾言反覆於經文反覆之而合於心則大喜稱賞不啻如口出而不合則以所見屢牘相質問往復辨論必相合無閒而後已夫朋友之不必合徵事耳然而諛言相標

榜者卽能倒戈相攻擊同朝則害政事而同學則禍經訓今吾與君心知如此又皆垂老不事功名盍各出其所學以窮經乎賞奇晰疑共發先儒所未發之蘊於是乎所謂久交而心知者不徒矣昔管氏引鮑叔爲知己吾甚鄙之彼不過好諛辭曲說與多得財耳豈足道哉獻甫以君年六十乞余壽文余謂稱道已事祝願將來皆諛言也四十年心知而一旦違吾心可乎故論交道之不古與吾兩人之異於常交者以答獻甫亦欲使兩家子孫世世相則傚也

徐丕績六十壽序　丁巳

事無大小未有興作譁於前而毀謗不踵於後者也懦者避之能者任之悠悠者從而訾議之非有所歆羨於其中也進退餘裕去之已耳而卒不爲之動搖勞勩而終始之其不謂之難能乎哉丕績徐君世家光溪之上髫歲失怙事重慈得其歡既而搘家政常以餘潤沾里黨里有大役若祠廟橋梁道路君必出貲力任之歉歲振卹亦與爲佽助雖其家中落勿吝也娶里中朱氏吾婦之從姊也故余與君爲僚壻吾婦從姊妹行十一人其壻君最長而余最少自余至光溪始接君於今二十有六年相見旣數知君益詳今君年六十矣壽讌之詞非余誰屬哉光溪者西南之水所會歸而以溉鄞田數百萬者也舊與江通唐時爲它山堰橫截之宋時爲洪水塘以障下流至乎近年傾跌敗壞水盡奔於江無所瀦蓄以是鄞西之田常下下余每過溪上周覽遺跡慨焉思興修之常與朱君絳山籌策其利害而量度其工用事大費重久之不果會巡道段使君將有事塘堰首謀於余余任其鳩貲而以工役之事屬君及絳山先是使君官太守君仲子丙陽以文字爲所賞試而冠其軍及余以君告使君知爲丙陽父大喜走馬至君家强君起而任之光溪距郡治五十有餘里去官府且遠士大

夫多居城郭中希有泛舟過其地者水利之興廢勢不能周詳知也至乎修舉其事則水道之遷變地形之高下以至作治之堅久徒役之勤惰尤必藉手里中人以得告成事始余議祀修塘堰諸公并祀鄉老既於碑文昌言之今之强起君以其事相屬者猶前志也雖然一鄉之中豈無有好事喜功急於自見者思與其事而不得則乃睨而視之而謠詠之言紛然興矣工役徒作之衆日食千指覬覦於幾微而巧避其勞苦持之稍嚴則誹謗交起甚或以風語譖訴於同事之前事未半而怨叢於身矣道路之人袖手而旁觀之又且以鄉曲一人

之私見議論其短長是故終爲之也則毀言充於耳悻悻然去之則坐視其事之成敗而無以謝於付託者而君則曰吾盡吾心而已矣吾爲吾事而已矣他非所知也今塘堰皆已告成鄞西之田雖亢旱無所苦固由使君之圖其始諸君子之襄其成經營踴躍俾鄉邦永有所利賴抑亦朝夕寒暑不避勞怨君與絳山之勤事有未可忘焉者也君有子三人有女二人向平之願既如而償矣髮雖蚤白而精神矍然吾姨亦健飯無恙教子弄孫用爲娛樂不可謂天之報君不厚也夫鄉黨之事推而靡竟積善之慶擴而益大他日有造君廬而以里

中之利濟相籌策者君豈當藉口筋力而漫爲諉謝乎至於誹謗之口易而爲稱願之聲將以之配食鄉老而可以無媿色矣此余所以壽君而更有進焉者也

陳魚門五十壽序 丙寅

同治五年魚門陳君年五十其門下諸君子製屏障壽君而來請余文書諸上余無以卻也陳氏累世爲縣巨室自君曾大父來世以行義望於郡邑君與其羣從兄弟皆年少能文章好結納而君尤通達世故時急人患難吾黨之士每樂與君往來相可否而未之奇也倫墩之據郡而始退也羣不逞藉口保護以貲給邀富室入

君家君與之論不合遽劫君去至東城門外出白刃擬君曰與我則生不則死君慷慨談笑論折之衆譁服當是時君家諸房從及縣中士大夫胥動色奔走驚告語慮倉卒禍起有他變而不旋踵而羣擁君以歸矣時君年方二十餘衆以是才君

國家懷柔遠人倫墩就撫於是西海諸夷國錯跡句甬粵東西之亡命橫海中者亦受款而至會天下多事海濱騷動剡川創於前陶公山繼於後以至租賦鹽課往往乘微釁揭竿蠭起當事或以謀諸君君亦或以宗族鄉里之故偶一出爲世用而卒不能盡其才蓋吾四明

自前辛壬之難既平二十年中烽火刁斗之警靡歲蔑有浸淫至於大亂而有後辛壬之變於時粵賊之犯順而縱橫者十年矣

天戈所指狼奔豕突巢穴如故而蔓延半天下及其竄浙據茲土幺麼小醜綦布村僻與居民逼處爲久踞計而君以一書生處憂患困苦之中獨憤發興起約結官長指揮西人不半日而克郡城郡所隸縣以次底定其秋復至復克之又以其餘力克越州而大吏遂得以吾土輸納餉軍士以攻[illegible]西至平渠魁授首金陵歸版圖螟螣蟊賊蕩焉無孑遺固由

聖天子神威震疊名將挺生用輔翼我
國家
中興之盛業然而海隅一戰首挫之功不容沒也君既以才見當世世既譁君才省大府至郡縣長吏倚君如左右手舉善後興復諸大政悉委之君而君以故家子多交遊姻婭知識徧郡中鄰縣一日之閒雜遝旁午大而中外之交接細而閭里之詬誶輒造君以告君不拒亦不倦公牘私書充積几案每賓客滿座君口與之論議諧笑顧視僕取尺紙疾書裁答付使者以去至於事所不然義形於色雖貴官悍吏不能强君以不可世或

視君爲書生易與耳而不知其胸中之自有權度也凡吾所言皆君才之見於外者也猶夫人而知之也余每過君家君爲余下榻夜深客散必置酒酌我娓娓道生平以至於時事然後知君所見者至大而所慮者至深至遠乃始歎君之識實有過尋常倍蓰者而固不惟是才之足以爲君奇也夫生才不易而才必有用君儻以歷練之身出其才識爲
聖朝膺民社之寄當必有磊落之政焜燿竹帛夫豈將僅見之鄉國而已乎余雖不才甘自廢棄顧不能不爲君一勸駕焉以庶幾乎君之著勛績而爲我桑梓交游光也故因答諸君子之請也而更爲君期之若夫以文字取科名以功級受
懋賞以好義傾家貲蓋皆有爲君言之者可略已

葛小士五十壽序 癸亥

慈谿葛祥熊吾甥也同治二年三月歸自滬上來謁問起居且言曰祥熊不幸生六歲而孤顧復敎誨惟叔父是賴今叔父年五十矣從兄弟懼獲戾嚴君未敢有所稱頌祥熊自以區區之意思發其一二私感書之屏障爲叔父壽而乞言於舅氏舅氏若惠貺我叔父而嘉念祥熊其必不峻拒之祥熊所謂叔父者大河衞千總小

士封君實東士戸部第四子而吾妹夫崧生贈君之介弟也祥熊言曰吾大父戸部府君之歿也叔父年十五耳其後以千夫長需次得大河衞年十九之官明年運糧入京師又六年挂冠歸里門是時吾大母盧太恭人方在堂吾父與兩伯父三叔父皆無恙一門之內藹如也雍如也無何遭家不造吾父與諸父後先即世太恭人旋棄養內而諸母外而諸姑復多無祿彫謝者叔父屢遇手足之變又罹終堂之戚醫藥巫禱之於疾病冒質瘞封之於斂葬周詳審愼雖哀痛迫切中未嘗有所貽悔蓋自叔父始歸至其年四十餘十餘年閒憂患踵

接而叔父之心力交瘁矣粵難既作
國家以撻伐徵軍饟加以郡縣之防守公私之興作踵門來告靡歲蔑有叔父輒量力爲助至計貲登籍邀請奬敘叔父不自爲功書諸從子名而上之祥熊輩亟請不已始以從子官
貤封正五品祥熊之孤將廢讀叔父不可曰讀書本也他業皆末務家事有我在何與汝曹自以少棄書夜閱史恆達旦手圖天文地理聖賢名臣暨朱子家禮爲屏幀懸之坐隅教祥熊兄弟性不好聲色前年客姑蘇邇歲避地滬上或邀之嬉遊謝曰吾兄弟皆蚤世而兒姪

未成名奚樂爲去秋挈祥熊及吾從兄麟觀光京國數月而返祥熊自以學不加長未克顯揚副叔父厚望而惟是私感之輾轉於心者冀舅氏質言之將藉手用酒以博叔父一日之歡今夫矯激之行可以博名高嫗煦之德可以收廣譽至於戶庭之閒則未有可以僞取而薄飾者門內之人於我乎狎而接我也久僞言僞行數十年而不能不偶露於俄頃之際矜持於大端以至其毫末而不能不忽發於詞色夢寐之閒善乎王厚齋先生之言曰可以欺天下者不可以欺其鄉可以欺其鄉者不可以欺其家觀祥熊之所以稱君者雖若尋常無足表異然而感激之私出自孤子之口則夫君之於門內殆亦有可以無媿色者耶余以姻婭之故與君往還者二十餘年知君頗深今茲六月朔日君生日也重湋祥熊之請以爲茲文故書君內行而他美姑略之哲嗣麟端謹能文章祥熊亦年少銳進諸子之才稟君之教殆將有大君門而報君德者乎區區之意私也而揚名以顯之者公也一日之歡暫也而自壽以壽之者宏也諸子勉乎哉

族兄蒔雨六十壽序 己未

智生於閱歷而識長於事變此才諝所由見而好事者

之所同也若夫謀人之事而不以人我爲畛域勞勩任之怨謗聽之毅然自負而不求諒於人而有時未嘗不爲宗族交遊所倚賴是不亦難能乎哉族兄蒔雨吾宗之能者也族父鴻表府君生四子而卒兄始七歲稍長見頭角父老才之久之仲兄卒明年母氏史太孺人復棄養是時伯兄遠服賈其弟維新甫弱冠內外之事兄以一身肩之又七年伯兄客死奉其喪歸葬撫視孤寡慈愛同生上下雍睦凡百就理蓋兄之見才於其家者如此始吾先大夫爲宗祠於大墩推之爲義莊家塾兄與有勞焉其後又佐吾兄弟經理其事大墩吾故里也

大父以上塋墓皆在焉每當修治或以煩兄兄愼視防護不異其本支也先大夫所爲兩義冢胔骼暴露則商於余及宗人之有力者相爲掩埋宗人不能葬或困乏難自存時籌策而周卹之至於叫囂爭論兩持不下其事常起於飲食言語之細而馴致乎怨告訟獄之大苟遇兄一言排解事艮已以故瑣瑣來相質者戶外屨常滿也蓋兄之見才於宗族者如此兄少年卽遊市列閒歷四十餘年之久交遊衆多詐僞詭變之狀百出而不已每有所見卽忿然不平攘臂下車思以其才與之論是非決勝負而世或信之或疑之夫當其睥睨儔類叱

咤怒罵迫之使退激之使起必悉吐其意中所欲云而強之以從我彼受焉者雖逆乎耳而拂乎心而常以懾於其鋒而不敢不敬諾之至乎風波既定輾轉中夜回憶向者之言固不無過當然而其怒罵我也將利我也非有所惡於我也其激迫我也其愛我也非有所求於我也乃不覺氣爲之夷而心爲之感矣雖然兄之心未嘗冀人之感我也知爲人謀而已矣又竝忘夫事之在人與在我也知有謀焉而已矣是故謀無論臧否而其言則直事無論成敗而其心則忠此則其生平之大略也今兄年六　矣精悍之色猶見眉宇邇者倡里中修湯君廟指揮匠氏必惟命是聽蓋其心視繁劇不易舉之事常若一人可以爲之而又若非己不足任者余嘗笑謂兄曰充君之心雖畀君以老彭之壽其能少息耶安居里門教率子弟養天和以相期於耄耋斯可矣兄笑是余言而未幾而投袂而起者如故也十月十日兄生日也維新屬一言書屏障因摭其生平而復理向者相勸之言以爲兄壽兄盍亦幡然改計陶然百觚其愼毋曰生才必有用姑舍汝而從我也乎

陳一樓母陸太安人七十壽序 壬申

陳孝廉儒棻端謹能文章往來吾家有年矣同治十一

年其母氏陸太安人年七十孝廉將以九月癸卯太安人生之日率其弟儒杲儒棠洗腆用酒是乞吾友馮午卿廣文爲事略而手捧以來徵壽讌之詞其略曰太安人幼失恃年十一從鄰婦學鍼黹日得十餘錢供父飲年十七歸贈儒林郎岱松翁爲繼配孝養君舅姑雖貧必有酒肉先後棄養哀慟異常襄贈翁營冢塋勤女紅縮食用者三年生子女各三人贈翁嚴課子而不能延師則移其居近師家而學焉其子三易師其家亦三遷顧以服賈多[illegible]外太安人親督課誘掖之不少姑息膺吃黎之變贈翁以策干當事不用益落魄挈其子游學

象山走杭州嘉興又遠至松江蘇州經年累月不得歸家益困男錢女布悉自太安人十指出忍飢操作冬月衣粗葛而未嘗有所稱貸也率諸女習婦工必有程限夜則圍燈火而坐箴刺刀翦聲相續雖嚴寒酷暑至雞唱未歇也積數十年閣臂半竹色渥丹支紝架之木皆光澤可鑑年五十餘始得少安遇粗衣淡飯快然自足諸子或進甘旨製新衣輒蹙頞不怡曰吾家惡宜是事贈翁甚謹贈翁性狷急太安人待以柔順贈翁卒而太安人年六十一矣終其身無忤意時廣文之略如此余讀而賢之又既讀而疑之而詰孝廉曰母太夫人之劬

勞撙節蓋至於今如一日也獨奈何襄葬事而勤儉而三年云乎於是孝廉愀然改容而告余以其詳余作而歎曰嗟乎乃賢至此乎事固有不面叩不盡者嚮吾不詰子幾失之矣文章之道或一二言或數百言事固有不曲折詳盡則精神不出者今吾既與知之得不為覼縷者覼縷之乎贈翁之遠服賈也歲得數十緡而以父母未葬恒悒悒不樂一日顧謂太安人曰吾所得纔足養妻子若歲以所得養妻子吾父母終淺土矣茲吾將畜積之三年以葬吾父母此三年中我不能顧汝曹汝能不凍餓吾子女三年以使我得終葬吾父母吾拜汝

之賜太安人對曰謹諾由是曉夜勤苦以刺繡易薪米曰飢餓則疾病餘盡可省也日向腐家以一錢買豆滓母子六七人團坐而飯終三年克成葬太安人尙得以羸餘佐之嗟乎食貧三歲怨其蚩氓固無足道乃至女曰雞鳴則古所謂賢夫婦相警戒之詞也然吾誦其詩出則翺翔弋鳧雁入則飲酒御琴瑟又不難以雜佩交贈報是安常處順者流而第能不溺於燕昵之私焉已耳至於陳氏其夫為親故發憤至不顧家室而其婦困苦堅忍至一錢一日者三年而子女飽煖而卒成夫志若使得三古詩人采其事為風謠以播之絃管百世而

下將必有奮發興起而感泣者矣嗟乎嗟乎太安人茹苦三年曾不過自盡所能為而抑知孝婦令妻賢母已畢萃於一身此三年也可以千古斯吾所以長言贊歎而以為不足者也贈翁雖貧賤亦磊落丈夫孝廉稱翁嘗述格言為柱帖曰心術不可得罪於天地言行要留好樣與兒孫旨哉言乎即其人可覘已夫先德如斯其淵也母教如斯其懿也後必有興者而孝廉始以科名見而固知其未艾也雖然孝廉兄弟將持是以責報於天而坐待之乎抑亦思無忝之不易倍淬厲其學問以自壽而壽其親乎孝廉有女字廣文之孫而廣文吾壽

兒外舅也既於陳有連孝廉又親余余厚期之故因序太安人七十壽讌也而更爲孝廉兄弟進之

第四姊七十壽序 壬申

先義行有女子子七人姊爲第四女歸遯堂胡君君與其兄誠之君孿生往歲同治十年皆七十將爲文壽君以及君兄未果僅撰聯語贈君今吾姊年七十矣唐人謂七十古稀君於外則昆季於內則夫婦何其盛也諸甥請壽母之文是不可已也胡氏素儉勤大率安業不怠以爲分量入而出以爲用無寵辱毀譽以爲幸姊事君舅姑既久一稟成法以相夫而措其家舅姑並高年

考終由奉養至喪葬盡婦道生男子子五女子子三由繈褓至冠笄盡母道子復生子少長婚嫁一視其子女蓋十七殯胡以至於七十五十四年之中無一日不勞心力老而傳焉猶檢點奔走諸子婦孫婦即在前不指使也安居而樂業以身教教家人毋希冀非分嘗語余曰兒曹習舉業豈不願其成名者顧一科足矣出而仕宦則將離散其父母妻子從而往則遺棄墳墓與故鄉親戚夫一家團聚之不樂而浮沈於宦海風波閒以喪失其心志吾不爲兒曹願之也噫古所稱賢婦人安命知足之言雖萊妻介母大旨不外是而姊親言之然而姊不以脫略爲高也晝夜操作既不遺鉅細至於語言事物之微五六十年之久自其家及鄰里三黨凡姊所耳聞而目見者皆錯識於心閒之歷歷出諸口如昨暮事此豈不妄干求而遂遺棄一切者之所能也哉此吾姊生平之大略也姊之始嬪也翌日而胡氏禮宴婚兄弟義行命余隨諸兄同往時余方六歲進退揖讓略如儀觀者皆歡笑謂家教不誣於後歲時賀弔常常至其家數十年來堂宇加闢而無改其質樸也子孫加多而無改其儀範也婚友往來加盛而無改其禮待也故國非喬木之謂所謂故家者豈必牆藤而瓦蘚哉高曾規

矩守而弗失斯可謂云爾已矣雖然即以吾言數內外嫺婭而不能數數見也然後知胡氏之爲可貴也吾女兄弟存者今惟姊及季妹矣若其壻則君爲碩果往吾贈君聯有曰汾陽七壻福最君多茲以文壽姊吾無以易吾言也抑吾聞之福者備也壽必備富貴而始稱福韓非所謂全壽富貴之謂福也今君之產不過中人諸甥或讀或賈皆自食其力姊則布裙脫粟無貳膳四豆之養終歲勤動有賃嫗一二人供滌濯炊爨無婢妾可使令者其爲富也如此君壯時佐縣官興作議敘八品例不封妻室其後伯子隨余爲振卹敘勞除於君一級

姊始可貤封又其後仲子議敘同知姊乃得與君受五
品
封誥季子以今年游郡庠科第之事方始萌芽其爲貴
也如此備謂之福縣中富貴類是者記之以粟米車載
而斗量矣而吾壽吾姊而夸言之耶然而有說焉今試
召畫師畫世俗所謂三星者錦袍而紗帽吾知其爲祿
龐眉而皓首吾知其爲壽二者定而後乃能指其一以
謂之福也又試使專繪一福星焉則閣筆而袖手矣是
誠畫師之不能畫哉福固不得而繪也豈惟繪畫乃至
極馬班韓蘇之能事而不能以文字形容之夫自其淺

者觀之富不耦國貴不極品而福未備也自其深者觀
之則凡吾心所樂者皆福也佐其夫而同躋乎耆穀
其子孫而內外無失教宜其家室而數十年無故乎故
法其足樂乎其無足樂乎安分而知足形瘁而神泰劬
勞數十年而强健如壯時姊之福也備矣而吾豈夸言
之乎凡吾所以壽吾姊者如此至親無文質而已矣抑
去年不以文壽君常耿耿於懷茲君行略具矣則以此
文爲壽君夫婦也可即胡氏家教亦略具於茲矣雖以
此文爲井壽君昆季也可

道銜葉公夫人袁恭人六十壽序

咸豐四年慈谿葉公壽夆年五十八夫人袁恭人年六
十矣縣之諸君子製屏障爲壽而徵文於其壻徐時棟
時棟不敢辭夫慷慨多大志之士與鄉里所稱爲善人
者亦各行其是而已矣進退不同德顯晦不同迹既進
矣未嘗激之使退而遽自晦其迹焉此殆不可以尋常
之意見相度者也當倫墩之寇定海也郡中戒嚴將募
鄉軍具舟楫備器械用度不貲而費無從出當道日遣
吏敦迫鄉士大夫適公在郡中聞之驚曰此何時也而
嗇吾財急往見以數萬金倡當道動容久之既而曰幸
君來資我雖然用鄉兵而不得人益擾害耳君豈稔知

有勇有力而能不爲暴者乎公對曰長領得人則下不
爲暴吾縣山北某生者勇而義所交多壯士今其人方
在郡急召之宜來若使往招其徒雖千萬人無慮也越
一日率壯士數千人道山北來郡恃以無恐於是聞風
興起相率出藏鏹佐軍需無少吝者而公方奔走蛟門
雞山之間親督造戰艦塞海陘斷截要道未成定海陷
鎮海與郡城相繼失守公咨嗟嗒喪棄家避地往來於
武林吳下當是時公以急公好義名動江浙制府屢使
邀公討恢復公力以疾辭制府遣幕客造公曰雖君不
筮仕然豈得無意於

國家我不敢以僚佐辱君君爲我畫我使人諮君而後
行公遜謝許諾乃具告以地利險要進退緩急之宜與
鄉士之可以任事者制府倚公如左右手會將軍與制
府不相能浸奪制府權而公言遂不復用矣始制府錄
公事聞於
朝力請
優擢部議難之
宣宗皇帝違廷議
特旨賞道銜公子維藩維垣維屏維祺先後以捐輸邀
獎敘又未幾維藩中丙午鄉書門庭寖盛稱賀屬道路

僉謂公受
聖天子特達之知必當出其材爲
國家用而不知公閲歷既久而於進取之心已淡也公
邇年爲鄉黨事甚備與同人剏雲華堂自掩骼給槥以
至育嬰施藥纖悉周至世所傳善書擇其尤雅而切於
風戒者刊布之軍興以來邦計支絀裁減節婦坊銀吏
無所侵染積不聞公又與同人爲兩浙節孝局搜訪十
一郡苦節請於
朝旌表之其他橋梁道路祠宇寺觀以興修告者靡歲
不有建治心堂於所居之西焚香誦道經時或與恭人

相坐閒話教子弄孫以爲娛樂夫跡公前者之爲則伏
波所謂慷慨之士者也今者之爲則少游所謂鄉里稱
善人者也而公則曰我居於鄉而爲吾所當爲與所能
爲者焉是亦所以酬
上恩於萬一者也恭人理家政有法度儉於自奉里嫗
相見不知其爲命婦也今年正月時棟在溪上撰屨從
公公從容謂曰今子外姑且六十吾愛子文章子盍圖
之時棟對曰外姑慈祥和厚致期頤不難顧與公合德
平昔以閒靜端恪佐公無內行表彙里閈若試爲文章
亦仍爲公壽耳公笑曰然雖然我非賢內助將不足以

行我志也是則觀公之言可以知恭人矣七月十日恭
人生日也因書公生平以壽公而及恭人以爲恭人紀
年之作以答諸君子之意謹序内閣中書舍人子壻徐
時棟譔

烟嶼樓文集卷四

男隆壽平甫校字

烟嶼樓文集卷五

鄞　徐時棟同叔稿　甥葛祥熊豫齋校刊

書一

答馮柳東先生論民社書

月日時棟再拜得手敎謂丁灣社碑奇而範之以正有關斯道之文雖固陋不足以與此顧不敢不自釗薄爲有用之學以副長者奬掖之意至於論辨民社謂民社非古秦始有之而據祭法及鄭義以相詰難則時棟竊願有言焉祭法大夫以下成羣立社曰置社鄭注之云大夫不得特立社與民族居百家以上則共立一社今之里社是也秦漢以來民二十五家以上得立社鄭志又云月令命民社謂秦社也自秦以下民始得立社夫祭法稱大夫以下統乎民言之也固未嘗言民閒不得立也祭法稱成羣立社謂凡有居族者皆可以爲社也又未嘗必百家以上也蔡邕王肅以月令爲周公作康成謂出自呂不韋是其所云命民社者宜不足據爲典要乃若周官則非秦人書也周官有之設其社稷之壝而樹之田主各以其野之所宜木遂以名其社與其野顏師古曰以此木爲社神因立名韋叔夏曰大社主用石周禮所謂宜木者民閒社也然則民社之制周官言

之其不始自秦漢明甚豐之枌榆社事見漢初或秦人所立未可知也而莊周之稱櫟社則正周官所謂以宜木爲社名者也莊周非秦人其民社不始自秦漢尤明甚周制散亡一社幾何家與幾何家之得爲社弗可詳考散見於羣籍者管子曰方六里命之曰社獨斷與鄭同義曰百姓以上則共一社地官曰五家爲比五比爲閭四閭爲族五族爲黨五黨爲州州長以歲時祭祀州社則是以二千五百家爲一社而漢人之注呂覽晉人之注左傳唐人之注史記管子乃皆主二十五家爲社之說其相牽而出於一義也其有所受之也其必非漫無師承而姑爲是勦說而雷同之也而康成獨謂秦漢以來民二十五家以上得立社愚謂此鄭義之尤舛者也公子開方以書社七百下衛見管子齊桓公以書社五百封管仲景公以山陰數百社與魯君以平陰與棠邑反市者十一社祿晏子並見晏子齊侯請致千社於魯昭衛地濟以西禚媚杏以南書社五百並見左傳若必以一大夫爲一社開方能率齊大夫七百人以叛而去乎方六里爲一社齊安得有三千里爲仲父封地乎百姓爲一社莒疆以西當有十萬姓乎二千五百家爲一社莒疆以西又當有二百五十萬家乎而齊其致之乎故愚謂二

十五家之說其必非漫無師承者以此夫齊之桓景魯
之昭哀當其世則旣以二十五家爲一社而猶必曰始
自秦漢以來故愚謂此鄭義之尤舛者以此抑又聞之
古者大夫世祿其所居多在都邑果如鄭言大夫必與
民族居百家以上民族居百家以上必有大夫然後得
立社將野之中無社矣鄭子產爲火故大爲社祓禳於
四方宋有次睢之社魯兩社外有亳邱之社似皆不當
在都邑者周官曰各以其野又曰名其社與其野似尤
不當在都邑者桑野株野桃林之野是即其社之野也
是即周官所謂以宜木名之者也夫旣二十五家爲一

社則五比爲閭閭當有社而地官不之及者蓋州之社
州長掌其祀事者也故詳之也閭之社民自祀之卽月
令所謂仲春命民社者也無與乎官司之職掌也故不
及也抑又有疑者暴秦以苛法畜黔首厲禁及於偶語
其或先王遺制民俗因襲而未之改其可也若古以百
家爲社而秦人乃坦然使二十五家爲之社而命之祠
之其可邪此則非先儒之旨而愚輒以己意斷之者也
有疑不敢隱謹以質之函丈時棟再拜

與柳東先生論朱氏逸經考書

五月十九日使來寄到逸經補正一卷命吾家書人謄
錄之已受教給紙筆矣來教稱少作久不省覽檢篋衍
得此將刊刻問世因歎世儒無肄業及之者思欲以此
書爲朱氏功臣而不以時棟爲鄙陋俾與於校讎之役
冀得爲先生廣見聞時棟發而讀之竊妄以爲先生之
志則大矣而其書則誠所謂少作而猶若未可以問世
者也夫秦人一炬而書亡漢儒收拾叢殘於灰燼之餘
故其軼時見他說吾鄉王厚齋先生考證漢藝文志始
爲羣經攟摭其逸語竹垞其繼起者然而數千年之久
百萬卷之博詩書六藝逮雜家小說讖緯道釋之書浩
如烟海皆將涉獵而搜羅之此其勢必不能賅備故逸

經之不備不足爲竹垞病也而取材旣富用力不專顚
倒錯亂亦時有可訾議者先生不欲爲朱氏功臣則已
先生而欲爲朱氏功臣時棟不佞請爲先生枚舉之逸
經考中有逸篇有遺句逸篇有句則附於篇遺句有篇
名則注其目然而有古人但引逸書而輒注篇目者
如荀子引維文王敬忌一人以擇但稱書曰而輒注
康誥又引從命而不拂云云亦但稱書曰而輒注伊
訓左傳引帥彼天常但稱夏書而輒注五子之歌墨
子引嗚呼古者有夏云云但稱商書而輒注伊訓蓋
以所引末二語山川鬼神亦莫敢不甯在僞古文伊

訓中耳然伊訓果眞耶則此二語已在不當復采爲
遺句果僞耶卽不當沿襲其妄而注伊訓

有失註者

如墨子引小人見姦巧云云明稱太誓家語引念茲在茲云云明稱夏書呂覽引五世之廟云云又引刑三百云云皆明稱商書又引民善之則畜也云云明稱周書又墨子引聖人之德云云明稱周頌竹垞皆失注

有古人明稱篇名而私輒以己意更易之者

如墨子引今予與有扈氏爭一日之命云云明稱禹誓而竹垞更之曰甘誓又引其恆舞於宮云云明稱湯之官刑而更之曰伊訓

有誤解古人書而以爲名篇者

如古文有舜典梅賾分堯典下半篇當之妄也趙氏注孟子曰孟子時尚書凡百二十篇逸書有舜典之敘亡失其文云云逸書有舜典之敘者謂尚書序中有舜典篇非舜典以外別有一篇號舜典之敘也竹垞誤解其文於逸篇中著舜典之敘之目

有當在逸篇而誤入遺句者

如墨子引敬哉無天命云云稱召公執命又引女毋崇天之有命也下云命三不國亦言命之無也命三不國蓋命亡國之後之辭皆當入逸篇者又如孟子逸篇中既著性善篇目則論衡所引性善篇文不當入遺句矣

有眞經之佚爲晉人所竊而遂不復采引者

馬氏據書傳所引太誓以攻漢太誓而漢太誓之僞始定乃晉人因前車之覆而有戒心遂乃廣搜書傳之引尚書者私自抄撮貫串以成僞書梅鷟以前諸家或不考書傳但據文義攻擊之猶當爲梅賾所竊笑至閻百詩力窮之於其所往冥搜潛索以大發其

覆然後學者曉然而悟今竹垞作逸經考豈宜聽其掩匿覆蓋混琬璧於瓦礫中哉固當大書特書以闢其妄此補正逸經者第一要義也由今考之無慮七八十條語詳不及備錄　或曰竹垞蓋以梅書立學官不敢以爲僞耳然逸篇中大書墨子所引太誓及史記所引湯誥太誓遺句中大書謂祭無益等語則亦既僞之矣忽眞忽僞莫詳其體例也

有實非眞古文而以爲眞古文者

史記引太誓十一年十二月戊午云云竹垞以爲史公從孔氏問故而得之者此眞古文也不知裴駰作

史記集解其注此節全采用馬鄭注馬鄭注漢太誓矣何嘗注眞古文乎此則竹垞立論之失於眉睫者也

有其辭明在他書而以爲逸經者

如左傳引書愼始而敬終云云今在逸周書常聚解呂覽引周書允哉允哉今在大戒解穀梁傳注引周書大荒有禱無祀今在糴匡解說文引書豲有爪而不敢以撅今在周祝解後漢書注引周書嗚呼汝何敬非時云云今在小開解而竹垞竝采其語爲佚尙書又如白虎通引本命篇男必三十而娶云云禮記

疏引盛德記明堂自古有之云云竹垞以本命盛德爲禮逸篇又采其句附之不知此二篇皆在大戴禮中所引語亦竝在

有當在他經而入之此經者

如考工記梓人曰祭侯之禮以酒脯醢其詞曰惟若寧侯毋或若汝不寧侯云云此祭侯詞當入逸禮而竹垞考定貍首詩取其詞爲詩首章按其文不類詩詞又無確據則不若本鄭注孔疏以曾孫侯氏爲貍首章首之有據也

有古人引經自以意增損而遂以爲逸者

如白虎通引論語曰朋友無所歸生於我乎館死於我乎殯意林引孟子曰虐政殺人何異刃耶又引曰敬老慈幼推心於民天下運掌中也又引曰見孺子入井非孺子之父母亦有惻隱之心或添增其文或檃括其義古人引書常有此體非有別本論孟也而竹垞竝以爲遺句恐非至其爾雅遺句采沈約宋書樂志尤非如經曰大瑟謂之灑郭注曰二十七絃經曰大磬謂之毊注曰毊形似犁錧以玉石爲之而樂志引爾雅曰瑟二十七絃者曰灑又引曰磬形似犁以玉爲之大曰毊此明是合采經注以爲文者何得

指爲遺句邪古人引傳注語往往但冠本經如引三傳而曰春秋引魯韓詩傳而曰魯韓詩是也況此本兼經傳引之乎若果二十七絃似犁以玉等語實係經文則是景純刪薙經文而竊爲己說乎故知其必非遺句也而李巡所注爾雅釋地篇謂之四海下有八蠻在南方六戎在西方五狄在北方三句爲今本所無語見正義此眞爾雅遺句而反不之采何也

有爲古人傳寫之誤而未及察者

如周官大行人注引孟子曰諸侯有王竹垞采以爲遺句非也此四字見左傳曹劌之言也小行人注中

亦引此四字即稱春秋傳凡經文彼此互見者甚多原不能謂孟子中必無此四字然同在一書相隔纔數紙詞義竝同不應一引孟子一引春秋傳也故知是傳寫之譌

有別自一書而以爲經文者

如左傳引仲虺有言曰亡者侮之云云又引仲虺之志曰亂者取之云云明稱仲虺之志是必別自一書乃仲虺所著者晉人不察掇其語於仲虺之誥不知仲虺之誥名篇在書序蓋其封薛時誥命之辭而墨子嘗引之曰我聞有夏人矯天命於下帝式是憎用

爽厥師大類尙書中語若左傳兩引志語甚不類也竹垞以爲尙書遺句誤矣又墨子引湯之官刑安知非商時刑書乎竹垞沿僞古文而以爲伊訓遺句又國語引周之秩官韋昭曰周常官篇安知非別自一書乎竹垞以爲禮記逸篇皆未見其至當而一無疑義也

有本非經而以爲經者

如管子曰鴻鵠將將惟民歌之濟濟多士殷民化之不言詩也而以爲逸詩

有以私意竄亂古經者

如論語堯曰咨爾舜云云孟子放勳曰勞之來之云云此等祇宜采入遺句中而竹垞信王柏之說遽爲考定其辭以論語所引者入堯典舜讓于德弗嗣之下以孟子所引者入敬敷五敎在寬之下此竄亂古經之錮習而啟後生小子師心自用疑經改經之漸者可懼也又其甚者毛大可以四海遏密八音以上爲堯典割月正元日以下爲舜典竹垞深韙之復欲取高堂隆所引曰若稽古帝舜曰重華建皇授政改朔十五字冠於月正元日之上至篇終爲舜典以爲辭旣相屬義亦明暢而不知其大謬大妄有不勝掊

擊者今弗言其詳請以甚明易曉者言之典首著曰若稽古帝堯六字則其下所稱帝者自是帝堯故自咨羲和以後竝稱帝曰更無異文堯崩舜立載舜一切命辭獨於咨四岳之首特著舜曰二字後始稱帝曰蓋史官以堯典中紀舜語恐人疑於帝堯特變例明之其愼如此若使篇首原有曰若稽古帝舜六字何用稱舜曰乎舜格於文祖亦稱舜不稱帝若已有此六字則相隔十餘字何爲不稱帝而稱舜乎帝乃徂落則稱帝篇終舜生三十徵庸又特稱舜若果是舜典篇文何爲不稱帝而稱舜乎夫書序原有舜典

而與堯典下半篇則全無關涉者郊特牲疏引鄭注尚書以爲別有舜典之篇亡已雜鑿不容妄說也梅賾分愼徽五典以下當之已不足訓大可又聯綴孟子史記中語儼然爲舜典前半篇補亡割裂聖經無知妄作大可一生鹵莽固當如此竹垞柰何尤而效之乎

有擬經而入於逸經者

竹垞旣以漢今文太誓入擬經中而復采其語入遺句不自亂其例邪凡漢後所引太誓如白虎通說苑說文三統麻譜漢書詩箋詩疏之屬皆河內本也宜

退入擬經部

有失於限斷者

如左傳引書曰居安思危思則有備有備無患竹垞全入之按書詞僅居安思危四字耳下二語釋詞也且此四字見周書程典解非逸尚書也又孟子曰雖然欲常常而見之故源源而來不及貢以政接於有庳此之謂也按不及貢以下九字是書詞乃引以證常常而見之說者竹垞據趙氏以欲常常以下二十字並爲遺句則雖然二字何解乎

有以己意刪節之者

如左傳引夏書惟彼陶唐云云凡六句而僅采帥彼天常四字緇衣引兌命爵無及惡德云云凡六句而僅采民立而正事以下三句蓋以僞古文已有故刪節之耳然如謂祭無益謂暴無傷山川鬼神亦莫不甯恆舞于宮是謂巫風上帝弗常降之百殃自得師者王莫己若者亡之類皆爲梅賾所剽竊入之僞古文何以復一一收拾之於遺句中乎又如孟子引革車三百兩至稽首二十八字皆書詞也（按孟子不稱書曰與上節引南面而征五句亦不稱書曰同例）而僅采無畏甯爾也五字又論語引詩巧笑倩兮三句而僅采末一句莊子引詩青青

之麥生於陵陂生不布施死何含珠而僅采上二句不知下二句若非詩詞則以詩禮發冢者引此詩何爲乎又漢書引孟子紂貴爲天子死曾不如匹夫是紂先自絕久矣非死之日天去之也文皆類孟子故厚齋先生並謂逸孟子文而竹垞僅采其首二句

有刪節而分析之者

如墨子引官刑其恆舞於宮是謂巫風其刑君子出絲二衞小人否似二伯黃徑乃言曰嗚呼舞佯佯云云竹垞以似二伯黃徑五字不可解刪去之而分爲二書又引周頌聖人之德若天之高若地之普其有

昭於天下也若地之固云云竹垞以其有昭於天下也七字不似詩刪去之而分爲二詩孟子引禮諸侯耕助以供粢盛至則不敢以宴皆禮文也竹垞刪去犧牲不成以下四句又刪牲殺器皿不備以下三句而分爲二禮

有同出一書而作兩解者

如逸周書太子晉解師曠歌無射曰國誠甯矣云云王子歌嶠曰何自南極云云孔晁以爲師曠作新曲美王子王子述舊曲諫也考之書詞無分新舊是孔臆說也而竹垞於逸篇中遂取嶠而舍無射

有明知其爲逸經而故棄之者

荀子一書引詩多至八十三逸詩僅得其六以周人引詩而其逸僅此可謂少矣乃竹垞取其二而舍其四謂俱不類三百篇中語故置不錄今按其所置者曰如霜雪之將將如日月之光明爲之則存不爲則亡曰鳳凰秋秋其翼若干其聲若簫有鳳有凰樂帝之心曰墨以爲明狐貍而蒼曰長夜漫兮永思騫兮太古之不慢兮禮義之不愆兮何恤人之言兮俱無所謂不類者曡用如字斯干有之全用兮字緇衣有之假令緇衣爲諸子所引逸詩恐竹垞更以爲不類也呂覽引詩曰君君子則正以行其德君賤人則寬以盡其力此眞不類三百篇者竹垞采之而反致疑於大儒所著之書何也且禮義不愆何恤於人言左傳引之竹垞采之其字句小異正如齊魯韓師承之異耳非有二詩也

至其所遺漏則雖已經采摭之書猶未能盡而況其餘乎先生之書號稱補正時棟妄以爲補則有之正則未也況所補者率出自王先生志考與詩考中是又未必非朱氏愼擇而姑舍之者而乃欲拾其棄餘以補正其書邪博考乎散亡以存其軼而表其微嚴抉乎篡竊以

攻其妄而正其罪

如武成血流杵孟子疑之而僞書以爲倒戈之故則何以處孟子孟子但引血流杵三字僞者嫌不成句本趙注加一漂字不知王充三引其文皆是浮字而非漂字而作僞者不知也又竊孟子篚厥元黃紹我周王入之武成而不知此二語康成嘗引之乃是嗣征而非武成凡如此類多不勝記臚列眞經則綴補痕跡自見

取之必博也擇之必精也辨難之必詳也論衡之必平且確也夫然後上足爲逸經之完書下足爲王先生朱

氏之功臣而可以問世而無作矣而不然者雖不作可
也時棟淺陋寡聞無能爲諸儒役深願先生棄其少作
整飭神明以成不朽之大業而時棟或偶以其涓滴少
爲不擇細流之一助則殆亦有未敢多讓者語曰狂夫
之言君子擇焉惟憫其愚而進敎之幸甚罪甚時棟再
拜白

與禹柳東先生論夫子不爲衞君書

月日時棟白時棟學無寸進讀童時所習之書而疑莫
能明焉請爲先生詳之可乎夫子之居衞也衞輒方與
其父爭國而子貢問兄弟讓國之夷齊以定其罪閒嘗

反覆其事而竊有惑焉夫輒豈敢與父爭國哉蒯聵得
罪靈公輒受靈公命以立而蒯聵乃結晉伐衞夫晉之
欲甘心於衞久矣假令輒不拒聵將一任晉師之入拱
手而委廟社於草莽乎儒者論古必規時勢似不應但
以拒父之說責輒也善乎公羊氏之言曰不以父命廢
王父命不以家事廢國事由此觀之輒豈得與夷齊所
處之地竝論哉乃子貢則有進焉曰怨乎夫怨非可虛
指也必其人有所不慊於中而怨生焉二子讓國皆本
其心之所樂非有陷之者也苟其稍改初志是悔也非
怨也夷齊之悔與不悔或子貢不及料夷齊之無所施

怨而終身不怨此不待智者決也而不意聖門穎悟之
子貢而乃有此問也且使夷齊而怨夷齊自怨何與衞
事哉然嘗有解之者矣謂假令夷齊讓國而稍有幾微
之怨則衞輒之罪猶可原嗟乎彝倫之變大變也此其
中自有定理夷齊讓國而稍有幾微之怨在夷齊自爲
不賢不仁以他人之不賢不仁而遽末減其罪雖愚吏
無此爰書而豈足以解經哉況夫聖人出處之際未可
定也萬一夫子以權爲道無可無不可或其待衞君如
待公山佛肸故事則將謂夷齊不賢而不仁乎抑將謂
夷齊怨乎且子貢所未知者夫子之爲不爲耳夷齊之

賢與夷齊之仁而不怨則豈有不知者乃舍所未知問
所已知竟出而直斷不爲此誠千古一大夢而不能覺
者也凡此所疑猝不能剖考諸他書或以怨爲遺佚不
怨之怨然引其說而不申又或刱異說者謂夫子未嘗
不爲衞君顯與經背此其言尤荒謬不足信薄學淺陋
不能徧讀儒書固而不明以有此不解之惑願破而曉
之以爲漆室之一炬則豈獨時棟之私幸哉時棟白

再與柳東先生論夫子不爲衞君書

月日時棟白曩以衞輒拒父事反覆詰難就質函丈先
生不棄賜之手教使茅塞頓開然此時每欲有所申說

會事不果夫聖人未有明言傳說紛如學者依傍附會徒亂其眞倖得一解雖未必當乎道或亦大君子所憐而引發者乎此今日之所以復有請也夫衛亂國也祖孫父子相繼爲不孝日尋干戈擾擾不已當此之時而欲立夫子其朝以擁拒父之君此勢所萬不能者也語有之奔車之上無仲尼覆舟之下無伯夷嗚呼信矣然而魯衛兄弟也夫子雖魯人而治衛未嘗不急也子貢又衛人也身方在衛目覩其事而心傷之也夫以蒯瞶背父事讎如是其逆也趙鞅眈眈覦衛如是其甚也輒之年又如是其幼也拒之而無父也納之而幷無衛也

此時景象慘然難言衛君待子臣民望子假令子出而圖吾君必能以其道安衛也而實恐夫子之終不肯援之也子貢之心徘徊輾轉不知其可雖無冉子之請我知其必將問也且夫夷齊之事蓋亦子貢平日之所疑者也君之暴如紂臣之仁如武王天與人歸德至而兵興夷齊奈何不爲仁君之臣而必守暴君之節矯枉過正道非中庸夫子處此意必不然而不料今日之衛事適與合也夫衆人重利廉士重名賢士尚志聖人貴精紂雖暴而武之君蒯瞶雖逆而輒之父武可以伐紂輒可以拒瞶子貢之所知也夷齊必不可助武夫子必不

可助輒子貢所不知者也夫子曰求仁得仁然後知聖賢皆此仁也夫子曰又何怨然後知夷齊不助武而心未嘗怨武夫子不助輒而心未嘗怨輒也是故采薇之歌誣夷齊拒父之說誣孔子由此言之子貢之問夷齊與其所以決夫子可曉然明矣蓋子貢不言衛而能知夫子其穎悟萬萬不可及如此然則以衛事與夫子將奈何曰晉衛交惡幸而衛得拒晉以弭亂則衛國亦安而夫子必不豫聞其不然而授夫子以衛若公子郢者其可也郢立而瞶來郢君也瞶臣也以君伐臣而名不患不正郢繼統之賢君也瞶賣國之亂臣也以繼統之

賢君殺賣國之亂臣而言不患不順名正言順可以敵晉可以安衛昔殷之亡也假令聘夷齊於首陽而授之以天下若微子者其可也然而天下戴武王而不願有他君猶衛人戴輒而不忍其失位也是則夷齊之志終不得伸而夫子之意終不可白則毋亦去之不顧也此宋人胡氏之私意而我從而伸之者也然而不敢遽以定聖賢以爲正名之解焉可也夫衛輒何足擬武王夫子何必同夷齊事勢相侔取而合之乃必欲以讓國論竊恐與當日問答稍不符矣冉子曰夫子爲衛君乎子貢曰將問之問夫子之爲不爲不問衛君之當爲不當

爲也故出而以不爲決之讓國何與哉夫說不必苟同理不妨別解蓋時棟向欲有所申說者如此先生何以教我時棟白

與鄭耐生丈書

某再拜白聞先生名久矣知先生專力乎古之文常擬棹鸛江一聽其議論懼以荒材見屏於門徒往歲六月吾友徐生謁先生受藏密廬文稿徐生方館吾家因得見先生所爲文讀之終卷庶幾哉其可以紹鄭氏之家學者也自維管蠡何足與斯文默焉已耳若復曉曉且重得罪雖然逆而不吐則懼夫先生之蔽於先入而終

不察也而某於鄉黨受失人之責其聽也某之幸也其不聽則某固言之矣是敢竭其鄙衷達之執事稿中文字自信既確而與吳仲倫一書所以推崇之者甚至且集首冠仲倫之序卷首題仲倫之名蓋夙昔所傾倒者仲倫而已某足不出戶不一面其人顧竊聞諸君子言仲倫者皆謂仲倫高視一切自比韓退之向者未獲睹其撰著不敢輕議然觀其題先君祠堂亦既已薄之矣吾宗有好事者交仲倫先君祠堂成撰爲楹聯以先君名字相屬對仲倫實書之而題名其側時某猶少小見之且驚且惡彼其不知而書之邪焉有題人祠堂不問奉祀者何人而漫以名氏與之者邪如其知而書之則妄亦甚矣昔有讀詩至祀事孔明者大喜書以扁於武鄉侯廟以視仲倫有以異乎鸛江之鄭顯著於四明者五百有餘年

國初諸老以文章與吾鄉萬氏經學相頡頏鳴於時其後萬氏經學浸衰而鄭氏文章至今未隊讀寒村集中人物志及稿中所續者故家喬木可謂盛矣今不家學是求而輒以虛聲相推挹某已爲先生不取也夫此事也非先生所與知者也而集首之序則請於仲倫而仲倫爲之者其言曰客四明之二年吾友陸紹聞貽予書

謂甬東有問道者否紹聞之所謂道者文焉而已夫紹聞淺之乎視仲倫以文爲道固宜爲其所笑矣特未知仲倫之所謂道者果何道也於是祕其所謂道而論吾鄉之士君子謂不克捐世俗之好相從於蕭寥寂歷之中求淡泊之眞味而咀之嗟乎仲倫以賣文爲業日奔走於豪富之門同流合汙舉其身以投世俗之好所謂蕭寥寂歷者固如是邪求淡泊之眞味必於蕭寥寂歷之中已隘矣況乃求諸同流合汙以投世俗之好者邪夫仲倫方惴惴焉不爲世俗之所好是懼顧乃令人相從而捐之邪今有人日溷跡於鮑魚之肆語人曰天下

皆逐臭之販夫聞者不之辨焉何則其所見皆所類也夫仲倫亦姑出其肆門而後輕吾鄉之士君子未晚也乃其論文則某雖不佞亦得而與聞之矣曰予受之姚刑部姬傳張編修臯文之說謂假令吾生周秦兩漢時豈有後世庸俗之語習於口耳閒耶噫此則其襲昌黎非三代兩漢不敢觀之語而儼然自命爲韓退之者也妄比古哲好爲人師退之所深惡者仲倫亦自知擬退之爲不倫於是思得一阿好者相與標榜之稱姚姬傳爲永叔而以退之自誇於姬傳姬傳復書不敢自居永叔亦不肯以退之與仲倫是則仲倫之妄比古哲好爲人師乃前輩之公言非某之好爲異議也仲倫之文與其文說今者悉得見之傲而躐約而竭惝怳而無所歸宿持之無物言之不舒所謂蕭寥寂歷者或幾矣淡泊之眞味則未也苟充其量之所至可以方駕武進其於桐城則執鞭者也而乃欲雄長吾四明何其妄也夫果有可師不惜北面寒村之師黎洲也見黃以名其集黃過以名其堂尊事之至比於其父而黎洲抑然自下盛推寒村二百年來過鶴江者猶慨想二先生流風今仲倫何如人也自負不過文章而其文如是勇於自信以謾世而欺人又如是若題聯之妄某且以不知爲仲倫

諒之先生深受其惑不爲勉齋寒村南谿之文孫而願爲仲倫之高弟此某之深痛惜而所以不能已於言者也嗟乎吾鄉文章今日其凋瘵也而仲倫以無本之學來乘其衰而淩轢之使後生小子震驚虛聲相率以出於枯槁則先生推崇之之過也故卽其序大集之文爲先生昌言攻之願整頓神明以克紹鄭氏家學而無復爲其所惑也則幸甚至於僭踰之罪其何所逃某惶恐再拜

柳東先生嘗語余仲倫學術不足觀至其說入大家則娓娓可聽蓋亦傾倒於仲倫之古文者也然二公雖傾心仲倫而仲倫絕不肯以文法相講究卽如志墓之文古法但書忌日而不書生日此金石例中所未及者仲倫頗能知之其初月樓稿無一篇書生年月日者而馮先生勺園集及藏密廬稿中則竝有之此雖小道亦見仲倫之枝而吝也

仲倫以古文一字訣授耐生曰短此眞足令人齒冷者故其初月文但是枯寂而無眞意遂覺索然無復生氣矣

烟嶼樓文集卷五　　男隆壽平甫校字

烟嶼樓文集卷六

鄞　徐時棟同叔稿　甥葛祥熊豫齋校刊

書二

與友人論喪中應試書

吾子不弔遘罹大慼僕以平昔交遊親唁而與於執紼之役竊見賢昆季哭泣之哀慘於嬰兒歸棹與諸君子私歎謂近今所寡有心常怦怦媿服無已乃者客自君所來謂令弟將赴試有司而僞爲後於他人者僕未之敢信今果然矣乃不禁憤懣終日而不能無大白於吾子也國有法曰凡居父母之喪官者解任士子輟考夫

親喪固所自盡彼其能任與能考與否聽之已耳曷爲而禁之蓋聖人不忍以不肖待天下若曰此其人在三年中方哀痛怨慕鬱結膠固而不可解責之以任事將叢脞而失職課之以肄業將荒落而牘亂苟反是焉此其人殆善忘其親者也夫是故禁之也夫未有法而不本於禮者也禮者所以待君子而法者所以繩小人古之君子慘怛呼號而不自已先王憐之謂是將終其身而不能一日殺也於是乎爲之飲食起居衣服之禮有日月焉有變除焉始以稱其情而繼以節其哀而緣情而制禮則有廢誦廢業之文後之達者或遂視父母之死爲人事之常焉爾先王懼其漸入於老莊墨翟之教而流至於無父也於是乎爲之飲食起居衣服之制而其尤著明而易於遵循者則有去任罷試之律今將爲君子焉禮在而法無問矣將爲小人焉禮不必爲我輩設也其如法何哉而僕則嘗聞今人之言曰喪而貧可以應試其不貧則不可駁詰之則曰富家子冒匿喪之禁將有訐告而魚肉之者若窶人子也誰問之嗟乎嗟乎富人子之幸而得尚有其親也豈不賴一二眈眈者之環伺我而迫致之使不敢不有其親耶若不幸而爲貧者之父母則其死如不死固已久矣又不幸而得志

華服而蒙衰麻之身以謁其主司丹刺而題不辭之名以見其宗戚而爲之姻親鄰里交遊宗族者相率醵金錢走其家爲賀其家乃張樂陳宴懽呼叫笑歌醉累日夜不止或稍稍訾議之無智愚賢不肖皆大驚愕指爲迂僻怪妄之言掩耳離坐而疾走嗟乎嗟乎此其始相忍而爲此態耶抑其良心喪亡浸潤淪浹已久而固已出於自然者耶吾子試思之如不望其成名也赴試奚爲者如望其成名也亦幾有不出此者乎且法之所禁未嘗不明且備也今求之於飲食起居猶有遵法而無違者乎衣服之制若不敢踰焉然而不帛而已其衣布

之細密而輕柔者無異乎帛也不錦繡而已其衣裳冠履盤絇刻畫異色閒錯爭妍而鬬麗者無異乎錦繡也此其表於外者爾至其褻衣與其燕寢之所服用吾不得而知之矣雖然指其藏於裏者猶將深祕而曲諱之也斥其暴於外者猶將赧顏而遜謝之也獨至應試冠朱纓曳華履姣好之服喜笑之色豈惟不指而斥之且羣以爲固然無足怪嗚呼卽衣服之制而喪心害理至於此極子曰衣錦安乎猶謂夫朞之後者也今不數十日而泰然安之僕誠不解其何心矣或曰凡爲父母者未有不願其子之成名也幸而得之吾親將含笑於九

原而奚其小節之苛也夫父母豈惟願其子之成名抑未有不樂其子之安居而飽煖者也今不食焉啜粥焉蔬食焉倚廬而枕塊衰絰而苴麻苟無故以爲是父母雖不慈殆必涕泣而禁止之苟宜爲是而不爲死而有知且不以子數庸冀其身外之名乎且履歷掌於有司弗可改也今日爲人後不能終三年而更之也則是是子也將終其身謂他人父卽由此成大名登顯秩而與其所生已幾幾乎秦越人矣越人之肥瘠何與秦人而猶曰必含笑於九原信乎或又曰先人殆有遺命焉幸而得之以順其心失寸得尺宜亦可也夫古道自處如

子之先人豈宜有老耄之亂命哉僕固深信其必未嘗有也雖然喪而試者多矣僕又不能信其人之父母之必無是命也鄰有老而生子者比當娶子婦而其人病革乃爲遺命曰我死必無廢斯舉也宗族朋友而强以國法繩我吾家人徇之爲不孝旣而其家以質於僕曰從之也殆不忠違之也殆不孝且奈何僕笑應之曰子乃今而將爲忠乎爲孝乎以吾所聞忠孝固不若是其幾也今而翁有遺命焉曰必犯上作亂不者非孝子子乃今而將從之乎故天下之理無小大一而已矣知有輕重而權衡之雖顯親揚名姑徐徐焉爾苟惟命而已

雖犯上作亂庸非孝乎嗚呼至性至情至今日而益薄僕自覩與今人曾無少異而淸夜汗下猶不敢肆然爲無忌憚之小人者尙知有法耳我何以當去任我何以不得與於試返而求諸心或一時焉一息焉得稍動其哀痛怨慕之良則不可謂法之無禆於我也賢昆季至性過人無待激發今或者過聽旁觀之慫慂而不能無動於世俗之好以有此大惑也號哭之聲猶在吾耳令弟而苟赴試哀痛慘怛將終不能抒所學也不然夫豈越數十日而遽忘之何其速也往者僕與吾子論本朝人物居官講學亦推李文貞而每讀彭給諫之奏

竊掩卷爲文貞深痛惜之知吾子今日猶此情也僕聞
吾子親交中有勸而無沮故不能已於言焉不然此禮
此法豈尚爲吾子之所未聞抑吾子貧士又豈畏人之
訐告而魚肉者而煩僕之曉曉耶僕又聞前年有訟匿
喪於典試者典試不答怫然以爲多言嗚呼主持風化
者而亦出此是尤僕與吾子之所深憂也書往答書媿謝竟不試

答友人問夏后氏藝文書

某頓首言前月僕與吾子會於全氏縱論及夏諺客有
言頁代文字自夏書外獨存此諺者僕笑而不答是時
主賓方雜還而吾子遽命僕陳說之乃者又書來請畢

其詞情意懇懇推獎甚過何吾子好學之深而下問之
勤也夫一代之制作雖其放失殘缺之已久亦豈俄頃
間所能悉數者抑僕實弇陋寡學其去客殆不遠徒以
吾子之誠不敢不竭言之故卽平昔所聞見者考其存
亡與其眞僞傾筐倒篋以爲吾子告僕聞之言必有端
今何端乎則請以漢藝文志爲例而數夏之典籍焉連
山夏易也周官曰其經卦八其別六十有四太卜簭人
掌之與歸藏周易爲三易其書早亡故漢不著錄唐志
十卷司馬膺注者則隋人劉炫僞書也然先儒謂揚雄
太元經實依連山以準周易桓譚曰連山八萬言又曰

連山藏於蘭臺阮籍曰庖犧布演卦變後世因之禹湯
之經皆在而上古之文不存皇甫謐曰其卦以純艮爲
首艮爲山山上山下是名連山其作帝王世紀與酈道
元注水經並引其書夫漢志本劉略劉向既不得見而
揚桓以下反得見之何也金樓子由歸藏推連山斷爲
夏書則其書在梁又佚其著書篇所稱連山三秩三十
卷者元帝自著書也於夏易無與故孔穎達曰二易並
亡若陸佃邵博所見卽隋人僞本耳久之亦失而黃佐
六藝流別載繇辭基詳僞三墳稱山墳爲連山是無知
妄作又劉炫之重儓矣夏書存於今者獨禹貢甘誓而

吾謂堯典皐謨亦夏書也堯典已紀舜崩非夏史紀之
而誰紀耶故左氏引賦納以言明試以功車服以庸稱
夏書而墨子亦云尚書夏書其次商周之書至五子之
歌與胤征僞書也胤征佚語康成注禹貢嘗引之而吾
鄉先生王伯厚氏以爲出張霸百兩篇中其灼然可信
者左傳十一引夏書莊八僖二十五文七成十六襄五又十四又二十一又二十六昭十
四又十七哀十八國語三引夏書周語二引晉語一引墨子七患篇引夏
書呂覽諭大篇引夏書雖奇零叢殘信足寶貴而梅氏
剽竊竄亂無有孑遺
國初朱氏彝尊作逸經考不復采引僕嘗與張太史書

所爲深譏其過者也司馬遷史記引夏書於河渠書中王肅作家語引夏書於顏子篇中是其眞僞未易遽定至墨子兼愛篇明鬼篇竝引禹誓非命篇引禹之總德非樂篇引啟之武觀則不但遺句而已竝可補夏書篇目之亡者也夏后氏始制禮故禮器曰三代之禮一也夏造殷因夫子曰殷因於夏禮又曰夏禮吾能言之然而其時已有杞不足徵之歎蓋夏禮之亡久矣而惟夫子能言之其平日所講論七十子之徒相與究明而傳習之以筆之書凡散見於大小戴記與周秦諸子書中所稱夏后氏云云者皆是也僕嘗欲集而綴之爲夏禮略亦足以存什一於千百也且損益從時而其名篇蓋大略不異如周禮有冠禮饗禮而郊特牲曰諸侯之有冠禮夏之末造也王制曰養老夏后氏以饗禮則當時名篇亦概可知也至夫樂章雖周樂之存亦寡矣何況夏樂而其名尚時見他說大夏禹樂也尚書大傳又稱禹作大唐之歌又曰招爲賓客而雍爲主人始奏肆夏納以孝成舜爲賓客而禹爲主人又有大化大訓六府九原之樂康成曰四章皆歌禹之功淮南子稱夏后氏樂曰夏籥九成六佾六列六英呂氏春秋曰禹命皋陶作之又其後王所作者山海經曰夏后開上嬪於天得

九辯與九歌楚辭注曰九辯九歌啟所作樂也夫九歌爲啟所作本之屈原無可疑者左傳引夏書勸之以九歌而釋之曰九功之德皆可歌也謂之九歌故王逸曰啟能修明禹業備禮樂也晉人不察以傳所引夏書竄入大禹謨中是九歌爲禹樂矣可乎九招舜樂也啟又嘗修之竹書紀年曰夏后開舞九招洎乎季世列女傳稱桀作爛熳之樂而夏社屋矣此夏樂之大略也周之時夏法猶存左氏傳曰夏有亂政而作禹刑荀子君道篇曰禹之法猶存而夏不世王其傳於今者周書大聚解引禹禁周語引夏令又引夏后氏時儆左傳引夏訓尸子引禹喪法呂氏先識覽稱夏之衰太史抱其圖法以奔殷皆其類也左氏引夏書有之昏墨賊殺皋陶之刑也是禹刑爲皋陶所作皋陶刑法受諸舜其詳在虞書則夏法亡而於虞書猶足仿彿之左氏又引曰遒人以木鐸徇於路官師相規工執藝事以諫又引曰與其殺不辜寧失不經此則大禹作刑立法之仁心精意可以括一代刑法之全而垂百王之典則者也較之下車泣罪之說其言尤足徵信僕又聞之墨子之教本諸有夏然則其辭過篇所引爲宮室與爲衣服之法節用篇引嫁娶與節用與飲食與節葬之法節葬篇引葬埋之

法其皆出自夏法者乎法家之外有雜家漢志著錄者曰大命三十七篇命古文禹也班孟堅曰傳言禹所作其文似後世語僕按莊周劉向賈誼諸書多載古帝王語所引禹言豈卽出自大命者邪雜家又著孔甲盤盂二十六篇或曰黃帝史也或曰夏后孔甲也今不存無能考核然僕聞夏人尚忠其文亦簡施於烝彝鼎者不過一二字故款識家多載商周器銘辭而夏文絕少今其銘盤盂者乃得二十六篇之多邪鬻子載禹所作簨簴銘其言類春秋六國時人而尚書璇璣鈐乃云禹元圭之上有刻辭文曰延喜玉受德天錫佩更怪誕無足究詰者夫龍符玉牒荒唐之言也岣嶁碑文世盛傳之果可信乎而九江記乃稱禹刻石彭蠡湖十洲記稱禹刻石鍾山辭亦不載載亦不足貴凡此比類難一二記姑因數盤盂而爲吾子終言之乃其歌詩莫古於五子之歌而書亡矣晉人僞爲之殊不類其錯見他籍而未敢決其眞僞者古今樂錄載禹治水作歌曰襄陵操吳越春秋載塗山之歌呂覽稱塗山女歌僅載一語曰候人兮猗古琴疏載帝相源水之歌其辭卽荀子法行篇所稱爲詩詞者呂覽音初篇稱孔甲作破斧之歌而亡其詞新序詩外傳並載桀時羣臣之歌尚書大傳載夏

人飲酒而醉而相持而和之歌又載伊尹更歌太平御覽引符子載龍逢行就炮烙之歌夫夏諺亦歌詩類也註孟子者未之詳察以今也不然之今屬晏子時遂僅以前六語爲夏諺詞而以後十語爲晏子之說僕大不以爲然也向在全氏已備告吾子今略之由歌詩類推則有箴辭有祝辭墨子稱夏箴之辭逸周書文傳解兩引之呂覽新序俱載夏人祝網與湯更祝之辭是皆文字之在夏后氏者也夏文之傳希矣故核諸漢志門類多弗備而惟數術之略曰天文曰厤譜曰五行曰蓍龜曰雜占曰形法則雖叢殘滅絕而或存或亡其名猶有足以充數者夫子曰吾之杞而得夏時焉康成曰得夏四時之書也其書存者有小正司馬遷曰孔子正夏時學者多傳夏小正今小正在大戴禮中姒氏一代遺書完好而無敢疑議者此其碩果也而王禕序趙訦仲集解獨蚩蚩然疑之謂孔子取夏時何以不與禹貢同列於百篇訦仲曰鄭以小正爲夏書按以小正爲夏書不始自康成趙亦失考本無左驗所記昏旦中星與星之見伏率與月令月紀時訓不合唐一行推以厤術知其實在夏時其爲夏書無疑禕又難之謂安知非精厤數者逆考而遡推之求其故以僞爲是書乎嗟乎信如禕言則堯舜禹湯周孔

果有其人乎安知非工語言者造爲神聖以欺我乎忠文疏於考證殆不足辨善乎劉蕺山之言曰夏小正丹書蔚然彝鼎實三禮之冠冕先輩又言世儒明知月令爲呂不韋作乃尊以爲經夏時孔子所取反舍而不習然而雖未立之學官而既已入於禮家尊爲六藝矣若夫宣夜夏天文也瑞厤夏厤譜也洪範夏五行也玉兆夏蓍龜也致夢夏雜占也山海經夏形法也請終數之史記曰傳天數者有夏昆吾漢書亦曰夏有昆吾賀道養渾天記曰昔記天體者有三一曰宣夜夏殷之法也蔡邕虞喜皆謂宣夜之法絕滅葛洪亦云宣夜之書亡

而其抱朴子中載宣夜說百三十言乃漢郎中郄萌記先師所相傳者蓋有夏星官之書可考見者如斯而已左傳引夏書曰辰不集於房瞽奏鼓嗇夫馳庶人走是又其言星變之見於經者漢志載六家厤有夏殷周魯厤十四卷是夏厤在漢無恙也律厤志曰堯育重黎之後以授舜舜亦以命禹蔡邕曰厤法黃帝顓頊夏殷周魯凡六家各自有元續漢志曰黃帝造厤元起辛卯顓頊乙卯虞戊午夏丙寅殷甲寅周丁巳魯庚子又云永元十年太史霍融上言官漏刻率九日增減一等不與天相應不如夏厤然漢以來諸儒多疑其書劉向五紀

論曰黃帝厤有四法顓帝夏周竝有二術詭異紛然孰識其正宋志祖沖之曰夏厤七曜西行特違眾法劉向以爲後人所造書正義曰古時眞厤遭戰國及秦而亡漢存六厤皆秦漢之際假託爲之信如所云其存也不如其亡也而僕則謂夏之時固有厤也其名書曰日月星辰瑞厤荀子天論曰治亂天耶曰日月星辰瑞厤是禹桀之所同也禹以治桀以亂治亂非天也夫古之王者多矣仁君暴主亦眾矣不數異朝之君而專稱禹桀僕故曰日月星辰瑞厤者是有夏之書也此眞夏厤也洪範五行之祖也箕子曰天乃錫禹洪範九疇不謂之

有夏之書不得也雖亡而在周書者大略具矣讖緯之家異說蠭起乃有河精授禹河圖躉入淵之說其名號多至數十如挺佐輔帝覽嬉之類皆是也其書既焚其軼時見祕怪淺陋無足觀者乃欲悉數其名以當夏之五行未可也而其蓍龜則曰玉兆左氏傳引夏書曰官占唯能蔽志昆命於元龜周官太卜曰掌三兆之灋一曰玉兆玉兆夏兆也杜子春謂帝顓頊之兆康成雖從之而答趙商不以爲然也其經兆之體百二十其頌千有二百康成曰頌者繇也墨子耕柱篇載夏后開鑄鼎使翁難乙卜於白若之龜辭曰云云乙又言兆之繇曰

云云僕謂前所稱鼎成三足而方者兆辭也卽經兆之體也後所稱逢逢白雲者兆之繇也卽頌也其他張衡靈憲所引翩翩歸妹僞歸藏所引不利出征皆玉兆之偶見者書在漢猶存漢志著錄夏龜二十六卷者是也其占夢書亡矣而周官存其錄春官曰太卜掌三夢之灋一曰致夢康成曰言夢之所至夏后氏作焉者是也夫宛委石簣之山青玉白銀之簡未可盡信而所云中經天下經者不可誣也世儒皆稱禹治水伯益著山海經自東方朔董仲舒劉向王充諸儒靡不尊信乃或以爲僞託太史公大宛傳引禹本紀亦其比類而書不傳

太史公曰言九州山川尙書近之至山海經禹本紀所言怪物余不敢信也蓋意亦僞之然僕觀其書博奧宏麗固不類禹貢而與小正相近顏之推曰山海經禹益所記而有長沙零陵諸縣後人所羼非本文也其說近是尤袤遽指爲先秦人作僕未敢以爲然也且史遷之不信者何哉爲其語怪也然而重常之鳥貳負之臣兩面之客長臂之衣世不有怪物則已苟有怪物精驗潛效必於是乎知之論衡謂非禹益行遠山海不造僕謂非聖人知足以知物雖行遠亦不能作也舊校三十二篇劉歆定十八篇漢志十三篇隋志二十三卷今本十八卷蓋劉氏校定本至如括地象地統書之屬竝稱禹作語出緯書無可信者矣凡僕之知者如此夫一代之制作縱極明備苟至乎鼎革喪亂之秋未有不散亡殆盡者固不必推秦政爲戎首也夏之初王風樸政簡其文字殆不多作況古者簡冊繁重未易遷舉又自秦燔以後遭兵燹者更不知凡幾此其傳之幾希也固宜然而閱世至於三千餘年之久遺書遞立之學官山經小正巍然完好其單章隻句分布載籍者若淄澠之沙計兒不能數禮樂刑政時令制度之大卜筮占驗歌謠鄙諺之細雖未或賅備尙足以考見一王崖略僕妄以爲

未必非大禹明德之所呵護者而客乃欲以夏諺盡之此僕之所以笑而不答也雖然尸佼不云乎井中視星者所見不過數星夫僕亦坐井而觀天者則竊慮夫僕之笑客而更有笑僕於後者也惟吾子擴其不備而敎益之幸甚某頓首

三百篇有商頌而無夏詩諸子百家引逸詩者亦絕不之及蓋其亡久矣或曰公劉在夏世篤公劉夏詩也故明人何元子作詩經世本古義以時代爲後先取公劉冠首然舊註謂是周公作則未可定爲夏詩也元子說夏詩在少康之世凡八篇公劉以外曰七

月曰甫田曰大田曰豐年曰良耜曰載芟曰行葦又大中間毛詩博士沈朗進新添毛詩四篇以虞人之箴爲禹詩此皆自著一家之言姑聽之可也余又按逸周書世俘解乙卯籥人奏崇禹生開三終或謂崇禹者夏詩歌禹德也生開者夏詩歌啟功也然其詩已亡未可想像得之若但以禹開二字爲據則商頌禹敷下土方周雅維禹甸之維禹之績皆將指爲夏詩乎此又毛詩博士之故智矣

與朱述之司馬書

述之先生公祖大人閣下睽違道貌十二年矣邇年音

問亦復曠疏每從省中諸君詢問近狀知前年曾經奉諱又知金陵失守闔書蕩然未識骨肉都得團聚否無恙否田園尚有存否耿耿此心無日忘之段鏡湖觀察宋思贊司馬亦嘗道及一二而但是彷彿亦不能有的音也如何如何尚希詳悉告知以慰鄙懷不肖自遭大故名心淡然以先大夫葬地不吉營度六年始以去冬得葬蒙賜志銘光榮幽室前不肖求志尚擬分葬故大作志銘凡二篇今既得合葬未敢併合爲一乃聯綴書之而不肖補記其由及葬地月日於後本當親詣叩謝事冗道遠不能如願謹具拓本並菱芡束帛聊答盛意於萬一臨發書三叩首先生嘗邀領此情也文中於事實職銜或有不合大膽僭易一二其餘並依來本四明志刻成既二年矣以尚未覆校故未印行欲屬人代校則恐其疏忽自校又無暇日遷延至今常縈於心今秋定當了此一大願先生許爲作序何以未到今將所刻體例零紙錄奉又附刻鄙著校勘記三十一卷亦望零作一序其體例亦附來誠欲遺棄一切著作自娛而一年之中強半爲他人作嫁衣裳丁未下第南歸作徐偃王志爾時先生曾賜大序其書尚未刊刻近將刪補之付手民而未能也出近及遠擬先修寒家譜牒去年作

本支家傳尚未脫稿臘月間成呂氏春秋雜記一書凡八卷其中校正高畢注語尚有可觀以視錢唐梁氏呂子校補竊自謂過之現方搜羅宋元以前四明詩文先詩後文詩已得三百餘家前數十年吾鄉袁陶軒徵君鈞慈谿鄭二雲司馬辰各有此舉弟並得其手稿增刪之間究易爲力若書成較李杲堂先生耆舊集多不啻倍蓰矣然吾鄉在宋元有專集而至今存者不過三十家而寒家所有者僅得其半則豈有其集尚在人間而耳目未賅遂可甄綜風雅之理若竟棄去之則所收三百餘家者又將蕩爲飛塵矣以是不得不仰求將伯之

助今據四庫書目錄其集名下注已有未有其未有者
敬求廣爲搜採或以聲藏見惠或從閣本借鈔務求必
得其費若干統希示知奉還大君子方主持風雅爲吾
黨指南必不至褎如充耳置之罔聞不稍爲此邦文獻
一垂念也臨楮至此又敬謹望書三叩首萬望先生憫
其苦衷曲賜周旋此外凡文章之見於他書及四明遺
事之紀載於筆墨者均希隨筆錄出惠寄擬作四明遺
事及四明職官考四明藝文志三書竝以宋元爲斷即
如職官凡宋元文集中幾於無集不有鄙意自郡將州
佐至簿丞巡檢無不收錄師儒山長之在元者亦備登

於冊其軼事詩文之有關於四明者即載本人之下書
成亦當可觀也前月從故家得尹和靖集其中居然有
吾鄉高司業閌詩一首爲自來選宋詩者所未有吾鄉
諸先輩亦徧求司業詩不得得此爲之狂喜者累日謹
以附告知己因洪襄伯同年返里謹奉書一函拉雜滿
紙未罄欲言何時得見顏色一暢懷抱伏惟爲道珍攝
諸維亮詧不宣治愚小弟徐時棟頓首
附奉先大夫墓志拓本三十副外新刻鄙著六種共計
十六副藉呈大教又本表裏一副謹求哂納
再者去年擬刻所作古文稿整理之約得四十卷已寫

樣尚未上板先生見鄙著多矣更欲恃愛求大序一篇
未知許之否集曰烟嶼樓文集烟嶼爲月湖十洲之一
先人故居也近以人多屋少弟已於乙卯四月遷居城
西門外顏曰城西草堂而集曰烟嶼者不敢忘故居也
古今體詩則更不敢自信且爲後圖時棟再頓首

與董覺軒論碑志不書生年書乙丑

友朋晤聚交暢所言別而索居往往追理頃者雜遝論
對之言而忽有觸也則將急發吾意中所欲云者以重
告之而其人旣去此所以別足下不數十日而遂有書
以貽足下也愚嘗謂古大家碑志不書生年足下信之

乃者至自海上若翻有疑焉而舉金石例中稱昌黎薛
君志爲據是時不遑校檢姑妄以爲是偶然耳未足難
吾說也暇而思之昌黎於古文爲不祧之宗終不當有
偶然者重發其書乃始知吾言信不謬而歎爲例者之
妄作也薛君志曰詔拜國子助教分教東都生元和四
年年卌七二月十四日疾暴卒凡金石例先書某年
月日卒復書年幾何逆推之而生年可知也昌黎碑志
多變文或先書年幾何復書某年月日卒若此者多有
雖備舉或先書某元幾年次書年幾何次書某月日卒
此志與清邊郡王碑是已雖以意參錯變化要其不

書生年一也今爲例者誤東都生之生爲元和而印以爲韓書生年之證則集中碑志六十餘篇幾見有不書卒年而轉書生年如此志者而第於辟乎異之唐制博士助教皆有分司東都者或但稱東都如唐書昌黎本傳云元和初權知國子博士分司東都或稱東都生此志亦如周況妻韓氏志云愈於時爲博士乙分教東都生固不能據其一以爲之辨且又安用是繁稱博引與爲例者相詰難哉設假辟若生元和四年年四十七是當卒於宣宗大中九年者而昌黎卒穆宗長慶四年至是其卒也三十有二年矣而能志其卒乎古文雖小道然未有不本於經者堯典紀二聖但書崩年顧命於成王始具月日夫子作春秋詳記天王至卿大夫崩薨卒葬而月日之而不書生年其獨生魯莊者爲當時擧與禮公穀傳春秋以夫子爲萬古一人而附記其生是皆特書非恆例尙書春秋史家之祖也故良史如司馬班范亦紀其帝王生時符瑞而不具年月日後世乃以生日爲聖節受朝賀於是乎史臣具書之雖書之非古法且夫忌日者君子終身之喪也春秋大夫至以從祖之忌廢公事漢唐以還賢者廢酒肉辭攝祭其不肖者或以匿忌罷官若是乎其重也此非孝子慈孫之所敢忘也夫是故鄭重而書之而詳書其生年日月是奚爲者

耶考於經如此核於史如彼儒者爲文章號稱古文宜安所取法耶宋後作者多不曉古法一二大家能知之而不肯言白茅黃葦擧目皆是乃不意著書立說將勒爲成例以示天下後世爲正鵠者而乃遷就古人之文誤其屬讀如足下所擧云云也世有刻潘王黃三氏書爲金石三例者吾家有其書劫後失之顧嘗記是三例者皆不能言古大家之不書生年若誤讀昌黎文而反有援爲例者則忘之矣足下所擧始出蒼崖滋誤後學不可無辨故論昌黎之必不然復抉其所以然以堅足下之信抑足下告我謂在海上之疑吾言者始吾友郭生郭生方邃志治古文雖區區末節其必當有心得而毋惑乎前人成說而過信之也是不可無幷告之也五月二十四日某再拜

記王止仲墓銘擧例是全錄古人文以爲例而非瑣標名目者若黃黎洲博雅勝前儒其著金石要例恐不至於誤讀韓文故疑董君所述語出潘蒼崖金石例中後余復得三例果如所料此等名例原屬瑣碎讀古人文未必尋究到此故後來作者之書生年無足異也特三君旣將援古著例有意推求篇篇不書自當覺悟乃無一能言而蒼崖且誤讀而妄言之是

可怪已」又按溫公書儀載志石刻文式但有某年月日終某年月日葬至朱子家禮始云某年月日生然則此法實壞於南宋者

與及門劉藝蘭書

凡吾無是書而假諸人也其不能妄有所評論宜也若插架吾固有發而讀之而思之而未必其無疑也疑而深思之而未必其無見也則何弗即吾所見者而姑評論之其閒耶他日復發而讀之而見夫我之嘗論乎其閒也則必將取彼之所云而更思之即我之所論而還按之而用力既久未必不以向者之所論爲未善也則

又何弗自闢吾前說而重論之耶又他日復發而讀之而見夫我之嘗一論而再論之也則必將更取彼之所云與吾前後之所論者覆按而深思之而用力愈久彼此是非由是而可定矣語曰溫故知新禮曰斅學相長此其益殆有甚於師友之講貫而切磋者也今讀其書震其名而不敢疑也則是仍未嘗思也雖或疑之而震乎其名而不敢更以他義反覆之也則是仍未嘗疑也亦或有所見而終震乎其名而不敢以後生小子輕擬議之也則是仍未嘗有所見也夫未嘗思未嘗疑未嘗有所見而欲使所讀之書之有益於我也殆未可幾也世之著書立說者往往好出新意詰難前輩此其人吾深惡之今乃爲斯言者爲學人用力者言之而非爲著述者道也夫我讀其書而一再論之至於用力之久而始知吾向所云者卒不如彼所云者之至當而不易也夫然後彼之云眞不啻如吾之云而其書乃益於我矣而固不惟是震其名而已也又或反覆焉而吾之云未必不加於彼之云則不妨取而別記之雖他日以爲著述可矣而固非出新意以好爲是詰難也此讀書之一法也足下好讀書而過於迂謹一二名下之士深信其言而不疑端恭遜讓迥異浮薄雖然吾懼足下之隨人

而自局也故爲斯言進之若夫荑稗不熟動輒喋喋吾惡之且不暇其又敢爲斯言以助其狂耶

烟嶼樓文集卷六　　男隆壽平甫校字

烟嶼樓文集卷七

鄞　徐時棟同叔稿　甥葛祥熊豫齋校刊

傳

秦孝子傳

秦孝子者諱嗣瀛字一占鄞之西郭人少孤貧不能養母違其家五里爲人坐市列雖隆冬大風雪夜必歸母掩戶待之旣歸入侍母話一日已事雜刺取見聞爲懽笑母倦始就寢日以爲常旣而娶婦不善事君姑姑婦有違言而未之知也一夜歸來入母室推戶戶闔瞿然而駭往詰婦得日間勃豀狀大怒然性長厚且無如婦

何遽出反叩母氏室長跽戶外且跽且號母在牀呼就寢跽且號如初母不得已起開戶納之跪牀頭百言慰母母命之寢寢牀下旦日婦懼謝罪然後已一夜母盛怒卒閉戶拒之不得入孝子跪戶外終夜隱聲泣母察之無聲意已去姑就枕平明起開戶見狀驚抱持大哭孝子跪膝下亦大哭婦聞感且悔前叩頭謝矢不敢亦大哭鄰里驚起入門相問訊髣髴得一二咸歎息揮淚去蓋孝子不能一日居於家每以母室之開闔驗婦之孝謹而以長跪痛哭刑其妻不數年婦遂爲所化孝其姑逾於常婦人夫孝庸行也夫豈惟稱詩說禮而後宜踐之哉乃至性之發往往在編氓市井閒而逆親之行販夫賈豎所不忍爲者又轉出於士類其故何也父久在縲緤中百計求贖鍰不可得而厚擁其妻之嫁貲而終不一顧或咎之則曰是吾妻主之非我能與聞又曰吾妻儉人也我豈得出其財而揮霍之此宜亦販夫賈豎所不忍道而乃出自庠序人之口是尙得謂有人心乎哉嗚呼以順若此以逆若彼又豈得相較乎哉久之母病凡力所能爲者皆爲之母卒哀毀骨立每夜半起拜北斗星四十有九凡四十九夜雖不無少惑然而其志可哀矣

徐時棟曰孝子吾父友也年少未獲撰杖屨又不幸早孤未悉其行也長與其嗣君熙臣去來屢見必把酒道舊故顧不肯一語及先德殆爲母氏諱之耶爲母諱隱其父矣且其母卒孝婦也春秋大改過奚諱焉後余得其事於周君維墉是日座有述某生事相告者心惡之周君曰此殆謂婦人不可化耶因語孝子之詳如此周君又曰以孝子之愿朴而不言而勸不怒而威斯其誠爲之也至誠未有不動人者則夫人豈有不爲至誠動者時以爲知言

王孝子傳

王孝子學旦字景周鄞之句章鄉人生四歲而孤母氏阮守節撫之稍長事母謹母夜織挑燈隨之讀既冠取於劉其年遇火諸父力遷張陳皆倉皇而大父棺方在堂孝子急呼妻黨與母同舁大父棺及柣足踏柣棺自足上過裂跗出血而已未之覺也未幾與諸父異爨自以身爲寡婦之子終讀將累母以家政乃廢書擔家日理瑣屑夜侍母言笑不命去終弗去母或不歡力勸慰之或怒未及理長跪請罪既而劉卒繼之以楊偶不相說曳杖率婦跪母前至老而事母猶常常如此始劉生子女各一母以無女視女孫如女劉卒尤愛憐之嫁於

陳一年而歿母哭泣哀思成疾每疾發氣上逆不省事百計調護之不得治焦思彷徨亦得狂疾者三月母既喪女孫愛女孫婿女孫婿來開說之病得解以是屢召婿視母所以待婿甚厚外家貧不懈存問爲舉其喪營冢塋他日母歎曰未亡人有此兒無恨於寡矣久之以母苦節聞得旌如例孝子卒後十餘年其婿陳某來請傳書其犖犖大者

贊曰方余避難懸慈村過修源寺遇王君始知其先人爲吾先君故交乃今而知孝子也余嘗傳父友蔡孝子童時又竊聞先君言湯丈之山左覓父柩屈指先友無媿至性者逮茲三矣夫至誠至德古今所難若家庭順親之行士大夫謂恆常無奇異不足表暴於世其所論議行誼至高但崇空語而割股廬墓矯激之行又相與色喜稱道之著述家沿爲例焉而不可破夫謹身節用以養父母經所謂庶人之孝也而必尙之抑獨何哉

貝淸江云人子事親始終盡道者不足書特於其遇變書之按此實文人好奇之過也凡作文字必思有以興起後世若但傳遇變之人則安常處順者皆將藉口於遭逢之幸而不足以動其自反之彝良觀感無由人心所以日偷至性所以日薄也曾閔至孝古

今無異詞而孟子稱曾子只是以酒肉養父夫子稱閔子只於其父母昆弟之言證之似乎芸瓜衣蘆世所傳家庭之變皆屬附會然則二子之孝亦不過始終盡道耳且始終盡道談何容易而尙不足書耶聖賢立教至中至庸人人可以則傚非如後世文家矜奇炫博務爲搠獲而無當於勸懲之義也友人讀此傳謂其人平平無奇不得題以孝子故特附論之如此

周抑齋先生傳

周先生貞劭字友高學者稱抑齋先生生三日父端翁

持燭逼視之目光炯然既離文葆試授之讀誦聲與端翁琴聲相上下端翁不鬻士善鼓琴常走通都一日在杭州寄時食餉諸兒毋以餽媚黨不之告也既而歸從容問曰吾他日貽兒曹食味何如諸兒倉皇不能對先生遽曰美甚兒至今猶在口也長肄舉子業不肯習時好充鄞學增廣生屢試不第遂棄其業專力於詞章或酒後命筆酣歌一曲慷慨涕沾襟其他星厤音韻句股壬遁之學殫精竭慮皆有撰著而未成書又以餘力爲書畫篆刻見者珍如拱璧而已爲强弩之末矣至性惇篤事父母以孝聞端翁歿先生不能治生產而館穀所

入時分諸兄仲兄早卒孤寡力任之見人無貴賤必以禮知交或改轍苦口箴規之卒不聽始絕他日母迫之就試既去而母病先生在省中忽心動急歸中途冒大雨得寒疾居喪又毀瘠過哀未數月竟死余觀先生氣甚豪顧乃最奇離騷經每讀已大哭哭已復讀又召門下士善哭者來與呼哭相應和當是時則自以天地之大而我乃蝨乎蠕動其中況又重之以古今之感往來代謝皆若與我無親比焉者悲從中來長哭不止故其於老莊列禦寇之言皆有深契而流連往復之不能自解以至於死可不悲夫死時年三十九門下士哀之歲以五月七日爲魚菽之奠積十餘年近今亦稍衰矣仲子宏縉與余善亦礌砢有奇氣

徐時棟曰余讀先生所作壘魂杯得失之際何其悲也世徒以繩墨求之過矣始予少時先生來吾家自門隙閱之高論若無人焉壯觀其文辭又何落落無凡響也烏乎儻所謂未見其止者乎

陳西耕先生傳 辛丑

先生諱濂字逢侶號西耕先君子遇事必商籌燈寒夜娓娓不倦先君子與客夜坐則令兒輩賦詩侍長者或座上客滿發言盈廷未有定論先生不大聲色決之以

理度之以情參之以世變事無周章從容而理之余每聞先生言雖不解所謂未嘗不歎其才之能鎮以靜也先生始爲諸生文詞磊落傾其曹郭公文鋕令於鄞下車采風以先生冠多士甚許其才且期之至歷試不第淡然置之世無知先生先生亦不欲自見於世而先生遂以明經老矣吾鄉中秋後天下一日先生以是日生往歲先生年七十賓客將壽先生忽買棹抵黃公林拜漢黃公曰鄉先生廟祀於此不可以生年七十而未有謁也既歸意若有所動疾作踰月而卒先是嗣君勷中拔萃科外用方捧檄走粵西而先生大病幾死明年告

歸省親先生無恙也未數月先生沒沒期年而鄞有逆夷之變流離患難老成多抑鬱以死而先生不祈於祝宗而已脫於奔亡之厄嗚呼先一年而死與後一年而死皆將不得成禮乃今而知天之待先生者厚也先生之卒也鄉黨咨焉喪之而余思先生而重有哀焉少時好勇而惡懦一日忽不得意於邏卒思所以辱之適先生自外來問曰何以有怒容告之故且與之謀先生笑曰少年盛氣哉雖然子未知爲諸生之難也守其身如處子而不敢與知其他猶懼非笑之入吾耳也如臨深淵如履薄冰子之先人終身誦之曾未之聞耶先生旣

卒勵復與余交請傳先生申之而未報也喪亂以來始克爲此夫豈惟前諾不敢忘先友之感寶往來於吾心抑不肯幼孤失敎求覩老成人之典刑而未易得冒不韙之名亦悔於厥心嗚呼此余所以記先生遺言而不能不愴然於懷也辛丑十一月朔徐時棟撰於它山

長者王東亭翁傳

國朝乾隆閒鄞有長者曰王東亭翁諱宏詩字昌言國子監生父成職母張氏生六子二女翁以長男搘家塵身居積得稍贏餘及壯未昏或勸之曰我五弟二妹方幼少我有室難兼顧矣年三十三始娶以次爲弟妹畢昏嫁而治居宅分畀之事親極甘旨婉容孺慕沒身不衰父晚歲苦風病手治湯藥者七年第五弟中年而風不能理生產翁資其家終身女弟適陳三年寡撫孤子爲之娶妻戚友告匱視親疏緩急爲佽助蓋於三黨竝槩然有加惠云翁伯叔父三人皆貧無子皆後翁諸弟養生送死皆翁力任之旣而舉其喪洎其妻妾凡七棺葬石山衖與父墓在鹿山者望曰地相近如此我子孫來祭吾父墓拜掃之易耳歲時忌日祭其先必誠且敬以及其先世旁支之無後者謀創建祠堂買地西郭稍鳩貲爲畜積迄翁子卒成之嘗歸自會稽與同邸客竝

舟檥百官鎭邸人誤以十千錢投翁舟旣歸始覺驚曰此必有冤死者卽買舟行二百里達前邸而客方意舟人盜錢下諸吏將賣女償矣翁至事得解年四十六始生子又十年生仲子課之綦嚴其後伯以積學勵行聞仲髫年成諸生翁歎曰吾貧故失學吾二子成名無憾矣嘉慶元年遘疾幾殆伯子刲臂肉進病閒會母氏以九旬考終翁哭泣哀思病復劇十餘日亦卒享年七十夫人吳氏子二伯大綱縣學生贈蕭山縣儒學敎諭仲大緯嘉慶二十三年舉人揀選知縣孫四人仲孫蓁道光十九年舉人今司訓蕭山與吾家有連曾孫十七人

其四人方有聲庠序閒

贊曰翁不反遺錢誰知之知亦誰責之而舟人之子殆矣甄彬歐陽頠以還金盛傳史氏彼未嘗於人骨肉有損益也而翁益長者矣孝弟爲仁本觀於翁尤信王氏在明初有諱道之者與其弟刑部主事敬中始分支由道之傳十世至翁大父四百年來一支而已餘支不旋踵皆絶翁大父有子四人父有子六人亦或絶或僅存存者亦微乎爾而翁之後獨以孝友詩書世其家天之所壞不可支也以翁視其餘亦薄祚焉耳而盛衰若此嗚呼孰謂天道杳茫而不可問耶

朱青石傳 己未

青石諱文杏字午橋鄞人父璐甯波府學生爲縣大師有名青石少孤貧爲人抄書入慈谿巨家主人使寫袁枚駢體文青石爲點竄其使事錯誤者主人見之驚曰若非書傭何爲而在此以貧困告主人且喜且憐之曰始吾慢子子吾友也改容禮謝遽延之爲上客由是發其家藏書徧讀之性彊記過目恆十行下時盛行考據之學青石意不屑嘗笑曰是瑣瑣奚爲哉他日見朱氏經義考則又曰此一月而可成書者其大言多此類始學爲經解成諸生有賦家謾侮之青石大恚立棄去學

駢體詩賦又高出儕輩顧以貧故常爲人捉刀學使者試菊影賦青石既爲人成三篇日下稷矣己卷空無有倉卒寫數百字投卷以出明日甲乙下三賦皆高等而青石名第一皆譁然怨青石爲人謀不忠及取其自爲賦讀之又心弗善也嘗謂天下事無難能而紛紛者敗之諸君或聚議庠序去之不少顧自負經濟才人莫肯信之而任氣敢言慷慨論氣節每以意孤行其所難不終計成敗亦不求人知也館象山石浦村爲浦中興大利浦人爲之建生祠余聞而怪之以問青石青石笑不答道光十九年有妄男子發王桃源先生墓問官哀矜之士大夫交起成大獄會巡道李公紹昉課諸生雲石山房青石與焉乃爲駢體文一篇獻之大略言先生宋大儒墓發而守令仁慈將激變公以告問官始用嚴刑得其情事定衆攘臂論功而不知青石之與有力也其讀書亦不爲門戶之見好觀大略通其意而止嘗除夜坐余家烟嶼樓余方用故事祭長恩驅書蠹青石與余兄弟共聯句爲詩有曰寢饋於其中粉碎破虛冥字字必咀嚼敗壞先聖經甚於厄秦火殺之有餘腥噫考据之學其流弊未必不至是而疾之已甚遂乃以激切形語言蓋其意趣如此故其得失亦半之四部之書問之

皆了了窮之則窒而世遂欲以目錄才子詭之則苛論矣余嘗勸靑石下帷遂志稍事著書雖草稿劄記中未必無一二精到語可詔後世而東西奔走老困衣食語言文字無足傳者是則可爲靑石長歎息者也靑石貌奇古面崎嶇如五嶽飮酒少許輒脫帽汗雨下氣蓬勃自頂上出望之如雲興於山晚歲不得志被酒罵坐往往對嚴武呼挺之每來吾家座有他客則余必强制之靑石固不余怪然過從漸稀未幾而靑石死矣卒於咸豐七年某月日年五十有八子二正傳正芸卒之前一日尙以賓賦就試日昏黃或見其跛躄出場屋明日遂

卒石浦諸弟子方以試事在鄞乃與鄞人相率斂葬之靑石所著旣不傳傳者率駢體詩賦酬應之作菊影賦世勿善也獨蒼涼有古意爲點定而存之雖然靑石卒潦倒貧賤不遇以死讀其賦亦可以知其人矣其詞曰

落落疏疏蕭蕭槭槭是影是花爲人爲菊散漫兮逵岫攲斜兮短闌冒雨兮初開經霜兮未殘顧乃顚狂笑傲跌宕風流亭臺顧盼山水優游烟雲恣其揮灑星月與之夷猶伊半醒而半醉羌雨秋而風秋旣若隱而忽見乍將去而復留朝而出兮園東暮而歸兮籬右曉吾見其入簾午吾見其窺牖或逢人兮寫眞時邀月兮舉酒刪俗態兮盡無釀花意兮都有柰何哉麤服亂頭殘衫破帽孤雁淒淸西風毰毸客或未來人所不到古處爲歡對影自悼孰尋我於無影之影竟指我以不傲之傲此豈凡品是爲古狂放浪游戲閱歷風霜憐爾嫋嫋覩我茫茫有神無迹形與影忘嗟乎噫嘻秋思可悲花影人影一枝兩枝是耶非耶何翩翩其來遲我婆娑而起舞花動搖兮迷離倘顧影而自愛謂人澹兮如之

贊曰海濱有地曰白塗多煮鹽亭戶靑石祠在焉始竈民受制於其商靑石爲平之商怨靑石而竈民盛德之不衰一日方斬牲陳優羅拜塑像爲靑石壽而靑石適

至衆大喜讙呼擁靑石坐像下歌舞酣笑竟日夜及靑石旣卒或見其自海上騎白馬入祠中迹之不可得村民益神之擲杯珓獻雞酒無虛日噫靑石其信爲神也耶余聞之石浦人云

姚梅伯傳

梅伯姓姚氏名燮鎭海人生周歲未能言而識字二百餘坐大父膝頭手指無謬者有客過其父梅伯方五歲索佩囊不與衏啼客笑曰能作燈花詩當與汝琅琅賦五言二韻客大驚解佩囊去梅伯以絕人之資讀書恆十行下自經傳子史至雜家小說以逮乎道藏空門

者言靡不覽觀既成孝廉公車北上則出其才交天下士士無不知鎮海姚生遊覽閱歷日益多交益廣譔述益富才益奇客中釜盡不得歸拉雜書數十紙投有力者旦日視之策馬行矣道光二十三年大病幾死養痾郡之報德觀忽大曉悟取生平綺語十數種摧燒之自號復莊是歲余客杭州有傳梅伯死者比歸知無恙過之觀中方作道士裝爲人懺悔相視而笑出手注玉樞經瀹茗共讀余嘗評梅伯所著駢體文第一詩次之塡詞又次之餘所橫溢皆可觀傳人也而梅伯自言有詩萬餘首遴之至三千可以視古無媿邑聞者笑之余固知梅伯言不妄也

建陝唐四傳 丙辰

建陝在鄞西南錫山之下唐氏童氏族居之咸豐六年夏有竊盜入唐志喬家覺而逐之遁唐四者其傭也聞呼聲驚起袒裼執菸幹往追盜及諸野手握盜頂髮而以餘辮市髯上盜不能脫固哀之不可盜怒出小刀擊其髯四左手以菸幹格之盜愈怒亂刺胸腹腸一刀中其心會家人蹤跡至四大呼曰盜在此吾死矣勿縱盜衆爲解髯辮而縛之四徐徐取腰繫巾自捫其心腹良久始仆目怒張左手執菸幹如故

徐子曰建陝山僻也孝女童八娜有傳在宋史相距六七百年而有義傭唐四者出焉夫四得於主幾何主所失於盜又幾何而必發憤而以身殉之則夫平日所得既倍於四萬萬一旦其主所失且倍此不啻萬萬者又當何如耶人皆曰予知而四獨愚異哉余嘗問志喬以其名則曰未讀書故無名是尤可異矣

李縫人及買杖者傳 壬戌

李縫人者鄞人少孤善事母無何母死遇忌日不事事雖急而召之莫能强也晨起掃室布几筵焚香獻茗告而去至市上徧覓向嗜好買以歸手捧饌進之而侍立

其側箸夾饌置母前曰阿母食之今日買諸市尚新鮮而價廉阿母食之已乃反饌於器泣曰母不能食矣則哭以至卒獻皆如之將徹舉近所爲諸事娓娓白母曰阿母誨我則又泣曰母不能誨我矣遂慟哭而欷歔太息涕被面者竟日也始家人驟見之以爲狂數見不復怪久而大家戶知之遇是日輒不召皆曰李縫人之母之忌日也

鄞有弊政曰買杖縣官坐堂皇集稅吏催科吏度是日當被杖則易一人代以入每一杖錢幾何官不之察也雖覺弗禁縣治之側有孤子者貧甚而母風起居轉側

皆需人已深念曰吾不辭行乞顧誰侍我病母者或告之曰若養母而不能離母此與母俱死耳縣中有買杖者爲時暫而得錢易可爲也泣而諾之而戒之曰召我愼勿使吾母聞也於是日得甘旨奉其母母詰所自詭而對將出必以果餌菸蒻及母所需置牀側掩戶而去去俄頃旋反雜里巷瑣屑語告母時或爲優人歌舞嬉戲母前母喜而笑則撫掌共笑夜卧牀下聞聲躍而起其母歡樂受養幾三十年而終不知其子之代吏而受杖也母死衣衾棺槨備旣舉喪與其父合葬遽削髮逃去不知所終

贊曰先王制禮以忌日爲終身之喪士大夫素服謝客徒具文耳乃不意縫人也而深知禮若此彼養其親而毀其身者又何不知禮之甚耶夫彼則固已環念焉而計無復之而以爲不毀其身之必不足以養其親也故忍而出此而又未嘗不知夫養其親之必不可以毀其身也故母死而遂爲僧則吾又深怪夫郡縣之大數十年之久而曾無一人焉憐而告之而拯之而使之終出於是其志可哀其遇尤可痛也嗚呼若縫人者足以風矣

烟嶼樓文集卷七 男隆壽平甫校字

烟嶼樓文集卷八

鄞　徐時棟同叔稿　甥葛祥熊豫齋校刊

婦女傳　志傳

趙節母袁孺人傳

袁孺人者鄞西新河趙艮臣之妻也生子永利及二女而艮臣卒貧無以送終賣長女買棺斂之是時兄伯方小康遇之多亡狀又時時折辱之曰孤兒寡婦此豈能久活哉婦聞大慟曰兄嫂暴吾不望其恤我且冀什一二相全今見我貧乃幾我嫁也自悲傷哭甚哀里婦或爲之畫曰汝養幼孤無强昆弟女兄弟六人無足恃者

今必欲守志而復久居此此非長策也盍姑往後壠避之後壠去新河數十里鄞西南溪上之村也始艮臣常販薪其地識其村人而艮臣弟玉臣方爲人主村肆於是婦涕泣挈兩兒行至則已昏暮玉臣適他出村中人或知其道新河來憐悲其意爲飯其母子㦖藉之自僑居村中捆屨得食既而永利漸長能樵於山以佐母一日遇虎虎尾之行幸得脫歸以狀白母母瞿然駭曰吾惟欲保護汝以有此來也出狼穴而幾不免虎口我死何以見汝父乃從里人貰酒數石米五斗敎之酤其後稍得餘贏自釀酒開一盧以賣家由是日起而永利者長者也少時受伯父母虐至是從兄弟來待之如平生懽向里人貰之酒與米者家中落責以百金聞病劇往候之里人呼子具負券卽驚曰吾來視公病豈索債哉公幸無疑我折券而去艮臣卒時婦年二十餘及婦卒乾隆五十八年年六十有六矣後四十餘年有司以節聞得旌如例

贊曰吾昔與趙君啟琅同學於綱齋王先生於後三過其家蓋後壠趙氏溪上稱巨室焉至啟琅乞傳曾大母然後知其先世艱苦一至於此夫煢然一婦人守身保孤難矣而離棄鄉井奔走數十里卒底成立此豈惟人

事抑亦天也節母母子之德長矣啟琅諸兄弟交勉爲學毋亦思大其門乎潛德不發昌其後人天殆將昌趙氏也

李母鍾孺人傳　甲辰

鍾孺人者大川李翁之妻而吾姑夫祖楨之母也始先君生五歲失恃仲姑實調護之後數年仲姑于歸先君常常過李氏或遭痛苦姊弟相向泣孺人顧謂仲姑曰新婦善視遇此兒吾甚哀此兒乃五歲而失母者也孺人旣卒四十有五年而其孫泉涕泣請傳泉之言曰大母生吾父四年而大父棄養辛苦底遂長比成童使從

里人爲賣布者既而歎曰未亡人止此子此不可以教吾兒使學爲吏既而又以爲不可去之使自營生爲市列雠酒米焉布裙操作得稍贏餘及泉始生愛憐尤甚教之讀常訓之曰讀書作事求其靜而已矣嗚呼先人常以世無傳大母者遺恨無終窮臨歿而以爲命顧泉方髫亂而大母已老未知其內行今泉且老矣猶知一二軼事子爲我記之大母年七十四猶健飯無恙一日忽命泉買柏香合柏香合者喪具也驚問何爲笑不答後十日平明召子婦家人集榻前曰吾將逝矣握手相訣以卒大父之歿也大母哭之哀既終喪腹痛不已方

輾轉牀蓐夜夢大父挈一人來顏渥丹出其手若鶴爪摩腹作聲既覺病良已又嘗夢大父語家事若平生雞鳴將去兩手强留之忽驚醒手中乃握大父素所愛佩玉佩玉久在篋竟不知何爲手握之也又曰吾未知大母德知者又往往奇異若此恐不信他人余曰此不足奇也誠之所至假物以傳古之貞義往往有此抑余觀孺人之教子孫與其所以待吾先君者賢明慈惠異於恆俗嗚呼仲姑與姑夫相繼而逝已更三十寒暑而吾先君之卒亦十六年於茲矣老成凋謝戚黨寂然則宜乎無能道孺人德者述瑣屑事載之家乘使李之子孫稍知什一於以塞外兄之請亦聊以報曩德也道光二十四年三月

戴氏三節婦傳己未

三節婦者槎湖戴氏婦也其翁宗杏生三子長源輝次源來又次春源源輝娶於蒲蒲年三十四源輝卒日夜號泣念二孤幼弱勉起撫之女公適董者挈長孤去教之學藝不材客死台州次孤稍長賈嘉興乃不通音問蒲苦志自守數十年如一日卒年六十八源來娶魏氏生一女而源來卒時魏年三十二孤苦覩蒲尤甚或日一食或幷日一食媒氏以爲困迫可誘也正容對曰吾

命當餓死即改嫁豈改命乎媒將以計奪其志魏聞曰果爾吾赴水死耳卒年七十三春源娶陳氏亦無子生二女年三十六而寡有微諷以他適者曰長次二姒苦節如此吾行吾何面目別之矣卒年六十七始戴氏家頗饒不善治生業中落既析爨兄弟相繼死而翁尚在三婦夜辟纑朝織席以供菽水已常常枵腹未嘗使君舅知也君舅病女公迎之去爲醫治疾革送之歸爲殯葬之以是德女公甚深嘉慶二十五年比鄰大火及其廬而滅晚年得以一椽蔽風雨蓋天雖苦之而又微報之如此

贊曰三節婦所稱女公者吾友董君蕙津之母也蕙津哀念外家思姈氏苦節而以傳屬余嗚呼節而孝而三人同心而皆出於里巷婦人不足以傳乎抑蒲與陳守志三十餘年魏四十餘年乃以始寡之歲不符於例不得受旌表若郡縣志乘復失不載奚以闡幽微而彰風化乎故爲序次其事使異時有徵焉

王稽雲母節孝范太孺人傳 丁巳

太孺人姓范氏鄞縣人其先曰廷謀者雍正朝官兩淮鹽法道生員外郎城員外生鏜乾隆四十四年舉人太孺人大父也次鐸知湖北當陽縣次鈛知直隸阜平縣

舉人生溥庠生次源沛四川重慶府知府次源漢訓導又次演修職郎娶周氏是生太孺人范氏雖世宦而貧修職久客不能歸太孺人以箴黹佐其母年二十一歸贈修武校尉同縣王君宗鎏是時其君舅武義都尉壽君姑張太淑人皆在堂武義性嚴毅於諸子婦不少假詞色而獨歡太孺人中饋之事盡以付之曰非我獨勞爾以爾司烹飪不失節耳于歸四年而修武君沒太孺人呼天大號仆地絕而復蘇者四其時長子世銖始三歲其季世濬之生才七十日拮据荼苦勉顧視兩兒每爲兩兒治衣履念及則輟業而哭兩兒牽衣裾隨之哭張太淑人聞哭聲入其室撫慰之曰死者既已矣當爲我念孤兒語未竟涕盈眥而墮復相向痛哭於是太孺人懼傷君姑而悲兩兒乃常常背人飲泣以是苦頭暈終其身舅姑既卒太孺人益悲哀失依倚比兩兒長遣之從季父讀晚自塾中來篝燈督課必誦所習無遺忘而後寢爲季父誨兩兒無以報乃分幷娣所事事而身任之世濬游庠序食餼廪太孺人期望綦切試於省則焚香影堂朝夕私祝語報罷則又慰藉之曰吾固望汝得一舉雖然吾老矣念成名當別離艮苦天或者欲使我母子常相聚也性慈順教兩兒未嘗加笞扑子婦有

過婉導之無疾言厲色自喪所天衣縞素四十餘年遇生日子婦上朱履卻之曰未亡人有終身之喪焉用此道光二十五年以節孝
旌始太孺人撫諸姪有加惠
成皇帝登極推恩中外其姪梓請以本身官贈封叔父母故嘗貤封孺人卒於咸豐元年年六十七

贊曰昔吾先大夫與世濬仲父參戎君相往來於後不肖兒弟交世濬最深今二十年矣始納交時皆以孤兒事老母歲時饋問登堂候起居如舊姻焉七八年來竝羅大故鮮民之痛可勝道哉世濬近客剡川寄事狀爲

節母請傳方其執筆敘少年牵母裾痛哭時事將必有涕泗汍瀾者吾讀而哀之撫其言而書之亦不自知其涕之無從也

董子禾生母趙太淑人傳 甲子

趙太淑人者江南長洲人而贈中議大夫慈谿董君耿軒之副室也年十六歸中議善事大婦撫其子女如已出生一男二女男曰葆恩居無何中議客蘇州而病太淑人率葆恩往視病衣不解帶者數月中議歿將殉之或曰今新喪未歸而所生皆幼少死且柰何泫然而止是時葆恩始七歲長女四歲季之生才數月耳明年義

莊興先是中議與諸弟謀所以恤宗族者規畫久之方在外未行也及當興建而諸弟以中議既歿不欲損諸孤於是太淑人喟然歎曰豈有董氏爲義莊而可使中議無與焉者我不能知其他請爲葆恩助萬金可乎皆曰可議定宗黨賢之其教葆恩也嚴厲有法度延師課之讀供帳豐潔或不帥教笞撻雨下葆恩既入庠序登賢書督過之無改往昔嫡子或早世命孤兒來同學而身教其遺女凡門以內上下男婦若而人惟太淑人言是聽有小過失不敢使聞知至於外事常令葆恩稟命於其叔父事有扞格諸叔難之又往往與太淑人相籌策一言出首肯而去蓋有德而濟之以才其大較也性節儉自奉菲薄常衣弊補衣三黨以緩急告惻然周恤之每戒家人毋與負販爭微値恩及婢媼而惠周鄰里門外有遺孩收養之以爲常嘗割腴田三十畝使建亭普陀之佛頂山而燃燈其中爲海舟指南其他施茶藥棺櫬至修梁道造渡船靡歲蔑有難一二記中議之歿也太淑人年三十劬勞勞苦撫孤措家政又三十餘年而太淑人之年六十有三矣會其家方有事譜諜葆恩請余書母氏大略載之卷中始中議服賈善居奇多遺金歿之三年諸子別產籍以四之一授葆恩時葆恩甫

十歲太淑人謂多金則多欲此非所以教吾子也盡出以貨良田曰歲時之豐歉物力之艱難惟有田而後能知之且吾歲收其所入用之有盡而廢之不易勤而治之儉而守之雖中材可以保業矣數十年來人事不齊或盈縮見差等而先疇舊德葆恩克蒙守如故則太淑人之力也

贊曰多金多欲至言哉中議磊落有行誼余嘗爲傳之而不意閨門之中乃復有卓識如此夫育藐孤於新寡之日而棄萬金如敝屣此以較恆俗之見豈直尋丈哉近余見中議諸弟所爲義莊緣起謂造意於中議之父

而成於杭太君杭太君者太淑人之庶姑也嗚呼又何董氏之多賢母也

范子眞少室殉節張貓姑傳 甲子

王意山語余曰范孝廉卒而其妾貓姑殉之是不可無傳也貓姑者餘姚徐村人姓張氏貓其小名長而人姑之曰貓姑云父故木工生三女子矣貓姑之生當饑歲父母將溺之會其鄰朱閣學蘭有女弟嫁慈谿葉氏方歸省聞之使授以錢約曰勿殺吾將以爲女四歲而還諸葉孝廉娶閣學季妹生一女無子而妬他日姊謂之曰孝廉年長大矣而無子而不爲之謀置側何也曰吾

家貧曰今試有愛孝廉而不責其貲者而子願之乎曰固所願也曰然則吾貓姑者可也曰諾遽妝貓姑而嫁之貓姑既嫁恆不得當夕大婦時以非意詬誶之安之無慍色嫁五年而孝廉病養病於外病革輿之歸中道卒貓姑大哭屢噎而絕徐而蘇當是時貓姑舊主人以孝廉將嫁女佐妹治奩具在范氏意哀憐貓姑而私慰之曰吾知汝女君此非可與居者汝年少無子女而何戀於此茲吾將歸去汝亦從我而西爾貓姑輟哭陽諾之既殮之明日遽仰藥死實咸豐十年十月二十四日年二十一於是越孝廉之卒五日矣孝廉諱多銑字子眞道光十五年舉於鄉代爲鄞人世所稱天一閣范氏者

城中女子傳

嘉慶季年民大疫歐泄霍亂相隨屬中者立死久之得治法以鍼鍼其背見血而活非是無免者城中女子年十六七矣罹其災父急召醫鍼之醫至女不可強之必不可曰我有死而已豈有女子而袒背示醫人者病革父長跪涕泣固哀之女亦長跪涕泣叩頭謝曰我來生報父德耳今無庸望我生也遂死

徐子曰吾聞之湯君耕吾湯君向謂余當傳之是時舅

歸道女子姓名甚悉余重詰其里居與其父何如人未報尋相忘今湯君亦卒矣夫死生呼吸之際而不可奪志如是耶充其志之所至忠孝節烈極庸眾人驚愕歆泣之行奚難焉古所傳烈婦人舍生而取義者必其汙辱甚袒背萬萬爲病故袒背抑所謂尋常者耳況其在死生呼吸間耶且不可庸非奇女子哉

城中婦人傳 乙丑

粵賊之陷甯波府城也據民房爲舍館而掠婦女實其中夜定分擁之一賊擁一婦入寢室方據股求卧婦忽躍起出所藏利刃力刺賊中其喉殺之羣賊聞厲聲驚

往視婦大罵羣賊遂自刎以死後數日有自賊中逃歸建隩者告余以詳顧不能知婦氏嗚呼烈亦勇矣吾郡婦女死粵難多至千百而知其姓氏而旌表之大率在鄉村蓋賊寇鄉村每以日暮歸入伍賊去卽見死者易得其主名而圍城中婦女皆貧賤力不能避賊賊據城積四五月然後去去而骸骨山積家人入覓婦旣不得其拒賊以死與從賊以去無可蹤跡者此此婦之所以卒莫有知其姓氏者也夫充其蓄刃之心何難以早自決者表見其貞烈然而遲之又久必殺一賊而後乃死之此其義憤所激曾不計較於區區聲名之間殆固將以死之者破天下從賊者之膽而又必欲以殺一賊者快天下殉賊者之心嗚呼死而有知其必率羣烈婦以首饗旌典之俎豆也雖不得旌表可也故爲傳而論之

鄞志藝術鍾世俊傳

鍾世俊字雲扉世爲冶師鎔錫製貧婦首飾及他器物至世俊技尤工能以意琢石造新樣一日聞村塾哦詩聲喜而效之而其友陳鴻軒方事苦吟益敎之又引之於士大夫之能詩者縣人以詩人推世俊號爲鐵隱後以詩與學官某往來會某有事在官當羈留乞世俊具狀限期日而去之及期不至官怒縶世俊踰年旣出歎曰我冶師也而僭爲詩人獲罪宜也誓不復爲詩旣而又自笑曰吾除夜在囚中憶所作老闈詩景狀宛然是非所爲詩讖者耶然則事固皆前定不可逃耶復爲詩不輟所爲詩數百篇其贈陳僅宰陝西有云五千里路相思苦六十年人再見難人多誦之鴻軒字夢回爲吏胥能詩又有孫景烈董放繆堅景烈字丕承醫人也能詩能彈琴自爲操云清風入抱兮明月在林聊以行樂兮拂拭鳴琴山高水長兮誰與賞音嗟吾將改絃諧衆耳兮柰非余之夙心放字阮山又史字漸齋布衣能詩而放繼之又能書能畫墨蘭堅字艮山眼醫亦能詩能書年八十餘猶爲人題墓碑並與世俊交有撰著在藝文卷中

鄞志寓賢朱緒曾傳

朱緒曾字述之江蘇上元人道光二十六年奉檄收復定海來鄞寓月湖之西咸豐間粵賊犯金陵燬其廬寄家縣東鄉者久之緒曾以道光二年舉人歷宰浙中累遷至台州同知候補知府治事明決所至無留牘省有疑獄輒委審斷而好讀書非公事不掩卷靑鞵布襪時出坊肆中每見異書卽手自鈔錄鉤覈同異辯據明銳

校刻四明桂萬榮棠陰比事復成疏證續補各數十萬言恨曹子建集無善本搜羅考證成巨帙嘗語人曰十三經注疏中乃亦有陳思文考據之不易如此餘所撰著竝富麗可觀其寓鄞也搜采定海古今事蹟而系之以詩爲昌國百詠既而所得益多更名典詠囊括宏備自來數定海掌故無出其右者咸豐季年卒

鄞志列女董邱氏傳

邱氏者高塘村董岵妻也岵字綏之郡廩生爲里大師有名出後其叔父新昌訓導琅與所生同居邱事兩姑孝待舅妾盡禮鄉黨稱之先是琅與陸悌交悌以女字

岵將嫁而病足瘇腫不能行時琅已卒悌使人以廢疾辭婚曰吾女不能執箕帚董貧亦不能畜妾媵願更娶他氏若不忘前盟女死而岵以聘妻迎其喪幸矣岵由是改娶於邱及邱至踰月聞前事請於姑曰陸女以病不得嫁是速之死也且終將爲董婦不宜使死於陸願娶以來其病新婦能事之告陸陸大喜歸女終歲臥牀蓐邱謹視其食息滌中帬廁牏至扶掖溲溺拭膿穢一皆身任之邱殯後一年而陸至至十有一年而卒將卒泣謂邱曰我無以報妹德願妹他日得孝婦如妹事兩姑邱卒於同治二年年六十一

鄞志列女朱呂氏傳

呂氏者洞橋邨朱祖謨之妻也祖謨字景五績學能文章道光十二年八月五日坐夜航入城取屏障爲父孔昭壽六十經翻石渡將抵銅盆浦舟沈而死年二十三呂少祖謨一歲聞變慟哭求死不得孝事翁姑撫孤子德濟成立爲之娶陳氏生子女各一同治元年八月粤寇入村中掠德濟父子去及呂呂罵曰我儒家婦豈從賊者賊怒砍之中右手不死傷重成廢疾與寡媳小女孫共食苦終老無怨言

鄞志列女李徐氏傳

李邦榮妻徐氏義行桂林女也年十八歸邦榮二十一而寡方生子未踰月後數日旋殤以兄公子雲樞子之時李氏死喪踵接而翁姑竝高年徐上慰二老下撫子姪養生送死支以一身三黨稱賢孝爲雲樞三娶凡生女皆長成生男無三歲者或男女孿生男輒死徐卒之歲雲樞先卒徐卒後始舉遺腹性本端靜寡言笑自其歸李四十餘年屢遭逆境故一生無見齒時然未嘗以怨懟形詞色委心任命泰然安之亦佞佛而長齋誦經自在斗室不輕出也嘗曰吾不效村嫗修來生吾淨吾心而已縣中倡道歲鬻牒各有期粗紙印神佛像書買

者姓氏庚甲捧之誦佛號千聲當冥鏹若干而以四月十日爲葛稚川生日其牒尤貴重一紙値千金故婦女以時入靈峯者恆數萬或強徐同往不可語諸婦曰佛戒貪妄夫以數文錢買一紙而驟思作富鬼何貪如之神仙即不可知顧妄所得銅山金穴歲給村婦拜生錢（俗凡卑幼拜尊長生日賜之錢曰拜生錢）而用之不竭哉則妄亦甚矣咸豐元年年五十以節孝旌卒年六十一先是其夫兄邦憲聘於陳未娶邦憲卒陳聞大哭十四日而殉之嘉慶十六年旌貞烈及徐旣旌稱李氏貞孝雙節而徐有妹嫁慈谿學生葛蕃蕃卒守節撫孤兒同治七年卒十年旌之

烟嶼樓文集卷八

男隆壽平甫校字

烟嶼樓文集卷九

鄞　徐時棟同叔稿　甥葛祥熊豫齋校刊

譜傳

許小雲譜傳

許君徵三字召亭鄞縣歲貢生少讀書不喜爲章句之學年十三從居上舍仰臺遊踰年通詩書三禮家故多遺書泛濫決擇期於一是後館董氏董氏藏書富益縱觀之以劬書得痰癖顚殗殜者三十年終未嘗釋卷先世居蕙江君父遷童坡舊宅廢不治君葺之以庇從昆弟弟卒視孤女有恩妹早寡迎養於家姑氏適陳而貧

歲時饋問積久如一日故人歿爲經紀喪葬嘗有非罪下獄者集同志訟其冤修里中洞橋及蘭鏞堰溪港沙淤歲命工浚治之晚歲與諸君唱和爲歲寒吟社課耕賦詩用自懽樂卒年五十有七所著有毛詩集說三禮抄困學紀聞偶箋說文堂文稿小雲居士詩鈔各若干卷藏於家子六其四縣學生夔好爲文章方𢾖整其家譜云

贊曰君第三子芝吾僚婿也因是屬先傳焉乃未及示我遺書故不得論次其學今儒者誦經心目所到念念爲舉業計略質疑義舌撟然不能下因復羣指經生家言爲不祥亦足慨也夔方讀父書將必思紹家學他日重訪其廬盍亦取先人詩禮說共肄讀之耶

胡君引之譜傳

君姓胡氏諱允善字引之鎭海縣淸泉鄉人少貧以賈起家身居吳門而懋遷列肆半天下豪於飲座客常滿一言排解事艮已始君父以胡氏無宗祠思營搬而力不逮君既孤與諸兄事其母包太宜人甚謹母年八十方洗腆上壽忽愀然曰汝曹以此爲孝其親乎吾聞承先志爲孝始乃父以胡氏無宗祠思營搬而力不逮賚志以歿今數十年來亦頗得贏餘而有力而不爲何也

君跪而受教不數年自出其力成之由堂室至庖湢祭器至張陳織悉具備既置祭田又爲義田廩食其孤寡宗人之就試者皆有支給噫此非獨君爲難能乃其母亦賢母也於後自近以遠所以贍䘏三黨者甚厚歲除私察視鄰里貧不能自存與之千錢米二斗橋梁道路以利病告解橐不吝治棺櫬施里中或謝以錢無多寡受之曰俗惡捨棺孝子慈孫不欲使其親蒙此名意可哀也不能葬者葬之又買田立義冢掩道路胔骼蓋其晚歲規摹較遠矣納粟爲府同知既而以子貴贈中憲大夫卒於道光六年年五十六君雖以貧故廢書而好

讀史服賈於外圖書滿行篋時復賦詩以見其志洎乎
子孫乃多有聲庠序中
贊曰胡氏無譜牒相傳爲安定後人君之爲宗祠也或
記之盛稱學統而大書其上曰胡文昭公祠堂之碑及
余詢君孫則列主未嘗祖安定但題胡氏始祖志受姓
報本而已嗚呼賁其本支覼事他人齊梁而降士大夫
爲恆事矣而君獨愼於追遠如此夫不自立身亢其宗
而姑雲附於古之賢達者以誇尙里中兒此其心方愛
憎其宗祖而貴賤而予奪之遑計宗族哉君不妄祖他
人其必不外視同祖可知也夫能收其族者必先敬其

宗能敬其宗者必先尊其祖禮曰尊祖故敬宗敬宗故
收族其君之謂與其君之謂與

董君耿軒譜傳 甲子

君諱秉忠字朝英又字耿軒慈谿人父杏芳布政司理
問累贈至中議大夫中議以賈人起家多置業吳門君
年十四中議以爲才挈與俱往君日佐其父握籌算夜
則篝燈課儒業如家居時中議旣卒兄弟別產籍而君
兄性揮霍罄其貲時向君通有無積鉅萬劵其田於君
君受而藏之兄卒以還諸嫂曰向吾受此劵者乃所以
爲今日二孤計也庶弟三人年少不能理生產君合其
貲爲貿遷歲得贏四分其所獲祠堂湫隘旣改作益治
祭田將與諸弟爲義莊贍宗族於後卒成之其待交游
必圖其始而要其終長白慶君霖宰太平倉粟紅朽謀
諸君君予之千金罷歸又厚賻之縣南白狐嶺張翁者
少與君共事卒而家中落其三子屢告君稱貸久之君
備物親往祭張翁召三子使各計所貸巨者千餘金其
次累百少數十君令三子一一具負劵數悉視巨者而
加之息巨者請讓息而二人者尤愕顧有難色君笑曰
第書之吾將利諸君已乃陳劵几上率三子以祭將徹
盡焚三劵而加其劵賻之金而各去其舊貸本數曰吾

老矣交必有終始茲吾念乃翁以來全其終諸君好爲
之我亦不復能相顧也道光初江浙大水遺孩滿道路
君倡爲局收養之全活甚衆久客於外故義舉多在吳
中有恆善堂以施濟貧病助之金甯紹義園殯兩郡旅
櫬屋不足增廣之吳多寡婦而貧君出數萬金建清節
堂居之衣食其終身旣又念費重無恆產非久計復出
數萬金築南匯海塘墾其堧得良田數萬畝堂有禁曰
男子不得入堂中婦亦不得出堂外及君卒於蘇諸婦
白當事請走送止之不可於是輀車發閶門節婦數百
人相率焚香跪道旁多出涕號哭觀者爲之感動卒於

道光十一年年五十六君雖遠服賈而志在詩書少學詩於黃山王雪汀繼與鳳山柯訥齋相倡和所著有也吟草歿後二十年季子葆恩入庠序又五年而中鄉書其可以少慰君矣君以國子生納粟爲州同知加四級授朝議大夫葆恩議敘道銜加一級贈中議大夫又十年葆恩來請傳葆恩自以少孤不能詳先德而其友馮君廷藻爲言白狐嶺張氏事蓋嶺中人至今猶樂道之

贊曰世不少慷慨義俠之行逼迫者無論已震慕乎他人之爲而姑貌其似爲豪舉此非由衷之行若雨集溝澮撮土而可涸也詩有之靡不有初鮮克有終觀君之

待交游與所以恤吳嫠者獨何計周密而深長思耶推本之仁好名之義固不可同日語哉而君益遠矣

何君荆山譜傳　甲子

君姓何氏諱承昊字君石以字行自號荆山象山縣儒雅洋人其先蓋出南唐節度使孔昭十九傳至仁六始遷甯波復數傳至附貢生廷可文行重鄉里娶張氏生三子伯君杜季君裘其仲則君也階修職郎以子雅如貴贈奉直大夫娶方氏贈宜人君少有至性善事父母而友愛其兄弟父老廢書佐家政既卒毁瘠盡哀事其母益謹無何君杜以人命爲人誣坐收下獄君裘奔府踏省門歷詣大吏訟冤抑而君經畫其用費既而謀贖鍰摒擋財賂不足賣方宜人嫁時裝附益之又不足貸諸富室會宜人有贈嫁田數畝腴田也富人豔之曰必以是田來吾貸汝君急署劵往得受金歸以卒免其兄於難久之家日落兄弟議別爨使家人知生計君以兄有四子食之者衆將與其弟分子之不果乃以所餘塗田讓諸兄視兄弟子如子中外諧輯人無閒言或疾病親視醫藥憂歎廢寢食巡簷而走至於達旦性敏慧所居宜竹木相其土地而培植之十年生聚漸恢故業時以所餘周婚友鄰里雅善音律治家餘閒則科頭弄絲

竹此君之大略也卒於嘉慶二十三年年五十一君之卒也雅如年十一耳始宜人生一女無子其側李氏生雅如三年而李卒宜人實撫育之既孤劬身敎之長使就外傅而自任其勞嘗誨之曰汝父早世而汝不自立吾無庸生爲矣日用儉約待三黨甚厚每冬月爲棉衣施貧困饑歲則出粟米平糶之令斗甬無概蓋宜人相夫子三十餘年敎子孫又十有餘年而後卒里中翕然稱賢婦賢母云卒於道光十一年年六十八子一雅如納粟爲州同知加府同知孫二長源廩膳生

贊曰海濱僻壤有如斯其敦睦者耶夫骨肉之愛粲而

不殊雖曰至行抑天性然也至其閨中又能脫簪珥貨私產爲鈞金束矢之費以救其兄公此非獨君爲難能乃宜人者亦豈常婦人哉顏氏譬兄弟於居室而以妻子爲風雨後漢繆彤不能化諸婦至閉戶自撾吾每讀其書而哀之嗚呼江河日下觀於君兄弟夫婦之閒可以風矣

朱蕙北譜傳 丙寅

君諱立淮字惟揚世居鄞蕙江之北自號蕙北余婦朱孺人之兄也父諱孝錄字錦齋與先大夫同以義行旌於

朝母方氏君卒一年而義行歿又二年孺人始歸余旣歸屢道君不去口吾以爲孺人姊四而兄一其不忘君宜也及叩其詳則曰吾兄善事吾父母蓋此時父歿母老姊妹已嫁而君之子皆幼小思其母益不能忘其兄也孺人旣卒二十年君之子志霖志梅以大母遺訓來請傳其言又與吾舊所聞於君之三黨者合嗚呼其必有所以致此者矣君少穎異十歲七經成誦及長能文章徐先生悔廬爲館師每以君文有至性謂可榮世可壽世於時義行昆季方新造家君伯父奇君才思得君佐已以語先生先生笑曰今試有佳子弟能取祿位以大其宗此所得與富家子孰多曰殆不如遠甚曰若是則此子其人也伯愕而退旣而伯父卒君念父搘家艮苦未食不敢食未寢不敢寢凡可以身代者皆代之父外出夜雖大風雨必候諸門又旣而母病痿在牀簀者累年君守視藥餌衣不解帶先意承奉往往類古孝子一日義行收租久不返君籠燈循道往迎之中途而驚旣迎父歸歡笑如平時是夜疾大作遂以不起道光九年八月九日也年二十五義行哭之慟明年六月亦卒先是君與里中王絅齋先生長嶺方二非皆以能文稱有光溪三珠樹之目君卒之歲旦嘗夜夢入古廟觀優

方苦雜還忽見二非在樓上出一手示君若相招者君自眾中赴之未盡梯而覺曉以語人皆曰吉其夏二非卒無何君病或憶其夢驚曰殆矣夫二非將死而招之而赴之何不祥如是示之以一手夫一手五指殆相去五十日耳已而果然王先生哭君詩所謂數月之中喪我兩知己者也

贊曰自文人好奇而居常處順無孝子非篤論也雖然爲子孫者孰不願以古今之美名奉之於其祖父哉揄揚而標榜之郎旌門表閭之典有不難詭得者矣而其疇昔之行或不能無稍拂於身受者之心其幾微瑣屑

之地亦不能無稍不然於日耳目其側者之口嗚呼此至聖之所以必取信於其父母昆弟之言也嗚呼如君者儻庶幾哉

它山朱氏三君子合傳 丙寅

余婦朱孺人惟一兄蕙北早世余既娶至朱氏見其從兄蘭洲絳山小雲三君子者皆樸實古道視余婦如同產亦愛余如親妹夫顧皆習舉子業相友愛而皆不得志以死近數年來余每至它山撫今追昔爲之黯然蓋自余始至朱氏逮今將四十年人事變遷交游略盡欲爲一二記載以稍酬數君子笑貌而未暇也同治五年

朱氏有事譜諜其後人相率來乞余傳之夫吾固不能已於言也既傳蕙北作它山朱氏三君子合傳

蘭洲諱立濟字沇東又號蘭圃以同建義學議敘縣丞君於羣昆季年最長端重寡言笑諸弟畏之而於余最親昵聞余至必邀過其家聯榻話經史反覆辯論自暢其說或達旦乃已嘗與諸弟鼓篋游郡中自負當芥取科第屢試報罷意鞅鞅生二女而無子納小妻方置酒會婚友而婦家以其黨來詬爭君大怒益憤恨無所洩以是成病道光十四年招余讀書山中是時君病甚矣一日方別去頃之忽盛怒入室坐榻上面青如槁木久之氣漸平乃能言其故則買蘭將贈余既成而有昂其價以去者余大笑遂痛箴之君不怒亦不悔他日語余曰吾夜來夢齒中纏銀花自喜而飯是何祥也余大驚謬語解之是年五月遽卒年三十三以從弟子志朱志桐爲之子君少年豪興好游覽吟咏或夜同故人及諸弟踏月至江濱席地暢敘高歌狂嘯與江北響巖相應和詰朝賦詩紀事詩筩往來望於道後余刻王先生醉六詩從絳山得君作附之卷中然而僅矣

絳山諱立淇字竹泉更名祺吾交君三十年洞知君肝膈蓋吾閱人多矣未有誠慤如君者嗚呼天道茫茫善

人彊死此吾所以每思傳君而不忍言而至於今日而終言之而不覺袂之拭吾面也咸豐十一年粤賊犯甯波府自奉化寇郡城而它山當其衝十月賊至劫掠騷然是時君既避地慨然曰事急矣我不可遯挺身與相見而動之以誠賊大喜予之職不受時時豢養之賊帖耳服數十里皆安堵無恐賊有自他所經它山者奪市上物不予將殺之君適過市怒曰蒼蒼者非天耶柰何妄殺人賊愕視去之而私於據者曰黑而長者誰也乃敢禁我曹殺人據者曰君子也姑聽之明年大蘭山義師起二月至它山圍賊巢殲旃賊之據北渡者聞之大

怒擁衆至必盡殺居民而焚其廬居民皆倉黃竄巖谷君曰吾爲鄉里百餘日冒萬死留虎窟乃卒至斯乎見其屍而哭之哀賊亦垂淚無一言遽擁衆去及四月初賊悉師擣大蘭報圍巢之役所過八十里焚殺殆盡獨它山當衝要賊往來如織而未嘗有遺一矢投一編營者於是知賊之感君者深而君之有功於鄉里者大也是月中旬賊敗遁其秋復至君走之潘家廟驟遇賊隊方殺人君沮之曰今所有恣汝曹取之奚殺爲賊笑而去俄頃又一隊至語如前賊恚發鳥鎗擊之遂死同治元年閏八月朔日也年五十九嗚呼哀矣君生平無妄

言無飾行以其心度人腹視天下人無不可與者或知其詐稍逆料之自以爲奇計而卒爲所賣既受其欺復以忠厚之心諒之試不利舍而學賈以施濟爲賣買以是屢賈屢蹶扁其樓曰還是讀書自兄弟宗族至鄰里三黨待之悉以誠事其事如家事而加厚焉義所不可謣謣然爭之與人語懇懇款款有謀無不成者患貧困常過其力故其家日落而債日衆然其卒也遠近交歎息往弔卒無有以索債款君門者尤留意梓社文獻掌故闢它山必求其書或手錄之聘姚燮梅伯撰它山圖經水利源委故家遺俗具詳於冊從父雲巖君斲遺德

廟余倡議謂繼王長官修塘堰者當竝祀廟中君即屬余考定其人造木主奉祀是日縣中士大夫皆奔走在廟典禮甚盛塘堰圮壞君時向余私憂之他日余以語觀察段使君光清會使君得四千金舉畀余倡修經營監視君大有勞焉其他興舉在它山者雖一二記又謂塘堰之成段使君倡率之力也集同人建祠於它堰之側未成而亂作嗚呼君以誠慤之性具熱腸既視天下無不可感之人亦視天下無不可爲之事雖以布衣處草茅而苟可利鄉黨靡不爲之禍福患害之說罔不足以稍變其志即至於名節嫌疑之際亦毅然行其心

之所安而有所不顧也猛虎在前攘臂竟往料其頭編其鬚而竟不能免其口也嗚呼其重可痛惜也夫嗚呼其重可痛惜也夫

小雲諱立河字瑞圖更名際清雲巖君季子也雲巖君伯子諱立江字岷瀾號盟蘭余少時屢見之郡中甚相親愛及余既婚而盟蘭君卒矣是時雲巖君方興廢舉墜爲惠鄉黨君以少子代家督事父義田塾既成與羣從昆季共爲規矩條例以造冊詳報而聞於
朝然頗孱弱雲巖君憐之道光二十一年郡有倫墩之變余奉母氏避它山依朱氏其時蘭洲已前卒君與絳

山每過余兄弟夜坐雜取古今所聞見者爲質難余性好談論有觸輒娓娓諸君環起扣擊余亦應之無厭夜深外姑出果餌相餉倦始散去若是者積七八月兄弟婚姻聚處歡笑幾忘其身之在患難中也後十餘年雲巖君歿君以書生新措家而家難紛起余爲君畫君深信余每强余入山爲調人至必主其家把酒道舊故自敘生平欷歔絫息及粵賊之亂余挈家避建陜既而賊蹤跡余兄弟余與子舟夜奔它山匿婦家複壁君扶病來相見慰藉久之語及往事則極致私感於余至矢報來生余笑謝之而私怪其語蓋至是君之氣已衰沮而病不可爲矣未幾壽卒年五十六君屢試於郡縣於省中無所遇議敘得鹽課司提舉銜

贊曰傳有之人心不同如其面二君子情性不同而忠實無他腸一也其境亦差等然皆能守先人遺教好行其德而蘭洲夭死絳山至不得其死小雲亦以憔悴終則何耶吾聞之也困於其身亨於其子孫天或者不終負善人而猶有蘊者存耶爲之後者其勉之矣

烟嶼樓文集卷九

男隆壽平甫校字

烟嶼樓文集卷十

鄞　徐時棟同叔稿　甥葛祥熊豫齋校刊

家傳

先考義行府君家傳

府君諱桂林譜諱太茂今諱其舊字也更字安國號耕山晚年又號梅谷貤贈府君之仲子也始周太夫人生伯及府君而卒李太夫人生季季長而跛貤贈府君愛憐之將盡以所畜田與季而未言也府君知之以告伯伯猶豫未決府君乃曰與季以田而兒受居宅計亦相當第毋庸念我也他日自治生得餘羸罄所有爲伯償

逋貸久之季鬻其田贖以歸復增益之以爲祭田伯季之喪遺孤或周歲或始生才百日皆挈以來飲食教誨不異諸兒貤贈府君敦族誼貧不能遂志及府君家小康厚相往來振業貧乏會將營新宅乃擬祠堂於大墩中寢祀受姓祖及遷鄞以下三世左爲昭室右爲穆室旁翼兩夾室祀祖妣其前有堂堂曰思本又前爲大門門東西各爲二室曰義莊月之望日收義田所入以周給族之孤寡則於是會計之由門而堂而寢悉繚以垣設庖湢建倉廒具器用祭田二十畝義田倍之其後南海羅侍郎爲之記縣濱大江江有浮梁屢修屢敗至是

不可支府君往度之曰志載江闊五十五丈今三十三丈耳舊制十六舟必高大今且低而小夫江欲其闊欲其潮之緩也舟欲其高欲其舟載之木俱與之崇也故駕行舟易爲力今壓浮梁於急浪之中覆溺所以常有也乃易其中二舟復撤東岸壞石而新之此嘉慶二十五年事後三年分巡道李公將大修浮梁問府君前事與決策而以資用爲難府君則曰資用非難也匠計工直六千金可矣漲塗稅於民者已積金六百斥其舊材可四百金某以千金輸於公公捐廉爲倡得四千金易事耳獨浮梁在大江中其下則賈艘漁舶之通津其上

則萬眾雜遝晝夜結徹颶風怪潮歲不時至而橋制陋陋前賢規度久不傳此其難也李公顧其屬曰未事而謀久遠必任事者也因舉以屬府君府君先平明則出日入而歸或潮退以內夜則丙夜往雖大風雨未嘗少閒五閱月而成定以漲塗租入供歲修而書其高下廣厚尺寸程式具於碑海有礁曰旲太婆船行至此不知其爲礁也常破舟傷人府君令植大木而懸鈴其上遠有見聞礁不爲害風堋碶在縣西南左江右河旱以納淡潮澇以下暴流者也顧碶有五門而河上三橋皆隘小納淡潮於河則水之入也緩下暴流於江則水之去

也急入也緩故其溉田也少去也急故其覆舟也易府君擇三橋最少者易地更造亦五其門焉橋成名曰碶港方定議時其地楊氏者故大族持不可曰橋易其所將不利吾宗祠府君衣冠往楊氏具道所以爲者楊氏數百家踵其門半於是楊之宗老出而謝府君曰今但如君意爲之其無有沮君者矣程知縣之興四小學也府君每與之晝四學東曰同仁南曰柳汀西曰黃岳北曰椿蔭爲所居近柳汀買田百畝歸之又建議謂小學之興當拔其尤入大學以觀其成及營地將作治議各乖異事不果既乃喟然歎曰吾宗居大墩去城郭遠勢

不能使子弟來此小學我延師敎之於今數年夫固非久計也於是乎建小學於祠堂之左曰敦本義學建大學於祠堂之右曰崇本書院命伯子時楷條具規約置田百五十畝充兩學經費又買山數十畝歲給薪樵使兩學與柳汀共之當是時天下無事士大夫多樂於爲善而府君尤見其大一鄉推以爲表率履正急公惟義所在凡興廢舉墜有關郡國利病者知無不爲爲無不力禍福避忌之說誹謗訾議之口壹不足以動其心至於縻財任勞克告成事未始求片言隻語表暴行誼亦未嘗藉以要結公卿然而由沒世至於今且三十年鄉

里鄉黨飽聞而厭道之戶稱長者皆不容口其光名彰彰然如其生也今謹第其大者書之其他舉一事費數百金或千餘金者雖一二記卒於道光九年年六十一後二十七年當咸豐六年始克葬於縣之錫山黃隩上元朱同知銘其墓府君少時以貧故廢書肄習騎射試於縣冠其軍嘉慶元年入甯波府學二十三年以營千總銜

敕授武略騎尉既卒縣書其行上之省省聞於

朝道光十三年九月有

詔旌義行表曰樂善好施

敕所司給坊銀二十五年十月恭遇

孝和睿皇后萬壽覃恩以四男時樑官

誥贈奉直大夫刑部主事加一級府君篤於至性論交處世必觀之於其本根遇事能斷與諸君子集議援古證今持論侃侃或滿座囁嚅一言而定顧慮事常愼重周密其訓兒曹必以小心謹愼與士夫語恆稱臨深履薄與商賈販夫語則曰戒之哉作事如滴水於荷蓋而手奉之稍懈傾矣性剛方而接物甚和待人忠實無他腸故人子與同事諄諄善誘之不帥教督過之不少假詞色平時解衣推食視遇甚厚戚屬疏遠以緩急告不

以在亡爲辭周之必爲圖久長故三黨多得其力壯時過故人故人方歎詰之曰鄰有寡婦而賢爲責家所迫行改嫁矣問責幾何曰三十金遽別去頃之袖金抵故人俾完其節府君絕口不道其事旣歿故人者以詩哭府君始發之且曰此時未嘗有蓄積而素性急患難如此歲以小雪至大寒具槥櫝葬埋纍露棺骨即故地甃甎石而封之始事於大墩積數年以漸而遂府君之卒計所造冢千八百七十有奇又營義冢於潘家塘田三畝爲塔其中以貯殤骨營族葬義冢於長河塘田六畝亦爲塔其中以貯殤骨錫山之麓亦買地爲義冢義塔

嘗語人使諸兒得資衣食足矣所餘當盡以惠鄉黨治家嚴肅常曰守身以愼治家以勤無他道也自奉甚儉衣履質樸器用張陳無華靡者雅性不好聲色偶赴宴歌伎自外來拂袖而出自以少廢書稍暇手經史宣究義理不達則舉以質老儒或依違傳訓故則反覆擘窮務得其義暮年趨義急公席不暇煖夜歸輒挑燈諷覽更深始就枕雞初唱披衣起坐挑燈諷如故嘗曰朱子答陳膚仲書治家人讀書法也課兒曹綦嚴歲且一二日即敎之讀歲除過其門者猶聞誦讀聲嘗觀葬經通其意手葬大父父於大墩地師以爲吉戚友乃相率强

招致之以是遊縣中名山幾徧儀狀修偉目光炯然發聲如洪鐘敦善行不怠而惡佛以行佛事爲不孝疾病希有自言生平凡三死而皆無恙童時遘危疾氣奄然忽見三老人來出袖中三大丸強納府君口三咽喉痛極而呼馳贈府君方隱几臥聞呼聲驚起視之汗雨下病良已嘉慶二十三年北鄰火府君騎梁敲斗拱而所坐梁斷忽一焦柱自北來支斷梁得徐而下一日借人馬較射縱馬入馬道馬奔轡絕府君墜馬下而右足踏馬鐙不得脫夾道觀者皆大聲狂走無人色奔馬忽危立馳道中不少動晚歲常自恨曰吾悔不買此馬豢養

之吾友徐君作府君外傳紀三事及他異事甚衆茲不悉具諸暨蔣先生傳府君稱府君將改建府學宮或沮之事不就又曰夫得之不易則散之難義俠之行常起於素封而公起家寒微用財如士邑中利害力能爲者靡不爲之至於沒世家無厚畜可不爲難乎哉王先生傳府君而論之曰以余觀公義俠不足以盡之公微時友愛其同生其後由兄弟以推其子孫由兄弟以推其從父昆弟與其子孫以漸推於其宗族又推而廣之於一鄉一邑故其堂曰思本其家塾曰敦本崇本其祭田曰固本非信知本而能之乎程明府輓公曰可祭於社

寔其然乎諸先生之稱府君者如此不肖幼孤痛念先德弗能勝識母氏之訓諸姑伯叔之言先友與吾交遊逮見府君者之所告語錯識於心歷十餘年乃敢攟摭舊聞謹爲此傳舉小而遺大挂一而漏萬不明之罪其安所逃嗚呼志乘定論非不肖所敢與知惟是墓道之碑祠祀之記所謂琢石書德用圖不朽者則諸孤之責也荒落之辭藉陳本末以庶幾大人君子憐而許之而弁示我子孫俾尙知先德第三子時棟曰至矣哉王先生之論我府君也雖然由不肖幼所見壯所聞蓋竊窺之而抑有不可測者嘉慶戊寅北鄰火吾廬無完理皆

曰釋典可免府君堅不許而天竟反風吏匈匈入門捕私鹽府君不動聲色徐以理諭其長而罷國家承平二百年民生老死不見兵革而府君當其世而遠慮及之嘗以持滿之說告友人若豫知有他日之變此其事皆甚微然不肖每臨時倉卒輒章皇不能決禍亂顯著而猶泰然以是竊私歎府君堅定之學與先事之識爲萬萬不可幾也夫由小可以見大若使府君當可以有爲之地雖繁劇紛紛其才其識殆從容臥理之有無媿古人者乃僅僅見之於鄉黨利濟閒則府君之不遇也嗚呼吾父吾聖不肖豈異此心然焉敢以溢美之詞謾我所生而使九京有媿色哉而世乃欲以義俠盡之倕伐柯庖丁割雞扁鵲療癬疥養叔神羿射五步之鵠旁觀方喋囁盛稱之而不知石其才而升責之也而又欲以好名之心爲重義之舉以相較量嗚呼愈近而愈遠矣先賢有子謂孝弟爲爲仁之本卽以義俠論而府君異矣不肖故曰至矣哉王先生之論也

先妣李太宜人家傳

太夫人姓李氏鄞縣人先府君之元配也父諱國鳳母應氏蓋自府君棄養兩兄早世無能道太夫人內行者今猶得以諸姑傳聞謹載之乘太夫人之始嬪也君舅

後姑皆在堂他日舅姑相語曰我生三子有負郭田將必三分之獨念季失作業可食未可飽矣太夫人過寢門聞餘語退以狀白府君曰舅重哀跛叔府君曰固知之伯兄在未敢專耳歸田於季而以居宅讓伯兄其必無後言既得請宗老來主其議歎曰非獨仲子異也乃其室人亦賢婦也及府君始遷月湖有瞷府君之亡而登其堂者曰我有尺寸之地爲某所據我以鄰故讓之今某失其地而徐得之我豈能讓某復讓徐哉太夫人使人謝曰公言是也雖然由公言則失在某不在徐且吾公未歸姑少待焉曰我不能待是也償我直不則吾

毀若垣耳太夫人復使人謝曰敬諸亟脫簪珥易以錢付之而去府君歸以其事告曰豈懼其毀我垣哉吾新宅於此我無亦睦吾鄉鄰彼不義於其鄉夫人而知之我與之論無益且重爲鄉黨笑生二男四女卒於嘉慶十六年年四十有四二十三年

敕贈安人道光二十五年

誥贈宜人

先伯兄醒墨先生家傳 戊辰

先生姓徐氏諱時楷字聖木朱文定公視學浙江令諸生無得以天王聖帝爲名字更字兆行自號醒墨先義行府君之伯子也義行娶李太夫人生先生及仲兄繼娶陳太夫人生余以下四子先生之生義行年已三十一而教之讀甚嚴館師他出即自主塾中先生讀久或頭觸几案命之臥片時復呼起使卒讀故先生於諸經最熟雖難讀如儀禮世所廢讀如喪禮皆成誦無忘失出就外傅每遇禮典館師輒呼先生使誦之周抑齋先生嘗曰吾館中有徐生吾篋中可無書矣顧謙抑自下朋友問難必遜讓而後對案有書即繙葉相示若遺忘者規行矩步諸友嚴事之不敢字先生羣稱徐夫子或飲食游戲則羣相戒曰此不可令徐夫子知也先生知之一笑而已義行棄養多未成事先生爲家督自鄉學族塾至給寡掩胔內稟命太夫人外與仲兄次第成之大令程勗岑師之興小學也義行實倡之將成而義行卒至是工竣當奏名於

朝先生持不可曰吾先公爲縣中公事數十年未嘗以一事邀獎敘今始自不肖不可況其事先志也其田先疇也人子貪爲己力尤不可旣而大令至柳汀義學招先生登其閣私語曰君意良美雖然加諸君何於是將以先生及仲兄二名上先生又不可曰吾兄弟六人柰何私二人亟請太夫人太夫人訓之曰我豈矯情異視

所生子念汝二人年長大食父之報宜也三以下年少方讀書意不願汝爲長兄當成其志勿强也旣上有

詔以義行旌表府君而先生與仲兄並議敘鹽運司知事道光壬辰縣大饑或餓死道路大令諭富姓爲振恤先生率諸弟助多金而身與其勞畢振有餘金大令集助金者議什一還之皆曰善先生徐曰富民助公若干錢貧民戶知而心感之若還其一是感者十而助者九也且今茲未有秋來歲將仍其事夫至於薦饑食者不加少而助者倦矣今之還其一孰若明之取其八之爲易辦耶大令起謝曰吾幸聞長者之言向君弟不言耳

誰謂君不曉事者先生閉戶寡交游以公事接縣中士大夫是時同事者大率尙華侈豪貴談笑揮霍多結交官府把手稱兄弟相誇豔先生繭袍布履徐步而往隅坐終日如未至焉者皆怪而侮之往往以徵逐之事强先生先生不過拂其意亦一二諾所可爲者久乃心憚而敬之或返自他郡縣贈士物答餽贐有竹扇一刻曰端士先生先生循而視之曰端士者誰耶此必贈他人而誤者舉而還其使俄復以小牘來曰端士者乃吾曹敬君而奉爲君號者也爲人和厚平易出於性成好飲酒雖多無失容所見無貴賤必有禮貌丐者至門必笑

而親與之羣丐歎曰與我者多矣無若徐大先生顏色者振荒之役貧者來取籌米蜂湧爭先後皆嬉笑怒罵嘑爾奴視之獨先生懇懇款款如語其家人數日後爭赴愬先生旁坐寥然以是益勞瘁癸巳甲午連歲振饑助金親役如前年而先生遂以勞成疾矣余少先生十五年幼爲師壯爲友余讀書於外先生分珍味餉余試於郡縣聯坐商文字事或不得解余數言輒肯可甲午之春太夫人大病兄弟日夜侍湯藥步閒先生郎出與振事已而余病先生入視病戒勿投雜藥一夜忽大醉狂走屋弄中名余而呼曰某死吾代之某死吾代之病中閧呼聲爲之感泣嗚呼苟非骨肉至親而至愛豈易有斯言哉余病未愈而先生病不數日竟卒豈不痛哉自義行棄諸孤至先生之歿相去纔五六年此五六年中內外公私煩重紛賾先生以一書生騈肩其任深念遠慮旣不勝勞苦而又外侮突至以義行向所卵翼之輩至於操戈反噬乃復奮其詐謀陽敬憚先生故不敢犯先生而與我仲兄爲仇讎先生雖心知其詐姑如其意以調停之冀感之以至情而冥頑不靈有加無已於是意烏叱咤憤驕夫人情世態不可測度之至於此極也日夜痛飲散遣之悲怒交作氣血耗敗遂一變而爲

被酒罵坐之行宗族姻婭皆驚曰公素長者何忽慢我而不知其憂鬱之隱有未易爲庸眾人告語者而卒以之殞其天年嗚呼是尤可痛惜者矣卒年三十六所著詩歌有濱湖軒小稿一卷先生旣以建義學得鹽知事復以捐賑紀錄一次後復以子官

敕贈儒林郎娶周氏別有傳生二子長隆道議敘登仕郎助軍需晉敘布政司經歷更名肅次隆德甯波府學增廣生孫四疋坊疋塤疋坪疋埴先生世系卒葬詳余所爲墓志及陳君子相所爲墓表中

烟嶼樓文集　男隆壽平甫校字

烟嶼樓文集卷十一

鄞　徐時棟同叔稿　甥葛祥熊豫齋校刊

四明志作者傳一

宋元四明六志作者傳序目

余旣刻宋元四明六志陳大令勱謂凡作志者皆有功吾鄉當並錄史傳今按六志中主修以至編次不下三十人而宋史有傳者惟附刻寶慶志之陳塏劉黻主修開慶志之吳潛元史有傳者惟纂輯延祐志之袁桷而已餘或附見一二或幷無姓名余復旁稽雜史搜采諸家以所聞見編葺成卷不能詳者略之他書誤者正之

其人或貽譏於當時亦難掩覆於今日據事直書不敢以曾官茲土生長是邦而遽爲之泯其跡也至正史有傳諸公旣錄歷官始末復據他書補其漏遺而傳中所載奏疏長篇累牘則但爲摘舉大凡深媿弇陋無當於論世知人之學惟博雅君子有以裨我云

乾道四明圖經作者一人

張津

黃鼎序云分委僚屬羅濬寶慶志序云僚屬參稽是圖經實張公主修而非其所作也書中當任事蹟並曰張公又明係幕僚稱謂今以是時作者無可考故仍宋史之舊題張津撰而以作者歸之又按羅序云三山黃君鼎得所藏大觀圖經以獻張公夫鼎旣能購求遺書書成又爲作序似鼎實始終其事者然鼎自序云公乃分委僚屬因得舊錄更加採摭詳其文義舊圖經乃張公自得之非鼎所得鼎不過作序耳羅說誤

寶慶四明志主修一人

胡榘

作者二人

方萬里

羅濬

今書雖成於羅錄參之手而方校官經始之功不容沒也故並著之

編類文字十一人

袁藻

劉叔溫

汪煇

王垌

繆暹

蔣淵明

伍子獻

樓槃
余枏
夏嘉
李㮚
羅序云方君取舊圖經與在泮之士重訂之又云尚書俾濬專任斯責因得與士友肯講論肯校讐皆指編類者也惟各本僅列七人杭大宗所見宋本亦祇七人而敬止錄引獨多樓槃以下四人疑謝山所藏宋本闕葉諸本竝由此傳抄故脫略竝同耳若高隱學所見者則元時重刻本也重刻序亦謝山所未見

刊附四人
陳塏
顏頤仲
吳潛
劉黻
高隱學疑寶慶志中間多載淳祐守陳塏事又疑進士科目終於開慶而不得其說至謝山則據志中劉制帥黻置四明續志四十五板之文謂劉制使曾有增加而不知後守之刊附者不獨劉也以余考之得四人焉初增刻於淳祐初之陳塏陳公經制水利詳悉備載當時以所記示鄭安晚安晚答書云事實係之郡譜使來者有攷應參政亦云以其式登郡乘使來者有所稽是也再增刻於淳祐中之顏頤仲凡修舉事蹟亦備卷中而其文必稱顏公蓋出當時幕僚之手決非後人爲之紀述者也三增刻於開慶初之吳潛丞相戊午歲鄉舉勸駕詩云來歲圖經用再開而此志進士題名終於開慶己未此非丞相增刻而何且志首有郡闉圖位置方向悉與開慶志合而轉與寶慶志不符蓋丞相重作桃源洞乃刻圖附之舊志尤丞相嘗增刻之明證也四增刻於咸淳間之劉黻即本志學校中所謂四十五板制帥

集撰劉公黻置者是也故郡守題名終於劉公今竝攷其事跡附諸原書作者之後
開慶四明續志主修一人
吳潛
作者二人
梅應發
劉錫
大德昌國州圖志主修一人
馮福京
觀志中敘述疑此書即出馮判官之手而其自序則云

授州之文學士又云乃趣學官捃摭舊載芟其蕪黜其不實定爲傳信之書又按此書原本有州官請耆儒修志及耆儒繳志各牒然則判官但主其事而爲之審定者耳

作者一人

郭薦

四庫提要稱郭薦等同撰又稱有薦等繳申文牒是修志非薦一人可知今文牒已佚無從考索矣

延祐四明志主修一人

馬澤

作者二人

袁桷

王厚孫

遂初同修延祐志明見至正志及滎陽外史集中文清所作志序但及采訪之吳教官而於遂初絕口不道其姓氏亦可異也

采訪一人

吳廷獻

至正四明續志主修一人

王元恭

作者一人

王厚孫

錢詹事跋王侯去思碑云王侯在慶元多善政其修四明續志亦簡而有法而碑不及之何耶殊不知此志出遂初老人之手而王侯但主其事耳王侯志序云乃命耆老之士日與討論復成續志一十二卷又志中茅針硬條鄉飲酒禮條社稷條並稱王侯本路醫學條又稱王公若爲自作無此書法也鄭千之作遂初傳明言王侯屬成續志十二卷是遂初作志之顯據且志中昌國寺院條云袁文清修志時厚孫分領諸寺云云惟其出

自一人之手故但稱名而不著姓寶慶志之稱濬延祐志之稱桷其前例也以志序無明文後人但知袁文清作延祐志而不知王遂初作至正志甚可惜矣特王侯志序僅云耆耄而不明指遂初向頗怪之近余疑此序蓋即遂初所代作歸功主修毫不自炫是則前輩之謙德也

又按志中集古攷錄厚齋先生文最多其於袁文清傳稱帥初則曰剡源戴表元而稱厚齋則曰深甯王先生儒學書板條稱壽張清容則曰侍郎張處翰林侍講袁桷而稱厚齋則曰深甯先生尚書王公應麟其他多稱

先生尚書或稱先正惟顯濟廟條稱尚書王應麟連舉姓名尚疑寫手誤脫公字反覆考究至正志爲遂初一人所作無疑

附錄一人

徐亮

三茅志隱逸傳云宣慰副使王獻元舉徐亮纂修郡志考獻元官副使在元統元年則其所修郡志爲至正志無疑余家所畜三茅志雖出國初何氏而宋元兩朝事蹟全本之元人典考功舊志聞見甚近其言頗可依據特孤文單證未便遽廁諸作者之林而又不欲竟沒其名特爲附錄於後

附刻四明它山水利備覽作者一人

魏峴

張侍郎傳

張津字子問見周必大二老堂詩話初以右朝散郎通判台州隆興元年見台州府志孝宗乾道三年五月以右朝散大夫直祕閣知明州兼管沿海制置司公事乾道志十二到官即修治州學寶慶志二時鄉飲酒禮久廢津率僚佐鄉三老及寄公以正月二日釋菜庠序序齒會拜三爵而退乾道志一乃以鄞及昌國兩縣沒官田二百六十畝山地二百五十畝歸之學以爲經費見王伯庠序拜田記州故無貢院士寓試行衙僧寮中甚或駢聚於譙樓之上津始即妙音院廢址爲重廊百四十楹凡聽事及考官執事之舍悉備寶慶志二東錢湖久不治請於朝淘浚之以其土修築埂岸見宋史河渠志重修東津浮橋乾道志二城內外橋梁如清瀾憧憧虹橋永濟渡母寶慶志四慶豐寶慶志十二皆重修之或建亭其上唐鄮令王侯作它山堰有功於民請諸朝賜廟額曰遺德賀祕監祀州城月湖修其祠乾道志二又重建五龍堂寶慶志十一賀祠之前有堂曰衆樂嘉祐守錢公輔之所建也亦重葺之寶慶志三禁軍五指揮營壞修之增屋四百楹寶慶志七改舊

簽判廳做公使庫而以故戎司爲判官聽事寶慶志三又於城外剏置香泉庫便細民酤飲寶慶志五邦人士德其政祠之學宮乾道志一始惠光院有妖僧納老烏土偶腹中而呪之以禍福驚動愚民民或有患苦不禱其神則不安津窮治得狀剖腹沈木偶杖其僧而逐之民以安息寶慶志十三五年五月被命再任旋以是年去官乾道志十二入朝爲吏部侍郎乾道七年見二老堂詩話復出知紹興府知婺州軍提點兩浙刑獄並孝宗時見浙江通志其知紹興也嘗進羨餘四十萬緡有詔代民輸和買身丁之半淳熙五年四月見宋史孝宗紀蓋廉而勤民所至有惠政云

張公里貫未詳浙江通志職官門兩云字子問龍泉人考括蒼彙紀張津字子問龍泉人乾道特奏名第四廷對擢首授太甯簿居官不阿歸日延邑老成講學云云是龍泉之張子問在乾道間方特奏進士僅官一簿而知明州之張子問已出守大郡入侍禁庭焉得併爲一人耶其謬顯然或疑同時同姓名而復同字或未必二人按陳振孫云本朝有兩張先皆字子野其一博州人天聖三年進士其一湖州人天聖八年進士先之與野本諸論語可以雷同則津之字問亦本論語又何疑也

胡尚書傳

胡槼字仲方廬陵人（見鳳凰山摩崖題名）忠簡銓之孫也（見宋史胡銓傳）孝宗淳熙間監慶元府比較務嘗攝象山縣（十四年見寶慶志二十一）八朝爲樞密司編修官已而兼檢詳諸房文字甯宗嘉定六年官將作監兼樞密司副都承旨（竝見槼所作樞密司承旨檢詳編修題名記）八年遷□府卿（見龍華寺題名石刻漫漶所脫當是太字）歷侍郎擢工部尚書是時金人攻江淮諸州郡甚急羣臣以和戰守三策議於朝槼附丞相史彌遠力主和議侍郎袁燮與廷爭以笏擊其額燮由是辭歸（見張仲文白獺髓）而太學生何處恬等伏闕上書請斬槼以謝天下（十二年五月見宋史甯宗

紀）不報尋出知福州（見厲鶚宋詩紀事按槼以工尚知福州其知慶元已改兵尚是知福州在前也故紀事云嘉定中）理宗寶慶初改兵部尚書二年二月除煥章閣學士通議大夫知慶元府兼沿海制置使紹定元年十二月轉通奉大夫二年正月除顯謨閣學士充沿海制置使兼知慶元府（按宋時知慶元府者兼沿海制置而視其品秩高下而區別之官高者曰制置使尤高者曰制置大使秩卑則曰制置副使尤卑者曰主管制置司公事槼以尚書知郡稱制置使然署銜則曰知慶元府兼沿海制置使以兼官高於知府尚不得直稱制置也至被命專任始得稱沿海制置使兼知慶元府故此條書法互異恐讀者疑其重復爲縷晰之）七月除龍圖閣學士正奉大夫致仕（以上竝見寶慶志二）後復召爲尚書（按志稱二年致仕宏簡錄云六年罷則是復起復矣宋史胡銓傳云槼官至尚書而其部未詳）六年十月彌遠卒

十二月槼與薛極聶子述趙汝述皆罷（見邵經邦宏簡錄）四人者諂附彌遠最親信用事時人謂之四木（見王宗沐續資治通鑑）而薛極胡槼尤害民當時謠云草頭古天下苦（見葉紹翁四朝聞見錄及王應麟困學紀聞）然槼在慶元多惠政重修學宮祠先進名宦及校官之有功黌序者歲以人日行鄉飲禮升歌鹿鳴會者千五百人（寶慶志二）時鄞學新刱規模粗具士萃喜充郡弟子員槼乃以縣庠爲小學未成童而父兄貧不能教者召之來使郡學職以所業課之扁其堂曰養正撥田以益其租（寶慶志十二）修葺貢院膽錄屋壞重建之（寶慶志二）重修郡城埤薄爲厚增卑爲高新望京靈橋東渡

三門而立明山鄞江二樓其上寶慶志三其他抹度修建者甚衆常平倉糯米倉甲仗庫軍資庫公使庫市舶務都酒務和劑藥局養濟院敎場子城門鎮海樓郡署郡圃涵虛館錄事司理諸聽事禁軍廂軍諸營竝見寶慶志第三卷及第七卷紹定元年正月東北廂大火乃經畫溝渠禁民架屋寶慶志三興建公宇坊梁祠觀之燬燼者重建諸坊及都稅務苗米倉司戶司法兩參軍聽事見寶慶志三重建董孝橋亭及東北廂諸橋見寶慶志四重建剩員指揮營見寶慶志七重建天慶觀見寶慶志十一郡城有食喉氣喉二碶洩日月湖淫潦於江歲久侵塞既被火乃聞於省下令禁止寶慶志三又四東錢湖周廣八十里受七十二溪之水以漑民田茭葑滋生豬蓄浸少傍湖民又種荷芡甚或占以爲田槼請於朝得度牒百道米萬

五千石命水軍番上迭休大浚治之又以羸錢增置田畝收所入爲經費立烟波館天鏡亭於陶公山郡人史學士彌堅記之修東津浮橋及新石橋竝見寶慶志十二造昌國渡船條其規寶慶志四又二十禁北渡買撲寶慶志十四增西渡夫役及曳舟之牛寶慶志四以便行旅又嘗修社稷壇壝齋宮寶慶志二及隱德堂寶慶志三初朝廷歲輸幣金國以州郡夏稅絹充之既罷輸有詔令下等戶以應納絹折納錢四貫大家遽應詔折納而下戶納絹如故槼始淸釐之從指揮施行寶慶志六香泉庫有人戶抱認息錢寬減其數寶慶志五府歲解經總制錢五萬緡請減之以寬州郡鹽場官

常以廢餘飽囊橐請依趙忠定福建例支官吏俸給寶慶志六慈溪故大縣有令而無丞請裁贍軍務一員置寶慶志十六又請改岱山管界軍制寶慶志七朝省或不盡聽從而槼所言頗有關於國本郡計與民生利害云始槼攝令象山賦紅木犀花詩越忠定王史浩再次韻和其篇寶慶志二十一既而與浩子彌遠同立朝後復守其鄉以是益親昵槼有兄槻亦附彌遠官至尚書見宋史胡銓傳槻作普甯志三卷見宋史藝文志槼成四明志二十一卷槼之爲志也作浩傳幾六千言雖不免黨人之私然浩忠悃久抑於張浚亦賴是得表襮焉子爟熣燿烇煌見橐駝峯題名

仲方以忠簡之孫而附權姦誠爲墜其家風然在吾鄉惠政不可誣也謝山以草頭古之謠疾之已甚并惡其書殊非平情之論又謝山以仲方爲澹庵從孫亦誤仲方作樞密題名記自稱爲編修紹大父忠簡公之遺躅則左證固不獨正史已也

方校官羅錄參傳

方萬里以從政郎充慶元府學教授見萬里請禁採鐵劄子學新修於甯宗嘉定閒而泮橋廚湢未備理宗寶慶元年萬里謁守倅新之寶慶志二魏王愷之判明州也築射圃於學宮之前以餘地建屋收僦居之租萬里謂歲久失疆界

則佞佔浸起乃埋石識其丈尺二年見寶慶志二四明山故隸學養士豪民以鐵鑛發見徑陳坑冶司掘鑿鼓鑄萬里執不可稱四明爲郡望山且去行都近去會稽陵寢尤近而郡中名公鉅卿大儒碩望方布滿中外泉司豈宜規此小利以驚動地脈因援胡文恭禁取金登萊故事備聞諸朝事得已寶慶志十二陳說利害累數百言讀之錚錚然想見其爲人三年罷任去寶慶志序

羅濬廬陵人以從政郎官贛州錄事參軍寶慶志序

袁劉汪王繆蔣伍樓余夏李傳

袁藻鄞縣人贈朝奉郎垌之孫見袁燮先祖墓表贈通議大夫

文之第三子又先公墓表及太夫人戴氏壙誌理宗紹定初爲慶元府學學正寶慶志首

劉叔溫慈溪人自號慈川逸民寶慶志十六紹定初爲慶元府學學錄寶慶志首嘉定閒天台劉炔主慈溪簿偕其兄倓同來作聽雨亭叔溫記之寶慶志十六偕元實重建資國廣福院亦叔溫記之寶慶志十七至正志十又嘗賦丈亭館詞寶慶志十六

汪煇鄞縣人廷衡曾孫寶慶志十紹定初爲慶元府學直學寶慶志首後中二年進士寶慶志十廷衡徽宗宣和六年進士廷衡父鎮崇甯五年進士並見乾道志十二並特奏名按寶慶志不載特奏

故無二人名又按宋志科目不注縣名今稱鄞人者據嘉靖甯波府志進士表也後仿此

王垌按杭世駿道古堂集作汪垌繆暹蔣淵明三人並以紹定初爲慶元府學學諭寶慶志首並不詳其里貫按羅云在泮之士則皆四明人無疑特不詳其何縣耳

伍子獻亦不詳紹定初爲慶元府學教諭寶慶志首

樓槃鄞縣人進士壻於袁氏見絜齋集紹定初爲慶元府學教諭寶慶志首官至浙東倉司提幹晝錦樓氏譜槃名從木蓋宣獻孫行而攻媿集中無其名袁正獻先公通議墓表云孫女適進士樓槃通議四子覺燮藻櫄正獻作其夫人邊氏壙志及亡弟櫄墓志皆不

及槃則非絜齋與木叔壻也其婦翁或覺或藻不可知矣又墓表稱進士而寶慶志題名無之或特奏名耶

又按晝錦樓氏譜凡進士考恩蔭錄等俱無槃名惟歷世官職錄云浙東倉司提幹諱槃而已又其世系圖中亦但於名旁註提幹二字并不詳其配氏據世系圖槃父沇字允之贈從事郎沇只槃一子從事郎蓋即提幹所贈者沇父鍔字景山號求定官至朝議大夫鍔父珌字叔儀官至中順大夫珌即宣獻父璩之弟珌父即楚公异生琛字叔獻通判次璹字壽玉一字國器號仰嘯

淮東安撫使三琚字厚卿又字叔丞朝散大夫四壕字叔龍贈太師兗國公卽宣獻之父五珌然則渠實宣獻之從姪孫也同治甲子十二月十一夕柳泉記

余枏鄞縣人紹定初爲慶元府學齋長寶慶志首後中端平二年進士寶慶志十

夏嘉鄞縣人紹定初爲慶元府學齋諭寶慶志首後中端平二年進士寶慶志十湻祐七年任仙居令始端平閒有章敏子者令仙居作興學校湔剔夙弊吏不敢欺嘉到官一遵成法竝著賢稱時號章夏見台州府志子已震寶祐四年進士寶慶志十

李釆紹定初爲慶元府學齋諭寶慶志首里貫未詳

烟嶼樓文集卷十一　男隆壽平甫校字

烟嶼樓文集卷十二

鄞　徐時棟同叔稿　甥葛祥熊豫齋校刊

四明志作者傳二

魏吉州傳

魏峴鄞縣人理宗嘉定閒以朝奉郎提舉福建路市舶（見峴所撰烏金堨記）紹定初爲都大坑冶司（按史稱坑冶司在饒者領江東淮浙七閩峴蓋治饒州故淮西路蘄州爲所屬耳又按寶慶志兩云嘉定十四年泉使魏峴似峴在嘉定閒已司坑冶然烏金堨記作於是年十二月尚以舶司著銜蓋志作於紹定初據其現官記舊事耳又按備覽目錄稱魏都大而趙都承牒中稱魏都大知府蓋爲泉使時又兼知府事也）五年五月臣僚言積陰霖霪必有致咎之故比聞坑冶司抑蘄州進士馬杰爲鑪戶其妻以憂死女繼之弟大聲赴愬死於道杰知不免毒其二子一妾舉火自經死民冤如此以是干陰陽之和帝詔峴罷職（見宋史理宗本紀此事未可盡信說見後）按淳祐二年（此據寶慶志十二及林元晉迴沙閘記）起爲直祕閣以中大夫知吉州軍事兼管內勸農使（見峴所撰蔣山龍潭廟記署銜見敬止錄原本吉作台必傳寫按此碑形近致譌據寶慶志及林記改正）峴世家光溪之濱（見烏金堨記）唐鄮令王元暐築堰其地以界江溪曰它山堰溪上苦沙淤峴常募工淘浚（備覽程趙給田條云近者連歲旱涸峴多自出力顧募開淘又嘉定八年及淳祐元年二年淘沙並見備覽淘沙條）顧以爲私家力弱不敵於官始攝守程覃置淘沙田三十畝有奇（嘉定七年）峴請於守趙以夫乞增置

以夫復給田三十畝然田穀掌之丞廳遇旱申請緩不及事峴請委就近措置（見備覽程趙給田條）乃以田租責付溪上雲濤觀並牒峴照應（嘉熙三年見趙都承米田牒）及制置陳塏將建迴沙閘適峴述鄉民意走書白塏塏因屬峴主其事而以幕官林元晉進士安劉佐之（淳祐二年見備覽建閘條寶慶志十二及迴沙閘記）峴嘗謂君子學道愛人不拘其事苟致愛人之心無非道也民以食爲天田以水爲本六府所以首水而終穀（備覽序）故其家居疏它山之澤夙（見迴沙閘記）請於朝得祠牒使里中朱王二氏按渠堰隄閘之壞而修之（嘉定十四年寶慶志四）又修烏金碶（嘉定十四年見備覽三堨條寶慶志十二及烏金堨記）又謂洪水灣積爲江水所衝久之將泄溪流宜築隄岍（備覽洪水灣條）卒告於守黃壯猷成之（淳祐三年見備覽洪水灣築隄條）又請加封王侯（備覽請加封善政侯條）而設齋醮以答神貺（淳祐元年見備覽設醮條）於是條具造堰始末與其利害以及夫所當興修隄防者著於篇以告後人曰四明它山水利備覽凡二卷淳祐五年旱峴率里人禱蔣山龍潭得雨倡衆新其廟明年春廟成峴爲之記蓋此時尚未之吉州任云（見蔣山龍潭廟記）

吾鄉前輩說魏吉州里居官位雖博雅如全謝山亦無不錯者吉州自序備覽云家距堰不數里其作烏金碶記云峴世居光溪之濱林制幕迴沙閘記云侯

家溪上寶慶志云泉使魏峴以鄉郡爲念顯證如此而謂其寓居溪上何也舊志云官至廬陵守廬陵郎吉州故林記稱新吉州魏侯寶慶志稱新廬陵魏守蔣山廟記自署新知吉州軍事顯證如此而謂其自吉州來寓溪上又何也蓋寶慶志第十二卷有溪上寓公新廬陵魏守之語而林記中所云新吉州魏侯者一本誤脫新字（語見六志劄記中）前輩必本此二者爲詞不知宋時稱寓不必寄公或從其自題郡望或主其應舉籍貫故寶慶志公宇門稱陳清敏卓爲寓貴開慶志高橋記稱余尙書晦爲寓槖（按前人呼尙書爲槖）此皆生

長四明里籍又顯著之史傳者今以偶然之稱謂與傳寫之誤本而反沒其人自稱里貫之鐵據可乎又寶慶志嘗稱峴爲泉使後人相率沿稱之亦究不知其何官也余攷理宗紀始知其嘗爲都大坑冶司宋制都大坑冶司掌鑄泉貨由是而備覽序中之所云問鑄蔣山廟記中之所云鍾官（按二字見史記平準書及漢書百官公卿表注云主鑄錢官也）寶慶志中之所云魏泉使備覽書中之所云魏都大一皆豁然貫通無復疑義不然開卷茫然恐不知生軍是何物矣（謝山作甬上族望表云泉使魏氏吉州人也自泉使峴來鄞此數語無一字不錯泉使雖不錯然峴官坑冶遠在知吉州之前何得稱其舊任蓋亦未知泉使是何官耳然吾不解謝山何以錯誤至此）

宋史眞文忠傳稱德秀爲江東轉運副使旱蝗廣德太平爲甚德秀親至廣德與太守魏峴同以便宜發廩使敎授林庠振給先是胡槻薛極每誚德秀迂儒試以事必敗至是政譽日聞因倡言旱傷本輕監司好名振贍太過乃使峴劾庠以撼德秀德秀上章自明朝廷悟與峴祠授庠幹官而擢德秀知泉州云云夫始既目擊情形便宜發粟繼乃爲人指使彈劾同事反覆如此其人始不足道後余綜核時事始知別一魏峴而非吾鄉之魏吉州也文忠本傳爲江東轉

運副使在嘉定閒宋史甯宗紀於嘉定八年書是歲兩浙江東西路旱蝗又書秋七月丙子發米三十萬石振糶江東饑民紀與傳合三十萬石卽文忠與魏峴所發之廩無疑而備覽淘沙條云嘉定乙亥旱勢如焚田苗將槁峴隨宜爲浚沙障水之策乙亥者八年也正與本紀書兩浙旱蝗之語合然則是年五六月閒吉州方以鄉邦憂旱淘沙浚河而其秋七月乃卽在江東路廣德軍發粟振貧此事理所必無者且發粟雖在七月而其目擊旱蝗與文忠講論荒政亦必在五六月閒又況所見所聞吉州從無知廣德及

與祠之說其爲姓名偶同而別自一人斷斷無疑至理宗紀所書都大坑冶之魏峴可決爲吾鄉之魏吉州者以旁證甚多又且坑冶罷職在紹定五年備覽序作於淳祐二年序云問鑄來歸閒居十餘年其年數又適脗合則此事固難曲爲吉州諱矣特吾甚有疑焉吉州事蹟雖不少槪見讀備覽一書懃懃懇懇憂民甚至當不至以人命爲兒戲且進士非平民何至以爐戶受逼卽爲爐戶何至憂死其妻女其人倘在何以弟爲代愬理曲在彼何以不自申論坑冶司非赫然在朝之權姦進士非懦弱無知之編氓而乃

自殺其子又殺其妾旣死其身又火其家一若死亡頃刻萬難自全必不得已而出此者按之事理劾語殊恍惚叵信況此事果實黜免已幸何以復起知州郡乎蓋理宗久之亦悟其冤矣抑吾又聞吳丞相之兄莊敏者當時所謂正人君子者也方莊敏官都大坑冶時臣僚劾其恃才貪虐籍人家貲以數百萬計見宋史理宗紀又有大蜈蚣小蜈蚣之謠見李有古杭雜記然則當日之彈章固多出於門戶嫌怨不盡公言而坑冶之司掌握泉貨又爲他人所垂涎豔羨者欲奪其位尤不能無羅織之詞此則讀史者所當平情細察固非阿私鄉賢而故爲之昭雪也故傳中據事直書復爲詳論於後

陳淸毅傳

陳塏字子爽自號可齋見應繇保豐硤記長樂人見林元晉迴沙閘記福建志云侯官人贈給事中襄之曾孫見福建通志歷京湖制機知德安直寶謨閣提點江西刑獄改直敷文閣提舉千秋鴻禧觀轉司農丞主管崇道觀知安慶召赴闕直顯謨閣提點湖南刑獄再召爲右司郎官加直寶文閣知隆興兼江西安撫使改知江州主管江西安撫司事復召爲右司郎官進直龍圖閣浙西提點刑獄遷司農少卿玆宋

史本傳理宗淳祐元年十二月以中大夫祕閣修撰知慶元兼沿海制置副使寶慶志一宋史本傳及慶元亘大江其民田資灌漑者東有東錢湖西有小江湖東錢茭葑爲害塏令民閒採以鬻諸官官量舟之大小資給之至者日千餘寶慶志十二小江湖苦沙梗溪流失道奔注於江塏先使人浚淘然急雨暴漲沙復隨而下歲或至三四浚每浚役工常數萬塏親往相視謂旣積而浚之不若未至而遏之乃剏迴沙閘於上流水通行如常沙遇閘則止去之甚便見迴沙閘記及寶慶志十二備覽上城中三喉久堙修治之見迴沙閘記重修子城除民居之跨濠塞水道者寶慶志三於北城外

捌保豐碶東城外重修滽口疏水二閘改造浦東澄波二橋又修大石橋碶竝寶慶志十二按林記云復堨二曰斗門曰大河橋大河橋堨蓋即大石橋碶每暑雨連日夜水溢出山谷塏單騎察水道親督疏治念不可徧歷於是捌平水尺斟酌分寸以爲諸碶閘啟閉之準見保豐碶記及寶慶志十二塏爲慶元纔年餘而躬出入阡陌問民疾苦見保豐碶記蒐討河渠計慮久長見鄭清之贈詩開利於先疏患於後皇皇汲汲如救頭然見鄭清之答書故其言曰旱澇豐歉在天者固不可必若人事所當修豈容不盡其力寶慶志十二其詩曰百豐未爲多一歉誠所怕豪髮可及民豈不念夙夜備覽下是時浙東西俱歉於澇塏

所治獨有秋見迴沙閘記而定海縣以瑞粟獻一莖雙穗有三四穗者寶慶志十九又嘗新東津浮橋寶慶志十二重修鄮山堂建亭月湖曰十洲之一公暇則與客泛舟登其上賦詩啜茗以爲歡樂竝寶慶志二又出錢六十萬米二十斛命慈溪令曹部建祠於學祀楊文元公而使爲慈湖之學者肄業其中寶慶志九又十六三年正月以大理卿召旋進右文殿修撰知平江兼淮浙發運使節制許浦水軍寶慶志一及宋史本傳先是塏嘗蠲近租六十萬見迴沙閘記又積錢百萬捌平糴倉寶慶志三又六及將行念糴價雖平而以其穀米濟貧民則必虧糴本復捐錢三十萬助振貸焉寶慶志六旣鎭

吳門戶部侍郎趙必愿舉塏最詔特轉一官遷太府卿司農卿權工部侍郎兼同詳定敕令官兼中書門下省檢正諸房公事以言罷未幾進集英殿修撰知婺州改知太平州兼江東轉運副使加戶部侍郎淮東總領尋提領江淮茶鹽兼知太平州進顯謨閣待制知廣州權兵部尚書進寶章閣直學士知婺州遷權戶部尚書尋爲眞兼攝吏部尚書以寶文閣學士知潭州兼湖南安撫使召赴闕以售職提舉太平興國宮加龍圖閣學士宋史本傳景定三年正月詔曰陳塏等耆年奉祠宜示崇奬塏端明殿學士仍予祠祿見宋史理宗紀復書清節高風四字

褒之見貝瓊清江集度宗咸淳四年卒謚清毅塏屢歷麾節軍民愛戴幕客盛多而樂於薦士所著有可齋詞稿二十卷宋史本傳及讀通鑑隨筆始塏奉祠寓居嘉興之崇德縣元至元間表其里曰清節見至元嘉禾志按嘉禾志稱塏官至資政殿大學士與史不合删之

清毅貫長樂本之同時人記述無可疑者奉祠寓嘉興見元人地志中爲時甚近亦不當有誤乃宋史直以爲嘉興人而貝清江作陳西郭傳云其先括蒼人五世祖退庵主秀之崇德簿遂卜縣西之南濘居焉至子清毅公開府益大其門云云是崇德之居始於

清毅之父傳聞異詞尙可兩存其說至謂其先括蒼人則顯與其同時人所稱長樂及古靈曾孫諸語大相背謬清江爲人作傳必當見其世本而舛異如此可怪也

清毅爲襄之曾孫僅見福建志中宋史及宋史新編宏簡錄諸書襄塏竝有專傳竝不言有瓜葛然林制幕記云公家古靈先生受業胡安定之門體用之學公得其傳是閩志固可信也史稱古靈侯官人清毅貫長樂長樂侯官同隸福州或後世遷居旁縣然福州本大都督府長樂郡疑清毅世居侯官之古靈村

林記云長樂者題郡名耳故福建志云侯官人史既失其世系又不著其本籍使祖孫爲秦越亦太疏矣明嘉靖閒柯奇純以莆田人改修宋史而鄉邦先賢亦復仍謬襲舛余特爲考正之

浙江通志職官門於發運使及提點刑獄及知婺州軍竝據宋史本傳書陳塏字子爽嘉興人而於沿海制置及知慶元府則本嘉靖甯波志作陳愷長樂人按制置慶元亦在史傳作浙志者攤書據文但錄其三而不見其二已可駭怪乃既於甯波名宦采嘉靖誤志立長樂陳愷傳復於嘉興寓賢采福建志別出陳塏傳云字子奭侯官人諡清毅而不知福建志中之侯官陳塏即宋史中之嘉興陳塏又即甯波志中之長樂陳愷也名同諡同爽奭形近致譌無疑而忽名塏忽名愷忽字子爽忽字子奭忽無字忽嘉興人忽長樂人忽侯官人歧而爲兩分而爲三地志之妄又如此

顏尙書傳

顏頤仲字景正(見宋詩紀事)漳州龍溪人(見宋史顏師魯傳)龍圖閣直學士諡定肅師魯之孫也以祖廕補官(見宋詩紀事)嘗倅臨安北廳理宗端平二年五月以直祕閣兩浙路轉運

判官兼知臨安六月除左曹郎中十二月除將作監竝兼知如故三年六月三殿成轉朝請郎八月除太府少卿仍兼知臨安磨勘轉朝奉大夫九月免兼(竝見咸湻臨安志)湻祐五年六月以朝請大夫右文殿修撰知慶元府兼沿海制置副使八月磨勘轉朝議大夫十二月加食邑三百戶(按舊時食封未詳)六年四月以職事修舉除集英殿修撰七年四月復以職事修舉除寶章閣待制竝因任旋陞制置使是年八月許繫金帶八年五月版曹比較增羨轉中奉大夫十月除兵部侍郎(寶慶志一)寶祐元年九月以太中大夫守尙書刑部侍郎權兵部刑部尙書兼知

臨安二年四月除戶部尚書仍兼知十一月擢吏部尚書（見咸湻臨安志及宋詩紀事）寶章閣學士提舉玉隆宮卒（見宋詩紀事）寶慶元濱海勢家私海濱砂岸撲稅於官而收納亡命爲牙爪果蓏薪炭醫卜工匠竝征之所爲不法人莫敢誰何（寶慶志二）府城外桃花渡定海縣江南渡皆民族要津勢家又買撲之納稅解常平司置場設肆薄人於險征取百出（寶慶志六）頤仲到官首聞其害曰此乃啗有司以徼利而魚肉吾民者也急申朝省請禁止凡稅入之充府學養士昌國官俸與解常平者截撥府庫版帳錢代輸其入本府與制置司則盡蠲除之（寶慶志二又六）由桃花渡而東

至定海西市舊有河六十里久湮塞無以溉田疇頤仲出錢五十餘萬浚之置碶三橋六三十日而成又出錢二萬貫設官刱修河局爲歲浚計民頌其德刻石曰顏公渠（寶慶志四）嘗修社稷壇與齋宮（寶慶志二）即壇旁建橋（寶慶志四）又嘗建張帝廟（寶慶志十一）修江東塘路（寶慶志四）府中廳事堂序皆修建一新（府儀門治事廳橫舟進思堂平易堂九經堂梅莊占春亭）理宗爲書進思堂扁賜之（竝寶慶志三）始前守趙綸以官地易延慶寺菜園建制置平糴南倉用備荒歉綸去繼徒謀規復控諸外臺外臺下其事於郡頤仲力主成議得不廢綸又刱椿積倉糴米二萬石頤仲亦儲米萬有奇爲新椿積

倉（竝寶慶志六）又增益激賞庫本錢（寶慶志三）刊定酤酒庫規式（寶慶志三又五）是時吏俸兵賦以售會子折價支給數不登頤仲謂制祿任官祿優而後可責其守節制賦養兵賦足而後可勉其急功因竝以新會支之（寶慶志六）又建言沿海列寨當犄角勦寇修其戰艦與其寨屋而禁兵船之虛批巡歷者朝省從之（寶慶志七）尤留意學校嘉熙閒有詔升周張程朱從祀先聖湻祐五年頤仲乃竝祠張宣公呂成公陸文安公於明倫堂之左而以郡人有得三先生之傳者曰廣平舒公沈端憲公楊文元公袁正獻公列祀堂右是爲四先生祠（寶慶志二又九）其明年正月行鄉飲酒

禮於庠蒐舉舊典增造禮器會者三千餘人頤仲首賦詩記其事士大夫和之又刊布書籍以惠學者凡文公小學陳忠肅公言行錄北溪先生字義（按字義二卷宋陳湻安卿撰其人爲顏公鄉人）禮詩（按志稱鄉飲禮成制帥賦詩士大夫賡和成帙疑禮詩即其書也）諭俗編（按未詳疑當時顏公條教）各若干卷（竝寶慶志二）頤仲勤恤民隱除害興利甫抵任即蠲逋賦四十九萬酒額過高夏秋稅折納太重竝爲裁減自言苟可利民未嘗靳吝（寶慶志二又六）在任四年以優擢去郡民悲泣如失父母焉（見雍正甯波府志　按嘉靖志無顏公傳此蓋本之成化志者）

宋史無顏公傳此據寶慶志中附刻者牽連書之然

公以淳祐五年六月之任八年十月始去而志中但列六年以前事蹟蓋二年之中政蹟既多其幕僚先為記述附刻之耳竊意後此兩年必更有善政足載文獻無徵不能縷詳亦傳循吏者之憾事也

吳丞相傳

吳潛字毅夫[見吟稿]自號履齋[見胡用存講義跋]宣州甯國人祕閣修撰諡正肅柔勝之季子也甯宗嘉定十年進士第一授承事郎鎮東軍節度判官改廣德軍父憂服除授祕書正字遷校書郎通判嘉興權發遣府事轉朝散郎尚書金部員外郎理宗紹定四年遷尚右郎官都城大

火上疏論致災之由又貽書丞相史彌遠論六事授直寶章閣浙東提舉常平不赴五年[二字本宏簡錄本傳]改吏部員外郎兼國史編修實錄檢討[宋史本傳]其年七月遷太府少卿總領淮西財賦[宋史理宗紀及本傳]是時金人新滅與元為鄰[宏簡錄本傳]朝臣銳意復河南潛告執政勿輕用兵洎入洛師潰亡失不貲皆如潛所料[宋史本傳]六年十二月進太府卿仍總領淮西財賦[宋史理宗紀]權沿江制置江東安撫使知建康兼行宮留守[宋史及宏簡錄本傳]疏陳保蜀護襄防江備海諸事宜端平元年應詔陳九事忤時相[宋史本傳]臣僚遂劾其兄淵貪虐竝劾潛違道干譽任用非類詔落祕閣

修撰[宋史理宗紀　按吳公進祕閣修撰史無明文]奉千秋鴻禧祠復起祕閣修撰權江西運副兼知隆興主管江西安撫司擢太常少卿奏寬恤人戶十五事[宋史本傳]二年十二月進集英殿修撰樞密都承旨督府參謀官兼知太平[宋史理宗紀及本傳]三年三月赴闕[宋史理宗紀]權工部侍郎知江州辭不赴改權兵部侍郎兼檢正言大業將傾士習已壞宜靜專剛明以察羣情而消衆慝又請分路取士收淮襄人物[宋史本傳]嘉熙元年六月試工部侍郎知慶元兼沿海制置使[宋史理宗紀及本傳]改知平江條具財計凋敝本末以寬郡民與轉運使王埜爭論利害[宋史本傳]二年正月埜察訪江南還劾

潛知平江厲民不法[宋史理宗紀]詔授潛寶謨閣待制提舉太平興國宮改玉隆萬壽宮[宋史本傳　按理宗惑於王埜之讒故有是命本傳不言劾奏宏簡錄并不言宮觀皆非也]六月授戶部侍郎淮東總領兼知鎮江[宋史理宗紀及本傳]言邊儲防禦十五事[宋史本傳]十月又言趙時哽團結流民十餘萬其二萬可籍為兵沙上蘆場可得田二十餘萬以贍流民從之三年三月改敷文閣直學士沿海制置使知慶元[竝宋史理宗紀　按此但見本紀中本傳及新編宏簡錄等書皆無之然至是已兩命知慶元而皆未行嘉靖志名宦傳云初以試工部侍郎知慶元後復以觀文殿大學士判慶元府似吳公曾經兩任者誤矣又嘉靖志亦但知元年六月之命而不知尚有三年三月之命也]旋改寶謨閣直學士兼浙西都大提點坑冶[宋史本傳]五月

權兵部尚書浙西制置使宋史理宗紀及本傳仍知鎮江宋史理宗紀及宏簡錄本傳申論防拓江海團結措置等事宋史本傳四年五月擢工部尚書兼吏部尚書知臨安咸淳臨安志及宋史本傳按史傳云擢工部改吏部今依咸淳志又宏簡錄云歷戶工吏三部尚書兼知臨安史及志並不言戶部未知何據是月兼侍讀咸淳臨安志及宋史理宗紀論艱屯蹇困之時當反身修德又乞遴選近族以係人心而俟太子之生帝嘉納兼侍讀經筵宋史本傳及宋史新編本傳八月免知臨安餘依舊見咸淳臨安志十二月命爲福建安撫使宋史理宗紀按蓋命而未行故本傳無文淳祐二年四字見宏簡錄本傳以臺臣徐榮叟論列授寶謨閣學士浙東安撫使知紹興辭提舉南京鴻慶宮遂請致仕改

華文閣學士知建甯宋史本傳四年六月提舉隆興府玉隆萬壽宮任便居住宋史理宗紀母憂服除轉中大夫試戶部尚書兼侍讀翰林學士知制誥兼侍讀宋史本傳七年四月改端明殿學士同簽書樞密院事進封金陵郡侯宋史理宗紀及宰輔表及本傳　按本傳多不書年月今據本紀稱之然傳詳紀略紀所未書者如知建甯未必不與提舉玉隆同在四年知制誥未必不與簽書樞密同在七年聞見不多未能詳覈姑據所見書之　又按本紀書七年四月丁亥吳潛同簽書樞密院事本傳稱改端明殿學士簽書樞密院事進封金陵郡侯同一事也而宏簡錄云進端明殿學士簽書樞密院事封金陵郡侯七年同知樞密院是參合紀傳而誤分爲兩事矣五月兼權參知政事宋史理宗紀及宰輔表七月以亢旱乞罷改資政殿學士提舉臨安府洞霄宮旋依舊端明殿學士知

福州福建安撫使按宏簡錄此下有召奉內祠四字據本傳提舉洞霄明在乞罷之後知福州之前錄誤也九年八月以資政殿學士徙知紹興兼浙東安撫使十二月召同知樞密院兼參知政事授太中大夫宋史理宗紀及宰輔表本傳入對言今日之病豈惟倉扁雖庸醫亦望而驚矣願任元老爲醫師采衆益爲醫工使臣輩得效牛溲馬勃之助宋史本傳十年五月除資政殿學士帥沿江宋史宰輔表十一月乞解機政不允宋史理宗紀十一年三月入爲參知政事宋史理宗紀及宰輔表本傳閏十月五疏乞罷不允宋史理宗紀十一月拜右丞相兼樞密使授宣奉大夫金陵郡開國公加封邑宋史宰輔表十二年十一月以水災乞解

機政宋史理宗紀及本傳十二月改觀文殿大學士提舉江州太平興國宮宋史理宗紀及宰輔表本傳及新編並云此時即提舉洞霄誤寶祐二年十一月提舉洞霄宮宋史宰輔表四年四月以觀文殿大學士授沿海制置大使判慶元寶慶志一及宋史理宗紀本傳條具軍民久遠之計奏行之積錢百四十七萬代民輸帛前後所蠲至五百四十九萬有奇宋史本傳五年正月授光祿大夫寶祐五年制及寶慶志宋史理宗紀四月假歸甯國五月還任寶慶志六年九月授銀青光祿大夫令再任寶祐六年制及寶慶志潛爲慶元其興修由學校城郭以至公宇坊巷其水利由塘堰碶埭以至橋梁道路其規畫由坊場庫務以至賃地斗斛

內而治兵外而防海近而寬恤之政至於煢獨囚伍遠
而至於日本高麗三年之中興利除害大綱小紀纖悉
周至嘗自爲詩曰數莖半黑半白髮一片憂晴憂雨心
而其曉兒輩詩至有畢竟食焉而怠事天刑人禍恐難
逃之句民德之深塘成曰吳公塘衢成曰相公衢得雨
曰相公雨尸祝有祠紀德有碑於是梅應發劉錫條其
政績爲四明續志即所稱開慶四明志者是也並見開慶志
開慶元年八月再疏乞歸有詔依舊觀文殿大學士判
甯國特進崇國公寶慶志一及宋史理宗紀宰輔表本傳九月起爲醴泉
觀使兼侍讀奉朝請宋史理宗紀及宰輔表本傳入對論畏天命結

民心進賢才通下情宋史本傳是時元人渡江攻鄂州甚急
朝廷大震丁大全匿不以聞潛涕泣入奏宏簡錄理宗本紀十
月拜左丞相宋史理宗紀及宰輔表本傳按俞文豹清夜錄云開慶元年北兵入寇鄂渚八月
起復舊相吳履齋宅左揆直院洪魯齋芹草麻制云予
方重宵衣之憂汝不以晝錦爲樂云云則似鄉郡後
郎以左相召者與史本紀表傳並不合兼樞密使進封相國公宋史理宗紀及宰輔
表改慶國公宋史理宗紀及宰輔表本傳奏乞令朝臣各陳所見以
決處置宋史本傳會將謀遷蹕潛力沮之見宋季三朝政要十二月
改封許國公宋史理宗紀及宰輔表本傳景定元年二月元兵破廣
西湖南諸郡宋史理宗紀及本傳先是元人渡江賈似道方督師
屯漢陽御史饒應子請移之黃州黃州兵衝也似道以

為潛欲殺己銜之乃令御史沈炎劾潛措置無方致全
衡永桂皆破宏簡錄本傳潛奏近年姦臣憸士虛議誤國逢
迎媕阿積至於大不靖臣年將七十捐軀所不敢辭所
深痛者交任之日上流之兵已踰黃漢廣右之兵已蹈
賓柳而謂臣壞天下事亦可哀已又論劾丁大全章鑑
高鑄蕭泰來沈炎等毋使致危亂之小人翕聚以貽善
類之禍宋史本傳潛雖素有才望不喜任術帝不甚親信見黃
震古今紀要及將立度宗爲太子潛密奏臣無彌遠之材忠
王無陛下之福帝怒宋史本傳四月沈炎乘上怒三字見宋史洪芹傳
復攻潛稱忠王之立人心所屬潛獨不然章汝鈞對策

乞爲濟邸立後潛樂聞其論姦謀叵測乞速詔賈似道
正位鼎軸乃罷潛相以觀文殿大學士提舉洞霄宮宋史
理宗紀及宰輔表命下中書舍人洪芹獨繳還詞頭宋史本傳曰方
國本多虞潛星馳赴闕理紛鎮浮陳力爲多一旦視如
弁髦得無詩所云將安將樂女轉棄予乎宋史洪芹傳不報
宋史本傳七月侍御史何夢然復劾潛及丁大全欺君無君
之罪詔奪潛觀文殿大學士罷祠俶二秩謫建昌軍夢
然又與孫附鳳桂錫孫劉應龍承順似道風旨羅織所
惡帝爲下詔凡黨潛及大全者臺諫嚴覺察舉劾以聞
十月改竄潛潮州二年四月徙循州七月責授化州團

練使循州安置宋史理宗紀　按本傳敘吳公之貶甚略故採本紀補之如此乃核之劉應龍
傳則有不可合者應龍傳云理宗將立皇子潛有異論
帝已不樂及元兵渡江帝問潛策潛對當遷幸而臣死
守於此帝曰卿欲爲張邦昌乎潛不敢對兵退帝語人
曰吳潛幾誤朕遂罷潛相而怒之不已復授意應龍使
劾之應龍力諫不可云云按元兵渡江在立皇子前一
年傳所敘述先後已自不合而應龍者始既不肯逐君
之惡力爲保全繼乃附和時相劾其黨人乎本紀劉傳
何矛盾如此至吳公之貶主其謀者似道成其事者沈
炎理宗所以從之者則以立皇子之故此在諸書靡不
云然而應龍傳乃獨云勸帝遷幸以致罷相何也且吳
公力阻遷蹕明見三朝政要同此一事江湖士劉宗申
顯然正反又何也莫明其故附識於此
者以口舌要當路貨賄官爵士大夫畏其口似道既怨
潛思殺之除宗申知循州既至捃摭甚備置毒潛所居
井中從行吏僕皆患足軟死見蔣正子山房隨筆　潛鑿井臥榻下

毒無從入復開宴促赴辭之再不數日移庖就潛遂得
疾見黃宗羲宋儒學案　三年六月壬辰卒於循州宋史理宗紀　撰遺表
作詩頌端坐而逝潛預知死日語人曰吾將逝矣夜必
雷風大作已而果然四鼓開霽循人聞之咨嗟悲慟宋史
本傳　李蕊祭以文曰潞公不能不疏溫公不能不毀趙忠
簡不能不遷寇萊公不能不死後世而無先生者乎孰
能忘之後世而有先生者乎孰能待之其爲人敬慕如
此見山房隨筆　遺奏聞詔許歸葬度宗咸淳三年十一月追
復光祿大夫宋史度宗紀　少帝德祐元年三月復原官宋史瀛國
公紀及本傳　仍還執政恩數明年以太府卿柳岳請贈謚特

贈少師宋史本傳
丞相知隆興時吾鄉袁正肅草制勸以韜晦語見六志校勘
記雜錄卷中　及入相而其兄莊敏方守建康奉化應文煒
作書諷之莊敏即謝事丞相奇其人招入幕不往見袁
桷師友淵源錄　至開慶再相四明士子上詩有不如髻嶂雙
溪下行對青山坐看花之句見山房隨筆　然則丞相在吾
鄉固多惠政而吾鄉人之愛丞相者亦已至矣瑣屑
不足登傳聊記於後
萬編修經雍正甯波府志蔣孝廉學鏞水利考並稱
丞相之謚爲正肅按柳岳雖有賜謚之請而當時但
贈少師並未易名也或此謚爲海上追贈二公別有
所本然正肅乃丞相父謚豈有父子同謚者疑皆誤
記耳

烟嶼樓文集卷十二　　男隆壽平甫校字

烟嶼樓文集卷十三

鄞 徐時棟同叔稿 甥葛祥熊豫齋校刊

四明志作者傳三

梅太府劉通判傳

梅應發廣德人按時亭記自署桐川喜抄書先世書皆傳寫習詞科不成補太學見清容集師友淵源錄理宗寶祐開慶閒以迪功郎爲慶元府學教授開慶志序判府吳潛作時亭及諸生祠潛於學竝應發記之開慶志二又一官至太府卿見師友淵源錄

劉錫字自昭見丞相吟稿詩餘贈答題永嘉人見梅應發時亭記寶祐閒以奉議郎辟充沿海制置大使主管書寫機宜文字開慶初新添差通判鎮江府開慶志序在制幕中多以詩詞與大使吳潛相唱和開慶志十又十一十二今無有傳者

丞相詩詞稿中多稱劉制機自昭考制置司設機宜文字但一員而其姓爲劉則自昭必錫也惟弟十二卷曾稱劉架閣自昭慶元府雖有架閣庫然不聞辟置僚屬而宋史職官志部曹有主管架閣庫豈自昭曾膺是職後復判鎮江耶又宋史理宗紀景定元年有國子監主簿劉錫或卽係自昭或別自一人則不能臆度矣

劉忠肅傳

劉黻字聲伯宋史本傳自號質翁見蒙川遺稿樂清人宋史本傳按文及翁黃翔龍諸記及袁桷師友淵源錄竝稱永嘉人題其舊郡名耳早有令聞讀書雁蕩山之朝陽閣宋史本傳及鄭滁孫朝陽閣記理宗淳祐十年年三十四試入太學伏闕上書攻丁大全送南安軍安置既至取濂洛諸書摘其精要成濂洛論語十卷宋史本傳黻之攻大全也與陳宜中黃鏞林測祖陳宗曾唯同上書時號六君子大全敗丞相吳潛奏還之賈似道入相復爲之請有詔六人皆免省試赴景定三年廷試宜中中第一人而黻又以對策忤似道見宋史陳宜中傳及蒙川遺稿師友淵源錄云左史出治慶元於時奉祠山中以居鄉清修爲世號六士按世號六士蓋卽指六君子事而奉祠二語未得其解清容此錄爲其先公墓表碑陰或其父家居時忠肅曾薦之故云云耶未敢臆斷附記於此既而侍御史陳垓劾程公許右正言蔡榮劾黃之純黻又率同舍生累疏極諫旋以材署昭慶軍節度掌書記由學官試館職度宗咸淳三年擢監察御史四年改祕書正字論正學疏上踰日未報卽求引退會丁父憂解職去竝宋史本傳六年冬服除卽家授集英殿修撰寶慶志一宋史本傳及以奉議郎延祐志二知慶元府主管沿海制置司公事七年磨勘轉承議郎寶慶志一在官建濟民莊凡貢士計偕之貲者老綏急之需於是焉取之宋史本傳修府學宮復明德齋爲養正齋延祐志十三而刻其所著濂洛論語閒梅小稿及濟民莊

始末於庠（寶慶志二　按志中濂洛論語之前有讀書法性理字訓二書不著刊刻之人或疑亦忠肅所刻考朱子讀書法爲張洪伯大與齊熙充甫同編者據伯大自序此書乃其分教四明時編成以刻諸泮宮而性理字訓乃程正思所作皆於忠肅無與忠肅所刊皆手自撰集者）始徵爲太學循理齋長習聞慈溪楊文元公言行及試館職爲之作傳至是請於朝乞錄其後竝請建慈湖書院（見文及翁慈湖書院記及宋史本傳）乃捐郡帑得地於普濟寺東肖像祠之撥濟民莊米爲釋奠養士之費（見黃翔龍慈湖書院本末記及延祐志十四）是時昌國魏方眞以建書院請徵以舊酒坊基予之復助以緡錢爲岱山書院（見趙與沐黃震岱山書院記）其年十一月超權刑部侍郎未行八年正月除侍講兼修玉牒官（寶慶志一）旋拜刑部侍郎九年改朝奉郎試吏部尚書兼工部尚書中書舍人同修玉牒兼侍讀疏請給王十朋祠堂田十年遭母喪去明年江上師潰時宜中爲相起徵端明殿學士不赴及賈似道韓震死宜中謀擁二王入海以兵迎徵乃託宗祀於母弟成伯揮涕就道至羅浮而卒謚忠肅（宋史本傳蒙川遺稿及徐象梅兩浙名賢錄　按本傳又載宜中令忠肅服大黃而病不治語甚詳然頗無謂）徵所著有諫坡奏牘薇垣制稿經帷獻納諸書航海時挾以自隨遂散落不存元大德中其弟應奎乃裒集其詩文爲蒙川遺稿四卷（見劉應奎蒙川遺稿序）初徵將至南安軍歸別母解氏母勉之曰行乎臣死忠今以直貶分也及徵以

憂憤卒其妻林氏舉家蹈海死云（宋史本傳）

馮州判馬總管傳

馮福京自號學泉居士（見福京所撰吉祥寺選佛堂記）潼川人（大德志序）大德先嘗官慶元府學相副教授（延祐志二）成宗元貞元年（大德志二）以登仕郎爲昌國州判官（延祐志三　按延祐志注年分處板脫但存一大字似當爲大德某年任今據昌國志正之定海志謂大德二年任吏誤）後兼巡捕司（大德二年五月大德志五）始至修學宮及櫺星門經理其廢租刊世祖護持廟學詔旨學故有親仁齋久不治福京重修改扁育德以爲訓蒙之所聘鄉之耆宿任教導焉翁洲書院既廢應氏復興之福京與聞其事（竝大德志二）始元年十一月詔江淛行省括隱漏官田（見元史成宗紀）明年府以其事下昌國增塗田租福京謂塗田者海濱隄岸也細民築之成田秋潮至岸崩復爲塗耳其稍遠於海者又連山麓久雨則淹久旱則槁雨澤均得收熟然後及他州縣下等之數今增租爲官入至微而民害無窮府達魯花赤月列主其議額如舊（大德志二）是年九月增鹽價鈔（見元史成宗紀）大德元年福京方被府檄在行省復力爭謂海島無蔬菜食鹹水魚鮮雖無鹽亦可況以口計舊額月應買食鹽十餘兩邇年逃亡事故日日加少里正莊首及見在戶代買之若復增鹽價是驅之使爲盜賊也省爲之減十分之二

云（大德志三）福京頗好爲文章凡修學及小學及書院並爲之記（大德志二）吉祥寺建選佛堂（大德志七）郡建東嶽宮（至正志九）亦福京記之

馬澤字潤之嘗官中祕（延祐志序）仁宗延祐六年十一月（至正志一）以太中大夫爲慶元路總管（延祐志二）愷悌惻隱政宜於民（延祐志序）慈溪縣有贍學塗地三百四十畝尹以屬蒙古學久爭不決澤始判還之（至正志七）

袁文淸傳

袁桷字伯長（見蘇天爵撰墓志）自號淸容居士（至正志本傳）又號見一居士（見淸容居士集隱仙記諸篇）慶元路鄞縣人（見墓志）宋同知樞

密院韶之曾孫（元史本傳）知嚴州似道之孫元同知處州路洪之子（見墓志）幼穎悟絕棄弱弄（至正志本傳）生長富貴而力學淸苦讀書每至達旦（見墓志）嘗謂宋季程文濤濫靡爛而不可救益自奮勵希古作者恥以門蔭補官（至正志本傳及嘉靖志本傳）年二十餘部使者舉懋才異等授麗澤書院山長不就（墓志及元史本傳）成宗大德初閣復程鉅夫（按元史作程文海其初名也）王構薦爲翰林國史院檢閱官秩滿擢應奉翰林文字同知制誥兼國史院編修遷修撰歷兩考除待制進拜集賢直學士久之移疾去俄以原官召尋改翰林直學士知制誥同修國史英宗至治元年遷侍講學士泰定帝初辭歸四年八月三日卒年六十二（按墓志及至正志並作六十二元史云六十一誤也）初授將仕佐郎（見淸容集進郊祀十議狀）積階至奉議大夫訃聞贈中奉大夫江浙行中書省參知政事護軍追封陳留郡公謚文淸（以上並見墓志及至正志元史本傳）成宗初建南郊桷官檢閱進郊祀十議禮官推其精博採用之仁宗設進士科取士時貢舉久罷無能知舊法者有司諮桷而後行桷兩爲廷試讀卷官一爲會試考官再爲鄉試考官至治間鄆王秉國憲度號令桷實襄贊之上親行祫享禮增廣廟制桷亦預其議奉詔修成宗武宗仁宗三朝大典多禆國論（四字見至正志本傳）曾將修宋遼金史桷

請搜訪遺書條具凡例以進事不果及告歸而史館當修英宗實錄桷以呂思誠宋褧王守誠蘇天爵薦旣卒二十餘年順帝詔修三史遣使求郡國遺文故事桷孫諸暨州同知曮獨以家書數千卷上之詔擢曮祕書監著作郎桷所著有淸容居士集五十卷易說若干卷春秋說若干卷（以上並見墓志）袁氏舊書目袁氏新書目（見淸容居士集）讀書記（見聞性道康熙鄞縣志）四明高僧傳（見四明文獻）文集刊於家易春秋二解未脫稿（至正志本傳）桷先世在宋多以文學知名稱東南故家遺獻（見欽定四庫全書延祐四明志提要）少從奉化戴表元同鄉王應麟天台舒岳祥諸遺老游（見墓志及至正志本

傳既又接見中原文物與虞集馬祖常王士熙諸人上下其議論貫串經史考覈百家自天官律歷井田王制兵法民政該通委曲務求實用不爲空言又於近代禮樂之因革官閥之遷次朝士大夫之族系九流諸子之略錄悉能推本原委指其歸趣當是時海宇乂安年穀豐衍並見墓志大德延祐爲元治極盛之際見四庫全書欽定清容居士集提要而桷再入集賢八登翰苑踐歷清華垂三十年見王禕撰謚議凡朝廷制冊勛臣碑版多出其手故其文章博雅奇麗見墓志氣象光昌蔚爲承平雅頌之音見清容集提要海內士取以師法文體爲之一變見墓志以之稱一代鉅公

無媿矣見清容集提要始宋寶祐間丞相吳潛判慶元府開城西新河曰後當有以文士起宦族者見清容集史靜清墓志至是桷果以文章顯

郭教諭吳教授徐訓導傳

郭薦昌國州人見浙江采集遺書總錄鄉貢進士見浙江通志官鄞縣教諭見四庫提要及遺書總錄州判馮福京作育德堂聘薦及應季挺爲小學師大德志二

吳廷獻鄱陽人見慶元府學教授題名碑仁宗延祐六年二月任慶元府學教授延祐志二在任重修櫺星門尊經閣土祠及齋舍廊廡甚備按所修者爲從祀廊及齋舍教授廨舍東廨舍聽事又造祭器增羨贍學田租按所增者爲昌國洋山定海象山及錄事司砂岸以上並見延祐志十三蓋能修舉其職者譙樓重修延獻爲之記或曰訓導鄭芳叔代爲之見高宇泰敬止錄

徐亮字彥明鄞縣人善詩文爲鄉先生戴表元所賞武宗至大初薦爲縣學訓導順帝元統初按此本至正志王獻元官浙東宣慰副使問政治得失論對切當後舉亮與修郡志所著有四書詳說竹亭隱集見何爾昌三茅志

三茅志原本稱至大初薦爲鄞學訓導時王獻元爲浙東宣慰副使云云則似獻元官副使在至大閒而彥明所與修者爲延祐志矣今按延祐志中副使無

獻元名至正志職官門獻元實以元統元年九月二十一日之任與其三茅志序稱元統元年秋獻元忝職浙東者合據以正之

王總管傳

王元恭字居敬見葉恆嘉澤廟記及馬道記自號甯軒眞定人見朱文剛王侯去思碑按嘉澤廟記云蠡吾之世家順帝至元六年十一月以正議大夫總管慶元路至正志一先在他郡有能聲民聞其至老稚胥慶見嘉靖甯波志本傳下車謁學宮以興學爲務五字見程端禮鄉飲酒復田記明年春作杏壇詠歸亭飾從祀像新論堂見去思碑時程端禮致仕家居禮請爲學者師見成化四明志學廩不給徵

道贍之嚴堂試設賞格士知自奮(見去思碑)初宋紹興閒明
州倡行鄉飲酒禮朝廷取其式頒郡縣天下以爲秉禮
之國其後或廢罷守賢一舉行之(見乾道寶慶延祐諸志)入元浸
衰歲以正月二日序拜酒三行而已又久之掌租籍者
侵蝕所有名存而禮亡(至正志八及程端禮復田記貢師泰鄉飲酒禮記)元恭
乃與端禮(至正志八及貢師泰記)及葉恆鄭覺民(見李好文鄉飲酒復田記及鄭眞四明文獻)諸人討論考訂本朱子遺法以正月七日行之
郡庠(見李好文記)總管主之鄉士耆德爲賓介禮成紀以小
錄(至正志八)他郡來取法(見去思碑及四明文獻)於是聞諸朝請頒布
風海內而命有司經理田土(至正志八)郡博士總其成知出

納焉(見貢師泰記)尤究心水政巡行田野凡河渠坊庯隄閼
失時考詢利病而疏決之(見去思碑)浚沙屯山禁私啟回沙
閘者俔可久以茅針楔病民告爲請諸庸田使及部使
者易地更作(至正志四)祭王侯於遺德廟李陸二侯於嘉澤
廟建言三侯有功水利甚大宜加封爵(至正志九)是時東錢
湖茭葑不生重修嘉澤廟以答其貺(至正志四)又謂社稷祀
典之大者今壇壝不度考禮制修改之(至正志九)重修醫學
(至正志八)及三皇廟(見去思碑)又修東嶽行宮(至正志九)重修公宇建
至善軒及三友堂(至正志三)慶元濱江每運糧則樹杙構棧
於舟次謂之馬道徵材於民吏並緣爲姦事畢舟人悉

取以去民苦之乃作石馬道於城南使延慶寺僧守之
歲加葺焉(見葉恆石馬道記)昌國州有富商黠胥劫平民爲盜
要賞爵而賄其州官榜掠誣服死者什二三元恭聞其
冤檄四至郡平反詳讞釋數十人舊以戶口計鹽額民
不堪追比多逃亡元恭與臺省陳利害上可其奏俗尚
火葬捐俸買義山瘞之均賦役省站赤供給勤其議於
石元恭廉明剛果裁制無留難(以上並見去思碑)刻意庶務(見應奎翁洲書院記)修舉墜典(見李好文記)苟利於民懇懇不少怠(見嘉澤廟記)在官二年以疾辭會部使者按慶元強起之視事
其明年至正三年四月將去郡文學諸生及父老彊留

之不可乃相與紀其德而碑之(見去思碑至正三年十一月)

王教諭傳

王厚孫字叔載(見鄭覺民贈詩)一字燕貽(見舊象山志)鄞縣人宋吏
部郎中兼崇政殿說書撝之曾孫吏部尚書應麟之孫
(見其父昌世撰王尚書壙記)父昌世以恩補承務郎未仕而宋亡杜
門不出(見黃溍撰昌世墓志)厚孫八歲能詩十歲能詞賦操筆立
就是時從昌世游者皆老成博雅厚孫日侍左右面命
心傳聞見充積(見成化四明志本傳嘉靖甯波志本傳)久益殫洽得舒璘
眞德秀原委凡性命治道禮樂法制及蘭臺典故世冑
譜諜鄉里多咨訪之袁桷自翰林歸叩所學乃綜論瀛

洛闕輔建安西蜀諸書且曰學者讀朱子書不終卷自謂能紹眞傳遂妄詆乾淳諸老夫諸老在當時以博聞實踐爲紫陽所推許今耳目未及而藉口性理以文弇陋高談闕視浸爲虛誕先生不當懲其弊乎柄韙其言又問史事具以漢唐以後諸史得失對柄心折之會柄修四明志厚孫分撰二考按至正志一爲釋道攷其一未詳柄卒或譏於僉憲將毀其書厚孫白總管王元恭得不毀元恭因屬成續志以上並見鄭眞撰遂初老人傳及舊象山志始順帝元統間程端學捍古伯鐵闊薦爲郡直學嘗立塗田碑見元統三年慶元路儒學塗田記石刻及舊象山志至正間金華黃溍至鄞復薦爲訓導見王侯去思碑石刻及遂初老人傳凡學田在鄞沙岸在昌國者率爲豪民侵奪力陳復之見高宇泰敬止錄鄉飲酒禮經費有昌國州田宋時責租於吉祥寺僧歲納錢二百二十貫入元僧負恃荒遠且富豪蠹學者又嗾之使賄吏減其籍納鈔二十五貫而已庠士周宜甫白於郡郡檄府史鄭某治之僧以賄誣鄭鄭罷吏莫敢誰何及元恭令所司經理田土未果以疾去於是厚孫與楊亦詩鄭覺民議曰我爲孔子徒而使異端敗乃事可乎撫郡乘故籍得其要領列詞愬大府久之僧懼償他田二十畝有奇稍豐於舊入乃聽其成見程端禮李好文鄉飲酒復田記秩滿授象山教諭縣久失

教養興學造士徵贍學田連租日與諸生講論求放心養德性之旨學者如歸見遂初老人傳及新舊象山志調浦江甫閱月卽解官李國鳳經略江南被詔舉遺逸有司以厚孫名上國鳳曰此危太樸所深敬者徵署衢州學教授中書復有薦者除邵武路教授福建分省又薦爲副提舉皆不赴自號遂初老人嘗誡其二子陞隲曰承家不在名位而在不失身敬身不在外貌表襮而在毋自欺其同流合污以爲通矯時干譽以爲高患得患失以終其身者吾深惡之非所望於汝曹也見遂初老人傳手緝大父遺書應當事刊布爲文法三代兩漢不事雕飾有遂初集三十卷見成化嘉靖諸志乾隆鄞縣志遂初本傳及四明談助並云少侍大父左右聞見充積攷厚齋尚書葬時僅有孫文遠一人昭甫先生撰尚書壙記可驗也又滎陽外史集貝淸江集及明後郡縣諸志本傳並云先爲訓導後爲直學核之碑刻事亦倒置元制師儒之命於朝廷者惟教授一官其餘學正學錄教諭訓導直學士奉等名皆出自士林之推薦與有司之禮請初無定額亦不分祿秩之高下也

烟嶼樓文集卷十三

男隆壽平甫校字

烟嶼樓文集卷十四

鄞　徐時棟同叔稿　甥葛祥熊豫齋校刊

事略　事狀　行狀

先義行府君事略 集虞恭公碑字　辛未

昔虞舜命伯益佐文命治水有功夏后氏封其子於徐是爲徐子傳三十二世至姬周穆天子之代君誕卽位是爲先王時徐戎不靖天子命我先王爲方伯錫弓矢專征以主東方之國徐處漢東地方五百里王旣受命乃行仁義惠懷侯國侯國化之來朝者四十有餘徐德日遠楚人大懼用王孫厲之謀來伐我徐王仁懼傷其

民舍而去之至越城之隅建城東海以終卽四明定海是也王薨葬海上之山四明地志莫古於張太守津之乾道圖經方校官萬里之寶慶志遺城墳廟以至古跡咸悉載焉於是天子聞之命伯遷大舉連伐楚師楚人入朝乃始赦之而復徐後立王子宗傳十二世至章羽爲吳所滅子孫播處四方以國爲氏唐人所謂徐氏十望其九皆本於王者也吾宗流派則章羽二十四世孫當漢成帝時以江夏太守爲光祿大夫達王鳳之難至吳會西部尉治立城居焉衢州龍遊是也是爲過江祖代有聞人其更顯著者晉扶風太守宏字聖通沒於王

事民立廟焉報山祭之唐中書侍郎安貞初名楚璧覩帝制詔有盛名於時封東海子東海之孫八長史俊舍其居宇入龍遊道場長史長子行周當光化中遷居臨海郡有地名曰厚澤世居之傳十一世而趙氏南來臨安我始遷祖始遷明州居國東鄉其孫去故居數里而西卜吉大敦是爲始遷大敦祖大敦在唐爲龍山鄉江上里見唐人湯君墓志中大敦傳十五世當
皇淸世宗憲皇帝初年而吾家遭回祿之災始居城中水月橋是爲遷城府君是爲義行府君之祖此府君系本大略也府君生乾隆四十三年八月廿六日學射校

藝有司以爲第一嘉慶元年成府學生二十三年納貲得千總銜授武略尉道光九年八月七日溘逝葬邑西南之錫山旣而有司上遺行於布政司司上之巡撫巡撫奏之道光十三年九月二十一日
宣宗成皇帝詔褒義行以好施表其門其後第四子成進士仕於　朝二十五年十月恭逢
孝和皇太后七旬恩典贈奉直大夫刑部主事府君篤於至性同懷三人季有足疾蚤以先貲與之而讓其於伯兄起家勤儉方薄得餘裕而伯季業替振起其困伯季之喪遺男或周歲或始生才百日皆招之同居鞠

之撫之至成人而使之就學胥察其姿幹陶鑄之不異所生由近而遠至伯叔遺體而又推逌宗人時過故居厚相往來會將治居室乃創建家廟於大敦中奉先王爲受姓祖與始遷祖以下至大敦始祖三世東爲昭室西爲穆室以奉歷祖又東西皆有室以奉歷祖夫人其前爲堂堂曰思本又前爲大門門東西皆翼以兩室月之望日周給宗人之不能自食者則於是焉會之由門而堂而室悉圍以牆事具南海羅侍郎師所製碑文郡海國也城外有大江其在東津聯大舟十六以爲橋其長五百五十尺創自唐刺史屢治屢毀至是又大圮府

君先更其中二舟復更其橋東之石未幾李巡道石泉將大治斯橋聞府君前事邀與商策府君首出千金謁謁陳規度謀防制長遠巡道大悅遂舉以屬府君府君先平明則出日入而歸或海信當子夜則子夜往歷五月而成雖大風烈日未有一日怠也有大石在海中曰夏太每覆舟傷人府君使人孔其石樹之大千而繫鈴於上遠有見聞舟楫無損喪者西南鄉近江之河有三橋焉橋皆單門每出納江水水無順逆茲爲橋所激而覆行舟府君與張君永懷往揆度之擇其中一橋相地更作闢爲五門高大數倍於舊方建議時里有大姓相持不下曰橋非其所將不利吾宗府君具衣冠戶說之大姓數百家入其門幾盡大姓者悅而議始定邑大令之爲城中四義學也府君實與成之既成以三千餘金具南學每歲資用復歸以新山既乃深思之曰吾宗居大敦去城數里必不能來此就學明矣誼在郡邑而惠不逮於宗得乎於是乎建義學於思本堂之東曰教本於西曰崇本命伯子時楷治其規約工未畢而府君歸道山伯子與仲子時楨第三子時棟同成之大令實爲之碑當是時海宇艾安天下無事吾鄉士大夫多好行善舉而府君更見其大一鄉推以爲表率履正奮公維

義所在扶危舉替苟足以利濟鄉國者知無不爲爲無不勇毀譽非議之口禍福遷就之說舉不足以動其心至於廑身費財得有就緒未始以文章詩詞稱揚贊美邀立名譽亦必不以公事結納搢紳當道然而自沒世以來四十餘年郡邑鄉里戶稱長者皆不容口其光名赫赫然如其生也府君持議絕無依違每交遊聚議或際艱危多章皇遊移府君出一言定之碩謨讜議滿坐莫能奪者至於處事則愼重周密與家人言必以謹愼對士夫必稱臨深履薄性凝重而接物和藹待人忠實慈惠始見巖巖如若使人震駭惕慴繼與周旋則春溫

寬恕曠亮露情性故人子同事循循然閑邪規匪繩其愆繆平時贈衣推食待視篤厚親屬雖疏遠有危難周拯之必爲圖深遠培護優渥每歲多待以舉火者故感慕慰注者衆一日過故人故人方出溺云有守節而賢者其家受人財將遣之行矣曰幾金曰三十金即如其數與之府君絕口不道其事旣沒而故人者以詩弔府君始發之又曰此時所有亘薄略而素性好義如此每歲日南至前後六十日治墳墓之圮毀者即故地加石而封之始事於大敦以漸而遠迆邐至西巖廟薛家橋而又遠之所葬古墓蓋四千有奇又設義葬地二所一

以葬宗人一以葬外姓錫山之下亦有之常謂吾師王心學先生日章曰使吾子孫纔得食衣食足矣所餘當盡以惠郡邑鄉里治家矩範正飭見者肅然起敬每曰守身以愼治家以勤無外道也自奉儉約衣履布素器用張陳無華費者建竪居室軒庭超暢開闔堅抗而已無雕鏤麗飾亦無園沼臺閣之盛無偏好俗尚珠玉奇異弗佩也戒家人勿呼盧勿籠飛鳥勿操俗音律勿召巫筮方術勿數數祭拜神明勸公趨義日昃不遑雅性不好聲技過大姓會食娅侍上場正衣而去自以單微不能習書莫年每夕觀經史常至更深五鼓復起執簡

編待曉疏通義理不達則舉向宿儒反覆窮闡必得其義楹書篋册命子孫習經典不倦學師歸輒入學中危坐管治之歇歲一二日即分學業歲終過其門者猶聞書聲也觀葬經通其意葬先人二世於大敦地師以爲吉親交乃相率招致之以是遊郡邑名山川幾盡儀容英偉長身嶽峙發聲如洪鐘每視人先耿耿射坐上有不能仰視者敦善行不怠而不好二氏遺命用釋道祭我爲不孝疾困不常有自言畢生遭三險厄六七歲時得疾垂危方相對無策忽夢見古衣冠三人皆大年一曰不治矣一曰吾治之衣中出摶物三段先後納府君

日府君日夢中大呼坐者起視而疾良已嘉慶二十三年舍北焚如府君方在廊上發殺去迎接者而坐下柱將倒地忽一柱自北來拄之得徐而下一日乘馬往武場習射方縱馬馳驟入馬道中馬疾奔府君墮馬下而此馬忽直立不動徐君元弟作府君外傳紀二事與其餘異事茲不悉具此府君生平行誼大略也先是府君創家廟於大敦爲思本堂以綴食宗人堂之東西皆闢一室其西室奉節孝而虛其東室曰以待吾宗男子之以至行旌者府君沒而

官廟以義行旌之於是宗人相聚議曰公有大功於宗

祖而慈惠逮於宗人水則有源樹則有本我食公之德而不知報非禮也歲時之奠公宜有專室而以被　旌專祭此室又所以符公志也皆曰善乃奉府君於東室顏曰旌義舉之四十年而碑勒未具已刻者雖有仁和關君之文紀述不副德行事跡又多荒謬予曠是故縈之夢想懷思不忘義學之碑大令師文之大宗之堂侍郎師紀之乃者予聯綴蘇文忠公表忠觀碑字爲先德之銘亦旣有成作而旌義之石未立深悔蹉跎是用茲懼藝君方治古文辭謹以相屬近予新得歐陽率更書虞恭公碑舊本總二千六百三十言去其重文得一千

八十字此海內無二本眞足寶祕者也予將屬藝君亦聯綴其字以成文章而郎以其字勒之貞石異日勒成贈授學者庶幾好古之士得臨池祕本而我府君懿行亦幷以不朽周常侍之文釋懷仁之敘豈得專美於前哉導以先路亦綴歐陽爲事略云同治十年夏五月第三子徐時棟敬述

請旌表王順孫事狀

已故順孫王日章鄞縣三十五都一啚人甯波府學廩生祖德峻祖母崔氏父修敬武生母陳氏日章天性篤摯自幼能體親心不好嬉戲先是德峻故後修敬善事其母及嘉慶十三年二月修敬病篤將歿扶牀大叫曰我死誰爲我事老母者日章年僅十四歲大哭跪牀前曰父倘不諱事祖母敢不如父在時由是壹意奉養周密勤勞家貧不能畜婢妾事事身親之每夜躬滌溺器不以付他人後數年娶妻鄭氏合卺三日後不入婦室夜仍襆被臥祖母牀側祖母呼使入室力促之勉入一顧無私言教婦悉以禮法婦亦化之善事重慈祖母歡樂受養十餘年始卒年八十五歲卒後喪葬盡禮事母六年如事祖母閭里稱呼爲王孝子里中或稍不順其親衆輒咎之曰汝不見王孝子耶或能事祖父母衆飄

譽之曰汝始王孝子耶蓋鄉村不知順孫之目故善事祖父母亦呼爲孝子耳卒於道光十六年七月二十一日年四十二日章品行端方待兄弟子姪皆懇摯周到家貧授徒隸門下者多得其力身歿將四十年人猶感念之至其善事祖母則一鄉奉爲圭臬父老至今猶能述其瑣屑諸端稱道不置云

請旌表袁孝子事狀

已故孝子袁行漳鄞縣城西八啚人監生父光銜母臧氏行漳天性孝友十歲能知親心每五鼓母起裁製衣履行漳即隨之起力能爲者輒同爲之年十三棄書隨

父至甬江學賈出告反面事事皆得歡心久之父以老病家居行漳侍養周至賈肆離家七八里每夜必歸侍父母臥於牀側一夕常四五起明晨出至肆中雖大風雨往返無間嘉慶十六年十一月母病危篤行漳驚惶無措袖刀步至本境忠佑廟中哀求神前願以身代隨出刀割臂肉一大塊昏暈仆地廟史驚視灌救旋袖肉趨歸和藥以進母病竟愈十七年十二月十九日母卒哀毀盡禮事父益竭盡心力二十年正月二十一日父又卒行漳以連遭兩喪痛入骨髓每一哀號聞者墮淚先葬三日獨臥壙中既葬守視三旬不避風雨葬後茹

素三年終身不觀戲劇遇忌日及掃墓流涕不止自以少貧母欲製新裘不得是後雖有贏餘不服新裘云其他和愛諸弟振業諸姪修理宗祠增益祭田并為母家臧氏無後設祀事以垂永遠皆能善體親心推廣先志洵屬孝友兼盡鄉里完人宗族三黨毫無閒言者卒於道光十九年九月十六日年五十三子四烈例貢照議敘從九嘉甯波府學廩生杰甯波府學拔貢行漳病革時嘉亦嘗刲股而其家有傭工呂宏光見行漳事親亦能善事其母里人稱之蓋行漳之孝錫類不匱如此

請旌表沙孝子事狀

已故孝子沙孝賡鄞縣十三都一啚人父麟前母朱氏母周氏孝賡生有至性事親敬愛交至承順色笑從無疾言遽色父母呼召盛夏酷暑必具衣衫始敢進見同治元年五月母周氏患病危篤孝賡百計醫藥不得痊愈私自刲股和藥以進是夜母病中恍惚若有神人授之藥者病遂愈次年二月二十二日母卒孝賡痛不欲生心念父在不敢號哭而小祥之內哀慕不輟家人為之感動父麟晚年有痰疾每發輒頭暈仆地孝賡扶持不離左右一日有客父令孝賡取茶茶至父疾驟發孝賡急棄茶臥地以身承父久之父甦而孝賡臂已傷損

流血在地急掩蓋之惟恐父知父病親侍湯藥夜則侍寢雖大風雪聞聲即起侍病二年未嘗一入私室孝賡體素孱弱以服勤過勞致有血症同治四年十月二十二日父歿哀毀盡禮是時孝賡疾已沈重嘔血盈盂猶必寢苫枕塊哭泣不已及親族強勸入室而疾不可為矣卒於同治四年十二月二十五日年三十先是孝賡刲股家人無知之者卒後洗體見左臂刀痕其妻始言其詳蓋誠心事親不求人知然鄰里鄉黨無不稱為孝子云

先妣陳太宜人行狀

太夫人姓陳氏鄞縣武陵橋人父諱忠事國子監生前母蔡氏母姚氏年二十一歸先府君前太夫人所生子女皆幼少閒數年己生子日繁孕乳相接府君持家儉衫幂屨韈之屬無得買諸市室中指使者僅嫗一而已是時府君方新造家賓客工作雜遝外座太夫人晝入竈下視食飲夜執女紅紡績補縫以至翦製縷結悉躬親之府君嚴督課諸子歲聘必嚴師諸子不帥教扑責盈百太夫人聞扑聲或淚下及見兒曹未始有一語姑息每午夜危坐持刀尺兒曹自塾中就寢必問今日所讀書得無遺忘乎或躊躇不敢對則移燈教之讀曰我

尚未可眠汝讀吾伴汝若來日受先生扑責放學後吾必重撻汝年三十八府君卒病時叩頭禱五祀求身代額隆起涕泗被面既成喪教諸孤一守遺法府君未成事命次第成之會有司以捐建義學詳請議敘太夫人命書伯仲二名於册伯子時楷亟請計捐貲分書諸弟太夫人不可曰我豈矯情異視所生兒爲若曹方讀書年少驟榮以名將易視之其志荒矣不孝等歲時乞製新衣多不許或買書值數百金許之就試報罷誨之曰汝舅父言汝曹文尚不謬得失或自有定顧我不知書恐所爲未必悉當汝曹自勉之其後不孝等妄以文字

竊虛聲長者執友見過日數輩太夫人視飲饌必豐腆未嘗厭怠或圍棋酣飲召之入怒形於色外出必詰所從往一日不孝時棟告而出未返太夫人夜夢府君厲聲擊臥榻問何事盛怒不答大懼驚覺念諸兒惟時棟未歸徬徨達曙急使人覓以來則是夜醉與人搏因大怒涕泣述前夢曰汝父死不忘汝曹亦怒我不以小心謹愼嚴教汝乃使汝無忌憚若此命止酒三年道光十四年大病昏迷不語者十餘日有外姻來視疾盡反前所爲方鬨太夫人面榻呼庸醫皆愕然及進藥又面榻曰徐之因不敢進是夜汗發而愈異時從容述此語太

夫人省憶良久曰我十餘日髣髴若夢我若在祠堂見先人敎我爲此言我若迷失道而先人歸我嘗訓不孝等曰我願增祠堂祭田汝曹識之歲時忌日之祭主中饋必潔既奠饌集拜稍緩怒呵之曰忘祖宗矣無宗祖焉有子孫性仁慈三鄰以疾病死亡告歎息久之始宗家有爲府君所卵翼者府君歿侮諸孤而以非意訟於官勢匈匈不得解忽其人遭鬼譴死皆喜幸過望太夫人悽愴出涕曰乃獨勿憯怛於心乎後愼無言此事前太夫人有三兄老而貧迎養於家既卒皆爲之營衣衾葬具其鰥者授之室寡者資以田遇火來依經年爲之

買宅具帷帳什器其他內外姻親時有佽助雖自顧支絀終不使空返日用儉約身爲命婦常衣弊補衣不孝輩歸自京師奉狐裘問賈減賤以對摺而疉諸笥不常服也嗚呼太夫人襄內政者二十年劬勞備至自府君棄養頻歲傷悼已而哭其伯子撫視孤孫旋遭患難流離鄉井又復兩哭其子子婦女壻亦或不幸凋夭年勞苦抑鬱使不得一日少紓其心故四十始衰五十髮白近年時病咳嗽氣每上逆食頃始復然猶諱言疾病四鼓聞欬聲嘔吐晨起視家事如故請具醫藥輒不可不孝等妄信以病延年之說習爲固然略不恐懼至於病

作兄弟惶惑夜候起居神色稍定猶營度屏幛將以來歲爲太夫人壽嗚呼苟非天奪之魄曷爲顛倒夢寐至斯極耶侍奉無狀以及大故罪通於天弗可追已太夫人先以府君管千總銜

敕封安人繼以不孝時樑官主事

誥封太宜人卒於道光三十年十二月初八日年五十有九戚屬號慟姻黨婢媼亦失聲哀哭三日大殮面色如恆時始府君葬通遠鄉錫山皇嶴太夫人生壙在其右往視不潔且卜人言亥歲未可以祔乃以咸豐元年三月初三日殯於錫山之麓去府君墓四里子十有三人男六長時楷議敘鹽運司知事前十七年卒次時楨由國子監生議敘鹽運司知事前五年卒三時棟由甯波府學廩生充道光二十三年優貢中二十六年舉人四時樑由甯波府學生中道光二十三年舉人二十五年

恩科進士官刑部主事陝西司行走五時楹國子監生前一月卒六時榕女七長嫁登仕郎張廣楙次嫁國子監生周澍三嫁國子監生李邦榮邦榮蚤卒以節孝旌四嫁修職郎胡烜五嫁修職郎張封六嫁慈谿縣學生爲蕃七嫁毛恒顯男自時棟以下女自第五以下皆太

夫人已出者也孫男十有三人承重隆道登仕郎隆德甯波府學生隆章隆恩隆惠隆煜隆壽隆焜隆爗隆灼隆熠隆炳隆燿不孝等尚靦顏續未敢即死復以承重孫奉事日短見聞較淺謹敢濡墨和淚粗述言行于謁有道毒痛悉塞荒略不備府君諱字具詳家傳中謹狀

烟嶼樓文集卷十四　　男隆壽平甫校字

烟嶼樓文集卷十五

鄞　徐時棟同叔稿　甥葛祥熊豫齋校刊

記

咸通塔記壬寅

鄞西南七十里有後衕村村中有甎塔焉唐懿宗咸通四年之所造也道光二十二年三月余方避寇居光溪入村訪趙君兄弟趙君導余偕徐許二君往觀之甎旁悉有文多剝落漫滅其不盡略可諦眎者余爲審定之曰咸通四年吳定元素記吳定蓋其人姓名元素其字或造塔人或窰家私記不得而詳矣吾鄉多古塔然化

成保安大慈維衞之屬率出自浮屠氏去古者揆日測景之理甚遠又他塔往往壞燬重建而咸通去今千年甎蘚斑斕規模具存塔頂旣隊尚在村中鄞之塔殆莫古且壽於此乃志乘遺失鄉先輩無詠歌及之者卽山中人知之亦僅僅數年良可異焉當咸通朝溪上多卜築興創之舉定光院建於元年聖壽寺建於五年鳳山院建於七年是時鄮方有裘甫之亂地遠而僻民安於鄉忘盜賊烽火之警而乃經營揆度於不急之事今倫墩入寇城郭之民阽於死亡勞苦哭泣無已時而茲土交相保聚宴然太平吾黨之奔辟來此者猶得與諸君子游覽古蹟剜剔摩挲亦幾自忘其流離患難之不幸由今視昔何其類也雖然裘甫之分兵掠明州也州民聚而謀曰若賊入城妻子且葅醢況貨財乎相率募力士治器械樹柵浚溝蹻足而待王師而浙東觀察使王式不一年斬裘甫諸郡悉平蓋寇來之難如此而去之之易如彼嗚呼又何今昔之不甚相類也趙君兄弟方將補落崇卑修理斯塔以存溪上掌故之一故記此貽之

曹說資福寺鐘銘記己酉

首云翠山寶積移忠資福禪寺以戊寅夏五朔旦修治

洪鐘菩薩戒弟子曹說爲之銘阮文達跋之以戊寅爲宋嘉定十一年按曹爲宋元閒人又銘後書沿海制置司兼知慶元府趙孟傳兩浙金石志傳誤倬孟傳守鄉郡在宋元之交是戊寅實元世祖至元十五年耳曹說者泰宇居士也始吾但知其邃於經學今吾反覆銘辭與其題識而後知其爲宋季之義士也有三徵焉金石文字多題紀元此獨曰戊寅夏五猶淵明志也一徵也孟傳在宋季官沿海制置使知慶元至元十三年奉表迎降以沿海宣撫使仍兼知慶元府至元十五年始解官入覲此刻正其受興朝新命之後署銜不稱宣撫而曰制置蓋

孟傳赫然尸位茲土閩資福有事爐鞴下敎令寺僧鑴己名以附不朽而曹君方主其事乃詭出於草野不識朝制者之所爲特題其宋時故官以媿之孟傳雖聞知而煅鑄已成弗可改也已此亦一字之貶嚴於鈇鉞者也又一徵也至其銘辭則更甚焉詞曰陽五經一陰緯其指斥新朝者已顯又曰一擊聖賢萃二擊鬼獄罷對三擊萬物育天地位又曰示有節於域中廓無明於界外又曰成就不思議無量佛事豈直清韻度山翠蓋猶思揮魯陽落日之戈吹海上死灰之燄而故以其忠憤抑鬱者遁之爲離奇光怪之辭以欺人者也此又一徵

也夫曰戊寅則是宋雖亡而不知有元也曰罷對曰成就則是元雖興而宋猶可復也曰沿海制置司趙孟傳則是漢官威儀依然無恙豈惟他日之宋猶可復而今日之宋固未嘗亡也其亦可謂崛強之頑民者也吾鄉宋季義士全鮚埼閘表略備以未見此刻不及曹君余始讀其詞而哀之爲大發其沈埋幽隱之碧血於六百年後居士可以無憾矣文達謂銘辭極詭譎固未知其意者也寺在鄞西南七十里舊號翠巖境明院宋大中祥符閒賜名寶積嘉泰朝參政張孝伯請爲功德院賜移忠資福額兩浙金石志據甯波近志敘此寺名額甚舛略故以寶慶延祐二志正之題名

自長官僧衆匠手外於士女獨題朝散大夫張倞恭人史氏將仕郎張初倩安人鄭氏張氏周氏皆參政子孫也亦往宋之遺紳也是時此寺尚爲其家有也固先朝之賜物也

銘後題名長官二人一趙孟傳一判縣羅季莊按知縣宋時稱令而元則有達魯花赤有縣尹無所謂判縣也達魯花赤以蒙古色目人爲之季莊必尹鄞者此曰判縣蓋題縣令則不敢題縣尹則不可變文書判與題制置司同一詭譎也安人鄭氏蓋初倩之室後題安人張氏重十一娘蓋參政女孫嫁士族者安

人周氏淨堅當爲張氏姻亞想皆以施捨財帛得與名耶

居士字習之昌國人寓居甬上痛父死事終身不娶袁文清延祐四明志附其曾祖粹中傳後又清容集師友淵源錄中亦及其人而並不言其大節余旣因鐘銘記而表之後讀剡源集見有寄曹居士詩又有同曹泰宇賦杜鵑花詩云一樣春風好毛羽回頭曾管蜀山川顯寓故國故君之感度曹詩亦必有寄託而惜乎不得與此銘共傳也

普長堂記 甲子

善長堂者奉化蔣氏支祠之堂也南宋之初其先人辟地來此於後族大以姓姓所居之江曰蔣家浦傳十三世至諱永豪者忠厚享大年稱壽官壽官有三弟用四德別房從是爲元房生三子曰孟仲季遞入我

聖清當嘉慶甲戌之歲三家之子孫相聚而言曰我既有慶源堂爲統宗之祠雖然壽官吾祖也實於古爲大宗今不能如古所云而吾大宗之子孫繁衍矣不可以無支祠皆曰諾道光二十九年始合貲興建度基攻位周治垣堵堂寢庖湢次第丕作凡廊廡軒樓之以間計者二十有六其年十二月工告成事追祀壽官以上至

於南宋泊壽官而下世次其昭穆以祔壽官元房也是名其堂曰善長而請余記之昔穆姜解周易以元爲體長及子服惠伯爲南蒯解之則曰元者善之長也吾夫子用其說以爲文言夫伯子者一家之元也宗子者一姓之元也人性莫不善無以動之皆凡民倡而率之皆善良是故言笑動定昆弟常相類而觀感鼓舞之效莫捷於宗族諸君子既爲斯堂豈惟曰吾大宗之後而主器云爾哉飭其身以教其子孫以及其房從敦善不怠族之人舉欣欣然求取法聞一善言曰元房之言也見一善行曰元房之行也周書有之主義行德曰元當務之爲義而有得之爲德諸君子儻有意乎與時蔚然興起俾剡川蔣氏爲四明望族而所以大門戶而光宗祖者無不自元房之子孫始則今茲以善長名堂不亦宜乎堂之興也三家之長孟氏曰懋峻仲氏曰懋學季氏曰懋湘皆壽官十一世孫於茲堂爲皆有功得備書

三友圖記丁卯

嘉慶十二年歲在丁卯林翁澹吾年五十命畫師古煌寫三友圖韓朗山明經鼓瑟孫意舟太學擘阮而中坐彈琴者翁也翁常懸此圖近性樓中一時名輩皆有題詠後二十年翁卒又三十餘年四明有粤寇之亂樓中

圖書多亡失既而翁孫梅卿得此於陳君鼎如題詠不存圖畫完好驚喜捧歸重裝而屬余記之昔余嘗表翁墓稱翁築近性樓疊石疏流水花木蔓蔚又稱翁好音律聚郡中諸名士觴詠樓下酒酣絲竹之聲皦然而出今去翁之歸道山且四十年矣故家喬木依然無恙每過翁諸孫家園林臺榭大小不必同而水木明瑟輒與茲圖相彷彿惟是遺琴在壁塵色黯然豈惟翁家即郡中士大夫亦希有尋宮按譜繼諸老遺響者由今視昔而後知解音之難賞音之不易振古如茲此翁之所以鄭重而圖三友者也圖作於丁卯今余又以丁卯記之

亦似非偶然者同治六年八月辛巳朔日記

醫俗軒記 戊辰

或問於徐子曰俗可醫乎曰可醫之奈何曰醫之以吾心而已矣然則竹能醫俗何也曰此假借之辭也曰若是則走之惑滋甚陳子樹珊司訓會稽葺學舍而以醫俗名其軒也爲竹故也軒固有竹陳子至而疏剔之芟補之讀書哦詩其中而以爲俗念之無不屏也乃卽古之語以名之而謂之假借何耶徐子於是辴然而笑曰客以爲淇園渭川之閒必無之而非雅人耶抑亦思免俗之難能而將進販竹之儈編竹之匠而與之語耶人

之俗物之竹相錯徧天下而何厥疾之未易瘳也今夫身之病氣爲之而心之病則心爲之氣之發爲病也其證可名而其治有物頭目手足之位於外藏府腧穴之位於內今不異乎古也是故古之藥可以治今之病而本草賅之心之發爲病也奇形而異狀千變而萬化雖大抵不離乎俗者近是然而古或輕而今益重古或無而今始有此其病爲岐伯扁鵲之所斷斷不能喻而亦難經素問之所萬萬不能詳也竹之功用在本草者可數而盡也名談勢語忽發於左右俯竹之中竹不能起而捫其舌也日坐叢竹閒而惟是籌算於錙銖豪末之微竹不能下而東其手也以不可名狀不可究詰之病而乃强本草中不大顯功用之竹以治之其庸有濟耶然則其曰竹能醫俗何也曰古之人有爲言之也古之人曰吾俗甚矣吾將日對斯竹而盤旋焉容與焉以盡空吾一日萬起之妄念也吾假而起一念也有如斯竹矣此何也心爲之也以心醫俗而姑以竹爲質證效不受功不效不任咎也草之忘憂也花之蠲忿也花草焉能是是亦吾心主之而已矣是則陳子所以名是軒之意也故曰此假借之辭也

陳氏重得舊畫記 甲辰

翁洲陳船仙明經重得舊畫而屬余記之橫幅紙本廣五尺有奇高二尺三寸有山有水有田有橋梁道路有茅屋有竹籬有老翁曳杖柴門一牧童坐牛背吹笛有野草有雲樹有撐小舟以篙篙泥者有爲草棚蔽日踏桔槔者乾隆壬子癸丑閒吾鄉李星船先生作以贈明經尊府蔭山先生者也時二先生方官京師而此圖皆故鄉風景有招隱意焉蔭山既沒明經藏弆手澤惟謹自翁洲失守倉皇奔走圖畫盡失去難平明經來寓我湖上而時渡海訪舊廬物色故劍或有意或不意時有所獲久之從其甥錢君得此畫大喜過望剝落漫漶重

裝而新之懸諸壁間昔先生以名進士視草西垣已而入直樞密將外用出典祕書嘉慶庚申奉
命從長總戎征楚參贊中機要總戎倚如左右手而遽以微病告歸優遊林下年不滿四十耳當其筮仕時題壁有曰宦情如水冷齊秋帆觀察以爲不然自異日視之而知先生勇退之心積之已久即此圖可觀矣向者天津沈師橋爲先生作意中園圖意中園者無是園而始經營意中以將爲菟裘計也一時諸公繫以詩亂後圖亡而詩存此圖倘爾野興覩意中園未知何如然皆先生志趣之所寄況圖既不可得此圖已爲碩果則宜

乎明經之拳拳焉而珍重不置也

崔氏世德記 丁酉

昔高隱君作吾鄉武衛考表前明世家其著莫如萬氏今讀崔君亦梅所述祖德則先世忠節固足與萬氏敵也明興代州趙村人崔林充代州水軍隸左衛右百戶以隨征功升小旗太祖二十六年衛指揮李俊隱軍器天子震怒而謂林忠授本衛指揮同知既而改吉安三十四年卒於夾河會成祖稱兵天下未定越二年命其長子志道襲職改甯波衛指揮同知甯波衛官於是乎有崔氏志道既來始立署郡城曰崔衙者其故址也傳子源正德十三年從甯陽侯勳剿浙盜死之其弟澄清與殉於軍而源妻李淑人及澄妻郭清妻賈皆守志撫遺孤嗚呼忠節萃於一門豈不懿哉景泰三年朝廷哀死事之臣有詔表其堂曰忠節以源之子允爲杭州衛指揮崔氏於是乎改官杭州當有明之世勳故襲武衛率與國家相終始其在吾郡志乘不載故册遺失無能盡傳而見表於高氏者指揮使一僉事八惟萬氏久而彌大後且至總兵其餘諸衛所鎮撫千百戶不可悉數而指揮使同知凡四家崔其一也然崔氏自志道傳二世遽去其世德之留於鄞者不在志道而在志道之弟

初志道受命來鄞偕其二弟曰宗道曰明道明道生二子長深居章村次澧則實居郡城之所謂崔衙者是其德流而且長世多賢子孫自澧傳九世至章錫慨然慮子孫之數典而忘其祖也將有事於譜牒有志焉而未逮其子亦梅實成之既乃述先德而介余甥李雲樞來請記隱君考中敘崔氏頗詳以崔君所述核之語不誣然互有異同故爲參定焉而作記貽之嗚呼吾鄉萬氏之盛顯於前明之勳故而尤大於
國朝之儒宗崔君不忘其祖述其德示後人將毋有志於斯乎是則其先人之忠節將賴以彌著也可不謂美

乎

周氏世德記 辛未

新莊周苻介吾友劉藝蘭來言曰吾父靜軒府君好讀書幼即穎異吾伯父多在庠序治舉業故大父命廢書佐家政其後以儉勤起家樸素如平時亦不治居室非延師教兒輩無重費者簡靜寡言笑而門內之行三黨稱之道光三十年年五十兒輩擬稱慶不許曰我當以酒食之費完里中逋賦是歲尋卒將卒歎曰死生命也而未成先人建學之志汝曹念之始大父鶴崧府君爲諸子析產留田十九畝將擴之爲塾田及是未充大故臨沒而以爲命吾母許孺人後府君十二年卒儉勤如府君浣濯紡績臨老不倦性慈和而教子綦嚴既寡長齋而不佞佛歲治棉衣衣藍縷者黨中利濟事時有佽助尤加惠宗嫠既卒尚有給寡錢數串在牀頭遺命分與之又曰不得以寸絲殮我吾兄弟三人兄藝不幸先吾母三歲卒母卒又二年始別產籍苻與弟賁及兄子某謹承母志留田百畝以資給族之寡婦於是吾大父所爲塾田十九畝者積畜租入得五十畝矣可陶淑族子弟而食息無所其月給宗嫠亦未有以禦寒暑燥濕者同治九年始造屋二行行七閒其費吾大父祀所積

餘貲半之吾兄弟半之又不足則吾大父下諸房從合成之凡三千金其地去吾家一水名曰承啟書塾而給寡其中嗚呼吾大父之爲諸父析產在道光五年俶落權輿所以爲子孫讀書計者其志蓋銳甚而歷三世積五十年而始告成事即吾母之所以惠宗嫠者亦必十年而後得行其志宗族閒一二義舉成之之難如此後世子孫不知先人締造之艱習焉弗察而循行之而更張之甚而刻覈之又甚而至於不可復問嗚呼此苻之所由惕然大懼者也行不逮事大父受二人教訓既久儉勤爲家法而惠顧宗人不敢忘敢乞一言記遺行與今茲之所由成用以自儆而幷告我世世萬子孫以垂示無窮余曰善因次第其言書之爲周氏世德記

五十七歲小像自記 庚午

少時喜令人寫小影有夢游明山秋野祭詩諸圖皆不類而亦亡矣道光二十六年五月故友湯蓮塘之弟星崖爲先大夫人圖燕居兒孫侍又作閏重三日聯句圖兩圖皆存吾貌或曰似或曰不似是歲吾年三十三鬚鬢者尚無有即似亦故我非今我也既爲鮮民絕意進取妄以著述自娛朝夕不遑暇無益之事未嘗一念及之一日陳樹珊語余曰吾姻徐條君者善寫眞袖日來

吾家當召子余漫應之曰諾同治九年五月己丑會飲鄭蓮卿家又語余曰子嘗欲使條君寫眞詰朝宜來來則召子余已忘前語則又漫應之曰諾翌日庚寅條君果至重遠樹珊意往赴之此五十七歲小像之所由作也圖成在陳氏者皆曰類我攜之歸家人洎主我諸君皆曰類我連日客自外來又皆曰類我自視之信類我我豈能識我窺鏡而後知我之爲我乃如此於是召春疄使繪涼衫而手一書危坐簟上蓋四十年來苟無事故吾手中未嘗一日而釋卷也條君名曰理慈谿畫者春疄名隆炎吾再從兄渭泉子也世其父爲畫者是年七月己巳柳下生徐時棟記

烟嶼樓文集卷十五　男隆壽平甫校字

烟嶼樓文集卷十六

鄞　徐時棟同叔稿　甥葛祥熊豫齋校刊

記事

記費緯祉　辛酉

費緯祉者鄞人以慈谿籍中崇禎十五年舉人入
國朝成順治六年進士釋褐知山東淄川縣或殺西崖
賈中野而其妻縊於家緯祉往檢視集詰里人盜莫可
蹤跡者竣而去之久之坐堂皇催科周成以布袱褁銀
呈案上緯祉收受已從容問里居又問去西崖幾何里
曰五六里盜所殺某賈識之乎色然駭曰不識也緯祉

怒曰汝殺之而不識耶刑之盡吐其實始賈妻假簪珥
之姻亞及歸褁以袱置諸懷而道失之驚告於人反求
之不得是日成拾之而聞賈妻之遺也而豔其色夜瞯
其夫之亡踰垣往私之妻號示以袱從之要後期不可
曰吾夫暴事發皆死成怒以所拾簪之則曰吾夫多病
旦暮死而從汝耳乃還簪珥而袖袱以去明日誘賈至
野殺之夜復踰垣入告其妻妻大哭成驚遁至是以所
留袱納賦而事覺或問緯祉曰公何以知之緯祉曰夫
親民之吏未有一事一物而不當留意者始吾檢賈尸
見衣底有布袱刺卍字而成袱文色皆如之吾固疑一

婦人作者及詰以賈而色驟變吾是以信知其情也焉
安與胡成相狎也而不相能他日飲成家酒酣成大言
曰今者吾暴富昨吾至南山遇大賈殺而取其財投其
尸眢井矣安妄之成入室出銀數百兩粲粲陳几上曰
我寠人子也不殺人豈有是耶明日安具以狀告縣緯
祉收鞫之則醉中妄語也問安所得銀乃女妹夫鄭倫
寄成以買田者詰倫語合將釋之而往探南山井中赫
然有無頭尸於是成大驚叩頭呼冤緯祉笑曰顯證如
此何冤也下諸獄重納尸井中尸主來而後斂之翌日
有婦人投牒言何甲其夫負貲將行賈而成殺之棄尸

井中緯祉曰井中尸信汝夫耶曰信出之果其夫也婦
卻立以號將斂詰成以頭成但哭不能對緯祉頻顧曰
是必匆遽亂擲之矣雖然烏乎斂乃募里中代覓之令
曰有能得何甲頭者賞若干而以好語慰婦婦請銀曰
徐之婦嗚咽陳孤苦緯祉意哀之曰汝年少無子苟得
斂汝夫吾歸汝銀且判汝改醮矣婦謝而出居無何里
人王五以頭來求賞賞之既斂復下令曰有願以何甲
婦為妻者妻之一人應而出則王五也於是緯祉呼婦
前問曰汝知殺汝夫者耶對曰胡成緯祉笑曰非也殺
汝夫者乃汝與王五耳皆大愕自辯數緯祉曰吾久得

若情吾懼有萬一之失以遲至今也夫甲衣皆敗絮豈大賈哉此非成殺之明矣況其銀固自有主耶夫尸在井中何以信知爲汝夫見尸而懼哭而不哀非汝殺之而誰耶吾知汝殺之而不能知與殺者故令得頭而斂斂而醮汝夫王五豈敢以頭至哉乃汝與五急欲爲夫婦而懼有他變也夫成殺汝夫而藏其頭而五能知之耶皆服論如法釋胡成而坐馮安以誣告笞之徒三年緯祉後知陝西武功縣城中廉津橋下有緯祉故宅門有楷額台道王爾祿贈扁曰甘泉可飲秀署賚銜如此蓋

國初循吏而吾鄉莫知之余見其弟子蒲松齡嘗記折

獄二事於志異因撫而文之以補我志乘之闕

同治戊辰五月費貢甫光潤來云緯祉字錫茲以進士歷任山東淄川陝西武功知縣其兄緯祥字滎孕崇禎間進士官國子監祭酒入

國朝不仕閉門著書不下樓者十餘年自號在家頭陀嘉慶間入祀旌忠廟又云二人之姪孫名光業字景文康熙甲午以宛平監生中順天舉人榜姓張後揀選知縣考取中書奉

旨改歸原籍又云家譜以亂亡失故所知者僅此眞甫卽居錫茲故宅蓋其裔云

記周嘉瓚 甲辰

鄭進士補堂之卒於東粵也有周嘉瓚者遣其喪歸葬嘗以爲任俠而李君鍪曰嘉瓚至性人也嘉瓚年十四父客死三楚或歎曰若豈能歸骨哉嘉瓚前跪母而嗁齧其臂泣識之積數年爲人坐市列得十二金同舍生稍增益之隻身西去星夜走三千里抵漢陽哀訪逆路開久之遇舊逆旅旅主人曰有之死十年矣死時吾署其行義年竝收斂衣服問棺安在往視諸野則厝者五棺莫能辨嘉瓚仰天哭食頃有老人來指示曰此乃父棺也猶豫不敢決齧指出血滴棺上血滅乃買新棺更

殮之覩殮時服未灰者色悉與計簿合於是嘉瓚嗁曰眞吾父也是夜臥旅店中夜半欻一人破窗入呼曰阿九好如是者三驚醒起視了無跡心念殆吾父然吾行三呼九何也徘徊投枕上冀復來終夜寂然後數日道行乞匍匐輓棺歸既歸具以狀白母母哭曰眞乃父也兒生九年父行瀕行指兒謂吾曰行期與爾共識之吾他日呼阿九者卽兒是矣

記湯丈 壬戌

湯丈全儒鄞人世家月湖之西父客死山左久而後知之將往歸櫬而母病卒免喪乃行至父所客縣中徧訪

無知者一日行野田有父老指一冢示之曰十餘年前有南人而湯姓者旅葬於此此其是矣猶豫不敢決遇道士逆旅告之故曰是不難吾以法檄神將而擲劍冢上劍入土三尺土盡裂者是也不者劍不下從之下且裂乃召匠毀封土而啓其槨槨開大聲霹靂自槨中出衆驚眩仆地皆曰必非是矣毋妄動於是丈乃涕泣前叩頭祝曰我爲父骨辛苦三千里以來至斯幸老父覺我而道士決我今槨有聲如雷爲吾父哀吾至而喜有聲耶將非是而怒我耶我不可以俄頃之音響而徒以歸爾敬告冢中人非我父耶若復爲向者聲三而止其是也若無聲久之寂然發棺而視之赫然他人尸也朝衣冠面如生大驚掩封之如其故惘惘然歸及揚子江中渡忽自跳身投江中譁救之不得既而浮其身舟傍援以上得生自言若有捽吾髮入江中者又若有挽我至舟側者已莫能主也於後遂迷罔悦忽而常若有追其後者大懼戴星而行比歸入郭門已昏暮心念追我者鬼也此非神不解奔城隍廟告神以其情而投宿座下眼甫闔神忽呼之起曰追汝者至矣所以後汝者郡縣關津驗文牒耳俄頃必來此來此而見汝必殺汝我不能救汝不速歸汝死道路矣驚醒汗雨下踉蹌返其

家入門不數語而病作始丈既誤發人冢將歸爲書告家人而未語其詳也至是操東音厲聲言曰吾生爲校官有惠政吾死而葬且三十年自彼發吾冢吾子孫夭折死者十有七人吾怒而請於帝帝許我討有罪矣故追而殺之江中吾又念彼以父故而强死於外世莫知其妄而懲其事異時誰復訪父母骸骨者吾是以赦而出之俾死於家今無望生也已衆以其言理而意可情動也環泣而哀之且告以誤則又厲聲曰吾惟諒其誤也故爲大聲止之彼乃曰必三而止夫我非天神亦人鬼也盡力爲大聲而責我三乎固哀之不許請緩時日焉許之由是奔走諸廟社郡縣之神靡不舉也積十餘日病者復張目起坐曰我將去之賀前輩語我曰死者既已死殺狂生何益盍姑貰之以旌其孝而重其贖鏹爲賚送乎吾以賀前輩爲調人既諾之矣賀前輩者唐太子賓客祕書監賀先生季眞而月湖之西之社神也問賚送何物凡鏹帛車馬若干事又曰自吾來四明郡中神多觴我而爲之解今將歸當答謝汝家以某日殺牲召優人設几筵賀廟(即湖亭廟)爲客席幾何向主席何向其日扶病者入廟中裹靑巾長跪階下而優人錄歌曲捧板向病者病者執筆手搖顫不自意注其錄則視

所注歌之時或病者呼曰樂姑止某神來矣若是者竟一日夜然後已

徐子曰丈吾父友也丈既遭此禍雖病愈時類癡者而家中落先大夫獨憐之召與共事命其子嗣能讀書吾家嘗歎曰其事則妄而其志可哀也及余既壯屢見丈每欲問丈以所客何縣與道士何名懼傷丈心不敢請也丈死無能言之者矣夫以過失殺人至十七人之多而鬼神皆袒護之即其怨家亦委曲而再生之非至誠之感而能是乎其志可哀則當存其人其事妄則當為後之孝子慈孫者告故記其事如此

記董秋史

董君諱承琨字秋史工文章而以諸生老語言行事往往異常人人怪之呼之董仙道光某年其弟子張某中鄉舉以君舊師謝之數十金君怒曰何輕我也召其弟子能言曰王生者使往說張氏曰不百金弗見我也張之父嘗與君同學雖怪君薄情而不敢少與君如其數付王生君大喜語生曰我固知必百金顧非汝莫能辦者遂解裹分二十金與之王逡巡不敢受君瞋視之曰奈何卻乃公汝不聞乎長者賜少者賤者不敢辭王受而去君急視已箱篋索舊儲徧視無有即呼僮以衣服往質庫質二十金入張裹中而袖之往張氏張翁見君至意落寞君笑曰勿怪我我來還汝金耳即出袖中金還之張愕然君曰百金重酬也我不能取汝則吾不快君驟與我則君不快今吾果取之我既已大快於吾心而使君終不快非舊時同學意也故舉以還君失而復得亦使君同一快耳速沽酒飲我毋多言或曰君終不受張金王生豈復望分與者而必損己金與之何也君歎曰爾言何癡耶夫我以一得為快張以復得為快若王生者則以無故得二十金為快夫吾何愛二十金而不使王生一與快乎蓋君平時快行多此類

記武公 戊辰

武公以道光初宰鄞去將五十年而民思之皆曰好官顧莫能詳事狀余問諸老吏得折獄二事或誘人婦賣之其夫掩獲訟諸官公問婦賣汝者誰也曰西壩村阿牛阿羊公疑之密令捕二人戒曰到即見我毋得留署外片刻既至衣之青衣雜胥役立案前而以貌詰婦婦言之綦詳公曰試視我胥役有相若者乎婦徧燭無有公曰汝當日暫相見忘耳曾堂上下百餘人而無一人似者婦曰我與聚數日熟其貌今閉目猶在前也公怒指二人曰此即是矣汝何敢妄語婦懼以實告則二人

皆富而懦賣者使誣之立釋二人去而罪誘賣者甲生四子既爲伯聘乙女而伯死而祕之僞仲爲伯而別立兄弟子爲季也者以滅其跡於是將爲仲娶乙女乙驚曰是嫂叔也而夫婦之可乎甲不承乙訟之甲徧賄其宗族鄰里婚友皆曰甲不喪子公疑之歎曰甲也信則乙爲賴婚其事小乙也信則甲爲亂倫其事大吾不難以疑獄使別娶然而賴婚之風亦不可長也盡集四子者使不得相見各問其父母年歲生月日與母黨姓名以至其旁親凡家常瑣屑子孫無不知而兄弟子不必與知者皆問之三子若一口獨季不符公出四供辭示宗族鄰里婚友曰何如皆叩頭服案定甲私謂所親曰吾網羅密矣閻羅王且柰何而不意讞我者仙人也老吏又曰吾侍公聽訟數年必委曲詳盡必得其情而未嘗以刑訊得者嗟乎非佞折獄惟良折獄世所稱才吏猶能之而公口碑至數十年不毀其必則有道以致此而惜乎此吏之不能言也公諱新安字靜溥山西某縣舉人

記杭堇浦

鎮海夏君佩香讀道古堂集至鮚埼亭集序而疑之曰聞堇浦與謝山爲執友今其文乃抑揚吞吐若有甚不

滿於謝山者何也一月以質諸余余歎曰甚矣君讀書之精也則請爲君詳言之始二人以才學相投契最爲昵密客京師維揚無一日不相見談笑辨論相稱歎數十年無閒言也既而謝山先生膺東粵制府之聘往主端谿書院堇浦同時在粵東爲粵秀書院山長謝山自束脩外一介不取雖弟子以時物相餉亦峻拒之而堇浦則綑載湖州筆數百萬乞粵中大吏函致其僚屬用重價强賣與之謝山貽書規戒謂此非爲人師所宜爲者不聽謝山歸以告揚州馬氏兄弟他日堇浦至馬氏秋玉昆季甚詰責堇浦馬氏鉅富爲堇浦所嚴事聞言不敢辨而怨謝山切骨而謝山不知也謝山既卒其門弟子如蔣樗庵董小鈍諸公念其師執友莫堇浦若者乞之銘墓堇浦乃使來索遺集諸公與之久之無報章疑之屢索還遺集終不報又既而堇浦所爲道古堂文集雕本出矣諸公覩其目有此序忻然檢讀之則若謷若嘲莫解所謂又細繹之則幾似謝山有敗行也者皆大驚怪又取閱其他文則竄謝山文爲已作者六七篇於是乃知堇浦之賣死友而不能知其所以賣之之故又既而有自維揚來者道其詳於樗庵始恍然大悟嗚呼己則非人而怨直道之友不聽已耳而又修怨

於其身後至以筆墨昌言攻擊之而又逆料鮚埼集之必無副本即有之而謝山無後諸弟子皆貧困必不能付剞劂而遂公然勦竊之爲己有嗚呼可謂有文無行之小人也已其後樗庵館慈谿鄭氏其弟子書常抄鮚埼集既完取堇浦所爲序冠之集首樗庵見之大怒乃手記堇浦負謝山始末於其序後此本後歸吾家故得詳述之如此余嘗見堇浦粵游集每有以湖筆饋某官詩知樗庵之言不虛且樗庵固不作妄語者余讀鮚埼文不熟不能知堇浦所竊爲何篇董覺軒於鮚埼雖未能成誦亦約略道之顧未見道古道古余家有之嘗屬

覺軒繙閱指示我而未暇也雖然樗庵但知堇浦竊謝山文而復詆之而不知竊其水經注校本而復詆之者之尚有戴東原也樗庵與丁小雅論東原文集謂其論性之過而許其學若見其所校水經注則又將唾棄之矣東原之勦竊平定張石舟已詳言之余採其言入鄞志藝文謝山著作之下而堇浦之事但見樗庵手藁其文集中未之有也故因夏君之問而縷述之

記無錫王氏婦　壬戌

往余歸自京師過無錫縣縣人爲余言王氏婦其事已互見小說家語略有同異而以事之美而異足以維世教也爲文其言記之

王氏婦者無錫呂玉之妻也生子喜兒七歲而失之玉既失子意鞅鞅會有賈山右者邀玉與俱往久之不歸或傳玉客死婦使夫弟寶問商人自太原來者反曰噫信矣哀號易素衣立夫主室中朝夕奠而哭玉有兩弟仲寶季珍寶娶楊氏而無賴每利嫂更嫁博而負則使楊勸且迫之婦由是疑寶言括所有付珍使尋玉曰汝兄生死未可知其生也趣之來我不能一日與狠子居其死也叔爲我負骨歸故土我即死無恨矣玉之賈於外也歷數歲將歸而饑民亂道梗又數年貿遷得羸餘

始束裝歸里經陳留張如厠拾遺橐得二百金彷徨候其人一日不至乃行明夜宿逆旅揚州陳某與同邸自言在陳留失二百金吾覓而行已遠雖返無益矣玉以其言合還之陳大喜請剖分之不可酬之亦不受乃摑約同行至揚州邀留入其家而觴之酒酣謂玉曰君厚德如此天必將報君我有息女生十二年矣願附君爲昏姻玉潸焉淚下怪之以失子告陳驚曰得勿君之子名喜兒乎曰然惡知之曰然則君之子固在也曩有以七歲兒僞爲己子來吾門者我愛其慧買以爲己子兒雖小識其縣與姓名在我今七載矣呼出使拜玉玉亦

驚曰吾兒左股有二黑子跣而示父父子相抱哭陳乃以女字喜兒與之金三十玉謝不受陳笑曰此我以贈吾壻者無與君事也受金而别及揚子江未渡江上一舟覆旁舟相視無救者玉以金號曰爲我救此舟人我以三十金謝爭救之皆免相率來拜玉中一人呼曰此非吾兄耶視之季弟珍也雪涕以家難告且曰不速歸嫂不生矣於是父子兄弟戴星而行始珍既遠出寶益無忌愈迫嫂一日聞西賈將買妾以返往媒之而引賈私窺嫂賈悅授之金寶謂賈曰嫂也固甘之然將行且號咷怒罵似逼迫者我不欲見之汝曹夜當以衆來見

素髻擁之去耳婦人或妄言勿問也返以告其妻語未竟嫂側耳於窗外聽寶覺遽引去當寶自外來嫂異其色躡足往聽之聞言曰夜當以衆來寶去詰其妻曰夜以衆來將持我安之乎楊色變既而笑曰姒欲嫁嫁耳何爲誣他人返入室對夫主大哭日昏黑計無如何閉戶而縊懸絕墜楊氏聞聲急破戶入救而西賈以衆來叩門將啟之倉卒義髻墜於地暗中捫地上得姒髻戴而出門甫闢衆以燎燭其髻素髻也曰是矣遽擁之去婦既蘇聞衆聲甚恐已而闃然徐徐出視之則門洞闢亦不知楊安在始悟寶之果賣已而來者誤以其妻去也返入室終夜哭是夜寶以賣嫂金往博一擲罄所有平明歸見嫂而亡其妻大惑忽門外譁然僕夫以輜重囊篋纍纍入而其兄其弟與向所失七歲兒子曰喜兒者相將而歸矣大懼遂逝去

論曰天道者何也亦人心而已矣夫玉之還金而得子拯溺而得弟與寶之賣嫂而棄其妻苟非狠子有不聞而快於心者乎若王氏婦之百折不回其志可以矢天日而其誠可以感鬼神不幸擄去或玉少稽留復爲寶略賣其必不惜一死以負玉可知也而天方生其既死之夫獲其既失之子以厚報之寶其能去之乎哉雖然

當其對夫慟哭無可如何而苟不能奮自決於須臾倉卒之中則髻必不墜髻不墜則來者必不誤來者不誤則其夫其子歸而其身已舟中矣縱其不苟活以事二夫而天方生其夫獲其子以厚報之而身不能坐享而徒死於賈人子之手是不亦辭福而處禍也乎嗟乎士大夫或溺於畱身有爲之說至乎身敗名裂乃欲收桑榆以圖晚蓋苟覩於此婦亦可以少媿矣

記還簪 壬戌

咸豐二年夏東錢湖有男子自城中乘航歸登岸見少婦前行墜其簪拾而袖之而隨之行行數十武覺返覓

無有色倉黃男子睨而笑婦問曰客豈見吾簪乎微露其袖中示之婦哀曰吾假諸鄰以歸省母而失之吾家貧不能償也幸還我諾之而袖簪前行婦不得已隨之行迂道入山僻將私之不可强之固不可男子忿然曰不可已耳袖簪遽去婦不得已呼之回涕泣將從之男子憐其狀忽心動私念曰使吾妻不幸而爲人逼迫至於此吾豈獨甘心乎哉遽止之而還其簪問其夫邇村人也曰日下晡矣道遠吾送汝歸爾婦既歸隱其情而以還簪告其夫夫德之往謝由是兩家通聞問如舊姻爲其明年當還簪之日男子復乘航將入城航人方檥

舟待他客而少婦復以省母過其旁見男子坐船頭問焉往曰往城中呼之登岸曰爲我買用物而以烈日行數十武蔭大樹下語刺刺不已既別婦返視則航行久矣不得已遂歸是日大風發湖上航行數里覆一舟無脫者於是男子驚曰夫呼我而登岸者乃鬼神使來救我者也始以其情告村中村中人皆大驚無敢有邪行者

徐子曰舟覆而一航皆死彼男子亦刼中人耳浸假拾其簪而不歸婦於男子爲秦越而男子死於貪矣浸假歸其簪而私之婦視男子如寇讎而男子死於淫矣一念之轉移而遂得生而不拯之以他人而即以其人而不報之以他日而卽以其日蓋鬼神樂與人爲善而顯示人以報應者如斯夫

記雷　壬戌

咸豐初鄞人有自東鄉收責得三百金者歸道大雨避村舍旁一村婦出留之入掃地烹茗禮待之有頃其夫自外來共坐而語問其業販鮑魚者也曰向吾爲大販日可得二三千後吾折本錢不得已爲小販日獲百餘錢營升合耳問大販需幾何曰三十金足矣客憐其貧又念婦之禮已也解橐出三十金贈之夫婦驚感謝昏

暮雨不止止之宿沽酒具餐飯而寢之閣中鄞人以非樓而合板於上可庋物者謂之閣客既疲於行又被酒甫就枕鼾齁達於下其夫聞臥息遽起覓膾刀磨之妻駭問何爲不應持刀梯以上妻大驚挽其裾絕裾而登將及忽迅雷破屋下擊之顚客驚醒聞滿屋皆流黃俯視之則其妻守夫尸而哭是時雨乍霽鄰里環集相問訊輟泣具以告皆曰聞雷殺人多矣未聞如是其疾也不疾至客殆矣於是客喟然歎曰吾以多金幾死於非命而夫夫也涎吾金而遂殺其身則吾金悞之假吾不幸而死於夫夫金亦非吾有也且夫夫忍人而其妻則

賢而有禮者也今發矣吾不可負之盡出橐中裝贈之而去

偷頭記

古謂之盜今謂之賊經傳謂之穿窬或謂之輕民子史謂之偷亦謂之市偷小說家謂之偷兒文言之曰梁上君子盜竽其魁也或謂之偷長其業竊其時暮夜其蹤跡詭祕譎變而不可測淮南子曰偷者天下之盜也道光二十一年八月西夷英吉利據甯波府明年正月晦我師襲攻之不克是時大軍屯紹興府而舒君屋庵者以累官甯波在軍中一日縛間諜至將斬之叩頭乞免

死舒君視其人則府之善爲偷者也意哀之曰若爲諜而死孰爲偷而生若能竊鬼頭來吾且白大將軍商賫汝偷諾而去華人謂夷鬼子而別其色謂其國人白鬼其收刺他部落以爲奴而戰以爲兵者爲黑鬼既而偷果以夷頭獻舒君介之見大將軍大將軍大喜厚賞之又既而獻頭者紛若乃與羣偷計其直黑鬼一頭錢若干白鬼倍之生獲又數倍之自是踰城鑽穴隙日昏暮徧府中無非偷者夷之據府城也夜必巡街巷兩夷先後行方磔格語笑後者忽無聲回視之已失頭而仆前者大駭僵立若槁木俄頃又失其頭偷兒或著夷衣冠

持竹杖橐橐然曳鳥皮屐以來夷人近與語遽刺殺之其生致之也則以布自後扣其頸使不得鳴而絞布兩端負而趨至幽僻箝口寘諸橐綑之以縋出城或爲夷所見追之則負以趨曲巷追者迷失道又懼其害己也廢然而返夷巡視城上亦往來通夕羣偷數十各以長籐爲環喑默候城外閒城上巡者過爲怪聲驚之夷倚堞俯視還以籐環鉤其頸而墜既墜塞口中以物而反縛之而候之如初城上夷謂墜者誤失足且鬧其顛蹶皆伸頭下視思援之又盡爲偷所鉤致乃始譁然擁所獲大笑以去疾如風凡城內外之以竊鬼頭至者黨日

益盛計日益巧所獲日益眾其奇策祕術人莫得而詳也他日偷獻頭大將軍大將軍語之曰得羣夷百不如得其酋一能生致之賞萬金官三品不者取其頭可也久之反命曰酋不可得也酋未嘗夜出臥邃室而夷軍環於外吾儕趫疾善升屋者飛登其臥室密揭瓦窺之親見酋至室中脫衣冠入帳而寢既而下揭帳空榻也明夜酋易室隨偵之如前而空如故吾儕利其頭爲奇貨常常夜守之終不得知臥所得酋一不如得羣夷百之速而易也此時夷酋雖防護甚謹不可得而心常惕惕每日夕即觳觫自驚警且日而以失首報者恆數十

或多至百餘白鬼夜出邏往往曉不歸其黑鬼無名籍者至不可算由是大懼盡率其屬登舟而去之於是大將軍以克復甯波府入告升擢敘錄各有差當是時羣偷暴富而偷長三四輩且得大將軍所賜功牌以五六品冠帶榮里中

徐子曰此古之兵法也昔楚子發戰齊師不勝使市偷夜竊齊將之幬帳與其枕其簪而還之齊將懼楚人取其頭也捲甲以去楚以偷退齊師今以偷退夷軍其道一也鮮卑庭數犯邊遣劍客刺之而邊陲以安御夷之法固當爾耶夫穿窬之盜公羊氏所謂賤乎賤者也茲

乃以取富貴克城池是何以異於不龜手藥之可以敗越耶庾信讚泰盜曰於時大盜還作功臣而莊周不知兵乃徒以負匱揭篋爲巨盜其亦小視之哉

烟嶼樓文集卷十六　男隆壽平甫校字

烟嶼樓文集卷十七

鄞　徐時棟同叔稿　　甥葛祥熊豫齋校刊

思舊記

思舊記序丁酉

嗚呼今昔之感豈不甚哉方余垂髫時湖上多老成皆與先君子交先君子家居則皆來每來必命兒輩出拜時或以所讀書背誦於前長者喜賜以果餌得果餌出與諸兄弟較多寡以爲榮辱亦曾不知少者之能壯而老者之能死也今未二十年遺老凋喪略盡回憶當日如昨暮事蓋湖上風流於是盡矣此余思舊記之所以

不能無作也

陸先生謹庵

陸先生謹庵諱紹機譜名國衡字鎭南月湖之陸爲鄞著姓先生以詩書世之陸者大族先生以老成爲其宗矜式先君與先生居相鄰也嘉慶己卯庚辰閒來主我家塾相契甚深先君常常以經義相問難先生每舉以告其子姓小子弱不能悉也小子生五年始就傅六年七年皆問字於先生八年受業於師竹包先生未幾二先生皆卒不能詳其行謹識名字而已抑聞之先君曰陸先生之儉可以敦奢俗矣

包先生師竹

包先生師竹諱聞詩字在庭知內江縣旭章之孫也蓋先生以歲進士官廣文未赴而卒蓋先生主我家塾在道光辛巳蓋先生與陸先生皆鬚髮皓然凡斯猶能憶之先生善正書爲先君書朱氏治家格言平正而蒼勁是時吾鄉先輩多不善書近時以能書名者難僂指數然半以姿媚勝去先生遠矣余既不能詳先生又於公子爲覿面之交始爲諸生嘗奠酒於先生之寢其後公子卒賻之也薄不能問其所費也嗚呼每觀古人待師長之誼撫懷歎然

周丈新岑

周丈新岑諱鯨字性存居湖上性不耐理生人產至老不知尺寸分兩喜作詩善集唐人句而作謎語尤工嘗以國子生應省試其所坐矮屋中題謎語幾徧至其神者思之或百慮不能得及告以所隱皆歎服無異詞鄞人有謎才子之目所著既多編之登於冊題曰廋詞無何屋不戒於火丈方外出比歸已蕩無所有急呼其子曰吾廋詞豈灰燼耶曰在取而奉之則捧其篋而笑喜過望曰故人無恙哉遂不復問他事年六十晨朝其父而賀父曰何賀曰阿翁及見其子六十者世幾人哉言

已皆鼓掌大笑嘗訪友信宿不返適嫁女家人往迫之曰異哉女自當嫁耳此豈亦與吾事哉其天性灑脫類如此陸丈窠山嘗過之時盛暑問曰君亦有消暑法乎曰別無法惟午睡最佳曰睡不熟奈何笑曰此思慮攻之耳當午熱甚不可解吾移藤牀於庭陰抱蕉扇爲琵琶彈之作村歌以應其聲不終曲睡且熟一日壻來曰今夜吾將死壻曰翁健飯奈何有此言笑曰吾年八十尚不足耶壻妄之及夜召其子言喪禮既飯而洗家人覺有異交入室問候曰蚤矣蚤矣勿擾我乃環侍窗下聞自語曰世言人死脊梁斷吾不斷何故已而呼其子

曰幾何時矣曰夜將半曰夜半我當眠來爲我驅蚊既就枕家人爲下帳未定聞喉閒喀作聲急視之逝矣嗚呼如丈者其眞忘乎世者耶其眞能樂耶丈貌淸而豐皓鬚朱履如世所傳陶靖節狀蓋余少年猶及見之

周丈雲巖

周丈雲巖諱鴻字于逵伯氏之婦翁也居月湖與吾家對門余童時每依嫂氏過其家丈亦數至余家每見余必問今日讀書幾何作字幾何誦唐詩又幾何甫三言須時如終食余見丈口吃或竟笑而避不對丈之以武諸生應省試也校馬步射皆中選既而引强獨請最上

者主者怒其梭材黜之又數年大比而藝益精發矢皆中其鵠凡開弓舞刀掇石又皆爲浙中第一撫軍大喜召與語而口吃不能對撫軍大歎曰嗚呼周生豈終老於此哉丈出毁弓矢誓不復試他年又大比同舍生勸之力强邀之去浙中之來武林試者皆望丈爲解頭既試丈亦以解頭自許無何榜發竟不第他日中選者謁主司拜甫起卒然問曰爾曹亦知有周生乎是其材足爲君等師已第策論爲解頭忽失去君等萬不及周生而周生不克博一第豈非命哉爲我慰周生勿悲既出語丈皆歎息然而丈卒棄其材而不顧矣丈既不得志

優游湖上以終殁數年有女巫至其家能召鬼使召丈則慷慨談笑豪氣如生平此事嫂常爲余言曰其詞論髣髴甚肖蓋聞之者莫不淚下又曰巫言亦口吃如之

王丈漁山

王丈漁山諱光烈字字燦十五歲始與先君交長先君一歲至老交不衰先君卒年六十一而丈猶慟嗚呼交道至今日尚可言哉世風日薄以出入公門爲能事則招所相識者使之俱陽結其名陰收其利至稍有患難困苦敦迫之不一顧昔我伯氏之卒蓋深痛人心之日偸而愈念老成人不置也向余作家乘傳先君丈來喜

曰故人有子哉雖然先人有陰德知之乎對曰不知乃告小子言先君壯年嘗以三十金止寡婦嫁此則庭訓所不及而不肖兄弟皆莫之知者也他日又述先君德而以詩賜小子嗚呼丱角之交死而不忘如丈者可以諷矣丈善飲可數斗數至余家必飲一日酒酣從容言曰明年丁酉吾年七十矣吾故交皆死諸君儻不鄙余老生之日吾折簡召諸君飲各爲詩壽余汝其必來對曰敢不來爲丈壽無何歲終竟歿

宋丈培五

宋丈培五諱福金先君之始交丈也皆少年是時丈居

月湖及先君來湖上去丈家不半里與丈益密每除夜務閒必過丈翦燈瀹茗談終年已事夜半籠燈而歸同居湖上幾二十年以爲常已而丈家火先君急不得舟予親刺船往迎則其帑已在舟中矣乃載他相識者以來而丈有子婦生兒方三日檥船號寒先君取襆被畀之由是徙而他去其後先君既成浮橋使丈主其事歲修巨艦未嘗失誤己丑八月先君歿未大殮有扶病哭而入者丈也於是丈年老矣居西鄉去吾家二十里方遘危疾聞訃哭不已下牀不能行坐輿而來既來必欲視含斂主人三哀之坐輿而去是年十月亦卒嗚呼素車白馬之風邈矣而小子猶得見之丈癯顏白髮貌慈而性和童時見丈來摳衣迎之則霽顏相問答顧不肖幼不肯帥教一日先君盛怒不肖杖不肖於庭母氏泣且勸不聽丈至爲不肖緩頰始得免回首陳迹歷歷心目間而先君與丈同歸道山將十年矣周公之笞商子之教至今皆不能再嗟夫可不痛哉

陸丈窠山

陸丈窠山諱友益字可三亦湖上之支陸也爲先君司會計者久矣謹愼無過失善謔而不虐時爲竹枝土音亦時有可觀者

舅氏

舅氏姓李氏諱世昌先妣之伯兄也善飲酒至老不衰而能談往事

高廟之幸浙江也時舅氏客武林得見

天顏晚年常與人言鹵簿威儀且曰

先帝將觀射前一日大雨灑道通衢無不淨天子之駕百神護之豈不信哉言甫終復語其事與之坐終日所道祇此事無他言蓋老而健忘俄頃閒已不能憶耳李氏皆壽歲時拜其先像自外祖上無少年外祖生四子舅氏其長次諱世耀武諸生蚤卒然年已五十三諱世

泰四諱世奎皆年七十餘溫潤而和厚悉如兄善飲酒不能醉亦如兄叔舅之殁也舅氏方在余家訃至語余曰吾弟年僅七十乃遂夭耶言已淚下聞者以爲美談舅年至九十餘始卒余生晚不能詳外家及舅氏壯年事然獲事老成接其風度今猶能髣髴狀貌回首典型幾何時哉而已不能復覩矣執筆記此有涕泫然

唐君安嘉

唐君安嘉諱志昂鄞西南錫山人也少不讀書不能識一字而性樸誠先君晚年遊錫山遇君與語喜曰見子弟多矣無若是樸誠者既而來余家則徧識余兄弟皆

與之交先君相地錫山非君不樂君亦必負果餌從有所指畫必語君他日以問君皆悉嘗謂君曰吾向不信地理昔葬吾父母始觀地書不可信輒棄去吾以意度之頗驗然此不足以語俗師子足受吾意乎君性耿介不肯受人聘離君家數里有富人者延地師相地囂於時君往與語不服大言於市曰夫已氏吾奴視之耳地師怒强富人邀君至其家論地書君不答曰吾不知地書雖然吾能知地吾有所受之也曰是不難今茲吾相地在山吾與爾往視之何如君曰可既至由麓陟其巔周而覩自岡而下則大笑曰此其下皆石石上有土才三尺耳皆勿信鋤之果然先君之殁也歲在己丑既殁而錫山人見先君乘輿來咸問訊曰吾過安嘉耳頃之君至告之急歸無有君心動急來余家而先君已大斂數日矣君大哭哭已顧不肖兄弟曰公臥病至七日而諸兄弟不遣人呼我使我不一言訣公何哉言已又大哭又明年葬先君則君實相之地曰此大吉又三年甲午吾母病急索野朮不得君問病來告之君歸覓於山一日而至吾母病愈而君歸君歸而遂殁嗚呼余豈能一日忘君哉君長於伯兄吾兄弟以兄事君君以父事事吾父而以弟畜吾兄弟古所謂異姓而骨肉者非

耶往年余與仲兄至君家君弟各有婦而君之子成人心喜之坐甫定忽憶君幾不能語嗚呼吾父死而君爲不肖兄弟覓葬地吾母病而君餽之藥使危而得生余是以數欲爲君傳以報君德而終不果今余作思舊記而狀君行以附先友之末儻吾言不滅使君得與於不朽則余所以報君者如斯而已矣悲夫

從兄茗山

從兄茗山諱時新字銘三家乘既登君傳乃念君而終不能置是以復記君往昔余屢夢君死而復生歲必三四去年夢君則更奇君生母陸氏後君五年卒忽一夜

見之來如生曰新也將活吾與爾往視壙大喜且信負
鍤從之壙開君果活張目起曰吾眠於此豈不久哉同
之歸又狂走徧告諸姻鄰旣告而歸從君談諦視之又
甚不似君君曰豈疑我哉我尙能詩從而論詩不合且
爭甚力而覺君固能詩病時以稿付其婦曰吾心血也
好藏之旣歿婦自忖曰未亡人焉能保心血以終老哉
計不若焚諸墓使自藏之及吾伯氏往索稿知之大驚
出歎曰人琴俱亡奈何哉君詩旣燬於火余亦終不知
君能詩往年理伯氏詩得君手書片紙於故篋則君所
以自題其稿者大喜入之家乘然君所爲詩吾終不知

若何君旣編爲稿當不貧而以意度所見又當非君得
意作聊存之以示後人耳嗚呼此其所謂死而復生者
耶

烟嶼樓文集卷十七

男隆壽平甫校字

烟嶼樓文集卷十八

鄞　徐時棟同叔稿　甥葛祥熊豫齋校刊

碑文一

丁灣社碑乙未

鄞之東有丁灣村聚姓百家所以歲時報賽者築土爲壇奉枯木而已（合兩瓦缸而鑿其前中植枯木尺許略似木主俗呼缸蓋廟）道光十五年五月余會張氏之葬至其地聞而異之山人告余曰此其事遠矣曩村人任氏淸晨立溪頭見柏木尺許漂而來拾之歸斧之見血大驚夜夢偉丈夫呼曰柏吾神也謹來至汝家祀我吾福汝乃買地奉之旣而禱之皆應里中人神之歲於是乎祈報以至於今言已導余往古木環拱老樟參天崇岡複嶺靈風森然壇壝無多級而巍乎在其上者尺許之枯柏也余肅然改容喟然而歎曰嗟乎吾乃今而猶得見先王之遺意也古者大社之外有王社有國社侯社其次曰置社置社者里社也禮民百家爲社二十五家亦爲社丁灣聚姓百家地宜社禮大社主用石民社以木丁灣立民社主宜木禮大社用松東社用柏西社用栗南社用梓北社用槐丁灣在縣之東木宜柏田主各以其野之所宜木是故柏主者其宜也宜木各以名其社與其野是故柏野者其

名也擇地爲壇壇而不屋古皆如之秦漢以來末之改也自社制不行坊隅村落各有里神以意造衣冠狀貌亦各有姓氏崇之以土木享之以牲牢窮奢極巧先王之法蕩焉無遺丁灣雖僻不圖猶得見之且夫坊隅村落之各有里神也豈天降而地出哉其始皆社也其後好事而有力者變置而鋪張之風移俗易蔓延以徧於天下丁灣僻在山陬其民貧而朴自其高曾祖父歲於是乎祈報至其孫曾奉事惟謹無敢改作歲月浸久見之者且驚且疑不能知禮之所繫又不能明其故此不經之說之所以來也至於歲月又久保無有好事而有力者惡其說之不經又恥其不他里若遽從而更張之則是先王遺意將幷此幾希者亦掃滅而無餘也是又可懼也山人喜曰有是哉我未之前聞也盍爲我記之因闡其說著其禮而復爲之辭俾得以報賽歌而樂其神

其辭曰錢湖之西黃山之南有水如帶有峰如林中山有田中田有廬載耕載穫作我室家下無苦濕高無旱焦田祖有神時我黍苗葉無螟螣節無蟊蠈田祖有神無害我稼穡我稼我穡旣萬旣千旣倉旣庾旣有大年村酒旣熟雞豚旣肥蒸豚劏雞載酒滿卮山歌村舞吹

笛擊鼓婆娑笑語以迓田祖黃山之南錢湖之西田祖來思黃冠草衣皤皤父老熙熙後生載拜載迎同我太平以卜來歲來歲有秋

天子萬年農夫之休

重修鄞大里黃公廟碑記 辛酉

鄞之祀鄉先生未有古且信於黃公者也蓋其爲縣初不過海濱虞夏屬揚州島夷居之商號越漚周初爲東越穆天子之代徐偃王避楚寔來其季而句踐彊將以寘夫差鄞與甬東之名得一見內外傳卉服之衣髾髮文身之俗織貝鯛醬海錯之貢地僻而民陋不奔避遷

寘無或過此故上下二千餘年終不聞以人物表見者及秦亂天下而於是乃始有隱君子黃公夫得人如斯其難也世儒好古又恥夫國之虛無人也扳鬼谷徐市之徒點染我志乘此其謬悠無足究詰王尙書博雅冠兩宋而據高注呂覽譌本引文大夫爲鄞產論而贊之其高弟袁文清輯四明志竟從舍旃乃惟史忠定贊十二先生實灼然首稱黃公虞仲翔曰鄞大里黃公潔己暴秦之世其言在會稽典錄裴世期采爲史注以漢季徵漢初而明人猶妄疑之不已傎乎我故曰鄞之祀鄉先生未有古且信於黃公者也大里不可攷矣公又二千年實之鑿矣今鄞治西南三十里有黃公林有廟祀黃公歲久訛黃姑且貌女子而祠焉在宋則袁逸叟辨於筆記在明則楊栖雲高隱學論於詩

皇朝初聞悤泉始昌言於官釐正之屢修屢壞邇歲里中諸君子醵金二萬有奇更擴前規繕治完好經始以咸豐九年三月再期而告成嗟乎鄉先生之必祭於其社者豈直爲里黨光寵哉後世非鬼之諂與古意相去何止萬萬丈夫歷覽四方過村墟野廟姑入相游憩瞻其狀貌考見其生平問其故家遺俗思齊之心勃爾不自知動於中夫瞬息且爾而況久於其鄉者乎黃公居

僻陋之區當坑儒溺冠之會高風亮節崛起海隅蓽路藍縷之功既不可泯厥後吾鄉士大夫多愛惜廉恥矜尙名節故夫淸德之所留詒遠矣晉夏統言會稽土地風俗其人循循有黃公之高節吾聞其言尤信然則鄞之祀鄉先生又未有重且急於黃公者也諸君子其信知務哉

大雷汪王廟碑 甲辰

聖人受天命爲天下主紀綱整肅朝野昇平而匹夫揭竿而起嘯聚山澤或蠻夷君長自恃雄大咆哮中國雖假以寬仁未有不旋踵而絕者也豪傑之士則不然其

始順乎衆心所嚮慕其繼附乎天命所依歸使其民老
死不罹鋒鏑子孫享其成福若是則可謂勇且智矣昔
者隋氏無道羣雄竝興天下匈匈盜賊嚮應農夫紅女
舍其作業愁慘呼號日夜怨苦於是汪王華身倡義師
撫其黟歙黟歙之民擁戴之號稱吳王十年之閒內靖
民人而外捍彊圉部伍其衆保安黎庶蓋王有功於其
鄉土者甚大既而王雄誕破李子通於餘杭還軍向吳
吳以師迎之新安洞口兩軍相持兵刃未接當是時吳
人聚一萬之衆帶五州之甲蓄十年之精鋭填然鼓之
呼聲震動可以一戰而王遽罷兵守歸命朝廷嗚呼同

時發難如竇建德高開道輩攻陷城邑荼毒生靈雖以
高祖太宗之神武屢招不下卒底滅亡遂而無祀重爲
天下僇笑以視王籍地請命得以功名終者其愚與智
豈可同日語哉王薨歙人思之卽故居立王廟始王朝
京師拜歙州總管其後有功於國超擢顯爵立廟以來
祥慶日下邦人狀其靈異累封爲王王子孫多居於歙
宋時有來鄞大雷者寖久昌滋明正德閒營廟於其地
之錦溪
皇朝康熙初遷廟橈溪又久之宗親子屬以爲湫隘不
足安王靈乃相吉前廟之東鳩工於道光二十年三月

落成於二十三年五月既新作廟瞻拜冕旒慨然念先
王功德相與請辭於余以刻諸石辭再三不獲爲綜其
本末論次而書之

重建澤民廟碑 丁卯

鄞城西壕之西有湖焉是導西南之水北入新河橋而
瀦而塘之東出新塘橋會於壕北至於保豐碶以洩其
澇而注之江其始唐刺史吳公之所開也謂之西郊之
湖淤於宋判府吳公重開之謂之新河溉田數千頃環
而居者世世食其利至於今千一百有餘年嘗新河橋
西北而湖口有廟曰澤民廟刺史之去也民歃血而祠

之及宋之季王厚齋尚書文其碑吾鄉人誤解之謂碑
所稱開西郊之湖者廣德湖而非新河新河之開宋之
判府吳而非唐之刺史吳也載諸志乘議祀典者惑焉
夫廣德遠在望春白鶴之閒其不越大河而祀此明矣
唐宋之修廣德者莫詳於曾南豐之記而不及刺史祀
廣德諸公有白鶴廟去此且二十里其必不越境而專
祀一人於此又明矣且夫食判府之德而報之於刺史
禮未之有也然而判府之重開新河袁文清言之不可
謂志乘之無據也功光於前修而尸祝不及是又典禮
者之疏也乃者同治三年冬祝史不戒廟罹燹攸隻榱

片瓦無存者環湖之民奔走驚懼若己露處而寢食明年正月集議重建僉推周中翰棻董其事會楊運使坊新起家擁高貲而其故湖上民也以四千金倡其隸籍廟下者爭出力相助爲七千金益之以市肆廛舍與計突而輸者又罷祈報之會三年而收其恆產所租入者合之爲四千金其年七月土木金石之工皆作殿寢門廡洎臺榭垣墉期年告竣塗墍而丹雘之閎壯鞏固有加於昔於是刻木象刺史祀中室左祀沙公如其舊而以右室肇祀判府判府故有廟在平橋工如其貌而肖之其寢室及門左右之祀略如前儀五年八月朔奉安

成禮相率以鑱碑之辭來請曰宜有銘鄞濱海而治厥壤斥鹵非陂湖不秋自唐開元建郡縣歷政多神君其在西南小江廣德與茲湖鼎足而三七鄉之民相恃以無恐夫當其肇造未嘗不完密冀久遠顧豈有永永不變者民德肇造之人即其地廟祀之日鑒在茲神之恕恫恆不在犧牲之不成而在前功之隳敗今廣德既廢不可復小江日湮淤邇雖修治其塘堰而渟蓄滋少惟茲湖之水美哉洋洋與兩吳公之德共其靈長斯乃環而居者之所由日謳思而不能忘也謹案唐吳公諱謙字德裕大厤中以水部員外郞爲明州刺史宋吳公諱潛字毅夫寶祐中以觀文殿大學士判慶元府州始建曰明州宋慶元初升軍府曰慶元今曰甯波府鄞縣其附郭也沙公蓋府之慈谿人事在元人所爲忠佑廟記非茲湖水利所係不具述銘曰

浩浩湖水吳公所開時其淤矣吳公再來地無兩湖公有兩吳後公不來前公德孤小江之湖畱幾希矣廣德之水靡孑遺矣彼湖爲田我田爲湖瞻彼廣德我思前吳彼改其舊我復我初瞻彼小江我思後吳思前公祀之在湖之陰思後公誦之在人之心赫赫後公豈嗜我飮食我不忘前公我敢忘後公之力典禮未飭祝回告

災父老後生奔走偕來我有田疇公有膏雨我有室家公無攸處小江有祠廣德有廟我有大湖曾莫知報迺創殿宇迺作垣墉峩峩中室奉我前公迺張其旁有翼斯堂以逆我後公前公德光春祈在廟牢豚粢雞秋報在野簫鼓綵旗我事二公享祀不忒二公福我豐我稼穡我公我民茲湖而居齊告賢牧無忘此湖

四明它山遺德廟從祀碑 己酉

維唐王侯元暐來令鄮縣創它山堰以豬畜水而溉民田是有遺德之廟

皇朝道光二十一年里中朱大夫孝銓擴而新之工告

詑其兄子壻徐時棟言曰於顯哉宮寢閎壯禮儀崇秩侯惠我桑梓縣人逮今不敢忘雖然自侯以來賢守令及鄉先生其克纘我侯緒修壞補闕滋澤利我農功者彰載牒記不可誣也今民食厥德祀典莫舉其奚以昭前猷而風來許於是大夫從子祺與徐君兆蓉相度東廡營室爲位大夫從孫志霖劃其腴田用錙祀事禮成謂時棟實始建議宜有銘辭鑱諸貞石時棟不敏謹再拜以銘

銘曰茫茫澤國江河漫之截截強堰王侯奠之江水載濁河水載清載清載濁維堰之平在堰上流沙梗而鬱

在堰下流水奔而逸我有賢守又有賢宰越我先正勤民弗怠有閘有碶有隄有塘賚我挹注水流有常其在于今失其故道亦旣旱止黍苗是槁凡歲大旱匪天降凶旱不爲災匪天之功發棠匪惠蠲租匪德清清泉流毋俾我塞瞻卬侯廟配享有位豈私諸公以報況瘁猶嗟諸公百世之師稼穡維寶敢告有司

廣德湖遺愛廟碑 丙辰

鄞縣廣德湖始興於齊梁而廢於趙宋之崇甯其未廢也吏修舉屢有功熙甯初張侯峋旣治湖即湖之白鶴山爲廟祀唐宋諸公曰白鶴廟旣而湖湮羣祀廢以其廟專祀任刺史侗任刺史者貞元中修湖而見於唐史者也

皇朝乾隆閒全吉士祖望考圖經增議其當祀鄉社雖之而未能舉也道光初里中新白鶴廟時董大令灝家居始徵其言闢廟旁室爲位祀諸公後二十餘年克備物以祭於是諸君子謀曰室隘且陋其奚以肅明禋而報嘉貺是卜吉廟西實始作爲新廟始咸豐元年冬越某年告成旣成大令之孫名煊以本末來謁以請曰廟有記余復爲斟酌祀典稍增損其人題廟曰遺愛而作而言曰嗚呼吾鄞人之愛長上何其久而不能忘也雖

然猶是民也乃以徵賦之故而以爲仇讎一夫狂呼千社響應斬竹裂布揭旗題廟社雜遝城府蜂擁而逼迫之必平價始已猶是民也何遽不愛其長上一至於此夫粟米者賦稅之所從出也而水利者粟米之所由來也四明海國也斥鹵不足資灌溉是故隄防豬畜覸溪湖爲性命唐宋諸公旣備舉水政其爲民納逋蠲賦又常數十萬今廣德廢矣西七鄉之田賴小江湖塘堰碶閘傾跌失故道無或過而問者疾苦利害聽諸民水旱豐凶聽諸天而催科則加之重焉則宜乎民之思諸公而久而不能忘也今巡道段使君方將舉大工修鑿洪

水塘以障小江湖之水經營瘏瘁終將有成異時汪濊洋溢而波及於廢湖之阡陌者皆使君之賜也民不忘諸公其敢忘使君故因記遺愛之廟而喜而及之至於諸公增損之典則別爲考鐫諸碑陰

宋姑祠碑 癸丑

泛舟入章溪溪南有山銳首而高聳者方圭尖也其下爲宋隩昔宋氏聚族於此今墟矣方圭尖之麓有蝦山如蝦稍西有鱔山如鱔鱔山之中宋姑墓在焉又西有山展然如屏玉屏山也其東北臨溪而峭壁其下有潭宋姑潭也潭水深碧溪水淸淺溪北有庵與鱔山相望

曰普濟溪上人闢一室以祀宋姑宋姑者名蓮宋隩人也趙宋之季山賊四起掠宋隩而驅姑以西時姑年十九過峭壁躍入潭中尸浮於溪經旬面如生其父母以葬於鱔山歲月浸久溪上人無知之者或耕於宋隩土中得朽篋發之宋氏譜也率漫漶有可識者載姑事甚具又久之崔君瀚與其徒鄭君星懷始爲之祀而以記屬余嗚呼宋氏之先不祀忽諸而一女子獨身受俎豆可以千百年而不廢湮沒至六百餘年幾可以澌滅而終不閟之天於貞烈如斯其哀之也方圭故居不忝離離鱔山之墓縱橫而不可知酌潭水以拜祠下淸風在廟明月在溪將有感吾言而歔欷者矣

重修宋忠臣袁公祠堂碑記 代 癸丑

鄞城西五里望春橋東有祠焉所以祀宋咸淳進士殉節忠臣袁公諱鏞字天與者也其後袁氏以爲統宗之祠邇年重修既成余門下兩袁生燾杰來言曰吾宗自宋南渡宗正寺丞知臨安府諱子誠始居鄞傳五世至天與府君府君死德祐之難專祀於月湖明天啟中遷今地
國朝康熙間圯乾隆間高祖漢龍府君董修其從子永北太守信吾府君記之久之民居火燬其聽事僉議興

復工久不竣於是先考文瀾府君暨兩叔父請命宗長得公資及族人所助錢凡六百餘緡益以己貲千四百緡鳩工於道光十一年正月一年蕆事中奉忠臣塑像立主祀忠臣祖禰追而至於始遷祖臨安府君旁推其伯叔昆弟以及其子孫依昭穆以祔遵舊制也又闢其後創寢室祀祖妣而增益祭田所入既豐祀事始備顧逮今二十餘年未有紀載以表成功茲不肖兄弟方從事譜牒敢以爲請夫祠記者記所祠之人與所祠之地而已忠臣之烈王尚書詩之蔣教授傳之至其四世孫袁太常爲忠義錄而闡表備矣祠祀之沿革則高武部

之敬止錄全太史之祠堂碑文詳哉乎言之矣忠臣之子孫代有人焉克興廢補闕以無忘宗功而吾爲之議其成事與其歲月若是焉已矣雖然斯祠也所以祀殉節忠臣者也袁之人胡爲乎而祠其宗也永北之言曰忠臣公祠也而湖公之高曾祖禰以下及今此之子孫而公之心爲之一快矣設祭之辰瞻拜列祖慨然各見其父祖高曾而忠孝之心油然以生矣斯言也殆以專祀之祠而祠其宗而從而爲之辭者也夫忠義之有命祀所以風天下後世之爲人臣者我聞有賢者之至也而修吾誠謁見之接乎容聆乎言觀感之心常動於不自知今入其庭而戶外之屨滿焉賓主雜遝宜若與其請見之意左矣且夫專祠之祭有司主之祭忠臣而強之幷祭其先未可也況列其千百世子孫之木主而強之拜獻以去其可耶蓋自袁之人以爲統宗之祠而有司之不供犧牲久矣夫閒命祀廢祭典皆失禮之大者吾願忠臣之賢子孫相與昌言而修明之也於是兩生乃瞿然以興曰命之矣敢不與族人謀以無失斯禮是用書其語貽之

烟嶼樓文集卷十八

男隆壽平甫校字

烟嶼樓文集卷十九

鄞　徐時棟同叔稿　甥葛祥熊豫齋校刊

碑文二

月波寺改祀余文敏公碑記 丙辰

明余文敏公有丁愛錢湖之勝得月波寺廢址拓地百畝爲五柳莊公自爲之記既而莊圮

國朝康熙閒余氏歸地於寺乃重建月波而祀公殿隅久之寺僧遷象他處地僻道遠未有過而問者又久之公示夢於湖上忻君鼎銘曰我所居湫隘當遷我西樓忻君以命其子自昌道光二十七年自昌集同人成之

越十年當咸豐六年公九世孫承樑者少孤貧無家依公專祠之在日湖者居之比年貿遷海舶得畜積有贏餘於是至東錢湖拜公西樓愀然蹙頞而歎曰樓居狹小几筵促迫不足以妥我先人而又圖象載更失其故貌是孫子者之罪也鳩工治西廊塗塈丹雘煥焉改觀新作神龕出家藏畫象摶土惟肖卜月若日奉公成禮公八世從孫濤吾友也屬記其事而公專祠之在日湖者與呂祖宮鄰數十年前或私賣其前隙地於道士道士垣之一日公降神於廟史而怒主者曰汝堵我顧使我出入安所乎主者懼毀垣而爲門如故嗚呼相國風流去今未遠園林臺沼之勝既已無可彷彿僅得託一椽於琳宮梵宇閒而緇衣黃冠日逼處此起而與我鄉先生爭此土向賴三百年未泯之英爽寶式憑之俾得藉手恢復於荒莊廢圃之中以俎豆斯人而存掌故徵文徵獻敬恭桑梓者獨無責乎是不可不爲吾鄉諸君子告也是歲十有一月己未記

明武德將軍驍騎尉甯波衛左所世襲正千戶殉難韓君廟碑銘 癸丑

明嘉靖中倭夷犯甯波由奉化金峩山流入鄞東鄉折而西至章村章村在鄞城西南七十里正千戶韓君綱

方防遏其地賊至兵從跳身遯君獨與之戰死之始君高祖政以世襲百戶隸甯波衛左所曾大父傑從征有功升正千戶君既歿王事大吏不以聞而以百戶降襲其子國忠國忠卒子勳嗣會有訟君前事者得改襲副千戶明亡

皇朝鼎興由今以泝君死事之日三百年矣咸豐元年始祀君於村之普濟庵君駐兵故地也於是鄭君星懷來請銘鄭君與崔君瀚許君式魯趙君啓瑛肇議廟祀者闡表忠義以風後來皆得書

銘曰昔明開國有臣從龍衞兵橫海隸籍山東韓青山東武定

州人以棣州衛總旗升横海衛世襲試百戶生榮榮生政改授甯波衛世百戶横海之孫來官
於鄞有子矯矯繄君曾門矯矯曾門勤王弗怠西討婺
華南征閩海帝有明詔錄其勞勛世長千夫以及于君
蠢爾東倭海島自雄肇造區夏歲時不共至于中葉誕
猖以獝如鼠如狠如彼饕餮既莫能柔亦莫敢遏窺我
海邦載奔載突犯我東鄙喪我百戶後所百戶葉紳西走章村
蹂我王土君聞寇來奮呼而起馬不及鞍弓不及矢君
聞寇來奮呼而出士慄而竄馬驚而逸以奮以呼以擊
以拒以其一身禦寇之侮以奮以呼以擊以衛以其一
身陷寇之鋒誰握韜鈐誰守土壤有臣死國千夫之長

此千夫長不忘先臣蒙守世祿敢忘君恩巍博有位靦
視小臣繹騷未靖有功不聞賞無世延罰及於嗣乃至
厥孫始湔吏議嗟嗟韓君忠孝克任維忠維孝在人之
心東倭既平明社既遷自其死國今三百年山無故壘
野無遺鏃有廟翼然玉屏之北生衛茲土殁神茲村雲
蒸仿佛福我居民

四明田舍陳氏祠堂碑銘 癸丑

陳氏在慈谿縣東三十里者聚族二百餘家以寬鄉號
田舍陳其先居鄞縣姜山元明間東宅之裔曰覺修府
君遷慈谿張家山是生三子伯宗一世其居季宗三遷
田洋其仲宗二是始遷田舍宗二九世孫登仕郎德河
在
皇朝康熙中復來鄞縣居縣城月湖生奉直大夫明睿
烝世繼嫡徐與其庶謝守志撫四孤稱陳氏雙節其叔
子曰奉政大夫士才是亢身而起其宗奉政晚年思追
本原以命其子久之得緒於田舍而嘗羅鬱攸亡其譜
迺歷見宗人所私記又參以別籍簿正之屬用得聯綴
次第敘敦族誼以相往還又五十餘年當咸豐二年奉
政之孫賢燮暨其同祖房從同德合謀肇成先志建祠
其鄉中寢祀覺修府君而下十二世東昭室西穆室自

田舍至月湖以旁推張家由田洋合而祠之又東西各
為二夾室兩隅室以藏祭器其前有綴食之堂左陳譜
牒右立倉敖閎翼翼闬門垣牆之迺復建經畬書塾於
祠堂之右為東西兩齋以教子姓凡祭與書塾皆有田
又置義田月贍養其寡婦鳩工於是年二月越十有一
月告成縻金萬五千有奇始作主作神版率宗親子屬
練日禮饗於是慈谿之宗老武威與月湖之支長賢灼
相言曰維奉政始勤我宗人越厥孫曾克傳德襲訓茲
統宗既成室我祖考實嘉饗之又惠恤我焭嫠而誨我
子弟飲水知源我不敢忘也顧非兩節母無以有奉政

請以東夾室祠之凡節之旌於朝者祔焉祀奉政於西夾室暨昆季之竝有功者以及其子孫若鄞若慈谿支裔苟繼先我先德傳配食於茲室皆曰彰先善風後來禮之大者則又相與言曰聞古者先祖有德善功烈則有論譔而明著之後世之禮今我麗牲幸有碑而先古隱德勿稽勿耀維繫世之久遠合屬之詳慎與月湖之追遠以收族者不可不使我子孫知之皆曰今不述後將奚徵是來請辭於余歸刻諸石

銘曰茫茫東海濫觴奚繇鄞江慈江同源合流支流汪濊潴爲月湖導河自遠溯其本初曰我有今非本安託

我有宗家厥緒攸作我長我幼我卑我尊視我疎遜我祖之孫迺作新祠載寢載堂卜牲告潔是用孝享迺作家塾稚昧是教我教伊何維以教孝百世而下將爲義宗鄞江之西慈江之東孰非先疇孰非舊德無忘厥祖媿我銘勒

橫溪王氏均和安三大房宗祠碑記 丙寅

鄞王氏在南鄉橫溪者始著籍於南宋之初至第五世有三子是別其房曰均曰和曰安又久之房從滋盛均之後爲伯仲和之後爲文行忠信安之後爲聖賢

皇朝道光間子姓相率爲宗祠曰珠樹堂以享祖考而會族屬而安之聖房先有支祠建村上不與也咸豐季年四明有後辛壬之變難平王之宗人或爲他人所搆訟語連其宗祠大令江君述堂既白其誣復詢悉其祠事始末慨然歎曰非禮也今夫一人之身而子孫衆多歲時起居至不能呼其名頷而受之一旦家督召集其昆弟若子婦若孫曾洗腆高會以壽其父母而一子者或以故不得來徵特是子卽其子婦孫曾亦以故不得來爲之父母者殆必將環顧焉而不能無拂也然而是子也方且擊鮮釀斗酒率其子婦孫曾歡然奉父母過臨於其家而向所謂家督與夫家督所召集者一莫之

前也此其父母雖復言笑自若殆又必環顧焉而黯然而不能無拂於中者也今王之宗祠合均和安而安之聖房以別爲支祠不與焉是有以異於吾言乎而況聖房固安房之大宗乎而禮也乎於是呼聖房而告之曰若於創造不與也今入之百金以修葺其祠宇若於祭田不與也今入之田二十畝以豐腆其祀事祖考從與享之族屬從與會之凡有事於宗祠聖與均和賢無別也於是呼均和賢而又以其言告之皆頓首曰至矣哉令君之愛我也是使我均和安世世萬子孫百千年式好而無有閒也其自南宋祖以下實拜令君賜矧我宗

人其敢不受教既奉安成禮是相率來請余記其事以歸刻諸石

鄞江義火祠碑 丙午

鄞江距鄞治五十里立義火祠所以祀鄉厲與客死而無主者也先是嘉慶十二年好義者創之相基經度造屋三楹事中輟後三十九年當道光二十五年天子俞大吏請改杖錫巡檢司巡檢鄞江有司以廢祠無主者乃規以爲司而稍還其西偏於是諸君子聚而謀曰噫僅矣今弗圖亦盍鑒前車哉作之新之堂曰同仁買田收所入以祭一歲三舉明年閏月工告訖相率

謂余宜有記始事者十八諸君子踵爲之凡二十有六人姓氏具於他碑余既遂其請復薦以詞於祭也使歌而招之

其詞曰宅泉兮瀰瀰釀金波兮芳且旨何以侑之兮仲夏村名之李兮雪竇之榧江流兮紆紆爲玉醅兮湑可斟又何侑之兮蜜巖之鮎兮蕙水之短魚呼而出兮翩翔驅山鬼兮辟不祥呼而返兮相羊異姓兮一堂舊宇兮新祠鄞江之人兮哀思風猋兮雨淒勿悲嘯兮歔欷春一盂兮秋一卮萬千歲兮無愆期

甬東吳氏義莊碑記 壬子

人生而無飢寒則天下皆游民也天之生是人也窮之以口體而贍之以心力口不食則飢體不衣則寒於是乎出其心力以衣食之天若曰爾不用心力焉而飢寒而凍餓而死亡誰恤之是故君子勞其心小人勞其力古之爲義莊者昭昭然爲斯人憂不足收其宗族戶給之亳髮不藉其心力所自出而寒有衣飢有食疾病有醫藥子女有婚嫁生有養死有葬盡生人營治貲給之道粲然備具而無遺憾彼受之者暇豫其心力而無所用則且游惰淫佚而縱其嗜欲以入於放僻邪侈之爲嗚呼是乃所謂賢者過之者也高貲富人徇生於錙銖

見義若讎敵蒙賴宗祖既富且貴施施然聲色加於骨肉歡樂宴會呼盧買歌舞累日夜不厭一旦投贈朋黨旁觀動色驚歎而自視欿然起覯其宗族寒無衣飢無食疾病無醫藥子女無婚嫁生無養死無葬或大聲疾呼哀告而曲愬之則將曰彼自有心力而不能謀衣食焉而責之於我曾子曰內人之疏而外人之親不亦遠乎嗚呼是乃所謂不肖者不及也然則君子將敬其宗而收其族如之何而可曰亦覩其心力而已矣其心力足以自用而無慮乎飢寒也吾置之其不能則給之雖然試號於宗曰不能用心力者來吾給之夫舍其日夜

之勤苦而可以徒取焉其誰不來也勢不至戸給焉而不止是故必斷之以義斷之以義則莫如鰥寡孤獨罷癃廢疾夫苟不幸而至乎鰥寡孤獨罷癃廢疾也寒不能衣飢不能食疾病不能醫藥子女不能婚嫁生不能養死不能葬窮其心力而不足以贍口體則於是乎籍其口之多寡而收食之按其事之大小而振貣之而敬宗收族之道備焉矣由吾前言宗族可以無游民由吾後言宗族可以無窮民蓋雖數十家之小宗靡不有鰥寡孤獨罷癃廢疾者也亦靡不有稍有力者也君子之行事爲可則也爲可繼也比而食之生齒繁而其道窮

窮則弊叢起而爭訟攘奪之禍作且固非大有力者不能爲也由吾後言事半而功倍矣昔吾先大夫行之於吾宗邇者吾鄉人多起而儆之若胥天下而行之雖萬世無禍亂可也於時吳君煊煜兄弟本其父虹橋君遺志爲甬東義莊而即其中建槐里書塾以教子弟余既爲條治規矩復爲記貽之俾刻諸石

董氏鷃湖書院碑記　丙辰

鄞西鷃脰湖董氏系出漢孝子四十三傳至全八君由慈谿來湖上世力貧耕而食其十四世玉成君始舍耕而賈有餘贏焉生四子別籍以四德名其房其長雲峯君有子五而其三尙齋君早世無子雲峯君以仲子小韭先生及第四楚璋君後之故元利二房從昆季五人復合爨而食者三十餘年旣而小韭先生成孝廉將北上試進士時伯子海容君與楚璋君皆前卒季子秦水君年少而第三秋湖君方措家先生憐其過勞分爨而行有田六畝山一區酌以爲元利公產付秋湖君掌其租入絲積寸累閱二十年畜田七十餘畝會先生丁內艱歸自餘干始建議以爲書田賓請碩學敎宗人秋湖君大喜先生服闋赴官一年而秋湖君沒海容君伯子稼堂職其事又十餘年積數千金是時先生已解組家

居相與卜地十三洞橋之西建董氏鷃湖書院未作先生卒稼堂身任之鳩工於道光二十三年冬二十五年春告成堂曰三餘樓曰近水門庭垣墉閎翼堅固是年稼堂卒付其事於秋湖君之伯子嶧琴後二年嶧琴卒其弟芳谷實經理之於是芳谷來言曰吾家與君家遠有連子屢接吾伯父而於吾兄弟比相識書院之成十二年矣子嘗諾吾諸兄記其事今幸爲我圖之噫吾固將有言也夫自宋元以來吾鄉之收宗族爲義莊爲書院者多矣至於易姓猶有存焉者乎微獨吾鄉雖天下之存焉者猶有幾乎夫以一家之私財而公之宗族意

至美也旣公之矣不能保其宗之强悍者不强預吾事也雖然若吳之范氏爲規矩曰族雖尊長不得與吾事何則吾爲之吾主之吾禁之可也天下義舉之敗不敗於受之之宗族而常敗於施者之子孫何則吾爲之吾主之至於吾敗之而莫吾敢禁也樓宣獻之記歲寒況推官之記晝錦夫非前車乎昔者吾先大夫爲義莊及敦本崇本兩書院於鄞東吾伯仲二兄繼之懼無以久也請諸官以申省而奏於

朝其言曰祖宗艱難數世創之而不足子孫浮薄一人隳之而有餘嗟乎豈好爲是逆料刻覈之言哉夫法久

則獘生然而法良者獘寡是故無專任專任則勞怨叢而嫌私起無多積多積則覬覦萌而攘敓作元利之子孫歲更主其出入月計歲會以昭示乎宗族有餘則視其當爲者而推廣之其他因時制宜不可殫言而此其大要也本之以公濟之以和久之以弗怠鷺湖之上絃誦之聲世世萬子孫無廢也夫吾非能有知也吾驗於吾家而知之故因芳谷之請詳敘其先世措置經畫之不易而勖其後人以增廣紹續之無忘也至於陶淑其子弟俾克繼先人以光大董氏則師長之責也非余之所敢與知也

烟嶼樓文集卷十九

男隆壽平甫校字

烟嶼樓文集十九 十二

烟嶼樓文集卷二十

鄞　徐時棟同叔稿　甥葛祥熊豫齋校刊

碑文三

徐氏先德碑銘集表忠觀碑字　辛未

昔我遠祖佐文命氏平水告功封之淮水是爲徐子捡引徐方三十二代篤生先王

伯益佐禹治水有功封其子若木於徐立國於淮以主淮夷見廣韻元和姓纂唐書宰相世系表通志路史等書按徐州早見禹貢若木既封即以州名名其國而其地本華夷錯處之地書之徐戎詩之徐方皆

淮夷也虞夏之世淮夷蓋已不靖故命若木建國於此以主之也唐書通志云若木至偃王三十二世又按諸書皆云徐始封子爵至既錫命爲伯而竹書紀年與春秋竝稱徐子蓋曲禮有雖大曰子之文注云朝見之時擯辭惟曰子雖或有功益地至侯伯之數其爵亦不過子也春秋時管仲稱徐君爲徐伯蓋沿舊號尊稱之耳若路史云夏王命以徐伯主淮夷則妄語也

宮人弗字黃龍覆焉目可視焉符表天然允文允武國政既治入覲於周穆天子之世

博物志水經注竝云徐君宮人生卵棄之水濱有犬名鵠蒼銜歸覆煖成兒鵠蒼臨死生角九尾實黃龍也按諸書多稱王異表尸子謂王有筋無骨裴駰遂謂號偃王由此高誘注淮南王逸注楚辭皆以偃爲諡按偃隱古通王諡實是隱字故班固人表徐隱王師古曰即徐偃王也語竝誣罔不可信惟荀子言偃王之狀目可瞻焉大儒之語必有所本故取之焉者鳥名也說文云江淮鳥蓋王生長淮上此鳥深藏林木閒淮人不能見而王目獨能見之故以可瞻爲異表耳楊倞妄注之謝墉又妄據莊子不辨牛馬之文改焉爲馬皆非也竹書紀年云穆王六年春徐子誕來朝

天子曰咨而爲王老徐方不臣而誅而討受冊歸甯皇休是答壁其城池束其兵甲

紀年云錫命爲伯後漢書云乃分東方諸侯命徐偃王主之按曲禮云其在東夷北狄西戎南蠻雖大曰子於內自稱曰不穀於外自稱曰王老注云自稱王老言天子之老臣也愚謂徐楚吳越之稱王本此蓋旣爲方伯主蠻夷自稱王老他人稱之遂以爲王此與天王之王迴別至徐州之戎與吾嬴姓之徐國錯處惟其時作叛亂故命先王主之而史記後漢等皆誤合爲一遂以徐戎之事誣我先王此自來讀史者

之所未經論定者也詳見余所著徐偃王志中諸子皆稱王被服慈惠身行仁義抱朴子云外墬城池之險內無戈甲之備

奄有漢東罔不革心厥篚厥包珠貝玉金維此徐方叛亂不廷亂碑作謀非以力屈維以德勝

韓非子淮南子說苑論衡博物志後漢書都城記元和郡縣志諸書竝云諸侯朝徐貢方物或稱陸地之國或稱東方諸侯或稱漢東諸侯或稱江淮諸侯或曰三十二國或曰三十六國或曰四十餘國至徐方叛亂有在偃王之前成王之世者紀年云成王二年則書所

謂淮夷徐戎竝興是也有在偃王之後宣王之世者紀年云宣王六年則詩所謂率彼淮浦省此徐土是也而當偃王初爲方伯時徐戎亦嘗侵洛在穆王十三年明年王率楚子伐之紀年云蓋是時徐德未遠也其後遂不見有叛亂之事至三十五年徐爲楚滅而戎心又狡焉思啟矣

獨南蠻子巢於漢水帝南行不復挺嶮虎視聞我聲名旣愧以畏覆抗有道鼓行而至

王孫厲恐楚將朝徐力勸楚子伐徐詳見淮南說苑諸書愚謂但言楚人畏徐故伐徐尙非探本之論蓋

昭王南征不復楚之恐受天討久矣周穆荒志遠出不足畏懼今諸侯朝徐徐德日遠一旦問罪於楚楚其殆哉畏生於愧先發制人故雖曰徐王有道不可伐而終伐之也而徐爲楚伐非周伐此在周人書西漢人書中確有明徵且紀年大書之曰穆王三十五年荊人入徐必不可誣者後人以穆王十四年有率楚克徐戎之事遂妄牽合二事爲一事於是我先王僭亂被伐之冤誣千載不可雪矣余作徐志已詳論之

軍次城外王曰於呼積骸釃血斯民無辜碑作徒傷劉無辜不

戰而去去之越東臣民負弩蜂起雲從

王仁不忍鬬其民諸書靡不然者雖後漢妄謂作亂亦云仁而無權不忍鬬其人也乃若王之避楚至越則莫古於括地志所引之傳明載史記正義中而世多以爲逃之彭城武原山下者非也武原徐山蓋王子逃兵之所王已遠至越海而其子在彭城故穆王因而封之耳

後之昌國昔則海島大城其居於焉終老杭潮以西一山巋如王塋在斯其下錢湖

昌國今定海廳也春秋之季越王欲居吳王於甬東

卽此而在王時則地更荒僻不過越地極東一海島
而已其遺城及他古蹟具見宋元昌國志中至王墓
在鄞縣東錢湖之上隱學山亦見宋元四明諸志
天子聞之奮其六師(其碑作萃)命討南蠻(命討碑作攻殺)王者無私
南人入貢(入碑作朝)天子舍之曰徐有後(碑作曰徐後僅在)無絕於
時
紀年云穆王三十五年荆人入徐毛伯遷帥師敗荆
人於泲又云三十七年伐楚是年荆人來貢蓋王命
徐子爲伯而楚敢抗命滅之此所以一伐再伐必楚
人謝罪入貢而後已也而後人目不見古書乃謂王

命楚子伐徐何誣罔乃爾耶封徐後事紀年不載載
之他書
土宇位爵帶河之誓弗俾豪强幷削以勢維王子宗因
淮而都越四百五十年國入於吳
穆王封偃王之子宗爲徐子唐書通志路史諸書皆
同昌黎謂民戴其嗣爲君如初者非也而路史又謂
滅徐以封姬姓尤妄至敬王八年爲魯昭三十年吳
人滅徐事見春秋經傳唐書曰宗十一世孫章禹(按唐書此語是離身數其實古法當連身數之余文中所記世數竝是連身惟漢太守至南祖實六世離身數之故曰又五世也)
爲吳所滅蓋自續封至此歷四百五十餘
年夏始封至此凡一千六百餘年
子孫千億以國爲氏皆爲庶人爲大夫士於維我宗世
有令聞克堪修德望於州郡
史記云以國爲氏有徐氏廣韻姓纂諸書同
王三十世漢太守光又五世南祖爲徐之望南祖之孫
曰過江祖王鳳亂政直道以去
吾家北宋徐氏譜及王僧孺百家譜竝云偃王生宗
宗生仁仁生寵(王譜作宏)寵生希希生砋(王譜作厇)砋生恭恭
生暢暢生永永生思思生强强生亘亘生章禹章禹
生融融生簡簡生僑僑生滿滿生觀(王譜作覲)觀生閔閔

生杜杜生諸諸生囦(王譜作淵囦卽淵之古文)囦生垂垂生可可
生詵詵生仲仲生長長生猛猛生諮諮生光連身數
之是王至光凡三十世也唐書略同諸書又云光爲
漢下邳太守又云光生靜靜生嗣宗嗣宗生景與景
與生式式生霸豐霸世爲南祖豐世爲北祖(唐書以北祖爲兄南祖爲弟又自詵以下唐書具詳其名而往往與譜不同)北宋譜又云霸生抱
抱生元泊元泊爲江夏太守避王鳳之難以成帝陽
朔二年五月十八日下車東陽郡太末縣按西漢無
東陽郡有會稽郡吳時始改東陽蓋作譜者據現在
地名記前事耳凡所稱地名古今錯出皆因譜牒一

家言時有修改故也

東陽有城是世居之扶風太守死事有祠越元宗朝有東海子手掌制詔傳於國史

北宋譜云元泊下車東陽尋卜山源築姑蔑城按此時太末縣屬會稽郡吳分會稽西部立東陽郡唐時初爲衢州後改信安而太末爲龍邱縣故唐書徐侍郎傳云信安龍邱人今爲衢州府龍游縣也晉扶風太守宏與賊戰死邑人至今祀之見東陽實錄及浙江衢州龍游諸志中書侍郎安貞封東海縣子掌詔命被恩遇詳見新舊唐書本傳

東海元孫是曰行周其父舍居於佛寺龍游行周府君居臨海郡之鄉凡十一世而宋都錢塘

北宋譜云安貞生三子標邈賂賂生球球生三子曰七長史曰君會曰八長史八長史以唐光啟三年捨莊基入龍游寺光化間八長史之子行周遷居天台縣厚澤按天台在唐爲唐興縣屬台州臨海郡今曰天台縣傳十一世至南宋初而應漢府君遷鄞

於時始祖走馬今縣桉視山川乃舍乃館曰遺墳在邑草木其蕪碑作蕪其草木願董理之毋俾樵蘇碑作毋樵蘇以牧

應漢府君始遷鄞縣居縣東一都明樓明樓在大墩之東相去數里而去東錢湖王墓三十餘里

富陽府君離數里而西改相今地融融熙熙龍山之鄉大江之里宏克永延萬孫千子

應漢府君生二子貴環貴珀貴環府君支仍居明樓貴珀府君生富陽府君實始遷大墩大墩亦隸一都爲老界鄉赤城里有唐時湯君墓在焉而唐人林珽撰湯君墓志云葬於龍山鄉江上里大墩鄉里名在唐如此可謂古矣今其地視史猶稱江上里

及先騎尉居城月湖景仰先人時過故居忠孝節義親族是勸碑作親相慰勸曰是四者傳世之券

先府君諱桂林譜諱太茂字安國號耕山又號梅谷以營千總階武略騎尉後以四子時樑官贈奉直大夫刑部主事府君之祖侚友府君諱嘉蔣在雍正初自大墩遷居鄞城日湖水月橋生立鰲府君諱廷芳遷城中新橋至府君乃卜居月湖宋月湖十洲所謂烟嶼者

乃爲新祠度地於鄉相我託始族昆南陽取義先河祠王及妃配叶音始祖以下奉安有位

府君始建祠堂會吾族父南陽府君諱太倉歸自幕遊以老成歷練茜與共事祠成中室祀受姓祖偃王

及遷鄞始祖應漢府君二世貴珀府君遷大墩祖富
陽府君其旁各爲室依昭穆以祔詳見南海羅蘿村
侍郎師四明大墩徐氏祠堂碑記
其左其右爲二書院使蒙昧俶落無嬉於游觀其微晦
失所竭而鑄之竭上碑有待字其窮子無告無告碑作甚殆月賓付與
之
祠堂之外左建敦本書院以敎族之童蒙右建崇本
書院以敎族之成童詳見宜興程朗岑通判師四明
徐氏義塾碑記又爲義莊於大門之旁以月給族之
孤寡

故其卒也皆意於出涕謂宗之傑奉祠以事吏請於部
獎義
殿廷今歲星幾周維厚德是承
先是府君於宗祠之前建思本堂堂西闢一室祀節
婦之旌於
朝者及府君既卒宗族議所以報之闢室堂東專祀
府君後乃顏曰旌義祠蓋道光十三年縣以府君行
誼上布政司司上巡撫撫聞於
朝
詔旌義行故名

徐氏十望自先王出天下盡祖之而傳聞未察王之仁
義今昔一聲以仁失國飛議遂生
昌黎云徐氏十望其九皆本於偃王按此語蓋本之
當時官牒元和姓纂所稱偃王派與之稍異今則天
下無不祖先王者而周穆伐徐之妄說非特考據家
不能正之卽子孫亦莫知其誣也每見徐譜爲之浩
歎
謂不知時謂無武無權牢不可破類非知言曄也修書
謂爲僭亂昏昧盜故不識文獻
偃王知仁義而不知時淮南語也偃王無武而滅劉

向說苑語也偃王仁而無權范曄後漢書語也其他
謂軟謂不知世變類此甚衆乃曄則更謂之作亂既
曰作亂又曰仁義是直乳臭語耳曄本亂臣乃敢誣
人如此至近人李鍇勦竊繹史爲尙史以王爲周亂
臣目不識丁更不足與較矣
嗟我小子落學不殖流觀子史獲於羣籍維王之忠在
周之史維王之功在周之子
考据必從其朔竹書紀年周史也荀子韓非周子也
紀年稱王朝天子天子錫命爲伯王被楚伐天子爲
之伐楚則王之忠於周室可知也韓非稱王行仁義

割地而朝者三十六國是修方伯之職爲桓文先聲則王之有功於周可知也故荀子論相直以偃王冠古聖賢之上其他西漢人說王事者指不勝屈亦何嘗有言王叛周周伐徐者乎然則史遷影響錯誤之說固不足憑其他拾餘唾者何論哉

王至浙東復有異議而遺城墳廟在宋元地志我昌言之謹撰碑銘懿然世德乃并是稱

昌黎謂王逃戰彭城而以至越本事轉爲或說固已考古不確後儒但讀昌黎文不讀古書且疑越是今紹興府何得甯波乃有偃王墳廟遂疑而駁之是眞

夏蟲不可語冰者近如錢大昕來修鄞志特於王墓條下辨論之又謂王墓在鄞之說始於康熙閒聞性道而不知乾道四明圖經即已載王墓在隱學山若遺城遺廟與他古蹟則寶慶四明昌國志大德昌國志延祐四明志諸書歷歷記之地志存於今者莫古宋元而全不考核但據近志此非瞽說乎甯波於古屬揚州禹貢揚州之域有島夷蓋即今府縣地翁洲在今定海廳隱學山在今鄞縣今則人烟稠密爲通都大邑兩處相隔頗遠而在周初大約多是海上荒島一葦杭之百里可望故王居在翁洲王葬在隱學於事理實無可疑者又況他確證甚多已詳徐志中不復贅也

肅肅宗祠迎神以歌以抃以舞以奉象獻受福歸胙尙各寅乃事歲豐羣燕宗祖之賜

兩塾有學田恤嫠有義田而歲修祀事有祭田祭畢則綴族食於思本堂中

自我族斯今二十一世（碑無今字）引之右之蒙守匪易父老昆弟族子宗孫毋廢先德請觀刻文

應漢府君至先府君十九世先府君建祠於大墩奉始遷大墩祖富陽府君爲一世故至先府君十七世

也今府君已有五世孫族中亦多有吾曾孫行者上溯富陽府君傳二十一世矣

自司馬遷妄以嬴徐當徐戎有周穆命楚伐徐之說俗語不實傳爲丹青雖博雅如昌黎作碑紀德亦承其謬而慈孝之子孫於譜牒中載王事蹟亦未有不襲用遷說者及余考之周秦古書則穆天子方以淮徐不靖命先王爲方伯又以楚人滅徐命毛伯遷爲之伐楚既敗之於泲又連伐之必來貢謝罪而後已本事彰明顯著如此而反白爲黑斥忠良爲叛亂世無眞讀書人遂使我先王受誣千載莫能昭雪此爲

之苗裔者所以痛心飲恨不得不大聲疾呼博考而詳論之也道光丁未余歸自京師嘗作徐偃王志六卷大略頗不悖繆細微倘多輕信（如有筋無骨通溝得弓矢好怪魚怪獸避楚走彭城諸事皆妄說也前志中皆引用之）故屢自增删而人事雜遝未有定稿因念先義行建祠大墩奉偃王爲受姓祖今五十年碑文未立是亦孫子之責去年四月僭爲斯銘遠追初祖始封近記先君祠事而論次先王其本旨也頌德卽以辯誣小子何敢多讓既刻諸石復以其銘入私集而附考論之語以明鄙意將使天下同祖之宗人共明辨之亦冀世之長史學而精考古

者一審定之也同治十一年三月朔時棟謹記

余既將撰碑銘念非大書深刻不足以成壯觀乃集表忠觀碑字爲之蘇文并題款凡八百數十言去其重文得四百三十字吾文脫稿亦得八百數十言去其重文已用四百字後又添入未用者十餘字其必不能用者倘二十一字也（犀員茗郎丞僧毬鏐李賁庫瓘諫妙淨寶戊蜀八射軾惟八字見款識中）因合宋刻之殘明刻之全及國朝之所補者手臨摹之銘文題款總凡八百八十八字選良工刻石石四片各高一丈廣四尺亦如蘇碑兩面刻之而樹之大墩宗祠思本堂之前楹昔先義行剏建祠堂僉謂規制宏壯甲於吾鄉今立此碑庶足相稱惟所添換諸字徒以愛其書法終覺有意用之故仍以初稿入集而附注碑刻於句下云時棟又記

烟嶼樓文集卷二十　男隆壽平甫校字

烟嶼樓文集卷二十一

鄞　徐時棟柳泉稿　甥葛祥熊豫齋校刊

墓志一

布政司經歷贈資政大夫鄭君墓志銘 庚申

君諱錦章本名德標字建霞號浦山鎮海縣澥浦人其先有鳳臺者明萬歷閒爲溫州瑞安縣主簿權知縣事有惠政是爲君八世祖曾大父禹九吏員大父維嘉父學泗皆監生以君貴贈儒林郎其後累贈至資政大夫母毛氏贈夫人君讀書少聰穎比長念大父衰老父幕游臺灣兩弟竝年少於是棄書學賈佐大父懋遷甬江

無何大父殁父歸不數年亦卒君上事太夫人下撫諸弟內理瑣屑外權奇贏蓄積餘羨以浸爲蛟川巨室太夫人性慈惠不佞佛而好施與君稟承母教視其力周三黨里有喪給以棺槨久之不倦歉歲助縣官振貸偶至蕭山過養濟堂爲棉衣數百襲贈之其他增祭田設義冢修治梁道見義勇爲難一二記嘗曰兄弟之衰必起於相猶自好之士貌無閒言而幾微不然於其心久則疏矣故君愛兩弟最肫摯不幸繼卒懼傷太夫人心背人飲泣視仲弟兩孤如己子又繼卒視其孫如孫季弟無子以己子後之晚歲家居置紫陽綱目蕺山人譜諸書於座右時以孝友敎誡其子孫又曰處己也樸毋華待人也厚毋薄人道也嘗治宅郡城水晁橋余與友人過君新居敦厚和平粹然有道私度其年殆五六十疑之笑曰吾重閱始生甲子今二十年一座盡驚歎爲人瑞然則其所養又可知已是歲卒實道光二十九年七月八日以布政司經歷銜授儒林郎仲子濟勳邀獎敘封奉直大夫及第四子勳以道銜加級贈資政大夫夫人孔氏理內政有法度仁惠之德嗣音君姑後君二年卒實咸豐元年九月四日年七十八子男五士昂貤贈朝議大夫士暹更名濟勳貢生議敘鹽課司提舉銜

士杲更名濟燾監生君命爲季弟後後以子芳墉貴贈通議大夫士景更名勳議敘道銜加四級士昆更名熙鹽運司運同銜女二嫁監生慈谿姚子滄府同知銜鄞縣陳政鍵咸豐十一年四月三日合葬君及夫人於慈谿縣東之孫陳陸家莊始吾伯兄與濟勳爲同門友今勳交余尤親厚故君之葬也勳來請銘

銘曰毛錐齷齪不辦雞豚服賈孝養逮親之存何以養親視吾親所親親有愛子子有後昆凡造家者錙銖是珍母氏聖善曰儉於爾身毋儉於德麗其本根既積既散好禮且仁孝弟仁本福履天申不於其身於其子孫

我庭詩禮我泮藻芹我漿我食我饟我軍
帝曰予嘉推恩自先龍飛鳳舞榮賁九原靈山之北贈
公新阡立德不朽視我刻言

贈朝議大夫江君墓志銘 乙丑

君諱丙本名肇敏字春日自號默庵宋時有汝剛者判歙州軍事居歙爲歙世家廿一傳至彥惺當
國初遷鄞是爲君六世祖曾祖守純祖立德父漣縣學生母裘氏君少穎異年十二能文章稍長授徒自給久之入縣學貧益甚客游從其妻兄弟之在廣東者又久之歸來會鹽法大壞縣令周君鎬謀整飭之聞江氏世

業鹺而君才以委諸君君與其兄規畫盡善課引驟裕而家亦漸起好急人患難三黨告困乏傾囊無吝母家貧爲買屋振業之而修其祀事建江氏祠堂於月湖之西竹頭木屑躬自料量卽祠側營居室旁構園亭自以意推鑿地不過數畝而曲折繚繞入者迷不知去向當是時江園之名噪於東浙春秋佳日游人絡繹其中君接之無貴賤率緩步導引出入巖穴登眺俯覽指示花木名色與所宜忌必使之盡興而後去長身鶴立雖老健於談論或歷敘微時至家人瑣屑終日與對幾不得廁一語然而推心置腹眞意懇懇每論一事反覆罕譬千百言洞中利害故諮決疑難座上客滿四方士大夫逮陰陽方技者流客四明者多主其家交游日益廣門庭日益盛子孫相繼取科名列庠序念少年奔走困苦艮自忻惕至乎夷難阨作時事變更老復哭子精力驟衰蓋晚境亦稍覺蕉萃矣年八十道光二十九年九月二日無病而逝始以鹽運司知事封奉直大夫後贈朝議大夫配程恭人賢明知大體相君六十餘年不以易境分憂樂同治元年避寇鎭海縣灰埭橋閏八月十二日卒年八十九子四伯家鉦贈朝議大夫仲家爕鹽運司知事貤封朝議大夫叔家水季均道光十五年副貢

江蘇通判加鹽課司提舉銜女四紀某張希淸褚秉鈞道光十九年舉人汪忠粹其壻也長孫鏡淸道光二十六年舉人署知貴州安平等縣洊升至知府次學海咸豐元年舉人正藍旗覺羅敎習餘孫又十一人家爕將以同治四年十月二十五日合葬君於句章鄉百梁橋南之竺山頭命學海狀君行來請銘君吾父友也屢親君又交其仲季而與家孫爲同年其奚辭
銘曰以合龠量才石微洩抒忱庸媿蘊不盡詒祺百姚遠哉信吾勤

貢生周君墓志銘 甲寅

君諱沅初名源字星海又字心漢一字伴槐明時諱永明者始居鄞西新河人
國朝至其來孫州同知應台是爲君高祖曾祖太學生
國麟祖太學生殿宰少孤事母孝葺譜牒未成有譜稿一帙父太學生鉉家不中貲好急人患難或積負至千金還其券倡修新河塘路里中稱長者祖妣陸氏范氏王氏妣陳氏君少時思奮儒科以明經試於省既不得志淡然置之治家節儉而惠於三黨歉歲助縣官振貸西夷之變里少年擊金呼號聚黨與爲剽掠勢洶洶然君召之來曰諸君不過亂離失作業艱得食耳我以藏粟減價貸諸君難平而償我計孰與徒取人蒙盜賊名哉皆曰諾難平有負粟款君門者君謝不受曰向吾計貸價欲諸君量口勿爭取耳抑豈有亂離食升斗而索償者嘗被劫罄所有以去吏强君諱爲竊君持不可曰新河去郡城數里而橫行如此今不懲盜賊且蠭起我所失幾何必得罪人我乃已亦不願歸所失也卒獲而寘諸法戶以少安性伉直無飾言隱行老成宿望在鄉推祭酒事不平就君決一言立散去吏役擾人家見君輒肅然退手剏堂構與宗人共建祠堂既成以譜事命其子棻曰先人志也好爲之棻屬草將就而君沒實道

光二十八年正月九日年六十三兩娶皆李氏前夫人登仕郎培基女孝事君姑姑婦如母女病中遭姑喪力疾治殮殯無貽悔以嘉慶二十四年閏月十九日卒年三十六其卒也逮今又三十六年築里追道猶唏噓繄息今夫人太學生爲泰女慈祥恭儉元配合德男三棻縣庠生次楹太學生又次某女三登仕郎陳熾益縣學生張守江朱充實其壻也咸豐四年九月二十八日合葬先同鄉芝山裏龍港之原今夫人生壙祔焉前一月棻來請銘

銘曰非我惠之明而蒿奚乎非彼暴之懲而艮胡生雖無老成倘有典刑德可憑後其興芝山青吾言徵

封文林郎邵君墓志銘 丁巳

君姓邵氏諱淮字會沂自號愚鄉世爲鄞人明宣德初貴州提學僉事玉開第月湖鑄冶坊曰大夫第子孫世居之是爲君十三世祖大父陞乾隆十五年舉人官至酉陽州知州甯都羅有高爲元圃先生懿行記元圃酉陽自號也父錫監生母孫氏李氏君娶洪氏生三子長錦泉次梧又次棨梧早世棨出爲人後錦泉偏交余兄弟余屢得登堂拜君是時兩耳已重聽相見藹然所言皆先民矩矱談周易尤娓娓不倦君固精於易而好治

六壬晚益工每奇中輒狂喜或幾微不合則窮思力索之由是得疾類顛癡不省人事獨坐一室中若有所深念時以箸擊几案大聲長歎偶發一語莫能解者錦泉之成諸生也將赴院試忽葉程作示之明日題下與之合及娶子婦客入賀瞠目不答忽厲聲曰輿尸在我家而未知耶客大驚掩耳駭走而以風語勿察也後三日新婦無故投井死一日日下晡忽登屋面西南拍手呼救火明日日下晡西南火去其家十餘步耳夫壬遁三式之學雖出自術數者流而其源皆本於周易君常以聖人之道畢陳於經初無所奇異至爻象既作舉後世

千怪萬變之事故爲羲農周孔時所斷斷未有者靡不可以豫知以是愈驚歎信服之而窮治之以至於病至於既病則已不能爲按宮排將之勞抑豈有三傳四課之形著乎其前可以推測者而乃顛言倒語居然亦足以前知是尤事理之不可究詰者矣以縣學生封文林郎卒於道光十八年五月二十日年五十五遡歲錦泉將營葬事謂余曰我葬吾先人必以子文銘諸幽無何錦泉歿哀念遺志不可使吾友重抱恨九京乃以咸豐七年十一月二十四日葬君及洪孺人於縣南門外九龍漕之原而錦泉祔之志幽之諾所不敢忘惟錦泉既歿而衆又早孤欲如臺山之覶縷懿行而不可得也亦志之以余所知者而已矣

銘曰豈至誠之道可前知雖篤學而不足以與斯而俾之若覺而若迷父兮母兮子所依一坏之土崇哉基利爾後人信弗疑

貝孝廉墓志銘　乙丑

吾四明文行君子曰貝君晚廬生四歲授之經能成誦年十五通羣經十六試於縣冠其曹既入庠序食既稟爲里大師有名久之得一舉而病痿痹者至於八年始余與君相知而不相識也同課月湖書院比相見既而

巡道李曉園師卽月湖拔其尤月扃試署之雲石山房所拔多鄞士鎮海則謝聽秋孝廉鞠堂工部與君而三耳聽秋慷慨善談論鞠堂嬉笑倜儻君端重蘊藉類不能言者無何諸君及郡縣士向經君指教者率後先取科第以去獨君宿學負盛名且久而蹭蹬場屋中諸君竝轡北上把酒旅邸語及君皆搤掔太息道光三十年充恩貢明年始中鄉書皆爲君少吐氣然而君年則幾五十矣內行惇篤六歲喪母呼號慘怛事後母如所生他日應省試聞父病馳歸父喜曰吾日夜望汝來恐不獲見汝夜夢先人謂我生平無過惡當父子相見今果

然矣是時君婦前卒已二日壹意侍病不爲悼亡分憂戚月餘父歿毀瘠視事事二姊甚謹而教其甥成學故人子貧不能具脩脯敎之無薄厚性耿介束脩而外不妄名他錢時用館穀潤三黨好飲酒偶觸風寒痛飲而愈既病家居猶爲人修譜牒年五十八病革家人問遺命泫然曰阿母在堂所耿耿耳見其母立牀頭呼不孝者再而卒咸豐十一年七月八日也所著有晚廬賸稾

君諱翰字鱸鄉又字水樵晚廬其晚號以咸豐元年
恩科舉人揀選知縣授文林郎封奉政大夫其先居陝西西安明嘉靖間庠生文顯遷浙江之定海定海今鎮

海遂世爲鎭海縣人大王父卓英王父毓璠庠生父見祖母任氏湯氏娶陳氏繼周氏子男八有容道光二十九年拔貢官桐廬縣學敎諭加五品銜有宣佾生有宇軍功八品銜有宋六品銜有賓有寅有宜有實第二子先君四年卒六七皆前殤女二嫁金啟恆韓統偉諸孤卜同治五年八月二十七日葬君於縣南泥灣之鳳凰墩有容以余與君有雲石之雅來請銘向者諸君方少壯盛氣視功名如反手每集試山房中聯坐論文歡笑竟日不三十年而雲流風散即鎭海三君子者鞠堂遠宦京師聽秋墓木已拱而君之卒復四易寒暑撫今追昔爲之茫然

銘曰行敦其常君無恨也文利其鈍君奚鈍也人者修而天者償又焉悶也而胡俾乎久之抑而暫之揚而又酷之病以爲困也不於躬昌食報者遠也我銘其藏萬子孫之券也

城南袁君墓志銘 庚午

君諱不營字之經一字紹堂鄞人世所稱南袁氏者也南袁氏在宋以循吏著德世其家及正獻公父子而大正獻傳十七世至
國朝登仕郎開定是爲君曾祖祖天琪

恩例冠帶父鯤國學生善承先志恢宗祀嘗歷走城鄉及慈谿奉化以遠至於上虞餘姚新昌嵊縣手抄諸袁家牒成巨帙後藉以爲南袁氏譜娶竺氏生四子君其季也始國學分其子各千金令爲生產君以付仲叔兩兄合貲爲米賈而已商於外久之盡折其本錢以三千錢還君君受之沒齒無怨言既而貸諸人操故業又既而服賈於上虞道光辛丑秋鄞有英吉利之變君挈家避縣西南方出城見蔡氏外姑與妻兄弟舟中問安避則遑遑無定向君曰我有烟在厲家岸可依倚盍從我行乎其年冬君在上虞聞第三姊適勵氏者避奉化南

浦而病君深念曰姊夫客吳門而諸甥年少此不可不往視之會越中戒嚴絕舟楫而是歲大雪雪深五六尺道無行者君裹糧南入四明山踏雪走三百餘里五日而達兩足皆瘃腫君雖貧好急人患難甲午歲除有村婦哭於門驚問之曰吾賣布城中一男子既定價引我立誰何門外抱布而入久之不出吾入其門門內故孔道耳言已復哭問幾何錢曰二千如其數與之又與之龍燭謝而去或曰婦人詐也君歎曰苟非遇暴客誰肯除夜泣道路者且使欺我此其家必貧窘難卒歲其情亦可哀也蓋宅心之厚如此爲人寡言笑不形喜慍精

音律或甚拂意調絲引竹怡然自解敬其宗如國學力所能爲皆爲之道光三十年年五十三卒卒之前月修登仕墓墓去家十餘里躬往督治辰出酉歸以爲常乃完未了事而以急當務勿干非分誡其子諄諄然若固知將死者既病醫來必起四月十有三日下牀端坐啜粥半盂而逝娶周氏前二十九年二月二十二日卒年二十三繼蔡氏始嫁而君舅已病奉事之周密勤勞事君姑極肥甘膳餘不復進自食其餕敗備婦化之不敢棄也禮待三黨築里無閒言後十二年卒年六十一實同治元年二月三日也子二長朝贇更名士杰縣學生次朝寶女二嫁周益生厲鍾孫一受綱士杰卜同治九年十二月十三日葬君及兩孺人於光同鄉仲夏村仙隱山之麓先葬來乞銘君自以少貧失學望其子甚殷待先生必忠敬雖患難不使廢業士杰能守教敬宗承志類其父祖既與宗人成南袁譜而聞余謀以正獻從祀白當道請於

朝大喜來草堂始終其事遂執贄爲弟子及從祀之

命下於是袁之人歎曰君可謂善教其子矣

銘曰昔正獻論世家謂非七葉珥貂八葉宰相之爲賢其必忠信正直與先世氣脈相屬聯至哉言乎君不儒

而賈而不墜南袁氏之家聲是正獻之所望於後生者也而況有子貽君令名聞其風者可以興矣

余蕘沚墓志銘 辛酉

嗚呼吾忍銘吾蕘沚乎哉吾與周楚堂范茀廬之交君也大略皆三十年矣吾與諸君皆昵交而君去來尤密每至出家釀飲君示以近所作詩古文且飲且誦誦聲琅琅旁坐擊節辨酒味醇澆甚確謂坡老合衆釀爲義樽非酒徒也愛坡文而謂吾文如之能極其意所欲言而無不達尤善狀情性如畫家寫生惟肖嗚呼如君者使得優游文酒以老壽其身雖不得志可也而不幸遭

患難而蕩產半之又不幸强鄰矙其室而速之以訟又
不幸爲孤兒痛哭流涕哀感道路而卒不能得之於家
室骨肉之閒而於是疇曩意興黯然衰矣君少時性崛
彊嘗以微事自斷其指及壯折節改行外和而中介故
於世無忤世亦不得而侮之其在家庭婉言愉色若靡
不可者而所不然持之甚力余一日造君君弟婦方病
婦家請禱不可請以其私財益不可曰疾病則盡心醫
藥雖子孫於父祖如是而已余聞而難之自以家貧無
能有爲顧常畢心力而黽勉其有亡宋太師忠惠公天
錫明大學士文敏公有丁竝於君爲族祖祠墓廢不治

倡其宗修葺之而振業其子孫於三黨粲然有加惠恆
視其力之所至以爲佽助疏宗遠戚惟君言是聽故其
事亦易辦也久之與諸弟異爨推故居居弟已授徒西
鄉族兄弟賣田者屬君以其子而買屋城中賃諸君他
日何胐生過之曰殆哉凶宅也將咥人鎭海倪芑生嘗
相君父墓歸謂余曰必寄語改葬更三年無及矣而君
妻妾竝不育有揚州女子鬻於鄞君買之未配或以生
命示馮午卿驚曰是其家殲矣今將夭其夫余悉以諸
君言告君笑曰我生不有命在天余亦視君强壯無死
法一笑而罷無何後母病君晝夜在故居視病母卒則

又意鳥叱咤哀母之何故而遽卒也而意無所乎洩之
而鬱於中而不觧殯母歸方虞有妄人者挾長侵陵君
幼弟君大怒與之爭氣上逆不可遏遂病以至于死咸
豐九年二月十日也年四十九將殯諸母殯之旁君弟
邀墓師視向背見母殯問曰殯此者誰也僞對曰不知
問何如曰封土未乾必當以今歲殯者夫殯也而當歲
煞此其家不五十日必喪長子嗚呼陰陽星命信有是
耶抑術數之家常齟齬不可合而至於君而靡不驗耶
然則殺君之刃其亦多矣君諱濤譜名世則字順之代
爲鄞人縣學生父國學生鎔母范氏後母董氏國學之

葬君乞余志其幽家世詳前志中君之卒也余與諸君
治君喪料量家事以恤其嫠遺命緩立後故將俟諸弟
有多男而後擇之又明年二月二十七日葬君縣南門
外周家岸先塋之次即旁爲夫人王氏生壙於是楚堂
治葬經芾蘆曉匠事故兩君偕往視窆封葬有日矣方
載棺舟中而其家火將窆夫人與君女弟始至號咷而
臨之兩君歸過草堂相唏嘘言曰吾三人同經紀尊沚
之喪不可以吾子而無勞於其葬也且尊沚孤骨在墓
而使其名氏一旦與之俱腐是不亦吾子之責也乎余
泣而應雪涕而銘之礱石刻吾文將俟君夫人之葬也

而納之嗚呼吾忍銘吾薄汕乎哉

銘曰夜臺無酒入君腹豪氣不改鬼側目君無可語歸壙宿壙有吾文君可讀誦之琅琅應痛哭

重曰畀之以才而一矜而遂止交刃殺之而又阨之於既死將爲之後而猶有俟嗟何辜至於此

邵又橋墓志銘 丁巳

君姓邵氏諱汝楫應童子試更名景泉入鄞縣學道光十七年舉浙江鄉試吏書榜誤景爲錦君由是名錦泉字鏡湖又字又橋父淮縣學生母洪氏先世詳君父志中道光八年冬君來讀書吾家始友余兄弟越五年伯

兄聘君課諸子是時徐君蓮香以課余弟同下帷濱湖軒中皆與余親昵朝夕歡聚相約結爲弟昆自吾十有五而交君三十年而君死故余知君爲最深君故貧士而好携蒱謔叫雜沓常至達旦目近視視盧雉不了了以是博常負見朋好誚之雖篤交如余勿知也顧讀書尤勤苦其徒斂具未出戶咿唔之聲起矣性脫略不耐儀節方據案觀書客至不覺既見亦不道寒溫而好與朋輩論帖經之作輾轉反覆必伸其說始已或倉卒别去明日相見復持前說囂囂然苦爭之嘗與人訟立而辯於庭吏教之跪君叱曰我非罪人跪胡爲者既

而官直之凡與人訟而官直之者皆免冠叩頭謝君不謝遽出門官呼之回曰此事也可上下吾以君孝廉故直君君始來不跪將出不謝是我重君而君獨輕我也君答曰公當以理衡曲直不當以孝廉直我我理固直者又焉謝官曰然雖然必輕我三問之大聲答曰當膺吃黎之據浙東也守令茲郡縣者茲棄城行遯公亦在遯中及

國家收復販章諸公彼嚴譴卒荷戈戍邊儌其幸免亦罷官而公獨以數千金得宴然無罪累又高坐來父母我是乃我所由輕公者也問官大怒面紫漲兩手拍几

案顱足大罵罵急不成語而君已昂然出矣於是力求君過失久之無所得或告曰是素戇者奚怒爲會問官亦罷去得無事君雖貧無藉然未嘗對人輕有所稱貸緩急闕問亦率與一二故人勢家以利相招呼落落不可合皆怪之而貧益甚每以時文家言論政治得失雖持執甚固難施行者顧使擁皐比爲廣文官教誨其子弟則必能循循善誘稱職無疑也二十四年北上應禮部試大挑得教諭需次十五年終不得補一官以死是亦可爲君搤擊者也余既深知君常因事痛砭箴之君聞余言不改亦不怒及病屢召余余至無語退而又屢

召余既歿往視含目不瞑嗚呼余固知君之不能瞑也雖然吾與君交三十年君知余亦最深我豈負死友哉卒於咸豐七年十月七日年五十三其年十一月二十四日葬君父母於九龍漕之原君及元配祔於左而隙其右爲繼配生壙元配陶氏娶三日墜井死繼徐氏生二子長瑩次烜君使烜從學於吾友余蕁沚蕁沚亦不負死友者當爲君終教之始君伯父生二子皆早世無後以烜爲之孫而所後大母猶在貧過於君君分所有奉養之兩世七棺未葬恆以是耿耿他日將追君遺志茲葬之而君可以瞑矣

銘曰噫吁乎此爲吾三十年老友之攸居父曰嗟予子母曰嗟予季既固既安猶來無止

弟子陳康祺曰訟庭一段皆曰直逼史遷竊謂先生感慨往事特記此言以主持名教者也但論文法淺已抑聞問官後竟殉粵賊之難則又未必非激於邵先生之言然則邵先生之庭辱之正邵先生之玉成之至復記問官力求過失非爲邵先生幸也所以爲士大夫之直言賈禍者戒也亦有深意

烟嶼樓文集卷二十一　男隆壽平甫校字

烟嶼樓文集卷二十二

鄞　徐時棟柳泉稿　甥葛祥熊豫齋校刊

墓志二

徐遠香墓志銘 庚午

君諱元第初名煜昌字玉窗譜名墨自號遠香系出宋節孝處士節孝孫學山由山陽遷餘姚之歷山其曾孫營當元季卜居鄞西像鑑橋遂爲鄞人傳十三世至君大父民望治春秋著春秋集說所爲詩曰小藤詩草行於世父鑑工醫著醫學簡要四卷母李氏道光十二年君來館余家課諸弟始見卽相愛久之相知益深鄉邑

利濟至家常瑣屑悉言之至盡君長我十六年閱歷旣多又明敏練達故其說多中要至爲詩文尤必互相覼相駁詰相贊歎余年十五始學爲古文詩詞及交君而余生十九年矣方茫無津涯得君始知有畔岸而亡友李芥生明經亦君故人嘗來吾家讀君詩歎曰此與吾向所見者殆不可道里計蓋吾與君交相長如此君以家學亦知醫館我之三年吾母陳太夫人大病諸醫各持一說無合者君爲余主李君艮嵐甚力積十餘日病如故他醫以危言相恐吾仲兄及婿友皆心動勸余姑翻前方余泣而固詰君君亦淚下曰子母猶吾母我苟無所見敢嘗試之乎果翻前方立中死法耳余以君言堅持之如天之福一夜而霍然有起色余由是益信愛君視君如骨肉矣君天資高邁議論風發語常驚座人一日論史傳余歷舉問所願君笑不答余怪之曰吾與君生今世造物者則旣造模式於生我之前矣千奇萬怪無或不備君豈能獨自外人類耶君曰固也待吾言之夫勳業文章吾未嘗不願之然而歷覽史冊其抑屈不得志者吾固不願爲乃至身名俱泰大富貴亦壽考而吾亦姑舍是何則是皆有盡也惟傳其人至於將盡而曰後不知所終夫不知所終雖其人至今存可也卽

終焉而亦必非世人之所能知也是眞乃吾所大願者也君旣好談論而性尤忠直不擇人箴規之故常以非意得罪於朋友偶爲詩相戲謔忌者遽搆成嫌怨牽連誣謗積久未已館我八年至是始別去其後飢驅奔走迄無定所余不能爲君謀亦姑聽君然而相見之日稀矣年四十一始爲縣學生累試秋闈不中咸豐三年年五十六卒五月二十三日也所著有滋德堂文集遊記畱烟槀各若干卷畱烟槀者詩集名也君自謂曩作詩不存稿及館吾家烟嶼樓始畱之故名又有丁酉遊杭詩三十一篇與吾詩竝刻之爲遊杭合集夫人朱氏子

五介生國琛士琛廩貢生梅生越生孫男三人於是君之卒十八年矣諸孤相地像鑑橋之旁未葬而士琛與其宗有事於譜謀稽首而請曰吾父遺命葬必以先生之銘今願豫爲之以入之譜中而俟他日之葬也以納諸幽嗚呼豈有相交如吾與君者而尙可辭卻之乎過時而哀而爲之銘

銘曰黃土摶人笵其坏笵君之坏圓如規嗟君乃以方見遻愛圓成俗斯可悲我作銘無飾詞君有靈當知之

王警庵墓志銘 壬寅

警庵姓王氏諱鶴翔初名孝槊字振九鄞西南桓村人

也大父太學生直忠父郡學生禔禹兩世皆以好義爲鄉黨儀表振業困乏屢空其財大母吳氏母許氏潘氏周氏往年八月余避寇它山是時警庵館於朱慷慨時事去來甚數今年二月遇警庵顏顦瘁不揚心獨怪之已而病歸不數日訃至警庵生三歲母許卒辛苦底成立既娶婦兄弟異爨父以德與債貽諸兒他無有也未幾屋燬於火後六日婦鄭死復四月父又卒警庵既窮困依其從父昆弟以居又不能治生產鰥五年人無肯妻之者其友徐君曙峰哀憐其貧妻以女而警庵復充縣學生館穀所入較豐於前於是警庵稍有起色而警庵死矣當警庵之遇火也婦大病不能行抱出臥地上轉身入仲兄家力遷其什器儲待至火及其廬已所有獨灰燼皆爲之搤擊太息而警庵無幾微怨言年二十三出就外傅是歲山中大疫同舍生連病者五人警庵顧不畏傳染奉事之周密勤勞由是病病少瘉起歸家忽復聞病及其師懆懆然往視之其師戒家人坐門外無得入諸弟子臥室警庵排闥強入覸者凡二嗚呼利害之際苟毫髮及其身無不能辨別之至明且悉而警庵獨行其愚於兄弟師友間是可以敦薄俗而無媿者也故其卒也父老諸母故人皆痛哭傷懷余與警庵交

不深乃亦憯怛鬱悼而不自已卽警庵爲人可知矣卒以道光二十二年三月四日年三十二其月六日葬村西徐家山之原鄭祔其左而爲徐營生壙於右從徐志也鄭生二女子皆幼徐方孕未乳嗟乎天若死警庵則已卽不死其腹者男也

銘曰以德世德如斯其盛也善之無慶也孰斯人斯而天不終命也萌蘖將發覘其本根天不鄙德既亡者存佳城鬱鬱以利爾子孫

封文林郎陳君權厝志 辛亥

君姓陳氏諱沅初名開源字崑水自號芷谷鄞縣人也

世居縣西鄉明時有名誠者遷甯波府城九傳而至君父曰謨貤贈文林郎贈君父曰耀宗嘗買田十餘畝歲餘卒贈君往收租皆虛田默然垂橐返職田王氏見之歎曰厚德若是殆必興其宗以其子妻之生君贈君以家貧懋遷南走閩粵北達燕趙歲得贏餘則歸寄諸家而其弟乙故贈君成立之妻死無依君召之同居乙乃常常謀毒君曰汝年少而父在外殺汝是郎吾家矣王太孺人暗中與諸女相對泣君不敢與論而感之以誠卒無恙乙死殯葬如禮贈君之寄歸貲也太孺人有愛婿主市肆飄付之數年積三千餘金比歸則愛婿者已

顛倒計簿而乾沒之矣大怒訟於官官直其事顧不能還其貲由是憤且鬱左目失明君百計勸慰贈君憐君意怒少息始君爲父母祈壽長齋六年太孺人苦肝病衣不解帶數月求神藥雖遠必步行夜朝北斗下四十九拜凡四十九夜及贈君年高倦遊事之益謹被風疾每飯必君執匕箸既沒有女弟計所負券其田二十餘畝歸君君不可曰吾取汝汝何以生矣嘗被盜覺而逐之盜擲瓦反詈爲所中察其聲里中人也負痛與說理盜遁去詰旦來謝罪英吉利據郡里無賴約結數百人號呼入人家恣所取而去將及君君開門出以好言撫

慰之忽數人自眾中呼曰陳先生長者也我不可犯皆應曰諾大呼散走是後乃往往爲守護之及諸子遊庠序博科第郡中自士大夫至負販皆歎曰陳先生長者也宜有是幼學多名師既成諸生屢試省闈不得志以所學課諸兒其訓兒曹必以孝弟忠厚常曰衣食不過飽煖而已吾少時常衣布既冠製紬衣父歸怒我藏之不敢服積二十餘年始做夫子謂恥惡衣惡食者未足與議戒之哉又曰讀書常苦因循必事事就理而後讀終身無讀書時矣及病復集而訓之曰讀書當及時訓子弟以謹飭勿貽先人羞量入爲出即理財要道奚貪爲

復召子婦而訓之曰築里如姊妹則家道成矣卒於咸豐元年閏月八日年七十一娶屠氏先君卒子七文柄文楷道光二十三年舉人覺羅鑲白旗官學教習揀選知縣文槐先卒文標文樞文植文楨甯波府學生其年十月十日權厝於城西望春山後職田之原文楷於余兄弟同年友也往歲六月君生日乞余文爲壽余方歸自京師未暇以爲今年申前請而不孝遭先太夫人之喪斬焉衰絰不敢壽人親請終喪而後報命君卒余奔唁諸孤文楷泣曰乃不意我與子同爲鮮民雖然先人重愛子言病革以不及見子言爲憾今靡及矣痛維選

言遺行將爲諸孤書紳銘戶之訓且以刊家牒而垂後
昆者子爲我圖之既而又以狀來請曰月月有時敢以
權脣之文煩吾子嗚呼不孝負釁在躬其敢與於載筆
惟孝友醇摯之行布帛菽粟之言不容沒也抑垂愛之
雅亦有不忍負者謹節其大略而志之

鹽運司知事徐先生墓志 壬子

先生姓徐氏諱時楷字聖木更字兆行鄞人父諱桂林
營千總贈刑部主事
誥褒義行母李氏贈宜人陳氏封太宜人義行公有六
子先生爲長性厚重不輕是非人鄉黨稱長者衣履之

屬未嘗麗飾受觴酌既多亦無失容少治舉業繙畣經
史同列莫比試於縣屢上考終不得志以捐建義學蒙
賜今職復以振荒
恩予紀錄是時縣荐饑先生既捐金又力任其事以勞
瘁得疾卒於道光十四年四月二十六日年三十六所
著有瀕湖詩配周氏卒是年九月一日年三十九子二
隆道登仕郎隆德甯波府學生女二嫁登仕郎胡培材
縣學生秦際涵卒後十九年咸豐二年二月二日葬錫
山帶工嶺上始義行公自爲生壙不廣曰以予長男今
其地也西北與義行墓相望將葬其弟時棟爲志方居

太夫人之憂不得銘用追大略涕泣書之

烈孝陳淑姑墓志銘 戊戌

陳淑姑者鄞人父懋孝母馬氏姑生而慧母鍾愛之無
何母病瘵且死姑大號曰母死吾豈獨生或言人肉能
療瘵姑劉臂啖母病良已明年母死將葬勿臨或怪之
曰母死吾豈獨生父防之一夜竟仰藥死夫其劉臂不
死而卒繼之以死此在死者未嘗不烈而揆諸父母之
心則豈願聞其女之一至於此而世遂從而厚非之嗟
乎今儒者動以滅性自解其禍乃至裂冠毀冕一便其
私而卒無有知其非者彼僻巷一女子耳獨奮不顧身

以行乎心之所大不忍縱失之太過其亦不得而易議
者矣姑生十八年而殉母以死在嘉慶二十五年二月
十一日其死也父友鍾世俊始爲詩歌闡其事世嘗有
傳孝女者又十八年而鍾君老矣殯宮傾仆不治乃謀
諸吾黨相與卜吉鄞西施家園以道光十八年五月二
十四日葬焉同人題墓門曰烈孝余方將狀其行請旌
於
朝又將遷其父母來葬斯地而姑之葬有月日不可以
無銘也
銘曰爾生爾母兮爾生之母涕洟兮爾死爾母兮爾死

之母歔欷兮爾有新居兮爾母爾思兮吾將還爾父母來視爾兮使爾永有所依兮爾孝爾烈兮名長垂兮千秋萬歲兮無媿詞兮

貤贈孺人竺孺人墓志銘 丙辰

孺人姓竺氏諱愨字其不號椒卿鄞縣人今蕭山教諭王君棻之元配而縣學生贈修職郎諱大綱之子婦也大父之倪嘉慶十三年進士金華府學教授父慈縣虞生母范氏初孺人父過贈公蕭山方五歲使誦大學經傳無遺忘大喜以孺人字之明年父卒又明年母挈之依外祖杭州時外祖懋裕司教仁和憐而愛其慧寄書

贈公曰吾外女孫能誦唐詩可喜也又明年大父以銓選知縣改校官抵任召孺人與其弟忠顯至金華他日忠顯語蕭山曰姊穎悟過我我畏之選賦之京都江海唐詩之北征南山以至韓蘇大篇大父授我我未能成誦姊在旁通習之矣學爲詩而大父戒之曰女子以無才爲福焉用是年十九自金華來歸於是道杭州省外祖而其母由杭州送之來既而母將返杭州力請母赴金華金華君賜以書曰汝以吾年邁無人乎在側趣汝母來吾知汝之孝也孺人既來歸君姑張太孺人方臥病侍湯藥必宵分始退半年而沒事君舅甚謹贈公素

博雅暇或集諸兒子婦論古今孺人唯而對如視諸掌委之內政無鉅細籍以告贈公歎曰新婦明白直爽眞讀書人吾兒良友也歲時忌日手烹飪以薦未祭人不得先食甘旨奉君舅亦如之及病語詰昏猶諵諵問夕膳贈公泫然曰孝哉婦既卒哭之哀始蕭山試秋闈屢薦不得志孺人見遺卷淚下居恆勸勉交至作文尢藥以俟蕭山與賢書而孺人之卒四年矣生兒能就傅晨出戒之暮歸口授唐詩爲解說經史顧蕭山曰兒曹長大我閒暇可讀書矣病革屬曰課子宜嚴又曰歿我以布衣勿效奢俗是時其弟以名孝廉前卒無子而其母

視病立牀頭乃向而哭曰天乎蓋重哀母之早寡矢志而曾不得留一子女而資以老也卒於道光十六年八月十四日年三十二子五啟忠縣學生今爲嚴州府學訓導啟恕佾生啟恆啟愈啟恭蕭山遇
覃恩以己與妻室應得
敕命貤贈其先世及啟忠得官始贈母爲孺人孺人卒二十年蕭山君卜壽藏於縣西南光溪之前王畈今配李孺人壙其右而命其子以咸豐六年十月十有六日葬孺人於左啟忠自嚴州書來乞銘事狀以蕭山悼亡詩余獲交王氏三世矣悉內行讀其詩益詳嗚呼賢矣

銘曰才如玉德以璞韞閟之完弗琢女而士天所祿靳
修齡華似續理固然非倖福千百年吾言卜

陳子相曰甓齋先生自號金華君既喪子課兩孫自娛以
愚名孺人而以魯卿字康廬忠題蓋有感於坡詩之
但願子孫愚且魯無災無難到公卿也而二孫皆有
才無命惜哉

王蘭林棻曰孺人性最彊記文選及事類賦皆全部
在胸中詩既不多作亦不肯示人其少時和舅氏重
九詩有詞壇允是題糕手繡閣慙非詠絮才之句歸
余以後僅見其哭弟康廬詩云椿庭失蔭恨終天母

氏劬勞二十年苦志未旌貞節里傷心空繫孝廉船
攎牀有女將何怙執紼無兒更可憐自憾生來偏不
櫛貽謀有硯望誰傳

先妣陳太宜人權厝志辛亥

太夫人陳氏鄞縣人父諱忠事前母蔡氏母姚氏年二
十一歸先府君營千總銜贈刑部主事
詔旌義行諱桂林爲繼配封安人晉封太宜人道光三
十年十二月八日卒年五十九男六時楷時楨皆鹽運
司知事前卒時棟舉人時樑進士刑部主事時楹監生
前卒時榕女七太夫人己出者男時棟以下女第五以
下孫男承重隆道登仕郎餘孫又十二人始道光九年
不孝兄弟葬府君及先妣李太夫人於通遠鄉錫山黃
嶴並營太夫人生壙及遭大故懼葬有期而壙不吉往
啟羨門視生壙積潦土多皴有若亭臺者恐懼不敢成
葬潔而封之復相地於錫山之麓去府君墓四里以咸
豐元年三月三日奉柩安厝謹識梗概刻諸元甎嗚呼
太夫人嬪徐四十年鞠育嫁娶之繁死喪疾病之哀室
家之有亡三黨之存問外及鄉里義舉諸孤聲名無一
日不操其心古昔賢母憂患勤勞未有過太夫人者故
四十蚤衰近年黑髮稀矣不孝等知年不懼遘疾倉皇

罪大惡極以速天禍嗚呼痛哉嗚呼痛哉

亡妻朱葉兩孺人葬記癸酉

葉孺人卒之明年鎮海倪芑生公子澧爲余相冢地於
鄞西南七十里之王杜嶴蓋二姓嘗居之故名環嶴皆
鳳凰山嶴北有峰高出亦曰玲瓏山山外爲環村村外
大溪曰桓溪由它山而入之通渠也去是嶴二里其北
東爲雲石巖爲佛跡庵又北東爲黃嶴黃嶴吾先大夫
之所葬也兩嶴相距徑不過十里而山溪問之繞而達
則二十里其東十里爲它山朱孺人外家在焉孺人之
卒也余方將走京師未克營葬權殯於山上朱氏之園

葉孺人卒同殯焉既定地治兆數年而覘之生壙及左右皆吉乃卜同治十三年四月癸酉朔安葬兩孺人而記其大略而銘之

記曰朱孺人諱錦玉世居宅山與先大夫同旌義行諱孝錄第五女母方氏道光十一年年十八來歸二十六年十月三日卒是歲余與葉君維藩同登鄉書故朱孺人卒既期而葉君之妹歸於我諱梅香慈谿張孝子里人即三七市特旨賞道銜諱仁次女母袁氏卒於咸豐十年十二月五日年三十五前孺人生二女一男男殤長女嫁舒懋

敬次嫁同治七年進士吏部主事淩忠鎭後孺人生三男一女皆殤其殤次男也當咸豐三年而吾年四十矣是立兄子隆綬爲長子改名隆壽以余佐振荒議敘九品及後孺人卒余納奉化鮑氏女攝內政生女二男一長女字吳世栗次未字男曰隆籌孫男二正塘正堤孫女二長字前孺人兄孫朱允煒次字吳憘澤前孺人事太夫人十六年卒既久太夫人每思之以爲賢婦待諸姑妯娌至內外姻婭無失言無失禮三黨皆曰賢嗚呼蓋不幸孺人短命而吾乃勞於內顧矣後孺人歸四年而太夫人棄養又五年余居城西始娶子婦孺人閒靜寡言笑其時人少事簡故常授傭媼大意終日端坐歷五六年亦不失太夫人遺法而多病屢舉殤子以是夭其年此兩孺人大略也

銘曰死生契闊長嗟吁前者卅載後十餘爲營永宅安樂胥我倘未完所著書葛蒙蘞蔓姑待予百歲之後歸其居

小同瘞銘 甲辰

吾兄弟皆早得子吾三十始生兒婦孕十四月矣母喜治湯餠盛於苴吾生以嘉慶十九年十一月壬子兒生以道光二十三年七月壬子與吾同物竊取鄭義名曰

小同小同生四五月不啼不笑常審覘往來人諦聽人話言吾以爲非兒相心惡之明年三月妹適張氏者挈周歲兒曰小震歸省母未幾震病病始歸去五月五日殤是時小同亦病始發即如震病狀月晦亦殤病時爲占焦氏易遇歸妹之震林辭惝怳不得解忽驚曰歸妹者歸省之妹也震者小震也以彼例此兒死必矣前十三年季妹以痘殤埋於先君所爲大墩族義冢及同死毋命附季妹之側吾哀兒幼慧而不能一年生也賜之以銘

銘曰爾安往乎瘞爾骨於先人之壚姪其從姑

烟嶼樓文集卷二十二　　男隆壽平甫校字

烟嶼樓文集卷二十三

鄞　徐時棟柳泉稿　甥葛祥熊豫齋校刊

墓碑

武顯將軍福建海壇鎮總兵官鎮海倪公神道碑銘戊午

咸豐八年十一月鎮海倪公子灃以先狀來鄞言於其友徐時棟曰先公備位總戎例得樹豐碑載揚嘉績而不孝隨侍日淺不獲悉數其成勞始末旦夜負疚遲今餘三十年顧其時海上功級與遷除歲月惟不孝尚知百一二雖不備子爲我文之以詔後人敢再拜以請乃

者時棟克葬我先大夫公子實勤之而未之報也先德之紀其奚辭按狀公諱起蛟字安瀾又字翔雲其先居衢州倪家橋元大德朋有慶甫者官慶元路教諭始占籍定海慶元路後爲甯波府而

皇朝改定海曰鎮海故公世爲浙江鎮海縣人曾大父廷宰縣學生大父文魁父士達隱德不耀兩世竝贈至武顯將軍大母馬氏母吳氏竝贈夫人公以武生中乾隆五十九年

恩科舉人明年試進士不第効力本省嘉慶九年補溫州中營千總明年署台州黃巖營守備其年九月入浙海盡山洋追土盜張阿治忽颶風大作船破皆死獨公倉遽中得片板飄入日本界明日順流還視之甯波之石浦洋也始緣岸而上得生是時壯烈伯李忠毅公長庚方奉

詔統水師征海盜蔡牽檄公往閩海同擊賊牽以百餘艘犯臺灣沈舟鹿耳門拒官軍忠毅集總兵以下攻之公冒矢石力戰既而牽奪門遁結粵盜朱濆入古鎮洋公乘兵船追擊之進擊之於泉州張坑洋又追擊之於金門返埕洋斬首七十三級殲其魁陳煩獲其船三禽盜目回耶以下十六人十二年復擊盜於定海之漁山

追之至披山外洋奪舟三斬首二十級獲其魁陳角劉永郭英俘餘盜九十七女盜一是歲忠毅歿於軍閒一年而牽敗海盜平於是調公爲溫州玉環營守備十七年遷溫州左營遊擊明年調中營二十年母吳夫人卒二十四年擢江南吳淞參將明年調松江之川沙未幾擢京口水師副將明歲道光元年署壽春鎮總兵十二月奉

上諭授福建海壇鎮總兵官余嘗綜公事狀見公爲守備者凡七年七年之閒斬馘獻俘沈船破賊其功足以膺懋賞而未嘗有一階之晉一命之寵至乎寰海晏定

無可表見而歷嶽數遷終建節鉞嗚呼豈不以末弁微秩苟不能事上官即不易以戰功達
帝聽而其異日之卒邀顯擢者雖未必無奇勳偉烈爲子孫不及知抑亦曩者鋭身報
國付死生於鯨波鱷浪中功績終不容泯沒天故以追酬之耶有志之士但觀於公亦可以自奮矣公狀貌魁偉少好談兵及壯精將略治軍嚴而威愛交濟能得士死力其守備玉環也歲大祲饑民羣起圍廳署同知皇急請用兵公曰是激之使亂也單騎慰撫之皆散走爲條議荒政不妄刑一人而事定兩任總兵皆捐俸買義

山以掩胔骼其官海壇也慮海中捕盜或妄誣良民乃白總督請飭各州縣凡賈船入海盡於篷上大書其郡縣姓名以是賊蹤無所混而奸商悍漁亦不敢事剽掠前後總督並嘗以公名入
奏曰材長技優緝捕向前曰明習水務訓練有方蓋未足以盡其長云道光七年六月十四日卒於官享年五十有八配同縣陳氏累封至夫人公始從戎洎用兵海上十餘年勤勞於外不返顧家室仰事俯畜賴夫人以紡績搘持之官玉環之明年始挈眷之任及開閫海壇復命夫人率子女歸里公卒教遺孤成立始終婦道未嘗以貧賤富貴移其心也後公二十二年卒年八十子五人男三嫡長秉紀以國子監生試於鄉更名澧次秉樞又次秉彝
成皇帝登極推恩中外澧當以廕得官吏曰公甫以副將擢總兵得廕可正二品可從二品澧白於公曰是殆欲勉兒爲貲郎也辭不受女二嫁營把總鄞縣鄭鼇鎮海縣學生邵槐蘧父炳揚嘗官陝西商州遊擊澧以道光十一年十月朔葬公於鄞縣明堂隩之陸家山越二十年以陳夫人祔掩封且固礱石乞辭余既據狀表大略如右抑聞之父老當公始學騎射時公兄持不可且

曰吾家世力田而仲乃欲以功名顯非家之祥也一夜使公巡稻田已私偵之月昏黃見田中燄燄火光起奔跡之有虎方酣臥大懼而號而虎亦驚醒人立審視之公也由是聽公所爲而別異財籍少所分與曰仲且富貴焉用是區區者公既貴積俸餘奉兄以及其弟治私第成亦兄弟共之又嘗以本身應得
誥命貤贈兄爲武翼都尉蓋非常之人其來有自固不得以前史所記爲怪誕而求忠臣於孝子之門未有內行無足觀而外能致身報國者嘉慶朝諸將若羅將軍之刲股與公之讓遷雖以比古名將奚怍耶爰再拜而

銘之
銘曰交河之村先政之里篤生偉人奮興而起兄曰不
可我世農夫先故未貴將喪厥家鬼神表異火光熊熊
匪虎曠野逌公田中茫茫天風莽莽海島破帆折檣斬
賊如草海上七年亦聿勞止靖海策勛佚公姓氏東南
底定有
詔總戎天鑒不遠以報釁功公曰噫嘻豈繄臣力臣兄
實開俾無墜職維孝維弟作忠之先萬古臣則視我表
阡

戶部郎中慈谿葛君墓碑 癸酉

戶部郎中葛君卒之四十二年諸孫始克葬於鎭海縣
南東岡碶之原既葬來請余文表其墓君於余昏姻科
名皆前輩盛年凋謝未接几杖將記生平而諸孤無在
者諸孫羅舊聞以告𡘋序次書之君諱朝字易初一字
東士自號惕夫又號醉仙其先閩人元至正間有官慶
元府者始居慈溪縣東章橋村明改府爲甯波後又改
縣之溪爲谿故世爲甯波府慈谿縣人十六傳至
皇清贈儒林郎士遴爲君曾大父大父宗璜國學生父
銓州同知兩世竝以君貴贈朝議大夫大母劉氏以節
旌母張氏竝贈恭人君天資過人少時日誦萬言稍長
學爲文下筆有奇氣館師楊赭湫明經 源來 故邑名士
數年辭去曰此子所到不可量吾學不足師之矣於是
與其友成運舠大令 枌 盛竹士員外 炳漢 虞小林孝廉
廷宗 研經考古尤討論史事自政治人物至朝章國典
窮原竟委務爲有用之學年十七成縣學生既而納粟
爲員外郎中嘉慶二十一年舉人四上春官不第晉捐
郎中觀政刑部得安徽司不一年補戶部湖廣司尙書
以爲才使兼陝西司且七軍需局將報政以病假歸復
起復病歸卒於家道光八年四月九日也年四十三其
在刑部也與盛員外同官小心勤愼交勉舊學案牘旁

午不假手胥吏反覆情僞必得其平及改官戶曹吏以
書生易視之君悉心綜覈謹視其出納吏不能欺大農
既才君一時僚友皆倚君如左右手攝政繁劇過勞而
疾作矣其在鄉黨也周亟矜無資疏宗遠戚多待以舉
火者嘉慶間歲兩饑買米食餓人日坐糠粃埃塧中操
量鼓計口親給郡西建文昌閣立專祠祀宋王厚齋尙
書君與爲規畫出數千金成之其他施予捌修難一二
記渾厚而精明惠及三黨而內外無廢舉疑難紛賾一
言出合座首肯事立辦今夫仕宦以科目爲正途而學
者趨之顧其所學講章策略耳或能數經史名目卒涉

獵爲舉業貧不則高語性理鄙事功俗學一旦弋科名登仕版堂坐受吏謁茫不知所爲於是盡棄其學而更學焉官成鄉居遇小利害則又以其居官餘習武斷之僨事而後已嗟乎顧名思義曾不知國家所以舉人進士者焉用此君少以有用爲學壯而行之兩任郎官刑名錢穀措之裕如在鄉則見義勇爲幹略所施翕然孚衆望蓋如君而後不媿爲學人亦始不媿爲科目中人而惜乎位卑年促不竟其才不充其德而遽奄然以沒也聚書數萬卷所蓄多善本爲文規八家而惡駢體時藝亦落落抒所見曰奈何俳語代聖

言故自試郡縣至四試禮部無一藝駢偶者及三薦三黜皆勸之合時宜則曰此不足奪吾志也吾不試可已所爲詩古文曰迎旭樓未定稿與秋鴻館制藝同藏於家階奉政大夫加級晉朝議大夫其後累贈至通奉大夫娶姑女虞氏封恭人贈夫人賢明知大體君卒家中落夫人善持之所條畫適宜其家積二十餘年有加於舊而施惠亦如君年七十咸豐二年十二月十日卒始君自治生壙於鄞南之孔浦夫人卒將祔啟之不吉同治八年八月二十六日合葬今地子男六惟辰知縣惟戊九品惟申改名蕃縣學生惟午大河衛千總惟辛州同惟丙鹽運司知事後皆膺贈封惟辰通奉大夫惟戊以下奉直大夫女四嫁府學廩生陳詠監生徐錫璐定海學生縣丞葉培仁同知林恩皆鄞人孫七長肇英道銜加三級次澍五品次麟同治四年舉人次芬次麟昌皆鹽課司提舉次祥熊縣學增貢生中書科中書次祖望監生孫女十五人曾孫男五人曾孫女八人君第三子蕃吾妹夫也妹不逮事舅而事君姑者十年今亦卒矣生二子芬前卒祥熊乃以從兄弟之意敦請吾文則未知吾文之尚足以發揮君學焉否也而不以駢體表君則猶君志也

故隴州知州李君墓碑　丙辰

故隴州知州李君旣葬且五十年其季子維鏞來言曰嗚呼吾先君政績在秦中秦人至今能言之顧未有碑刻揭墓上將久而湮沒是懼不肖夜夢見先君先君轙繫解而子爲先君結之夫條繫我先德俾無失墜用託不腐以示後昆者非子誰屬哉余辭之不獲乃第其狀而書之按狀君姓李氏諱承道字薪傳又字星船其先居陝西青澗宋室南渡有諱顯忠者自拔於夏率兵歸臨安積戰功至太尉四傳而遷鄞遂世爲浙江鄞縣人在明以文章科第顯世稱御街李氏戒庵先生文純爲

明季遺老生美發入
國朝高隱不仕是爲君五世祖曾祖涵以書生從軍平
海寇歷官至福建福州副總兵五軍左都督祖昌樟嘉
松下砂場鹽大使議敘州同知父恭寬由海鹽教諭擢
知廣東連山縣有惠政母范氏君少孤范太宜人親教
之年十八補弟子員爲里中蒙師以脩脯供菽水乾隆
四十五年舉於鄉又七年充景山官學教習俸薄不能
養母代人抄四庫書及邸報附益之期滿引
見以知縣用旋挑補西城兵馬司副指揮有盜發親王
家未獲前政被譴去君每夜半微服往西小市物色之

旣而得三盜昆弟也憐之縱其季使養母而寘二人於
法以最擢知州知陝西隴州其時當嘉慶三年川陝有
白蓮教之亂賊自甘肅之徽縣兩當入陝西則隴州當
其衝君至周視城垣召吏計曰州城若此寇來保無虞
乎皆曰不可然則奈何吏曰修城大工也以發帑金宜
得請君曰夫苟得請必命官而計直而覆視此其時且
經年而吾事去矣乃捐廉俸倡州民月餘工竣復屬其
鄉老而告曰吾城既完若寇來皆入保則野無青草矣
今莫若建堡寨諸村而分守以壯士凡山蹊側徑皆爲
我掘溝塹使無有歧路賊至鳴鼓警他堡發槍礮邀擊

之俄頃壯士四集賊可殲也皆大喜受命賊望風而竄
無一騎犯隴州者大吏聞君才檄署寶雞縣縣與隴州
皆隸鳳翔府爲川陝咽喉而寶雞尤棧中衝要常苦供
億吏白於官曰驛馬缺當補官下令曰今者驛馬缺當
補其買馬以來與爾價馬一匹銀八兩馬至毛色不中
度泊中度而費不貲矣幸免役無買馬猶納銀十餘兩
其買馬固足無缺者馬所食草亦徵諸民草百斤與錢
十共輸於吏者十倍之不則馬不能食此草凡妄指事
以苛徵諸民而官與吏中飽者率類此至乎軍興符檄
踵接縣又屢被賊時駐官軍自糗糧芻茭至僕從食用

無非取諸民者令每以乏興罷而民困益甚君既得其
實驚曰國亂民貧尸其上者猶敲骨吸髓圖肥己乎垂
涕泣盡汰之其不得已則勸民計田而畝輸俾縣士司
出納而月榜用度於市中往者縣官畝輸民歲至錢萬
餘民賣子女應之君以用兵不得已取諸民畝不過五
六百猶自以爲貧斂無可對吾民其民則欣欣然相賀
曰吾何幸得此活佛也於是建堡斷蹊徑一如治隴州
一日賊大至擁衆屯渭河南岸將渡河攻城君曰吾所
恃空城耳若賊薄城而登北山以窺我則吾城殆矣不
如及其未濟也而扼之揷短刀鞾中率壯士四百人騎

馬張蓋鼓吹導而出民聞之驚曰賊衆我寡不可以失
我慈父母攎金號召頃刻數萬人裹糧負器械大呼從
君以與賊夾河而陣夜燃脂葦火光燭渭水槍礮之聲
數里不絕賊懼夜半遁君使善泅者潛渡水而南追擊
之民相與出死力羣呼噪逐賊斬馘甚衆賊由是不敢
復出棧以終君任而至於平事
聞有
旨晉直隸州知州六年正月將赴京師行有日矣民曰
我旣死方蘇今事未定而慈父母去我是更死我也籲
於府於省中皆不可嚴守伺城門新政來輿之出而擁

君至皇華館環跪大哭會裘太常行簡奉
恩命來犒師駐節城中具以狀達省省以情入
告得復畱王延楊居者白蓮之餘孽也合其徒曰悄悄
會嘯聚山林潛結旁近七州縣莠民以作亂未發君用
他事廉得之時夜漏已三下急集壯士銜枚行入南山
數十里天始明見高寨屹然下令攻之衆破寨進盡獲
其魁而黨與未集蓋賊期其黨以是年三月八日破寶
雞而是日則月之二日也遂以其人與其器甲錙重歸
又獲其祕書祕書自言我金童也天命我下界作天子
凡王侯將相至督撫郡縣皆有人皆署其行義年與所

斂錢於冊君焚其冊急爲書告所約結七州縣官使備
變而七州縣賊已揭竿而起卒以重兵征剿之始平獨
寶雞不折一矢戮十四人而事定是時方大旱王楊駢
戮雨大至於是
上怒官七州縣者不能先發覺如君悉能免遣戍而
獎君能事有
候朕施恩之諭又一年徵兵守君始解任去瀕行民空
巷走送跪以酒酌君必爲之少飲始起平明至日下稷
行不過十餘里旣而西安之渭南罹水災復檄君視縣
事君悉心振卹不以權授吏胥縣有巨室方巡撫山西

而其弟令江南歸暴於鄉君因事召諭之曰爲巨室則
守法宜愈謹一不得當或聞諸人府登白簡如撫君何
若以勢脅令令無私不受脅也其人懼卒折節改行九
年春引
見得
旨交軍機處記名以知府用方同隴州又檄署漢中留
壩廳同知留壩地瘠而民悍奸宄時發轉徙無常所君
乘馬往來山谷中親問民疾苦諭以法令按籍其戶口
使民相覺察而重其責於甲長民懼且感無犯者其時
甯陝方兵變曩所刺義勇散遣在旁州縣者皆相應以

動留壩與接壤獨安堵如故十二年秋充鄉試同考官事竣復回隴州以積勞成疾卒於官實嘉慶十三年六月廿二日也年六十李氏雖世宦而貧君起家清苦宦十餘年貧益甚至故居質於人不能贖其權知渭南也渭南多大賈富甲關中聞君廉而貧以生日進萬金爲壽君笑曰謂我廉也而餽之金我廉乎哉或曰非枉法何害君曰夫所以餽我者將望我有事而庇之我受其金不能無枉法矣且婦女之不失節者豈曰吾擇可偶爲之固無害耶及卒衣服家器在質庫無以斂方傍徨間曹孝廉長城以美櫝至値數百金城鄉之民爭入賻

贈附於身者皆備旣而寶雞與渭南留壩民相率奔其喪哭聲震衢巷投賻贈累數千金於是將歸櫬而郡守王某者民惡之嘗訐其私怨大吏君爲之開解始已至是見民之感君而憾其嘗訐己也乃遷怒於君以攤款强入君爲虧欠申於省曰隴州牧負庫金五千當留其孥監追牒下民大譁時守方在省四州縣民集省中醵金償官逋而羣訴守以負義守慙不能留夜引去輀車發隴州民執紼哀號顧負相望走送之至三四百里經渭南渭南民揭白旂大書君德政護其喪出潼關嗚呼謂秦人風俗之厚旣死而不忍忘君然而所以待君者

如此而其所以待郡守者即如彼爲民上者可以觀矣君治獄勤而愼必導之盡言不大聲色鞫事旁午必以清訟獄爲本兩造旣備即出坐堂皇旣得情即定讞不留獄嘗曰訟庭多一留牘則多破民數家產此其寃有甚於枉法者每抵任數月訟即希胥役可歸耕省中疑獄久不決輒檄君鞫之罪至死覆按無易詞曰李青天讞我矣不枉也爲詩宗蘇長公書亦瀟灑無塵俗精奇門爲人占事奇中而殺賊破敵未嘗一占候曰不疑何卜徒亂人方寸耳友於兄弟白首同爨家貲至嘗附數十金遺三黨貧者其就食關中亦數十人歉歲斗米千

錢屑豆和脫粟作飯共食之在京師同年張秋輝病殆江右會某能治之與有隙不肯往君長跪涕泣會感君意往投藥而愈及官於秦滇中趙孝廉知吳堡縣卒官貧不能歸骨子留省垣至絕衣食君惻然分廉而謀諸同官集五百金使歸去實未嘗與一面也其篤於交友復如此始以兵馬司副指揮

覃恩授儒林郎再以隴州知州授奉直大夫三以直隸州知州晉奉政大夫及

記名知府例晉朝議大夫嘉慶十四年三月歸葬鄞縣通遠鄉芝山之麓娶包氏四川內江縣知縣旭章女生

三子伯維鍔監生仲維鈞廣東流外官季維鏞安徽縣丞判泗州今以軍功議敘鹽課司提舉晉運同銜女一湖南石門縣知縣范上組其壻也余嘗謂天下者郡縣之積也國家治亂常係於親民之官故夫紀循吏當詳書其政事語言與郡國之所以利病者昭示乎後人使洞知夫痌瘝痛苦之所在而曉然於循吏之用心以得來取法不當但舉犖犖大者而以爲觀美也余譜君治行書之且悉用答其季子之請亦將以告天下後世之爲民牧者

上高縣知縣死事傅君墓碑 庚申

咸豐六年九月壬申上高縣知縣傅君帥師復縣城不克死之其年十月大吏以其事

聞明年二月甲申有

旨贈知府銜

賜卹銀

命其子孫世襲雲騎尉恩騎尉罔替又三年孤子鏞珊始介其舅氏童君可愈以狀來求表君墓嗚呼其可無言按狀君諱自銘字新之又字心芝自號小舲其先居河南宋高宗時有扈蹕南來者占籍明州遂世爲浙江鄞縣人遞傳至

皇朝康熙間曰良宰設藥肆京師進天花粉治宮中痘疹有效

賞太醫院八品吏目是爲君曾大父大父肇禮國子監生父作霖縣學生奎文閣典籍大母邵氏母水氏始吏目以藥肆起家子孫世其業恆往來南北君少時奎文客於外大母母親教之稍長隨奎文入都中受舉業於鄉先生之官遊者用客籍應試爲宛平縣學生年三十一中道光十二年順天舉人館延慶州主講嬀川書院以館穀養其親二十四年大挑一等引

見以知縣用分發江西是年冬赴省明年三月檄往崇

仁催科數月而辦大吏錄其功十一月署南昌府水利同知明年署彭澤縣二十八年六月署南康

今上元年四月署弋陽五年四月始題補樂平縣或謀而奪之十月改題君上高是時粵賊亂江西已三年旁近州郡多殘破而上高與其府瑞州方告危急君至簡其兵孱弱不及額問其巨室皆挈輜重避鄉村驚曰此空城也且爲奈何知府王君嘉麟使君往鄉村勸大家出貲力君奉檄行聞府城之變急歸賊已自新昌破上高北門城陷君急投王君營乞師王君不可曰兵徵糧寡而往與之戰此無異牽羊餧餓虎也徐之俟楚軍來

吾與君同滅此耳明年六月楚軍至募勇亦漸集己酉攻上高破其巢十餘斬首二百餘級奪器仗無算而我師餉盡賊黨由新喻分宜南來援上高師退君急走省中請餉八月回營丙午平明以千總王吉昌軍八百高祥霖軍千潛師破上高北門復其城斬馘甚眾餘賊皆亡命奔竄始修城堞招流亡不三日賊大至城復陷乃至袁州府募壯勇得五百人將之以千總魏大紳九月丙寅復攻上高不克明日至新昌請濟師於知縣沈君曦會湖南同知凌君煜壽引平江勇二千往撫州討賊道經新昌君與沈君共邀留之凌君許諾君慨然願同

事曰國家以上高付我甫二十日而賊據之我與賊不兩立諸君勉旃在此行矣於是付縣印於其僕陳元而以大紳五百人同凌君師師北進吉昌祥霖各以其軍自南來相會壬申軍傅於城下賊自西門出拒戰且力我以兩軍夾擊之歷三時賊大敗奔潰盡棄其馬匹兵甲我軍乘勝追入城將及北門賊之據臨江袁州二府城者掩至其眾盈萬兇猛不可當而先日方大雨凌君乘馬忽陷泥淖中平江勇急救之以去眾相呼散走君猶率其僕指揮五百人大噪前進一賊自後刺君肩君以手

格之遂斷君手君大怒揮刃殺數賊力竭而死實九月十八日也年五十有五袁州壯勇從死者百數十人僕之從征者曰錢景曰熊貴景歿於陣貴見君死奪門出以告陳元乃繳印布政司而四出覓君尸久之不獲營弁王中孚者一夜夢君佩劍坐營中語中孚以恢復機宜明旦召陳元而告之俄一人前叩頭乞免死元詰之曰上高人況賤僞賈粉絲賊諜也昨縶諸營晨起縛解將殺之耳賤哀曰夜三鼓有官人微白鬚者來爲我解之我將逃官人戒我曰勿爾逃則死元心動曰此豈非吾主人乎謂況賤曰夜來救若者縣官之靈也若上高

人而在賊中必知縣官尸所賤狡而思逸謾曰隨我至二十里外尸可得也元白中孚令兵勇與俱往中途賤忽昏仆囈語曰不當死既蘇元詰之始觳觫而告曰前月十九日日下晡見數人輿公尸出城閒置之城北煤洞中迹之至城北三里任家山老煤洞果得之但失其左手又得二尸其一錢景其一壯勇皆腐獨君面如生目不瞑於是君之卒二十有一日矣將斂賊復至陳元負君尸至新昌城隍廟十月乙未始斂越四日戊戌扶柩入王君營既而至省城門外發喪告哀僚屬故舊暨薦紳門下士爲位於鄞神廟而哭相率投賻贈按

察使鄧公仁堃主其喪君卒後二十七日訃聞於家始君在軍中先後遣妻子歸里其子不忍去則曰歸家好讀書在此無益徒亂我方寸耳及是道梗不得前明年六月始達撫州九月戊子奉喪以歸十一月戊寅朔至於鄞十二月辛酉葬縣西南光同鄉芝山李家漕之原初聘施氏監生景高女未娶卒娶周氏監生昌賢女而通政司副使童公槐之義女也子一毓珊女二長嫁甯波府學生張善倫次未行君在江西十餘年更歷五任清儉自守家無餘蓄惠愛兄弟以旁及戚友而其政績則自遭兵燹盡失其文移著作孤子又年少不能悉也

狀中亦略紀催科治纍教養士子顧吾謂在君非難能者故書其死節獨詳嗚呼軍興以來九重宵旰憂勞命將遣帥付之以重寄徵兵集餉之檄交徧郡縣竭天下之財力以聽其驅策而揮霍之而相持至十年狼奔豕突披猖蔓延日益盛區區一縣令力不能勝匹雛獨自以被命守茲土奮不顧身哀號奔走衝冒矢石冀不負一日之付託幾幾足以成事而餉盡而援絕卒至敗壞不可救而以身殉之嗚呼死節如君其不謂之忠貞也乎嗚呼其亦重可哀也已

烟嶼樓文集卷二十三

男隆壽平甫校字

烟嶼樓文集卷二十四

鄞　徐時棟柳泉稿　甥葛祥熊豫齋校刊

墓碣

壽昌縣學教諭殉節宋君墓碣銘 庚申

嗚呼此壽昌縣學教諭殉節宋君之墓也君諱紹周本名肇洲字淮三更字仲穆先世居開封至大小宋而大句小宋曾孫曰康年大觀閒以戶部郎中知明州伯子應紹興末爲鄞令其季欽爲明州軍官於是金人據河南兄弟葬祖父車廏山兄籍慈溪而弟家於鄞是始爲鄞人傳二十四世至君大父丕基縣學生父雙南甯波

府學廩生竝以君弟陝西候補道紹棻貴累贈至中憲大夫大母馮氏何氏母金氏竝贈恭人君少承家學在庠序有聲中道光八年副車入京師肄業國子監期滿歸爲里大師旣而受奉化之聘主錦溪書院者二年獎借後進所成就甚衆生平忠孝自任慷慨有氣節交遊滿郡縣時高論縱笑痛飲極歡顧常以綱常大義陰量人材外和而中毅遇事敢言義形於色而腌然誠懇怨是用希爲人謀必盡心力排解紛難尤加惠孤寡二十年來天下多事海國騷動當道每倚君爲緩急君應之以才而濟之以誠裕如也咸豐二年選嚴州府壽昌縣學教諭明年三月之任餽贐盡卻之壽昌地瘠而士寡君降格善誘士氣爲之一振縣有屏山書院守聘君兼山長行束脩謝不受曰課士吾職也自捐俸獎勵其高第兩浙戒嚴君遍走鄉村勸巨家出貲力急公盡瘁如居鄉時未幾而難作八年春粵賊自江西犯浙江陷處州之松陽遂昌由閒道寇壽昌以南逼衢州而北窺嚴州壽昌無城郭籍兵少事急皆散走君獨以大義勉家人曰賊來死之儒官雖卑小然奉

天子命視學宮舍此奚適哉始君以俸薄多子懼累清廉遺長者五子歸里其在官有妾龔氏與少者三子二

女至是皆效死勿去同官高君錫蕃聞之自嚴州往訊君君口占絕命詞曰行年六十一在官日凡七夫妾子女同日死取義成仁吾事畢而君嘗與縣人方氏爲昏烟方既避地復來勸龔行龔亦不可夏四月賊入縣境已而去之知嚴州府恩君福行縣見狀驚憫藉出語人曰此老崛強乃不意宦海皆狂瀾而以一冷官爲砥柱也於是君爲家書至鄞曰汝曹憂吾死乎吾固願死而賊不來始吾福命不足副此耳五月賊復至縣衆又奔竄丁亥日將中君出行市上問賊遠近且撫安其留民返入署謂其妾曰姑爲我覓酒會兒啼君自入竈下忽

聞叩門聲且厲出視之兩賊已破門入索君錢君怒曰我儒官也待死久矣安有錢與賊賊將劫君出君大罵不絕口賊怒遂殺之龔氏聞變抱周歲兒投泮池不死第六子宗棨第七宗臯號哭奔視父賊掠棨去而縱臯使行棨臯並年少能罵賊語在余所爲宋君殉節記中臯乃奉母衣及兩妹一弟踰萬松山走數十里匿巖穴以免賊旣据學宮焚君尸於名宦祠後十餘日賊退按察使段公光清至縣卽燼餘收君遺骨使人往杭州買朝衣冠未至而長子宗棐率諸弟奔君喪啟棺哀哭翦指血滴頭顱及足上皆滅奉柩至嚴州城外憩錦麟庵

六月丙辰喪具具始裹棉大殮是時龔已引少子女會棐於嚴州明日相與奉喪東歸段公爲具舟使軍士護其喪壬戌至於鄞殯海會寺九月庚寅入城治喪甲午葬清道鄉看經寺前贈公墓右十月辛亥有

詔贈國子監助教

賜銀百五十兩

命其子孫世襲雲騎尉恩騎尉罔替君娶董氏贈刑部主事名問女早卒妾清河龔氏子男八嫡長宗棐縣學廩生承蔭由恩貢生中同治四年舉人次宗森宗朱宗粲宗彙宗棨宗臯宗禾宗棨旣被掠宗禾復以葬君之前夕殤今有子六人女二其季字方氏後亦殤孫男二英肅英熙君葬後二年宗棐以叔父觀察君之命來請表墓始吾從兄娶君從姊故兩家有連先大夫與贈公交吾兄弟交君及觀察尤昵君未仕時往來觴酒無虛日及之官余走送弗及契闊六年而君已卓然不負其學如此嗚呼可以銘矣

銘曰苟能死節皆貞忠百不一況從容以死爲福有宋公蹈白刃談笑中魂翱翔宣聖宮魂歸來甬句東萬春千秋式崇封覩我刻辭光熊熊

殉難庠生郭君墓碣銘丁卯

君姓郭氏諱萊鷺字賢齋又字凥臺先世居河南息縣明初有諱得者以功世襲甯波衛百戶遂爲鄞人十傳至振培崇禎九年舉人明亡仕閩爲江西道監察御史死於兵其子可元入

國朝隱居講學生永麟雍正元年舉人學者稱芥子先生全鮚埼志其墓目爲人師是爲君曾祖祖景行以乾隆六年優貢中十五年舉人父彥忠五十六年恩貢三世並有著作及詩鈔藏於家君父之寢疾也呼君至榻前而以耑擊之三日好識之言已而歿時君年十一擗踊號咷如成人旣而以貧學爲賈三日棄去瞿然曰是

非先人所以望我者也且吾郭氏本故家今自我斬儒業不可飭書銳志受舉業於其宗老潘文恭覲學兩浙成諸生生平以慎獨爲宗不欺幽闇而於義利之辨尤嚴修脯所得養妻子孤寡布衣蔬食蕭然自樂量入爲出雖屢遇婚喪不見支絀館慈谿葉氏主人故豪縱心獨敬君而怪君迂拘他日有以主人意微諷君者謂稍貶崖岸千金可立致君笑不答然和易近人與人交坦蕩無城府無隙末者嘗應科試冠其曹及覆試題下君以短視問之友友忌君滅一語以告由是被抑置眾譁然皆爲君不平君視之如其故不與校也治春秋通三

傳所著有春秋三傳通釋若干卷娶范氏葉氏皆數月遽卒繼洪氏生二子長傳璞咸豐十一年拔貢同治六年舉人次傳奭二女長嫁監生盧式堯次嫁咸豐九年舉人同知銜陸雲書君教子綦嚴常曰識字必自忠孝始故君內行惇篤兄卒敬事寡嫂幾五十年弟卒撫遺孤成立既授室生子先後夭死乃命傳璞兼祀伯父傳奭兼後其叔父咸豐十一年冬粵賊據甯波府君避地環村明年同治元年春紹興吳方臨起義師大蘭山爲分局於鄞西南之章村章村環村鄰也其時局中多書生而討賊之檄則傳璞爲之無何方臨戰死義師潰賊徧寇山谷四月六日掠環村入寓見君新鬄髮怒詰君君盛氣罵賊辭色俱厲方喧競閒一賊破篋見檄稿益怒遂殺君於是君年八十有二矣洪孺人見君死從容透井中年六十五四年十月三日合葬縣西清道鄉包家橋之西其明年正月十七日有

旨賞給雲騎尉世職始君命傳璞從余游至是涕泣來請表君墓嗟乎故家可貴也而承之實難乃吾跡君生平孝友端介既不媿全氏之所謂人師授徒講學教其子成名亦既足以繼科目至於大年遇患難殺身成仁直追媲其先御史忠烈而後乃世職之

懋賞遂得與其遠祖之勳籍相輝映嗟乎君一老諸生耳不難以一身歷紹其世德以貽子孫如此然則天之生君其所以繫於郭氏者甚重而君固可以不朽矣敘次而表之復再拜而銘之

銘曰是爲有道先生之幽宮（用全氏郭芥子墓銘中語）夫豈惟不忝其家風而又耀之以耄耋之貞忠大烈而殉婦義而從白首同歸勁柏蒼松我碑其阡是無怍容

徵舉孝廉方正鄭君墓碣 庚申

君諱繼高更名勳字書常自號簡香世居慈谿灌浦明中葉時濮州知州滿學宗朱子稱勉齋先生是爲君十

二世祖君父曰孝子竺字晚橋縣學生母曰節孝張安
人孝子父曰中節字詘齋候選縣丞詘齋父曰五嶽游
人性四明四友之一所謂南谿先生者也南谿父曰寒
村先生梁康熙二十七年翰林出知高州府高州父曰
秦川先生溙明季官按察司副使入
國朝高隱不仕與餘姚黃梨洲爲浙東二老君生七日
而孤稍長張安人啟扃授遺書相向而哭壯學於吾鄞
蔣樗庵孝廉始梨洲講學四明多入室弟子高州與焉
其後全謝山太史私淑之而樗庵得其宗君從之受毛
詩春秋始由師説追溯家學以與聞證人之傳年二十

餘受知於大興朱文正公補弟子員食旣稟
仁宗登極舉孝廉方正
賜秩六品君旣爲寒村南谿之元曾樗庵之弟子復以
三雲先生(辰)爲季父陳誦芬大令(同文)爲師且以爲外舅
所嚴事縣人則杜虛筠(廷詢)顧鑑沙(棡)郡中則董小鈍(秉純)
盧月船(鎬)范莪亭(永祺)黃東井(定文)省中則梁山舟(同書)余秋
室(集)何春渚(琪)諸前輩竝能以古學獎借後進當是時
天下承平士大夫擧經考史壇坫滿江南會儀徵阮文
達視學兩浙南康謝蘇潭中丞(啓昆)爲方伯無錫秦小峴
司寇(瀛)由觀察攝廉訪交起羅才俊豫章樗櫟兼收竝

畜一時知名之士若張文皐(燕昌)鮑綠飲(廷博)何夢華(元錫)錢
魯斯(伯坰)奚鐵生(岡)其同徵者若程易疇(瑤田)胡頌君(虔)袁
陶軒(鈞)陳仲魚(鱣)張農聞(彥曾)邵懷粹(志純)諸君後先集省
垣上自故訓證據之學下至金石書畫鉤索周秦抉擿
唐宋著書立説各自名家而蘇潭方召諸徵士作史籍
考盡葺文瀾閣書選藩署蓬鬱軒又得廣披博覽厭飫
祕府嗟乎有家學爲淵源有名師爲軌轍有鄉先生爲
典刑學人旣幸之至於名公卿之主持博雅君子之萃
類湖山文物之美石渠天祿之富由今日視之若入海
求三神山杳不知其所在而君皆得遭遇之何其盛也

始高州父子築二老閣祀梨洲泰川閣中藏書埒范氏
孝子嘗建野雲居貯法書名畫無何遇火遺書被劫而
野雲灰燼君重建野雲物色舊本還閣中高州好硯多
佳品至是遺二硯扁其居曰二硯窩兼金贖勉齋畫象
及其故笏構藏笏樓貯之高州之歸老也游武林遇秀
水朱檢討檢討贈之詩君以手稿徵題詠文達勸爲二
老堂祀二老因繪二老重逢圖并墨蹟題贈刻石嵌堂
壁君自以出入鉅公之門交游多名輩每思得翰墨表
揚先世故購笏藏硯至修復園墓圖詠皆巨帙張安人
膺旌典徵詩亦數百家十世有專集藏弆刻播一書一

畫寶若睛髓蓋手澤口澤之存卷卷不敢忘如此而於鄉黨則謝山無後集同人歲祭其墓立石表墓道每至省必祭張忠烈公於南屏乞山舟書謝山所撰神道碑刻之覆以石亭縣人殉明季之難者九及高廟賜謚而祀典未舉祀之忠義祠郡建旌忠廟歲與祀事文達嘗命主鎮海之蛟川書院於是祀沈端憲黃文潔兩先生自爲之記文達爲扁曰景賢精舍小峴重記之他日君臥病院中忽夢見兩先生侍坐論學覺而愈其他闡微表幽常盡其力所能爲赭山廟祀戶有女子曰愛玉者義父母以誨淫迫之投水死君題其墓曰

貞烈而誌之且爲之徵詩而里中强暴亦頗白一二於守令懲其人故小峴寄書以爲是亦爲政此則君生平居鄉之大略也暮年築有懷軒於野雲居之西種花壘石於其東南高阜號小花嶼前有樓曰望雲以孝子墓在望故名士大夫至四明過灌浦必登一老閣入其堂考論藏書徘徊遺澤觴詠流連盡歡而去嘗游西湖烟霞洞得二杖自稱烟霞杖者又稱小花嶼農性好游少時讀書姚江於後季父宦雲朋往省之既而游幕禾中客錫山所至窮攬其名勝又嘗游四明西七十峯晚游天台紀事題壁竝有詩卒於道光六年十一月朔年六十四所著有鄭氏獻徵錄高州年譜校補梨洲年譜觶香日錄二硯窩讀書隨筆左傳樂府各若干卷二硯窩文集六卷詩存三十八卷初聘同縣陳氏知靖安縣同文女未娶卒娶諸氏訓導鴻女合葬黃墓山之陽子男二郊監生元祁廩貢生女四長嫁縣學生邱大棉三嫁黃維堯四許監生陳昌沅未行卒三壻竝鄞產其仲嫁同縣沈寬寬卒絕粒死君既歿三十有五年元祁請表墓之辭嗚呼故國非喬木之謂將必有風流好事之子孫飢倦寢食之而後足以揞全局今四明文獻零落殆盡天之所以厄故家者其理殆不可解而先德清芬於

君未墜君可以無忝爾矣

同年袁君墓碣 庚戌

君姓袁氏諱世恆字鎮北又字貞齋自號月樓世居鄞縣東錢湖上父萬經母戴氏忻氏前年十一月君來過余是時君方修湖上大堰塘所籌畫與當道不合持論侃侃義形於色當道數使人諷君幸見過君不往曰吾爲吾事而已非媚世者也余無以難君飲之酒而別別三十日而君訃至矣君父敦族誼買田立書塾曰始基堂教族之子弟謂袁氏居錢湖者無譜牒命君創爲宋袁正獻公墓在湖上穆公嶺歲久無知者君祓父敎訪

得之少失恃事後母以孝謹聞昆弟五人怡然敬愛仲弟爲人後所後母與大母兩世嫠居恆邑邑寡歡笑君百言勸慰時一爲之解顏仲弟孱弱常經紀其家錢湖水利溉民田數十萬畝邇年隄堰敗壞僉議興復而大堰塘數十丈與其旁湫闕爲湖上要害度君能任事且近君家舉以勞君會淫雨水大至每下石輒漂決君持蓋著屐無曉夜立道上指揮工匠未嘗言勞也始其地謠曰堰塘崩袁氏興塘崩君以副車中丙午鄉書季弟伯子後先入庠序比當修舉形家者阻君曰將有災中作仲弟夭歿復阻君曰將更有災君皆不聽弟歿百日

君亦溘逝嗚呼宮宅地形之說信有徵耶將徵祥畏禨任水道之遷流罔極而姑便其私耶修短乘化會逢其適乃滋以騰庸俗人之口其可哀也已卒於道光二十八年十二月六日年四十四是月十九日余與諸君買舟入東湖哭於其殯歸棹觀所爲塘堅密抗莊異乎他役又明年伯子來告將以來歲咸豐元年三月九日葬君懋嶼山之麓始君遭仲弟之喪辱徵吾言諾焉不果雖將踵爲之而君弗及見矣今孤子請表墓之文不能辭也君兩娶皆史氏三娶陳氏子三順則順賓順實女二嫁忻禮琮鄭世治

烟嶼樓文集卷二十四　男隆壽平甫校字

烟嶼樓文集卷二十五

鄞　徐時棟柳泉稿　甥葛祥熊豫齋校刊

墓表一

中憲大夫知金山縣署知丹徒華亭縣加同知銜周君墓表　乙丑

君諱紹濂字質卿又字廉泉其先居鄞西南新莊六世祖鼎元遷甯波府城大父起運父錞竝以君同知銜加二級贈中憲大夫大母王氏母趙氏李氏竝贈恭人君少孤歲爲童子師得館穀養大母母及四弟三妹備嘗艱苦大雨跣而擔水婚喪賙接貧困日甚益自淬厲夜

讀恆達旦五鼓母醒見燈火自起呼就寢急以布圍其窗默誦如故年三十九以府學增廣生中道光二十三年舉人幕游上海久之咸豐三年紅巾賊亂上海當事聞君久客滬而才招致軍營五年正月復上海論功以揀選知縣畱江蘇補用是年六月赴省常奉檄帮辦客縣事督視大小諸局議敘加同知銜七年閏月引
見明年十一月署知丹徒縣明年八月罷其明月授知金山縣十一年七月龍檄帮上海縣事明年同治元年七月署知華亭縣廣東張學貴者夸匪之魁也始在蘇州約結閩廣無賴數千人謀作亂事覺蘇守薛君擒斬數百人學貴以餘黨亡命沙洲沙洲在丹徒丹陽之閒遠丹徒城百餘里負江面海聚處萬家學貴復煽其居民造槍礮戈戟省中名捕二年不能得自君宰丹徒思掩捕之忽暮夜微服出署衆莫知去向君隨所過發防汛卒密散布江濱己渡江至沙洲蹤跡之積數夕盡悉其出入徑路要害一夜遽引衆擣其巢破窗縱身入直抵臥榻手擒之而擲諸地衆始破戶入譁縛之其黨倉卒驚起鬬君大呼曰縣官率重兵親到此獲張學貴矣餘黨釋不問皆斂械散走返入署賞兵從用命者斬學貴以狗夸匪平金山縣署在其城外三十餘里洙涇鎮

與浙江爲鄰君視事之明年粵賊犯江浙破杭州蘇州既而陷嘉興嘉善平湖漸逼至縣治十餘里外楓涇新埭諸鎮君急募壯勇爲守禦日與士大夫籌軍食治器械教練士卒夜必出察視營壘慰勞之數月鬚髮驟白未幾賊犯縣之泖橋大莊蕩君親禦之士卒感激圖報稱呼聲震動無不一當十大小二十餘戰殺賊踰千斬其僞王獲馬匹輜重無算賊望風紛竄不敢犯縣境他日君解組行軍民羅拜泣送曰我公去事不可爲矣去半年而金山陷華亭與婁縣竝附松江府城而常勝軍駐其中常勝軍者刺取江浙游手與西夷人而使夷官

敎而將之以備變者也率強悍好鬬徒取市肆物弗予
立賈禍吏莫敢誰何民苦之君至微行市上聞兩軍人
以所取物相誇示大怒呼役縛二人者鞭其背數千民
始敢愬冤苦軍伍亦畏法而夷將謂君愛百姓翻重君
一日軍變狂集守及婁令署中抶辱守令掠取其器用
財賄及入君署夷將戒曰此好官毋妄動是時君方以
振荒在鄉村聞變急歸而夷將恐君有戒心帥其軍往
迎護遇諸途君下馬詰其詳立收倡亂者卽道中斬之
君長身有膂力能馳馬擊劍而膽識過人嘗與余下第
南歸舟中慷慨論兵法余笑曰海內承平安用是赳赳

者爲君曰使我將一軍吾家亞夫亦人耳不數年粵賊
猋起天下大亂君竟以其才爲
國家用然而元惡授首僅予紀錄金山之役力疾數十
戰薦紳賚屬材官勁卒升賞有差而主將積功壅不
聞皆爲君搖擊君曰縣令保疆土分也而
賞之則異數也奚貪爲蓋其學養尤過人遠矣性不耐
媚上官而善養其民丹徒經兵燹民不聊生君請大吏
借撥銀數萬濬運河民以存活金山連捷鄰封民繈負
而至日千計設法留撫之華亭饑爲粥廠活飢民數萬
清晨入廠中視煑粥成捧一盂首嘗之然後食餓者每

聽訟反覆罕喻數百言聞者感泣作勸民十則刊布閭
里所至興廢舉墜自書院至養濟所以至於開河障海
悉捐廉倡始兵興以來郡國以徵集軍餉爲吏職凡君
所爲皆大吏所謂不急之務者而君獨慨然行之故其
民爭獻牌扁衣繖歌頌德政去任則攀轅臥轍焚香列
餞數十里而君亦用是瘁心力以同治二年四月五日
卒於官年五十九君既以孤貧習勤儉服官十年無改
儒素或訪君幕客見青布袍坐書室者私其友曰此豈
縣官窮交乎曰此卽吾主人也驚歎息去廚傳蕭然夜
飲酒發甕取醃菜根下之民化其儉胥役無華衣每出

屏輿從徒行問閭閻疾苦治軍好整暇倦而寐甫就枕
鼾聲雷鳴稍驚之卽起視事日昧爽興不呼僕隸獨坐
臨閣帖或讀書賦詩暇與客聯吟草稾多散失今存於
家者有歌行律詩十餘篇而已娶李氏監生時勛女封
恭人事祖姑姑有婦道措持內政食貧三十年及爲命
婦不稍驕貴後君八十日卒年五十八子二廷凱通判
加鹽課司提舉銜
賞戴藍翎家杏議敘五品銜前君一年卒女二一嫁縣學
生汪愷孝李國安同治四年八月十日合葬縣西桃源
鄉應隩之麓廷凱狀遺行謁余再拜言曰先生吾父執

又吾父同年友敢以表墓請余熟知君未仕事及得狀又問宦蹟於君門下士汪忠錄其言合忠錄嘗從君於宦中者能道其瑣屑嗚呼其可表也已是爲表

文林郎前大埔縣知縣任君墓表 丙辰

君諱荃字景淇自號月坡慈谿人也其先本張氏曾大父益生出後於任遂爲任氏大父仁育父大才贈如君官母王氏贈孺人君生三歲父卒母教之綦嚴年三十成道光十五年進士以知縣用籤發廣東明年九月權知廣州府三水縣下車理積訟計日按訊三月而盡縣多富室每聽訟苞苴公行以多寡爲曲直君悉心平反

不受民一錢鹺賈梁某負何某銀三十萬官畏其勢援無直何者至是何申愬而因縣紳私於君曰歸我我請以三之一爲大令壽君許諾問梁有諸曰有之歸乎曰未也曰吾爲若解減數歸之爾不服笞繫之且收其銜照梁懼以三十萬至君歸何二十萬曰此十萬者壽我者也而顧梁曰何壽我我以畀若若持此歸爾乃吾向所謂減數者也有大盜被獲而誣村農君密召農至衣之青衣雜徒役立盜前曰某在是矣指示我盜妄指一役君大笑立釋農去縣有行臺書院畜沙地千二百畝其鄰縣南海人奪之成大訟會鄧公廷楨總督兩廣南海人或與通家下其事於糧道鄭某而授之意歸地南海君至縣人忿訴君君審覈疆界而爲地圖通詳諸大吏請發故牘覆按又前至制府白其狀制府怒曰若官三水袒三水耳君對曰下吏官三水袒三水亦情耳公總制兩廣兩廣士民皆赤子而似袒南海何也鄧公卒從其請旣覆按盡返侵地書院得資以養士者君之力也二十年除知潮州府大埔縣潮與閩接壤旁近數州縣民相約結轉貨四方千伯成羣用采色別旗幟爲聚散號川生帮洋烟入中國帮人奇貨居之及

國家嚴禁止下令販賣者死而帮人昏不知揭大旗通

衢流運如故至江西吏掩捕數百人收送廣東獄是時總督林公則徐方按其事錄囚親鞫問窮治其黨踰千在大埔者三百餘人公檄李同知前至縣名捕君見檄驚曰向者吏不問愚民陷法禁而莫知罪一旦驅三百餘人盡殺之可乎緩其獄訪之多改行或旣死子孫有名在薦紳者君喟然曰我不可庇一官而殺無罪三百餘人而同知日責君逗遛數迫促不肯去於是三百餘人者相聚謀曰他州縣苟名在捕中纍纍然行矣卒破家賣妻兒啼號慘呼不忍聞今我曹亦囚也而安居爺不忍我曹願棄官爺去我曹能自保乎合貲萬餘金賄

同知及督役除其籍而捕無賴不改行與坐他死罪者二十九人送省獄焉洋子岡謝氏婦者哭其後夫之殯於山下而哀日下昃姒往視之冥臥殯旁姒舍之去旦日歸來不食不飢逆說人咎休奇中日某月某日我且死死而象祀我我降之福及期果死衆益譁醵金錢肖祀半山亭山鄉城郭洎他州縣數百里無男女老弱貴賤雜沓道路來者日千計私祝語象前婦卽馮人言未來指畫趨避君聞怒曰妖鬼惑愚民而害耕作可乎率徒役往毀其祠投象瀾中罪始事者縣城在萬山中遇大雨水驟漲高於城數尺二十二年七月大水民多漂

溺死生者不能自存君請大吏得帑銀又割廉俸爲富人倡泛小舟親問疾苦籍戶口存䘏之吏無所侵染明年秋水復至君適在郡中急歸縣振救乏絕如前年而李同知者（來狀具姓名碑刻既據實書之後見邸抄有殉難官與同姓名恐卽係此君特爲諱之）方同知潮州司鹽課乞君報鹽場漫淹可冒沒常課銀二萬君堅不許同知銜之譏於巡撫程公矞采曰大埔令不善䘏災且賄其家人謀以他事中傷之會大比君以簾官調至省入謁撫撫責問報災稽誤狀君對曰方在府聞災歸縣案行稽戶口以報何緩也撫他顧爲不聞也者故事巡撫責縣令不言舉劾當叩頭謝君爲不

知也者遽離坐不辭而出明日上書自以病乞休程大怒謂此令倨敖不遜坐規避科場入奏遂罷官既而潮陽人殺其令張深勢洶洶然知府李君以君得民心使引兵往曰此行也可起官君笑曰是强我爲馮婦也三水人聞之奉書幣迎君主行臺書院從者數百人父老子弟日過從道舊故爲歡笑而私醵金奏京師爲君謀再任君聞急止之曰吾青鞵布韈與諸君論文至樂也諸君乃重送我入鼎鑊中耶君性鯁直不能事上官始權知三水三水粵衙也藩司宗人王某經其地資盡計取諸君乃紿爲謁曰吾舟過縣而被盜君急往入其舟

徧視無跡陽怒舟人曰盜無跡必若自盜之舟人懼以實告因顧某曰公誣我法當坐某哀請始去由是與藩司有隙前撫怡公良既抵任而其帑來過縣舟三日不行僕持刺到署徵其給無狀君怒曰以吾爲邑長於此而豪奴敢爾命轎至舟次大聲數僕罪將治以法主人遣內侍乞免始已而愛民若子所至繕城郭固隄防興學校往者大埔試童子高貲富人賂縣官冠其軍君始嚴絕之拔其尤簿書餘暇親督課之縣於是乎知文教其地瘠多貧民婦人耕而樵爲商販徒役半於道郎其夫在庠序不恥也君始教之蠶著蠶桑要術詳其法爲

器皿貽之而召民婦聰穎者來署中使婦女教之縣於是乎知蠶桑王講行臺既二年子昌汾年十九夭君鬱鬱不得志決計返里門明年十月買舟東歸兩縣耆老率子弟走送設供帳祖餞餽行贐塡塞街巷有泣下者而其士大夫與縣之官師相率賦詩歌頌德政諸生載酒百餘里至胥江雪涕而別於是三水人爲棠蔭祠於書院之三十六江樓而大埔人祀君於昌黎伯廟中嗚呼不獲乎上而得於士民者如此其得其失必有能辨之者君既歸屏居野澤不與邑里通讀書賦詩或彈琴吹簫用自娛樂以品學教其子弟推所得修脯贍三黨

秀才何松者君甥也幼喪父母其姊聽賢撫之成人誓不復嫁君爲買田成其志自以先世本張氏少時求歸宗不得既成進士以情訴部求復姓亦不得至是購地爲祠堂茲祀之所爲詩傲岸悲壯如其人有鴻爪集續集百不能齋集新樂府及蠶桑要術南遊瑣記各若干卷君之將歸也兩縣人爲刻其鴻爪集行於世卒於咸豐元年六月十日年四十有六娶趙氏以道光十三年三月十二日卒年二十八繼王氏子昌汾旅死三水君以是歸歸後四年生昌閑君卒昌閑始周歲明年復殤乃以兄子二人昌期昌周爲君後女和襲嫁慈谿縣學生鄭顯壯昌期兄弟將以咸豐六年八月二十九日葬君及趙孺人於縣之金川鄉半嶴山爲王孺人生壙於右而兩殤祔焉顯壯以事狀實來請表君墓爲條繫其宦績如此

死事陳君墓表 戊辰

咸豐十年鄞有蚱蜢艇之亂始兩廣游民造艇盜浙海前知甯波府者買降之養諸郡中鄞以附郭積受患久之益咆哮設陷穽白晝劫人道無行者十一月二日巡道張公始命陳君籌以鄉勇驅除之不服巷戰君大怒由平橋搗其巢擒斬數十人逐其餘賊平而君亦傷重

二十一日卒年三十六事
聞賜蔭襲如例君字竹壽縣之姜山人父蘭國子監謄錄君少爲文有奇氣充宗人府供事納粟爲刑部司獄旋改縣丞加知縣引
見分發江蘇藩司王壯愍使督淞江海運時安徽用兵道梗餉不達君輕騎前致之率凱勇防平望援嘉定屢有功又使來徵餉甯波會壯愍撫浙留使終其事而巡道以鄉勇屬之至是而殉蚱蜢艇之難娶徐氏生錫章君卒後殤以弟箴之子倬章後之同治七年八月二十四日葬君姜山之原嗟乎二十年來天下多事奇材異

能之士皆奮志功名或由韋布秉節鉞而君奔走戎馬抱才不一展遽殉生於區區小醜之中何其屯也然而敬恭桑梓之心可以表矣

贈朝議大夫陳君墓表 乙丑

余嘗表陳君阮山之墓歎其命不逮學抱才早世而厥配楊太宜人之能以孝慈成君德也今表其子墨齋君夫婦而重有感焉君諱詔字紫封一字芝峯贈奉直大夫諱士魁之孫贈奉政大夫諱寅之子系本具前表君讀書勤苦經籍精義多手鈔尤留意四明文獻年二十爲鄞學生旣孤事諸父如父而督課其從弟會建文祠

月湖神版祝號乇簿乚祭器皆君手定之康熙初先世自慈谿來鄞久之與故里浸疏宗人無聞問奉政乃入田舍村訪墓聯族得其緒君復詳稽博考搜抉極委瑣而牒記之始追遠立祭田條治規約以時節往修祀事綴族食復爲行第分別倫次於是兩縣子姓無失序者後數十年祠大宗建學惠孤寡宗誼粲然而奉政與君椎輪之功不可攷也年三十二道光元年十二月二十二日卒累贈至朝議大夫配張氏封太恭人分水教諭錫金女善事君姑君姑晚歲足腫艱步履太恭人親侍盥櫛掖扶出房中置所需坐隅而後視家事起居飲食未嘗不在側也老人氣血衰大腸祕固十日無後洩胸腸懣悶積不快醫教用豬膽汁雜他藥吹入之則穢下太恭人親吹治之月三兩治以爲常君姑旣卒每以先姑慈惠之德教其諸孤始君之卒也諸孤皆髫齔而季女在腹中撫育教誨餘四十年逮於孫曾見其成立劬勞勞苦三黨翕然稱賢母云卒於咸豐十年八月二十五日年七十三子男二鑑由貢生議敘鹽運司知事累加至運同銜後太恭人一年卒政鍾由縣學附貢生議敘中書科中書今以兵部主事銜官會稽縣學訓導中同治四年舉人女五其壻監生吳經洵縣學生張善健

同知銜吳經渭贈儒林郎洪家源五品銜賞戴花翎慈谿費綸鋕孫男八守澤縣學附貢生壽祥布政司經歷加同知銜康祺清瑞竝縣學廩貢生壽祚布政司理問守永文僖八品銜鶴齡九品銜政鍾登賢書之歲五月三日合葬君及太恭人於縣西茅草漕流水橋之西旣而來請余文刻墓門嘉道以來迎鳳陳氏爲鄞著姓房從鼎盛競於爲善而君父子竝以劬書彫天年蘊極則發固當有待而兩世又皆有老壽之賢母无成代終爲支持其門戶完道志而穀子孫故其繼體旣卓然象賢不負家教其孫又多篤雅能爲根柢之學

雖年少有重名庠序中然則天所以報陳氏而光君德者殆確有在而余以不腆之文表君墓尤不能無厚望於其諸孫也

烟嶼樓文集卷二十五

男隆壽平甫校字

烟嶼樓文集卷二十六

鄞　徐時棟柳泉稿　甥葛祥熊豫齋校刊

墓表二

贈文林郎山東臨淄縣知縣洪君墓表 戊辰

人有子成名則顧其子而長歎及告之以其家所以成之之道則不能幾矣然而未嘗不極慕而盛稱之故數十年來吾鄉善教子者皆斂道人口若吾師洪臨淄之贈君其一也謹按君諱秉章本名秉璋字煥庭其先由徽州遷鄞七傳至君曾祖朝柟祖世錫州同知父德隆監生貤贈文林郎屢世忠厚貤贈君以勤儉起家尤稱

長者娶趙氏生君君少讀書爲文有法度未成連遭父母兄弟之喪棄而賈以養其家厚視遇兄弟子衣食婚嫁沒齒無閒言而教之義方猶子拾遺耳立命往候還其人長子甫生弟病革執君手泣曰阿兄肯以此子破例爲吾子乎泣而諾之自以少廢儒業稍暇即讀書酒酣對客背誦雖大篇不遺一字臨淄兄弟能就塾爲厚幣延名宿待之竭忠敬今吾鄉人猶能道其軼事君自謂一生樸素非教子無妄費者每諸子在塾夜深必待諸室問日中程課爲文成必取視業進則喜不則反覆指示其失得訓之曰汝曹讀古人文能深通其意語語如頃吾所自爲者則益矣臨淄成諸生君猶及見之於後兄弟相繼取科第爲郡邑大師有重名皆歎曰君之教也治事中肯要明敏而慈厚處三黨友朋必以誠遇困急周之亦無德色有女兄嫁慈谿孔氏忽夜夢其家火詰旦告家人語畢而報至蓋相感以誠者如此年五十一道光五年十一月二十三日卒以臨淄貴由監生贈如其官前夫人施氏贈奮武校尉霖女生一子時雍而卒年三十贈孺人時雍即後弟者後夫人馬氏贈德慶州知州德大女封太孺人卒年六十八生三子伯諱起肅是爲吾師道光十一年舉人二十年進士知臨淄

縣仲璇樞十二年舉人季慶齡監生女二嫁國子監典籍董文珪監生勵孝三孫三輔艮監生輔誥甯波府學廩生輔詩縣學生曾孫五咸豐八年二月八日合葬縣西南凌家岸後十年治墓道於是吾師及慶齡皆前卒璇樞狀其身受與聞諸故老者以表墓命時棟時棟讀其狀往往類吾先大夫之所以教不肖兄弟者見似而瞿然吾心則豈惟師門之感宜不敢辭耶嗟乎羨魚不如歸結網好獵不如還疾耕世有賢父兄其必來取法也夫

先師王先生墓表 庚子

王先生諱日章字絅齋一字心學初名身棫字樵岐又字軼吳世居鄞之它山曾祖明傑任俠好義奉化人有賣鴨得四千錢者至其地爲無賴所奪忿欲赴水翁飯之償所失以去祖德峻父修敬學射成諸生别墅多竹自號竹莊有竹莊稿一卷先生少學於潘檢討世清之門嶄然見頭角年十四而孤同里宣中書向榮與竹莊故交聞訃意悲愴他日見先生文字喜曰竹莊有子哉抑齋周先生良劭善人倫鑒一日過其鄉儕輩道謁之獨諦視先生曰此子嶷異得弗所謂王生者乎遽相見定爲弟子當竹莊之病革也搥牀大呼曰老母在堂我

余何死哉先生泫然對曰事大母敢不如大人此時母陳夫人適多病不能事君姑先生承旨奉養家貧無僮僕猥瑣悉親之每夜躬滌溺器娶婦數日不入子舍大母敦迫之往一顧無私言當時有士孝子之目既而祖母卒家益落奔走四方以修脯佐其兄養母母兄先後死一弟二妹三兄子皆幼少先生踽踽然爲家人謀饘粥而益厲其志曰至此不學吾死亡無地矣顧念諸先生後先凋謝無可質難者於是置二編凡上有得則書之凡修身齊家擇交處世以至飲食言語之微曰致曲編自經傳史子以至百家小說之屬曰思問編遇長老

交遊與知於學者不惜出示之往復辨難考鏡得失蓋至是而先生之學由博而精而其自治良苦矣年三十餘始爲甯波府學生已乃食餼於庠累試秋闈不第意常欲有用於世以見經濟嘗曰國家設官無大小雖倅貳皆足利民生何高官者乃寂寂哉然竟不克展其才卒於道光十六年七月二十一日年四十二所著自致曲思問外有鑑古編無忘編讀書譜致曲類格言思問類雜考鑑古采古人無忘記今人皆嘉言懿行之可法者讀書譜則謂讀書之程要也草稿皆巨帙未編卷碑文序記傳贊之屬余編次之爲醉六山房文集四卷未

刻而先刻其詩集四卷行於世初娶鄭氏先生之師行健女也生一男二女而卒在道光十一年十月二十二日繼馮氏後先生一年卒其年五月余與朱君立淇及諸弟子合葬之於定山橋南鳥山之麓去它山三里男曰正爛先生卒時方六歲二女後嫁陳學壇鮑道粹余年十八娶朱氏先生實爲蹇修明年先生館月湖西曲余負笈從之及課時文自以意揮寫頃刻千言以爲豪先生見之驚曰嚮吾見汝十餘歲時所爲文每歎賞謂非凡兒今不逮遠甚何也吾與汝約能舍汝所學而從我吾教汝不者子歸矣我亦不能師汝也從先生一年

明年與二千人試於郡縣郎連冠其軍蓋余之爲時文實先生教之既成諸生而先生卒則洪臨淄實教之蓋余於時文所得力者二先生而已矣先生入城必主吾家每質經義必戒以解經勿新奇論詩文必以古人矩矱又時教我以立身處世之道曰此吾鄉所聞於子之先人者今還以告汝師弟對語恆深夜娓娓歲饑米價騰貴富人相率居之爲奇貨先生歎曰不仁哉夫既爲賈人則豈有禁其居奇而待價者而獨於穀米遏糴且不可況居之乎夫穀米者生人之所寄命也今其意乃欲使億萬戶飢餓食貴粟而第肥吾一家何不仁如是

嗚呼學足以傳世行足以範後進言足以敦薄夫而困之以貧窮又阨之不永年使其學一無所成就而世遂競以時文稱先生是則深可歎息也夫先生晚歲得羸疾或搆思輒嘔血顧讀書不已交游勸止之先生笑曰吾思之久矣生與學孰貴夫人而知之也夫所以生貴於學者謂惟吾生而後乃可以學也然世固有力學而死者抑豈有不學而即能長生者則是生之數固無與於學之數也豈惟是哉吾又嘗深思之假吾學成而遂不生也吾死之後吾所成之學安在哉室家妻子之奉富貴利達之華以至於千秋萬歲之聲名吾死而遂茫無知也吾又奚爲是汲汲哉則吾且優游遨嬉以終吾天年以與學不學者同盡已耳而吾乃終思之而瞿然覺也夫如是是天之死我倘不知其何日而吾早先自死於今之日也此吾所以雖病而不敢廢學者也始先生嘗讀書吾家亟爲先義行所賞伯兄交先生最早及余執經事先生不五年而先生遽歿此五年中追隨又尠故知之不詳先生既歿私欲狀其行事而問生平於先生之弟秩齋秩齋方病不能報我後二年亦卒兄子正煦能守其學今年亦死而其孤正爛方十歲嗟乎石建以親滌廁牏盛稱到今由先生視之常耳而古人如

虞翻李密薛憕之屬皆以順孫付史官先生獨泯沒無聞遺書雖在又以手稿模糊未易整理余懼王氏之學將中絕而後生小子無或知先生者謹次見聞以表墓門雖然此豈足以盡先生哉道光二十年三月弟子徐時棟撰

同治九年余始以先生事大母事狀報學牒縣詳大府請於
朝十年十二月十二日奉
旨旌表順孫明年二月部咨到折於是距先生之卒三十有七年矣事狀已錄入集中謹識受

旌歲月於墓表之後

蔣秀才墓版文乙未

蔣秀才者鄞人諱淙字石甫自號浣亭樗庵先生學鏞之季子也少孤能事母母病思食筍君始十歲踏雪覓市上得之既壯爲童子師久之成諸生兩試於省皆不得志雍乾以來蔣氏號故家大父拭之官翰林其爲諸生名動江浙世所稱季眉先生者也伯父娥楚先生學鏡以進士宰龍南忤上官罷去樗庵先生在其中表全謝山太史之門巍然都講晚以名孝廉專經師席數十年君守其家學出緒餘博一第宜拾芥然而卒之坎廩終身以諸生老當是時吾鄉黃東井司馬徐悔廬明經董小韭大令竝以孝廉弟子主張風雅稱老輩君出與探討相論議入則搜采舊聞著書自樂其成者有春秋表微學春秋私記詩義管窺井詩文集若干卷藏於家嗟乎士不得志於世凡天下所謂最不快意之事黯然腹受而心知之而嘲笑嫚侮之無故而至者常出於意料巽避之外此不至短氣而死者幾希君以爲浮雲者無與吾身優游詩書之閒以終其天年亦可謂難矣既歿十六年孤子椿追述爲狀來請刻墓之文爲書大略如此

南山陳君墓門記庚申

陳君諱德梧字東生一字桐伯自號嶧巖曾大父忠元蚤世妣董氏以節旌大父信孚積德爲善鄉里稱之妣王氏父世浩母邵氏自大父至君皆國子監生道光十二年余學於先師王絅齋先生是歲開講月湖從先生者十七人半自山中來君與其從兄勺山與焉越二十五年余爲先生子正爛謀娶婦造君以告君慨然贈錢二十千又三年而君歿君少師吾友徐君曙峰治周官爾雅通羣經大義壯歲游學城中鋭意進取及遭父喪念大父老老始棄書指家以養其親距鄞治八十里爲黃官嶺其下曰南山君世居之余之造君也別久來不易相見極歡命酒道舊故見其二子既而開門望前山翁蔚森翳高下皆滿余叩所未見君一一指示我具道其名物與所以宜此者則生人食用悉備於山中鑿其石以爲垣伐其木以爲室取其雜植以爲器皿桑柘麻棉以爲衣稻黍麥菽以爲食蔬菜瓜果茄芋之屬環四時以爲羹柏楮菸莽以爲用蒿艾芎藭以爲藥男耕而女織尋常製造家人優爲之其不能則儲材以俟歲各有流庸負具以時入其家爲釀酒榨油造紙壓菸葉量一歲所需足而去雞豚鵝鴨遊於山魚鼈蝦蟹牣於水

客至臨溪網且籍殺雞採時蔬不入市而咄嗟以辦或需錢命童子往樵荷兩束薪出數里外俄頃持錢歸矣君旣無意進取事親教子優游於山中即山中治生產井井有法度量入爲出歲得餘贏時以其餘潤宗族鄉黨布衣粗糲怏然自足誠不知人生功名富貴烜赫豪縱之復將奚爲也故余贈君詩有滿山試問營生計避世今知有祕方之句君笑謂余曰亦樂此耶吾劃宅奉君此豈不足君所乎余曰然雖然視君家所寡有者尚三物問何物曰吾性不能一日去書又好遊而不能行使我來居此當爲我造一葉舟買一頭驢與數萬卷書耳君笑曰舟驢易耳吾新購二十一史方待君來爲我點勘之嗟乎得失憂患錮於中禍福恐懼鑠於外固宜抑鬱蕉萃蹶其機以扣其生而苟樂吾樂而無悶於世是雖與老彭爭修短可也而遽奄然以死哀哉卒於咸豐九年七月二日年四十六娶趙氏吾友槐江之兄子也月湖講席槐江實爲都講子男二善杰前一年卒次善燾女二嫁邵修鳳居用沛卒之明年孤善燾將葬君家山於是徐君爲狀其家世而以燾來謁曰日月有時請刻其墓噫先師之歸道山今二十五年昔時同學後先凋謝即優遊山中若槐江勺山諸君子竝厭棄人世

落落晨星又弱一个此則表君墓門而不能釋然於懷者也

贈奉直大夫陳君墓門記 丙寅

同治五年冬兒子燾以其友陳子益鉎來草堂再拜請曰不肖跋涉山川卜先兆者數年乃九月某日得合葬我考妣於桃源鄉王家漕之原念貿遷奔走生不獲盡一日之養私願以魂魄依倚永不肖無窮之思故自爲生壙坿其藏而又念碌碌無狀非顯揚可俟冀文字之足以信今而傳後者一志我先德刻諸墓門則不肖感且不腐余謝不能燾助之請甚力爲掇其狀而書之君諱圻譜名嘉和字稼荷其先居定海縣之金塘定海今鎭海元時有原澄者始遷鄞西世爲鄞人傳十二世至庠生源生懋懋生隆烜貤贈奉直大夫娶李氏生君君年十一學賈甯海十九父卒痛哭仆地絕而蘇及殯父於堂而比鄰火君驚起苫塊中奔入室負其母避之返至殯火炎炎幾不可嚮邇急號里人而啗之多金曰助我助我衆相顧逡遁有難色君大哭冒烟燄躍入衆呼叫隨之入頃刻挽柩出若有陰相之者旣而遷居城中年二十六娶於柴時君兄新寡柴宜人攝家婦共君事母而君服賈歲得贏所以奉母益周摯母病夫婦謹視

醫藥衣不解帶者累月旣爲鮮民思慕不衰時念及父母雖老猶歔欷涕泣其待兄弟與兄弟之子孫竝粲然有加惠以曁於宗族生平無矯情飾貌與朋友語箴戒獎引款款有眞意人憚而愛之自奉儉約而常以其餘周三黨緩急歉歲自節以食餓者柴宜人之始嬪君也方食貧困苦宜人孝事其君姑劬身操作內外井井益鉎在繈褓而其父柴翁病宜人晨往視翁病夜歸乳兒卽大風雨無閒也後君一年卒在同治元年六月朔日年六十三君卒以咸豐十一年正月八日年六十七生子女各一乃者益鉎納粟爲布政司經歷加二級請

封典故君以修職郎贈奉直大夫女嫁倪忠賢嗟乎益鉎思貽君令名不惜竭其誠以乞言於余或庶幾吾文傳而君亦與於不泯斯其用意良不爽而惜乎吾文之未必果足以傳君也然而益鉎愛親之心則可謂無忝於君耳矣

銘曰惟順親乃爲子其有之是以似營冢塋高義義丞瞻依來傍此孝不匱錫爾類刻羨門尙不愧

烟嶼樓文集卷二十六　　男隆壽平甫校字

烟嶼樓文集卷二十七

鄞　徐時棟柳泉稿　甥葛祥熊豫齋校刊

考一

它山遺德廟從祀考

余既定遺德廟從祀之議祀諸公廟中文而碑之矣顧此議也謝山全先生實先我言之鮚埼集中稱應祀者十有六人謝山之言信於桑梓今所議祀或與不合深懼荒落滋惑後來謹疏鄙意別爲之考博疋君子得以參而正之

宋奉國軍節度使康憲錢公億（祀中室一　諸公結銜竝以來官吾土時爲主）

宋監明州船場唐公意（祀中室二）

宋明州簽書判官廳公事張公必（南宋以來無不誤讀楊承議記以公名爲必強以公爲明州人謝山亦沿其誤今始改正詳見集中書從祀碑後及所作宋元四明六志校勘記中　祀中室三）

宋鄞縣令龔公行修（謝山亦以爲里人因楊承議修堰記中稱邑大夫而誤邑大夫者縣令也據寶慶四明志正之　祀中室四）

宋敷文閣待制知明州軍州事秦公棣（祀中室五）

宋祕閣修撰知慶元軍府兼沿海制置副使陳公塏（祀中室七）

宋觀文殿大學士沿海制置大使判慶元軍府吳公潛（祀中室九）

元鄞縣尹阮公申之（祀中室十）

明鄞縣知縣沈公繼美（祀中室十二）

宋直祕閣知吉州軍州事兼管內勸農使魏公峴（謝山作族望表謂公以吉州人來寓於鄞誤矣公嘗作烏金碶記有曰峴世居溪之濱又嘗作蔣山龍潭廟記其署銜稱新知吉州軍事林制幹作迴沙閘記稱新吉州魏侯故舊志云官至廬陵守廬陵即吉州也是公實鄞人而守吉州者詳見余所作魏吉州傳中　祀東室一）

宋國史祕丞吏部郎官安公劉（祀東室二）

右名宦九人祀中室鄉賢二人祀東室皆與全說合

元慶元路教授潘公夢桂（祀東室三）

謝山議里人從祀有元潘教官某而佚其名按鄞人潘省元夢桂嘗爲本路教授不聞從事它堰顧嘗築進閣碶碶與堰相近亦有功它山水利者今祀之

宋知鄞縣事虞公大甯

明甯波府推官魏公復琦

明鄞縣知縣沈公猶龍

宋禮部尚書王公應麟

右四人皆全說虞侯作風堋碶者魏司李作魏公塘者沈侯作沈公塘者王侯所爲三碶已改舊貫二公以土

石障宅泉下流祀之誠當然廟在宅山祀典祇及修宅堰者推宅堰之上流則祀浚沙建閘諸公推宅堰之下流則祀立石築灣諸公若風堋去宅堰遠矣夫愈推愈遠即浚治日月湖者亦闕西七鄉水利詎不當俎豆之乎且虞侯已有專祀在風堋而魏沈二塘與風堋鄰比宜祀二公於風堋廟中至王尙書之從祀則絕不可解偏考傳記及尙書著作無可徵明者袁文淸爲尙書高弟其修四明志作尙書傳亦無一語及之今里中祠尙書於西郭學問文章瓣香百世而遺德廟中固不敢附和前輩而遽增木主也

宋直寶謨閣兩浙東路提點刑獄公事兼知慶元軍府沿海制置司公事程公覃（祀中室六）

宋沿海制置使司幹辦公事林公元晉（祀中室八）

元慶元路總管王公元恭（祀中室十一）

明甯波府推官朱公欽（祀中室十二）

明鄞縣知縣洪公良範（祀中室十四）

明甯波府同知黃公櫸（祀中室十五）

明甯波府知府鄒公希賢（祀中室十六）

明鄞縣知縣魏公成忠（祀中室十七）

明鄞縣知縣張公伯鯨（祀中室十八）

國朝署鄞縣知縣周公樽（祀中室十九）

宋嘉定閒程提刑浚治宅堰慮費甚鉅（寶慶四明志延祐四明志）又捐貲置湖沙田四十餘畝（魏吉州宅山水利備覽）其後陳府君塏作廻沙閘林制幹實與安吏部提督建造（水利備覽）元至元閒王總管又修治之（至正四明志）而宅堰則明代嘗四修一修於成化朱推官（嘉靖甯波志）再修於嘉靖沈侯（已見謝山議中）三修於萬歷洪黃鄒魏四公洪黃圖其始鄒魏成其終（皆見周文穆應賓修宅山水堰碑）而其時之倡議命修巡視諸公姑略之四修於天啟張侯（見陸御史世科濬城渠記）謝山數祀典旣及陳府君安吏部沈侯而九公者無稱焉何也且謝山嘗稱王

總管爲循吏又稱其整頓宅山隄堰最有功今不在祀典何也我

朝乾隆閒周侯修築洪水灣塘（乾隆鄞縣志）則事在謝山後矣

唐佐理築堰十八人（祀西室一）

宋修堰耆民周四（按備覽稱周四者亦稱周耆蓋四者行第耆者老稱至正四明志引備覽有陳五耆堰是其證也）（祀西室二）

明佐理修堰耆民王森胡仲道陳鈂王瀾（祀西室三）

十八人佚其姓名佐侯築堰周四南宋時里人楷堰低水泄加石其上（皆見水利備覽）萬歷時王胡陳王四耆民以巡道

范使君命佐理修堰（周文穆修它堰記）夫它山距鄞治半百里去官府且遠水利興廢惟里人周知之至鳩工經營尤必藉手鄉老以得成事故諸君之祀不容略也顧里民與諸公錯坐不宜今奉祀西室

唐僧操公

備覽稱其佐侯築堰今有像在侯左不更立主

唐鄮縣尉李均

唐江使太尉（鄞俗神廟每爲其神塑立官屬其官號輒曰太尉或曰中軍又爲之造姓氏以實之江使太尉亦其類也）

百梁橋有李君廟乾隆鄞縣志謂神名均唐太和中爲縣尉佐侯築堰有功而其所據者乃修志時之具呈事實不足信也江使爲唐時里中巨族同侯築堰者其說起於明人楊高唐它山小志晚近之書孤文單證亦不足憑也皆置之

宋湻祐同知馮公（按宋時職曹官但有通判推官判官而無同知知州事舊主署銜如此可駭也）

宋湻化同知朱公

宋節度推官朱公（朱氏譜云名伯勛）

明萬歷同知龍公（按名德孚）

右四公皆塑像侯右龍侯以清復廟田得祀朱推官則里中朱氏之先也湻祐間始立洪水石塘魏吉州經理其事事詳備覽而不言有馮姓者馮公倘與其役然主中無名宋時圖經不列佐貳無從核也至若湻化朱公更不知其何人矣四公旣立像設以有舉莫廢之義仍之而新議祀典不之及者於水利無確據也亦愼疑之道也

廣德湖遺愛廟祀典考

曾南豐記張侯修廣德湖中及創廟事曰張侯又因其餘材爲二亭於隄上而與望春白鶴山相直因以其山名山上爲廟一以祠神之主此湖者一以祠吏之有功於此湖者至舒學士和馬粹老修湖詩有曰人指白鶴祠慇懃竊有請衣冠儼羣公一一畫眞鯁則知當日祀功吏者爲白鶴廟且知元豐元祐閒祀典固依然無恙也其廢不知何時謝山作增定祀典碑云羣公香火僅存一椽似是時尙有留遺者而余問之湖上諸君子則云久無孑遺況謝山之增定之也亦但據南宋圖經若果謝山得見舊主則祀典創於熙甯其時見聞較近神版祝號中必且有爲志乘所未載者何僅僅此數也以是知枌榆香火在謝山時亦不過任刺史一人而已吾嘗謂羣祀之廢必廢於廢湖人之手夫豐惠之廟（俗名樓太

師廟則廢湖人廟也既已煥然天下功罪無兩立之理廢之爲是則修之者爲非也廢之者當立廟以血食斯民則修之者爲厲民而其廟固當毀也所謂惡其害己而去之也非有他也而任刺史之幸而得存者則以其增修之政炳然正史蓋其時又必有援唐書地理志以爭之者雖其媚巫之强詞不能掩其功也故得存也嗟乎其人既去其澤既湮其廟既毀豈知數百年後諸君子者相與鄭重而考索之而參定之必使無一人之或遺且以祔祀之旁室爲不足而新卜築焉以與望春白鶴之廟鼎足而相望而王正己之辨況逵之碑滋益詬詈萬喙莫解固知公道自在人心而湖上諸君子之爲此舉信有功於鄉黨而足以風天下萬世之爲人吏者矣惟一二增損之典與謝山異同且代禩久遠或傾敗散失將今茲修明之舉無可考究是不能已於言也故既爲碑文復作此考而歷敘其人如左

舊祀十七人

唐鄮縣令儲公仙舟（舊主題鄞縣縣令今改正）

大歷中於鸎脰湖大加修治之功始更名曰廣德湖見曾南豐廣德湖記及乾道四明圖經

唐御史李公後素

唐明州刺史李公敬方

貞元中任刺史治而大之（說見後）而其後民有請湖爲田者大中元年朝廷出御史驗視御史咨詢本末置言者於法湖得不廢御史與刺史皆賦詩刻石見曾記及王檢正水利說

宋奉國軍節度使錢康憲公億（舊主有判明州三字按是時以明州爲奉國軍以公爲節度使即是判明州也不得重疊署之）

建隆間集鄉夫萬人開浚見圖經及寶慶四明志

宋知明州事邱公崇元

淳化二年民與州縣吏盜湖爲田久不能正至道二年邱公躬按視之而湖始復轉運使言其事詔禁民敢田者其後遂著之州敕見曾記

宋戶部員外郎知明州事蘇公耆

大中祥符中湖壞漏復而濬之見圖經

宋吏部員外郎直史館知明州事李公夷庚

始咸平中賜官吏職田取湖之西山足之地百頃爲之既而務益取湖以自廣天禧二年李公始正湖界禁冒取而湖始復見許俞開河記及曾記及圖經

宋刑部員外郎知明州事李公照（舊主名熙今據曾記及寶慶志改正內銜亦據志中）

宋從事郎張公大有蓋明州僚佐官不能考其何職矣
天聖景祐間此據曾記也王檢正謂在太平興國中誤民復相率請爲田朝
下其事於州州遣從事驗視力言不可而知州事李公
上言其事報如至道詔書李公以刻之石自此請湖爲
田者始息從事亦摘唐御史詩作記刻之見曾記及王
說

宋鄞縣主簿曾公公望

康定中益治湖見曾記

宋鄞縣令王文公安石結銜茲當以官吾土時爲主惟有謚則書之舊主題司空贈太傅封荊國鄞縣縣令今改正

慶歷中修湖隄見舒學士水利記

宋鄞縣令張公峋舊主作珣誤又題銜稱提舉兩浙路按曾記張侯去縣而爲提舉兩浙路常平廣惠倉是提舉常平倉也不得但稱提舉且是後官今刪之

熙甯初大修之而建望春白鶴之廟以祀湖神與諸公
南豐爲之作記王說云浚湖築隄工役甚備

宋左司員外郎知明州事馬公珫

元豐七年抵任按舒學士有和馬粹老修廣德湖詩又
云粹老有修廣德湖新記又有約粹老使君同往它山
謁善政侯詩中云西湖按即廣德萬頃蛟龍湫幾年荒茀今
則修又云使君之德侯可侔考是時知州事而馬姓者
惟公一人則粹老即公也故謝山祀之又按珫玉也粹字義亦相比

宋鄞縣令虞公大甯甯守原犯慕陵聖諱今改

舒學士風堋碶記稱虞侯作碶既又自州之西隅距北
津疏淀淤之舊增卑培薄以實故隄而作閘於其南而
東西管數鄉之堰碶隨以繕完者凡六所溉田五千五
百餘頃蓋大治水政而亦有功於此湖者故謝山祀之
今從之

宋鄞縣令段公藻

元祐中修湖隄見舒學士水利記又云父老謂段君治
是湖頗力增卑培薄植榆柳其上刻石載數分守而禁

止之

宋吏部員外郎知明州事葉公棣

元祐中有倡廢湖者舒學士禁止之說見後至崇甯初有
兪襄者復陳其議守葉公深罪襄襄走都省獻其策蔡
京惡之拘送本貫襄懼道逸見王說嗚呼京何如人也
而能惡兪襄彼謀一時之好官而貽桑梓千百世之禍
害者獨何心哉則幷蔡京之不若矣

宋寶文閣待制知湖州李莊簡公光舊主題資政殿學士今據其入奏時職銜改正之

於是而湖卒廢靖康中謀復之不果說見後宋旣南渡紹

興五年莊簡守湖州請興復此湖有奏劄甚詳朝議遣轉運使相視報尚書省轉運使言契勘湖既爲田更無可復之理於是而湖卒廢余謂此湖學故有兩轉運使而皆無姓名若紹興之轉運使得如至道之轉運使或者開復尚有望乎謝山曰莊簡雖非吾鄉守令吾亦幷請以祀之亦無聊之極思也今從之

增祀二人按之時代舒學士當在葉吏部之前王檢正當在李莊簡之上今以二人皆鄉人也位諸公之下可也

宋龍圖閣待制知荊南府荊湖北路都鈐轄贈龍圖閣學士舒公亶

王檢正水利說云元祐中議者復倡廢湖之說直龍圖閣舒亶信道鄉居痛詆折之記其事於林村資壽院綠雲亭壁謂其利有四不可廢今舒公集載焉於是妄者無敢鼓動是則元祐幾廢而持之者學士之力也其功與唐之二李宋之李刑部張從事葉吏部等舒集久亡所謂四利之說今見圖經中援古證今防微杜漸可謂文章之有關實用者旣議祀典何可略也論者或以居官忮刻深嫉其人然其事無與於鄉黨也且如荊國之愎害及國家而百世而下不以青苗之禍罷桐鄉之尸祝則豈得以烏臺之獄徹枌社之俎豆哉采葑采菲無以下體此一節要可百世祀而無媿者

宋直祕閣左司員外郎兼檢正王公庭秀

郎著水利說者水利說曰靖康初頗有意於復民利予時爲御史屬嘗以唐諸公詩與曾子固張大有記文示同列欲上章未果而金人圍城噫嘻此何時也而望其復乎故余賦鷃脰湖詩有云輕廢尚當全盛日議興況在靖康時深哀之也然而檢正之心則莊簡之心也莊簡祀矣而檢正忽諸可乎說又曰建炎甲戌金人陷明州盡焚州治自唐至今石刻皆毀折剝落無遺跡予恐

後人有欲興復是湖無所考據故詳錄之以俟討求是則其意尤可感已抑余更有說者廢湖以後檢正期其復而作水利說而王大卿正己以媚樓氏作廢湖辨拗曲爲直直斥檢正之說而曰當廢論者謂其無復是非之心今作廢湖辨者儼然祔食於廢湖人之廟（即樓太師豐惠廟在湖上）而不爲作水利說者謀一瓣香於遺愛之祠尤非鄉黨千百世之公論也故亟祀之

舊議祀二人

唐明州刺史吳公謙

王荊公有詩有山色湖光一樣淸之句王尙書應麟據

以爲吳侯廟記記云唐大歷中侯守是邦開西郊之湖尙書又作詩詩曰廣德湖爲鴻隙陂名棠欒社誰敢毀是廣德實開於吳使君故謝山議祀之然南豐記云李後素刻石謂當是時湖成三百年矣唐人見聞甚邇不應湖開於大歷而在大中初而以爲三百年也大歷中鄮令儲公大修治之更名廣德又不應以方開之湖即需大加修治而更名也儲公修湖見之曾記見之圖經而刺史無聞焉又不應以同時有功水利之人而偏舉其一也尙書記又曰其地爲九里堰因以名廟按即今澤民廟也去縣治不過九里而去廣德則尙遼然則刺

史所開西郊之湖蓋即其廟前所謂新河者而必非廣德湖也新河相傳爲宋吳丞相潛所開蓋大歷中開之至是淤塞復開之耳澤民廟祀事甚盛秋成報賽雞豚萬家固不必據史策軼傳郡乘缺績王尙書記中語之疑案而奉而廁之於一椽香火中也董大令前列木主無刺史今仍之高隱學亦疑之見敬止錄祠祀攷中

唐明州刺史任公侗

貞元中治湖而大之見曾記及圖經唐書地理志曰增修廣德湖溉田四百頃今白鶴廟已專祀之矣道光初修廟既成里中復爲之請

封典道光五年

敕封昭應伯諸公茲有功於湖而獨公一人名在正史世享專祠久久而得荷

聖朝之恩綸則幸不幸之說也今遺愛廟即在其廟之旁於彼於此不必也不復立主至董大令家狀中有云府君謀諸里人捐葺白鶴山廟其旁增建祠堂祀宋南豐曾公介甫王公諸名宦按南豐作修湖記時方通判越中未與其事也其後來知明州不數月旋去於修城有功亦未嘗從事此湖也不得祀也

烟嶼樓文集卷二十七　男隆壽平甫校字

烟嶼樓文集卷二十八

鄞　徐時棟柳泉稿　甥葛祥熊豫齋校刊

考二

賀監里居考

賀監鄮人也（今寧波府鄞縣）而隱於山陰（今紹興府）夫鄉有先賢而不知與非其鄉而爭之者皆非也賀監赫然擢用於開元天寶之閒抗懷二疏終老里閈可不謂賢乎明州越州兩爭之迄今無定論夫其人與其同時人之所稱道不可誣也而曰姑舍是而以後世顯然刺謬之說忿起而爭之尤非也鄮境有四明山（本元和郡縣圖志）監自號四明狂客（本唐詩及本傳）其行也餞之者皆曰送歸四明（本元宗詩及同時應制詩）四明圖經著於唐時者已亡宋元存焉多有他證然以晚近姑略之若其自號與同時送別之詩不足以證乎故曰監鄮人也監之歸也上賜以鏡湖及剡川其同時人賦詩皆稱鏡湖在山陰（本李白杜甫儲光羲孟浩然諸詩）故曰隱於山陰也蜀人李白至長安監賞之呼爲謫仙白耿耿不忘監沒憶之以詩曰狂客歸四明山陰道士迎則是監本鄮人而隱於山陰者也故觀諸李白之詩而吾言尤信乃唐史稱監爲永興人（今蕭山縣）妄也今蕭山人據以爭之甚力其言辨故爲條駁附於後

毛氏奇齡蕭山縣志刊誤曰按唐書載季真在隱逸傳中明云越州永興人以吾邑自隋時省縣併入會稽至高宗儀鳳閒始復置永興而季真爲證聖年制科所中則正在新復永興之後未改蕭山之前故其表用雖遲之開元天寶之際而通籍在先其不稱蕭山而稱永興昭昭如也

駁曰元和郡縣圖志曰儀鳳二年置永興天寶元年更名蕭山唐書地理志亦無異詞夫賀監以天寶三載還鄉正在改名蕭山之後如果監爲蕭山人何以不稱蕭山而稱永興荒忽如此此尙可據乎而乃曲爲之說曰通籍在先夫此是史傳非制科題名記令有一人焉通籍時名甲通籍後更名乙史傳中當書某甲乎書某乙乎以及見更定縣名之人乃冠以昔者棄去不用之舊號史家應有是例乎製序賦詩者門餞別爲天寶初一大掌故作史者豈應全不考及故紀其實當書鄮縣稱其隱當書山陰即使妄以爲永興人而原其始則是會稽究其終則是蕭山更不應以東不在山西不在水之永興妄題之新舊兩書如出一轍甚可駴怪而毛氏遂妄據之

又曰初不知甬上之披之者何所依據揆其故不

過以四明狂客一別號耳夫別號何嘗意所欲表隨在可取稱谷同者不必果在山號鳳洲者不必眞在海夫人而知之也使以別字之故可竟易其籍則先儒陸象山士司沙定海俱甯波人矣

駁曰如此則天下無可讀之書矣左傳開卷說孟子是惠公夫人及讀論語則孟子是昭公夫人至讀詩則孟子又是寺人何以異於陸象山沙定海之說若謂四明狂客是隨意所取則賀監意在周官湖故乞周官湖何不自號周官湖狂客而乃取裹足不至之四明山以表其意乎且例須旁參義可隅反監自號

四明狂客又號祕書外監惟家四明故號四明惟官祕書故號祕書若是隨意所取何不稱司天外監殿中外監乎

然而吾甬上人之扳之者則固不但四明狂客一別號已也元宗送監東歸親灑宸翰爲羣臣倡其詩題儼然大書之曰送賀知章歸四明一時臣下和之者皆大書之曰送賀監歸四明應制豈當時君臣竟不知四明二字是賀監寄意之別號而直誤視爲生長之故鄉以致隨聲附和書之曰歸吾不解梨洲何以夢夢如此

而且李白對酒憶賀監詩二首其一則曰四明有狂客其二則曰狂客歸四明吾又不解太白與賀監舊交而亦昏昏蚩蚩以別字之故竟易其籍如此浸假有一人焉賦詩曰定海有士司又賦詩曰陸子歸象山可乎

又且太白送權十一序又稱賀監爲四明逸老夫果四明狂客是寄意之別號則豈有稱人別號而可爲之更定者

賀監之歸定居山陰然在山陰爲寄公而於四明則土著故賜鏡湖賜剡川上已明知其不還本籍至賦

詩則必曰歸四明歸四明者又云返故鄉也此古人重本意非淺人所能知者夫同時人之文同時人之詩同時人之詩題歷歷如此別號乎本貫乎而太白集中復有一詩題云送賀賓客歸越者亦指四明也以鄞縣舊隸越州故也唐人武元衡送寇侍御司馬之明州詩曰斗酒上河梁驚魂去越鄉又胡宿送林學士知明州詩曰碧沼觀魚越鄂舟

又曰夫四明本山名地在餘姚唐時以餘姚縣屬之甯波稱餘姚郡而因以餘姚有四明山故稱明州則其稱四明者亦當在餘姚不當在甯波

駁曰四明本山名是也而謂地在餘姚則大誤元和郡縣圖志曰採訪使齊澣奏分越州之鄮縣置明州以境內四明山爲名唐書地理志亦曰明州餘姚郡開元二十六年以越州之鄮縣置以境有四明山故名是則既分越州之鄮縣鄮縣境之四明山卽與之俱來遂得因山名州以爲郡望毛氏卽未親歷其地不知鄮縣之與四明山果尙有瓜葛與否而如郡縣志地理志之屬尙非僻書不應從未之見既已見之二書明明言四明山在鄮境內而必云地在餘姚何故

然且肆無忌憚自造史事謂唐時以餘姚縣屬之寧波稱餘姚郡夫當開元二十六年置明州餘姚郡時其所領縣有鄮縣有奉化縣有慈溪縣有翁山縣而餘姚之隸越州者如故此載在唐書非可臆說而曰餘姚屬之寧波此是誰造地理志中語

明州餘姚郡郡名也越州餘姚縣縣名也兩不相涉毛氏但見明州餘姚郡五字妄意必餘姚縣屬明州而後乃名餘姚郡殊不知大謬至此毛氏改竄經史指鹿爲馬是其生平第一大本領特此條以越州人考越州掌故不應顚倒貿亂至斯極也（董覺軒曰餘姚入明州爲開闢以來未有之事近時吾鄉亦有守此瞽說者一日舉以相詰余笑謂元季方谷珍據慶元與張士誠畫曹江而守此時餘姚當隸明州若大一統朝則吾未之聞也○又曰吳越備史有明州餘姚縣語則錢氏時亦當以餘姚屬明州然亦非大一統朝也）

又且恣意妄說言之鑿鑿謂因餘姚有四明山故稱明州謂稱四明者當在餘姚不當在寧波無論餘姚從未入寧波卽使曾來而餘姚既去山卽與之俱去彼寧波者不應歷唐歷五代歷北宋歷南宋歷明初純盜虛聲以子虛烏有之山爲之郡望而泰然而受明州之號也（南宋寧宗在潛邸曾領明州觀察使故卽位後改慶元府元曰慶元路明初復改明州既而因單仲友之請謂明字犯國號始改寧波府）又不應歷來中外臣僚

不識山川地里不能更正獨賴毛氏審定之

四明山周圍甚廣西跨紹興南連天台而包寧波境之鄞奉化慈溪三縣綿亘最長故當時以爲郡望夫以明越台三州公有之山當開元二十六年時居然取以歸我鄮縣以名其州至於千載以後忽有毛氏者欲攘其故物以私予餘姚人其誰甘之（元和郡縣志於明州則曰以境內四明山爲名於餘姚縣則曰四明山在縣西一百五十里）

凡稱謂必有成例而時代必有界限未立明州以前其稱四明者吾不能決知其爲寧波人爲紹興人爲台州人至既立明州以後則無論史傳地志文集劄

記道藏梵典傳奇小說無論古往今來賢知愚不肖搢紳學士市儈估客無論本鄉同里旁州異郡幷無論公有此山之紹興台州人其一切耳聞目見心識口誦之四明二字指甯波乎指餘姚乎此固非一手所能掩一口所能辨甯波人不得坐以相讓餘姚人不能起而相爭者而宋景德大觀乾道閒人之作明州志宋寶慶開慶閒人及元延祐至正閒人之作慶元志明成化閒人之作甯波志竟不題明州慶元甯波直曰四明圖經四明志四明續志而竟行之天下傳之後世從無有非其名書之過亦從無有疑爲餘

姚志者而毛氏旣竊我鄉賢私諸蕭山又奪我山鎮畀之餘姚吾不知其是何肺腑也我則以千年郡望懼爲所竊故不能無辨

又曰故吾謂賀監之在吾邑無論永興里貫鑿鑿不刊更無容一置佗喙而卽以其傳觀之其可旁證者有三季眞所乞者周官湖也周官湖者爲季眞宅傍之湖卽周家湖也湖爲永興地此一證也

駁曰永興里貫最不足據吾向已言之矣（王月農曰元宗君臣之知祕監當詳於劉煦宋祁今其送監曰歸四明而而劉宋以爲永興人不應四明山復在蕭山耶）舊唐書稱韓退之爲昌黎人新唐書改曰鄧州南陽人毛氏作詩話竊朱子舊說謂退之是河南人極駁二書之謬然則唐書所載里貫固非鑿鑿不刊無容一置他喙者矣乃若賀監乞周官湖謂卽是其宅傍之湖此是何據而又曰周官湖卽永興之周家湖此又是何據毛聽齋名公穀者毛氏之先也其作改正周家湖記曰宋嘉祐中邑人周姓者貲產饒裕環是鄉田多屬其家然其地連山延谷旱潦相仍周姓苦之各捐己田濬備灌溉而周家湖成矣是蕭山之周家湖明明開於趙宋之嘉祐而謂李唐天寶中已有之可乎且是周家湖非周官湖乃毛氏必欲妄牽合

之遂詭其詞曰家與官形近致譌又曰湖或開於宋前宋時中毀復開之且曰先汀州司馬聽齋府君所作記近忘遠但知嘉祐是不特遁辭知窮而揆其用心欲爲其鄉拔名人且不惜非其先人以自實無據之說抑又何苦爲此

蕭山舊志載周家湖來歷甚明白毛氏旣作刊誤至乾隆朝修縣志者終不然其說曰賀監所乞已湮沒無考不必牽合爲一也可知人心之公雖墨守其說者亦不能袒護之

賀監回鄉詩曰離別家鄉歲月多近來人事半消磨

惟有門前鏡湖水春風不改舊時波或曰賀監鄮產
萬無可疑而其未仕時蓋嘗先寓鏡湖故其詩如此
余謂讀古人詩不必過泥鏡湖在山陰距鄮縣甚近
監由鄮縣出山道必經此既歸而隱居其地卽以眼
前起興以溯舊游不必其定會寓此也然卽此一詩
尤見永興之說之妄夫果監爲蕭山人則道出西陵
斷無倒行退入鏡湖之理所謂舊時波者將安指乎
毛氏但知拔其人而其人所作家絃戶誦之詩都未
一見眞瞽說也
乃若周官湖則僅見唐書本傳他無旁證或在明州

或在越州皆非千載以後人所能知者存之可也
又曰若唐宗所賜一爲鑑湖鑑湖越州地又一爲
剡川剡川亦越州地也夫一賜再賜皆不出其鄉
又一證也
又曰且季眞之歸也唐宗擢其子名曾子者爲越
州會稽郡司馬使侍養之向使季眞爲明州餘姚
郡人而使其子之侍養者反隔處越州會稽郡以
使之奉秩進膳乎此又一證也
駁曰此不足難也何也我固言賀監隱於山陰者也
賜地侍養皆歸隱時事生長之鄉與歸隱之處本自

異地若但以鑑湖剡川之賜卽可證其里貫則是尼
谿不沮夫子爲齊人書社既封夫子又爲楚人矣尚
論史事而以乳臭之言可笑也且卽此二端謂是永
興人之證則又何故夫鑑湖剡川會稽皆越州地而
皆非永興地我不屑據爾不得拔不足證也
又曰千秋觀在蕭山縣南唐祕書監賀知章夢遊
帝居數日始寤乃改其宅爲千秋觀
駁曰此又是何據乎其於永興里貫尚有錯誤唐書
可據其於周官湖尚有形近周家湖可混而千秋觀
之在永興縣南則全無可據全無可混直信口妄說

而已賀監既居鏡湖卽爲道士故肅宗乾元元年詔
曰故越州千秋觀道士而唐人朱放有經故賀賓客
鏡湖道士觀詩其詩曰那隨流水去不待鏡湖春又
曰空留道士觀誰是學仙人然則千秋觀在山陰乎
在蕭山乎在山陰之鏡湖乎在蕭山之周家湖乎請
自思之
又九懷詞荷仙序曰荷仙者俗云卽荷擔僧相傳
來蘇十八都有雲門寺卽僧宅每出人問曰念佛
何用曰成仙耳因亦名荷擔仙今神巫讚年詞終
亦讚僧如曰昔日有個荷擔僧前頭擔母後擔經

先檢討曰此賀監也監吾邑人少名知彰取知微知彰義也字癉生癉者彰之反取彰善癉惡義也舊居來蘇鄉

駁曰此則不謂之夢中囈語不得矣李白詩曰風流賀季眞唐書亦曰賀知章字季眞固無更名原名初字更字之別其同時歌詠者亦但稱賀監賀賓客賀八賀九而已更無他稱也卽金壺記及法書要錄謂字維摩此亦偶然一見孤文單證不足依據乃去賀監千餘年忽有一人出而曰此人初名知彰初字癉生非特知此人之初名初字并能曉此人之所以名

所以字之意然則毛氏何不終問所謂先檢討者以所出何書而但曰先檢討云云則眞老泉所謂與人爭而以吾父之說爲據者也

又且荷擔僧其姓賀其父名彪其母趙氏其居宅在來蘇鄉舊志確鑿如是而乃以一荷字偶然音同遂劈空造此一段無賴語錢唐龔明水謂毛氏作仲氏易爲譬其兄今吾不知其於乃翁又何怨惡而病狂喪心誣之如此且此不足詰也

總之賀監是鄮人而隱於山陰者隱於山陰有多少當時人詩可憑若舊籍鄮縣則有別號可證唐元宗以下送別詩題可證李白諸詩文可證太白對酒詩云狂客歸四明則是賀監四明人也云山陰道士迎則是以四明人而隱於山陰也十字之中已括其前後里居明白如話一若預知後世之聚訟紛紛而先爲之立案者眞是鐵據可息萬喙然固非粗心人所能領略也元和郡縣圖志稱四明山可證宋元人所說字故如贊巖高尙宅洗馬池賀家灣賀府君碑之類卽有赤柄亦棄勿取其愼如此若毛氏所據別無他說但是錯誤之唐書其他千秋觀周官湖等則一切譫言囈語不直一笑而尙曰周官湖今有賀宮豬居之語詳其所作蕭山縣志刊誤中爲監係蕭山人之憑更可唾棄不足顧覽然則廢之可矣

全吉士祖望謂永興是祕監郡望且曰自六朝至唐學士大夫雖遷居必著舊籍晉隋諸史無不然者劉昫宋祁系祕監以永興蓋以此也語雖迴護要足以存一說至定監爲鄮人全以莫將碑記作據則較爲晚出不足以服爭者之心也

乃若吾鄉人以鄮城月湖當唐時鏡湖此亦村學究之說不足深責者

若錢宮詹大昕來修鄞志以正史則不敢謂鄮人以古蹟則不敢謂非鄮人依違武斷列之寓賢更可哂也鄞縣志當立正傳山陰志當立寓賢傳而蕭山志中則全無關涉者近時省府縣志無一是處正史

之足以誤人如此

烟嶼樓文集卷二十八　　男隆壽平甫校字

烟嶼樓文集卷二十九

鄞　徐時棟柳泉稿　甥葛祥熊豫齋校刊

考三

周氏譜源考

吾友周篆楚堂修新河家乘斷自明始明以前弗可詳矣而其先世所傳有遷鄞以來譜源始自後梁迄於宋季世系姻戚科第名位生卒塋墓詳哉乎言之家乘垂成取譜源示余則僞妄之書也先輩言譜牒多妄未有若此其甚者作周氏譜源考

世系之妄第一

所錄世系凡九世累數十百人粲然完具無少闕失夫彼或盡僞其高曾雲仍之名自爲圖譜則亦聽其自僞而已獨柰何牽率鄉先輩妄名其祖孫父子而使之顛倒錯亂哉故摘錄其强爲援引者表而正之其他不暇及云

瑞	穎	遒						
		逕	甯厚	鑑				
				鉞				
	顗	邁	庸厚	銓	允誠	廣志		
						廣度	緋	
							維	
					允謹	廣譽		
				錦	允誌	廣慮	組	
							緝	福孫
		适	處厚					
			師厚	鍔	允迪			
					允逋	廣華从火避改		
						廣焯		
						廣燁	坦	
				銖				
	頤	造						
			義厚	鎬				

右凡名見他籍者十有三人造也處厚也師厚也鍔與銖也坦也皆見郡邑志者也鍔銖爲師厚子志屢書之不待僞者乃若處厚師厚皆造子而未之聞耶坦者鍔四世孫志言之矣志以離身數而彼以連身數之遂妄以元孫爲曾孫華也焯也亦見郡志者也選舉表曰坦華焯之嫡姪焯先坦第進士華嘗薦於鄉故連類書之彼遂得引爲坦之伯父而必加廣於名上者則彼方强廣譽爲鍔從孫故竝華焯而盡廣之其事甚拙其心則

甚勞也鉞也鎬也雖有其人而不顯而有其名者則依
鍔銖金傍僞造之而偶合於古也廣譽也維也福孫也
名見郡志而本非族則無故而强類之者也余嘗慨吾
鄞譜牒之妄擬取鄉先輩書參之志乘爲甬上名公世
系表四休周氏月湖之望也以斯譜之謬亟欲訂正因
考諸家而表其可知新河周氏非必其後也然桑梓故
家亦吾與楚堂所宜留意者
瑊生祐祐生造

造　處厚　鎬　澥　杞
錞　灌　櫃

澥灌皆處厚孫未知誰子見舒亶撰處厚墓志
瀚　權
亦處厚孫未知誰子見陳瓘撰處厚妻行狀
杞櫃權皆處厚曾孫未知誰子見陳瓘撰處厚妻行狀
鉞　漸　杕　積中　敬先
鉞以上竝見舒

亶撰處厚墓志
大正
大壯
漸至大壯見樓璩撰杕行狀
温厚
師厚　鍔　沖　楫　煇　塤
華　坦
字从火从華今改爲作華餘同
塤坦皆楫孫未知誰子自楫至

坦竝見樓鑰撰楫壙志
焞
熉
焯
炤
煜
煒
熛
淵　模　熺　塈

烜

垓

圭

垍

堪

埏

右六人皆模孫未知誰子自模至埏並見樓鑰撰模墓志

深

自深以上並見王庭秀所撰鍔墓志

銖

鎡

自温厚至鎡並見舒亶撰師厚墓志

姻戚之妾第二

譜言正議造娶史氏贈碩人妾也正議娶徐氏贈東海

郡太君譜言朝議處厚娶汪氏贈淑人妾也朝議兩娶皆王氏皆同邑度支郎王絢女姊封仙居縣君妹封壽安縣君譜言朝議女元大孃適鄞西王壇公姪孫妾也朝議女一嫁和州歷陽縣主簿吳舜以上皆見舒學士撰朝議墓志陳忠肅撰壽安縣君行狀譜言銀青師厚娶陳氏張氏並贈東平郡夫人妾也銀青娶范氏寶慶四明志稱南雄舅氏爲范忠文鎮則銀青當娶開府度之女而袁文清桷延祐四明志非之謂娶范文正仲淹女考王檢正志南雄墓舅氏爲范忠宣純仁其後樓宣獻鑰志銀青曾孫伯濟伯範墓皆曰銀青娶范文正女忠宣姊則文清說似無可疑

乃舒學士亶志銀青墓但言妻封蓬萊縣君不著其姓豈闕文耶抑學士與諸公齟齬故略之耶富鄭公弼志范文正墓載一婿而不及銀青而又書一女曰幼未字或謂此蓋銀青妻然文正卒於皇祐四年是時銀青已年二十明年即第進士不應其元配尚可稱幼女也及讀鄒忠公浩所撰范夫人墓志始知銀青娶太子中舍范仲温遺女文正所愛養者初封蓬萊縣君改封高平縣太君譜言銀青女二長適朱氏次適史氏妾也銀青女三當其卒時長女已適山南東道節度推官俞偉次已適太廟齋郎沈公立季尚在室舒學士撰墓志其後嫁陳忠

肅瓘忠肅與兄書云自到官尤覺中饋不可無人瑞奴等零丁益可憐不免議同年周戸曹之妹其家淸貧其人年長貧則不驕長則諳事舉家好善故就之戸曹者南雄鍔也譜言南雄娶史氏贈淑人妄也南雄初娶朝奉郎胡宗甫女樓宣獻袁文淸以爲初娶尙書右丞宗愈女者非也再娶翰林學士王覿女皆早世後娶左正言陳伯强女累封令人王檢正撰墓志徽宗初年欲官南雄戸部時宰以爲范純仁之甥王覿之壻陳瓘之妻兄不可用其後作黨人碑數公皆與名一時以爲榮姻婭之閒闗政蹟焉則非妄人所得而知也又南雄有一女嫁從事郎李寮

科第之妄第三

譜首大書周氏宋進士題名記凡十一人慶歷二年造六年處厚皇祐五年師厚元豐二年鍔崇甯二年銖紹興二年廣譽十五年維端平二年福孫淳祐元年夢李七年岳十年坦凡四明志所載宋進士周姓者幾無孑遺而不知固有不可合者宋元諸志最重世家凡後見者皆書曰某子孫某弟姪處厚師厚造之子也鍔銖師厚之子也坦鍔之四世孫也六人一家無可疑者若廣譽維福孫岳四人皆不書其系是必微宗而崛起者豈得妄合至夢李則寶慶志書曰常之曾孫周常不知何人雖不可考其非正議支顯然且其籍慈谿豈得引爲重乎而元豐五年進士溫厚處厚之弟師厚之兄也紹興元年進士焯鍔之曾孫也斯二人者實正議支而范不知引何也溫厚進士見乾道四明圖經寶慶志以特奏名删之其後志乘皆從其例圖經不易得宜作僞者不知有溫厚名而失焯而不書抑又深可怪也明初周宇字仲圭鍔之十世孫也嘗編周氏家集鄭榮陽眞爲之書後有曰周氏爲吾鄉望族自宋有國以來以科第顯者八人而自正議公諱造始處厚溫厚師厚造之子鍔銖造之孫焯造之五世孫坦造之六世孫其信而有徵如此

名位之妄第四

乃其所書名位則妄之尤妄者也曰明州錄事參軍瑞曰起居舍人穎曰贈榮祿大夫顗曰封大中大夫頤曰兵部員外逋曰兵部尙書邁曰封大中大夫适曰保靜軍節度使造曰起居舍人甯厚曰敷文閣學士處厚曰兵部員外義厚曰淮西運判維厚曰翰林學士繪厚曰武昌縣尹鑑曰兵部侍郎鉞曰朝請大夫沿海宣撫司參議銓曰兵部員外錦曰金壇縣尉鏞曰翰林學士銖

曰國子監丞鎬曰黃州錄事參軍欽曰知桐城縣允禾
曰太府寺丞允晳曰中奉大夫允委曰金壇縣尹允譁
曰工部員外允諮曰浙西提刑司幹辦公事允才曰福
建錄事參軍允斌曰黃州錄事參軍允迪曰朝散大夫
允逋曰廣州錄事參軍允遜曰烏程縣尹允遲曰禮部
侍郎允中曰知武昌縣允渭曰起居舍人邦伸曰榮祿
大夫廣譽曰封朝議大夫廣煒其人子虛其位烏有率
意妄言自欺以欺子孫何不憚煩至斯極也銀青師厚
南雄錫二人有傳在郡志彼據以為本故所說不妄若
造若處厚若鉞若銖若鎬數公皆無傳可考遂得自為

除授矣造由大理評事遷殿中丞汪敷文撰林墓志贈正議大
夫舒學士撰朝議墓志處厚則釋褐調江州司理參軍再調臨州
司理參軍和州軍事判官河南新安縣僉書調梓州鄜
縣僉書淮南節度判官公事通判絳州在京糧料院知
建州又知永州階著作郎八遷為朝議大夫勳柱國服
三品舒學士撰墓志鉞則以蔭補太廟齋郎遷蕭山縣尉卒於
官汪敷文撰林墓志銖則調開封中牟簿未幾掛冠乾道圖經積階
至承奉郎而其作天壽院記時自署宣教郎鎬則授河
中府臨晉縣尉早卒舒學士撰朝議墓志此皆歷歷可據以駁妄
說者也而其述銀青與南雄官階雖不妄而言之不詳

銀青始任復州景陵縣尉信州司法參軍衢州西安縣
令監在京富國倉編修三司條例管句荊湖北路轉運
判官暨南路轉運判官句當農田水利差役事在京竹
木務通判西京權進奏院武學博士通判保州其階著
作郎祕書郎承議郎朝奉郎朝散郎其勳上輕車都尉
其服五品舒學士撰墓志銀青既通判河南保州卒於官其後
贈至銀青光祿大夫王檢正撰南雄墓志南雄年十四入太學中
元豐二年乙科調舒州桐城縣尉不赴後官宿州蘄縣
簿逾年丁銀青憂服除擬常州司戶參軍未赴改濠州
司戶以格遷鳳翔府司錄參軍充淮南轉運司主管帳

司文字會計任滿改宣德郎知開封府雍邱縣逾月移
知太康縣徽宗即位覃恩轉奉議郎賜五品服已而除
太常主簿除司農司丞磨勘轉承議郎建中靖國元年
除京東西路提舉常平改京西南路崇寧元年赴官過
闕入對稱上旨欲與戶部官宰執不可未幾黨議起自
承議郎鐫兩官僉書秀州軍事通判廳公事二年再自
宣德郎降至承務郎監泉州在城茶鹽商稅五年敘復
宣德郎監兗州東嶽廟任滿主管江州太平觀丁母恩
平夫人范氏憂服闋盡還所降官為承議郎提點江州
太平觀政和元年轉朝奉郎四年轉朝散郎知南雄州

磨勘轉朝請郎還朝轉朝奉郎除江淮荊湖浙江福建等路提點坑冶鑄錢公事以所向不偶浩然乞休宣和五年守本官致仕欽宗登極覃恩加朝請大夫服三品高宗即位加朝議大夫紹興元年特轉兩官爲中大夫王檢正撰墓志夫銀青父子位雖不顯政蹟治議赫然耳目譜源不足道而其歷官始末爲吾黨所當知者故書此以補志乘之闕乃若贈大理評事曰祐者舒學士撰朝議墓志正議之父也以特恩入官樓宣獻撰楫墓志爲杭州富陽縣主簿舒學士撰銀青墓志罷歸即以承議郎致仕王檢正撰南雄墓志曰溫厚者朝議之弟而銀青之兄也蔭授邠州新平縣主簿曰錞者

舒學士撰朝議墓志朝議之仲子而臨晉之弟蕭山之兄也蔭補郊社郎曰澥者同上朝議之孫也以父蔭官潮州司錄曰漸者樓鑰撰林行狀蕭山之子也右迪功郎江陵府監利縣丞王檢正撰南雄墓志後監潭州南嶽廟樓宣獻撰楫墓志曰沖者南雄之伯子也從事郎台州軍事判官王檢正撰南雄墓志仕至右儒林郎樓宣獻撰模墓志曰淵者南雄之仲子也淳熙己酉薦於鄉曰華同年薦漕臺明年第進士官迪功郎台州臨海縣尉曰焯者樓宣獻撰楫墓志皆南雄之曾孫而監嶽之孫也慶元四年鄉貢進士曰熺者樓宣獻撰模墓志亦南雄之曾孫而儒林之孫也此十公者譜中并無其名世家閥閱亦考古者所宜識之者也故竝述之澥與華與焯與熺皆以文獻無徵不得知其位之所終矣案樓宣獻撰林碩墓志云壻曰周焯僅試一尉是焯即以臨海終者

生卒之妄第五

譜書生卒宜也若墓志則古法但紀卒年月日而不詳其生然必書年若干逆數焉而生年可知矣按朝議以紹聖三年八月二十一日卒年七十有七是生於天禧四年庚申者也銀青以元祐二年二月十四日卒年五十有七是生於天聖九年辛未者也南雄以紹興二年三月三日卒年七十有五是生於嘉祐三年戊戌者也

而譜源稱朝議以天禧三年四月十日生紹聖三年十月十一日卒年七十有八稱銀青以天聖三年五月一日生不言其他稱南雄以嘉祐五年正月十四日生年七十有五數之則當卒於紹興四年譜源固無據之說然天禧紹聖天聖嘉祐紹興紀年皆合相去不過數年而南雄年七十五又宛然符節是亦可謂雖不中不遠矣

塋墓之妄第六

舒學士志銀青墓言銀青以元祐丁卯卒保州官舍是年十月十九日歸櫬葬通遠鄉四明管之原四明管即

金谷里銀山南雄作寶積寺記所云前年予卜先人之藏於銀山者也而僞譜知之書曰葬通遠鄉空術墺之原彼蓋從郡志得之也若志所未載則遽妄矣譜言朝議葬鄞西南錫山墺非也朝議以紹聖五年七月十四日葬桃源鄉舒學士志其墓至陳忠肅狀其妻壽安縣君始詳言其葬所在桃源鄉花梓墺譜言南雄葬鄞光同鄉櫟社村之原非也王檢正志南雄墓言南雄以紹興二年三月十五日葬通遠鄉銀山之原銀青墓右南雄爲北宋名臣郡志但載其父墓而不書南雄葬地則秉筆者之過也南雄有二孫皆葬銀山其一名楫字伯

濟其一名模字伯範二公墓皆樓宣獻志之

右凡本無其人而僞爲名者其所稱說吾不能知若其人爲鄉先生曾見他說者則不攻自破無之非妄爲是譜者妄人之尤者也而周之人猶曰吾新河周爲尙書邁後又曰吾新河周來自車廐山譜源稱參議詮葬車廐或者參議之後嗚呼是一人夢而天下與之同夢也是譜删薙而已本不足詰特罶貽既久從吾言而遽廢之後世子孫不得見源流將以廢之爲楚堂過而楚堂何說之辭而余則實貽之以口實矣故爲作斯考言之不厭過詳楚堂存吾言於新河家乘中使見者知作僞徒勞而亦得告無罪於其宗族云

烟嶼樓文集卷二十九　　男隆壽平甫校字

烟嶼樓文集卷三十

鄞　徐時棟柳泉稿　甥葛祥熊豫齋校刊

論

夷齊讓國論上

漢至今二千年士大夫無智愚賢不肖莫不知夷齊讓國事當此而欲闢其說而廢之未有不掩耳駭走者也雖然試言之可乎書莫古於周秦論莫定於孔孟孔子稱夷齊者四絕不及讓國夫讓國大節也當其稍先則有泰伯泰伯與伯夷事相類乃盛稱泰伯爲至德而於夷齊但論其軼何也孟子之論伯夷則曰非其君不事

曰治則進亂則退曰當紂之時居北海之濱以待天下之清且推而論之謂得百里之地而君之能朝諸侯有天下假令夷果爲孤竹君之子吾意孟子當不有是語此大彰明較著矣且史所稱夷齊生平無異行而孟子乃常常孤稱伯夷抑又何也至考之諸子莊子稱昔周之興有士二人處於孤竹曰伯夷叔齊墨子亦言孤竹有二士伯夷叔齊即呂不韋十二紀亦曰昔周之將興也有士二人處於孤竹曰伯夷叔齊處也非國也士也非君之子也孤竹不知何人物而奉之夷齊夷齊所不屑也孤竹君不知何如人而奉爲夷齊之父夷齊所不願也然則夷齊者我不知其果爲兄弟與否又焉得國而相讓耶且史稱孤竹君之子諸子皆曰處於孤竹而孟子實謂隱北海之濱說者祖史置諸子而又欲合史於孟乃曰夷齊既讓國而隱北海之濱夫北海非他碣石山也碣石在今永平古之孤竹遺城在焉夷齊讓孤竹之國仍居孤竹之地史所謂逃而去之者是耶非耶將毋讓非其心而故徘徊其地以俟動靜耶嗟乎果若此則他日不食周粟必將仍安其身於豐鎬閒耶孤竹可例成周而北海不可比首陽豈待上智決耶要之二子者避紂而居孤竹聞西伯與就之西伯卒遂隱首陽

此其說與周秦所紀孔孟所論皆合不合者史耳夫舍經而就史固已不可而况乎史固未易遽論者哉

夷齊讓國論中

夫伯夷列傳者史公寄憤之作也夫所謂其傳者當時固有此傳史公疑之而姑述之而因以寄憤者也以彼非常之才無故而受非常之辱豈能一日忘於心哉夷齊事蹟無可考而見稱孔子遂傳至今乃其所以自傷受非常之辱而天下皆辱之而無有知之者也故一則曰君子疾沒世而名不稱再則曰烈士徇名三則曰夷齊得夫子而名益彰四則曰名堙滅而不稱五則曰砥

行立名嗚呼其自以受非常之辱而忍而爲史以求沒世之名而發其意於列傳之首蓋其身世之感至哀而至痛矣夫以堯舜授受之重虞夏典籍之古至不可易而乃有堯讓許由之說此何異夷齊讓國之說哉而箕山乃有許由冢此何異夷齊之有軼詩與傳哉夫可信者莫如孔子而孔子之論夷齊者曰怨是用希曰又何怨而軼詩之怨乃如此此其傳與詩豈復可信然而其傳則謂夷齊餓死乃遂觸其平時蒼涼感慨致疑天道之隱故申論顏回夭死盜跖壽終不軌者逸樂富厚非公正不發憤者遇禍災以反覆於善人餓死之卒不可

解夫所謂公正發憤而遇禍災者非其自道也耶此其意甚怨而其語甚悲而豈信夷齊之傳而爲夷齊發哉夫以非常之才受非常之辱當其著書而姑以一人一事之寓言以寄其憤而復顯然論軼詩之言怨不足憑而終定論於孔子亦可謂示後人以不惑矣而世乃信而眞之耶且周本紀之言曰伯夷叔齊在孤竹聞西伯善養老往歸之而劉敬之說高祖也曰文王爲西伯呂望伯夷自海濱來歸之是時孟子未顯其說若合符節而史公亦大書於劉敬之傳嗚呼明乎此而其所以作伯夷列傳之意可知矣

支離至於此傳極矣豈有巨眼如史公而信之父欲立叔齊有此意耳而伯夷曰父命也命自何來一也伯夷遂逃去逃去何處二也叔齊亦不肯立而逃之又逃之何地三也乃遂徑接曰於是伯夷叔齊聞西伯善養老試思二子各行其是其逃去本應不相爲謀此時何爲忽合一處若有成約者然四也且畢竟辭孤竹後歸西伯前二人何在五也金縢稱文王在武得天下以後而伐紂時但稱文考坊記引太誓可驗也今言武王載木主號爲文王六也武王九年觀兵十三年代紂文王之葬久矣故逸周書西漢太誓

皆言武王觀兵先祭畢畢者文王葬地今曰父死不葬爰及干戈七也斬紂頭懸之太白語出六韜諸書本不足盡信況此時武方興兵其放其誅其俘以歸皆不可定何以此時便知爲弒八也伯夷太公孟子所稱二老此時若不相識者但曰此義人扶而去之九也歌詞滿腔憤憤大與孔子得仁無怨之論相左十也一傳纔二百字而支離附會至於不勝攻擊如此史公豈信之耶

自有此傳以後異說雜起有言或告夷齊擁有孤竹之國以復商祚而夷齊以爲非吾事者有言或詰夷

齊西山亦周土薇亦周薇而夷齊遂餓死者且更有妄言夷齊姓墨胎氏者一言姓墨有妄言夷名允字公信齊名致字公達夷齊其謚者有妄言夷齊之父名初字公朝者有妄言孤竹君中子是夷齊異母弟其名伯僚者信口妄說眞不值一笑者也

至韓非則更捌一說其姦劫弑臣篇曰古有伯夷叔齊者武王讓以天下而弗受二人餓死首陽之陵其外儲說篇又曰伯夷以將軍葬於首陽山之下雖不言讓國事然其說亦太奇矣

夷齊讓國論下

夷齊之傳蓋起於戰國當其時如燕子之之屬之亂人國者其黨與妄爲故事故高隱士之節以奪人主之心而其才又鄙瑣不能自僞乃私竊周家泰伯之舊事略爲同異而曰伯夷叔齊者兄弟而讓國者也嗟乎果如所云彼夷齊者乃商季之亂臣而孤竹之賊子士大夫曾沿習而不察耳夫父欲立乙而甲不知與知而不去甲雖拂父意未嘗不正父欲立乙而甲知而去之乙受命而立未嘗不順今父欲立乙而甲乙皆去草芥宗社以自沽區區之名而顯坐父以不慈於長不義於幼與狗私而亂法之罪九原有知亦將疾首痛心而悔恨無已故其人在國法爲亂臣在家教爲逆子夫泰伯仲雍皆去而王季獨泰然而嗣立者豈負周國哉聖人之權度將必有萬不可去之理若叔齊以天倫爲重將王季不知天倫者乎假令王季非聖人而其賢乃但如公子郢吳季札之屬則泰伯必將返而就國何則父命不可違而國事重矣今兄曰父命而弟以天倫而或當其偕隱之時而詰之而曰天倫安在而夷爲無君而曰父命安在而齊爲無父嗟乎不學之子僞爲無父無君之說以重誣古人而史姑載之而世豔稱之儒者不察以至於今豈不重可歎也哉

此傳起於戰國之世雖未敢以爲定論而每讀諸子而吾說愈堅莊子讓王篇稱昔周之興有士二人處於孤竹曰伯夷叔齊二人相謂曰吾聞西方有人似有道者試往觀焉至於岐陽武王聞之使叔旦往見之與之盟二人相視而笑北至於首陽之山遂餓而死焉語與論孟皆合而其文義顯非兄弟不過同隱者耳至其盜蹠篇則曰伯夷叔齊辭孤竹之君而餓死於首陽之山骨肉不葬顯與前篇刺謬不知盜蹠篇謂孔子見柳下惠時世遼遠已屬不經即其稱傳命爲謁者謁者秦官非莊子所及見故先儒謂盜蹠

諸篇乃後人僞作語不誣也乃若列子楊朱篇稱伯夷叔齊實以孤竹君讓而終亡其國餓死首陽之山當劉向校列子時已謂力命楊朱二篇義多乖背不似一家之書況今本實由後人抄撮成之并非向見者耶其他如蘇秦說燕王謂廉如伯夷不取素餐汙武丁之義而不臣辭孤竹之君餓而死首陽之山則正在盛行其說之時更無足怪而呂覽伯夷叔齊見武王一段全與莊子彷彿其他篇復有殷湯以三月丙寅封孤竹君之說彼固採摭成書不出一人之手其矛盾固矣其他周秦以前之書凡前儒所疑與定

爲僞書者即往往有讓國語而其的然古本不經後人竄亂者則必絕無讓國事亦足異也春秋內外傳載當時讓國人多矣而其徵引但有吳泰伯而絕無伯夷此亦讓國之說起於戰國之世之一證也

象論

吾何以知象之賢也吾於零陵靈博之祠之而以爲賢也於零陵之毀之而終祠之而愈益以爲賢也夫零陵之在今湖廣也靈博之在今貴州也皆非象封地也象之封在今趙州（說見文後）而零陵靈博之人奔走而尸祝之何也傳曰舜葬蒼梧象爲之耕括地志曰舜葬九疑象來會葬零陵之有象祠以此（說見文後）而靈博之人亦相與奔走而尸祝之何也天下雖至誕妄拂好惡之人苟將奉一人以事之其必不取諸不孝不友爲千古所詬詈之人明矣倡乎一必不能徇乎衆強乎暫必不能諧乎久而零陵之祠則完而恆新傳之千歲矣（柳柳州毀鼻亭神記）靈博之祠則父祖曾高而上皆尊奉而禋祀之矣（王文成修象祠記）合零陵靈博兩地人民之衆夏商以來數千百世之久衆皆迷惑狂亂而一無異議何其怪也天下淫祀非少有也雖其奉事之既衆且久苟有人焉告之以其人

不孝不友之實證之以千古詬詈其人之確未有不幡然悔悟閧然羣自笑其何以迷罔回惑至是者而靈博之祠則久而重修以王文成之道學且爲之迴護其說而記之矣零陵之祠則方毀旋復歲必奔走而尸祝之（說見文後）雖以古今文章鉅公如柳柳州者爲之記以明示其人民而卒莫能奪之又何其愎也且夫象之得祀於零陵也以會葬也葬而爲之耕也然而當舜之生象既已日殺之而不得一當至於既死宜歡笑忭儛之不暇而顧乃哀其死而會葬焉而廬其墓而爲之耕焉則毋亦象固誕妄拂好惡而失其本心之尤者耶且夫九疑

之葬同軌宜畢至也爲其賢也宜莫若禹爲其親也宜莫如商均且是地也舜之其陽而商均葬其陰零陵之人祠舜而商均且不之及也獨柰何以不孝不友而失其本心如象者而奉而事之也而靈博之人又從而效之也則皆事理之萬無可解者也吾聞之也功足及人而後衆祀之德足及遠而後久享之書鈌有閒吾烏知夫象之功德不淪浹於零陵靈博之民而歷久而不能忘耶夫會葬而爲之耕象不旣賢者耶有愛兄之道而功德不及諸人其孰能奉事之耶奔走尸祝至兩地之衆且久不賢而能之耶至於毀之而終不忍忘之非信

有大功德在斯民而能若是其持之耶是乃吾所由愈益知象之賢也然則趙州之不祀象何也曰未可知也目不徧圖經足不徧海內吾烏知夫象之不祠於趙州而雖非趙州之亦未嘗不祠象耶零陵靈博之祠吾非柳王之文無由知也吾又烏知夫世不有薛伯高其人者起而盡毀之耶伯高之毀象廟吾非柳州亦無由知也

說象封在趙州

古人無不以永州零陵爲象封地者朱子疑之以爲未知是否　國朝閻百詩美西溟始暢言之曰豈有兄居蒲坂弟居零陵陸阻太行水絕洞庭往反幾萬里而可以常常相見之理是鼻亭之不得爲有庳審矣至貴州靈博山則去蒲坂尤遠九域志云趙郡有象城又引趙州圖經之引趙記者曰舜弟象居之國名紀云象城漢縣屬鉅鹿今昭慶鎮西北古象城舜弟象居之余按漢地理志鉅鹿郡秦置屬冀州大陸澤在北其郡之縣有曰象氏者當時以爲王子侯國此必因象封邑得名故隋仁壽初嘗卽大陸置象城縣亦以縣西北有古象城故耳師古以後說趙州地理者無寘及此九域志所引圖經趙記最爲確鑿可

信至國名紀謂象城爲漢縣則又誤漢自名象氏隋始名象城且二縣同在鉅鹿境正不必象城之卽爲象氏也而象氏象城皆古有庳封地則斷斷無疑同在冀州去蒲坂甚近常常而見有何難哉大陸者卽禹貢冀州所謂大陸旣作是也在今直隸省趙州隆平縣東

說零陵象祠之繇

零陵既非象封而有象廟者則會葬之說可據也史記五帝本紀正義引括地志云鼻亭神在營道縣北六十里故老傳云舜葬九疑象來會葬來至此後人

立祠名爲鼻亭神其說最精特當時會葬之人何啻千萬所謂賢莫如禹親莫如均零陵之人獨何愛於象之來至而遽爲之立祠耶是必合古傳之說而後乃無疑也皇覽引傳曰舜葬蒼梧象爲之耕然則會葬以後象必廬墓躬耕其地居之既久功德及人是以其民久久不能忘耳孔子之喪弟子廬墓子貢又獨居三年苟非孟子後世何從知有此事乃古傳之稱象耕僅見皇覽一引而後世惡象甚深必不欲象有此美事至妄以爲犀象之象而造禹葬會稽鳥爲之耘八字以配之亦不知其何心也總之久亭專祀

必有功德精氣爲神自昭靈響事見水經注零陵之祠既無疑義靈博之祀即可類推而余合括地皇覽二說以定零陵象廟之繇亦自謂可以發古人疑案之覆而大彰昔賢功案之湮沒者矣

說象廟之終不得毀

宋人曾敏行字達臣者嘗以北宋末隨侍其父永州零陵令任中他日著獨醒雜志一書中有云予居湘時按漢地理志云零陵湘水所出見猺人歲來謁象廟各佩一刀云云然則廟仍建立居民及猺蠻仍歲歲祀之如故也

又南宋趙與虤字威伯者著娛書堂詩話中云今道永之閒有鼻亭正在瀟水之上舟楫往來其下客有題詩云如今不似當年傲日日江頭送客舟云云詩雖妄作而象廟之無恙可知也余又嘗見他書亦有稱零陵象廟者忘其出處劫後插架盡空亦無從尋檢又聞自湖南歸者亦云彼中至今有象廟蓋雖薛伯高之勢力柳子厚之文章終不能奪斯民秉彝之好如此

烟嶼樓文集卷三十　男隆壽平甫校字

鄞　徐時棟柳泉稿　甥葛祥熊蘐齋校刊

駁　說

駁歐陽子縱囚論　辛酉

知當日之情而後可以論古中天下之理而後可以論治歐陽子之論縱囚何其闇於情而昧於理也當太宗之縱囚也豈眞不慮其不返哉蓋必已熟計夫天下大定逃將焉入歸則已不歸吾擒而殺之易易耳夫是故泰然而縱之彼囚之自歸也豈眞惡生而好死哉蓋必已熟計夫天下大定逃將焉入歸或倘冀其末減不歸則被獲而必無可追夫是故羣然而來歸逆知其必歸而後縱之至於既縱而盡歸而忽若出於意外而於是遂赦之天下事有固知其必然而始爲之爲之而果無不然而不覺驚喜焉而反若出於偶然也者是故赦囚之念動於俄頃非特歸者不及料雖縱者不自意也此其情至淺而至顯柰之何深測之而爲是信義恩德之說又柰之何苛求之而爲是上下交賊之論也哉且其所以衡斷者尤非也其言曰縱而來歸殺之無赦而又縱而又來則可知爲恩德之致爾歐陽子之意豈不謂始縱而來歸者意上之將免我者也故殺之又縱而又

來者知上之必不我免者也故赦之夫冀其可免者不過求生之常情知其必不可免而竟來者則眞憝不畏死之元惡彼求生而我故殺之彼不畏死而我故赦之則是其殺也不殺之以國法而殺之以求生之心其赦也既赦其前者犯法之暴而復赦其今者不畏死之悍此於聖人爲何法而於堯舜三王爲何治乎且夫死罪鈞也縱而來歸一也殺其前而赦其後是生殺無定法也求生而得死求死而得生是喜怒不可測也惡其求生而喜其不畏死是好惡拂人性也治天下無定法而以不可測與拂人性爲能事吾未之聞也人莫不好生而惡死先王將使民求生而懼其不能周知也故爲法令律例以頒布天下曰若是者生反是則死示之以求生而終不畏死而後必殺之無赦今殺其求生而赦其不畏死故反先王之道而以權詐之術示天下以巧變勢不至上下交賊而不止嗚呼豈理之中也哉然則歐陽子之論信無當矣太宗之事奚若乎曰非也慮囚之道當慎讞而得情不當逞情而骫法是故囚可縱則囹圄爲虛設歸可赦則法令爲具文

縱囚而囚自歸亦何嘗非一時恩德所致不必遠引漢晉卽歐陽子所修五代唐史已指不勝屈而乃以

爲必無之事亦好奇之過也文中未暇及此附識於後

駁崔三過失殺父議

鄭凌以鳥鎗擊賊而誤殺其母奉旨絞決事在乾隆二十八年其後棗強縣民崔三與父鋸木大風倒木斃其父所司議曰律稱過失殺注謂耳目所不及思慮所不到凡初無害人意而偶至殺人者皆準鬬殺律收贖此爲平人言之子孫之於父祖倫理攸關以可以傷殺人之物出自其人之手縱使無心而爲子若孫者亦復何顏偷生視息故鄭凌誤殺其母欽

奉

聖諭免其凌遲而予以繯首今此案核與不及不到之義適符第名教所關不得不抑情就法於是援前例以絞決定議駁曰議者非也夫因鋸木而故以木殺其父其罪當凌遲手拖木力弱或小木支大木不固以至死其父其罪當依過失律絞決不者當勿論王者以孝治天下旌孝子而誅不孝而過失殺者亦誅之所以教天下之子孫兢兢焉慎事祖父必周詳其視聽無或有幾微之失以驚其親而至父爲木所壓而殺其子於義何居聖人之定律也案其事而度其心當其情而順其理

律曰子孫過失殺祖父母父母者杖一百流三千里

高廟定鄭凌之罪改爲絞決夫未敢有逆志而所生身死其手茍有人心能一日生乎將怡然而就戮也殺之所以成其志將哀籲於有司而以爲無辜也殺之且以誅其心其夫入暗室僞爲鄰人而挑其妻妻以爲眞也拒之力而殺之官原其情妻仰天呼曰嗟乎吾不殺吾夫而吾夫我殺之吾奚生哉卒受刑而死故爲父報仇而殺而旌之者非也夫擅殺有罪人與既蒙赦而讎之者皆有明禁然而不惜身蹈國法以抒其不共戴天之積忿彼知有父母而已知有身乎不知有身而望名乎

夫孝子之心如是其至也

聖人之律如是其精也而取無辜之人而坐之以不孝可乎可以傷殺人之物鳥鎗也非木也出自其人之手鄭凌也非崔三也猝然墻圮而壓其父父將死而子畏避而不救罪當坐父猝壓而死子不當坐何則雖有曾閔之孝賁育之勇而已無及矣律曰凡祖父母父母爲人所殺而子孫私和者徒受賄者流子婦殺翁姑而其夫不能管教者杖且枷貧不能養而父母自縊者流夫受賄而私和已與乎殺其親矣不能教養以死其親已身乎殺其親矣然而刑止於枷杖罪止於流徒今風擊

木而木擊其父爲與乎殺其親乎爲身乎殺其親乎而又加之重焉爲於律有徵乎爲於例有當乎以目擊其父之死而坐則胥天下之侍病者孰不送父母之終者乎以其父之慘死而坐則將胥天下畏歷溺之子孫而盡誅之乎夫律者至精而例者至繁援例不當則斷獄不明無以服死者之心而解天下之惑易曰失之毫釐繆以千里援鄭䢼以斷崔三所謂毫釐千里者也謹駁

康子饋藥說 庚午

夫子無疾而康子饋藥此必補益之藥也饋藥而曰未達不嘗此必丸散之屬卽時可服食者也若見本草常

品參苓之屬非但易達抑亦不能嘗矣夫饋人補益之丸散必將疏其藥性記其功效告諸所饋之人萬無以不可識認之藥贈人而不發一語使人惘然者況康子極敬夫子待以國老之禮此必經驗良方可以卻疾可以延年收采製造亦必不易而鄭重爲夫子爲之既成而詳具其說以來饋者是其意不爲不誠故夫子再拜而受之也然則此藥何不達之有亦何不可嘗之有而曰未達不敢嘗者則聖人之愼疾也人情畏死老則尤甚一聞他人有良藥服之而效則必輾轉求得其方至若季氏世卿之家貢媚獻諛寶繁有徒其方必祕取精用宏無欲不遂其材必良苟可求而得之尤必百計陳乞以冀必得得則服餌恐後矣然而受乎天者氣稟既殊履乎地者風土各異在乎人者貧富貴賤安樂患難種種不同故或甲服而效之方乙服之未必能驗乙服而驗之藥甲服之或轉致疾病古詩云服餌求神仙多爲藥所誤嗚呼豈惟仙丹哉惟聖人灼知此理無所炫惑固不以人言遽信其方亦不以未信遂棄其藥蓋將徐察此藥之與吾身相宜與否果宜亦未必不終嘗也故受之而曰未達不敢嘗玩敢字而愼疾之意顯然蓋是時固眞未達也而說者謂夫子惡康子而爲是權詞

誤矣

清風說

大塊噫氣號怒萬竅來安自哉去安極哉或曰含此而他適也或曰宜都有風井陸機所謂風穴者也是烏足知風哉坐三丈密室而闢其南牖風之來也未嘗不深造於吾室之至北驟闔焉而室中無風夫三丈之室非可猝至也當其始來由南而抵北及其將去則必道北而歸南吾乘風之翺翔於北掩不備而驟闔乎南則風當顧瞻徘徊而不可得去杳焉闃寂是奚適哉抑又豈吾室中有藏之之穴哉凡自天降者若霜雪若雨露隆

於地可以積聚於器可以祕爲吾有雲幻物也倏而生而變而滅然山中之人能囊之至乎風而人力窮焉十日代出流金鑠石若天下有能藏寒風者皆引領而崩角矣嗚呼此風之所以爲淸也大丈夫以七尺軀取功名恩施當世澤留苗裔則霜露雨雪星雲雷霧之爲也極中國至於九州八紘之大而無入不可自得來則仰望去則怨思或强起而迫之而愈不可得嗚呼其諸爲風之德之神而伯夷氏之聖之所以淸也

鮚說

吾鄉海物之古者鮦醬貢於商海蛗貢於周鮚醬貢於漢鮦與蛤（周書王會作蛗卽蛤字）皆知之而鮚則無識者說文廣韻漢書注以爲蚌玉篇以爲魚類篇以爲大蛤郭景純江賦曰璅蛣腹蟹李善注之引南越志曰璅蛣長寸餘大者長二三寸腹中有蟹子如榆莢合體共生俱爲蛣取食（按有俱字似腹中不僅一蟹也）顏師古曰鮚長一寸廣二分有一小蟹在其腹中述異記曰淮海之人呼璅蛣爲蟹奴吾每讀諸書怪其狀夫海物惟錯雖罟師蜑人不能周知之然而鮚埼之亭見漢志鮚醬二斗之貢見說文（或作三斗其作二升者誤也）不可以生長海濱而鄉邦掌故之物莫之見也漢志所謂鄞有鮚埼亭者今其地屬奉化縣而鮚埼

村在焉余屬村人使以生者來則其身螺也其首蝦上而蟹下鬚鉗螯跪皆絕肖一似蝦據螺殼中而捕蟹者沃之以沸湯而出之首以下略似蝦肉又其下環曲而漸銳與螺肉無少別（沃湯以後首作紅色正如蝦蟹之色經湯者其身白其尾碧亦與熟螺無異）於是知一物具三形而其實則螺也以爲魚者固妄而以爲蚌蛤者皆未見而妄意之者也易曰離爲蠃（按卽螺）爲蚌蚌蛤與螺絕不類凡螺圓而渾蚌蛤圓而扁凡螺之殼上巨而末銳層累而旋之以至於末故螺之字從累蚌蛤之殼皆兩扇以自爲開闔故蛤之字從合凡螺之肉恆多堅蚌蛤之肉恆多脃土人之爲醬也多螺而少蚌蛤（傍海居民亦偶有以蚌蛤爲醬者然不能致遠）鮦醬法不傳若鮚醬今猶漢矣李氏謂長寸餘大者二三寸顏氏謂長一寸廣二分夫螺之圓渾猶卵也量之以圓徑則可若長廣無可度者南越謂蟹爲蛣取食述異謂爲蟹奴是蟹之生蠣房中者出取食飽而入蠣亦飽所謂蠣奴也尤與鮚殊種抑淮海之閒或固有所謂蟹奴者而非鮚也吾鄉之鮚吾取諸鮚埼親驗其生死有斷不能與諸家之說合者惟景純謂腹蟹蟹雖不在腹中而在蝦之下似乎腹之賦家狀物大略而已固不必如記注家之確鑿也然則景純所賦殆卽此物而又嘗親見之耶四明

七觀曰寸鮚腹蟹亭以埼名（自注引江賦及南越志）鮚醬賦曰母以蚌而成筐子以蟹而居裏又曰行者求食居者棲身吾鄉博雅之儒前無過王厚齋後無過全謝山而兩先生之言如是是皆博考羣籍而未嘗目驗之也則宜乎郡縣志之更莫能詳也作鮚說

全太史鮚醬賦全據說文等書以鮚爲蚌屬故云母以蚌而成筐子以蟹而居裏又云若其餘子倘難殫論或依蠣房或寄螺門方茲稍劣未敢弟昆自跋云陳藏器志寄居蟲一蟹一螺乃蟹之附於螺者與段成式合粤東人言今萬州有之海物異名記所云蠣

奴則蟹之附於蠣者予在海上親見之若南越志稱蟹子合體共生則大蟹之中包小蟹者與北戶錄合皆屬鮚之別種鄂州（按羅願爾雅翼也）以蠣奴即爲鮚不知蚌之與蠣別也尚未確云云據此知謝山但嘗見蠣奴而於鮚實未之見也其所云鮚之別種去鮚固甚遠而不知其所賦之外蚌內蟹亦與鮚全然不類也至藏器云一蟹一螺似乎近之然鮚首又作蝦形不但一蟹且其首蝦上蟹下其身則螺乃天生形狀如此與所謂寄居者迥別此猶曰龍首人身非龍之寄居於人也余既得鮚以告友人無知者惟張丈鐵峯獨與吾說脗合蓋丈於奉化亦親見之同治十一年四月六日記

羅漢松說 丁卯

有貽余羅漢松者問其所以名而不能答也既而樹結果凡木之果恆垂下恆旁見側出無定位而是果皆端正在葉上其果作二層絕不似葫蘆似取小大二物而累之上小而下大上綠而下紫上正圓而下略扁上如頭下如身上渾圓無痕而下有痕類衣摺分面背面如面背如背望之如趺坐之僧或一果如枯坐者如坐睡者或二果如兩僧坐松下證道者或叢果如羣僧環坐

而說法者或一枝遠出一果在其上如異僧坐長槎渡滄海徑去者蛟門盧派楓伯來草堂見之歎曰是乃所以謂之羅漢松也余竊慨夫世之盜其名不覈其實往往問其所以名而不能答也作羅漢松說

烟嶼樓文集卷三十一　男隆壽平甫校字

烟嶼樓文集卷三十二

鄞　徐時棟柳泉稿　甥葛祥熊豫齋校刊

題跋一

書葛壯節公年譜後 庚申

公殺賊海上屢建奇勳浙閩大吏倚公爲重死事以來海內知與不知皆以爲神人余從公故人王君立泉假年譜讀之謀略節概凜凜有生氣嗚呼公何嘗死哉公自號凌臺二公子分字之故長公子以簡字小凌季公子以敦字小臺公既殉節朝廷震悼褒忠之典有加無已始用一品例賞給世職復以文武二舉人分賜二公子他日召見竝命入官於是小凌官甘肅同知小臺官湖北守備二公子皆骨鯁有父風小凌以不肯媚上官被劾慕陵念公忠烈寢其奏不行小臺以安陸營守備擢都司擊河南潰賊有功今上賞花翎咸豐五年與賊力戰殉難隨州上命以遊擊例優卹先是山陰宗滌樓侍御爲公建專祠既成請扁額上書忠藎可風四字賜之至是侍御請祔小臺祠中上復允其請嗚呼以公父子忠義奮激砥柱晚近固宜被兩朝知遇生榮死哀而國家軫念死事之臣至於如斯其厚也凡爲臣子者亦嘗觀感而憤發矣余讀年譜既畢命邵生錄副存草堂復書近事於後以歸王君公嘗與王君手書有自贊小影云外貌桓桓中心烈烈智勇兼資萬人之敵識者謂公能實踐其言咸豐十年一月二十二日燈下

跋管天筆記 己巳

王右仲先生嗣奭管天筆記一本同治八年十一月周志柳從王氏裔孫借得之蠹蝕破碎至不可觸余命工人爲修治裝訂而時或以意補其闕字原書不知幾何卷今首尾並佚約略之尚可得六卷其子目爲異聞三存九葉其前並佚今以後卷知此卷子目耳由後二卷計之此卷約脫去十餘葉矣異聞四存二十三葉此卷至叢訓當是全卷但偶有脫闕異聞五存十九葉考誤存十六葉叢訓存十五葉正音存五葉此卷所脫當不少存者亦多破落其他不可知矣此書蓋先生讀書時隨筆記錄者或全錄他人語或附己意大都考證之學至抒己見爲論議則別爲管天筆記外編志柳亦借得一本以來先生以明紳爲國初遺老著此書時年已八十餘其中或自勵晚節識斥貳臣而絕不作一怨懟

興朝之語和平蘊藉蓋與厚齋先生相近者也所錄字蒼古朴秀中如校字缺末筆檢字缺从語及明代諸君並爲空格疑出先生手書者果爾王氏子孫尤當珍爲球璧矣十二月一二夕讀竟識其耑首先生鄞之榆莢村人一名甲村志柳居蔡家衖相去甚近故能知其遺書所在先生詩已刻者曰谿娛齋巍然大帙也又有未刻稾一本志柳皆爲余借來初二夕二更鄉後學徐時棟記

跋錢忠節公南征集殘本 戊辰

皇清賜謚忠節錢公止亭南征集殘本自六卷至十卷凡五卷其前五卷失去矣吾鄉明季死事之臣尤著者陳恭潔公張忠烈公并公而三恭潔集偶有寫本且其詩數十首聞谿泉已刻之康熙鄞縣志中忠烈奇零草北征錄等書雖無刻本而傳鈔幾徧郡縣惟忠節詩文見全太史所作神道碑者曰正氣堂集曰越中吟曰南征集余搜覓鄉先正遺稾僅得正氣堂集節錄本後燬於火其餘皆絕無影響即余交游中前如王曙山王雲壁湯耕吾諸丈近如夏佩香董覺軒劉藝蘭諸君並好收拾桑梓文獻問之亦俱云未見同治七年五月二十二日忽從鄭杏卿得此一本而後喜可知也吉光片羽

太息蠶殘破壁碎珠要是瓌寶人喜斯陶識諸卷端公以舟中宰相而又受制於權臣顛頷蠣灘鯨背之閒發爲詩文自多憤怨之辭亦未免有所指斥顧夷齊采薇作歌至以暴君目聖武各爲其主頑民激烈之言固無損於新朝仁武萬一也況我

聖朝寬大之恩千古未有

純皇帝特予表章易名有典

聖恩優渥如此而其後修鄞志者尚不以公及忠烈諸集入藝文志無乃所謂

上有德化而下不能承宣之者耶得此本之夕徐時棟謹記

跋續甬上耆舊詩 戊戌

先生之作是書也始排定先輩姓氏搜訪行事以及其詩未成書而先生遽歸道山其稿本流落轉徙僅而得存此後乃卒無有起而定之者承平日久天下以詩歌相爭尚士大夫又各據一席搜羅其鄉人詩品隲得失以出而抗衡當世嗚呼豈不盛哉甬上以文物之國又得宗師雄伯主持風雅雖僻在東海而號稱極盛二百年來尚未有一選集重海內望又久之而愈闃然壇坫空矣諸君子其何以告無罪於先生哉余嘗疑耆舊者

若無意於斯士辛苦不易得生有心人如先生阨之以貧窘又不肯長其年幾幾足以成書而奪之以去每爲念及流連慨歎何可言道猶幸先輩姓氏尙存於目錄有志之士得考究於故家譜牒遺文斷簡之中以略補其闕失然而先生死且百年此百年中任其責者誰乎碌碌者食肉尙不暇而曰爲我作有心人必將遭白眼而唾棄之弗顧夫流風未遠文獻固自可徵假令天復生先生將必不肯聽其叢殘漶滅而委之露莽已也然則此一卷者我猶將視爲告朔之餼羊乎舊本目錄不知出何人手文義乃舛合不順又往往與本書相剌謬

竊嘗恤之三校既完將重付裝潢謹爲釐正稍可觀覽曩者焉先生嘗告我曰甬上詩不得刻宜別刻先輩姓氏以存其略斯言蓋重可痛惜也夫戊戌九月十三日後學徐時棟識

跋句餘土音稿本　庚子

全謝山先生句餘土音稿本二册余以廉値得之賈人首尾稍漫漶中亦多蠹蝕又裝訂錯亂不可讀道光己亥五月始爲排比補綴重裝之煥然改觀足寶貴矣此本不知何人所錄字亦端好而先生以淡墨塗改乙註之書眉紙尾幾無隙處鳴鶴虞氏故蹟一紙則全出先生手歙邪飛動自然名貴先生旣歿其高第弟子董小鈍刻是書卽據此爲本卷中有校勘而與塗改之筆不類者小鈍書也原本無東鈍軒詩而小鈍增之鈍軒小鈍父欲彰其親故以意增入而他日付刻終復削去以是見前輩於師長著作其矜重不苟如此

跋四明杖錫山漢隸　戊辰

距鄞城百三十里杖錫山有屏風巖高丈五六尺刻四明山心四字字徑二尺許古相傳爲漢隸自余讀郡縣志及先輩著作卽知有此刻意磨崖必經久雖屢劫兵燹當在也往歲重修縣志屬徐杜陝老友徐曙峯訪山

中掌故且問此刻無恙否曙峯年七十一矣爲余乘肩輿深入去杖錫寺前半里得之而山中無椎氈乃伐竹縛橫木架板使二僧梯登其上黏紙於巖溼之抑其凹而以煤平揩之揭而視巖上宛然他日入城貽余觀者皆驚喜得未曾見端勁雄偉誠沈嘉則所謂出漢人手非後代人能辦者

國初朱餘古作寺志旣謂漢隸又謂葛稚川筆蓋二氏以稚川爲神仙山川井臼往往篤名不足憑也四明山多磨崖大書然如四窗三峽中峯再來石之屬皆宋元人所作故山中石刻莫古於此豈惟山中卽明州金石

今幸存者未能或之先也乾隆閒嘉定錢曉徵來修縣志勑立金石門而錄唐以來碑版而遺此刻則實康瓠而棄周鼎矣昔者蕭山毛大可據錯誤唐史與吾四明爭賀監甚且謂四明山在餘姚不在甯波詳見余所作賀監里居考大可記醜言辯不難造禮經何有史事若餘姚黃棃洲則實事求是者也乃其作四明山志與前明戴司成爭四明主山謂主山當在餘姚之大俞夫主山在越州之餘姚而開元閒人強奪之而以其山名吾州歷千百年之久無議者而獨賴棃洲大可起而正之此固事理之萬萬無有者也夫題之曰山心其爲是山之主山可知

也杖錫之爲明州境四明山心之爲漢隸卽棃洲山志無異詞也彼漢人者豈能逆料後世之必分明越而豫祖明州人而故刻此四字於明州之境乎然則此四字者正漢人之所以定主山而唐人之所以歸明明州今甯波府越越州今紹興府台台州今台州府公有之山於吾州者亦從可知已四字固直下吾室低小不能懸之當臥遊因分裝爲二幅而爲記一篇屬會稽孫生峴卿書其四旁蓋此刻實繫我郡望掌故不惟是漢隸足寶貴已也同治八年五月望日鄞徐時棟跋

書劉忠公南豐謚議眞蹟後 庚午

宋淳祐中追謚南豐爲文定劉忠公漢弼實覆議之草稿具在十九世孫晉祥以刻諸石宋制太常議謚必覆於考功忠公自權而眞三居是職所議多矣獨以此稿留示子孫殆所謂有道碑無媿色耶六百餘年完好無恙是則其鯁直敢言之氣自有不可磨滅者在也抑公與徐忠愍公元杰同出西山之門同以正色立朝又同以極諫忤權相而死乃忠愍棵埜之集賴

聖朝表章大顯於世而公集無傳焉然則公之文章實天下後世願見不可得者一旦得并其手蹟竝見之其寶貴當復何如晉祥此刻於是乎有功文獻固不第珍

重先澤而已

跋王厚齋尚書九里廟碑 庚午

鄞西兩湖一廣德湖一卽廟前新河尚書撰唐吳侯九里廟碑稱侯開西郊之湖不言何湖當尚書時廣德已廢而碑云鴻隙堙兮謠豆芋又尚書撰九里廟詩云廣德湖爲鴻隙陂召棠欒社誰敢毀於是吾鄉先輩竝據此謂侯開之湖實廣德也謝山亦誤讀此碑故議廣德祀典有吳侯然廣德不開於唐曾南豐湖記已明甚卽以此碑考之碑中方以句章隣廣德湖與侯開之湖爲主客而謂侯開卽廣德可耶碑之鴻隙詩之廣德皆客詞也彼鴻隙堙兮而

侯開之湖依然也故其下卽云侯嘉績兮依其在潴彼廣德廢兮廟且莫毁（白鶴廟祀開濬廣德諸公）而侯開之湖兒無恙也故其下卽云秔稌充羡侯之賜廟食長存如此水夫嘉績猶在潴此水方長存而謂其湖已廢可耶然則侯開寶廟前新河尚書碑詩竝不誤後人誤讀之也又此湖重開於南宋吳丞相更名新河到今稱之廣德旣廢其地曰湖田亦到今稱之而尚書此碑不稱河而稱湖是亦致誤之由矣余撰新碑（九里廟今日澤民廟）旣考定詳言之周中翰棻復刻王碑因附數語以訂前志之誤同治九年閏月徐時棟跋

烟嶼樓文集卷三十二　　男隆壽平甫校字

烟嶼樓文集卷三十三

鄞 徐時棟柳泉稿 甥葛祥熊豫齋校刊

題跋二

跋明陳半湖先生墨蹟 附原書 戊辰

侍生陳槐頓首再拜鹿園萬大人先生道契丈走辱愛深厚睽違良久幸朝命賁臨江右必冀榮旋故鄉獲少敘契闊竟成徒仰恭喜弄璋蘇長公云無官一身輕有子萬事足深爲先生忻雀諒江右非久淹之地不日喬擢衰老尚强飯會晤有期且論嬪侍又將就館仁者有後子姓詵螽不必卜之蓍龜占先世列大夫之種植培滋之固信知有今日也有官有子是宜上杭躬賀惜晚年出入尙有稽戀以故吳山接目而雲樹停思若左右也簡書當不宿朝命不久稽宜即戒行以攄王事此臣子之大分也故八迂老之見如此望弗爲異餘不旣陽至後六日槐頓首再拜啟

外書帕奉賀

宸濠之變半湖先生早料及之謀未成而難作遂以徙薪之士與爲焦爛之客及王文成功成先生所以阻逆璫而爲社稷計者尤深遠忌者讒之歸老甬上全太史所謂有安社稷臣置之疏遴非徒遠之又從下之石者也此書乃先生家居時賀萬鹿園都督生子者是時都督方寓杭州而新有江右之命故書中幷及之且云簡書當不宿朝命不久稽宜即戒行以攄王事此臣子之大分也廿年林下時已衰老而江湖魏闕每飯不忘如此道光閒先生十二世從孫漁珊丈宰關中見此書於同僚廨中驚喜下拜出他名蹟易之以歸其族弟一樓孝廉先生耳孫也鄭重遺澤裝潢爲長卷而屬余識其由來先生故宅在舊廣德湖之樓下陳村今一樓尙世其居相隔四百年遺墨之流落人閒者歷五千里返故土而仍入其子孫之手是殆非偶然者矣先生功業文章前輩已有定論顧無稱先生書法者此卷隨意揮寫殊不減前明諸大家余旣得見先生墨蹟又從一樓鈔先生所著聞見漫錄爲一樓幸亦自幸於鄉先輩有緣耳漫錄猶明刻本一樓客滬上得之同治七年十二月二十七日

再跋 庚午

此書賀都督生子拜官不著何年書尾但稱陽至後六日而已考萬氏譜都督以嘉靖壬辰起江西司閫則此書當作於壬辰乃都督二子並生辛卯在拜江西命之前一年不應鄉里故人遲至明年十一月始聞其生子

也且書中既言恭喜弄璋又言諗嬪侍又將就館是所賀者適子之生而庶子尚在母腹乃疑齋縣簿謙甫實爲純齋參將達甫之庶兄書言又不應顚倒之也然則此書殆非魯鼎耶然明史及省府縣志與一切傳記中都督傳無言其曾官江右者都督由南京大教場坐營告病歸既而起江西司閫以病不赴故諸家皆不之及也二子之生相先後即在起官江右時亦非詳考家牒無能知者且此書雖陳詞不多而其文其字與其印信楮墨皆萬萬無僞理而有不合者何耶蓋都督既寓杭州故鄉婚友時通音問嫡配方恭人與姬人並有身書疏中蓋嘗及之至是聞其生一子而以重

江之隔誤旁生爲正出固情在理中者也江西司閫譜書壬辰或此命下於辛卯里中早得聞知而公牘則明春始達譜據捧檄之年遂以爲壬辰近時除授職官奉文得耗有相距至年餘者由今視昔尤事理之常不足怪也然則此書之作實嘉靖十年辛卯歲十一月參將猶未生矣參將生辛卯十二月二十二日余重愛先生手蹟既爲一樓跋之又恐滋惑博雅之士故復考究而詳言之非好爲是瑣瑣也同治九年九月二十五日丙夜書

跋朱竹垞檢討墨蹟 甲子

朱竹垞檢討手書憫忠寺舍利碑跋爲吾友陳樹珊駕部所藏者檢討不以書名而行墨之閒自合古法良由多讀書多見古金石刻所致耳此書作於康熙二十四年檢討年五十七余舊藏其贈吾鄉鄭寒村太守詩墨蹟於時檢討年七十九矣欹斜飛動幾入神品始知學與年進非可強也草堂一炬詩墨已歸天上僅有石刻在灌浦鄭氏而此書雖經亂離儼然無恙可喜亦可幸也

題鄭寒村詩札 戊辰

寒村先生墨跡在吾鄉者多晚年病風後左手書少年筆墨不數數覯矣前余藏先生右手書行草大幅極佳

刦火失之今得此詩札雖帋渝墨敗亦慰情聊勝無也主老道兄者餘姚黃主一百家黎洲先生之子札中所云叱名先生前先生即黎洲蓋是時寒村與主一同讀書山寺檢寒村集當可得其時地噫此札寥寥數行而證人社中諸前輩學問之勤友朋之樂皆可想見百餘年來風流闃寂題識遺札爲之浩歎

又題寒村山樹圖 戊辰

溪上鄭高州寒村先生晚年苦半肢風自名爲風字曰半八以左手作書畫古致錯落書氣盎然對此自覺有靜濬閒遠之意同治七年閏月余得之其裔孫杏卿明

經付裝工重裝之

題查宮詹臨米南宮書 丁卯

吾烟鄭蓮卿觀察好蓄古書畫或介疑似不能決輒求余鑒定之一日示余數種余愛宮詹此幅蓮卿即購以贈余姿媚有骨力雖臨南宮而實參之以東坡者視諸帖中所刻宮詹書蹊徑稍別秀勁則過之也向余藏宮詹阿彌陀經小楷册子頗自寶貴嘉興馮勺園先生屢索借觀亦祕不肯出刼後失之今猶惋歎余所得宋元以來名蹟雖不甚富而贗鼎則少兩遭喪亂一羅祝回孑靡遺矣顧念雲烟過眼古人恆事但使收吾物者亦

知愛惜則人遺之人得之正復何憾蓮卿雅知此意故不惜割愛見贈而余猶戀戀前册殊自媿其未達也同治六年六月十六夕記

題王太僕書幅 丁卯

王太僕秋槎先生書郭景純游仙詩四幅一幅書癸未十一月三日一幅書安瀾世叔鑒政癸未爲道光三年安瀾者吾友鎮海倪芭生公子之父總戎諱起蛟字也總戎以道光初官海壇鎮會高麗人飄入閩海總戎衞送出竟其人贈以國中上用紙十餘幅總戎寄歸家中時先生方以孝廉里居訪芭生見之稱賞剖二紙爲四幅書之而去無何總戎卒於官芭生不忍裝挂什襲藏衍今年三月芭生歿遺命以此書貽余七月十日其壻陳杏船孝廉攜至草堂道光甲辰先生由粵西入都曾爲余書小幅是歲年已六十有二蒼老則過此若結搆圓勁精力瀰滿似稍遜此中年作矣後六年先生遂以粵賊之變死節龍州方粵賊之始謀不軌也先生諜知之力擒其魁洪秀全與其黨五百餘人將誅之而大吏必不可僅斬李嘉耀等數十人而悉縱其餘秀全既歸揭竿遽起潢池赤子浸成大憝咆哮蔓延至十餘年之久而後乃平之嗚呼世第知先生之忠而不知其知與

勇乃至身獻曲突徙薪之策而卒與爲焦頭爛額之上客是又可哀已先生書名滿天下居官甚廉每貧甚則書數紙付質庫易錢米而余所以珍重此四幅者固不惟其書也而況又重以吾故人生死之交情也乎同治六年丁卯七月十一夕記

題羅兩峯畫達摩像 丁卯

揚州羅兩峯所畫達摩像同治甲子余得之鄭杏卿明經者袁子才紀文達諸人稱兩峯目能見鬼善畫鬼今其畫佛亦神品如此余嘗見方于魯墨譜初雕本中橅達摩像極工此與相仿彿而狀無俗塵則遠勝之昔吾

友樓月潭太守晚而好畫尤善鑒別古畫一日來草堂余出示此畫甫展軸見樹葉即驚歎曰此必高手展視既終不覺下拜因謂陳魚門刺史近從杭州人得金冬心畫佛與此眞兩美哉余曰固也狀貌衣服既與此工力悉敵寫重巖蓊然出雲氣與此畫樹根枝葉亦異曲同工兩峯本冬心弟子宜乎竝妙然冬心所畫雖不能舉其名品要是深山窮谷中入定高僧則豈有山中枯坐無歲月而其髮乃如新剃者揆諸事理不及此畫之毫髮無遺憾然則此畫爲青冰矣月潭撫掌曰此格物入微之論也因題此畫憶與亡友論列之語幷記之同

治六年七月廿四夕

題俞石年花卉小幅丁卯

此海甯州俞石年承德所作也爲秋海棠玉簪翦秋羅三種悉娟秀有生意先是吾友慈谿虞意琴振璜工繪事客春明時所交多畫家道光丁未四月余下第將歸買都中冷金箋付意琴屬轉乞諸君意不欲重煩諸君故裁箋爲小幅但屬寫花卉而已久之以五幅寄至一年家吳縣潘星齋曾瑩一年家子烏程鈕叔裳承笥一慈谿洪樂吾觀一石年一意琴自畫也他日及門象山史孀仙錦標來草堂見之稱歎謂隨意揮寫竝皆佳妙

乞一紙去亦爲余畫之於是共得六小幅或著色或墨筆多草本小花而種類無重複者同治癸亥十一月草堂檢如凡古今人書畫之在壁上者孫月峯張瑞圖皆草書條幅瑞圖所書頗佳然余惡其人雖失之亦不甚惜也王漁洋五言小聯鄭寒村行書大幅劉石庵七言聯錢魯斯小行書橫幅張芑堂七言飛白聯及余所求諸前輩年好之書邊壽民之蘆雁大直幅奚鐵生之松萱大幅方無名氏之洛神小直幅上有鄭簡香小楷書洛神賦及吾友李梅卿維駱之梅花條幅定州畫此爲別梅卿遠宦與前所述諸君之畫皆爲人劫去倉黃攘奪中有小幅落汙泥拾視之石年此畫也鄭重故劍命壽兒使工人重裝稍寬邊幅幷記

吾故有如此昔放翁以燼餘東坡集爲焦尾本今吾此幅亦可謂之焦尾畫矣丁卯七月二十四日記時幅中所畫三花皆盛開庭中

題奚鐵生松萱圖己未

奚鐵生圖畫名天下俗師贋本幾滿都市此松萱圖爲慈谿鄭三雲司馬作之以壽其母七十蒼老而娟秀窈窕而深遠名下信無虛也題詩一律亦不俗書法則全學涪翁者昔歲道光庚戌余歸自京師將以明年爲母太夫人稱六十慶念時賢書畫或易覯欲求古人筆墨若斯圖者獻堂上而不可得而是歲季冬遽遭終堂之

戚矣今歲咸豐己未忽得斯冊讀畫誦詩頓觸舊念蓋
太夫人之棄諸孤於是十年羨前人之得意悲吾生之
愴懷重裝而題其上乃所以誌風木之深痛也

烟嶼樓文集卷三十三　　　男隆壽平甫校字

烟嶼樓文集卷三十四

鄞　徐時棟柳泉稿　甥葛祥熊謙齋校刊

題跋三

跋熹平石經存字 辛未

尚書殘石二段洪範全字七十八半字十其與今異文者湮洪水作伊鴻水汨陳作曰陳父用作艾用無偏無黨無皆作毋三德上無六字凶于而國上有而字吾師馮勺園先生作漢石經考引隸釋謂淫朋作淫朋今按拓本實作淫朋朋字雖泐而模範具在洪氏誤也君奭全字十半字四異文惟終出于不祥之終作道耳隸釋

謂祥作詳金石萃編摹字形亦作詳然諦視拓本旁示但存二畫二畫上有泐形似一小畫實非言旁也

二

魯詩殘石二段魏風全字七十一半字九異文維是褊心維作惟爲刺刺作刾漣猗猗作兮不稽作不啇坎坎之坎作欿我黍作我柔貫女作宦女唐風全字三十半字四異文山有樞作山有蓲釋文云樞本或作蓲烏侯反荎也何不日作胡不日隸釋所載魯詩亦祇此二段而有百七十三字是時上下左右較今寬廣耳其云誰知之上無其字蓋其所見本誰上尙有之字至父曰嗟

句於父曰中閒注云闕一字毛無則拓本具在父曰二字明明接連何嘗與毛異耶

三

儀禮殘石二段大射儀全字三十四半字五聘禮全字二十五半字五皆與今本同惟聘禮授上介幣之授作受耳勺園師校漢石經多據隸釋而聘禮一段爲隸釋所無故石經考中不及受字異文

四

公羊隱四年傳殘石一段全字一十五半字五按隸釋無此段而存他傳三百七十五字今則僅此十餘字矣

然雖僅此而相其行款可知漢時傳文實不與經文相連蓋經文別寫在前故隋書經籍志一字石經有春秋一卷公羊傳九卷前輩或遂謂無春秋正經者非也又按姚令威寬西溪叢語及方仁宅勺石經考皆云尚書論語與今多不合獨公羊當時無他本故其文與今無異

五

論語殘石二段微子篇全字一百六十四半字十一異文父母之邦邦作國何德之衰德上有而字衰下有也字可諫可追下皆有也字執輿者爲誰輿作車誰下有

子字是也曰是知津矣無也曰二字辟世作避世耰而不輟作櫌不輟行以告無行字夫子憮然無夫字植其杖而芸植作置芸作耘其廢之下有也字欲潔潔作絜其斯而已矣作其斯以乎（以字今本左旁稍模糊洪氏所見本蓋甚明）夷逸作佚堯曰篇全字三十七半字七異文無以萬方無作毋罪在朕躬無罪字寬則得衆下無信則民任焉五字

六

論語後跋殘石二段共三行據隸釋所載有四行第一行凡廿篇萬五千七百一（闕一字）字貢諸貢之哉包周（闕四字）蓋肆乎其肆也二十三字今僅存肆也二字之半第二行周（下闕）曰言（闕一字）而在於蕭牆之內盍毛包周無於十六字今存蕭至無九字上於字存右半下於字僅存其上左耳第三行詔書與博士臣左立郎中臣孫表十三字今立字稍泐郎字左下已闕中字以下皆無第四行工陳興刻四字今全失之按後漢書稱中郎自書此碑而先與堂谿典楊賜馬日磾張馴韓說單颺等正定經字無所謂左立孫表者今碑有此二人姓名又洪氏所見公羊末有趙䧕劉宏張文蘇陵傅楨等姓名或同書字或同校文雖不可考而其人皆爲范曄所闕略則

顯然也至東觀餘論記此跋云詔書與博士臣左右郎中臣書上此或黃長睿所見本較多於洪氏或黃氏誤釋碑文以立爲右以孫表爲書上今不得而知也又盍毛餘論作蓋毛二家論語注在宋時已絕不傳遂至不能確知其姓氏又可慨也

七

右書詩儀禮各二段公羊傳一段論語四段皆錢泳所摹刻漢石經殘字也不知何時何人雙鉤本而泳刻之金石萃編載有泳跋此本無有然爲錢刻無疑合之翁刻尚書一段論語二段熹平四年石經之存於今者如斯而已矣中郎正定經文既與今本多同異又曾詩有章句論語有後跋（洪氏所見詩碑又有齊韓字公羊碑又有顏氏異同諸說皆與論語跋同）皆增多於經文之外者是其當日所書不知凡幾十萬字盛典大觀不久即燬可惜也唐初收聚殘碑十不存一至宋人胡尚書（宗愈）重刻於錦官西樓已祇四千二百七十餘字金石錄亦云今所有者才數千字而隸釋所載及其刻之會稽蓬萊閣者又祇二千一百十九字久而益少事理之常無惑乎存於今者之僅僅六百七十餘字也然今存雖少以視明人及　國初人所見者轉多五倍有奇（庚子銷夏記金石文字記皆云存百餘字）則豈非

累朝稽古右文諸儒皆知崇尙漢學搜羅剔别不遺餘力之故耶上有好者下必甚焉神物呵護應運而出焉知他日不更多於今日耶歎息轉爲幾幸不覺跋予望之

八

尙書盤庚篇殘石一段全字二十七半字三異文不其或稽稽作迪自怒作自怨予丕作予不崇降弗祥作興降不永嗚呼作於戲盤庚之盤作般

九

論語殘石二段爲政篇全字五十半字十五異文無違作毋違人焉廋哉第二句無哉字孝乎惟孝乎作于堯曰篇全字二十六半字五異文簡在帝心簡作蕳

十

右尙書一段論語二段皆翁氏方綱所摹刻漢石經殘字也翁摹出錢唐黃易所藏宋拓本相傳卽熹平原刻謝氏啟昆王氏昶皆嘗見之其後翁氏得金匱錢氏摹本乃復與此三段合刻之南昌學中而此刻堯曰篇與錢刻堯曰篇適是同石而分裂者遂併二段爲一段其摹本則余未之見也此刻經張芑堂鐵筆修改故頗精工然轉不敵錢刻十一段之古何也蓋二溪皆好古工八分隸覃溪之博雅遠非楳溪所敢望而楳溪臨摹漢隸幾可得其形似亦非覃溪所能及況楳溪自能運刀鐫刻士大夫雖或能之亦必無暇及此而楳溪則專藉此技遊王公閒巧者不過習者之門此翁刻之所以不如錢刻者也

十一

錢楳溪翁覃溪刻石經皆有跋語皆計存字若干吾本卽兩溪所刻也而核其所計字數往往不同今吾分全半計之以完好及稍泐而明明可識者爲全字但存一二筆至半筆及雖存大半而非經文不能必其何字者爲半字尙書全字一百一十五半字十七魯詩全字一百一半字十三儀禮全字五十九半字十公羊傳全字十五半字五論語全字二百七十七半字三十八又後跋全字十八半字四凡全者五百八十五字半者八十七字總凡合全半計之得六百七十二字較之洪文惠所刻者僅三之一而以視唐初魏鄭公收聚殘碑字數則相去不遠矣鄭公所收字數婁氏字原載之尙書一百三十九字魯詩一百四十字儀禮一百四十一字公羊一百四十二字論語一百四十三字蓋凡七百五字云

十二

范書靈帝紀及儒林宦者二傳皆稱五經蔡邕張馴二傳皆稱六經而不言何經章懷注引楊龍驤洛陽記云是尚書周易公羊傳禮記論語句園師謂東漢時禮記未立學官不應取以書丹盧植傳雖有攷禮記得失刊正碑文之奏而未經允行卽有南夷之叛洛陽記所謂禮記十五碑悉崩壞者無徵不信之說也余謂今所見殘碑絕無禮記或係悉燬之故然明有魯詩儀禮而洛陽記悉數四十六碑之目而不及此二經則其說不攻自破矣隋書經籍志載一字石經之目周易一卷尚書

六卷魯詩六卷儀禮九卷春秋一卷公羊傳九卷論語一卷蓋當時摹本尚存語亦與今所見殘碑合是可信也至范史又稱六經隋志稱七經句園師皆非之愚謂皆是也當時立經博士稱五經博士故五經者總名也益之以論語則爲六經此蔡張二傳之所以又稱六經也而春秋經與公羊傳各自爲碑則七經矣此隋志之所以稱七經也

十三

後漢儒林傳序誤稱石經爲古文篆隸三體於是仍謬襲舛皆以魏三體爲漢碑反以漢一字爲魏碑自趙氏明誠金石錄洪氏适隸釋張氏縯石經考胡氏三省通鑑注以至朱氏彝尊經義考顧氏藹吉隸辨皆歷歷辨正之斷以一字爲漢其說確不可易乃諸君迴護范失張氏謂邕或以三體參校其文顧氏謂儒林傳序或劉昭所妄改殊不知正定五經一事也邕傳既明謂出自邕意而宦者傳又謂李巡所奏請兩歧如此爲保三體之必不錯誤況范曄本多妄語者耶至萬季野謂漢魏竝立三字石經王蘭泉又謂漢經三體各自爲碑不似魏三體之連寫夫果漢魏竝是三體則今所見一字殘碑是何代物耶漢三體各自爲碑則自宋至今斷石之

出洛陽土中者何爲但見隸碑而絕不聞有古篆二碑一字耶是皆强作調停而造爲無據之臆說者也夫謂後人但考殘碑搨本不如前人目睹原碑爲可信萬氏語其言似矣然而同出目見而其說互異同出一人之口而其說又互異則將何說解之况果見殘碑拓本卽一斑可知全豹豈與目見異哉水經注謂漢碑上悉刻蔡邕等名今所見雖無邕名而東觀餘論及隸釋所載公羊碑後明有與邕同正定六經之堂谿典馬日磾諸姓名卽此一端而餘證可勿論也且吾更有一言可以確鑿證明之者魏初古文出鄲邯子叔至正始中立三字

石經已失其法不得已而因科斗之名遂效科斗之形以當古文事見晉書衛恆傳中必無憑空揑造之理浸假漢碑果有古文一體則漢靈帝光和六年癸亥水經注謂光和六年立碑魏正始中又刻古篆隸三字石經至魏初庚子不過三十八年至廢帝正始元年庚申亦不過五十八年爲時甚近漢碑必當無恙即或遭董賊之亂碑多燬失摹本亦必有存者以赫然負重名之蔡中郎古文具在子叔何得以古文擅名魏初邯鄲子叔別出新意與中郎不同而正始刻三體碑時已失其法碑上自年月銜名外經文纖悉與漢碑同則何不直用中郎法書石而乃效科斗之形作此陋舉以貽笑柄耶由是言之漢碑之非三體無古文而儒林傳序爲誤說斷斷無疑

十四

論語殘碑合錢翁兩刻凡四段與今本異者十四字多於今本者六字少於今本者十三字存字不滿三百而異同多寡至什一有奇後人見皇疏集解經文偶與邢本不同輒以爲怪若得見漢人全碑正不知可怪者凡幾因念講學家咀嚼經文敷衍神理雖語助虛字亦如天生鐵鑄必不可增損移換偶以古本語之悍然不信又必盛氣排斥如闢異端思之眞可笑也或謂漢人寫

經或未必無偶誤余謂不然寫經文既與寫他文輕重迴異且當時所以寫此碑者正以經籍多謬俗儒從而穿鑿之甚有賂改蘭臺漆書經字以合其私者乃始詔諸儒正定文字刻碑立太學門外鄭重如此豈容稍有錯謬疑誤後學耶又且立碑之後觀視摹寫車乘日千餘兩塡塞街陌自是經定爭者用息若其中尚有偶誤能盡掩天下學者口目人人取正之耶觀論語後殘跋賈諸賈之哉包周云云而在於蕭牆之內盍毛包周無於云云是必詳審經文知賈諸賈之哉當作賈而包周本作沽蕭牆上必不可無於字而四家本無之乃旣刊定經文隸釋所載經文亦無賈諸等句而尚有在蕭牆句有於字又於跋中詳明其義以曉學者跋中蓋必有所以正定之語其他異同亦必詳悉具載而惜乎其盡闕也然當時詳愼至於如此而後來仍若未見行遠傳久刊石不如鏤板當時尚不知此法以致古大儒所定經文今偶見之目爲怪異是則深可痛惜者也

十五

諸書言碑數紛紛歧出莫古於楊記之四十六枚而經目尚有錯誤碑數庸可信耶此固非後人所能據一書臆斷之者至其引朱超石與兄書所謂石經文都似碑

高一丈許廣四尺駢羅相接者必當親見講堂中物而後言之然但言高廣不言碑中行列今吾以今本經文核計殘碑尚書儀禮論語每行蓋七十四字魯詩蓋七十二字公羊傳較多蓋每行八十五字雖其文增損與今本或不同然亦約略不遠矣而以今匠尺度碑字每字高八分半有奇橫廣如高之數稍強而不及九分以七十四字爲一行計之碑高當六尺二三寸以八十五字計之當七尺二三寸而朱云高一丈許者或幷碑額計之耶抑或漢尺縮於今尺什二三耶是亦非今日之所能臆定者矣近儒多摹漢尺然以吾所見兩合之必

不能絲毫不爽也

十六

右二刻皆以同治甲子得之不知出自何故家記自二老閣而鄭杏卿云無之已巳八月始裝爲屏幅懸諸座右以便覽觀既校經文考其同異復證諸說定其漢魏先後跋語悉錄幅中至十餘則之多摹刻雖自近代而其源實本鴻都是可寶也且如書盤庚之不其或迪曰怨曷瘳君奭之其道出於不祥詩碩鼠之三歲宦女論語爲政篇之毋違及孝于惟孝微子篇楚歌之多一而字三也字子路以告無行字皆較今本爲長又堯曰章無信則民任焉五字而皇侃本及高麗足利本亦並無此句又可知古本實無此五字今本乃因陽貨篇誤衍者僅僅六百餘字而足資經學考證如此然則所以寶貴之者豈特以中郎遺蹟哉珍重殘經不覺屢言之詳言之如此

烟嶼樓文集卷三十四

男隆壽平甫校字

烟嶼樓文集卷三十五

鄞　徐時棟柳泉稿　甥葛祥熊豫齋校刊

題跋四

跋舊搨虞恭公温彥博碑（原碑全文附）　辛未

同治九年八月武林帖賈以此本來草堂其字似較多吾刦前舊藏本其書亦似較勝他歐書用二十千錢買之寶之而不以爲奇寶也旣而翻閱諸家題識乃知此碑殘闕已久少者或僅三四百字多者亦祗得千字耳又旣而念近世碑帖家無過王蘭泉乃檢視金石萃編自稱視諸家本爲最多而所錄全文僅得九百九十二字又誤字十唐碑莫備於全唐文內府祕本當迥異士庶而所錄全文僅得一千三百八十字又誤字二十二還視此本則碑文實二千六百五十七字此本泐者八十一（中一字唐文萃編各有各誤又中三字似推七秉未敢確）定存者二千五百七十六又衍字一（語詳所錄原文報字下按語）合之碑題十八字（唐文萃編同）撰書人銜名三十四字（萃編全闕唐文）未總凡存二千六百二十九字視唐文將倍之視萃編幾將再倍之於是驚喜過望旣使吾不得不詫爲奇寶而又竊竊自訝何以一千年來賞鑒家累數十百無不恨其殘闕而至今日而尚有完好者如此天上之本固已超絕人間萬萬（諸家說此碑字數從未有多如全唐文者）何以草茅下士乃更於不意中得見先朝儒臣所未見之者如此耶

二

萃編全例凡搨本闕字別見他書者則以小字旁注之今此碑旁注但有開裕義治四字是四字而外餘所闕一千六百餘字更無可考可知也至唐文以文爲主金石刻本存亡全闕不問也今其所錄出萃編外者不及四百字餘悉注闕是亦必更無可考可知也然則吾此本非特率更之書爲世所未見卽憲公之文亦絕無而僅有者矣恨此間無鉤勒佳手不能重刻碑本不得已而思其次全錄今文附之鄙集題跋卷中以與好古之士共賞之

三

王鶴林跋此碑一舊本謂生平所見宋搨第一本而僅僅七百許字今此本幾多至三倍豈眞唐五代搨本耶旣無題跋亦無藏家印信紙墨極古舊而裝裱極新心甚怪之吾友陳子相曰不足怪也是必全碑爲故家所藏什襲包固不輕示人人亦不得見之封鐍篋笥傳之子孫其子孫或謹守不敢裝褫或愚魯漫不省視至粤

寇猖獗十餘年海內名蹟無不星散此碑遂輾轉入帖賈手中帖賈不知其爲異寶也視同常碑漫取而翦裁之而裝褫之以貨諸人而吾子適遇之檢校考覈而後知爲千年來罕覯之本蓋此帖至是始出頭地吾旣爲吾子幸又將爲此帖慶也余笑應之曰其然

四

翁覃谿跋其藏本云略可辨者尚將近千字又云幸存率更銜名又云在今日卽可謂之全本遂以舊搨全本自題其籤而不知世閒尚有眞全本在是亦可謂之夜郎自大者矣乃其他日又云使人至陝西精搨全幅計

摹得二千八十六字則妄語也近世金石之學無過趙子函子函親往碑下明云不可復搨豈更後二百年乃反能幾得其全文耶又云題下辨出中書侍郎江陵縣開國子岑文本撰渤海縣男歐陽詢書而不知吾本乃是中書侍郎吏部尚書上柱國南陽郡開國公岑文本製銀青光祿大夫渤海男歐陽詢書兩銜皆與之絕異吾本萬萬無僞理然則翁說非僞造耶此碑之爲歐書無不知者其知爲岑文本撰者據趙氏金石錄也云中書侍郎江陵縣開國子者據新唐書岑文本傳也文本官中書侍郎時兼吏尚加封南陽公新書不載遂不

得而知之也彼意天下斷無全碑不妨張大言之而不知今日尚有眞全本之入吾手也然則其所云摹得二千八十六字者尚可信耶

五

此本雖裝本而黏連痕跡向日映視之了了可辨碑題一行撰書人銜名蓋二行（蓋者疑詞撰書各一行本無可疑而萃編云二行吾本究是裝本故疑而蓋之）碑文三十五行萃編謂自碑題外首闕三行當是撰書篆額人銜名者誤吾本具在有撰書人無篆額人也又計全碑謂三十六行者更誤若三十六行去首三行碑文當三十三行吾本具在碑序實三十一行

碑銘實四行也每行七十七字（萃編同）此本搨時分作二截上截三十九字下截三十八字而裝冊者裁翦接合審視不精第十八至廿六九行皆誤倒其上下又碑上刻有縱橫絲格凡接合處依格裝之上下左右本不至有欹斜與過高過下之弊而裝之者拙工也廢棄繩墨率意連綴甚至摺疊波磔覆蓋旁行每一展視恨恨無已然其裝潢才數年糊氣未脫沸湯沃之固可擊揭而年遠紙脃必致損傷且古帖書畫忌多褫背愈褫則神氣愈失也因念天下無十分美滿之事公子荊三苟夫子以爲善居室今幸獲此希世之珍苟可以賞鑒可以

臨摹斯已耳必使之毫無缺憾不轉爲多事耶至誤倒九行余並以泥銀旁注帖中讀者亦不至茫無句讀也

六

此本裝池極惡然遇碑中泐字雖不存一筆亦全裝入册中正與安世鳳墨林快事所云截去壞字彙爲行茫不知所闕處者相反是可喜也其空格亦仍之惟高祖原空二格而以高字在行末加空一格皇上原空二格而僅空一格昭陵原空一格而失之凡此皆吾校之萃編又映視帖中接縫而知之者也

七

吾前計碑行謂當三十八行而以萃編全碑三十六行及碑題外首闕三行之說爲誤及見翁跋云自陜西搨全碑凡三十六行又云第一行題下辨出撰書人銜名云云然則蘭泉所云碑題外首闕三行者真是妄說其云全碑三十六行蓋未誤也碑序及銘實共三十五行而撰書人名即併入題下爲一行是共三十六行也吾本係裝本題與撰書人名爲三行爲一行此必不能武斷者覃谿所摹之字雖妄其大段應不謬耳特蘭泉既知全碑三十六行行七十七字又依碑式盡錄其文泐者皆爲方空而吾數其所錄文與方空以一行七十七字計之碑文實得三十五行而復云題外闕泐三行然則全碑當三十九行耶

八

此本岑銜署中書侍郎吏部尙書上柱國南陽郡開國公而唐書本傳但云授文本侍郎專典機要封江陵縣子始以爲進封南陽史偶闕文不足怪也及見太宗祭比干文搨本文後岑銜乃是中書令江陵縣開國子則大可怪也按太宗貞觀十九年二月伐高麗道經江南遣官祭比干諸臣請以祭文刻石樹碑上允其請是時文本方從征故與名奏請諸臣之列其年六月文本卽薨於幽州然則文本旣官中書令至於將薨尙只江陵縣

子而當官中書侍郎時乃反有南陽郡公之封耶故曰大可怪也雖然古事固有難言者卽如恭公封爵碑但言其後封虞公而當初降高宗時官不過長史乃封西河郡公此封碑不之及而明載本傳中亦不可解也又考舊唐職官志云封爵武德時惟有公侯伯子男貞觀十一年加開國之稱開國郡公正第二品開國縣公從第二品開國侯從第三品開國伯正第四品開國子正第五品開國男從第五品憲公著此文在貞觀十六年以後銜稱開國與新定之制適符而唐六典云中書侍

郎正四品上卽吏部尚書亦是正三品何爲封正二品之開國郡公耶若以史傳及祭比干文爲可信則開國子乃正五品封階何爲以三品之中書令而降封五品耶史學荒陋實不能定其是非可愧也至其官勳此題上柱國而或云見一本是上護軍者則顯然僞謬上柱國柱國是文勳上護軍護軍是武勳並詳兩唐書中中書侍郎非武職何爲授之武勳耶

九

碑文與史合者史稱大雅與弟彥博大有皆知名薛道衡歎曰三人皆卿相才又稱彥博兄弟三人少爲太子

洗馬李綱所器碑云當朝碩望士如薛道衡太子洗馬李綱並下堂見禮倒屣定交而遂相稱莫逆是也史稱開皇末對策高第授文林郎直內史省碑云留心義化處衡岳則奏疏章輔善讜言坐宣室而悅道誼卽指對策又云乃授通事舍人卽指直內史省按隋制通事舍人隸內史省後改爲謁者臺掌受詔勞問出使持節等事故碑又云每至文武在列華裔近庭對越於靑蒲之地歛抑於丹墀之所又云大業之始以親喪去官嗣以奪情起復舊職詔公銜命蕃境申明臣節是皆通事舍人職掌事也史稱隋亂幽州總管羅藝引爲司馬藝以

州降彥博與有謀授總管府長史碑於降唐一事詞頗隱約但云屬天地橫潰華戎叛蕩我高祖定四方而出震乘六龍而御天迺以公能扶危拯難特授總管府長史是也史稱召入爲中書舍人遷侍郎碑云徵爲中書舍人遷中書侍郎是也史稱突厥入寇彥博以并州道行軍長史戰太谷王師敗績被執突厥知近臣數問唐兵多少及國虛實彥博不肯對囚陰山苦寒之地碑云屬獫狁縱慝疆埸受駭乃以公爲行軍長史窮□敵而未能謂□□之難施故困留於遼海是也史稱太宗立突厥歸款得還授雍州治中尋檢校吏部侍郎碑云皇

上嗣堯亮工繼文治宇威慴龍瀚澤□寵沼而使敵者舉被遲澤褒其勁節故嘉酈生說齊召士季而返晉拜公爲治中檢校吏部侍郎是也史稱復爲中書侍郎遷御史大夫而碑云尋以侍郎再遷御史大夫按碑文云尋以侍郎似侍郎卽吏部侍郎而史以爲中書侍郎當誤至史稱彥博官吏侍時欲汰擇士類碑文此處頗有泐字中有云糾繆爲於大選當卽指汰擇事也史稱檢校中書侍郎事貞觀四年遷中書令封虞國公碑云仍給事中書侍郎遷中書令又云俄而勳銘衞鼎功紀徐陵故進封虞公是也史稱十年遷尚書右僕射碑云斯

旬宣而盡其方伯之職僕射而踰於副相之位是也史稱明年卒年六十三以上多本新書碑云以貞觀十一年春奉命巡察道出洛陽駐旌□疾又云六月廿日薨於旌陽□賢里官第春秋□十有□是也惟卒年舊史云六十四新史云六十三而碑中此句適泐二字下一字三四五皆可擬上一字筆勢乃實似七字疑不能明也史稱贈特進謚曰恭陪葬昭陵碑云遣禮部侍郎令狐德棻水部郎中□文紀持節册贈尚書右僕射上柱國謚曰恭公敕令立碑紀德卜塋地於昭陵之側是也

十

碑中既衍一報字其他如渤海作勃海結轍作結輒陳疏作陳疎遠來作遠未漢苑作漢菀不惑作不惑邊徼作邊激握符作握苻洛下作浴下韜鈐作韜鈴大漠作大漢枉尋尺作抂尋尺一覽作一監昔者作著者陪列作倍列獨飭作獨飾迍邅作迍遭定策作定筞或結構從時尚或文義可通借不盡誤也至如末浴鈴抂著遭之屬則爲誤字無疑又如定四方而震震上顯脫出字嘉鄺生說齊及嘉國而勵堅貞句觀偶語皆當脫去一字蓋碑字幾將三千斷不能毫無譌誤況率更此時已大年耶而古人作字極自矜重石上書丹卽明知訛謬必不肯輕易磨改漢唐碑版往往如此其意以爲吾書在天下後世知者自能識其錯誤亦自能諒之若悠悠之口雖訾我紕繆無傷也又碑中語及朝廷皆空格不跳行高祖空三格皇上空二格闕庭聖朝等並空一格與今時擡寫三字二字一字者無異而奉詔啟復舊職是敘隋時事詔上不當空格綸詔追乎往昔空格當在綸上而在詔上是亦未必非誤者乃若華戎鈑蕩或謂當依唐文作板蕩然鈑蕩正通故邊瑕滌或謂滌下當脫穢字然故邊瑕滌猶云邊故滌瑕亦自可通也

十一

此碑之妙不可言喻瘦勁秀逸筆筆精到無論翻刻也卽晚搨原碑焉有此神氣耶張丈鐵峯謂從未見歐書之妙有如此者至昔人論贊此碑不一或謂較皇甫九成化度最爲得中或謂與化度並臻至極然諸公所見皆是晚搨惜未得見吾此本耳吾所見皇甫化度皆是尋常本惟醴泉銘吾嘗蓄舊搨者亦迥與常本有骨無肉者不同整鍊腴媚時時作八分筆意大抵九成肥勁此碑瘦挺兩碑不甚相類而其爲正書極則則同也此本在今日爲最初本而在當時已不知搨至幾千百紙故全泐之字八十有餘模糊僅可辨識者亦將及二百

其他或困於氈椎致筆畫肥拙者亦復不少而至其毫
髮不變宛如初搨之處則真令人手舞足蹈終日對坐
愛惜把翫不忍掩置之也吾嘗謂論古人書不見初搨
不知其字之妙不見墨蹟不知其字之神率更墨蹟今
時必不可見而徒以碑蝕泐蕩翻刻累次全失本來之
拓本評騭其優拙古人有知不將以爲冤獄耶

唐故特進尚書右僕射上柱國虞恭公溫公碑

中書侍郎吏部尚書上柱國南陽郡開國公岑文
本製
銀青光祿大夫渤海男歐陽詢書此上二行金石萃編全闕故不

知撰人名但從前人跋語知書人爲歐陽詢而已若全唐文例不錄撰書人銜名而入之岑文本文中似所據本有此二行然碑中岑銜明題南陽郡公而唐文文本小傳僅據新唐史傳稱封江陵縣子則首二行疑亦已泐其知爲岑撰者或本之趙明誠金石錄耳

昔者帝嬀升歷凡變體依原碑九官奮其庸有周誕命六卿
揚其職國國字編闕○後凡云編者金石萃編也云文者全唐文也鈞捴於於字編闕
公相贊贊字文闕乎二輔樞客輔至密三字文闕相至密七字編闕歸於臺
閣閣字文闕成乎百百文誤晉官官文誤雖滈碑从水从享雅推被於衆
賚勳庸特銘於鍾鼎是以功高魏趙治比高傒此煬雅至煬二十五字文闕閣至煬三十一字編闕帝載其其字文闕盛其盛二字編闕德逵
武嘉其卓操武至操五字文闕建至操六字編闕也若夫昴宿麗天感

其靈者人傑嵩嶽鎮地降其神者國國字編闕楨叶牧牧字文闕夢叶至夢三字編闕於龍彪作□碑泐器彪至器三一字器字文闕於舟
楫其資資字文闕也超超字文闕庸彪至庸十一字編闕器於陶窳而於至而四字文闕其操操字文闕也堅貞心於金石此叉堅至叉八字文闕
豈霝礬哉抑功無虛至無六字文闕於至無二十二字編闕復加也加也二字文闕矣加至矣三字編闕公太太字編闕原祁祁字文編竝闕人諱夾博字
大彥至大四字文闕諱至大五字編闕臨系姬文之遠胄派唐叔之遙
源食邑河內世功開其緒著姓姓字編闕晉陽世世字文編竝闕
德派派字編闕其祚祚字文編竝闕雖曰安國名震於寰中而寔
持世之大曰至大十四字文闕義獨負獨負二字文闕於天天字文闕下世

世文誤旨曰至世二十一字編闕之勳烈未未字文闕貞著著字文闕於衆□
□碑泐二字蓋衆蓋二字文闕勳至蓋八字編闕猶培塿培塿二字編闕之望岱
華潢汙岱至汙四字文闕之讓河海讓至海三字文闕望至海九字編闕祖裕
魏太中大夫言為准的行成表綴廊廟翹首首字編闕搢
紳結輙文作轍仿仿字文闕公輒至公三字編闕叔叔編誤者而比德頌
頌字文闕思行行字文闕而並馳風追赤芾使重皇華隨贈並至贈十二字文闕司馬碑空一字皇朝而至朝二十二字編闕贈魏魏字編闕州刺
史聚螢勵聚至勵三字文闕學夢鳥成成字文闕史至成八字編闕文名
冠瀛中望隆日望至日三字文闕下孔門名至門十字編闕宓子聲
華聲華二字文闕子至華三字編闕不顯於當時穎川陳君哀榮無

聞聞文誤聞於異代能兼之者不亦優優字編闕乎公建建字文編竝闕兩儀之功勛垂功至垂三字文闕百世世字文闕之至世六字編闕之懿德窮節德至節三字文闕懿至節四字編闕義以明之敦禮讓明至讓五字文編竝闕以行之故能內疚常懷行至懷八字文闕外外文誤所防防文誤以自維具耿光□碑泐一字存左旁日遠識自至識七字文闕所以知其其字文闕洋洋焉行至焉二十四字編闕若洪河之東注巖巘焉猶華岳之西峙若乃三德六行列聖之所重重字文編竝闕也舉厝必踐其必至其三字文闕舉至其五字編闕域陳疏裕略先賢之所難也報陳至報十一字文編竝闕○案帖中報字上又有一報字結構及紙墨與全碑無異而於文實衍始疑此字在他處闕泐中爲裝手誤黏於此者旣而知爲不然碑文每行七十七

字此行自注字至維字凡七十二字加空格一泐文二又加此報字適合七十七字之數若無此報字少一字矣且此碑雖泐八十餘字而所泐諸字盡搨之亦盡裝之別無可以位置報字之處然則當爲原碑衍字也恩恩文編竝誤息恩下碑空一字闕庭建侯疆圉□碑泐一字風□碑泐一字之奇樹闕至樹十字文闕雲蜺以達命達命二字文闕淪湮者而能湮至能四字文闕闕至能二十字編闕與則則字上文編俱有然字不應此反無之疑裝帖者誤失然初唐文字未可臆測或文編誤衍耶高高字文編竝闕臺淩霄淩霄二字文闕始淩至始三字編闕於覆簣長江簣至江三字文闕維簣至維四字編闕地肇自涓流是以辛津筮仕由賓王王字編闕而佩印文終終字編闕創業階名名字文闕階名二字編闕吏而命禮著昭雅禮至雅四字文闕葺同符前前字文闕烈宏開□碑泐一字義大啓崇庸奉

碑空一字詔啓復舊職乃以闕玄至闕十六字文闕內史用用字文闕于于文誤子時隆令德而依仁嵩朝碩望士如令至如十一字文闕辟禮至辟四十三字編闕道衡文文字文闕宗□碑泐一字存左旁木肆衡至肆四字編闕牢籠多士太子洗馬李綱直道正辭羽儀海內並下堂見禮倒屣之文而遂相交至相四字文闕稱莫逆遠未能答莫至答十六字文闕定至答十二字編闕道孟之詩近悅能追成季之勳留心義化霧孟至處十六字文闕衡岳則奏奏文誤夫疏章輔善讓言坐疏至坐七字文闕宣室而悅道悅道二字文闕孟至道三十二字編闕誼乃授通事事字編闕舍人餟殇鳳池垂紳鸞閣瓌姿月舉韶音玉振每至文武在列華裔近近字文編竝闕庭對

越於青蒲之地餟抑於丹墀之所倍邀龍光於至光十六字文闕漢苑內之杞內至杞三字文闕梓梓文誤其亦即亦即二字文闕洪濤中之砥柱濤至柱五字文闕對至柱三十一字編闕以方方字文闕其對對字文闕方至對三字編闕斯乃□碑泐一字賢賢字編闕□碑泐一字餘慶具□碑泐一字之一慶至一四字文闕隅猗猗字文闕歟雅慶至雅八字編闕度在乎經國大業之始以親喪去官孺慕之感哀毀之極與夫夫字編闕長孫居□碑泐一字于居于二字文闕毹□□碑泐二字第二字存疒頭豈其能而典歸嗣以奪情起復舊職豈至職十四字文闕煬帝巡歷時九伐逆罪輸轉無時公紀勛書功不忒規矩邊激甯碑从宀从平謐後弍斛巡至解二十七字文闕斯孫至斯四十八

(字編闕)政出奔高麗既而乘蘇膺反詔公銜命蕃境申明臣節陳之以逆順曉(曉字文編竝闕)暢皇威諭(皇至諭三字文編竝闕)之以禍福遂致蠢茲菲亞箴能以□(碑泐一字)心□□(碑泐二字)糺察之蓋齡返捣日之戈夷庭去焚巫(禍至巫二十七字編闕)之刑(刑字編闕遂至刑二十七字文闕按唐文共多萃編四百字故萃編所有之字唐文盡有之今刑上之字萃編尚存不應唐文反闕疑之刑二字爲抄手誤脫故遂字至刑字幷中泐三字共得三十字而唐文於祕字下注云闕二十八字其爲抄手誤脫二字明矣)豈如郭公申禮空旋於遼(郭至遼八字文闕)海張鶱(如至鶱十二字編闕)攤鄭無功於月氏又以公爲東北道招慰大使屬天地橫潰華戎牧(文作板)蕩□(碑泐一字)羊而牧野郊原起祥之師□(碑泐一字)

賁□(碑泐一字存右弋)導□(碑泐一字)無當難之臣我(碑空三字)高祖宅四方而震乘六龍(羊至龍二十八字文闕遺至龍三十三字編闕)而御(御字文編竝闕)天憑依(依字文闕)握乾坤(乾坤二字文闕)之荷播(播文誤授)越(憑至越九字編闕)遷夏商之鼎艾綬銀章弓旌先於髦俊建社班瑞光寵屬於勳庸庶績(績所二字編闕)以咸凝羣工然後就列迺以公能扶危拯難特授摠管府長史轉授御侍公遷迺而進非忠義之報也哉(羣至哉三十七字文闕)雖連接(連接二字文闕)摠其方盛□(碑泐一字存下儿)能(盛能二字文闕)毗其政(咸至政五十字編闕)刑而臧沒不羣豈蹉跎於吳阪清越振響終特達於章臺徵爲中書舍人遷中書侍郎昔周

建選遠迩懷歸一時屏藩胥比事書賢國學鄉校盡德行道藝之選故(昔至故二十九字文闕)其應政(政字文闕)則清悉傳(清至傳三字文闕)美於岐西而(岐至而三字文闕中至而四十五字編闕)其得人(人字編闕)則孝若飛聲於浴(文編竝作洛是也碑誤)下云誰嗣響復在茲焉屬獫狁緩匿彊場受(編誤大)駛甘泉迷龍煙(迷至烟三字文闕)之火雲衢列象燧(衢至燧四字文闕)之陣□(碑泐一字)神武之所前向履滿於皇(陣至皇十一字文闕)□(碑泐一字)鞠於朝韜鈐素(於至素五字文闕)懷寔于城(實至城三字文闕甘至城三十四字編闕)之將(將字編闕)琴書(書字文闕)在御(御字文闕)佇甘瑜(瑜字文闕書至瑜六字編闕)之臣(臣字文編竝闕)乃以公爲行(公至行三字文闕以至行四字編闕)軍長史

十萬之師方絕大漠又餌之術必繫單于(于字編闕)而南(南字編闕)風褰律戢(戢字文編竝闕)之弭(宏字文闕)北揚(揚字文闕)肆豺狼之毒衛尉遂奇復設圭□(碑泐一字)剪□(碑泐一字)敵而未能謂□□(碑泐二字)之難施故困留於避海焉(衛至焉二十三字文闕宏至焉三十一字編闕焉下碑空二字)皇上(上字文闕)嗣堯亮工(亮工二字文闕)繼文治宇故蠡瑕滌(宇至滌五字文闕上至滌十三字編闕)澆俗俾於結繩叶和萬邦遠夷同於編戶威慴龍瀚澤□(碑泐一字然尚存左)(旁日字唐文作流萃編作浸皆非也)飽沼賓(沼賓二字文闕至賓三字編闕)龜寶無倓於方域也而使敵者攝破犀澤褒其勁節故嘉鄙生詭齊呂士季而返晉(方至晉二十七字文闕)拜公爲(公爲二字文闕)治

中侯至中三十四字編闕撿校吏部侍侍字文闕郎尋以侍郎再遷
御史大夫以至夫九字文闕侍至夫十二字編闕公望為時宗才稱王
佐鴻翼所漸日文編作自兹囘溪而薄九霄驥足既馳遊
闓闓編誤閭閭而騁騁字文闕千里雖信勇並宿乃□碑泐一字斯
靈道□碑泐一字術□碑泐一字地者□碑泐一字存上乂下乂無彝焉
□□碑泐二字議誠信至誠十六字文闕□□□□碑泐四字閣糾繆為
於大爲至大三字文闕騁至大二十六字編闕選陳陳字文闕議武陳至武三字編闕
□碑泐一字遲洽歸□□□碑泐三字故能歸至能三字文編並闕爵命
日隆寵祿歲厚猶司馬之四至慈明之十旬乃以□
碑泐一字似推字宦行文編竝誤拜太子右庶子遷御史大夫仍

給事給事二字文闕中書侍郎遷中書令志矢蹇蹇望重巍
巍建大義志至義十一字文闕遷至義二十七字編闕於廊廟陳謇言於
闕庭在陳至在七字文編竝闕位幾載幾載二字文編竝闕獨寵冠百僚
寵至僚四字文闕職寵至職五字編闕司八八字編闕柄公又婁之故能
出揔糾察入專機管執簡冊以肅周周字編闕行奉絲綸
以光帝業朝夕靖獻出納靡隨會之忱遠迩聞風始
終全蘇武之節豈業至豈二十四字文闕其猶人歟人歟二字文闕俄
而勳銘而至銘三字文闕衛鼎功紀鼎至紀三字文闕徐徐文誤餘陵陵文
誤如故進封進封二字文闕帝至封四十二字編闕冀公復公復二字文編竝闕食
邑三千戶德優爵重鎬京之舊制非功不侯中陽之

令典踰七命而兼二善天天字文闕善天二字編闕下以為公之
北征而爲至而六字文闕佩命南旋以膺節□碑泐一字庸寵錫
其由來者漸命至漸十四字文闕矣斯旬宣而盡其方伯斯至伯八
字文闕爲至伯三十字編闕之職僕射而僕至而三字文闕職至而四字編闕踰於
於字編闕副相之位上圖相至圖五字文闕天道如如字文闕斗極相至
極十字編闕之運四時下料人事邁元愷之贊百揆碑空一字
聖朝欽若前前字編闕典憲章往代懷磻溪而縈夢而至夢三
字文闕想嘉國嘉國二字文闕而勵堅貞非勵至非四字文闕公之磽
磽不屈介介不苟結主知於艱危之際之至際十七字文闕懷至
際三十二字編闕臨事事字文闕而不懼哉不至哉三字文闕觀東道之

通返東至返五字文闕事至返十一字編闕南宮之故實心實心二字文闕體
體文誤求故至體四字編闕道勤行而不倦歷選前哲仰止而無
怠是以忠允允字文編竝闕寬裕懷懷字文闕內恭懷至恭三字編闕之
温温温温二字文闕壺外著之抑抑謹度習儀自叶巽貞之
吉盡忠補過不忘前愓之勤損慈驕盈戒其偏辟夙
夜匪懈外至懈三十七字文闕温至懈四十字編闕以事一人獻替替字文闕
獻替二字編闕之規不忘忘字文編竝闕於忠忠字編闕恕損益之義皆
出於仁厚違規矩拄拄編作狂是也蓋通木旁爲手旁後人妄於碑上加點耳文作
枉尋尺光其家而弗為利社稷安儀儀字編闕文誤億地危
危字文闕其身而危至而四字編闕無悔肅肅焉濟濟焉宛若猶

龍之持巳仁以立之義以行之更如於菟宛至菟十九字文闕
之毀家愼動家至動三字文闕言於公庭即執信義為國柄
於至柄十字文闕心悔至心四三字編闕十之所同必擇善以利物意
之所興不是巳而達人關德義為宮墻巨宮至包三字編闕
禮度為開闔勸度至勸五字文闕人之善行厲人行至人三字文闕
之清操閑人之邪思規人之匪彝善辭操至辭十三字文闕令
令文誤今而絕絕字文闕毀譽繩愆繆繩至繆三字文闕而薦德義德義
二字文闕位高矣持以持以二字文闕度至以四十三字編闕慈慈文編茲誤茲和
和字文闕祿厚矣治以儉以儉一字文闕和至儉七字編闕約以孝敬之
道移於指兄行慈惠之心洽於猶子允所謂朝庭之

棟幹家門之橋楚家至楚五字文闕爲以貞觀十一年春奉
碑空一字命巡察道出春至出七字文闕洛陽駐旌駐旌二字文闕家至旌二
十三字編闕□碑泐一字存辶疾□碑泐一字動□碑泐一字寄深動至深三字編
闕□□碑泐二字又空二字恩恩編誤息篤篤文誤息股肱□□碑泐二載
□碑載至碑三字文闕於道路名篤至名十字編闕□□碑泐二字陳其
方技逯輔德衙郗弥留曠佰兩楹之奠既坒二豎之
灾乃招特招特二字文闕至特三字編闕乃遣銀青光祿大夫行中
書侍郎杜正倫撫視疾體並簡詒謀而公志存忠遺
表陳治道愼忽侍至忽二十五字文闕行至忽二十八字編闕之幾幾字文編茲闕
□碑泐一字盡□□碑泐二字之德著者□碑泐一字卿著至卿三字文闕

大漸無無字文闕著至無六字編闕□碑泐一字忘於舉熊子頹啓足
情存於愼赦眇焉千載於斯一揆六月廿廿字文編茲闕日
薨於旌陽□碑泐一字賢里官第旌至第六字文編茲闕春秋□碑泐
一字七字似十有□□□□□□□□□碑泐九字之之字文闕□
□碑泐二字類齊后之之字文闕卜至之七字編闕□碑泐一字即以其日
□□碑泐二字於於字文闕□碑泐一字陵陵字文闕□□□碑泐三字百僚
倍倍字文闕列日至列七字編闕莫不流涕乃流至乃三字編闕詔民部
尚書莒國公唐儉工部侍郎霅義恭護喪行中書侍
郎杜正倫持節吊祭遣杜至遣八字文闕禮部侍郎令杜至令十
三字編闕狐德棻水部郎中□碑泐一字文紀持節冊贈尚書

右僕射上柱國棻至國十九字文闕諡曰恭公碑空一字勅令立勅至
立三字文闕碑紀德卜紀至卜三字文闕塋地德至地二十三字編闕於碑空
一字昭陵之側并給東園秘器賻贈二千段喪葬所須
並令令字編闕官給予予字文編茲闕祖送之典墳塋之制咸率
率字文闕禮度之宜焉夫顯微闡幽義不容辭功高德盛
資度至資十八字文闕篆籀之鋪揚聲蜚實騰載金石以不朽
是以定之之至定十六字文闕獻忠忠文誤之穆穆字文闕漢室之至室五十字編闕
之良良字文闕佐良佐二字編闕也窅陵當陽曾朝之賢輔也雖
復卿雲摛思班爾運奇勒銘由其子子字文闕孫表墓資
資字文闕於寅寮紀亦碑从亦从大葉之作述叙國楨之挺生

故史冊發乎幽光而綸（寅至綸二十三字文闕其至綸三十字編闕綸下碑空一字）詔追乎（追乎二字文闕）往載不其偉歟武湯一（追至一十一字編闕）
德垂之百（百字編闕）代其詞曰
藹藹高門世膺顯命堂堂盛德家襲餘慶抗節飛英
扶危流詠軒蓋接聯（聯字文闕）珪璋輝（輝字文闕）映操淩張喬
勲高趙孟獨飾朝綱屢持國柄露布馳聲循墉示儆
出險入危風疾草勁鼓篋窮經超（操至超三十七字文闕）藝絕（絕字文闕接至絕四十五字編闕）德財（財字編闕）成呂鍾（呂鍾二字文編竝闕）範圍
儒墨非馬擅奇雕龍貽則發跡素里馳聲上國仲舒
揚庭吾（吾字編闕）邱（碑無左阝）待職（職字文闕）數歷迍邅不遑日昃

好是正直待後守先和辟韞石隋珠輝川伊呂之佐
（碑空一字）堯舜之年頡頏往喆伯仲前賢受書圯上（歷至上四十三字文闕）釋釣（職至釣四十七字編闕）滋泉陳（泉陳二字編闕）謨德顯之
茱功宣綏壑纔鶱（文編下皆从鳥）搏風初穚窘勿鸞閣便繁
鳳沼仲（仲字編闕）舉性純伯道信皦立（純至立六字文闕）我楷模
示我（楷至我四字文闕）儀表萬古青霄千秋丹旐□（碑泐一字似秉字）儀維則衣德堪紹嗚呼忠怳懷思渺杳屢遭艱厄
溘逝良弼（萬至弼三十一字文闕純至弼四十四字編闕）鑄丹義府傳（義至傳三字文闕丹至傳四字編闕）薪理（理字編闕）一水（水字編闕）逝黃陂光沈（沈字編闕）
趙日梲駕天府夷灃泉室麟閣圖形烏（烏文編竝誤烏）臺（臺字）

（文編竝闕）騰實悲纏奄息傷懷尹姞永叨（奄至叨八字文闕叨下碑空一字）恩隆垂裕軩韠維地河山（隆至山九字文闕）羅天箕畢（天至畢三字文闕）懿範昭茲德音洋溢（昭至溢六字文闕纏至溢三十一字編闕）

烟嶼樓文集卷三十五　男隆壽平甫校字

烟嶼樓文集卷三十六

鄞　徐時棟柳泉稿　甥葛祥熊豫齋校刊

贊一

分類重編學海堂經解贊二十一首 幷序 丁卯

道光初年阮文達公總督兩廣其時海宇乂安民物殷富於是繼通志堂經解而有學海堂
皇淸經解之刻臨川李氏兄弟任刊貲而編輯之者則錢塘嚴烋也洋洋大觀
聖朝經學之盛眞超軼唐宋而元明無譏已顧吾謂李氏之功不在容若下而嚴氏厚民之編校不逮顧伊人而多可訾焉夫經解非叢書比也分別部居自當從經今不依通志堂之分類而以時代爲先後則序次之未當也經生家數浩如淵海攷其成文何啻數萬卽所知者若閻氏疏證姜氏兩補義余氏鉤沈江氏標準精博之書數難更僕今皆闕如則搜羅之未備也諸所甄錄類多齎覈顧如仲氏易者先輩盛非之至謂仇兄而作又如論語述何以意揣測亦覺無謂今竝入選中則功楛之未別也校勘之記在文達生平蓋爲傑作然多蓄古本稍稽時日卽可成書況專本已行或又附刻經疏之後豈患不傳今乃全刻於中餖飣之學幾居全書十分之二且所刻他書往往刪其序錄而獨於此記既全刻之復於羣經集中刻校勘之序十有三篇是不亦牀牀屋屋乎則去取之未公也經籍籑詁亦文達所著雖少有舛誤要爲學者津梁今舍籑詁而取校勘則抉擇之未精也音論日知潛邱解春之屬皆非全書是宜加以鈔刪諸字用別其全庶使讀者更不淆惑今悉冒總名則錄題之未審也觀象授時者五禮通考之篇題非類叢書之別種標爲書目體例已乖而論語駢枝在劉氏遺書中實其著作之一今不題駢枝而稱遺書則名號之未一也說部多條遴其一條文集多篇選其一篇別爲叢鈔誰曰不宜今如宮室答問孔子三朝本皆全書而廁諸叢鈔之列則位置之未宜也箋注全經得失互見而說部文集中之偶及經義者抒其心得每多特識故叢鈔之編必不容已顧當以經爲次類而集之每篇每條各該出處異同是非一聽學者自擇庶幾專經之書既列前部旁見之義又聚斯編秩然不紊功在篹輯矣今率意收入漫無統緒則鈔錄之未善也其書卷終各具校者姓名是當精審再三不復貽誤今偶爾繙閱脫錯良多嘗讀毛氏春秋傳首卷讀不能下取核原書竟失一䌦則讎校之未工也至於稱人官位亦復紛

爾岐出潛邱辭召則曰徵君亭林卻聘乃稱處士(惠周惕)戴(震)謂之吉士全(祖望)方(觀旭)題以庶常歲貢(江永)拔貢(汪中等)副貢(陳懋修)如是其貲也而胡(渭)馮(景)曰明經兵部(許宗彥)戶部(郝懿行)禮部(劉逢祿)如斯其別也而胡氏(培翬)曰主政進士(錢塘等)修撰(金榜)編修(姜宸英等)檢討(毛奇齡等)教授(翟灝)訓導(劉台拱等)皆據今銜題之若相國(蔣廷錫)侍御(孫志祖等)觀察(王念孫等)司馬(吳廷華)武曹(朱彬)州倅(劉玉麐)大令(盛百二等)孝廉(焦循等)懋才(臧琳等)上舍(江藩)之屬又沿古號斯雖無關宏旨而亦正名之學之一端也且夫著作諸儒顯晦異矣考其得力淺深雖殊要不可謂非先儒之諍友而後生之前導也孟子曰

誦其詩讀其書不知其人可乎固當搜訪生平略為小傳生存諸君則記其里居字號科第官職別附於後此亦讀者之所望於編刻者也概乎無徵抑又何哉凡吾訾議多中其失非以招之蓋亦惜之然安得大有力者依吾言而重梓之乎惟夫序次未當則可更定因以己意別為編類後先既序命工重裝非唯條例井井亦足便於尋檢積月告成手繕其目總凡二十一類類各繫以贊云

五聖作易肇自羲皇六經權輿三古文章編易類弟一(十五種一百四十四卷)

皇降而帝三王繼作心法治法粲焉茲託編書類弟二(十二種一百八十五卷)

曰風曰雅三頌具存聖生周魯而商之孫編詩類弟三(由經義叢鈔分出一種 共十種一百十五卷)

凡易書詩先朝聞之設官分職周文在茲編周禮類弟四(十四種六十四卷)

諸侯去籍士禮不害成周威儀餼羊是賴編儀禮類弟五(由叢鈔分出一種 共十種八十五卷)

孔氏之庭習禮所宗授受有源記載以叢編禮記類弟六(五種七十四卷)

大戴之記不列學官夏正周銘豈非眞傳編大戴禮記類弟七(由叢鈔分出一種 共五種二十六卷)

此記舊附禮記之後然愚謂小正踐祚的然古書固足寶貴餘如遷廟釁廟當是禮經三朝曾子並見略錄微言奧旨所在皆有恐二戴正未易軒輊也學齋佔畢謂宋時嘗刊為十四經雖孤文無證要不得視大傳之於書外傳之於詩同為附錄耳今別立一類次諸小戴

各尊所聞孰經孰傳其理相貫制度斯見編三禮類弟八(四種十九卷)

紀文達編輯　四庫書目條例秩如其分類立名亦考古酌今務衷至當惟三禮稱三禮總義羣經稱五經總義且於五經總義類序中自言命名之有據而駁朱氏經義攷中稱羣經爲不見訓詁之文此語頗可駴怪夫曰易類曰書類其所錄之書何一部非訓詁之書其所名之類何一類見訓詁之文而獨於三禮羣經必鑿然以訓詁之文爲正名乎是亦失於眉睫之論矣余已詳論於城西草堂筆記中故編此目但稱三禮羣經而不稱總義云

元聖禮樂宣聖春秋如有用者其爲東周編春秋類弟九由叢鈔分出一種共六二十五種二百二十二卷

志在春秋行在孝經至德要道宗聖是承編孝經類弟十二種五卷

至聖之聖生民未有論語之書亦絕前後編論語類弟十一七種三十四卷

至於戰國百家雷鳴天生亞聖鑄詞成經編孟子類弟十二三種六十一卷

禮家儒家四部異科合而爲經萬古江河編四書類弟十三七種四十八卷

古目錄家皆以論語孟子列四書之前經義攷尚依此例紀文達編緝　四庫合而一之愚竊以爲非也凡古人於全經中摘注其一篇者則當以其書歸入全經類朱氏收入本類之末亦非古例若論語孟子本自專書非特漢之趙氏魏之何氏並不知有四書卽唐之韓文公宋之孫宣公亦自音注論孟而已此豈得合爲一乎又況既合爲一必以注家爲次第不以經文爲後先於是孟子竟先論語是亦返諸心而有未安者也今仍舊貫分作三類

鈐轄六藝厥惟爾雅經乃終矣後無作者編爾雅類弟十四三種四十八卷

古皆入爾雅於小學類中愚謂既尊爲專經豈宜與方言廣雅同收並載今別立一類以殿諸經

專經業衰博洽斯貴拔十得五我取其粹編羣經類弟十五十五種一百二十五卷

羣經舊在論孟爾雅之前顧所謂羣經者實兼十三經論釋之則豈有本經正文尚未一見而後人論釋之書已居然羅列乎退居經後於義爲允

說部之書遴其談經是亦經詁同實異名編筆記類弟十六由叢鈔分出一種共十九種三十八卷

瑣瑣考据文章道變爬之剔之經說是殿編文集類弟

十七由叢鈔分出二種共十八種四十七卷
經之支流則有小學探賾索隱片義累牘編小學訓詁
類第十八六種三十四卷
小學當在筆記文集之前然今所謂筆記文集皆經
說也爾雅既升於羣經之前其餘小學皆經部之支
流餘裔耳自當後之
古哉古哉鐘鼎說文難字寫經焉得子雲編小學字書
類第十九三種二十五卷
經韻鏗鏘若合符節唐宋韻書南轅北轍編小學韻書
類第二十四種十九卷

天文算法轇轕紛紜通經博物敢鄙疇人編天文算法
類第二十一三種二十四卷
是亦天文算法中之解經者非眞天文算法家也惟
阮文達所爲疇人傳亦廁其中則甚無謂也夫其所
以入之者豈非以傳中所載諸家論說有涉於經義
者乎然所載論說非文達能自造必有所本則何不
卽取所本之諸家論說條錄於經義叢鈔中乎蓋好
名之心太盛雖乖體例而不自知顧其祿位聞望已
極榮盛又何爲與經生家爭此區區之名也乎文達
少年卽來視學繼又來撫兩浙吾浙人固戴其惠政

又且先義行之游郡庠實在文達視學時於公於私
皆非秦越而乃屢指其好名之過者編校書籍事之
至公固不必爲之私諱耳
右共二十一類原編一百八十三種今從經義叢鈔
分出七種總凡一百九十種原編一千四百卷今并
其未計之子卷附錄卷計之得多五十三卷總凡一
千四百五十三卷云
此同治丁卯年所編撰者時所蓄爲阮文達原編未
見其續刻也後得續編乃吾師馮雲伯先生所著石
經攷異及三家詩異文疏證則當補入羣經類一種

詩類一種去年又得近人所刻許雲嶠刺史尙書札
記則當補入書類一種以編目已定不便紛更紙幅
較短亦難類次故別自爲函而附記其名於目後許
雲嶠者嘉慶閒濟甯人知泗州退歸道光己丑年七
十三矣始成此書稿在其同里李太守福泰處咸豐
庚申勞制軍崇光修補經解殘板時李方宦粵東亦
與捐貲至同治庚午李爲許刻此書竟附編之經解
中續編二種爲卷一千四百一至一千四百八李編此書爲一千四百九至一千四百十二後聞
大吏謂此書非文達原刻所有飭令抽去此板不得
與經解同印行余閱其書殊未精博其以己意下斷

語者多牽臆武斷不顧前後語詳余尚書說中然則大吏之飭令去板者殆或別有所見固不惟是原刻有無爲斷斷者也同治癸酉閏六月三夕時棟記

宋元以來紀元表贊 戊辰

紀元作表由宋以來博士嗤我村學究哉昔錢詹事腹笥便便理宗寶慶乃有五年承乏志事誠彼前車九百九歲是究是圖彼恃其腹我用吾目博不如村敢告諸

君

其二

三古邈矣曰稽建元建元享國五十四年自時厥後亦

罔或克壽或五六四三莫漢武久於赫

皇清維古孰儔

聖祖

神孫甲子兩周千秋萬世以似以紹書年忭儛敬贊斯

表

烟嶼樓文集卷三十六　男隆壽平甫校字

烟嶼樓文集卷三十七

鄞　徐時棟柳泉稿　甥葛祥熊豫齋校刊

贊二　頌　銘

宋左朝奉大夫知處州容直袁公轂像贊 庚午

宋有世家曰四明袁先古隱德邈矣淵源公以儒學蔚然興起助敎之孫公曾祖諡生明州助敎志太中之子公父茇贈太中大夫秋擬其實春采其華博極墳典著書滿家公著韻類題選一百卷見直齋書錄解題文集七十卷見寶慶四明志惜今皆不傳矣赫赫大蘇公驩洽之應舉蹤之公舉開封試第一而坡爲之亞賦詩壓之公判杭時坡爲杭守嘗祈雨賦詩以雨速來者爲勝而坡詞一飯會公爲詞宿文苑之雄公爲守臣循良之宗公

不遇時賢姦雜遝歷事四朝直道寡合由公以來袁其始興五世之後莫之與京公無遺文公有遺挂我作贊詞神往千載

宋左朝議大夫尚書倉部郎中子烈袁公灼像贊

北宋之季君相否德於時袁公危行正色出守婺隨入爲省郎位不稱德而有餘芳其在東陽郡寓姦黨紅鞓之帶敢施荊杖公赫斯怒市朝是尸瑣瑣姻亞擠公去之事詳正獻所撰曾祖遺事洎公入朝鴆毒孔深公以危言格其非心嗟嗟徽皇豈無老成曾是莫聽大命以傾疇志公墓失其大節疇表遺徽曾臣直筆曾臣嶽嶽紹公遺風我作贊詞於公之忠

宋贈朝奉郎卿遠袁公坰像贊

猗嗟孝兮格明神兮猗嗟友兮讓國恩兮並詳甕牖閒評及絜齋集中敎子則急處世則寬罵風撻風千古名言惡少無故罵公衆請送有司撻之公曰罵我如罵風於我何損撻彼如撻風於我何益昔公祖父良二千石至於公身世之以德彈琴賦詩翛爾絕俗身世兩忘終老白屋傳子孫曾三世著書維孫維曾兩世大儒遺書在

閣公子質甫先生所著甕牖閒評公孫正獻公所著書鈔詩講義絜齋集曾孫正肅公所著中庸講義蒙齋

集皆於我

朝乾隆間從永樂大典錄出藏

文淵閣頒其副於天下大儒在

廟同治七年七月

詔以正獻從祀

文廟沿流溯源繄公之敎公孫表公粵有論定孝友溫恭與物無競瞻拜遺像德容恂恂我作贊詞公孫之云

宋贈通議大夫質甫袁公文像贊

臥雪之齋逸叟所居人皆戚戚我獨恬愉室有彝器圜有花竹敝屣富貴無欲自足晚歲洎然曰姑舍是我有壯心心在經史是辨是明是考是徵粵其成書是爲閒評即甕牖閒評也餘事詳絜齋集先公行狀及墓表凡書之成顯晦有時精神所注鬼神護之遺際

聖清靡幽不闡於是公書過時而顯於南袁氏先輝後
映是眞不朽震鑠四姓明州在宋以豐樓史趙爲四大姓然特以名位言耳必如正獻所云出處不作皆蔚有賢譽而後謂之世家則斷推袁氏矣昔讀公書今見公容我
作贊詞穆如清風

先儒袁正獻公燮像贊

萬國殊途同朝王宮萬水異派同趨海中爲學不同同
歸於聖嗟爾曲學朱陸是競
帝嘉宋臣君子之儒
曰雖宗陸未異於朱詳見高宗純皇帝御題絜齋集詩大哉
王言埽除門戶嗟爾曲學亦莫敢侮惟我海濱學派明

明公遇
純皇乃祀
廟庭吾鄉自慶歷五先生以來類多碩儒闡表無人竟無一享兩廡俎豆者近又以請祀紛紛部議准駁極嚴余倡議請公從祀若非高廟題詩褒美亦未敢冒昧陳乞也清敏德行憲敏文
學孰爲表章無使公獨北宋豐清敏公稷之品行南宋初高憲敏公閌之經學竝皆無
媿祀典惜未有爲之陳請者闢儒非道闢道非儒溝而出之史臣之
愚宋史拘朱陸門戶之見分道學儒林爲二此最可笑者公以陸門不得與道學傳中今公之儒
宮牆萬仞我作贊詞于
帝其訓

宋贈少傅權兵部尚書蒙齋袁正肅公甫像贊

正獻公後有正肅公學術經綸是謂大同再世經筵君
資啟沃再世成均士資陶淑歇歷中外廉靖端直部民
戴恩鄉袞隆魄權相接踵悔於帝躬天不祚宋而公告
終黃文潔公古今紀要謂理宗欲相之以病終名臣再世鍾毓非偶大儒再
世伊古未有慥慥家學超超師資以辭害意乃爲公疵
公始學於正獻繼學於楊文元公故闡發心學甚力余請正獻從祀時擬倂公請之而以四庫提要於中庸講義條有訾公禪學之語懼爲廷臣所駁以是中止其實學術經綸精卓如公者何慚祀典耶公學卓
卓晚宋莫先公心浩浩洙泗淵源鳥鳴花開樂矣公懷
我作贊詞敬告後來
袁氏有先世像冊不知繪自何代而傳之至今同治

八年其裔襄臣懋才士燕與其族子士穎國學芳重
摹宋像爲立幅自處州而下凡六公襄臣吾門下士
也請余各爲像贊將使其子孫歲時瞻拜知先德焉
嗚呼當宋之世吾四明族姓鼎盛豈無珥貂七葉以
宰執卿貳世其家者而袁氏六世乃以兩太守兩布
衣兩侍從與之相頡頏而百世而下尙論世家轉在
此不在彼是亦可以深長思矣惟辭義淺陋未能揄
揚襄臣姑存此詞或俟大手筆更製之爾九年人日
書

王厚齋先生畫像贊丁卯

先生之學淵博宏通有宋一代婢鄭奴洪天命鉅儒生我海邦彼何人斯敢薄詞宗後五百年有雙韭翁具體而已已驚瞀聾里巷小子望洋夢夢欲陟其巔但見高崇來今往古誰與比隆低首再拜敬贊遺容

詠槐老人像贊 有序　庚午

老人吾父友也姓張氏諱孝先字永懷以字行自號詠槐老人身爲縣吏而好任義舉殫竭智慮而費其家貲諸所籌畫縣中父老能道之者噫此豈吏胥中人哉卒於道光十四年十月十二日年六十六後三十六年叔子秉德新作畫像屬余贊之其詞曰

先公有友乃在吏中曰此老人志合道同老人學吏以吏爲師老人作吏不與吏宜直毅不撓老人之性敦善不怠老人之行是以有賢尹兮匪老人莫信是以有公事兮匪老人莫親于時郡中大濬河渠監司守令卿士大夫詢謀僉同老人是須迺起其淤迺開其塞迺勘水倉（河旁鑿岸數丈可以停泊避來船者謂之水倉）迺修水則（宋吳丞相置碑以測量四鄉河水高下爲碶閘啟閉之候者）城河載通老人心力河泥滿城當塗爲高運船五萬付之江濤老人曰嘻是謂徒勞西南塘堰三十有奇固傾補罅待我茲泥畢一得兩老人機宜風堋之碶梅墟之塘寄麥之園乳嬰之房凡百謀爲老人是臧東津之橋南塘之路以至於郡中凡百舉措我先公所經營老人是助昔先公存兮老人來之頻兮我見老人親兮逮先公亡兮老人來如常兮我感老人長兮我謁老人有客在堂老人愛我招我由房飲食教誨視我子行哀我藐孤父執是保曾不六年不遺一老我思老成惄焉如擣往也仲子（福山字艮夫）其學定交與其伯季（福慶字庭琨福濤字樂泗）末秋而凋今也叔子（福昌字秉德）溫恭象賢來修舊好先德拳拳嗟吏不可爲而爲之在人得時而富潤其一身得時而貧潤其子孫嗟老人之吏百世吏師遺行在口遺挂在茲拜手作贊我無溢辭

陸東岑像贊 辛未

昔先大夫始居月湖是時湖上耆德不孤與君先人笑語相獲掩骼城隅是究是度嗟我少孤亦不逮先友至于壯年乃與君厚君守其先家集譜編來我賞晰烟嶼樓前君治其業律賦古風同我私試柳汀院中春陽秋雨酒杯團語湖上舊聞先民遺矩視我弟兄如手如足告我家庭如心如腹慈祥寡尤端重寡言孰是人斯而不耄年歸乎山邱歲星則周睹貌思人我心悠悠貽厥子孫既有令則溫溫謙恭惟君之德

宋儒袁正獻公從祀

文廟頌 庚午

維
今皇帝同治六年十有二月臣新貽言臣聞
孔廷祀典愼重紛紛陳請罔念學統昔在
文宗詔示中外事有典章俾守勿懈先賢先儒傳道翼
經經綸卓越學術粹精其克副茲爾乃入
告毋以空言請祀於
廟今臣撫浙藩臣昌濬謂宋儒燮不愧
聖訓臣讀宋史悉其風節臣際
熙朝見其著述於赫

高宗褒厥遺書學有體用宗陸同朱大哉
皇言千秋論定鉅典允符敢昧死請
天子曰咨咨汝閣臣九卿國學集議以聞於時廷臣集
議便便詢謀僉同如撫臣言七年七月其日庚子
天子曰俞兩廡從祀禮臣奉
詔誕告寰宇是歲季冬至於鄞土維此鄞土宋儒故鄉
里有小臣敬作頌章

元貞二年琴銘 有序 乙丑

陳鋭甫政銑得古琴一張携來屬銘背孔中兩旁似有朱書以火照之右云元貞丙申二年上元吉日左云稀翁居素子斵於金陵書舍蓋竭其目力晚視之而後見也銘曰

元貞二年上元日居素斵此金陵室至今五百七十年彈之作聲濤發越鱗殘斑駁紋斷裂腹中朱書淡不滅秋堂陰雨愼深密恐有黑蛟夜飛出

陸文虎先生竹笏銘 有序 丙辰

笏以竹本爲之圓首而方下其腹刻飛白篆二大字曰孝弟旁左刻小篆一行曰月湖家塾幼學弟子陸符稽首受執蓋前朝見君用象笏此則執以見父師而肆其儀者也篆書精妙鏤刻亦極工緻禮稱士笏

竹本禮家又記其尺寸制度此笏長短悉與之合古人制作不苟雖童子玩弄之物亦鄭重考古如此先生大節具詳黃棃洲全謝山二先生集中余家鄰先生故居而笏乃得之鄞東鄉邱隘吾友陸東岑言先生有女孫嫁邱氏蓋笏之所以輾轉而在彼也得此驚喜如獲球圖景仰嚮往而刻其背詞曰

於乎此故明大行人陸文虎先生之遺笏也先生秉此方童蒙挺挺幼學基聖功大書孝弟鐫當中稽首受執常敬恭異時移孝作貞忠擊奸拂袖歸甬東摩挲兒物無怍容留傳一洗珍奇空三百年來光熊熊

四弟子舟摺扇銘 丁巳

時而柄用耶將酷吏是去而仁風揚耶吾非其時耶姑卷懷而藏耶與時偕行何翕張耶不因人熱何炎涼耶

陳生鈞堂竹摺扇銘 甲子

理粗而曲者木耶心窒而俗者骨與角耶將柄用之而不可以無竹耶竹之直君子秉之爲正色竹之虛中君子師之爲有容

白摺扇銘 有序 甲子

淮南子主術訓之論行方事鮮者白摺扇可比德焉取銘吾扇以當書紳

直立而不撓素白而不汙執柄持中運於璇樞以一合萬若合符斯君子之風然吾取諸淮南子之言

青蜺束紫雲硯銘 有序 丙辰

硯故林氏物所謂千金硯也余以重值得之橫廣五寸長倍廣而弱厚二寸有奇其色紫上下束二帶極端整上帶青綠下帶青白上帶之上刻云青蜺橫束紫雲腰又刻云己丑夏日製又刻一小印云青銅不知其何青銅亦不知其何己丑也澤潤無比手摩撫之汗蒸蒸出世盛稱紫袍玉帶視此皆下品矣余不欲以刀筆傷硯石而刻其蓋曰

紫雲一片青蜺界之欲贊無言束帶拜之

竹筆筩銘 甲子

誰歟處管城中耶大毛公耶小毛公耶噫此豈所謂孤竹君之二子耶抑信乎其爲墨胎氏耶倘去其國而賦新詩兮將毋曰是殆不肯立而逃之耶

周楚堂曰先生極闢夷齊讓國之妄見之集中千秋定論也及讀此銘令人解頤先生嘗曰此等史事祇合作游戲文字材料耳然語氣抑揚吞吐雖小品亦見斟酌

烟嶼樓文集卷三十七　男隆壽平甫校字

烟嶼樓文集卷三十八

鄞　徐時棟柳泉稿　甥葛祥熊豫齋校刊

賦

海甯塘賦 癸卯

北海賓造乎東海主人之廬前謁而請曰僕嘗誦木主簿儁麗之賦繹梅仙尉鴻博之章愜心夸目有志望洋竊嘗駕飛雲裹餱糧望洽蕩盡紘滄破巨浪迴風檣既遵循其涯涘而周觀乎捍海之塘退乃歷考史乘博覽圖經多識前代之載然後知往古所經營主人亦願聞其沿革而審識其廢興乎主人曰唯唯賓曰蓋聞塘之

見於往牒也始自有唐貞觀之年兆基不得而言矣是時海甯之縣號曰鹽官長亙淞江舊跡聿傳厥後重築實維開元在宋宣和集事汚庫乃有鐵符以爲靈異驅役而堵涴演則淳熙之繕治也摶土以靖波盪則嘉定之防制也至於抵禦衰而鏤鑿甚漰涬作而陂隄搖大德延祐集議嘵嘵蘧篨鱗次參差下以捍潮規度趑趄閭閻繹騷醮禳屢舉不懾怒濤是以泰定致和之閒宣召臣庶焦勞深宮然而謀石建而不就議版築而無功此則有元修舉之大略也逮乎前明法制載更永樂之朝孟侯肇祀而患平成化之代沈丞揆策而利興自時

厥後鞭臨平安吉之石嚴塘夫役銀之令樾絙星聯副隄雲亙其物則有石櫃竹絡鐵錠木孔之屬甃鑿以爲堅勁其人則有成均錢山蘇湖劉元瀚之徒後先以相標映或謀而陋或略而定宏治以降及乎崇禎未有不以斯塘爲病者也夫潮之入江也濩滅濤湏沆瀁沖瀜龕山赭山夾峙海中束不得肆於是鼓怒而迴東其迴也又有石墩之山障其來而縱龍海亹陡而浅漷激其氣滀漯拗而鹽官當其衝故其潰也若摧枯朽之無所事力其築也若鐫金石之難乎爲功觀於疇曩之所紀抑亦得失之叢也若夫坡陀陳兆之抗壯萬柳洪輔之

連延蒲岐蒲嶴護安撫安固陳蹟之具在亦捍禦所宜先然而爲害猶淺創制非艱雖有作者姑闕略而舍旃主人於是默然有閒輾然而咍曰異乎哉客之爰咨也馳騁末流而鋪張其權宜愣眙往事而瞢昧於宏規曾亦覩

聖清之所以平治者乎今將第先臣之嘉頌舉碩彥之偉辭謹爲吾子揚搉而陳之夫飛湧相礉雲奔雨屑防禦之阻海甯爲烈則信如吾子之說焉往者消溥爲災有事陂遏收賦威刑京倉不發羣下奉令玩愒歲月困未蘇而民重勞工未半而財已竭積歲乃成崇朝而決

及我
皇朝之受命也
列聖相承靈海順晏飛沫不驚沄濤永奠猶復
軫念海邦廑勞宵旰設專司之官定歲修之典庶民子
來維
上所遣
世宗憲皇帝繼天出治握乾闢坤遐稽職方邇察見聞
籌預先事屢
詔廷臣疏緒山泱瀼之積通潮汐噓噏之門赫煇煌以
立廟爰敬恭於明神爾乃

頒渙號沛溫綸圖久遠致豐殷嗟土塘之盜瀆舍其舊
而謀新易石層構比象魚鱗發禁財以千萬非珍惜之
所云於是神倕競勸巧輸奔走量徑輪度廣袤遠物至
殊材購摹萬世而崷崪程瑰瑋而齊奏迨
高宗純皇帝之踐祚也兩山之壩崇乎其基六和之塔
矗乎其規中亹條開一昔而治洵至誠之昭格非人力
所能爲九年之春魚鱗大塘入告工訖六千餘丈偃蹇
坦率洋洋
帝謨耿耿
先烈

皇曰吁哉民不遑逸犒勤賞功差厥等列督役之臣超
擢顯秩既奏膚功而
洪恩又加斯其盈溢也賓曰幸哉僕得聞
國美於今茲也雖然是役也蓋海甯城外迤東而迤西
者也若夫鹽倉以抵章庵則柴塘四千餘丈在焉僕聞
其地趾踔湛灤版沙渺瀰石不得下木不能支其胡以
屹崇墉而託喬基乎主人曰然哉固將語子以
聖神之廣運
指示之機宜昔我
高宗皇帝嘗四幸海甯矣其始幸也歲在元黓敦牂

懷柔百神遊豫萬方
親問民瘼至乎錢唐
行在駐蹕將有事於海塘曰吾詰朝爰方啟行羣從以
爲沮洳不足以辱萬騎險阻不足以幸六龍驚浪駭水
勞我
聖躬
天子曰朕省方而問俗孰與康居乎法宮於是屈
至尊損服御減陪乘卻玉輅駕彼駿駛明發而去時則
千官萬品之盛整儀而景從魯般王爾之徒驩謠乎道
路

便旋鹽官之區睎睋柴塘之上審曲面勢登高而望瀛
潤哉泱漭之波滉瀁哉砐擊之浪浮滈譎變不可名狀
試下木樁
命彼營匠礎重礧而不入沙濾淹以蕩漾改柴塘其實
難信活沙之不安羣臣進曰柴塘之內其土始堅弗畏
暴灑工可以先
天子曰斯乃抱火厝積薪寢其上而以爲安也夫策遠
慮者將以免近憂恤民隱者將以握全謀舍柴塘而弗
顧築新塘而障流新塘之外欲保無繇其中乃有桑麻
井野廬墓田疇赤子之所遂長先民之所綢繆渦彼注

玆誰執其咎遂乃仍舊貫作保障增坦水塈陂塘念物
力之艱難復興發夫白藏於是
上躋乎尖塔之山
相羊乎陳氏之園肇
錫嘉名是曰安瀾
望告大禹則會稽之遺蹟改爲
瞻謁海神則
先皇之御碑在焉浩浩黔黎浤浤渤澥時轅轉乎
宸衷恆怵然而莫解洎乎旃蒙作噩之歲涓吉日蹕盛
典

普德音
巡玉輦
布渥化於石門駐紫纛之朱幰曰昔蹕於杭州來海
甯而已綏予先務之爲急從别港而非遠乃
命舟牧朕將舍陸而循溪於是浮鷁首翳華芝揚翠蓋
建羽旗瞬息長安之壩
御舟迅駛而若飛
天子於是弭節隅園重駕相視嗟沉淪之爲災乃盤盓
其若此灪礥碨磊驚我赤子昔築坦水六尋而止非所
以戒不虞壯靈址蓋是歲所增建者至於四百六十餘

丈而
聖恩方有加而靡已賓曰
帝經畫斯塘而豐沛吾民者若斯其急乎主人曰此乃
所謂權輿耳夫襄岸夷塗始稱備美草木之質積久胡
恃然豈泰而安之哉計不得以已也且夫鴻流泛濫放
勳憂之而不能宅焉元圭八年萬方稼穡斯乃文命氏
之所以基王迹也海隅溢湧
列聖籌之而未底績焉魚鱗大塘福彼蒼赤斯我
世宗憲皇帝之所以立皇極也柴塘碨硆
帝始度之而未獲策焉申命重勘終易以石斯我

高宗純皇帝之所以懋聖德也蓋
帝之三幸海甯也實惟上章困敦之年其時柴塘之外
長波瀾汗水趨北而激轉勢呵呷以盤旋塘刎匃其隆
頹障惚泱以實難苟戕風之起惡嗟黔首其魚焉
聖上憫然以思慨然以歎臨塘躊躇奮乎獨斷謂柴塘
之綿延四千二百有餘丈豈恬沙之瀰厓終弗獲乎土
壤庶悉心以拓制朕無憂乎國帑乃
命太府使出邦甸
詔鄉師使帥民夫縣士方士聚眾而趨伐木於越采石
於吳壞材異質絡繹道塗荷鍤成雲舉畚若烏然而彭

沙礐石萬口籲呼汕湼不下無異往初旣硉矹以前卻
空擬議於工徒忽有厖眉來告程式試大竹以舉扦覗
沙窩而爲則乃下樁以夯築將入土而前旁惟一木其
難支必五木齊下而始克言已告退恍恍惚惚不可蹤
跡蓋明神之效靈咸舉手而加額於是眾庶舞蹈工師
悅懌揞磐石於㶆灂濆瀑之中果揚靈而播潤集艱大
於羣力是塘也蓋經始於
三幸之年閱四載至乎昭陽單閼而四千餘丈之柴塘
已蕆事而紀勳賓曰僕聞怪神之事夫子不語山海之
經奇誕無徵吾子毋乃神其說而未足憑乎主人曰客

乃囿域乎方隅而不知
聖人之所以享天心也昔者夏后氏登嶽而獲金字玉
簡之書導川而得黃龍元龜之瑞用以指蒙迷覺經緯
底功業安倫類夫匹夫臨機而兀臬天將啟心而惎謀
矧
聖者之所爲恆請籲而獨憂是以天人合應誠感昭休
祥符立臻聿來告猶於斯之時霾曀鬱消潏淪不興虹
申竝亘無有垠鍔蕩蕩平平
皇圖式廓沐浴福應頌聲交作至乎明年
帝親臨觀遐邇臣民忭迎

天顏雜沓從萃輳輻摩肩佇眙駢坒雷聲動驩拜手稽
首
聖上同天僉曰於鑠哉自剖判以來未有舉大工而不
驚巡海瀣而問艱運萬寓於几席籌兆民之生全如我
聖淸者也
天子猶復平不肆險安不忘危
命下土牛以實溝槽樹柳杞以周金隄作新廟而答貺
祀靈蹟而賦詩而又
念范公塘之尚未盡善也重發五百萬於大內按建二
千丈之石隄期致功以程巧取殊裁於前規逾年蕆役

靡險不夷暫勞永逸
皇心悅怡是以
成謨丕著
家法遠垂
聖子
神孫以矩以規至於今日
恩諭疊布鉅工屢施大臣測視
九重運思海隅之國地沃野滋百姓同於饒衍上下共
其雍熙蓋
國家於捍海之塘其勤勞而無倦也如斯故夫神靈貺

佑符命非一嘉祥徽顯感事而出颷絕馬銜之居浪靜
黿鼉之穴海童宴語陽侯守律涉人舟子不逢異物通
河漲沙之類以爲常有猶未能窮之於筆前代修築之
規摹庸可竝世而論同年而說哉今吾子攟摭舊編來
相告語矔閧而疑靚眛今而榮古是猶侈治水之功以
白圭爲愈禹也曾
帝力之不知雖繁稱而奚取賓於是矆睢失所曹若艮
久憮然而歎曰僕所謂戴天而不知天之高履地而不
知地之厚游覽宇下而不知
列聖之納民於仁壽也而今而後滌瑕蕩垢倩嵩洋洋
克奠巖峻永固隄防安瀕海之家室來絕域之梯航僕
願忭舞於鏡清砥平之中而日頌
聖壽之無疆

太陽生日賦

維莫之春旬有九日董子覺軒自高唐之故里來城西
之草堂徐子同叔止而觴之已乃出門野眺攜手徜徉
入其闉闍折而南行至月湖之西曲過日月之新宮在湖尾俗謂之太陽殿乾隆鄞縣志未載蓋此時尙未建也近日新志亦失之見朱門之洞闢衆
攘攘以憧憧喧士女之雜遝僉膜拜乎其中怪而詰之
則曰是日也太陽之生日也誦元文與梵典肆伐鼓而

考鐘祝天上之聖壽將獲福以無窮二子笑而去之既
而董子問於徐子曰禮若是其野乎徐子曰夫朝日而
夕月乃天子之事守彼僧道之歛錢於典禮乎奚有董
子曰是則然矣顧嘗見省中之頒時憲書也舉神示之
誕生紛卷終而竝列生太陽於仲冬惟仲旬之九日欲
私議其無徵早見稱於著述玉芝堂談薈第一卷云十一月十九日日光天子生
予忖度其用心蓋陽生於子月謂陽生即日生斯猶有
意之可說也而必以十九日爲生朝則眞無理之可詰
也且夫天無二日書則同文縱立說之荒謬豈易地而
異云何居乎吾鄉之故事乃復以今日爲降神不改日

而改月而易子以爲辰斯豈有異聞乎又何以說之紛紜也徐子於是愀然改容正襟危坐而言曰吁嗟乎噫嘻此其事蓋昉於我
聖朝順康之閒沿流以至乎今日則旣歷二百有餘年矣父老之所不道紀載之所未編諱也而祕之遠也而失之是以後世無傳焉然而吾知之吾能言之今夫三月十九日非他故明莊烈皇帝殉社稷之辰也日維子卯歲在甲申虞淵墜北陸昬曾陽揮而不返夸父追而逡巡是時忠義之士尤莫盛於吾鄞世蔭華胄先朝遺紳枌楡故老薇蕨頑民知

景命之有屬衆歸往於
聖人而其黍離麥秀之獨處而哀感者恆鬱鬱而莫伸歲以是日弔其故君被髮野祭慟哭海濱速方袍而禮佛集羽衣以朝眞然而黃疏告哀靑詞薦福始稽首以默禱繼露章而披讀而苟仍勝國之嵗稱須神號於太祝縱
熙朝之不諱夫不亦驚耳而駭目乎於是乃神其說而愚其人易其名而隱其實而詭而揚於衆曰是日也太陽之生日也夫太陽日也日者君也故君不可以灼言故易人鬼爲天神天神不可以有忌故易國恤爲生辰

斯實惟吾鄉先生不得已之苦心隱恨其事可以感風雷而其志可以泣鬼神其時蓋相視而莫喻其故則嗚咽而難陳年運而往莫知其因乃今而始得與吾子昌言而細論之也夫耆舊之勳比桑梓之所則儆也薦紳之話言緇黃之所奉敎也信俗語爲丹靑據吾言爲典要彼不識君子之所爲徒遺神而取貌舍其舊而謀新遂轉圖以改調（十一月十九日之說蓋出自道書舊時吾鄉未必不爾諸先生欲愚僧道想必有說以更正之使舍汝而從我也）浸假而狀其尊嚴浸假而建之宮廟由日及月象形惟肖惑衆箕斂奉事二曜故事則會衆而歲舉故國則無人而憑弔後之君子昧其本初覩其

末節歎斯禮之犯分笑其期之區別豈知夫愚僧詐道之矯舉而不知其爲忠臣義士之碧血也董子聞之爽然若失瞿然而下拜曰有是哉我未之前覺也此則吾鄉先生之靈所默牖子以相告者也夫論有古而非實語有新而可憑聽子言之侃侃動余心以怦怦余旣驚喜而誠服夫何事曲引而旁徵抑二氏之荒唐雖不辨而奚害而吾子之論議實先民所嘉賴盍卽以今茲之問答縷數陳乎楮墨豈惟是留掌故於甬句抑將使天下後世知吾鄞爲忠義之鄉而秉禮之國也

薪溪歸隱圖賦

有陸君耆家於鷺湖行年五十瀟灑自如卜薪溪之鷺嶺作生壙於其墟贅世繭室之榻耐辱觀素之居迺召畫師畫其大都肖象於右飄飄衫裾其山葱鬱其水盤紆其壙墳高其人湍耀肇錫嘉名是爲薪溪歸隱之圖繪事既畢展圖於堂時日和美揖客而觴之客有前席輟酌而起曰異乎哉吾子之以歸隱名此也走實不材未喻其旨厥有鄙言敬陳吾子今夫士或簪組於朝廟忽不意而羈䩭於山林優游乎浮湛乎雖入山未必其果深亦將瞻矚高蹈而欽贊其遐心目之爲隱無古今也今君少負才華一擊不中而潛於家咀經嚼史雅雅

魚魚名不列宦策身不出田廬安素位而守志願自託於農夫且夫與世相忤而矢志泉石者隱之迹也與世兩忘而遺棄一切者隱之實也獨樂其樂不佛不仙忍置其置非狂非狷蜉蝣旦暮一蝨於天地之閒則已視夫愛惡哀樂之縈擾而無端者皆一毫不足以累其天此肥遯之志所由不可挽而碩隱之名乃於是而傳也今君修其人紀事有令譽不夙則暮揞持門閭生安死哀伯姊諸姑歲不登而黨人飽時不和而里人㖃當務之急交贊共輪勤勤於鄉懼懼於家曾勞勩之不恤抑未嘗跳身於空虛以隱自表不亦誣乎主人於是歛襟而答曰美哉僕得聞茲諷議也雖然客所謂知其一而不知其二也僕蓋嘗聞諸老者之言曰生吾梏也而死吾覺也又聞諸佛者之言曰生吾幻也而死吾漫也又嘗受教於吾儒者之言曰生吾順也而死吾隱也世有達人聞其言而若疑而若信也而返視乎吾生之有涯乃恍然大覺乎百年之不容於一瞬也等富貴於浮雲視勢燄爲灰燼受身後之大名亦既死而無聞彼將覩顏閔與蹻跖同長夜於一槻悟造物之勞我誓不肯以身徇姑逸樂以自娛終泯泯而無慍此其決然於了悟若可以謂之眞隱然而當其浮泊於斯世也則已爲虛

生爲妄溷久物化於不化之日而奚俟乎蓋棺而定論僕則以爲天地之生人也三公四民序不容紊紛紛紜紜各有其分統人事之交迫會有生而相趁知前定之有因吾劬勞其焉吝苟不負乎此生乃即死而無恨當退爾縮當進而奮倦則思息視乎其運生吾愼矣沒吾順矣使營菟裘吾將隱矣是則僕所由命名之說夫固與林下諸公殊其迹而又與達人高士異其實者也客聞而喜忘言相視洗盞更酌盡歡乃已明日伻來以告徐子徐子輾然而笑曰爲此說者其知道乎吾聞之也學而不已闔棺乃止又聞之也生盡其力望壙知息彼

陸君者事委化而行語稱情而出豈必蘄附乎古人而何其與韓嬰列禦寇之言合符節也自茲以往居易任天盡其在我尙徉餘年作圖戲耳歸隱未也聊記斯言以告觀者

先師王絅齋先生語余曰吾嘗夜中不寐環念身世非特富貴利達盡如夢幻卽立德功言坐致不朽亦與我既化之身絲毫無關一念到此覺萬慮灰冷無事可作既而又轉一念謂苟若此是我未死於此身既死之日而已死於今日未死之日矣天地生我自有位置何得以虛度時日者辜負生成乃知先輩所

謂一息尙存此志不容少懈是悟後語非忙前語也余嘗心識其言咸豐丁巳陸君以歸隱圖屬賦睹其命名忽感先師之說卽以此旨託爲陸君之言蓋亡是子虛賦家有此體例不必果出陸君意也同治乙丑十二月二十五夕柳泉記

烟嶼樓文集卷三十八　男隆壽平甫校字

烟嶼樓文集卷三十九

鄞　徐時棟柳泉稿　甥葛祥熊豫齋校刊

詞　祭文

翰林院編修同年周君哀詞 癸酉

同治十二年正月十四日翰林院編修周君子青卒於京邸年四十有九嗚呼哀哉二月二十日訃至時其孤行濤方以前年歸娶於是其弟蕙山孝廉摒擋行資使往迎櫬四月二十八日至鄞脫轄於江東之梅山池庵明月十有一日入城東門出南門殯於家治喪受弔十有三日詹於家園先日孝廉來告謂余當累其德行余

與君同薦於鄉至是交君將三十年悲君之稚有聞而坎廩於其繼也甫得志可光顯而卒無成也故爲文以哀之君諱岱譜名巽釗字晉宗子青其自號也道光二十六年舉人分教覺羅未滿中同治四年進士授翰林院庶吉士八年散館授今職年不竟學遽卒於官嗚呼哀哉其詞曰

紛敷華之旖旎兮倏從風而飛颺信芳菲之將歇兮盍夷猶乎梓桑昔聞君在髫年兮早有譽於圭華擢科名如拾芥兮羨闌馨而芝茁胡始銳而終鈍兮蹇濡滯以落寞嗟乘時之不利兮每鉏鋙於柄鑿路修遠以多艱兮幾委命於溝壑夜登屋以裸匿兮過傳莊而辭橐遺吾道以乘桴兮渡黑水而颶作顧壯心之未已兮曾不悔夫北征果雲中之高舉兮題雁塔以成名翱木天而容與兮蹈玉階之巍崢始失職以廓落兮時不來而固窮既頭銜之清貴兮兩有連於豪宗託援繫爲依倚兮柰人心之不同或媒勞而恩絕兮或誼美而交忠知子之好芳草兮遠不忘夫爾貽望瑤臺之偃蹇兮曰勉旃而無疑居不易而可畱兮悲故宇之懷思樂新知而久要兮縱蜷局其安之嗚呼哀哉彼瑣瑣而申申兮固以蘭爲可恃也曾不知愛汝者朓朓而拳拳兮忽舍汝而

溘死也遠赴告於京國兮悲將伯之云亡在羈旅而自憐兮極勞心以遠望併新愁於宿疴兮形銷鑠而猋傷不自聊於歲暮兮遽奄化於春陽嗚呼哀哉當年歲之未晏兮去白日而長夜來同人以視含兮宿帝郊而暫舍發天津以航海兮指浙水以南下及甬東而脫轄兮時已窮乎孟夏嗚呼哀哉荷先德而崛興兮奚壽命之弗將方棣萼之韡韡兮忽猲折其雁行心悃款而朴忠兮豈有憾於彼蒼練世故而性拙兮知吏才之未長倘受命而典學兮必盡職於文章徒及門之被教兮感師恩

以故鄉嗚呼哀哉謂蒼者之茫茫兮德靡幽而弗光謂蒼者之彰彰兮畀之才而未央現曇花於一瞬兮羌無異乎眾芳聊陳詞而抒哀兮霑余襟之浪浪亂曰

魂歸來兮反故居像設室兮容顏臞吳羹越酒兮君所娛啟爾後兮終令圖魂歸來兮歸來乎聽我詞兮君勿吁嗚呼哀哉

周仲雲哀詞有序　丙午

余年十九問字於絅齋王先生既與同學相見見同歲生周仲雲行步蹣跚短身貌不揚及出所業驚異之仲雲爲抑齋先生仲子始王先生與吾伯兄醒墨先生同

出其門以是益親愛閱一年王先生返溪上仲雲亦出爲童子師不得常相見然歲必一二來吾家每來不飲酒喜高歌而大口無正音聞仲雲歌無不掩口笑者仲雲文章不習時好試於有司同曹無或知仲雲名仲雲亦殊蔑視之余兄弟所爲文亦頗爲儕輩非笑而仲雲心獨憙他時閉目踞胡牀余剌取同時諸君及余兄弟所爲者錯誦其側仲雲張目辨別之以爲笑樂其試於有司也能一日成十餘藝皆可觀既不遇所常與交者則多取功名以去而私以意絜短長未嘗或過之以是數悲嘯不稱意王先生自以師門之慼思追其恩遇以報之仲雲先生既歿仲雲益不得志西夷之警余兄弟避地它山時仲雲館村中一日同遊雲石巖賦詩紀事仲雲詩獨哀悵紛感不可卒讀嗚呼孰知仲雲之不二年而遽以嘔血死也仲雲諱宏縉自號芴園世居鄞之新莊卒於道光二十三年四月十一日年三十其卒也母尚在無子有一女才數歲昔者伯兄爲余言抑齋先生病革惡見人仲雲入輒麾去仲雲方七歲脫履私立牀背聽喘聲而泣蓋其至性過人又如此嗚呼仲雲死三年有奇矣吾未嘗有述焉乃者聞其宗有事於譜牒爲文以存其人而攄吾哀其詞曰

天之所壞信不可支兮而畀之以才抑不可知兮生百歲而同盡兮死大壽無窮期魂隨父而嬉遊兮見吾兄與吾師茍結習之未化兮詞恍惚而離奇重曰老母生妻魂豈忘兮死生永隔夜傍徨兮

董孝子祠堂迎神詞　戊戌

瑟縆兮鐘簫靈保舞兮蓉裳姣思夫君兮迢迢參差作兮聲驕飄風颺兮雲旗路曼曼兮鄮西君不樂兮回翔歌烏烏兮誰思香菲菲兮將沫君不來兮心傷悲穆將貽兮陳辭節之人兮念之登長春兮騁望玉虯驂兮故鄉君何爲兮偃蹇淹予馬兮南塘滴淚潭兮泥塗望親

洞兮草蕪松柏兮載枯獨飛鳴兮祥烏雲車兮風馬君之來兮我心寫繫馬兮庭樹停車兮階下入砥室兮登瓊堂瞻蘭楣兮臨葯房鄮之人兮思君不忘層臺邃宇兮樂未央東有橋兮邐迤橋下水兮瀰瀰君俯仰兮低回懷故土兮悲不已我有美味兮佐甘果兮餉之我有旨酒兮汲溪水兮釀之我卜築兮寢宮白髮來降兮君無恫我在寢兮載獻白髮來享兮君無怨入藹藹兮出熙熙君在堂兮綵衣吹白華兮奏瓊笙君聽之兮和且平哀莫哀兮枯桑樂莫樂兮壽康君之去兮優有辭惠我高堂兮眉壽無疆

除夜迎神辭三章 甲辰

若有神兮迷離容黯黮兮怪奇左手兮兼金右手兮毛錐兀獨立兮在上羌顧余兮笑嬉心儀儀兮願留託巫咸兮陳辭賜余右兮多文畀余左兮多貲多貲兮作大賈多文兮好爵而縻之

右魁斗

若有神兮渺茫儵倈兮忽藏裼衣兮泥首峩冠兮趨蹌千秋兮萬歲酒醴兮笙簧汝下民兮敢侮耿威靈兮在旁矢敬恭兮無悔神懽愉兮宴康橫九州兮被四海猋動聽兮上皇帝愕沓兮何神天閽奏帝兮曰氏孔而字方帝不懌兮謫巫咸胡作福兮降殃俾眾生兮顛倒逝擯棄兮要荒巫咸兮諫帝語祕兮辭詳帝太息兮不語神笑樂兮徜徉心低徊兮顧懷懼神怒兮不祥使我無故兮得金錢敬再拜兮奉觴

右錢神

若有神兮儒之徒名長恩兮司書駕龍兮驂螭終歲兮躊躇祀沓沓兮忽諸君四望兮餞而倏東行兮海隅羌翩翩兮格余手矢兮腰弧下來兮蓬廬朝蒴兮白魚暮滅兮蛃魚歲晏兮日除春酒兮生芻君之來兮帝都君之往兮太虛金題兮玉躞縹緗兮紗幮千秋兮萬歲笑

樂兮于胥

右司書鬼

祭賀監文

昔靈武之振旅實中興乎有唐而乾元之下詔獨追憶諷諫而不忘豈不以甘盤之舊學每遇事而多匡惟早卜蜀道之險阻而又預識陝邸之足以舉鼎而重光故飄然以遠去若獨醉而獨狂哥奴方戀戀於荆棘忽慨慕乎鶴駕之翱翔縱月堂崖弃而深阻其敢加繳於千仞之鳳凰謫仙希風廣成而蕩漾乎浮世猶流離於夜郎乃不覺低徊我四明稽山之故宅長對酒相憶以情

傷緬風流之清鑑山高高而水長邈千里其相感況吾儕幸生乎其鄉在元和之己亥有人見公負笈而徜徉神仙每樂思乎故土公殆遊戲於二百八十峯而下來乎十洲三島之旁乃爲迎神之辭曰

沙鳥兮雲峯明發兮曙鐘君之來兮騎馬聽鄉音兮君下湖水兮門前君之來兮乘船春風兮柳絲攀還舺兮繫之照城隅兮桃李薦仙實兮君喜鈑鏤兮銀盤進鄉味兮君歡入事兮消磨歲月兮浸多君念我兮同德徜相見兮相識我迎君來兮觴君兮舊祠我送君去兮歌君兮新詩禋禋兮熙熙顧明德兮吐正辭爛遺光兮流禎祺

四明岳忠武王廟徐氏歲祭文 丙寅

浩氣充塞乎霄壤亘九州而無不之剏天步艱難於海國王心實念茲而在茲赫於昭之英爽歷萬古如一時夫豈惟王心睠念乎茲土我父老猶至今其王思昔六龍之來幸避勁敵之窮追惟張俊之至止受寵命於憂危彼垂涎於王爵又迫於隱士之相規集高橋之衆力倖爲虺之少摧甫告捷於昌國忽棄甲而奔綏以至御舟飄泊於館頭百姓喋血於山陲嗟喪師而誤國罪非俊其焉歸當是時也杜充開闔於建康而辱王以偏裨破張用與王善一小試其機宜擊李成於長蘆搗盤城而出奇倏金人之大至乃與成併力以相持王涕泣而請戰充閉門而恬嬉及太平之既陷始悔恨於噬臍遂度關以相犯舉朝失色而歔欷籌航海之下策來明州以戒期而王方遏屯於蔣山隔江浙之倭遲聞乘輿之所在徒引領東望而涕洟嗟乎握兵柄如充俊而叛降而奔潰而以王之忠勇獨兵微而位卑然而仰精忠於當日惟視力所能爲雖鞭長之莫及猶慷慨以指揮戰廣德以六捷縛王權之渠魁既用降而縱擊復大敗夫宣化之將同故金人方逞志於明越而已喪膽墮魄於

岳軍之背嵬嗟乎當相州之進見徜命王以視師扶將傾之大廈料一木之可支縱不幸其播遷王或爲浙東制置之酋司將轉敗以爲功其必有大異乎諸將之設施乾坤賴之以再造士庶亦託廕於王慈何至泥馬備嘗夫險阻而令強敵披猖慘毒以至斯我先人之讀史感王忠而嗟咨謂斯人實遐荒僻壤所敬仰不可以股肱之舊郡而無祠祠垂成而遐棄懼後來之棄基幸同志之其濟煥日湖之榱題嗟乎俊以功而有廟人皆曰毀之而不疑而王未嘗一日經歷乎此土乃相與創修其廟貌而奔走以驅馳固忠奸之論定驗懿德於民懷

而痛定而思痛我明人是尤思王而不褻承先志以肇祀歲治籩而滌犧兄及弟與從子敬拜獻於庭墀惟生人之大本以忠孝爲秉彝我不徒掩卷以太息倘則儆其萬一而思齊神格余以佑啟奚閒乎浙水之東西樂具奏而神醉髣髴兮渡江之靈旗

重葬宋儒王桃源先生祭文有序　癸卯

道光十九年二月桃源先生墓爲江三所發縣中士大夫及王氏宗裔紛起訟諸官久之始定讞下三於獄將竄之而二十一年八月郡有西夷之變獄囚皆逃明年四月難平於是諸君子相聚謀曰江三遯矣顧即獲而寘諸法亦無補於先生今墓地已爲弓玉之歸而先生尚無藏息之所可乎乃營治石穴（原爲甎穴）製宋衣冠斂之棺重刻舒吳兩志納之壙以二十三年三月二十九日重葬西隩故域前一日余同宋仲穆（紹周）王藹士（德維）郭少逸（拱奎）王蘭林（棻）往林村會葬祭先生於桃源書院（書院久不可問是時王氏假他宅爲斂殯之所而懸舊扁於大門外）而余爲之文先是諸君屬余撰改葬志逡巡未敢下筆因念先生之學前輩既詳言之惟重葬之繇與其月日不可以無志也附記於此其文曰

事苟非痛心而疾首亦充耳其罔聞忽佗傺而驚告舉行道皆酸辛彼剽掘爲慷慨夫奚愛乎先民縱傳刃其何補況鞠繫而跳身吁嗟乎噫嘻溯桑梓之學統惟慶歷爲最醇（先生爲吾鄉慶歷五先生之一）嗟墜緒之莫續孰茫茫而問津訪講堂其闃寂瞻御書而汙塵（桃源書院即先生講堂額爲宋神宗御書）發壠竊於狂且奪遺廟於强魂（城南門外故有桃源廟里中有妄男子奪之以祀他人而置先生像於其側）空意烏以悱惻敢信與於斯文夫豈唯夫夫之猖披而慓悍抑亦吾黨之無人反蘗梩而重掩長太息以逡巡悵幽石之毀棄（舒亶撰墓志及吳矜作李夫人志皆爲所毀）歎明器之沈淪（冢中有二大碗不知歸何所）卜年既逾乎七百又孰知夫衣冠之信亡而信存（或言冢中尚存數骨彼取而他掩之而對簿時乃力矢其無）視遺骸如委蛻亦達人之所云更千秋萬歲而不滅唯講學傳道之精神聊聚土而樹表謂庶禁夫樵薪既捨畚而縱鍤用獻歆以薦芬

祭太平府同知駐龍州殉難秋槎王公文

嗚呼生百歲而澌滅亦考終之蜉蝣苟讀書而成仁復奚憾於千秋父作忠以報國子殉父而同仇慼士夫以涕泣況桑梓之交遊昔聞訃於冬仲佇祥車之首邱茲獻歲以脫輤再凌厲而星周豈幺麿之梗道淹山中以久留將飇風之旋繞實戀恨乎三州吁嗟乎指嶺雲以西眺倘櫓誅而擁矛鶩歸

魂於左海聽戍鼓其未休跨絡鐵以擊苟乘朱航而征侯動靈座之刀劒儻有懷於羅睺嗚呼哀哉

祭壽昌縣教諭殉節宋君文 戊午

丱總角至皓髪佩忠孝爲恆言苟幾希之未盡夫何至泥首而乞憐等死節以作忠亦各視其所養惟激烈與從容判難易於胷壞當賊氛之披猖君誓死以報國一婦孺以同心百磨淬而不惑果殺身以遂志處鐵中而錚錚乃始知正氣視所鍾而獨秀曾不計位秩之卑小與顯榮吁嗟乎義氣奮百世而立懦矧觀感乎同時儆貞忠而袒臂眾狂呼以趨師嗟巷戰之無功遂不

幸其騎喪斯國殤之孔多夫非君將之而誰將吾聞夫嚴陵戒嚴孤軍守國閒我不虞蹂躪東北旣蕩搖我門戶遠尅期而横行乃宵探以遠望倏見夫亙數十里不絕之紅燈諜三昔而如昨儼殺氣之夜騰散鳥獸以駭走不血刃而功成舉額手以相告慶安謐我邊陲斯明燈之皙皙夫非君爲之而誰爲世聞吾言而相難謂君生曾不得用物而取精作厲鬼其君志夫焉得是神兵鬼陣而使賊以夜驚嗟常理之肊測豈識乎正氣所旁薄爲最尊生不能操尺寸之兵柄死其必請命於帝閽況毅魄之擾擾旣從君以追隨豈頓忘乎大纛而驂虎乘螭徒徜徉以遨嬉吁嗟乎謂明神之効靈將呵護我全浙苟顯異於三衢庶金甌其罔缺（賊犯浙境自衢州之江山縣始）胡爲乎當君之生無能爲也而賊來兮雲屯逮君之死能爲厲也而賊去兮風埽吾是以益疑鬼火爲君魂之所爲而固非故人之阿好信若是其效忠雖卽死而奚憾縱斯言之惝怳亦旣已成仁而無忝毀我室以取子幸梧竹其紛前遺骸可等諸蜩蛻亦啟足而歸元茲迎喪於鄞西將脫輤以設柳集平生之知交敬祖道而晉酒雲馬兮風車君魂兮在茲尚舉觴而痛飮聽吾言之孔悲嗚呼哀哉

咸豐戊午粵賊犯浙境掠數州縣以至壽昌殺教諭宋君仲穆於學署中其縣之西鄉民憤起攻賊而眾寡不敵爲賊所殲者數百人先是大帥頓重兵防嚴州壽昌在其西南賊不敢犯旣而大兵檄守他處賊偵知無備以五月十三日破之於是嚴州岌岌防守者有段廉訪精兵百人（段公觀察甯紹時郎吾鄞募練壯勇號精兵局至是率百人防堵嚴州）距賊稍近有其門下盧漲楓伯率勇二百餘人而已此外道東北直抵省垣無片兵隻甲也方徨遽無策而賊忽遠颺以去皆大愕不解後得之壽昌人之陷賊中者云賊已尅期十六日攻州城而夜使

人探視我軍見紅燈熒熒亙數十里密如晦夜之星其魁驚疑親眺望之凡三夜無不然者以是大懼潛遯全浙皆平此事余得之楓伯楓伯身在軍中其言可信當時論說紛若卒莫知神燈所由來余謂實由
聖天子威靈遠届鬼神效順全浙得安堵無恐然不呵護於初犯浙境之日而特顯異於既破壽昌之時壽昌之失死事惟仲穆一人則焉知非我仲穆之為之也仲穆一生崛强義形於色今罵賊死　國怒氣未衰此事當優為之嗚呼幺麿搆禍積今將十年徵檄四出兵疲餉盡而賊勢不少衰狼衝豕突蔓延半天

下前余為文祭王太僕冀其神助今茲哭仲穆復及神燈吾言孔悲知言之君子當不以為妄也

祭朱蘭洲文乙未

嗟乎蘭洲舍余去耶春風一別不再晤耶曩余始來君家作壻把臂親我不我遐棄猶憶他日促坐寒檠暮雨微滴秋蟲亂鳴君曰噫嘻我有所思達為詞臣不達布衣簿書錢穀瑣瑣奚為既言爾志舉以問我我笑應君無可不可斯言在耳曾不須臾嗟乎蘭洲今竟何如往歲仲春召我山中重違君意負篋過從纏綿骨肉有逾昔時我毋卧病别君而歸片帆東下送我前溪意若不

樂悵悵久之曰君去矣兩地茫茫見君何日我獨悲傷嗚呼少年别短會長何為出此攪我離腸意將非君已而旋止嗟乎蘭洲竟至於此追念前言不為無因如所謂讖憶之酸辛余既東歸訊君近狀君饋藥來荅余無恙詔余侍疾勿醫而庸宛宛手跡在吾篋中我毋病閒余疾復作旋聞君病中夜意惡以君善病不以君憂豈意至此嗟乎蘭洲今君之卒既周歲月余不見君四百餘日昔君之殁我有兄喪不獲遠來視君衣裳今我復病在牀晏息愁緒茫茫長此無極乙未五月日在乙亥使來奠君靈其尚在嗟乎蘭洲死生異途永不見君西

望沓吁一樽清酒酌以玉卮猶故人物為我盡之悲夫痛哉

立兄子為後告家廟文

維咸豐三年歲次癸丑十有二月辛未朔越十有二日壬午孝孫時棟敢以清酌庶羞告於祖宗之位前曰昔商瞿三十八歲而無子其母更為之取室是知父母之愛子未有不望孫枝之早衍者今時棟年既四十亦既三生男而三殤之矣懼繼體之未立以重為先人憂敬擇仲兄時楨第四子隆綬為己子請諸仲嫂謀諸宗親改名隆壽僉曰大吉敬涓良辰率以告於家廟若時棟

蒙列祖蔭芘繁有生育則以隆壽爲長男我祖宗我父
母實保佑之俾熾而昌敢告

烟嶼樓文集卷三十九　　男隆壽平甫校字

烟嶼樓文集卷四十

鄞　徐時棟柳泉稿　甥葛祥熊豫齋校刊

四六

上羅宮詹師書

時棟猥以樗櫟之資與於櫽括之側不棄枉木貢名成
均庸竭菲材獻賦
天室顧念予弟行役同來觀
國之光有母尸饔孰慰倚閭之望以此中止未敢遠遊
惟是晨昏甘旨之謀不得朝夕琴瑟之坐昔聞教訓叨
立程門今隔雲山遠聆孔鐸馳依懷想懇惻不忘先生

稟峻嶽之精英被
聖朝之知遇履操玉尺待卜金甌典學雍粱早奮遜聽
之氣宋風吳越未飫親炙之心
丹詔下頒寄重任於喉舌蒼生仰望儲大用於股肱邇
聞
寵簡總司榮膺端尹
晉以三命式是四方泰山北斗之瞻久徵學者感恩知
己之至況在門生敬逹欣喜之忱復申干請之願往者
幸廁門牆之籍妄乞祠堂之碑許賜銜名未允論譔夫
劬躬薦後之行不述無徵象容載烈之辭以人而重曾
正臣無歐陽之志則謂所託非人蘇明允得太保之銘
乃能見信於後竊念先君立志髫齔奮跡寒微見義必
爲敦善不怠東塾西塾是安學而親師大宗小宗乃因
睦以合族稱名沒世郡縣上其生平有
命自
天
朝廷表其宅里義莊無恙尙修范氏之規家廟告成未
著顏君之德在昔偃王遺廟昌黎勒碑孺子祠堂南豐
作記光我宗祐傳其文章今復遭遇鉅公竊願濡染大
筆倘得一字卽爲至榮以方二公豈云多讓伏乞退食

之暇點筆而成洗耳以聽鐘鏞翹首而待燕許辟江河
之行地所到成文如星雲之麗天爭先快睹韓陵片石
將留焜燿於千秋謝安碎金共拜寵光於百世

與友人書

足下以溫故知新之學爲授粲適館之賓雖音問之睽
違想起居之佳暢乃者述故人之近狀來有朋於遠方
館人不恭愆於酒食先生盛怒撤其皋比一人而蔽火
光待客之飯不等大胾而無切肉尙席之罇未來於是
投袂而興褰裳遽去父兄恐懼弟子哀號肉袒負荊竟
閉門而不納聲罪致討將鳴鼓以相攻彼哉彼哉未足

與議子兮子兮如何勿思夫乾餱以愆民之失德醴酒不設士當見幾必有徵漸之防何至飲食之訟今足下既失詩人之雅又無穆生之明同其始而異其終怒於室而色於市原其歸來之意不在無魚聞有道路之辭以爲爲肉惟彼無禮是以去之若此多言亦可畏也且夫惡聲不出君子之絕交習俗不汙賢者之處世邇者江河日下庠序風衰錙銖是爭見於吾黨之無未識已爲人師大工餔餟之謀動修睚眦之怨譁然村學與於斯文巍乎冷官因以爲利裒多益寡苞苴乃行捲甲倒戈風波頓息向也狐悲兔死張陳刎頸之交繼則蚋集

蟻攢管鮑分財之日往事可爲流涕達人豈宜效尤況乎夫也不良子則何罪昔者不佞聞諸先師君子能容來者不拒是以騂角有子無害犁牛仇讎爲兄不棄司馬（王綱齋先生語）今諸生接踵戶外匍匐以來叩首庭中涕泣而道且感且悔至再至三未嘗失其本心抑豈不可教訓嗟乎舊惡不念逸民之高徵罪而行聖人之大景芳躅於往古誡覆轍於當前能降心以相從庶維持乎風教縱裹足而不往勿謀動夫干戈不揣鄙愚謹陳一得毋爲已甚請自三思

重建漢孝子董君廟碑記（代）

夫行營高廠韓信卜葬之年奔走風雷王裒隱居之日松檟深沈之地固應久而不忘桑梓敬恭之心尤當思其所愛故先靈之所安厝實人子之所瞻依而況滴淚望親慈孝永相倚戀斬仇祭墓朝野共式儀型今茲葺宇崇祀之鄉疇昔負土成墳之所單身林野綱常於以炳然千載草廬魂魄猶當戀此此漢孝子董君之廟所由建於淑德夫人之墓下也當其執喪致哀寢苦伏塊祥烏下集黃鳥悲鳴永違啜菽之歡屢灑盈襟之血自爲營窟皇甫遐之居廬不共戴天越句踐之殺父從吾先人於地下爾忘大仇取諸其母之懷中彼猶人子處

心積慮忍之須臾離裹屬毛哀此罔極枕干無言之隱鬼神鑒其苦衷錫類不匱之思仇讎戴其大德洎乎暫違南郭撫劍長號誓斬東鄰提戈壯往痛入骨髓奮臂而呼手擲髑髏披髮以祭九原可作母亦爲之歡顏一坏未乾事竟成於有志然而奉牲以告我無後冤殺人自專國有常憲既湔大恥願就明刑死之日猶生之年自囚以歸司敗宥其罪且旌其行起家而拜郎中赦則可生全歸之幸徼不可起終天之悲但得藉手以衝讎胸敢有他志以辱君義守邱隴而安素位孺慕終身保首領以沒餘年君恩再造昔者何禺感友之義醊墓以

頭呂母雪子之冤殺宰而祭事足歌泣道非中庸君以
卒性純白之身修柔色溫凊之養地不愛寶涌此甘泉
人之無良貽我大慼夫其隱忍數載仁也翦滅崇朝勇
也不觸國法順以承也不桸榮名貞而介也孝于惟孝
純乎其純德無閒言加古人之數等誠能動物復犬道
於千年是以師表人倫敦厲末俗昭銘垂代朝廷表其
里居知禮變夷草野想其餘範鄞江之俗藹然遺風慈
溪之名光於上縣城中故宅遺像凊高溪上徙居新祠
輪奐制祀以爲國典由漢以來尸祝偏乎郡民於今爲
烈況茲體魄歸藏之地尤爲靈爽式憑之區宰木猶存

展墓坐社之會草堂無恙剝風蝕雨之中垣墉傾欹榱
桷赤白在嘉慶甲戌之歲肇建寢宮越道光己丑之年
作新遺廟齊聖不先父食聿修先公上祀之儀至德久
在人心共仰大孝尊親之義迺者經始弗亟捄度告成
爰乞雕蟲之辭將刻麗牲之石夫首會稽之英俊虞翻
有言昭夫子之德音崔殷作碣訪墓近在樓攻媿之遺
文執馭忻然舒信道之新什述慷慨從容之行有愧前
賢敘興修歲月之詳用彰成事嗚呼白楊蕭瑟尚表隴
首之阡黃蒿蔓延敢忘城偏之冢過墓則式見賢思齊
具有肺腸誰無父母敬其而無悔怒觀感以興善良歸
宇千春奚啻仰魯靈光之殿貞珉一片請與續徐季海
之碑

先府君七十生日祝文 戊戌

嗚呼遊寶巖兮一葉（鄞西南寶巖山山下有寺）敢忘避客之辰歸道
山者九年又遇稱觴之日雖老成之已謝尚有典刑惟
諸孤之不才誰無罪悔謹告祢尤之積將聞歎息之聲
嗚呼兒等昔在成童之年幸際俱存之慶念出入之顧
復蓋厚蓋高閔稼穡之艱難不知不識非伊朝夕是諄
告以話言莫敢怠遑用獲免其罪戾天乎不弔降此鞠
凶我生不辰至於大故既乏負荷之力又無陳修之材

遺大投艱受治命於易簀臨深履薄奉慈訓於高堂俾
成一簣之功以慰九原之望義莊完於宗族規矩粗陳
暴骨收諸野田掩埋是亟上達行於郡國下
褒詔於
天家
寵光被及孤兒餘慶本之先澤然而敦本崇本（先府君所立兩家塾）甫竟前猷東湖南湖未酬夙願（先府君將築隄防於東錢湖又擬岳鄂王廟於南湖工半而沒語詳先府君言行記）敢侮饘粥或寢卧榻之旁謀動干
戈竟在蕭牆之內鴟鴞毀室大負恩勤鶺鴒在原莫救
急難始知疇昔之日盡依覆幬之中如彼飛蟲資敎誨

於式穀譬諸草木託蔭庇於本根至外侮之迭來乃重傷於何怙亦既晚矣尚忍言哉重以天災流行人事代謝上累白髮之母死而復蘇下及黃口之兒危乎幾殆雁行忽折家督云亡鶺血未乾冢婦繼逝就外傅之幼子未卜成材隨諸父之孤孫方始授室嗚呼遭家不造猶或聽之在天惟日趨羞將孰追其作孽久勞母教命讀父書旦夕勖其弟兄冀承遺志後先入於庠序稍慰慈懷小器易盈無才而傲破牀入夢致驚清夜之魂坐地聞聲又蹈前車之轍既命止酒亦悔於心忽復與我莫捫其舌褊心是刺以爲遊戲之詞抵掌而談遽入傳

聞之耳倔強猶昔輾轉相尋始爲罵座之灌夫繼爲遇讒之巷伯幾觸文網之密將成詩獄之冤鄉黨交遊不理輿人之口家庭陟降大傷厥考之心幸託忠厚之貽風波漸以銷釋抑賴師長之教黑白未敢分明嗚呼師程子之和平學武侯之謹慎垂爲家訓銘諸座隅輕薄無端付遺言於充耳暴棄是懼述往事而迴腸止謗莫若自修痛懲前行爲學如恐不及思貽令名庶無忝乎所生尚克開於我後今者率循舊典恭薦清尊事死如事生奉承以進在上而在左著存不忘靈爽式憑馨香可格無小無大俾爾壽臧不忮不求勿予禍適嗚呼勵

於毛而離於裏誰無寸草之心養之薄而祭之豐孰補白華之絜容聲宛在邈哉問視之期旌旐猶來沛矣孫曾之慶

先府君百歲生日祝文戊辰

往而不可留者濡露降霜之歲月久而不可泯者修德行義之精神痛棄養於昔時僅踰六秩溯降神至今日正屆百年謹邀陟降之靈用絜蘋蘩之薦蒸維

顯考愛敬之德配於古人兢業之心持以畢世校射冠多士而志在詩書塵身致厚貲而心存施濟爲仁必本孝弟讓產則尚在居貧布惠肇始宗親立學則已先教

族自近而遠濟海島之危檣推親及疏封野田之暴櫬一夫當授百畝緘餘以俟公須千金不如一經式穀以期後嗣乃具規爲而庶法未成作室之功亦慚負荷於投艱莫慰析薪之望科第之榮當世受蔭既多文字以壽吾親不明等誚嗟乎先疇舊德莫非高天厚地之恩盛業鴻名豈藉孝子慈孫之力鄉先生可祭於社稷侯久有定評省大吏以請於

朝

慕陵已須褒典家廟有旌義之祀宗支共拜深恩神坐設平政之祠里黨不忘大惠分瓣香於一席郡庠縣序

之旁祔遺廟以千秋碶港河橋之上一　鄉俎豆公道自
在人心百代儀型往事無非家教兒等昔承詩禮勉紹
箕裘無父曰孤趨庭之日蓋寡小人有母授硯之誨時
聞教之義方訓其成式曰嗟予季吾耳熟故能詳無忝
所生汝有爲亦若是然而有事祇服厥考之心克肖綦
難名父之子深淵薄冰之誡時誦葩經蓼絲雛鳥之言
猶存柱帖（教似蓼絲之孚緒學如雛鳥之數飛府君所撰家塾柱聯也餘事並詳嚴範錄中）顧
暴棄無能振業惟不事乎儉勤而刻薄不可傳家尙稟
承乎忠厚嗚呼馬齒加長駒隙易過世事何常洊遭喪
亂先廬無恙得復邦家堂構聿修仍此規模之舊寢門

猶在永無問視之期衞司空之六男已亡其半郭尙父
之七婿僅得餘三子生子而孫生孫童丱授之經訓老
吾老而幼吾幼莊塾守厥遺規成彼輿粱十六舟之東
津如故修我牆屋四十年之南學依然敢云繼志之能
謹爲奉盛之告夫功德彰於沒世知爲靈之孔昭血氣
本於所生豈有感而不應顧復無異於疇昔日鑒在茲
呼吸況通於此時旣昭假爾來歆享祀式降凡筵若子
若孫曾各致敬共之日在上在左右如依怙恃之年嗚
呼期頤亦人事之常不憖遺乎一老介眉從禮儀之俗
徒抱恨於終天聞以笙鏞三獻達和平之聽錫茲祉福

百世蒙佑啟之休

公請宋儒袁正獻公從祀　文廟呈詞丁卯

竊維千秋統緒儒宗任開來繼往之功兩廡春秋祀典
係學術人心之重列經師則漢唐箋疏崇道學則濂洛
淵源議復議增已極樂備禮明之盛傳經傳道尙有躬
行實踐之儒發祕笈之光芒
昭代須行於世煥
奎章之褒詠
天語論定其人久師表於士林希仰邀夫典禮謹案宋
故儒顯謨閣學士光祿大夫謚正獻袁燮生而端愨幼

即靜專理境湛然早悟槃水之趣家世儒者時讀藝編
之書執經登金谿之門具有原本攜杖侍東萊之席益
富見聞遂以希賢希聖之素懷見諸利國利民之實用
當其射策都下捧檄江陰邑有弦歌人無詐僞武備不
弛兵彎校射之弓民隱上聞吏抱振饑之牘學正甫召
黨禁旋興浮沈幕僚閩浙幾無獄訟參議邊事淮徐以
爲干城洎當嘉定之初洊歷奉常之職進對三殿首陳
敬賢納諫之規出守九江力舉節用愛人之政行种世
衡之射法益固江防告劉元鼎以兵謀果降峒寇奏奉
行夫寬大新易之楮幣方須請磨礪其精神更化之紀

綱未振累官祭酒士氣日以激昂歷任說書君心資其
啟沃於是駸駸大用擢爲文學侍從之臣惓惓一心抒
其幼學壯行之略正主德而固國本將措天下磐石之
安卻歲幣而納流民默銷鄰國兵戈之氣料敵論邊之
疏陳務述要之謨根本藩籬既條數之甚悉懇惻忠愛
非矯激以鳴高由卑宂致顯尊進退不關榮辱係仰望
於中外出處視爲重輕厲以晚宋不綱強金未殄邊臣
怯戰時相議和故儒方慷慨以陳義形於色臺臣則彈
劾交起時不能容責難爲恭見幾而作陳力就列事君
以道四十年用行舍藏丏歸之疏八九上盈廷水火一

老山林飲餞國門時人惜其已去優游鄉里學者聞而
來歸夫以理學之派既分門戶之見滋甚德性問學各
奉師承簡易支離互相攻訐故儒破除畛域參究異同
學本出自陸門心特敬夫朱子爲舒文靖沈端憲畏友
篤實有過於慈湖貽謝郡守呂倉官諸書聞望久推於
徽國道源其貫麗澤交資兼以薈萃諸家疏通眾說論
辨聖道與樓攻媿相往還考訂舊章引陳止齋爲商搉
旁搜遠紹得其會歸尊聞行知守之兢業紛競於千差
萬別悟以心求道之非紬繹於六藝百家肩開物成務
之任無倚無瑕玷巍乎一代之宗如滄海如璠璵偉

然萬夫之特況夫博聞多識立說著書疏證禮儀發明
語孟參估蹟於今古家塾鈔書託詩誼以開陳經筵講
義洞悉樞要武經兵略之編尊藏史宬玉牒寶訓之紀
譜小陸之遺範事緯年經蒐先秦之古書露鈔雪纂詞
章則溫純條鬯根至理而成文賦詠則皜潔芬馨寓自
修於寄興以述作爲管磬笙鏞之樂病不知勞其論議
無奇險刻峭之辭義皆可曉由是垂世立教體道作師
狀偉行以萬言浦城繼其學統啟大儒於再世蒙齋衍
其心傳去而折衷孫監嶽爲新安高第來相請益邵機
宜則舊學同門滄洲諸史之操持退避宗袞剡水二胡

之文學表式鄉閭得英才而教育之二三子共聞緒論
雖答問與淑艾者數百輩竝是傳人蓋兼言教身教之
隆允協經師人師之望是以聞風而起流譽彌馨志墓
成篇楊文元摹寫其大節易名有請眞文忠昭揭其盛
心陳和仲撰議謚之文餘皆闇筆傳正夫有訓語之記
勒爲專書所言當書誦夜思王厚齋之勉晚學其人如
冰瑩玉澤文信國之仰前修以數公當代鴻儒已極推
崇之語至今日後生小子倍深嚮往之思矧乃恭遇
高宗純皇帝搜訪遺編表章正學檢永樂之大典採故
儒之嘉言祖孫父子之書六呈

御覽經術文章之美兩荷
宸題
許其身名未異考亭之學
論其體用允符君子之儒
褒講義之重切磋雅頌惜其已失
嘉劄子之得要領切實可見施行仰
天藻之輝煌
賞識於南宋諸儒之列稽館臣所修纂賛揚於全書提
要之中著作彌光聲聞自壽言爲法而行爲則四十卷
具見純修讀其書而知其人七百年聿昭定論某等儀

型往哲景慕前徽表通德於鄭康成穫居其里考昌言
於仲長統未見其書幸逢
右文稽古之朝始悉異代儒臣之學行已則羣宗碩德
立朝則屢進讜言告后謀猷陸宣公之精英龜鑑接物
氣象程明道之時雨春陽名節自期悉本精純之學術
政績可紀無慚卓越之經綸得兩編羽翼聖經解書義
而講詩義以一身傳授道統承象山而啟西山品學之
超等倫既備彰於
聖代俎豆以昭崇報似有待於
今時謹用臚列其生平敢請升祔於黌序豈獨梓桑恭
敬長留東西浙多士之型自當芹藻馨香永備上下庠
明禋之典

烟嶼樓文集卷四十　男隆壽平甫校字

皇清內閣中書柳泉徐君墓誌銘

余交徐君四十年辱知契深且久而君少余九歲余謂君他日當誌吾墓君亦笑而諾之人事難知君竟先余而長往矣將葬其子隆壽乞爲銘荒落如余何足以知君然屈指儕輩僅有存者惟余猶知其什一二也乃敘而銘之君諱時棟字定宇又字同叔號柳泉鄞人父諱桂林由武生爲營千總贈奉直大夫以義行旌前母李氏贈宜人母陳氏封太宜人贈公六子君第三五歲入塾贈公督課綦嚴十六而孤銳意嚮學與四弟子舟互相砥礪竝負時名旣補諸生學使南海羅公命呈所作

詩古文歎爲異才遂充道光癸卯優貢子舟以是科舉於鄉成乙巳進士官西曹明年丙午君捷秋闈兩應禮部試尋丁內艱服闋後不復赴以助饟授內閣中書君家月湖之烟嶼因以烟嶼名其樓聚書充之日坐臥其中上自經訓旁及子史百家靡不究覽焚膏繼晷徹夜不倦後遷城西草堂藏書益富學亦益進發爲文章滔滔數千言事理洞達見者疑爲不假思索而君實研精覃思一字一句無不斟酌出之敘事似子長體物似子厚持議似子瞻旁及詩歌浩落自喜而樂府入漢魏之室尤其至也君嘗謂立言不本經術即工文亦無足觀

然經義宏奧歷二千年之箋解竟有未發其覆者故其治經獨抒心得證據鑿鑿幾奪前人之席成一家言尤留心鄉邦文獻嘗校刊宋元四明六志與余往復箋札至百數十通別爲校勘劄記附以佚文作者傳餘錄雜錄又嘗集同人爲袁正獻公請從祀考證事實窮日夜之力成正獻從祀錄正獻世譜略復因舒文靖後人之請成新校廣平學案近方纂修縣志搜採精博病未卒業士論惜之吾浙徐氏多祖偃王漢以後紀載每有貶詞王墓在鄞錢志疑之君據周秦古書及史記正義以匡其失成徐偃王志又集東坡表忠碑字作先德銘刻

石祠中生平所著於書有逸湯誓考三太誓考召誥解於詩有山中學詩記詩音通諸經論孟各有論說別爲烟嶼樓經說若干卷他若朱氏逸經補正毛氏舜典補亡駁義四書毛說駁正春秋規萬則糾近人之謬國語韋注正誤呂氏春秋雜記則訂古注之譌其餘雜有撰述皆卓然可傳後者同治癸亥草堂燬稿多亡失惟逸湯誓考宋元六志袁正獻從祀錄新校廣平學案烟嶼樓詩集已梓行其手定文集四十卷及已成未成諸書臨歿屬其甥葛祥熊門下劉鳳章整理之天不終厄斯文豈竟聽其湮沒也耶君性坦白而詞多亢厲有睥睨

一切之概人初憚之久亦信其無他座客常滿高談酣
飲幾無虛日而於聲妓徵逐之娛掉頭不顧則又自古
才人名士所希有者才識既優親友以疑難相質得一
言各當其意以去年前軍書旁午當道屢延君共事君
屏謝冠蓋閉戶著書而已內行敦篤待宗黨交遊恩誼
周洽大抵取法贈公然在君非難能者姑略之卒於同
治十二年十一月八日年六十配朱孺人葉孺人君年
四十立仲兄子爲後即隆壽議敘九品後納妾鮑氏生
子隆籌尚幼女四長適舒懋敬次適吏部主事凌忠鎭
三字吳世粟四未字孫二正塤正堤孫女二長字朱允
煒次字吳愷澤君自營生壙於縣西南王杜塢將以同
治十三年四月癸酉朔窆其兩孺人預爲葬記未及期
而君卒隆壽乃以其日奉君柩與兩孺人合葬焉銘曰
天生才良不偶天忌之將誰咎光熊熊閟劫後藏名山
尚不朽
敕授文林郎廣西知縣徵舉孝廉方正
特旨揀發江蘇知縣同邑陳勱撰

清內閣中書舍人徐先生墓表

同治十二年十一月八日柳泉徐先生卒年六十其友董沛流涕言曰自謝山太史歿吾鄉之學統幾絕先生以經術文章主盟壇坫後進高材生咸北面稱弟子四方知名之彥以事之四明者皆願望見顏色出所業相證問而不佞遊處三十年時以一得之愚請益於先生而先生時啟發之歸乎一老東南人才所視爲標準者也今而後吾黨之士其誰與爲質耶先生名時棟字定宇一字同叔學者稱柳泉先生其先出偃王在太末者爲大宗唐光化間自衢遷台宋南渡後自台遷明遂爲

鄞縣人曾祖嘉奬卜宅月湖之西祖廷芳貤贈奉直大夫父桂林由武生授營千總

詔旌義行贈奉直大夫母李氏贈宜人陳氏封太宜人先生爲義行第三子陳出也姿性通敏委己於學成諸生充道光癸卯優貢旋中丙午舉人以輸餉授內閣中書自其少時有志著述兩上春官即家居不復出湖西烟嶼樓藏四部書六萬卷盡發而讀之丹黃雜下徹夜不倦對湖居人恆以五鼓望先生燈火候晨旦燈滅俄頃而天明矣洎遷城西遭兵火之厄圖籍俱盡乃營新宅購藏如其舊寢息於中老而彌篤窮年兀兀著書數百卷余屢館其家恆出其篋笥之帙而相與討論之故知先生之學者莫余若也先生覃思精詣治經有心得不傍漢不徇宋常主先秦之書以平眾難故不蹈近人壘守之弊尚書湯誓有二一爲伐桀見於今文一爲禱旱錯見於古書梅氏竊取古書以綴湯誥而禱旱之誓湮矣先生正之則有逸湯誓考太誓亡於秦火河內女子所獻亦僞書也近代崇漢學據以爲真先生非之則有三太誓考言詩音者始自陳第亭林黃繼之往往以漢魏之韻强合古音先生以詩證詩分爲七部而周人之韻著焉則有詩音通避寇建嶴閉戶說詩以褰裳爲

告密以葛生爲悼亡以猗嗟爲誇埒以賚般爲祭太山之詩以下武爲美成王之作其他箋釋雜引諸經解之則有山中學詩記讀充宗之書而嫌其疏也則有春秋規萬讀西河之書而斥其妄也則有舜典補亡駁義四書毛說駁正又嘗補朱輯之逸經校畢刻之呂覽以暨羣經國語皆有論著此則先生羽翼經傳之功也四明舊志宋元凡六家先生購而刊之其考異也曰札記其補闕也曰佚文其述諸家之傳也曰作者其摭前人之議論也曰雜錄而山經鄉志之屬以其目附焉曰餘考爲宋儒袁正獻公請從祀創四明未有之舉詳其本末

曰事實錄考其系代曰世譜略舒氏子孫刊文靖遺集屬先生審定之先生參核羣書以糾近刻宋元學案之謬曰新校廣平學案邇年修縣志當事請先生主之商搉凡例仿史館列傳之體徵引文句各注本書所採踰千種建議爲貞烈節孝請旌一邑至千餘人而擇其尤著者人自爲傳以列之新志搜訪鄉先正詩文上自漢唐以迄於元踵諸家耆舊之集而益所未備凡數十册此則先生表章文獻之力也他所撰述若偃王志若北宋譜疏證若家傳若言行記思舊記皆徐氏一家之書亦精確可傳後者先生論文漢以司馬氏爲宗而參以劉向唐以韓氏爲宗而參以柳宗元故所作宏深雅健奄有眾長詩則浩浩直達無門戶之習樂府法漢魏詞近蘇辛其餘事也詩集十八卷已梓行文集四十卷以命其甥葛祥熊刻之我

朝二百餘年經術如惠定宇江愼修王伯申文章如姜西溟惲子居姚姬傳皆元明以來所不易見然而兼是二者自望溪皐聞而外亦無多焉望溪研究義理而不甚長於考證皐聞則申明漢儒猶是專門守己之學其文章雖無愧正宗而經術則各據一是也先生之文章中立乎方張之閒蓋庶幾矣至其沈潛遺經援據古訓本漢經師之家法而於宋代講學諸儒亦闡發不遺餘力信乎其爲通儒也前娶朱氏同縣人道光二十六年十月三日卒年三十三再娶葉氏慈谿人咸豐十年十二月五日卒年三十五先生甫四十立仲兄子隆壽爲後以佐振議敘九品銜後納妾鮑氏奉化人生子隆籌尚幼女四長嫁舒懋敬次嫁吏部主事凌忠鎭三字吳世粟四未字孫三人正塘正堤正坫孫女二人先生卒之明年隆壽以四月朔日葬先生於縣西南王杜隩陳徵士勱爲之誌又明年乃請表墓嗚呼三十年來先生之益我多矣余幸得稍知古今而不以荒陋自晝者先生之力也先生臨歿猶嗚咽執余手鄭重以遺文相屬今而後四明之學統其誰繼之耶不腆之文以表先生余非徒哭其私也已光緒元年四月同縣董沛表

煙嶼樓詩集

道光己亥秋仲 錢唐趙之琛題

同治六年丁卯二月

虎胛山房葉氏開雕

月之六日
柳泉舍人以新刻詩集見示翻
閱數卷不覺傾倒之至立題四詩
奉寄既讀七古益覺神王亿涉鄉
先輩遺蹟致證詳核一以激昂慷
慨之筆出之並皆不朽之作前寄

四詩未盡其妙更當補題高來
書欲將前詩原底收刻願以行
款稍長屬用絲闌另繕隨手補
入一詩意境頗唐自忘其醜還
與子相先生酌之
裏病經十日獨坐枯寂中忽聞剝

啄聲送詩及老翁作者馳文譽百夫
無其雄詩乃餘事耳六並遺祗甑
燼餘尚成集譜入焦尾桐枯詩能已
瘧陳檄能愈風我苦在昏眊對之豁
兩瞳
紀事貴紀實董狐無曲筆吳東侃

爽人昌言復冥恤窮形畫相中青
天照白日爲未與同雨何處更藏匿
知吳氣雖平此必意非刻事足不
能隱斯見吾黨直
至親出無文識樸乃益摯怙恃是
何人孝愛是何事兄弟吾同學友朋

吾同志疾病至死喪無人不心惴時
過即已忘毋乃薄恩誼恩誼雖盡々々
未或灌偽苟非根性真孰能成一字
只詩何況痛字々皆血淚每讀不終
篇終篇恐酸鼻
芋壺一燈青徵文還考結晴古早成

三

癖著述不知倦有時發浩歌々成富
餘憲數典追十室校圖畫雙硯謁偃王墓題四
明四友圖詩作歷々數前修悠々傷世道不遂今
人趣歌對古人面而我思古人一言減如
電豈期二百年更與今人見古人而是
無長眠亦無恨

我詩亦嬾作舊稿亦未完庚子十年
來散爲雲與烟近今十數年時事值
歲寒素園風霜每感慨敘悲歡零
落書架底亦擬收叢殘考訂々不振
讓吳楷自彈聽者休嘆倦續此時正
覓古誼及龜鑑勿作餘事觀

四

同治七年八月十一日

世弟張恕拜題時年七十有九

烟嶼樓詩集序

姊夫徐柳泉先生以古文名當世而餘事爲詩人自其髫歲即解諷詠三十餘年無慮數千首兩遭劫火希有存矣於是憶之深夜錄之友人合諸燼餘可七百篇每來溪上攜以自隨同好見者又相傳鈔鴻年乃請而刻之去其已刻遊杭集中者七十餘篇益以近二年所作三十餘篇總凡六百五十篇爲十八卷刻既成而序之曰先生嘗謂後世立言未有不原諸經訓而能工者也夫詩本三百夫人而知之顧或專事塗澤流爲佶屈好談神韻失之纖浮其於詩教蓋違去甚遠先生湛深經

術諸經皆有闡發曩者竄匿山谷孳究葩經鴻年嘗讀其學詩記輒流連往復而不能已其中如論猗嗟爲齊人之誇壻葛生爲唐人之喪妻谷風非夫婦決絕之詞褰裳則君臣告密之作靈臺之不日成之讀召誥而知位成非臺成也閟宮之實始翦商讀爾雅而知翦商非滅商也賚般爲巡守祭告之詩讀論語墨子而知當日武王之祭泰山而大賚也天作爲祀太王文王之樂讀左傳史記而知當日岐山之有二王廟也昊天有成命則必頌成王時邁執競思文則必非三夏下武美營洛也讀召洛二誥而知成王賓王誦大武始克殷也讀左傳樂記而知武王非王發諸凡所記或發明舊義或別剏新解大率引經考典則證據確鑿比事言情則悱惻溫厚剖釋疑義有如示掌敷陳奧旨使人解頤蓋先生之於詩教如斯其深且粹也故其爲詩也懇懇款款一往情深即至感時憤俗記事陳諷亦不失巷伯何人斯遺意陳篤部題此集有曰嬉笑怒罵皆文章要其大旨歸忠厚先生之詩蓋若是矣鴻年不知詩以姻婭之故得從先生時聞緒論竊恨草堂一炬說經之作蕩無孑遺而所謂學詩記者幸傳鈔他氏尚存大半每勸先生還憶而續成之先生未暇也今序此集特追理向所流

連往復而識於心者撮其大旨縷縷言之以見先生之詩之原諸經訓者如此若第以古文稱先生固知非先生意也同治七年三月弟子葉鴻年謹序

烟嶼樓詩集題詞

李維鏞 笙南

未竟開雕廿卷詩先從老友覓題辭韓潮索句眞餘事君擅古文盛名匡鼎談經早解頤前年君避亂山中著有學詩記有酒祇應澆不律忘年始許結相知君今已訂千秋業白髮徒慚學步遲

二

吾鄉詩社舊風流今日陵夷等楚咻君已登壇標漢幟誰能拔地起岑樓珊珊骨節神仙侶浩浩歌聲身世憂此去草堂剛數武卻如海岸望瀛洲

三

有子從遊只數年予子厚建爲君弟子汪童偏欲荷戈先書懷四律成奇讖厚建歿後於遺篋得秋夜書懷四詩已見死事之兆惜逝三章念舊緣君有哭厚建五古一首將葬復賜挽詩二首劫後稿多遺失集中僅存五古一詩忠孝固知貧教澤姓名猶幸附詩編他時爲我歌蒿里刻畫無鹽要盡妍

前人 有序

昨題柳泉舍人詩集末有他時爲我歌蒿里之句舍人來札謂語近衰颯宜易之顧念吾年七十有九卽至期頤亦須臾事前詩以亡兒殉難幸得輓詩故連類及之語雖衰颯意實眞摯因復作五古一章諗之

人生孰不死毋以死爲諱不死有眞詮豈以高年貴君才百斛量中蟠不死氣卽此堪壽世故望一言記行屍與坐亡斯世等毛蝟昂頭天外人顧盼不爲類屈指盤古時亦屬轉瞬事蜉蝣與蟪蛄各效羣生遂今日手一編卽從古人戲一集貽後人使之其知味千載爲一時此中相位置惟我愧不能聊思寄所寄斯句固衰颯其意則眞摯再詩一諗之願君勿爲忌

徐仁恩 曙峯

每過雙湖訪嶼汀君舊居月湖之烟嶼其前爲柳汀忘年交許到忘形

幾人慕白思名赤舊學如藍盡謝青短榻琴書方論古癸亥冬仲君遭祿回之變明年夏余往訪之局促小屋中而論古不輟滿山兵火尚窮經辛酉粤賊之亂君避居建嶴數月著山中學詩記九卷或相驚以寇至輒竄入山谷中余問君此時亦恐怖否君笑曰那不恐怖然憶壬戌四月六日賊果入嶴余同壽兒默坐林莽間但聞山上下慘然劫掠之聲忽念邶風日月篇四章皆云胡能有定得非傳所云厚問定君於石子之定耶果爾是州吁時詩非莊公時詩矣輾轉思維頓忘恐怖新詩數卷眞餘事已徧人前側耳聽

鄭元祁 杏卿 慈谿 ○集集中句

人生斯世若飛蓬延清水榭觀紅蓮戎馬餘年一笑中答李笙南之一已忘聲名在人世張丈芝雲挽詩之一白雲三疊唱西風登吳山最高處

二

果然下筆是驚人[西湖雜詩之十一]壇坫空空六百春[豈知之一]自喜歲除添眼福[丁卯十二月余過草堂時新刊大集已得十餘卷矣○新得朱竹垞太史墨蹟]一囊佳句一時新[送葉茝田之二]

陳勱 子相

昔過烟嶼每句留今向城西更唱酬[君舊居月湖烟嶼後遷城西]舊雨交情蹤卌載名山事業讓千秋不輕許可偏青眼曾幾何時竝白頭書讀四餘勞贈句桑榆景願共君收[余作四餘讀書圖謂老者生之餘以補古人三餘之說君爲題長歌一首]

二

前後辛壬喪亂頻[道光辛丑壬寅西夷犯郡咸豐辛酉壬戌復遭粵寇]桃源兩作避秦人傷時杜老憂思切感事香山樂府新快覩昇平歌復旦好將雅頌播陽春十年以長慚兄事[二十年前姚梅伯贈君詩有吾年過君十之句君笑謂余曰詩人多誕梅伯長我才九年而云過十耶余與梅伯同庚今舉成數言之應不笑我耳]與子同爲擊壤民

三

作者當今更有誰裒然大集草堂詩世情諳練辭能達才思縱橫老益奇書擁百城長論古[君喜聚書烟嶼樓中插架數萬卷經亂散失其存城西草堂者復燬於火今重收之本雖未復其舊亦粲然可觀]句更一字亦吾師[余每以所作就正]祇慚下里巴人曲竟附新翻白雪詞[集中附存酬和拙作]

四

憶在山中避地忙特將詩卷付行囊六丁連彼仙宮敕二酉空教佛子藏[辛酉之難君避寇建隩以著作藏金巖一僧宿洞中不戒於火竟爲灰燼及重事搜輯而草堂焚如劫餘無幾矣]差幸傳鈔留賸句更勞回憶索枯腸[今所刊諸詩或從友人鈔得或追憶舊作已非當時完本]半生甘苦吾能說簡首聊題字數行

烏世耀 孃仙

大雅久消歇芋葦徒蒙茸胸中無實得名下鮮令終自大固偏霸因人亦附庸誰能主壇坫崛起一代雄君也具異稟駒齒稱聖童年壯志益壯小技羞雕蟲懷抗古人上眼高時輩中依傍絕牆壁粉碎到虛空言近婦孺解思深神鬼通著作日寸計餘事成詩翁奇文天所寶追取命視融撥灰拾餘燼其光仍熊熊舊時傳鈔者亦復寄郵筒合之成大集什五已殘叢光采不可閟容爲付剞工[此集爲慈谿葉吉甫所刻]君復手編葺眼纈燈花紅虛懷信如谷商確及愚蒙小巫見大巫僕僕拜下風但以心相契況又見略同標眉及跋尾非私乃至公吾好推衆好知音天下逢豈惟續耆舊詩教振甬東

周棻 茹香

四明靈淑氣薈萃在君身慧眼驚流俗高懷契古人書

歸烟嶼富詩倡月湖新吟詠原餘事英華發越眞

二

十載城西住巍然一草堂年華消著作器識老文章經訓宗周漢歌聲續晉唐微宵常不寐兩鬢已如霜

三

忽覯流離苦巖棲我與同孤忠懷海上新記出山中君避亂建陬先成蘇子卿詩解極論李之迴不如蘇後又成山中學詩記世亂人翻暇愁多句益工篇成先睹快集中如老婦孤兒等篇皆成於此時我亦學雕蟲

四

香山僧寺稿無故忽成灰劫又遭譆出編重付祝回君詩

先焚於金巖後焚於草堂傳鈔詢舊友彊識歎奇才君自謂不能強記然如前後蚱蜢篇幾三千言而亦皆追憶出之生計姑拋卻搜羅自別裁

五

什不存三四知君力亦殫天心增煅鍊物理寶叢殘乍自囊中出都從壁上看老來詩與健誰道等身難

六

自笑迂疏質蒙君眼獨靑一生常俯首卌載已忘形仙骨空邀謦金丹願乞靈學詩今未晚來向子雲亭

葉之蕃 蓝田 慈谿

韓潮蘇海大文章此日誰登著作堂吟詠君方嗤末技研摩我欲乞餘芳不名一體諸家備直以三長作史當駭谷清超梅伯富區區未許論低昂

二

銅琶悽惻撥哀絃老婦孤兒美女篇皆集中感事詩篇名山鬼有靈騷欲泣水仙無操曲難傳劫灰消盡誰千古詩史留貽此一編

曾記圍爐談舊事快心重戴是堯天

三

草堂新闢種花多東望頻思載酒過古豔相期搜屈宋清思豈屑問陰何天教煅煉原非妒君詩兩煅於火劫盡流傳

總不磨試問五陵裘馬客幾人淸福在槃阿

四

語水羈棲轉括蒼宦途初歷已茫茫官閒欲著消閒草身老難尋卻老方敢道豹窺神采現幸叨驥附姓名彰琳琅大集刊今始惠我新編跂遠將

王方照 意山

玉臺新稿壓詞壇筆走雷霆舌湧瀾餘事作詩揮灑易文言道俗雅馴難不名一體何唐宋獨有千秋豈杜韓我愧交遊逾廿載空教覆瓿紙叢殘

陳政鍾 樹珊

四明之山浙中陡其下人文萃淵藪卽論風雅亦詩國
賀監山川擅名久風微人往懷先民大造降才良不偶
乃及吾身親見者閎世挺生有老柳老柳生少愛古人
羅列卷籍富二酉學經論古多卓識著書未肯落人後
抒寫性情爲詩歌戛戛獨造無窠臼勦竊塗澤紛眼前
以君俯視眞培塿健若秋空鷹隼飛快若大壑龍蛇走
清若梅花開一枝豪若雲夢吞八九所聞所見姑言之
種種變相靡不有嬉笑怒罵皆文章要其大旨歸忠厚
在君作詩餘事耳三十年來盛名負昔聞閨中誦琳琅
湯耕吾先生嘗教其女誦君詩一垂髫小女誦熟尤多每君至其家輒呼出令琅琅背誦數十篇今見

海外索瓊玖近有日本人持畫來乞君詩兩遭小劫或忌才傳鈔幸
在他人手刊成初集成鉅觀焉知六旬非萬首我生蹉
跎五十年學步邯鄲君許否向君再拜乞金丹直諒多
聞資益友異時高生有新詩歎息應來杜陵叟卽今發
軔題卷端一詩已同君不朽

弟子陳繼聰驂孫鎮海○有序

龍門聲價播乎一郡種桃接李化溢春風聰以非材
亦荷收錄君子盛德欽感無已憶自删削鄙文願隸
門下之籍者二十餘年而以飢驅奔走無由晉謁去
冬得接芝顏賜讀大箸樽酒豪譚幾乎終夕絕似邯
鄲見陳思歎爲天人亦類士元晤德操忘其賓主自
喜落拓得有依歸阮生途窮亦爲氣振謹呈五古三
十韻奉題大集

風雅參正變殊轍實同途漢魏迄唐宋後先相攀追流
音或激宕所遇因其時要以忠孝性發爲比興詞卓卓
師川公崛起澥之陲叱咤驚聾聵奧窔抉古疑眞蘊能
曲鬯元氣噴淋漓
廟堂有制作大筆手可持惜哉艱一第生世又仳離西
戎航巨海赤子嘯潢池可憐明州地猩鼯雜貙羆全家
匿山谷芒𪏭苦奔馳穹蒼幸悔禍兵後精已疲孤鳳慘

不樂病驥鳴多悲羌村慰父老石壕歎窮黎諸將吟慷
慨江頭淚嘘唏長歌及短謠俱是悽惻辭懷抱同杜叟
詎在官拾遺餘年蒼茫逼世路謝嶔巇避人成小隱城
西築茆茨流風繼櫟社芳躅追東籬銅絃唱樂府香醅
倒瓊巵文章且娛老諷詠抒蓋思名山千秋業維公實
擅之賤子嗟飄落夙蒙采葑菲自慚非籍湜謬譽以項
斯騷壇有宗主吾黨得所依終藉吹噓力其扶大雅衰
蘋桐高百尺垂蔭到蒼葹武功復莊先生不可作公乎我之
師

弟子史錦標嬾仙象山○集集中句

西草堂前湖水滌集武昌詩字贈子相之一○錦標謹按先生嘗集東坡武昌西山詩中字爲長古二首贈陳先生妙極自然錦標猶記其第一首末四句云萬事無往不相復爾有好語無金玉開樽飲酒和詩來西草堂前湖水滌亂後稿失故集中無之今抄撮先生詩句卽以集外詩爲起語蓋甚惜先生詩之尚多散佚也高人品格儒生學贈朱述之之一窮經餘事爲詩文次韻答烏釀仙自然風韻豁心目謝林小屏惠酴醾花拔劍四顧空無人歸自粵西歌慷慨談笑常率眞贈江峴山崎嶇山海亦勞瘁畫馬行青衫落魄長安門舟泊維揚懷趙粹甫送人作郡年復年廣東客頭銜淸貫無俸錢茹香爲徐孺人徵挽詩先生有意成高隱西湖雜詩之三人生安樂皆神仙雪後遊雲石巖人生由命非由他客有話粵人許道敏科第事者酒酣自作慷慨歌以酒贈傅歡生詩人諷詠知多少酴醾花一

見自憐才轗軻壽昌寺中觀浮槎及羅漢像無端海國遭蠻尼餞春行賦詩長歎心惻惻同上居然俗語是丹青西湖雜詩之六不顧俗眼驚魂魄飛來峯吁嗟噫嘻美矣哉同上摩挲長卷驚光彩題四明四友圖二十年前早識公余丈夢坪挽詩心香一瓣淵源在別感小鶴之一未謁門牆問起居呈馬太史之一我懷先生高風孤山陰懷賀先生亂後重逢倍驩洽鄭竹溪惠洋燭行年五十多白鬚鄱陽湖圖歌青眼相期傳世學贈朱述之之四歡喜贊歎飽眼福觀浮槎及羅漢像卻復題詩供一笑題四明四友圖條綴連貫皆珠玉夢讀萬花谷邇來倒篋親別裁答釀仙置身天半一切低黃埃游響巖詩成只可自怡悅紀夢之一先生之言欺人哉畫馬行

弟子郭傳璞恬士

詩不衷古法態逼號僭周詩竟黜我法趙佗臣事劉能者鑄洪冶元氣坯剛柔仰則貫五緯俯則燭九幽夫子固天縱崛起東南陬於詩特餘事眼已空羣儔羚羊角倒挂妙難形迹求欲作一辭贊坐令言卜羞

二

氣爲詩之幹情乃詩之苗二者集其厚弗畏霜霰凋夫子惇內行孝悌聲庠膠推之及婚友芬惠流綈袍造意固根柢比物託風騷歸昌宋奇律何必慚咸韶誓墓堅不出風月娛啁啾山人卽宰相今有貞白陶

三

憶昔年甫冠執經事上湖姚復莊師本鎭海人故自號上湖生道光間來寓郡中甘溪夫子每來過談詩甘溪廬小子陪末座風雅時聞諸於後獲親炙摳衣城西隅愛我止之宿用集中句琅嬛窺祕書顧謂小子言我與復莊殊復莊事雕飾而我集中無環燕較肥瘦視之當何如小子不敢對把讀重躊躇但覺入心脾元氣爲卷舒欲通兩家郵乃復慚鄙愚自慚亦自幸皆得爲之徒

四

秀水新城來龍門豁兩扇袁趙揚濁波仲則救其變夫

子將別軍手弓奮强戰長陵銳頭兒望之奔而殿客氣好談兵無爲趙括羨

五

韞匵不可藏夜有寶光燭遠來望氣人善賈沽美玉謂慈水葉吉甫別體亦編年珍重以雕木惜乎遭變攸斸此存筍束然而嘗一臠亦既飫吾腹百歲去匆匆萬感徒碌碌文章千古事誰享此淸福

六

我讀初月詩吳仲倫師汶陽韻孤絛我讀大梅詩復莊師藍田蘊奇寶我讀繼雅詩陳餘山師琅邪飫香稻各有千秋存奚必體相紹今讀夫子詩格又異三老味以淡得甘質因樸而巧瓣香願在茲眞吾期自保寄言塗抹人朱粉豈不好以水淨洗之無補容顏槁盍從安期生海上啖仙棗

董葆琛獻臣慈谿

鄉國論詩誰畏友曰惟大樸與老柳東海之水明山雲一生俯仰只低首往歲姚也歸容城句東詩霸推先生先生之詩橫而肆往往意外之筆道人意中事山川名勝不自今日始先生有詩忽覺化工神至此謂飛來峯響巖諸篇晚近世態百出年復年先生有詩忽覺人心變幻都眼前謂紀事新樂府諸篇淸如霜夜鐘秀如冬嶺松峭如絕壁倒插靑夫容忽如長空走天馬使我眼看騏驥皆駑下又如天樂縹緲奏雲璈使我厭聽人間一切箏琶簫吁嗟乎噫嘻神佛仙鬼之才亡久之不圖生後千載期忽若眼見諸老妙手合作先生詩友朋阿好固常態果有賞音不吾怪君不見光芒歷劫終不磨燼餘廿卷新詩在寇亂時先生藏詩在屋盡燬於火其後草堂焚如副稿本又盡失此集皆先生所追憶及得之朋好向所鈔錄者

董沛覺軒

讀書貴養氣氣盛言乃宜辭達而已矣聖訓誰能違陋學競門戶一一摹仿之區畫唐宋界貌合神則離壇坫久不作風雅已中衰不圖並世生乃得徐君詩混元剖

眞宰斧鑿安所施掉臂空中行天馬不受羈君才冠流輩卓犖名世姿談經溯賈鄭論史刊顏裴文擷漢語雋書補秦火遺餘事作詩人亦復空倚毗祥霄下鸞鳳巨壑蟠蛟螭公然樹一幟壁壘皆新奇譬彼松柏性老榦無柔枝撐擠與塗澤靡靡安足爲覩此百鍊光能膺兵燹危名山有眞鑒莫謂知音希我亦耽苦吟頗能涉藩籬作詩題卷端爲君千載期

吳有容曙樓鎭海

自有千秋業可傳先生餘事在吟編溫柔敦厚言情什

感慨淋漓記事篇孰謂南豐愧風雅果然玉局是神仙文章軾轍推前輩積累由來仰老泉尊甫梅谷先生以義行旌於宣廟其課諸子甚嚴故先生與令弟子舟比部竝起家科第有文名

二

手寫梅花口論詩當年姚合是吾師辟疆霸國期千古姚梅伯師復莊集中有贈先生五古四章極傾倒先生謂先生以詩文雄霸而期之千古樹幟文壇此一時霄亮已傾眞肺腑風流重見古鬚眉願書萬本吟千徧問道於今尚未遲

汪忠錄 藹夫。集集中句

自有傳人業送傳歟生歸臨海之三何須萬戶侯建澳山中春風湖上席奉懷朱小竹先生之一明月水邊樓丈世居月湖烟嶼曰烟嶼樓近始移居城西草堂。秋夜同王稭雲登吳山絕頂富貴尋常事八月十四夜闈中作之二文章第一儔題鄭杏卿杏林春曉圖之一異時重請益奉懷朱小竹先生之四談笑亦風流雨夜書懷寄遂香之十二

童開 雋廷

聊將餘技抒清詞座擁羣書翦燭時紙上砰訇翻峽水毫端變幻出烟姿有情陶寫中年感極意描摹世態奇具各體裁空倚傍專門應號舍人詩

二

涉筆爭言杜與蘇效顰西子竟何殊獨將腕下生花管

自寫城西老柳圖世上幾堪稱識者詩中原貴有眞吾海山環作書窗畫移得吟壇到此無近余方主球山書院講席

弟子劉鳳章 藝蘭。有序

吾師柳泉先生以根柢之學發爲詞章鄉邦後進翕然宗仰鳳章早歲讀先生應試諸作服膺已久後得見先生詩古文辭愈益欽慕自憾單門末學無由登大雅之堂同治癸亥先生五十初度鳳章自坿門下獻儷辭爲壽先生不棄獎許過甚尋有課孫之命得以縱觀著作先生經學說部皆發前人所未發文章尤卓然大家吟詠特其餘事會溪上葉君刻先生詩

集鳳章獲預讎校閒有簽語葉君爲併刻之刊成敬賦五言十六韻以識二十餘年說服之悰

大里歌采芝狂客賦回鄉四明風雅國淵源追漢唐洎入宋元來作者紛相望耆舊前後集列宿森光芒夫子起今代高步翰墨場六藝織經緯百家譜宮商瑯然正始音卓爲後學倡著錄都講籍羣雅何鏗鏘我生少失學自顧恆悵悵猥以駑駘姿一顧逢孫陽假館受詩教辨論忘夜長觀海歎浩漫問途識康莊編成與參校格律會細詳迴環百回讀咀嚼餘芬芳願以溫厚旨振興先梓桑大雅其可復盈耳聲洋洋

楊爲煥小苑
四明靈秀鍾獨厚鼎鼎名家重山斗攻媿清容導其前
傳之杲堂及雙韭近維先生瑰麗才下筆千言世無偶
天產名駒不可羈躡跡高空絕塵走靡靡卑格皆掃除
當代斲輪推老手譬如策杖登泰山下視羣峰盡培塿
僕本淺識等醯雞樂與先生交最久有時縱談今古詩
開拓心胸闢戶牖欲附驥尾㫐獨難笑我枯腸空抖擻
縱云頑鐵可點金亦是珠璣雜瓦缶只今鉅製付手民
頡頏先輩相師友我姑題詩綴篇端願附先生傳不朽

弟子袁士杰襄臣

夫子文章可得聞斗然健筆欲凌雲架中緗素平生好
卷裏丹黃徹夜勤落葉掃餘留古豔好花夢後有靈芬
清容嘉則推詩老壇坫而今一席分

二

不須摹倣樣翻新俊逸才華本性眞妙手空空稱絕代
生機潑潑巧傳神崎嶇世事詩中畫平易人情筆底春
勿作等閒吟詠看韓潮蘇海是前身

三

褒題先集荷
純皇兩廡明禋尙待將獨力表揚搜典冊合辭籲請祀
宮牆公請先正獻公從祀文廟之議實先生與陳子相先生共倡之其後先生復爲搜羅事實撰定呈詞蓋殫竭心力者已三年於茲矣在公自任斯文責顧我焉能此德忘
奏草遠傳刊集竟不禁狂喜入篇章戊辰七月初得都中書始見大學士以下會議准如所請奏稿會士杰方補作烟嶼集題詞遂不覺於末章詳言及之

弟子陳家玕擷菁

筆足補造化文章亦經濟所以不朽三言與德功比先
生靈秀鍾斯文振後起著述已等身當代問有幾餘緒
發爲詩名言貫妙理沿溯風騷源堂堂正途軌玕從先
生遊觀海難爲水欲入不得門高山徒仰止時讀先生
詩欲譬何所似側聞舉世推韓蘇及杜李鉛槧欣告成
聊述平生企千秋此一編應貴洛陽紙

弟子陸廷黻漁笙○有序

同治丁卯慈谿葉君刊烟嶼樓詩集先生先以寫本
命廷黻校勘凡見所及妄綴一二先生首肯者再尋
有題詞之命會廷黻秋赴武林冬上京師遷延至踰
市歲今夏旋里先生敦迫再四且曰集中何可無吾
弟詩辭不獲已謹獻古體一章亦舉平時所聞於先
生者還以質之先生云爾時戊辰七月十又三日
三百詩源尊兩京導流別六朝矜風華三唐嚴格律下
逮宋元明時有新意出豈知作詩者原本在經術蘇李

及曹劉聲詠推曠絕不聞隨申韓同入解經室私集日益多各詡精翰札盡態或雕蟲炫博時祭獺華實兩難符東西且塗抹夫子生清時大才邈無匹富窺瑯嬛祕古探汲郡漆傳箋追毛鄭寓言究莊列奇采振新鮮灝氣吐盤鬱以其中所存發之爲著述故其作詩歌書味尤盎勃訓詞必深厚隸事每精切語或雜莊俳狀乃備纖悉九霄聞韶頀八軌通車轍扼要而鉤元大恉歸辭達作文五無難片言可以括惜哉集不完兩遭譆與詘二酉啟淸扃六丁競豪奪（粵匪之亂詩集授寺僧藏石室中不戒於火其副本在草堂者亂後亦付焚如）文字鬼神忌古今信如一斯乃掎摭餘贅爲卷十八金薤採孤挺珊網搜散佚精神所貫注萬古不可滅賤子侍門牆膚受慚學末盟手誦新詩能使心目豁再拜陳此詞持以乞衣鉢

弟子陳康祺 鈞堂

偉哉韓與蘇文章無出右開世得吾師古人相抗手每謂吾師文足使八家九無此數卷詩大名固不朽而況開篋覩洋洋一千首屈宋得替人杜李呼畏友中晚及宋元瞠乎在其後造物亦愛才回覩攫而走辛苦憶得之删存愈不苟鄭重付手民拭目傳久久豈獨吾明州

俛仰誰爲偶

二

雄才固天授亦稟世德高昔聞義行公卓犖人中豪義田賑孤寡家塾養俊髦海礁鳴鈴鐸津橋排巨艚固宜達人作詞賦空其曹中歲志高蹈挈弟隱蓬蒿辱與先子友里社偕游遨先子勇爲善去我日月慆不肖食舊德兼受大匠陶所媿庸腐才未能振風騷偶作有韻文草際秋蟲號茲集讀未竟惶恐流汗逃

弟子陳清瑞 清甫

珍重名山此一編劫灰兩度尚㝠然書成醉酒坡公席直接風流八百年

二

賀老吾鄉詩鼻祖樓（攻媿）袁（清容）沈（嘉則）李（杲堂）亦瑰奇而今風雅都消歇賴有新篇爲主持

三

昔年賓榻下南州末座趨陪預讌游宿草已荒猶惓惓姓名且喜附千秋（先生夙善先通議公公歿六年先生壽家叔五十詩猶及之今載集中）

四

弟兄先後列門牆問字頻年過草堂若論詩家有衣鉢科名兆已到元方（清瑞與家兄同舉丁卯浙闈家兄名次適與先生丙午鄉榜同在二十）

弟子葉清年 安甫 慈谿

日月雙湖地巍然烟嶼樓如公眞曠代此集已千秋兵火經殘劫江河納細流心香酹一瓣西望有眉州

二

作壻來溪上追陪幸得師聰明窮耳目懇摯入心脾知己吾尤感論文意不疲舊時成誦句雕本快重披

又題詞

葉余雲貞紉蘭山陰○鴻年生母

我歌黃鵠八年久墨花零落硯塵厚固知結習難盡除敢向雷門擊秦缶邇來祺兒爲我言吾家姊丈眞詩叟平生有詩百萬言舉世無能出其右天公生才如忌才下命六丁搜二酉焚餘之草什二三秋來爲付手民手我攜其詩向鏡臺光明磊落無塵垢經生之學才子文人情物理纖豪剖有如白氏長慶編雖我老嫗解八九東牀坦腹記當年此腹不須呼負負吁嗟乎尋常詩卷累萬千大都供人覆醬瓿焉得清新如此集珪璧之寶

金玉壽卻喜吾兒從之遊挂名大集同不朽

葉周妏姝綺霞吳江○鴻年室人

紅蕉青照代留傳余家自高祖宮保元理公後代有詩文集行世紅蕉館青照樓皆家集名也還記垂髫學誦年來到四明添眼福又隨夫子校新篇此集爲夫子所校刊

二

聱牙佶屈自矜奇三百篇無費解詩今日停鍼披大集行間字裏得吾師

三

悼亡絕句最酸辛情到眞時泣鬼神儂爲小姑彈舊淚可憐無福件詩人

四

花晨月夕坐彈琴流水高山太古心余受琴法於姻娅陸夫人若譜卷中新樂府激昂定有繞梁音

烟嶼樓詩集目

卷一

擬新樂府上八首

辛丑 明月升中天 有序

辛丑 八月湖水平 有序

壬寅 臨高臺 有序

壬寅 鬼頭謠 有序

壬寅 乞兒曲 有序

戊申 洋山行 有序

戊申 蹙迫行

己未 南馬樂

卷二

擬新樂府下四首

庚申 蚱蜢篇 有序有書後

庚申 後蚱蜢篇 有書後

庚申 廣東客

壬戌 美女妖且閑 有序

卷三

擬古樂府二十一首

丁酉 柳汀雅集擬長干曲集古長干曲句五首

丁酉 柳汀雅集擬從軍五更轉五首

戊戌 柳汀雅集擬邯鄲才人嫁爲廝養卒婦

戊戌 塘上行贈陸東冬

戊申 飛雲

辛酉 侏儒問修人

辛酉 一父沽兩名

乙丑 當將進酒

乙丑 反將進酒

乙丑 門有車馬客

乙丑 拂呵灘三首

四言二十七首

庚子 力田 有序

乙巳 九月紀事擬易林二十六首 有序跋

卷四

五古一三十五首

壬辰 朱鏡湖夜溺銅盆浦往哭其家九首 有書後

癸巳 病中憶鏡湖

甲午 話舊篇 有序

甲午 小除哭伯兄醒墨先生十四首

乙未 爲徐遠香題風木圖

乙未 獨坐二首
丙申 夢朱鏡湖六首
丁酉 大墩道中

卷五

五古二 四十五首

戊戌 古團扇歌呈李曉園師五首
己亥 夢至阿育王寺看晉松示鍾雲扉
庚子 贈余蕚沚
庚子 答何韻仙 有序
庚子 除夜祭長恩聯句 朱文杏 時棟 四弟時㮚

辛丑 題翁荔薌桃源問津圖
辛丑 雨夜書懷寄遠香十四首
辛丑 閏重三夜烟嶼樓聯句 何琳 陳勱 烏世耀 王世濬 時棟 時㮚
甲辰 寄子舟京都三首
乙巳 哭董小峯廣文四首
丙午 寒冬
丙午 武康道中
丙午 武康縣謁吳春岡師二首
丁未 丹陽道中
丁未 車中作二首
丁未 鄒縣謁孟子廟
丁未 歸途雜詩三首
丁未 清江驛

卷六

五古三 三十二首附二首

戊申 李笙南以慎言詩見示有感而作五首
戊申 無題三首
戊申 雜詩十首
己酉 鳳仙花時與兒子隆德讀書崇本書院
己酉 朱翁棟材話先大夫造硤港橋時事感泣賦謝

癸丑 四十生日感懷示何韻仙馮午卿邵又橋烏釀仙李蓮史
甲寅 奉酬韻仙除夜見詒三首
附原作 何琳
丙辰 周屏垣明經挽詩
丙辰 山中
丙辰 山中夜有鳥呼姑者感而賦之
丙辰 山僧掘芋
丙辰 石工胡翁話先大夫遺訓遂及近事感賦
丁巳 次韻答何大孝廉將出都中有懷徐十三舍人

附原作　何琳

丁巳 白晝二首

卷七

五古四二十五首附六首

戊午 有感時事賦示陳子相張鏡初范茀廬二首

附和作四首　陳勱

戊午 子相以手雕私印印横卷見詒疊前韻賦謝

戊午 悼宋仲穆廣文殉節壽昌疊前韻二首

戊午 六用韻悼其六郎

附同作　陳勱

戊午 七用韻哭及門李勤甫孝廉死事東錢湖上

己未 贈朱絳山

己未 次前韻答徐曙峯

附原作　徐仁恩

己未 同馮鱸薌王簡侯楊小苑出天童寺遊阿育王寺步至寶幢河泛舟而歸十六首

卷八

五古五二十五首附一首

庚申 見周翁雲巖手錄簿賦示兒子隆道隆德二首

庚申 次韻答子相 有序

附原作　陳勱

庚申 有感時事仍次前韻示子相

庚申 團練大臣以札見召賦詩言志情見乎辭四首

庚申 無題四首

辛酉 示壽兒

卷九

五古六二十五首附五首

壬戌 避寇出建嶴過江抵周家村賦示周志柳六首

壬戌 責李生四首 有序

壬戌 大蘭兵二首

壬戌 吾孫

癸亥 董覺軒母邱孺人挽詩

癸亥 挽吳春臺

甲子 憶錄舊稾漫成 有序

甲子 周茹香每入草堂輒有詩意戲作三首

甲子 贈陳擷薷二首

甲子 貍奴三首

乙丑 讓坐篇 有序

乙丑 從姊一首示四六兩弟及諸姪

乙丑 邱小嶼一子亡去近又喪兩兒賦此慰之三首

丙寅 生女
丁卯 答覺軒七首 有序
附原作五首　董沛

卷十

七古一一十六首
壬辰 題周抑齋先生風雨破蕉圖
乙未 負米行爲邵鏡湖秀才作
丙申 畫馬行 有序
丙申 庭樹篇贈蔣生
丁酉 壽從叔芀湖翁六十

辛丑 歸自粵西歌爲子相作
辛丑 以酒贈傅龢生先之以詩
辛丑 餞春行
辛丑 遊響巖
壬寅 同朱絳山鄭惺齋周仲雲四弟子舟遊雲石巖
癸卯 陳母洪太宜人七十壽詩
甲辰 題陳託巖龔岳庵厲駭谷張春水海天四客圖
甲辰 爲張丈小晶題李芸甫水部畫梅
甲辰 陳翁秉炎席上賞同心芙蓉集古人詠荷句
丙午 同陳艅仙宋仲穆觀壽昌寺浮槎及羅漢像
丙午 胡小文招賞十三出蕙花

卷十一

七古二一十七首
丁未 舟發揚子江
丁未 殺鴨行
丁未 雁帶箭行
丁未 舟泊維揚大風雨懷趙粹甫大令卻寄
丁未 舟中憶范子眞孝廉卻寄
戊申 董丈小韭鄱陽湖圖歌
戊申 題徐將軍春波滌硯圖

戊申 同舍弟子舟奉陪徐信軒使君謁偃王墓
庚戌 清江酒肆醉歌
甲寅 題章韻堂年丈玉堂富貴圖
甲寅 賣書行爲鄭杏卿明經作
丙辰 爲台州人題徐天池天心來復圖
丙辰 題潘母窺屏圖
丁巳 謝林小屏惠酴醿花
丁巳 紀夢 有序
丁巳 讀呂梓州淨德集
丁巳 題四明四友圖

卷十二

七古三十二首附一首
戊午 馮午卿竝時得兩孫喜而有作
庚申 客有話唐人許道敏科第事者感而成詠
庚申 門蔭歌爲孫逌判作
辛酉 溪頭老婦行
辛酉 孤兒行
癸亥 謝鄭竹溪觀察惠洋燭
乙丑 題倪節母王孺人秋燈課子圖
乙丑 贈江峴山封翁

乙丑 茹香爲其亡室徐孺人徵挽詩
乙丑 次韻答釀仙明經井餽之酒
附原作 烏世耀
丁卯 贈陳揆卿同年
丁卯 題陳子相四餘讀書圖 有序
九言一首
甲寅 戲作生子歌贈湯耕吾

卷十三

五律上六十一首附四首
癸巳 喜楊氏從甥歸自台州明日復別三首
己亥 登南城尋慶雲樓故址三首 有序
己亥 大梅山懷梅子真 有序
庚子 清晨由戴公嶺入金巖寺
庚子 同子舟詠陶靖節限用五柳傳字四首 有跋
辛丑 次韻答董阮山二首
辛丑 集唐句送趙粹甫北上二首
辛丑 子相見訪未晤作此寄之四首
附和作四首 陳勱
壬寅 雲屏同阮山陸靜廬見過即題其意外吟二首
癸卯 羅蘿村師詁經精舍分賦晉宋書隱逸傳十首

癸卯 題鄭杏卿杏林春曉圖二首
癸卯 越篷聯句二首 何琳 王世濬 謝輔坫 范邦綍 時棟 時樑
癸卯 曉渡錢江聯句 何琳 王世濬 時棟
甲辰 殤同兒寄子舟京都
乙巳 送傅獻生歸臨海四首
乙巳 贈湯丈耕吾二首
丙午 哭楊閑史秀才
丙午 秋夜同王稽雲登吳山絕頂
丙午 八月十四夜闈中作二首
丙午 光溪

丙午 暮別徐旭林星池兄弟出奉化城
丁未 岔河旅夜
丁未 三月十二夜闈中夢見先伯兄明日得家書兄
子隆德入郡庠喜而有作二首
戊申 周丈伴槐挽詩
戊申 王丈蓮君權知河池州卒於官詩以哀之
戊申 苦雨二首
戊申 范丈芸圃挽詩
己酉 欲問
庚戌 下第南歸信宿蘇州閶門外見白髮感賦

庚戌 弔何一山先生 有序

卷十四

五律下五十七首

甲寅 哭邵丈海門三首
甲寅 鄭弼庵孝廉母金太孺人挽詩
丙辰 奉懷朱小竹先生四首
丁巳 祀余文敏公於月波寺西廊同人集拜七首
丁巳 同葉小峯同年季弟石門遊林氏夢園五首
丁巳 小屏邀遊夢園同陳稌仙張米叔秦和卿二首
丁巳 草堂即事
丁巳 寄余尊沚 有序
丁巳 傅心芝大令死事於上高縣二首
戊午 張東玉中翰挽詩三首
己未 雨中登瞻琦嶺絕頂二首
己未 瞻琦六首 有序
己未 贈周翁君綏
庚申 由寶巖山至戴公嶺
辛酉 張鑑山廣文挽詩
辛酉 送張米叔同年司教定海廳四首
辛酉 建嶴山中

辛酉 行人入建嶴偶摘一橘爲守者所見
壬戌 李衮山舍人挽詩 有序
癸亥 有懷次女時從其壻淩定甫孝廉客京師三首
癸亥 挽周廉泉同年二首
甲子 老屋
甲子 挽董面軒孝廉
甲子 挽王小竹
丙寅 老友話舊意似抑塞用賦五言以廣其意
丁卯 雨後山中

五排一首

丙辰 范汾生夫子挽詩

卷十五

七律上四十五首

丙申 春陰
戊戌 贈鍾雲屏
己亥 同人賦西郊古蹟得鷺脰湖二首
庚子 柳汀雅集賦夕陽四首
辛丑 次韻答韻仙
辛丑 次前韻送趙粹甫
辛丑 次前韻送張鏡初

辛丑 次前韻贈陳子相
辛丑 次前韻贈王稽雲
辛丑 次前韻即事書懷卻寄韻仙
辛丑 次前韻集唐句寄子相
辛丑 次前韻再集唐詩贈韻仙兼示子相稽雲
辛丑 次前韻寄韻仙并約閏重三之遊二首
辛丑 春草奉和馮柳東先生韻四首
辛丑 再詠春草次馮太史師韻二首
辛丑 再和二首
辛丑 三和二首
辛丑 杏花次馮太史師韻
辛丑 遊地宅山贈徐朗湖秀才四首
辛丑 大將八首
辛丑 諸將四首

卷十六

七律下四十七首

癸卯 詁經精舍分賦漢史十一首
乙巳 余丈萼坪挽詩
丙午 贈朱述之大令四首
丁未 舟中望惠泉山懷裕大將軍

己酉 野眺
癸丑 城中戒嚴賦示午卿又橋及四六兩弟二首
乙卯 宅邊柳 有序
乙卯 范沁君同年母張太孺人挽詩
丙辰 由光溪入南山訪陳東生二首
丁巳 同秦菁汕何韻仙二孝廉馮午卿烏釀仙余尊汕三秀才宋蓮叔觀察李可稼廣文范芾廬明經四弟子舟遊月波寺
丁巳 謝段鏡湖觀察惠荔枝時公子小湖司馬方官閩中由海船新獻時果二首

丁巳 豐年
己未 陳子相母王太孺人挽詩二首
癸亥 次韻和范丈雨生八十自壽
癸亥 謝陳魚門中翰惠洋燭十挺二首
甲子 謝陳樹珊駕部送書二首
甲子 有感二首
甲子 起屋
甲子 寄董覺軒
乙丑 范雨生丈夫人仇孺人挽詩
丁卯 補題陳子相灘江送別圖二首 有序

丁卯 贈陳樹珊二首
丁卯 步月山行投宿寶巖寺
丁卯 答李筌南運同二首

卷十七

五絕一十六首

乙未 大墩道中三首
丁酉 南山十景詩爲陳東生作十首
戊戌 柳汀雅集賦四明窗
戊戌 柳汀雅集賦桃花隄
戊戌 采桑曲

七絕上五十首附二十首

丁酉 柳汀雅集賦柳汀柳枝詞三首
附同作三首 徐元第
又二首 徐時樑
丁酉 讀桃花源記同遠香子舟三首
附同作二首 徐元第
又三首 徐時樑
丁酉 柳汀雅集賦月湖欸乃曲十首 有書後
附同作四首 徐時樑
丁酉 居鄉雜詩五首 有書後

丁酉 拜岳鄂王墓 從遊杭合集錄出二首錄一
丁酉 寶巖探梅同遠香子舟三首
附同作三首 徐元第
又三首 徐時樑
戊戌 柳汀雅集賦蠶詞
戊戌 內人買得送別圖乞余題詩其上二首
庚子 董阮山極賞余草書戲贈
庚子 次孫寄廬韻贈鍾雲屏二首
庚子 遊西湖拜蒼翁墓二首
庚子 憶書

癸丑妹夫葛崧生母盧恭人挽詩
癸丑舟行小江湖
癸丑贈奉化鄔翁二首
癸丑童子爲遊蜂所螫客來愈之二首
癸丑江西宗派圖妄題呂祖謙撰題詩正之二首
癸丑贈樓小淵二首
乙卯葛菉君明府挽詩
乙卯汪崧蓀承德挽詩
丙辰紀夢四首有序
丁巳見染髮者戲贈四首

丁巳蘭孫
丁巳贈洪張伯同年二首有序
己未新得朱竹垞太史贈鄭寒村太守詩墨蹟四首
庚申簡子相
庚申豈知二首戲贈子相有序
庚申以南馬樂樂府示子相
辛酉山行
辛酉侍兒
辛酉姬人四首
壬戌周家村即景四首

辛丑掃先大人墓王稽雲同行即景奉貽二首
辛丑呈馮太史師四首
癸卯飲陳氏旣醉塗竄洪君詩明日賦此謝洪君
甲辰章小郭以其母墓圖索題
甲辰聞湖州人購黜卷糊蠶棚省試下第戲作二首
丙午暮入寶巖寺
丙午杭州昔所見
丙午山行
丙午悼亡二首

卷十八

七絕下八十首

丁未茌平旅舍二首
丁未飛沙
丁未訪鈕竹君同年時方以迴避不得與試
丁未新市
戊申張丈芝雲挽詩二首
戊申楊丈稼船挽詩
己酉王丈筠叟挽詩
癸丑何韻仙母蕭孺人挽詩
癸丑周廉泉母李太孺人挽詩

壬戌 讀唐史有感八首
癸亥 懷章采南同年時方視學閩中二首
甲子 芭蕉
甲子 病後讀雨村詩話二首
乙丑 桐葉
乙丑 爲兒子隆道書小幅既成有作
丁卯 鄭蓮卿生母包夫人五十壽詩二首
丁卯 送葉莅田司教雲和四首
丁卯 草堂秋興三首
丁卯 日本安嬾翁贈余夏山欲雨圖乞詩賦答三首

共往今體詩六百五十首附三十九首

烟嶼樓詩集目

烟嶼樓詩集總評

陳子相勳曰舍人生平所作兩遭刦火此其僅存者耳然一臠之嘗足以知全鼎之味矧此裒然大集耶綜觀全詩竊以五七古樂府爲最擅場次則五律次則七絕至其七律如大將諸將漢史諸詩用古使事純以才氣駕馭控勒之戛戛獨造而舟中望惠泉山一首尤爲絕唱餘則時有佳者非其至也同治五年六月六日讀竟題

烏釀仙世耀曰歷觀大集牢籠萬有而仍空諸所有薈萃百家而莫名爲何家語語入人心坎色色出人頭地

集中今無後來前無古之句可以移贈　又曰閱舍人詩當就其全部從頭至尾綜觀之領悉其大略似不必逐語逐體强分軒輊

周茹香棻曰舍人詩好用經語醞釀裁翦往往令人不覺　又曰其五七古渾灝流轉蒼莽無際固爲有目共賞余尤愛其一氣呵成中仍各自有段落少或二三韻多或六七韻極分明又極停勻也詩本三百篇三百篇中無一篇不分章節者樂府分解猶其遺意作詩無段落是三百篇可無章節矣後世詩人或未必守此矩矱故吾鄉仇滄柱先生注杜詩嘗極言之讀舍人詩覺前

輩典型尙自去人不遠

王意山方照曰舍人以餘事作詩人大筆淋漓直抒胸臆集中諸體俱有傳作而淸超拔俗一氣呵成絕去慘淡經營之迹者則五律尤擅勝場丙寅季夏揮汗校讀漫跋數語未識蠡管之見能否窺測萬一也

章雋廷開曰細讀全集有美畢臻無懈可擊如樂府之爽利七古之峭折五古之眞樸五律之超豁竝是傳作而其妙處又總在一達字若統論其軒輊當以樂府五律爲冠冕五七古次之七律次之五七絕又其次也同治五年十一月二十六日

弟子陸滙笙廷黻曰先生嘗自評詩文謂有五無難胸中無難說之隱世上無難狀之情句裏無難測之典行閒無難識之字筆下無難解之詞一生常奉辭達之訓爲圭臬故趨向如此云云廷黻讀先生詩時或妄綴數語校讀旣周擬贊一詞而終無以易吾師所自道者文章千古事得失寸心知眞不易之論也

鴻年將刻先生詩集先生意不自是復屬其老友及門下之常往來草堂者校閱之篇眉句尾閱者時有評識先生謂語多揄揚意近標榜又諸君或謂某詩似某人其實所稱古人詩往往有我所未見與見之而全忘者而乃謂我似之過情之譽尤覺未安鴻年則謂詩後評贊古先有之不自今始其中或持異論旣可見公好之不阿若復所贊同詞亦足徵有目之共賞因竝刊卷中以質大雅閱者九人其六人有總評別刻卷首同治七年三月葉鴻年識

烟嶼樓詩集卷一

鄞 徐時棟同叔稿
慈谿葉鴻年原名維祺刊

擬新樂府上

劉藝蘭曰新樂府諸大篇以古語寫今事情景如繪此種境界爲吾師獨造

陸漁笙曰新樂府十二首詳紀時事纖悉備書意之所至筆能達之而規諷意言外自見所謂言者無罪聞者足戒蓋三百篇忠厚之遺也至其風格之遒上氣韻之沈雄議論之縱橫音節之瀏亮固應有目所共賞

童雋廷曰樂府妙處色色都有爲神斤鬼斧爲舌劍脣槍爲突浪衝波爲層崖疊巘爲怒雷鬱勃爲活水縈迴爲噓蜃成樓爲縱馬入陣爲胡笳酸鼻爲秦鏡照神爲曼倩詼諧爲正平坐罵爲妖冶裝飾爲神化丹青爲三百篇之變風爲七百首之壓卷

明月升中天 有序

明月升中天爲孝女陳淑姑作也始余銘孝女墓論次大節而事不詳既葬孝女念其父母草殯荒野中疾風烈日九原之下必有灑灑然涕泣者乃遷殯與孝女同葬施家園其後余復爲之投牒有司備聞於朝得旌如例於是其父友鍾雲屏屬余爲詩聲之歌者多矣語焉不備恐無以表揚其事因拉雜綴取古樂府得一千八十言用韻九十二重韻十六長言詠歎使採風者有徵焉

明月升中天照見陳家廬陳家有好女宛如秦羅敷生少多病痡災難常崎嶇阿爺與阿母日日求醫巫太湖深浩渺泰山高模糊爺德比泰山母恩比太湖頭上盤桓髻耳中錯落珠青絹爲下裙綠綈爲上襦二十尚不足十五頗有餘顏色何窈窕十八未有夫阿母看阿女心中大歡愉我有三女兒此女眞掌珠有時女嬌泣母心難展舒有時女歡笑母力良拮据女身日長大母身日槁枯皆以育此女使母病耗魖此女心弗忍切切禱東廚朝起看粥甌暮起守藥鑪膏肓二豎子力弱不能驅鄰姥訪阿母言此病難除人肉得療之藥餌安所需

阿女問姥言向姥持其祛人肉那得有使我母病紓姥言那得有但割身上腴此事大不易相問意何如鄰姥出門去女心如轉樞三夜眼不合三日葷不茹杳杳黃昏後寂寂人定初霍霍磨膾刀婷婷下階除焚香下身拜鋪地紅氍毹叩頭告鬼神姥言定弗誣但願母病愈何論微賤軀挽我頭上髻脫我耳中珠束我腰間裙解我身上襦青布夾臂肉突起柔肌膚纖手握膾刀口齩柔肌膚劃然一刀割鮮血濺衣裾鮮血流不止女命忽已殊明月何皎皎照見陳家姝鮮血亦頓止女身亦頓蘇取肉和藥中煮之盈一盂姊妹怪相問謂我容顏臞

但問不相應屢問仍囁嚅阿爺得知之低頭捋髭鬚阿母得知之淚落如貫珠鄰姥得知之贊歎當街衢阿母竟不起女心如刀刲仰頭呼鬼神姥言亦已誣抱尸卧三日日日淚沾濡姊妹勸牀頭皆言此女迂時日大吉利殯母傍城郛此女不肯送願爲守家奴弗忍見阿母獨卧荒邱墟姊妹送殯去小弟泣呱呱日暮歸去來執手相欷歔阿女看姊妹爲言勿欷歔母女三四人日夜同房居各各還家門誰知阿母孤哭聲如雷鳴不到黃泉途行當覤阿母兒命亦區區阿爺得知之搔首三躊躇含淚向女言何勿忍須臾汝少多病痛災難常崎嶇

阿爺與阿母日日求醫巫幸得身長大竟死亦何辜我身已衰老我有兒方雛奄忽舍我去誰當爲歡娛汝心一何忍汝意一何愚含淚應阿父兒自有良圖兒心亦非忍兒意亦非愚回頭語姊妹爲我立斯須我有雙絲履赤繶紃青絢得以取著之勿言作手麤移我妝鏡臺取出牙骨梳開我黃竹箱取出絲衣襦一一得用之勿言脂膩汚可憐阿弟小毋使人揶揄姊妹泣相勸汝言何齟齬阿母旣已去不見爺長吁汝當事阿母阿爺誰當扶含淚應姊妹我自有良圖阿母亦當事阿爺亦當扶阿母爲我死我當與母俱姊妹防閑之一夜忽稍疏

仰藥畢微命此女竟長徂鄰姥得聞之拍手相叫呼有女從死母今世所弗如姑得語其婦夫得告其孥母得訓其女嫂得傳其姑里中有梗子巷口有老儒賣買荷擔人以至士大夫皆言此女好弗忘母劬勞有人美此事歷歷皆陳臚貧賤有此女號爲陳淑姑狀牒畫花押縣官堂上趨縣官得聞之火速傳吏胥事隔十八年此事信有諸吏胥報縣官已悉事不虛朱印鈐官封驛吏遞文書所賴今天子旌表女門閭借問女安居乃在鄞中都借問女安葬乃在城西隅施家花園中女墳新築鋤墳上何所

有大樹三四株樹上何所有巢棲雙慈烏小烏繞樹飛雙烏方待餔明月照烏巢夜夜啼蘼蘆寄言後世人父母無人無

陳子相曰摹古如初寫黃庭已到恰好地位然嫌
未脫蹊徑 又曰此吾鄉美事正當存冠全集
烏釀仙曰劖臂一段狀難狀之狀
正於細碎處見長末段風人之旨
董覺軒曰蒼涼悲婉曲折淋漓當與胡石笥李三行
抗手 又曰里中梗子數語似是閒筆而實古樂府
神妙處非淺
人所能解也
郭恬士曰雖復樵東南孔雀而灝氣旁魄上乎
無上下乎無下迴非何李諸公所能方駕者也
童曰拉拉雜雜卻整整徐徐痛快淋漓明
白了當如見其事如聞其聲化工之筆也

八月湖水平 有序

八月湖水平哀鄞令王青甫鼎勳也辛丑八月城陷於西夷是月晦日令將殉難月湖既而不果湖在吾家門外家人親見之夫殉之而不果其事無足道也然而是役也令君其碩果也其事可惜而其志抑可哀也故爲新樂府以存其人也

八月湖水平九月湖水青朝看湖水流夜聽湖水鳴湖水亦不濁湖水亦不清解一朝看湖水流水流湖西頭夜聽湖水鳴水鳴聲悠悠腥風起湖波咽將軍亡危城失太守去縣官出解二可憐縣官出縣衙仕無縣歸無家身上藍絲袍足下烏皮韡出門四望天地昏但見百姓攜

持保抱東竄而西奔解三前日拉雜轎馬箱篋出門走是縣官賓與友昨日拉雜轎馬箱篋出門走是縣官子與婦前日之日賓客長揖別而去縣官點頭不能語昨日之日妻孥再拜哭而去縣官頓足淚如雨解四不知今日更何日飛礮如雷破巖邑縣官不能爭縣城豈能眼看西夷入縣官誓不生乃有奴子長跪而悲鳴縣官怒奴子哀縣官出奴子躑躅隨之來解五縣官來湖邊與奴子喃喃不知其何言忽見縣官跳身投清泉吁嗟縣官死縣官與湖水兩兩千萬年解六八月湖水平九月湖水綠縣官入湖水奴子仰天哭湖邊父老哀死別太息無語心痛切忽見奴子大號入水而負縣官出縣官欲絕不得絕縣官大怒手擊奴子破頭流血解七縣官轉身重入湖流噫嘻死亦大難事縣官入水既沈而忽浮於是奴子重負縣官出而救之湖頭嗟嗟奴子爾與縣官是何仇讎此時縣官已不能言語但聞聲啾啾解八吁嗟乎月湖之水兮不可以濯纓縣官既來兮使我湖水清更清解九吁嗟乎月湖之水兮不可以濯足縣官既去兮使我湖水濁更濁解十

烏曰此時縣官已不能言語但聞聲啾啾正爲縣官出脫以坐實奴子姑息之罪

董曰末二解首尾相應所謂詠歎淫泆以出之者

鹿曰縱筆寫去時露鋒鋩妙在有起伏照應故讀後二解乃知一解不濁不清之妙

臨高臺 有序

守署大門外左右各有高臺所以懸法者也西夷既入郡城其酋據署居之有所謂郭爺者日高坐左臺上理詞訟而竟有紛紛愬冤抑者或曰郭本華種廣東人與夷婦苟合而生者也

臨高臺郭爺來爾有事覶縷開枉事爲爾超白難事爲爾安排口通華語眼識華字郭爺眞奇才解一大事一牛小事一雞爲爾判斷筆如飛南山可動此案不可移解二臺上肅肅臺下簇簇衙無胥案無牘自來官府斷事不

如郭爺速解三臺下邊呼奇冤不知何來男子到家橫索錢郭爺聞之更不言攜杖下臺走蹁躚俄頃牽來縛臺前袒其背五十鞭呼冤人心喜歡歸家縛得雙雞獻青天解四有時郭爺獨自坐臺邊看者繁且夥忽見郭爺取紙親擘撦磨墨吮筆亂塗寫中言大官太欺我燒我奇貨千百艘許我白銀不肯償但乞一半終不可使我今日至此誰貴禍將紙挂臺下須至告白者有人在旁誦讀之更借紙筆抄其詞郭爺見此笑嘻嘻懷中出麥餅勸爾試嘗之解五郭爺來臨高臺有事無事日日人擠挨昨日野老一過衙前街歸家歎息心悲哀我有長官安在哉解六

童曰第五解直截寫來岂無做作誰能有此筆力

烏曰此等詩爲吞鄉時事攸關作者胷中鬱勃之氣借題發洩其文則信史其聲則天籟故愈拉雜愈痛快但於字句中賞其新奇猶皮相也

陳曰以下三詩所謂老嫗都解者也每至圖窮匕首見覺文士筆端之可畏如是如是

郭曰以下六詩淋漓痛快據事直書是正平罵是皋羽哭詩史也

鬼頭謠有序

辛丑八月西夷據郡城明年四月去之則偷兒夜竊鬼頭之力也其術奇幻不測已詳余所爲偷頭記中作鬼頭謠

鬼頭來營門開收奇貨大官坐黑鬼小白鬼大不論斤但論个解一大官眼力精復精鬼頭黑白何分明爲爾判價平且直爾亦不用作僞巧裝飾二十千鬼頭黑四十千鬼頭白解二城外偷兒紛如麻得錢日日眠酒家跛蹶進城去白日西山斜同術不同巧各自爲生涯解三營門開鬼頭來鬼頭紛紛落如雨偷兒作客官作主鬼頭个个入功簿偷兒作商官作賈主客喜歡鬼子氣苦白日西山斜郎當出城去買頭主人還來城中高坐作官府解四

童曰偷頭卻用虛寫以文集中已有一篇光怪陸離記事文在也

乞兒曲有序

西夷據郡城積七八月郡中乞兒益窮餓於是紛起向夷人索錢米由城逮鄉村洎旁郡他縣與餘姚流丐之向在郡乞食者男婦雜沓攜持保抱入城中呼號啼笑日益眾多至於數千此時夷方以偷兒有戒心見此愈驚恐疑中國有陰謀將倉卒襲取之者始決計舍城去是役也偷兒之功什六七乞兒之功什二三是皆不可無作也古者兵行凱還則有鐃歌鼓吹之曲以鳴得意故擬新樂府以備甬上凱歌作乞兒曲

蓬頭垢面衣欲穿破甑在手兒在肩什伯成羣來向鬼子啼飢寒啼飢寒鬼子憐鬼坐臺上乞兒環臺邊鬼子嘻笑亂擲青銅錢乞兒低頭爭拾取鬼子大笑乞兒去解一 三三兩兩傳播之鬼子有錢能布施相喚相告語相將入城去昨來百十个今來不知數環乞錢鬼子怒手中杖擊其股乞兒嘻嘻散復聚卻向鬼子齊聲訴哀苦解二 前江大馬頭南船北船日日江中浮徧走天下不及江廈俗有鄙諺云走盡天下不如甯波江廈列肆江西東大家滿城中大家與我米列肆與我錢乞兒多復多不愁飢與寒荒年施我粥豐年施我衣乞兒多復多不愁寒與飢解三 吁呼嗟今柰何街寂寂可張羅舊門戶牆塞𡨴時大家竝以磚甓堵門戶嗟嗟乞兒空鼓嚨胡脣乾舌燥不得錙銖嗟吁呼柰何乎解四 乞兒啼飢寒鬼子不肯憐乞兒訴哀苦鬼子不能怒鬼子不怒亦不憐乞兒纍纍相糾纏鬼子不憐亦不怒乞兒掐手呼邪許解五 夜畏偷兒晝畏乞兒晝畏夜不如去諸解六 鬼子入舟中乞兒散如風偷兒富貴乞兒窮乞兒有口不言功使相赫赫來和戎解七

烏曰末句句中句味外味爲諸詩總歸宿

洋山行 有序

鄞人入海捕魚其捕烏鰂船謂之小對捕黃魚者爲大對皆謂之捕洋生其實乃洋山也以聲轉而譌語詳高武部敬止錄中

正月結魚網二月修帆檣大對小對各成隊年年三月齊出洋今年海中多盜賊四月將半猶商量解一 不去憂凍餒既去憂死傷不去身偪迫且去心驚惶解二 東市買紙錢西市買豬羊短衣百拜送神去比鄰團坐村酒香解三 時日大吉利裏頭換衣裳但見揮手不聞語鉦鉦遍地聲喤喤解四 到關一齊泊對對自成行上關乞牌子關官索錢如虎狼解五 到關畏關官出關畏强梁軍門水師動千百頓頓坐食皇家糧來請將軍護漁船撥船轉向城東廂解六 呼聲動地不聞語但見帆竿簇簇旗飄揚將軍倉黃道相告護爾漁船同出洋解七 不去畏譴責既去愁死傷不去身偪迫且去心驚惶解八 水軍叩頭獻奇策海中最畏夷船强大人但坐此船去乘風破浪誰敢當解九 點頭大歡喜百計借艅艎明朝將軍出關去高坐夷船充洋商吁嗟乎將軍出關乃坐夷船充洋商解十

蹴迫行

蹴迫蹴迫步路局窄身無衣口無食父母兄弟坐愁相歎息解一 東鄰有人行賈滿屋堆金錢西鄰有人行賈滿

屋堆繒紈不見賈客還亦不見家人愁但見朝飲醲酒
暮炙肥牛解二上山山高涉水水深結交不出門那得知
心作賈不入海那得黃金解三磨刀霍霍長一尺壯强美
好多膂力東鄰西鄰舊相識解四父母兄弟往告官府淚
不止長跪官府前自言我有兒子我有兄弟海中遇盜
不知其生死上叩長官爲我理官言以爾狀牒留在此
行訪爾兒子訪爾兄弟父母兄弟收淚叩頭起解五天風
激蕩雄關開將軍赫赫巡洋來將軍有令遍相告今年
海中多大盜且排戰艦一齊靜守海山隩格搏擊殺徒
多苦我士卒咍何爲哉解六大盜猖狂海中小盜鼠竊海

濱相逢倉卒不得跳身將軍赫赫巡洋歸馬前得勝鼓
馬後盜魁獻俘三兩歡聲如鳴雷發公文付所司所獲
海盜爲我一一審斷斬刈之解七父母兄弟往告官府淚
不止長跪官府前自言我有兒子我有兄弟海中遇盜
不意今至是上叩長官貰其死官言昔爾狀牒猶在此
固知非盜乃爲盜所止行赦爾兒子赦爾兄弟父母兄
弟收淚叩頭起解八雞三足馬生角膝頭弄嬰兒明朝買
豬肉冬雷殷殷夏雪飛妃呼豨彼齷齪者何人斯解九

陳曰人情狡獪至此固知君子可
欺以方究是未嘗留心民瘼耳
童曰情狡獪筆亦狡獪
非此筆不能達此情

烏曰此與洋山行皆有關
吏治民情之作斷不可少

南馬樂

諸君側耳聽者聽我長言歌南馬南馬之來歷無早千
里萬里循東道循東道戀沙漠依北風悵蕭索久之乃
知南中作馬樂更樂解一南中將軍不好武教場寂寂不
聞鼓朧鼓鳴春草生芊芊萋萋一望平春草綠春花紅
則有戰馬無數嬉戲鬪場中或寢或訛或羣或友或滾
地輾轉或相逐奔走請君朝朝來看戲馬圖韓幹曹霸
那得如此寫生手解二馬不可使飢馬飢馬不肥馬不可
長在廄馬長在廄馬將瘦馬軍牽馬游湖隄夕陽緩步

東復西南人畏馬蹄相逢側立候路歧有時飲馬月湖
渚馬軍背手與人語有時洗馬湖水中修尾俊鬣梳春
風牽馬去領馬餉前營後營幾百匹不如我馬眞茁壯
解三南馬飽北馬飢南馬壯北馬瘦南馬之樂樂無極那
知北馬之苦到老無休息當其始入主人家騁突不受
人箍韁北人通馬語往往如馬趣長椿巨索將馬來縛
怒目執鐵鞭鞭之流血四蹄亂舞鐵鞭斷折渴不得飲
飢不得食垂頭喪氣願爲主人盡力解四然後乃剗其腳
絡其頭口有機尻有鞦風蕭蕭車轆轆欲緩緩欲速速
但見主人鞭影動搖驚奔疾走膽碎魂銷解五前行驢騾

後行橐駝上峻坂下危坡迍邅蹢躅步透迤行不得也
當柰何可憐力盡老將死驅之卻入都中市解六有馬市
在宣武門下即騾馬市朝稱銀暮論賈借叶價朝賣去者健馬
暮買來者瘦馬健馬代人力瘦馬供人食昨日奏刀殺
瘦馬今日去馬覩見之將出門心傷悲忽見一隊瘦馬
之來行遲遲去馬不敢與語走如飛解七北馬之苦苦如
斯嗟爾南馬那得知往者梟臣朝
至尊牽馬北入長安門南馬生性日驕慣突入
御道狂跳奔街官大驚失色直前來控留幸
六龍未駕尚不驚

天驕而已幾幾斷送閹人頭解八閹人幸不死受杖牽馬
歸始知北馬縱有休息時猶復羈紲局促寸步無能移
嗟爾南馬那得知歸來依舊逐隊連翩馳延頸驕驕當
風嘶解九北馬苦南馬嬉北馬瘦南馬肥吁嗟乎噫嘻北
馬之苦到老無休期豈意南馬之樂乃亦有時樂極而
生悲君不見歲在丑月在酉飛礮閃閃城不守南馬背
馱將軍迅奔走飛躍出城郭崎嶇入巖壑鞭箠雨下汗
濺將軍衣將軍猶言馬力薄解十
陳曰南馬之樂以北馬之苦相形不特推波助瀾正
是加倍寫法末解轉筆陡健有旋風突起沙飛石走
之勢

烏曰奇橫恣肆獨闢町畦乍閱之令人眼花撩亂久
讀之令人拍案狂叫此不可無一不能有二之作
又曰以史漢氣息筆格入韻語中從古未有 又曰
千軍萬馬中有掉臂游行之樂奇絕 又曰拉拉雜
雜氣盛則高下短長皆宜彼拘拘於
字裏行間覓生活者望之走且僵矣
童曰第二解絕妙一幅戲馬圖第三解摹繪尤逼肖
又曰南馬北馬故作犯筆正如重巖疊嶂愈多愈
妙 又曰八九解并記時事而首解是北馬來南此
二解忽寫到南馬入北變幻不可測度章法之妙眞
神而化
之矣

烟嶼樓詩集卷一　男隆壽平甫校字

烟嶼樓詩集卷二

鄞　徐時棟柳泉稿
慈谿葉鴻年吉甫刊

擬新樂府下

蚱蜢篇有序有書後

蚱蜢者蟲名也艇之形色類之故即以蟲名名其船曰蚱蜢艇後人以為船名也而造舴艋之字誤矣廣東人製艇入海中其人大率衣窄袖衣用邪幅纏股而又跳躍善奔走亦與蚱蜢有相類者故又以蟲名名其人蟲也船也人也其實皆蚱蜢也是則呼之曰蚱蜢宜也作蚱蜢篇

蚱蜢復蚱蜢蚱蜢飛蘧蘧飛入大海中化作強梁徒朝劫賈客船暮劫商家艫殺人取貨物貨物無精麤哀號乞微命紡執以為俘藏扑訊家世論價贖身軀諾諾復爾爾含淚作家書歷歷問道路堂堂到城郛解一持書入家門家人驚號呼看書識其手心知事不虛鄰里相指視云此眞盜竿何不束縛之送官服天誅家人謝鄰里公言獨何與書中剋期待過時其舍諸投鼠當忌器性命非區區解二待使如上客豐膳辦中廚請客少安坐白當竭錙銖頭上脫簪珥篋中刮金珠東家貸陳粟西鄰索逋租時日曾將盡未能盈所需慟哭相訣別明朝賣妻孥解三撫君得聞之省中發官符太守意驚恐雞鳴戒前途渡江踏省門撫君堂上趨撫君問太守新來安樂無離坐不敢答撫君重欷吁海盜近絡繹充耳豈褎如卿作海疆守海在府東隅出關不咫尺何為藪萑苻解四太守重起立戀戀意不舒伏惟被撫君幸恕下官愚軍門統水師海防尙非疏巡緝偶不到幺麼生覬覦歸當白軍門入海與之俱大人且高枕安用慮予弧解五還歸入府門蹙頞捋髭鬚此事大不易輾轉復踟躕踟躕十餘日計較及吏胥動文怒中省下官寔成謨不才勉自

竭入海擒狂且仰賴大人福斬盜千頭顱寰海如鏡清民困亦既蘇撫君看公文喜笑心歡娛批迴紀功績升遷在須臾解六商賈抱狀牒入府叫無辜今年海中盜多於海大魚百貨皆攘奪子弟猶執拘贖鍰動千百性命眴斯須太守怒目視曰爾敢妄誣我與水師官入海親斬除寰海如鏡清撫君所稱譽拍案呼吏役逐此病狂奴解七奔省呼冤抑一一皆陳臚撫君意懷憤飛札到句餘曰汝作太守無乃太糊塗前月汝報我留害已耘鋤商賈來控告事在今月初亂生何迅速前後何齟齬不意屬下吏狡獪竟欺余我姑赦小過此事難緩圖失之

在東隅收之在桑榆便在此另內爲我背翦屠不然挂彈章汝悔何及乎八解太守看公文恐慄心變虞起立不得安出入長欷歔有人白太守使君一何迂海盜惟利視其跡類穿窬何不賄使來羈縻於中都賦之以衣食授之以室廬彼既得所欲棄海定從吾九解聞言大拊掌此策眞善夫馳書商撫君撫君頓歡愉軍門及總戎各各飛青蚨合錢數百萬賫錢到海嵎可憐安樂國海盜來于于太守作狙公充欲養羣狙狙公解狙意朝暮而賦芧韻書以此字入从韻然莊子賦芧李軌云羊諸切音余則芧本平聲非叶音也盜魁授官職圓頂白硨磲百姓看渠魁昂昂坐軒輿此是太守德

使我民力紓海中亦可賈海中亦可漁十解朝朝飲美酒夜夜擲梟盧約結自成隊射鳥出闤闠衣工秉刀尺萬指裁羅繻貧女嫁比鄰無人作腰襦短襴金錯刀窄袖青縹裲遨遊貴官第調笑酒家胡道路皆側目夷坦爲崎嶇海中可往來城中難久居十一解

廣東人之入甯波事在咸豐初年時余方居倚廬不問外事其後友人告余以詳如此且曰周祥千之亂事與太守無與也而鄉民羣入其署中盡焚輜重囊橐以去蓋天惡其首召海寇貽禍兹土破家罷官所以陰報之也既而李君筌南來草堂則曰此太守寃獄也太守將以民間房租錢募勇入海勦除之會撫君創買降之議而罷其買降錢實出自武營所謂軍門及總戎各各飛青蚨者是也而謂太守主之則寃矣余曰是或然矣然撫君雖主買降之議而曰必以四明爲壑無是理也其魁其徒不以此時驅歸散遣之而乃官於是養於是聚國族於是始爲營窟之狡兔繼爲當道之豺狼誰生厲階至今爲梗郎如君言太守獨能辭其責乎然且吾詩所述如出一口何惡於彼而誣蔑之乎聊記異聞附之下方若吾後篇所詠則事在目前爲禍尤烈見者怒目聞者傷心不知

父母我斯民者又將何以處此也庚申秋八月書

童曰層折寫來無不盡之意無不達之辭腕下疑有如意珠

郭曰一結已矗起後篇意

後蚱蜢篇 有書後

諸君且勿喧聽我歌後篇前歌既悲苦後歌尤辛酸聽歌飲美酒愼勿出門前門前行不得蚱蜢飛滿天一解昔時飛入海商賈涕漣漣今時飛入城居民心悄悄遠見三兩來我足自連踡低頭不敢視況敢摩其肩但聞鴃舌音提笑相語言青樓笑啞啞黃壚舞僊僊叶纏頭與酒債何時解腰纏低聲問何時雞肋飽尊拳二解開門當

大道門挂小紅箋箋上何所有墨字書洋煙入門見牀榻榻鋪毹毛氈氈上何所有縱橫陳銅盤招邀遊冶子請君來高眠朱火然其中青烟颺其閒從風入君懷四坐莫不歡四句並漢樂府而宛然爲後世洋烟寫照可異也故戲襲之香風正歡暢麗妝出嬋娟目挑未成語突如被拘攣三解縣官得聞之呼馬上鞍韉馬後隨健役趫疾如猴貜大噪執醜虜長繩縛以牽牽入縣官署道旁千人看縣官坐堂皇羣醜心膽寒曰爾本寇盜兔脫幸爰爰柰何在吾縣法令猶再奸叩頭乞免死袒背三百鞭繩羊枷天狗大廷列縣狙此時爲患害瑣瑣亦戔戔我有慈父母使我痾瘵痊蚱蜢如鳥雀縣官如鷹鸇四解喋囁私耳語蹙頞心煩痏今時莫爲非刑法諒難寬不見昨縣官威怒不可干縣官受

恩寵洊歷至大員皆在此城內官改地不遷段公光淸自咸豐二年來權鄞縣後奉　特旨知甯波府旣又升任甯紹台道至八年春擢浙臬始去鄞橫行畏官府安居無金錢結隊理故業海中重據蟠胠篋刮珍寶滿艇載繒紈笙歌挾美妓簇簇衣裳鮮囊空出關去欲飽來翩翩去來作巢窟下上如鰍鱣五解飛去復飛來海上復喧闐賈客羣聚謀莫愁行路艱盜能爲我禍盜可爲我援重貲令護我登萊與漳泉四明海船貿遷於山東者謂之北船於福

建者謂之南船一行如人意再行垂饞涎鳴儔嘯匹侶私約海山巔我主爾爲客僞鬭張空拳護貲去不返轉貨亦登仙賈客重聚謀齊聲叩長官言彼蚱蜢艇長惡終不悛西夷有大船號爲火輪船一日數千里所向無完堅願以十萬金買之來甬川官言事可濟邢復畏驚湍此亦段公在觀察任中事也其後輪船入北洋東撫驚懼入告上嚴旨詰問浙撫浙撫奏稱商民仿夷式所製造非夷船也煤烟沖霄漢放船火燀燀船行無順逆風燒煤則行一日費煤錢數百千環船綴巨礮礮中子母丸東洋鉦喤喤西洋鼓鼞鼞南洋燒舳艫北洋滅腥膻輪船纔一葉聚盜而殲旃游涌幸身脫海上敢盤桓六解鄉村有巨室富有饒田園忽見無賴子衣敝履亦穿入門問主人意態殊閒閒自稱收宿債負我多歷年券字半明滅話言類狂顚主人怒不已驅之出門垣鬱鬱不得志往與盜鉤聯海上無生計羣盜方憂煎聞言開笑口短兵磨刀鋋明朝望門入登堂開其軒主人色如土有情無可宣鄰里來伴客辦飯烹肥鱻償之倍稱息豪蠢不能蠲蚱蜢腳撲朔跳躍心喜驩我百爾九十與爾瓜分焉七解閒步入城市但聞聲叫讙婦女東號哭男子西長歎皆言家中人安分無尤愆蚱蜢忽飛入拊背拖其咽拔刀呼去去去不知何邊俄見少年子寄我札連連一言苦飢餓爲我納橐饘先時

拉人以去尙知處所其後恐來截奪幷不知陷穽何在而公然在人前論贖貲多寡旣滿其欲然後使得見面一言苦榜笞爲我圖贖鍰密札言惡少報我睚眦怨嗾使來拘捉言之涕雹翰問彼何敢爾旁人忽笑嗎客豈罔聞知蚱蜢久爲患前時橫鄉曲今時橫通廛大路擄執袪履闒衣裳褰長言未及半蚱蜢遙翩躚奔避還家門念此摧心肝八解乃控縣及府上至巡道轅嗚咽不能語官府亦哀憐硃筆判狀尾情法何可原命吏往收捕垂手莫敢先官府良憂我吏役滋赧顏於彼幷鷹犬於我眞螟蝝姦吏大雀鼠盜胥眾螟蝝范石湖句也公門有使費成例動相沿控告轉爲累憂來心如擣我有慈父母在省而無權

軍門爲鄉親提提督某公亦粵東人往總門已攔倏有衣冠人挾術來以鑽百計爲我盡此德幷可誇誰知食指動異味思嘗黿對我作怒罵到彼反吹扇背我私計較面我語欺謾謂我如之何勸我鬻荒田醫得眼前瘡血肉心頭剜九解此閒樂莫樂蚱蜢來源源昔來不滿百今來盈數千借問眾安居眾居城東偏官衙作比鄰近市千萬椽若非所居竝在道府縣二署前比戶揭紅燈細席鋪長筵席上錢滿堆筒筒黃而圓不知作何戲其黨袖爭搶鬮紙書神號是復何怪祇乃在其筵下噤背長伏跧地上爛明燭旣盡蠹連蜷佝我發利市角角頭叩軟出門覗眈眈入門聲嘩

嘩相逢在狹路勝執豕於圈叶侃侃論身價細大眞不捐捉人誰最多推我謂我儇十解捉人纍纍加相對夔憐蛀中有大家子遭遇尤迍邅鞭背背擁腫柱足足蹣跚大雨驅灌頂烈日驅負暄背肉無一面消息無人傳其家徧奔走兄弟卒胝胼以勢相恐獨嬾絕歸來緣載之以巨艇夜夜泊江壖箱口罾諸橐高高懸帆竿似防宵竄逸日出方解縣幾將祭大纛斬之爲犧牲還歸嘔心血此恥何時湔更有窶人子不意遭飛羅空空無可贖身命亦旣拚利刃抽指爪肌膚一無完痛極自經死投之江濤淺尸亦不得見大石尸上磐十一解此時壯哉縣

景象信淒然康莊栽荆棘誰云道半平事來敦迫我出門幷游觀日盱兮不來日夕兮不還父母倚閭望妻子勞心傳願得守貧賤室家長團欒側足登城頭城頭鬧杜鵑白日似長夜寂寞路漫漫巷亦無飲酒道亦無衣冠廣匪之禍始於索債控告無靈禍乃益熾始猶恐猲鄉曲繼遂橫行城中至於今年陷人設穽不一而足夏秋之交吏無虛日每三兩爲一隊手持短刀邀人白晝近在衙前遠及郭外旣入穽中逼索身價多或數百金少亦數十貫故其黨相謂捉得人來縱不如意亦勝執一豕由是殷富之家閉戶惕息衣冠之族裹足周道短衣亦足之徒亦不敢公然擔負錢物以行奇聞異事至於此極可長息也十二解市中何喧囂闐復淵淵前市收張陳後市下關鍵鳴鑼罷市列到官齊呼冤呼聲動天地階下人叢跱言自夏秋來無

日得平安取人越人貨血淚無時乾官曰人無譁爲汝策萬全大官及下吏一堂言便便誅之不勝誅且恐禍蔓延不如借爲用使彼交防閑君子人治人酉慝姑保姦迅速召富室各各破奇慳計議到渠魁此事卿可專有錢三萬貫卿爲我周旋渠魁有難弟一官方待銓赳赳乎夫長健婦亦稱賢呼集同鄉人造冊親排編計口給貧用萬屋巡漫汗東西與南北羅列如星纏以察其族類無或仍撟虔舊時所羈紲縱令歸言遄歸者七十人消瘦無肥胖十三解何以成江河不塞始涓涓何以成網羅不絕始緜緜後歌續前歌我言豈譏譏罪狀百不

一擢髮千萬端流毒今小愈尙留狡獪魁天下喜樂土居此胡顢頇奪職亂階何不驅烏爲哀我民無辜日側而月朘杼柚有時盡滄海焉能填長官滿城中兜鍪與貂蟬無罪無忌諱敢爲竭蹶卷十四解

火烈難犯此定論也東里教人以猛而夫子謂之遺愛稱之惠人而況治亂國者乎乃官長仁慈一切不問貪心非性生而故長之畏心非本無而故滅之夫以有主之物而可以恣意予取莫敢誰何苟非夷齊有不羣起而爲盜跖者乎嗟乎縱橫劫掠聽之呼號迫切又聽之承平之世慘於喪亂爲自有郡縣以來所未有之事至於糜爛不可救而猶羈縻姑息豢養域中曾不月餘故態復作不得已發兵收捕之而乃居然拒敵互相殺傷拳勇亂階果如所料於是大動干戈聚而殲旃天日昏霾喋血道路嗟乎嗟乎夫何爲而至於此極耶亂後憶錄舊稿并詳本末非以招舊令尹之過亦欲使後之爲民牧者鑒茲芻蕘愼毋養癰狝而成癱疽徒多殺我良民爲也同治三年甲子人日書後

章曰哀痛迫切之言　又曰嗚儔嘯匹侶六句中多少轉折此事極難寫卻以數語了之筆妙乃爾陳曰兩蚱蜢篇頭緒紛繁層次委折拉雜敘來卻復頭頭是道井井有條俗而能雅曲而有直體非大作

家不能有此硯臨高臺諸作又爲進境矣　又曰此兩篇與美女妖且閑當爲樂府中壓卷郭曰兩篇神鼎鑄奸窮形盡相章法亦極渾成東坡所謂北征與秋色爭高者也

廣東客

昔有廣東客流落甬江濱遭遇同鄉子提掇爲賈人長袖善舞多財善賈曾幾何時乃有金錢百萬不知數一解力田不如逢年刺繡文不如倚市門送人作郡年復年不如自我爲好官二解甬江東接大海頭出關咫尺昌國州（即今定海廳也）高者山下者谷黃者金白者玉奉觴上壽再拜撫君前但願一任昌國州官死亦足三解州人得聞之慼頞相告語新官來柰何許入郡中謁大府不願得杜

母召父願得借寇一年依舊作民主大府聞之赫然怒噫吁呼官去留乃由汝四解江邊廈屋千萬間昔時作賈今作官鉦聲嘡嘡旗飄颺東拜福建子西拜洋商與君作別神飛揚此何異衣錦還故鄉相逢故人滿路旁貧賤之交不可忘君戴笠馬前揖我騎馬不能下馬前簇簇官威儀故人悅君君不知五解銅鉦鳴綵旂舞坐大船出關去馬如風僕如雨今爲官昔爲賈馬如龍僕如虎新官來柰何許六解西洋鬼子州中居大開筵宴戒庖廚鬼子作主人新官來作賓今日良宴會歡樂難具陳鼓一擊酒三巡一言告君君弗嗔衣不如新人不如故本有舊官君可去新官聞之色如土噫吁呼官去留可由汝七解新官怒鬼子笑一言重向新官告君不見蚱蜢艇中人新來擾亂郡中無朝昏若曹與君皆鄉親水有源木有根君不官此土若曹來無因便喚鬼奴走入廳衙中索取官印來匆匆鬼奴捧印當筵立額手致敬而以手相接州官之印頒自大皇帝雖我外臣敢兒戲兩手送獄司請君留幾時舊官到來然後還付之八解遠哉遙遙我馬驕驕人言一何嘵嘵人言猶可鬼揶揄我狐欲渡水無柰尾何我欲作吏無柰鬼何九解速速去去速速去去舊官來柰何許來如虎去如鼠早知作官如此不如仍作賈噫吁呼官去留竟由汝十解

陳曰全篇一氣呵成波譎雲詭雷轟電掣其操縱如意處眞所謂嬉笑怒罵皆成文章但以古語絡繹奔湊賞之猶皮相也

美女妖且閑 有序

賊目黃呈忠之據甯波府城也往聘袁氏養女爲妻及門而轎不能入毀垣以入之又不能升其堂倉卒納女堂階下復自穴隙出袁氏門故高大容軒馬是日賊黨迎女者幾千人皆瞠目流汗咄嗟有駭色其夜火起屋爲灰燼僉曰太常父子之靈也余謂此實宋季殉節進士天與先生諱鏞義憤之氣積六百年無改其英爽以有此靈異太常父子蓋受命而與其聞耳揖盜爲壻事不足以汙吾筆而其先人之赫聲濯靈不可誣也即事歌詠之備始末焉得十解百韻取子建詩爲首語遂以名篇

美女妖且閑生長城中央父死母更嫁嫁在城西廂赫赫忠臣裔先生死無謚僉稱忠臣公明季林氏謂謚忠定不足據也裒裒柳莊坊太常名琪柳莊其自號坊在所居之前阿女隨阿母來依袁家郎女謂他人父母作新嫁娘一解阿女好顏色鬒髮黝且長明眸善巧笑眄睞流輝光朝朝塗膏澤夜夜紅粉妝盈盈下階除

步步生芬芳但得見此女心醉神顛狂飢者忘餐飯渴者忘酒漿豔聲播閭里妙年無姑嫜解二可憐歲在酉粤寇亂海疆兜鍪與貂蟬棄城而逃亡婦女爲俘虜男兒攖鋒鋩渠魁入官府羣醜據民房馳報金陵賊封之爲戴王開筵陳百戲羣醜來遑遑前賀抱腰膝賊見其頭目禮如此齊進千歲觴呈忠僞封戴王純千歲千歲志驕縱乃覺心徬徨顧謂羣醜言知否我中藏夜來意不樂後宮無嬪嬙軍師前陳詞城西有姬姜嬌好無倫比流麗亦端莊且是大家女卑職知其詳賊所僞授軍師師帥旅帥等無不自稱卑職者但恐千歲尊門戶不相當渠魁得聞之喜笑心陽陽顧謂軍師言爲

我往商量今我非諸弟賊呼其下無卑尊皆曰弟安用復摟攘言詞倘有緣好爲我聘將解三時日大吉利納幣何輝煌軍師裹紅巾健兒扛朱箱箱上何所有歷歷皆鋪張黃金閒白玉錦段雜明璫籠中盛鵝鴨案上列豬羊綵旗泥金字字字吉與昌大兒負筐篋小兒荷橐囊既入袁家門道路還相望阿母大歡喜阿父樂徜徉回頭語軍師物物非尋常軍師謂阿父富貴無相忘解四忠臣得聞之赫怒召孫行太常及尚寶祠中紛趨蹌尚寶名忠徽太常子也父子皆以善相名永樂閒疇昔十七人同時爲國殤自公有召命顛倒其衣裳忠臣殉國難時其家人方上冢歸舟聞變妻妾子婦同赴水死者十七人其僕抱幼子匿墓閒以免

忠臣太息言劫運在梓桑畏偪幸苟免孫枝胡荒唐彼女非族類聽之歸虎狼柰何瞰我室恣意爲翱翔聊用示懲戒使彼心驚惶解五於是娶女吉盈門聲洋洋沸騰撼山谷人語雜笙簧軒車將入門役夫忽踣僵百計不得入但見門將將遲久更無柰停車毀垣牆以車鑽穴隙役夫亦踉蹌齊聲復狂叫倒行足劻勷各各不自由焉能升其堂此時逆女者千夫氣軒昂殺人如刈草治鬼無奇方倉卒取女去流汗行倀倀解六忠臣怒不已騎箕排天閶稽首瑤墀前抗疏奏天皇寇盜爲婚媾臣孫信不良汙衊臣家室種種都不祥焉用此門戶而貽孫

子殃天皇詔飆飈隨之下帝鄉是日始昏暮天風狂扇飈忽見一星火飛上袁家梁俄頃烈且舉邃室延修廊羣醜圖撲滅折足空奔忙賊之據守西門外者以袁氏火竭力相救而折其足朝見巨第宅暮見瓦礫場東家與西鄰連甍接榱棟明明分界畫毫髮無焦傷有馬鏘鳴者與袁氏比屋而居爲余言是夜之火神異如此七解美女入軍中誰云氣不揚低眉學菩薩怒目成金剛朝朝飲人血夜夜食心腸持刀能自舞騎馬那用繮纖手弄雙彈轉丸如蜣螂昔時何柔媚今時何強強昔時何窈窕今時何披猖昔爲寇與讐今爲鴛與鴦解八鴛鴦能幾時日出銷冰霜西人助

王師大江排艅艎巨礮隔城入閃閃飛帆檣渠魁無人色棄城走倉黃此女亦馬上隨奔城南塘有人見此女短衣青裲襠不知更何往流淚盈兩眶九解阿父與阿母相對兩茫茫豈料霎時夢曾未熟黃粱此恥何時雪此恨何人償俄聞前長官還來守城隍募勇爲防戍無以裹餱糧下令治黨與倒彼橐中裝健役捕三師罰鍰繫鋃鐺聞之大觳觫局促如蠶蝗阿母匿複壁阿父竄遐荒死難見宗祖生難逃王章嫁女得此禍不如棄路傍十解

童曰第五解述忠臣語云彼女非族類聽之歸虎狠非特自伸其說且以足成首解阿女來依一段也鍼線極細密

陳曰亦是想當然耳特爲忠義之士吐氣千古遂覺異樣生色一炬焦土幻出萬丈文芒奇事非此奇筆不傳

郭曰每讀長篇鋪張處極從横兜裹處極完密是以龍門扶風之史筆鎔香山微之之新聲者

烟嶼樓詩集卷二　　男隆壽平甫校字

烟嶼樓詩集卷三

鄞　徐時棟同叔稿
慈谿葉鴻年吉甫刊

擬古樂府

劉曰擬古而不相沿襲故能自開生面卓然名家

陸曰古樂府二十一首有借題抒寫者有因題發揮者貌古意新格陳語刱昔人所謂奪他人之酒杯澆自己之磊塊也

柳汀雅集擬長干曲即集郭氏樂府中長干曲句

妾家楊子住古詞江上多南風張潮十四爲君婦李白顏色桃李紅李白

二

菱舟不怕搖古詞菱歌唱不輟崔國輔十六君遠行李白中門不曾出張潮

周茹香曰長干曲本似棹歌故其詞皆擬榜人女聲口此章上二句依仿體裁幾類蕩婦下二忽出莊語遂覺凜不可犯詩云自伯之東首如飛蓬豈無膏沐誰適爲容此三百篇遺教也不圖於集句中得之

三

下渚多風浪崔顥富貴多寵新張潮感此傷妾心李白嫁與長干人李白

周曰於五言二韻集句詩中忽發議論亦奇

四

同是長干人崔顥同居長干里李白見少別離多李白發去悔不已張潮

五

相尋路不通崔國輔千喚不一迴李白那能不相待崔顥日暮情更來張潮

周曰仍結到題位思婦本色怨而不怒可以風矣

郭曰絕無襞積痕跡視朱氏蕃黃氏香眉另有一種風致

柳汀雅集擬從軍五更轉

一更秋風乾寒月在窮邊野屯一燈碧白髮談朱顏

二

二更胡笳低城頭衰草飛將軍恐有令不敢解征衣

三

三更警柝號月落霜天高髑髏學人語匣中鳴寶刀

烏曰險語破鬼膽

四

四更愁未央胡馬嘶邊霜獨坐不敢寐自知秋夜長

五

五更星點孤荒堞起啼烏送籌驚短夢纔夢斬匈奴

柳汀雅集擬邯鄲才人嫁爲廁養卒婦

美人冉冉來雲中綠衣錦繡宮花紅仙之人兮知我情顧我一笑生春風明璫解贈懷君德可憐一去無消息吁嗟乎之子不來秋風多綠衣綠衣柰愁何

塘上行贈陸東岑鼇

池上有浮萍浮萍何青青風來發池上隨風東西行一解浮萍本無根結交亦有因風能吹之去不能吹使分二解出亦復苦愁入亦復苦愁夜夜不能寐思君在心頭三解雖有姬姜無棄糟糠雖有紈綺無棄草布雖有昏姻無棄故人四解昔見君顏色桃李明春風今見君顏色秋霜凋寒楓爲君不食爲君不息悵悵無之何時其坐話我心期五解浮萍在池浮雲在天浮萍無根草浮雲無根烟六解風來吹浮萍浮萍不肯離風去吹浮雲浮雲尙依依七解

烏曰第二解新奇已伏末二解絕妙好辭假物言志可以怨矣

郭曰純是魏晉人骨髓

飛雲

飛雲過嶺快馬難追自言迅速淵水笑之一解茹芝餌黃長生堅固敲鉤作鍼不能縫布二解山雞窈窕愛其羽毛華衣鮮食難爲錢刀三解上有青天下有海門游魚戲水不知報恩四解

董曰此等詩直逼漢魏矣

侏儒問修人

侏儒問修人天高高胡底修人謝不知侏儒怨欺己一解僥家大富貴金屋玉爲牀峩冠博帶人滿腹皆文章二解新自長安來高坐話長安座有長安子啞笑無一言三解

烏曰如謠如諺調侃不少

一父沽兩名

證羊代罪直聲孝聲父一而已乃沽兩名一解閱牆怨言讓妻德色告人曉曉家庭曲直二解不配參軍自嗟怨耦邯鄲才人廁養卒婦三解黃金散盡無有知心嗟嗟知心豈在黃金四解

當將進酒

天上極樂國柰無酒漿所以神仙沽酒餘杭一解地有酒泉郡福祿縣之首飲酒得福不飲何有二解養生書汗牛不見長生人令天可上地上安得民三解蜉蝣龜鶴共此死生不如飲酒樂我友朋四解口可以飲不可以言有言將出與酒同咽五解今日何日今夕何夕歡樂無央有酒在側六解

烏曰與酒同咽奇語也　又曰口頭語一經拈出便爾妙絕作者意愜閱者意愜

反將進酒

酌酒上堂壽我千觴無多酌我我乃酒狂解一天寒衣單手交其肩納手肩凍掩肩手寒解二跪進千金不我肯受窮交厭人索我升斗解三兄弟白髮兩不知心握手片語乃稱知音解四有酒不醉如癡人何有酒欲醉將柰君何解五

烏曰庸情俗態作者有慨乎其言之
劉曰前篇第五解此篇第四解意深語奇尤爲絕調

門有車馬客

野花滿谷顧盼自奇芳蘭當門鋤而去之解一昨日見我箕踞在堂今時相見再拜奉觴解二生不自彊轗軻苦辛出門氣短何爲賤貧解三衡門之子生不知憂樂哉逍遙我無所求解四

那呵灘

昔時送郎去握手兩徘徊願天發逆風郎船不得開

二

今時盼郎歸展轉儂心懷願天發順風快送郎船來

三

逆風復順風日日皺愁眉仰天呪風色君家天難爲

烏曰末句奇語　又曰君家婦難爲本古詞也此僅易一字忽覺奇語驚人
郭曰擬古脫盡窠臼方不是虎賁中郎

四言

力田六章章四句 有序

力田贈張翁也張翁能以古道訓其子

先民有言或農或儒我謂張翁巧不如愚　先民有言或耕或賈我謂張翁出不如處　有妻椎髻有孫舍餔有子三人妌荒而嬉　環堵有屋濱江有田佐雝得食力田逢年　豈其耕田必有膏腴豈其作室必夏屋渠渠　春時桑麻秋來場圃斗酒隻雞室家勞苦

乙巳九月擬易林 有序并跋

序曰擬易林者何也昔宣和之末崔相公任州占易林得大過之遯辭曰坐席未溫憂來叩門踰牆北走兵來我後脫於虎口卜後十日州亂相公踰垣而去其驗如此即使相公事後爲之不能過矣此其所以擬易林也有卦變而後有林辭擬林辭而不設卦變者何也蓋智者見於前愚者見於後欲示人以消息則欲使自得之今已事而述始末焉此其所以有林辭而無卦變也必有作者不沒其實也忽彼忽此者所指眾也不直稱所指者將有諱也其知者以爲是紀事也其不知者以爲是擬易林也

有虎食蟻鬚卷脣瘦一日萬命坐山啼飢

二

畫沙作字野鬼入門跪進漿酒自稱子孫

三

狂鬼大言今歲七月利見甲兵危城將失

四

北鄰牝貓一乳四雛一雛大怪狀如嬰兒

五

螟螽聚語蔽天成雨炎火不光稻根心苦

六

憂雲哀飛莫肯聽辭拔劍傷手乘車北走

七

竊藕探穴足不得拔口饞流沫

八

同舟其濟我狽爾狼證訊詰問爲爾傍徨

九

華言風語誰羊誰虎頭痒搔跟無益勞苦

十

扃戶試士農升其堂耒耜皆作不成文章

十一

紛紛洶洶來掣吾肘面白如灰踰牆而走

十二

帶刀自衛禍登其車牽縶手足笑逐雄狐

十三

一身兩口與子笑言出門歧向使我心寒

十四

癬疥之疾但癢肌膚厲刀剜肉自喪其軀

十五

張弓視雛伏其雄幘白鵝成羣不敢拒格

十六

叩頭告哀賜我逃歸中道遇敵身無寸衣

十七

重門環守急莫能脫奪人嬰孩抱之徐出

十八

不知何時喪其組囊白金絫絫化爲印章

十九

丁戊己庚利以卯行喪其辰巳午使我驚

二十

傳聞失眞皆爲長平婦女夜哭十里同聲

二十一

戟門晝閉索命不已脫帽搔頭與憂相視

二十二

大奴毛腳來走我軍酒諧肉飫歡若昏姻

二十三

將伯呼叔如骨與肉明日復來手擲其臏

二十四

狐裘于思入門怨言縻爾好爵歘散煩冤

二十五

桃李冬冬實何人在側歎息西行使君無色

二十六

東人爛額西人譆譆抱火宿薪自言安樂

此記道光乙巳年奉化縣徵科之獄也始縣民以錢折納賦稅銀其價較賤於四明他縣舊令旣增之新令以爲未足是歲又驟增之民控諸守及巡道皆不得直往控諸省省復下之守守念稍抑教之事當已而縣衆更怒以撫君驅羊餵虎上控京師會令方科試縣士縣人數萬負耒耜洶洶破戶入令踰牆而逃奔郡哀愬守爲之白軍門發兵往捕則比戶安堵亦莫能得倡始者主名及兵旣入城縣民忽風起雲合閉城拒擊謂軍士與我同郡不可殺盡奪其器械驅逐之而執縛其將兵者於是譌言紛至郡人大恐官弁戒嚴幾成大亂矣其後卒減價如舊令縣民自獻其始禍者數人斬之守令罷官去而撫君軍門亦鐫級有差是役也人不一事事不一時前吾不欲質言姑擬爲林詞記之今諸君評閱斯作來叩其詳因謂鄉邦變故事關誡懲不宜隱約迷離而使後世無聞見也故復書其後如此嗟乎前事不忘後事之師乃奉化之變不數年而鄞亂大作喪師喋血禍更甚於疇昔東人爛額西人譆譆漆室女之憂早已及之而不幸多言而中是則尤可痛惜者也同治丁卯一月十三夕書

烏曰古色蒼然古音璆然

董曰如讖如謠奇崛之氣自安東平諸樂府得來

烟嶼樓詩集卷三　男隆壽平甫校字

烟嶼樓詩集卷四

鄞　徐時棟柳泉稿

慈谿葉鴻年吉甫刊

五古一

舊評徐遠香曰烟嶼集五七言古詩或慷慨激烈或從容淡雅或委曲徵至或直截了當總是抒寫性情不肯傍人門戶故分而求之此首似某朝此句似某人合而言之覺無一家不可指似亦無一家可以比擬渾灝流轉自成爲烟嶼之詩古人謂大家無所不有庶幾近之但謂其辭無不達者恐尚非確論也

朱鏡湖夜溺銅盆浦後余往哭其家歸櫂愴然詩以抒哀書後附

同學十七人君性曠以達有言無隱情與我眞髣髴聚首才半年暫別暨契闊誰知見君歸數日不君活矧遭强死哀驚悶心似割哭君不成詩姑以解切怛

二

書舍月湖曲吾家湖之濱伯兄得珍味杯羹時見分我姑置諸槖夜靜以招君同學兩三輩團坐皆酒人時余尊祉周茹香及鏡湖竝善飲醉中言爾志談笑何紛紛爭名各有願而君如不聞曰我視斯世富貴眞浮雲脫然但無累奚必榮其身坐中竝年少頗怪君不倫語言如出世倘已厭風塵

三

老父年六十用酒擬稱慶吾師爲文章敘翁平生行更乞同舍生詩歌其投贈君言居時日我以舟來迎佐我洗腆懽遂君看山興

四

屏障既云具付匠以裝潢與之約期去歸家修門牆八月秋及半入城來取將大旱溪水涸趁彼江邊航何不買一棹安穩抵城廂野航受人多局卧如蠶僵順潮達江浦江水浩茫茫由蘭江至銅盆浦江面最闊夢中欻驚叫舟沈皆受殃何辜此舟人聚殲同一方我欲竟此曲短歌不能長

五

是夜無風雨覆舟殊可疑久始悉其故舟人貪且癡漏艇載陶甕其上人卧之陶甕吸江水無聲人不知同舟乍驚醒水已侵膚肌人譁船更重心驚力轉微漸漸沒江底一一食江泥舟人得兎脫游泅立江臯人禍非天變同難咸怨咨雖復食參肉不得救鴟夷烏曰描寫項肩作者擅場

六

舟人泅而逸而君亦善游家住洞橋側門前水悠悠自言昔年少放學來溪頭童子六七人脫衣同學泅水中

吾習慣出沒如輕鷗父老笑拍手言我無與儔及壯不能故禊事時一修每當四五月水暖山花幽諸君皆畏水此樂眞夷猶我謂君勿爾性命非浮漚騎墜善泅溺此語君知不君聞瞿然起曰我頗憂愁命宮考星度水厄在今秋君精於星命嘗自言如此故逝將罷水戲褰足謝溪流

七

豈意習水人一昔蹈水死人謀不勝天嗟君遂至此聞彼舟人言君沒忽復起溯洄水中央亦旣及江涘月明天高高鬼風吹黑水一淚飛空來捲君入江裏父老言凡溺人時見有黑淚無可救者黑淚謂之鬼淚鬼與君何仇君死乃歡喜溺鬼必

求代里語固麤鄙人言苟或然胡舍彼舟子水國豈需人徵召及才士白龍幻人形亦豈諳文史銅盆浦亦曰洞江有白龍居之能變幻人形欲問蒼蒼天仰天悲不已命也如之何前言猶在耳

八

有兒前年生咿啞初學語曰晡君將行抱兒尙摩撫詰旦兒驚啼聲聲呼阿父俄頃舟人來踉蹌顏慘沮略述夜來事舉家色如土父母搶地哭兄弟淚成雨轉憶昨之夜夜漏當三鼓畜狗狂叫嗥上樓觸房戶起視了無他吠聲更悲苦始知是君魂歸來朝宗祖兒呼亦有因

見君在堂宇安用遣巫陽招魂到江浦昔在館中時夜飮互爲上今我來奠君君當飮此滑兒笑犬安眠君魂復何處

九

阿翁歎息言兒孝吾不德爲我而慘亡吾悲更何極老淚旋淚淚慰之語先塞復恐增翁悲忍泣同默默忽聞孀帷中哀號驚魂魄淚下不自知欲覃覃不得出門見殯宮淒涼洞橋側狂呼君不聞幽明分咫尺豪氣猶眼前一別成永隔惘惘放船行何心看山色

道光十二年吾師王綱齋先生諱日章自宅山來城

中賃楊氏屋設帳地在太陽宮之北號近陽書舍是歲余年十九同學自山鄉至者爲趙槐江啟琨溪後隴小吳艳芳士香吳山頭周本敎本教天打巖朱鏡湖祖談洞橋頭鮑漢玉興鏘匏家衖方寶卿懷儒軼峯儒杰長嶺方皆朱蕉生祿中藕纜橋周仲雲宏緒新莊周陳勺山德栩東生德梧山大路沿皆南自城中郭外至者爲楊雨帆浴德江北岸余尊沚濤板橋三周茹香棻姒封杞新河塘皆徐東侯觀池頭大濟濟彬彬十舍皆滿每當晨餐旣畢先生南面坐講堂諸君執經分席序長幼環坐先生命一人講經隨指示其失得旣而交起問難暢所欲言則爲之引伸剖晰闡其旨趣罷講

始就舍肄業月凡六日爲時文詩賦非此不輟講見者謂數十年來吾鄉之以生徒衆多稱大師者非一其不替前輩典型僅此一席而已是年七月先生渡江應省試旋有鏡湖之變及先生歸來雖復聚會開講之日亦希後四年先生遽返道山而同學諸君則自壬辰至今日屈指不三十年十七人中死亡者過半矣咸豐十年七月删改舊稿至哭鏡湖諸詩盛衰之感回首泫然因記諸君姓名里居以及當日經席規矩附諸詩尾俾同學之子孫得詳源流於孔李云宅山後隴之屬村落名也師弟皆鄞人是月十有七日近陽弟子徐時棟記

陳曰數詩直抒胸臆當得一眞字

病中憶鏡湖

生別長相思死別足可惜何況慘然死一別無蹤跡去年風雨惡江頭故人溺今年八月秋風雨又交逼殗殜卧病身輾轉忽君憶擁被哀思多人語黄昏寂冷風顫我身膚粟綻毛隙驚起挑殘燈殘燈焰幽碧知是君魂來髣髴似相識病眼或昏花分明見顏色胡不入我夢但聞聲啾唧豈自江頭來飢向我求食昔我過江頭江水聲汩汩不知浩淼中何地爲君宅欲以隻雞奠再拜薦君魄躊躇不敢下懼爲蛟龍得死生亦尋常何庸長戚戚意氣況平生軒豁露胸臆鬼道不易知强毅定如昔肯學兒女悲令我悲無極嗟嗟魂聽之我試爲君畫以君縹緲姿焉知非下謫塵世不能容且當作河伯馮夷亦人耳勿嫌洞江窄

烏曰情眞語苦　童曰强爲解遣哀苦之極也

話舊篇 有序

道光十四年十二月四日膽山曹先生過舍於是不奉起居者十有三年矣始先生來設帳余甫七歲是

時稱弟子者十餘曹今先生重來屋宇更新不復記道路舊交略盡而吾黨二三子惟余與仲兄四弟在耳十餘年中人事遷變如此可哀也賦話舊篇三百二十言於先生之歸也書以送之

先生昔館我太歲在庚辰我時方七歲童性頑不馴壯而念疇昔記憶多未眞焉知今月日長者來我門入門不相識坐久始相親髣髴舊容貌霜鬢皤然新命酒具雞黍倉卒無盤飧酒中問舊故往事重縷陳先生忽長歎曰我來湖濱乃翁本無素我來因陳君舅氏笠山先生先生故人也上堂見規畫知翁孝且仁破巢收完卵同氣無區分

其時問字者兒曹何彬彬執經環家塾猶子及兒孫待
我旣忠敬愛我如舊姻兩載別翁去邈若胡與秦今我
重過此道路迷問津散居多異地非復舊鄉鄰義聲翁
藉藉辭世經五春交好半爲鬼弟子存三人昔時此三
人髫歲未論婚長大皆有婦兒女忽紛紛聞汝試郡縣
歷戰能冠軍少壯知吾衰老淚非無因我聞長者言嗚
咽聲已吞旣哀我諸父又痛我諸昆死喪日益多亦若
不酸辛歷歷問生死語語驚我魂長跪重進酒衞道願
自珍杖履幸康健且得常過存他日訪丈室扁舟來江
村破涕爲歡笑往事姑勿云

郭曰眞摯似浣花贈衞八處士
劉曰入口氣飄忽有神　又曰一氣
流注曲折盡情篇法之妙不可思議

甲午小除哭伯兄醒墨先生

生與爲兄弟後兄十五年自少多弟妹我爲兄嫂憐五
歲入家塾教我誦詩篇及長能文章愛我謂我賢骨肉
而朋友枝葉緣相連舍我去何之中夜摧心肝

二

今春別兄行入山負書橐室家幸安好情懷本沖漠不
知何所感忽忽意不樂我心日常驚我夢夜常惡錫山
掃先塋見兄貌如昨兄弟同歸來扁舟入城郭豈意數
日間母也忽疾作倉黃求醫巫方藥互商度視候每更
代憐我力單薄月餘侍沈縣夜坐淚交落

三

沈縣漸以愈下藥如有神而我復疾病輾轉良苦辛阿
兄上樓來慰問意殷勤戒勿投雜藥欲去重逡巡一夜
忽大醉叫號驚四鄰大呼弟也死以我代其身是時已
人定此語吾親聞病中感兄意暗淚流牀茵斯言縱由
醉要知情至親死生亦大矣誰能代他人

四

戾氣不易消鬼物敢相侮我方困三尸兄復遭二豎問

病向家人彼此語齟齬數日無好音心知未能愈忽聞
號哭聲喧聒在東序欲問室無人起視日方午病母呼
大兒搥榻聲淒楚始知阿兄亡神魂驟無主我口不能
哭我足不能舉我亦不能哀我亦不能語此時悲憤懷
向人不能吐

五

可憐永訣時我不聞其言可憐就木時我不憑其棺大
殮旣三日我始能粥饘扶持下樓梯蹣跚走堂前靜寂
無語笑慘慘靈几筵披帷見吾嫂衰經呼蒼天相對更
無語泣涕重漣漣

六

往歲日南至先夜夢不祥此夢不可說大哭裂中腸天地慘無色相送到北邙號咷野田上母忽在我旁見母頓歡喜頭者何荒唐母言吾更生與兒還家鄉而有一人者已入棺中央問母何人斯母亦不能詳詰旦向母拜嬉笑賀踐長聞訓觸兒痛私語淚沾裳早起拜母母忽曰但願年年相見此語爲從來賀時節所未聞頓觸夜夢中心如割時徐君遠香方館吾家私舉相告不覺涕出嗚呼又孰知囈夢奇讖之應在伯氏耶生平夢驗未有異於此者春來母不豫憶夢時驚惶垂殆有起色舉家爲歡慶豈意四月夏倏忽遭兄喪夢中一人者乃竟以兄當夢境何眞切夢語何渺茫命也倘前定莫解心悲傷

七

長女受人聘兩兒初論婚季女以是日納采約西鄰字泰菁沚孝廉之子際涵兒問使來未問之語諄諄伻來俄成禮日午行出門牀頭走相告點首猶頻頻曾不炊黍頃脫然謝風塵孤兒與孤女哀號不忍聞倘平異時累輕重誰丼分料知九泉下念此當酸辛安用畢昏嫁昌黎空復云

八

吁嗟蒿里哀人命不可保四月喪我兄九月喪我嫂從兄當仲春夫婦忽偕老從一兄時修以今年二月閒夫婦偕逝相隔才一日耳三時遭四喪遭家胡不造此豈成例沿渺茫亦難曉乃作無聊思凶吉歸先兆地道不易知人事太顚倒忠厚宜永年誰爲問穹昊

九

悲哉春夏秋轉瞬忽已冬卜吉挽二棺殯之凰隩中凰隩父墓在墓土兄所封五年不見父地下知相逢不知作何語哭泣有餘恫可憐一坏土爲兄築幽宮兄弟送殯去我病不能從登樓望西山但見斜陽紅佇立起膚粟颯颯來西風

十

日夜侍慈幃長言心傷悲杳杳黃昏後寂寂人定時挑燈命兒坐含淚欲有辭辭哀不可說未語先嗟咨恐傷老人意談笑以解之

十一

低頭入空房空房何所有牀堆死後衣篋貯生前酒兒年十五六躑躅隨我走長女未十歲縞衣立我後少女牽我袪向我問父母出門有歸期此行獨何久我姑妄言之暫以塞其口行行出房去不敢復回首

童日讀至此二首令我涔涔淚下

十二

仲兄念手澤招我開遺篋一一親檢取見兄詩歌行賦詩雖不多其言明且清濱湖有小稿繕寫可殺青兄詩曰濱湖軒小稿眼前一杯酒身後千秋名阿兄兩相較常願爲劉伶我欲傳兄詩恐非兄性情而旣不復飲忍復名弗稱滴酒不入地盛名亦虛聲縱使傳不朽何補兄生平

烏曰善用轉筆愈轉愈深

十三

前夜夢阿兄煢煢立庭除與我隔窗牖有言如告予忽聞人語聲似來東南隅阿兄意慘沮棄我去而趣俄見一人來遺我尺素書開書識兄手字赤如珊瑚顚倒不

可讀把之三歎吁晨雞醒我夢我醒自躊躇此來豈無意何不留斯須此書豈無謂何爲中模糊反覆未能解攬衣重欷歔

十四

相別九經月迨茲歲將卒寒雪飛上衣北風刺人骨思念不能忘悲來無斷絕悠悠道路人吾哀與誰說聊爲長短吟抒我心蘊結

陳曰十四詩承接一片如寫家書語語從肺腑中流出讀此與哭朱鏡湖諸作知作者於兄弟朋友之間深乎情矣

烏曰語語由衷字字是血非至情人不能作

童曰歷歷寫來一字一淚此歌以當哭者不得復以格律繩之　又曰口所欲言筆即隨之情眞斯語摯也　又曰讀樂府一父沽兩名篇歎倫理之亡讀此及哭朱君詩見性情之篤天下未有不講究倫理而能篤於情者也

陸曰五古自開章至此凡二十五篇無一字一句不從至性中流出讀之但覺悲風夜鳴淚隨聲下詩之感發人性情者此類是矣

題風木圖爲徐遠香元第作

吁嗟樹欲靜柰何風披猖吁嗟子欲養柰何親云亡昔我與君交見君常悵悵三十居父憂卅七遭母喪自言鮮民痛日久哀鉅創弔君聊慰君親死君壯强努力貽令名無爲氣不揚而君意無極撫景時傍徨春風長拂

拂慈流長湯湯繞廬長慟哭引領長遠望望親親不來日日下斜陽於是圖風木令我歌短章短章爲君歌圖畫爲君張樹亦有時靜風亦時不狂焉能揮白日重上萊子堂周生獨何意寫此增感傷嗟嗟生人境知足爲良方惟有事親心私願每鞅鞅叶百歲彈指頃未見春暉長何況更不足念之摧肝腸昔未圖風木憂思中心藏今已圖風木憂思何日忘隻身弔形影涼氣襲衣裳白雲在何處當風長茫茫

獨坐

獨坐空庭中蝙蝠飛黃昏微涼生裌衣明月來照人舉

頭看明月月下人叩門門外聞語笑非他吾比鄰話久
月移影爲君開酒樽且飲且語我往事吾願聞

二

送客立湖上客亦爲少留遠聞鳴根聲過橋來漁舟撤
網羅明月粉碎頗黎毬一片水與月漁歌發中流客去
閉門入歌聲上湖樓

烏曰閒情微冒俯拾
即是詩中化境也
劉曰二詩託與微妙
風格似在王韋之閒

夢朱鏡湖

是耶抑非耶我見君魂來君魂來不已顏色如塵埃五
年不得見豪氣安在哉明月照牀席涕泗盈兩頤幸有
絃歌曲可以寫我懷君魂去已遠我歌自徘徊風來吹
歌聲相送到夜臺不惜我歌苦恐增君悲哀

二

杜甫夢李白三夜夢見之魂魄信來到白也當有詩是
知憶成夢甫夢白不知若我夢君至三夢殊益奇君死
良痛苦我心良慘悽自我有新作痛哭極淋漓抒哀釋
鬱結我旣不君思無思亦無憶此夢來胡爲一夢謂偶
爾再夢吾驚疑三夢更眞切嗚呼非君誰宿草久不哭
過時忽復悲白魂不渡水杜詩空迷離君魂頻到此而

我無好辭情親見君意舊句聊相貽

三

海水接洞江江深淼千尺高乘紅鯉魚其中有河伯奴
僕萬溺人波臣掌其冊焉能縱君魂夜夜爲遊客洞江
與月湖迢遞一城隔荼壘巡視之嚴威不可測君來大
非易何遽在吾側江湖蛟龍饞道路風雲黑相思理或
然相見勢難得三夜明見君倘非君魂魄

四

浮雲五十里無因覩風姿結交在前歲與君同得師攜
手常巧笑皆言才不羈情好日益密嫌隙無幾微鬼伯
促君急與我長別離思君不得見日夜心傷悲地下而
無知地下而有知聞我悲不已亦豈不我思生來厭拘
束死亦當自奇彊魂不畏鬼孰敢爲羈縻水國足容與
驂蹻任遨嬉魂游入我室魂至牽我帷髣髴見顏色君
魂信不疑

五

日斜君出門夜半扁舟覆家人昏不知君魂早登屋少
子親見君呼父大號哭及我驚得聞而君已就木念君
平生時與我爲心腹此情無關然胡不夢先告相思不
得來魂歸抑何速今我始夢君怏怏意不足流光方徘

徊撫劍起躑躅怨君益悲君哀此孤魂獨

六

三五同門友我獨夢見君故人心尙爾料知情最親往返亦勞止三宿毋乃頻旣來杳無語頻來知何因縱復昔昔夢我亦難慰君於君了無補而我徒酸辛歌詩滿千曲黃泉不能聞少陵雖惝怳猶得重細論念此更惆悵吾哀誰與陳出房看明月長夜其獨晨

劉曰旣信其是復疑其非方訝其非旋決其是於是以來夢之晩而怨之又以入夢之獨而感之以屢夢之勞而悲之復以徒夢之無益而止之反覆曲折似與少陵夢李同此境象而哀苦遠過同此情詞而機杼迥別先生哭朱君詩首章云有言無隱情與我眞仿佛蓋朱君爲先生少年執友而猝遭强死此其所以展轉而不能自已也聞朱君卒時先生尙有塡詞十餘闋痛哭淋漓極爲王絅齋先生所歎賞惜其稿久失去

大墩道中

薄暮出郭門將之吾故鄉水風吹我衣瑟瑟生晩涼草田萬頃花深紅明斜陽野色可怡悅何用譜羣芳垂髫村女兒三兩柴門旁閑閑相語笑笑我何匆忙

烟嶼樓詩集卷四　男隆壽平甫校字

烟嶼樓詩集卷五

鄞　徐時棟同叔稿
慈谿葉鴻年吉甫刊

五古二

鴻年案此卷原有舟中與周茹香談經等詩六首並係丁酉游杭之作又他卷中有七古四首五律六首五排一首七律一首七言三韻一首五絕三首六言絕三首七絕五十二首皆已刻游杭合集中不必牀屋屋也故去之

古團扇歌呈北流李觀察曉園先生 紹防

團扇何匀圓朝朝在君側上有數行字春風銘君德

二

皎潔不可私顏色常在茲我心如團扇我心君所知

三

流螢綴高樹空庭獨徘徊承恩不可恃吁嗟秋風來

四

淒惻生長歎清白古所歎棄置復何道留之生君寒

五

我心不可卷我心不可轉明月十五六重與君相見

舊評曉園先生曰不失溫柔敦厚之旨故佳　又曰第四章似厚反薄

庚子二月十一夜夢至阿育王寺看晉松後兩日鍾雲扉 世俊 見過言新自松閒歸示我遊草

天下長松多奇絕育王寺僧來不言松但言佛舍利春風知我心吹夢到斯地石欄點蒼苔題句當遊記明朝聞叩門白髮老翁至云自松閒歸新詩出相示摹寫虬枝柯天矯有生氣神龍二千年人間尙游戲我久耳松名夢松何足異夢後翁適來此夢如有意當我夢松時翁定在松際夢中不相見翁詩證妙諦買棹盍往觀松下同把臂一笑問因緣爲我放光未

贈余尊沚 濤

聯袂踏省門歸來仍白衣一片功名心有如浮雲飛强顏相慰藉安用長歔欷有客輾然笑斯言毋乃非人生行樂耳得失本無端何以愛微名爲博堂上歡秋風不得意堂上聞長歎長歎不聞語念此心骨酸滿座聽客言盛氣一時懾握手交問年而君已三十春暉幸舒長努力思報答贈君紀年詩少壯纔一睫

答何韻仙 琳 有序

庚子六月朔韻仙過烟嶼樓是夜有別客在坐縱談斗室客抵寢而東方白矣無何定海告警不相聞問者久之十月晦日韻仙忽以詩來追敘疇昔感復不淺十一月二十七夜挑燈獨坐環憶及之去得詩時又將月帀久而不報殊非雅意漫成二十二韻卻寄

季夏月初吉有客臨茅茨主人出相見瀟灑無文辭菜
羹脫粟飯濁酒盈瓦卮縱曰非高會嘉賓娛良時豪談
雜諧笑坐久人不疲明朝客南去分手湖之麋弟兄友
朋樂常耳安足奇飛艇震聲鼓蕩搖我邊陲旁午馳羽
檄聞道孤城危倉黃見兵革我生倘無爲
皇威遠必屆海國鎮雄師鷹鸇逐鳥雀鷦鷯巢故枝驚
魂乍安定而忽見君詩疇昔歡會夜一一覼縷之人生
不知足蝸角任奔馳我嘗風雅林我俗誰能醫擊壤忘
帝力生不遭亂離驅車恣行路道不逢崎嶇願爲太平
民與君長遨嬉翦燭聚朋輩酒杯歡其持主飲客亦醉

新詩爲悅怡此壽可百年我言良弗欺

庚子除夜朱青石文杏見過適余祭長恩烟嶼
樓中即事聯句同四弟子舟

長恩主載籍文字本有靈文杏我亦擁萬卷與之交忘形
時棟知爾有同嗜詩書固所馨時棟何物求神仙食之乃不
停文杏或黑如蝙背或白如魚丁時棟或鑽文之赤或窠簡
之青時棟寢饋於其中粉碎破虛冥文杏字字必咀嚼敗壞
先聖經時棟甚於厄秦火殺之有餘腥文杏貌焉茲醜類意
亦欲延齡胡乃不自量夢夢竟不醒時棟護持賴眞宰震
驚如雷霆文杏爲文招之來欻然降我庭數其蔑經罪明

正以典刑主人長揖謝緗帙清緘扃時棟永永子孫保兀
然留書亭文杏

題翁蒻薌桃源問津圖

桃源在何許在我心中春苟能會其意何必問迷津怡
然而自樂物我見天眞羲皇尙不遠無論周與秦畫師
圖勝概我知君解人豈昧寓言旨而效劉郎顰

劉曰意興高曠絕似泉明　又曰讀游杭集中靈隱
詩云但得心胷開何處非蓬島及此詩起二語見吾
師胷中有自然之樂　又曰昔人謂太祝得陶之澹
右丞得陶之清襄陽得陶之閒左司得陶之遠竊謂
吾師五古
得陶之眞

雨夜書懷寄遠香

上山多蘭蕙下山多蘼蕪采采不盈掬棄之長歎吁伊
人我所思同心而離居不惜慷慨歌將子聽斯須

二

昔我初見子乃在湖之麋傾蓋宛生平恩愛兩不疑羽
翼各健舉矯矯雙龍飛意氣頗深闊凌爍凡童兒

三

子弟亦俊才向予問奇字好樂和琴瑟相待如同氣況
我連枝樹嘉子有深意結交願勿渝垂老無棄置

四

麗容女所嫉浮名人所傾余豈改前度世稱三狂生野

花滿空谷未羨凡夫名流水奏古曲未慕人間聲賦詩
各有意焉能知我情柰何相詰責而欲强我行

五

我行不可强我志一何堅匪我心如石皎潔良自憐絕
羣我誰與我亦心拳拳涉江訪蹇修中道忽棄捐入門
各自媚誰能爲我言

六

吾師李太白（謂曉園先生）雅知我情素曉曉斯人言聞之頗
不豫憐我平生愚前席而借箸杜甫花鴨詩款款爲我
語黑白太分明入世衆所怒婉辭勸我行一見當如故

吁嗟騏驥心豈不欲就路伯樂忽云死蹭蹬不肯去

七

龍樹滿鉢水投之以一鍼欣然交契會愛我情轉深知
我有傲骨與子重酌斟謂我旣枘鑿子兮勿商參桓伊
吹長笛聽者豈知音去去難更卻聊用答艮箴聞者忽
相誚謂子殊古今輕身出相見與世共浮沈哀哉夫夫
言惟我知子心

八

風波未肯息反復起更端摘我瑕與疵乃復在詩篇車
馬不行役焉知道路艱交遊不閱歷焉知人心寒夜臥
不成寐中心多煩冤嗟哉三狂生豈不畏人言

九

驅馬出城西言從塘上遊塘上有浮萍無思亦無憂風
來發塘上隨風東西流

十

自我與子交八載心如一予弟從子遊情明意亦密人
言日益多光怪不可說子旣意惆悵我亦心菀結鴛鴦
爲參商化作生離別

十一

蟪蛄鳴道周芳草萎陂澤攜手上河梁見子别時色

十二

臨别贈子言子才非庸儔意興忽然至談笑亦風流干
戈固不遠一言生仇讐吾師昔誨我弭謗在自修自修
苟有素人言夫何憂我則斯未能遂爲世所訧持此轉
相告痼疾會當瘳小心事友生無貽吾師羞

十三

今我往湖曲子復居山陲兩載各異地常常思光輝見
日每苦少中心愴以摧我欲招舟子載子同來歸來日
定相見去日不可追

十四

我家小阮賢別我來子盧念子不能歇詒之尺素書何時溪水頭惠我雙鯉魚白雲望不遠相思定何如

舊評李芥生世潢曰烟嶼詩往往以才氣勝獨此十四章纏緜悱惻溫厚和平讀之令人動伐木求友之思可以怨矣 又曰讀者且勿問其本事如何但當以意逆志便覺情生於文

劉曰書懷十四章感世感身語意沈鬱得漢魏之神髓

董曰十四詩一氣流轉若合若離胎息似從白馬王篇得徠而能不襲其貌者

郭曰諸作牢戾其思玲瓏其聲當與阮公詠懷陳公感遇竝讀

童曰怨而不怒妙處尤在神韻

辛丑閏重三夜烟嶼樓聯句

宿雨忽新霽東風吹夢蘇何琳 綠波漲春水十洲雙好湖陳勱 烟景媚人意我友其邛須烏世耀 室邇人不遠一水歡相呼王世濬 祫衣稱我體步出城南隅時棟 行行重行行道傍多蘼蕪時樑 酒旗遠招飲買春宜玉壺琳 問價斗十千落拓高陽徒勱 嘉肴列魚膾野蔌羅笋蔬世耀 滿座發豪興拇戰當呼盧世濬 人生不行樂萬古亦須臾時棟 但醉勿復道古人今在無時樑 暝色催游客解龜付當壚琳 乘興來烟嶼談笑聚一廬勱 主人出所藏讀畫觀奇書世耀 良辰既不易況有同心俱世濬 夜闌重把酌家釀非村沽時棟 號令忽新出鬭韻聊與娛時樑 得句為快意苦吟笑撚鬚琳 不得亦偶爾浮白胡為乎勱 賦詩復飲酒酒潤詩腸枯世耀 東方不知白開窗來奚奴世濬 詩酒永今夕六逸眞可圖時棟 明當召畫師畫成看何如時樑

寄四弟子舟京都

湖干送別後時時夢惠連獨慚謝康樂無有池塘篇或為酒所苦春來常酣眠秋風瞬息至擬結文字緣亦復空所有吾豈參上禪近狀只如此啞爾聊復言

二

禮闈聞報罷抑鬱誰能禁得失本前定何用悲升沈唐人綦季通賦詩著來今三十名未立謂當惜寸陰我則自廢棄望卿情轉深努力慎自愛姑勿起歸心

三

客從都中來寄我都中書書言加餐飯堂上大歡娛客言弟安樂無異家中居聽客述弟事意氣猶未除科頭嬾見客處世無乃疏容悅固足鄙傲岸亦可虞吾言倘不信同好多在都試復問同好處世當何如

舊評陳艤仙曰明白如話而筆筆轉折情至文生此境不易到也

陳曰如弟莫若兄一片婆心兼法語巽言而出之

劉曰杜老憶弟寄弟諸詩無不悱惻動人以其從性情流出也吾師集中諸作亦然

哭董小峯廣文城

酒食皆知己急難無良朋交遊感君德自反吾未能斯

人未可死雖死目不瞑淋漓爲君哭豈唯哀友生
陳曰朋友道衰千古同慨自反未能傾倒語說得如許親切他人所不肯言者而作者言之

二

鬼伯招君速君去定何之崛强如生日未必受輪迴茫茫九原路遊倦應來歸魂歸見我詩我詩意傷悲彭殤不足道人言來何爲

三

多情始多事誤予知何因借箸爲君畫我言君所聞蹉跎足可惜彼笑秦無人日暮倒行急浮慼徒紛紛頑鐵鑄大錯我亦良負君

陳曰多情始多事閱歷之言包括幾許
童曰眞見得透切此語吾將書諸紳

四

弱歲爲孤兒有弟蚤不祿地下如相逢應作鬼聲哭海邦兵塵多夜夜聞戍角飄然脫浩劫焉知非君福先墓構山莊乞我文幽谷聊慰逝者心吾言會當復豪氣猶眼前奄忽墓草宿誰能忘此情不寐憂思獨
烏曰激昂悲惋兼而有之
多情始多事五字可傳

寒冬

寒冬草木枯童山無佳色遙看蹊徑多亂似蝸行迹重裘禦朔風秋來常作客雲樹蒼茫中定有高人宅
劉曰寒山濯濯樵路分明遙看二句寫景逼肖

武康道中

桑林渺無際黃葉西風飄其下皆菜畦帶露新可挑少女攜輕筐不畏秋陽驕自我過大邑塵俗紛且囂念此信足樂頓覺煩襟消

自杭州至武康縣謁房師吳春岡先生榮楷歸途有作寄呈

武林百餘里一水通輕艇支港流不續纜舟樹槎枒竹籬蔽茅屋散淡農人家謂當入山僻而已鄰官衙更無城與郭有市聲不譁小兒避生客道旁語咿啞民俗懷太古惇樸奚以加
童曰極似陶詩

二

山縣本凋敝年來遭薦饑今秋水大至晚禾登者稀催科憂政拙民力況不支報災思緩頰嚴譴安所辭咄嗟語未畢見彼鄉里兒上前送官牒語低躬亦卑催租急星火命我譯有詞下吏苦貧賤此行囊無貲聞公素慷慨其他焉敢知

三

束脩謁門牆愛我比之宿歷歷承教言夜深秉官燭燥
髮讀羣書年少長卓犖有懷經世才志不圖干祿一第
作縣官謂當抒所學豈知磊落心蚤已灰初服但爲上
官走無爲下民牧宦海波靡中有吏那不俗新來調下
邑公堂希敲扑我與民兩忘無才得清福頗思理舊業
開我囊書讀焚香掃訟庭雖貧願亦足

陳曰讀此詩知此公必非俗吏

丹陽道中

舍舟發林口昧旦戒僕夫登車續殘夢晨露衣沾濡征
人怨行役意懶心不舒村婦畢梳洗已下田中鋤春風
吹枯草綠過鄰園蔬生意淡如此穆閎羲皇初

車中作

薄暮車轆轆沙路村中穿土牆黯塵色寥寂無炊烟問
我今安宿乃在汾河邊去此尚十里心急程邈緜寒鴉
啄枯木疲馬奔流泉飢渴思飲食物我皆自然

二

秣馬馬蹄疾脂車車輪輕可憐小兒女母死爺遠行昔
我歸自客夜夜聞啼聲曳襪强覆首悽楚那忍聽長夜
不成寐悼亡悲零丁幸依大母側嬉笑忘哀情別時頗
落落遠道忽怦怦苦思意若失坐看前山青

鄒縣謁孟子廟

昔讀孟氏書今謁孟氏廟禮器考制度衣冠肅瞻眺奇
井天所開瑞木庭前繞正氣千萬秋微物鍾靈妙婦孺
驚鬼怪革面崇異教豈知無聲中常有容光照其旁宗
子祠歲時修鋼芼仲子孟子子二世列神號核諸漢儒
言稱謂恐顛倒孫曾與元來名字傳焜耀史無孟世家
世本莤管豹宗支溯周秦歷歷誰相詔七篇著清議辯
難貴遠到豈無隨樂正後先入奧窔修明禮官責廟制
同學校賦詩紀鄙愚聊爲後賢告

歸途雜詩

稅駕入旅舍手拂塵衣裳脫韉馬辛苦滾地銜彔繮主
人面如墨缺足支板牀脫粟難下咽薄酒誰能嘗去年
遭大水今年多飛蝗頗聞山東道比戶憂饑荒垂髫村
女兒忽入坐我旁自言八九歲唱曲能侑觴

陳曰如畫如話
陸日廷讞甲子出都時見旅店題壁有句云行人錯認鴛鴦侶我作哀鴻一例看意亦有心人也吾師此詩意在言外更爲含蓄不盡

二

悠悠道路長坐我一車窄浮雲亘天際風來淡無色千
秋萬歲名磊落道旁石何人下馬看摩挲生歎息慷慨

作期許轉瞬分今昔我車輪下塵皆有古人迹

劉曰詩僅六十字而吞吐山川之氣俯仰今昔之懷皆見於言外

三

老牛拖碌碡碾麥初上場昔我北行日田中猶未秧迢遰四五月美人天一方卻憶去年事鬼魅驚跳梁燈火照顏色擁被夜傍徨水流落花去所思焉能忘

周曰第一首時事之感第二首身世之感第三首則舍人悼亡之作也道光丙午夏秋閒忽譌傳紙人入城鳴鑼誦經比戶騷然詩中鬼魅跳梁句指此

清江驛

五月初十夜我宿清江驛倚枕不成寐明月照牀席忽

覺輾轉閒見婦好顏色愉悅與我言欲近不可得昔殤周歲兒亦復在其側嬌癡能行走呼爺索我食歡笑若固有焉知幽明隔驚起看殘燈我身猶在客男兒事壯遊磊落見胸臆瑣瑣兒女情何爲常不釋入夜夢見之此情曷其極夢中人已矣嗟悼復何益

郭曰神似老杜

烟嶼樓詩集卷五　男隆壽平甫校字

烟嶼樓詩集卷六

鄞　徐時棟定宇稿
慈谿葉鴻年 原名維麒 刊

五古三

李笙南 維鏞 以慎言詩見示有感而作

四座方高談我亦將有說猛省强制之而已在喉舌欲吐不敢吐欲咽不可咽輾轉心煩懣不覺傾情出夜卧艮自悔曉起仍故轍何不忍須臾相期在明哲

二

結交重意氣發言詠其心倔強不肯服與我語相侵斯

人定豪傑久必佩艮箴或者聞吾言默默若聾喑覩色赧無地入骨怨已深咄嗟語扁鵲妙手無古今入山逢病虎慎勿施砭鍼

陳曰分金爐照妖鏡

三

古之慎言人其始必狂直慷慨陳是非奚啻拯飢溺世網末路多始悔吾言激箴規貽後人語語皆身歷

四

譽我雖過情暢然若自負罪我雖輕典反側尙辭咎縱使服無辭磊塊難消受人情不相遠即我驗諸友

五

生少好議論於性得其麤重冒不避名視我皆狂奴常欲作默譜忽忽不成書昨日見君詩今日猶故吾賦此聊自勖將以返迷途愼哉口戕口前言焉可誣

陳曰莊語出以流連閲歷之譚最足發人深省

陸曰人人意中之所欲言人人口中之所不能言讀之眞覺實獲我心

童曰從自己想從對面想總見得言不可不愼非過來人不能道其隻字

無題

靈星在西北其義果何居舉座盡嘿嘿瞠目空苦思一吏忽長揖慷慨前陳辭大官動顏色撚鬚而聽之此吏

乃前曰下吏非敢欺靈星在西北唯我亦不知

二

夜半叩縣門有丞登縣堂自言公事急相見神張皇夫男負耒耜婦女執懿筐年年二三月憐彼愚民忙何不休蠶績遲之天降霜此時農事畢禾稼皆登場縣官答縣丞公謀則旣臧可惜正冬日無地采榆桑逡巡辭縣官長揖心怏怏 叶 大才不肯用此丞非尋常

三

鳴鑼戒前途綠繖高出檐道旁垂手立官府何尊嚴下轎謁長官長官謂我廉歸來坐飲酒食肉苦不甘有客

昏暮至對我語喃喃我笑客亦樂密室無人覘

雜詩

巢燕哺羣兒不念雛雞渴雞長燕無恩仰母聲節節萬物各自愛誰能等秦越養子需人謀生理自茲絕

二

一紙畫千人狀貌多髣髴出門行萬里所見盡區別茅檐負冬暄褌中捉蟣蝨彼亦貌不同但我不能察

劉曰末二句異想天開然於理實當如此

三

敗堵愁狂風何不造夏屋斗米三千錢何不食肥肉觸

熱對我語自言知心腹憂來無斷時攤我囊書讀

四

食貧意不廣鬱鬱且飲酒既醒苦酒債我為口所誘昨日負薪子今日新太守莫怨馬前奴白雲已蒼狗

五

微風生大浪無水風無因謗書積盈篋何為怒他人女子夜千夢不夢冠儒巾男兒夜千夢不夢嫁比鄰

六

離婁雖云明不自見顏色師曠雖云聰不自聞卧息健婦勝丈夫夜來休蠶織螳螂捕鳴蟬黃雀在其側

七

娶婦恩愛多呼媒覓新偶入門交相瘉恩愛更何有秦皇幷六國函關不能守勿愛施旦妍誰怨無鹽醜

八

誰家窈窕子汲水贈雨師殷勤意良美道遠莫致之村烟自云厚上與雲爭飛浮雲蔽明月衆怨風不知

童曰莊列之筆

九

隋珠易兒餅失餅嬰兒啼酒徒不愛名賈客不願歸閉戶事述作動言知音稀生人各有欲我是人豈非

十

久居思作客出門思故鄉兩心互相易可以解悲傷出谷無靜雲點水無凝霜秉燭事夜遊不如候晨光

烏曰十首皆戛戛獨造簇簇生新忽斷忽連絕似古樂府中佳句

郭曰十首言近指遠深得風人比興之誼

手種鳳仙花率爾成詠時方與兒子隆德讀書崇本書院

名花不易得得亦不易栽手下鳳仙種趁此梅雨來十日長一尺半月花有胎今晨啟簾幙紅白相閒開窈窕滿生意為爾時徘徊

朱翁棟材話先大夫造鄞西南碶港橋時事感泣賦謝

扁舟訪朱翁殺雞陳蔬果酒中話舊故勸我少安坐澤國田下下貧憂富不問吾鄉北渡西旱潦測尤叵昔在虞大夫作碶奠洪籛虞光祿大甯作風堋碶事具舒信道記中水涸注江潮雨淫洩溪瀧長川喚渡難石橋漸堆垜碶港三石橋各各小而橢納水水來遲一杯救車火放水水行急覆舟常失柁乃公來相度曰此橋爲禍一橋更狹小驚湍迅飛笴稻田坼龜兆水政已叢脞人命輕鴻毛利害豈瑣瑣亟當撤去之啟局脫其鎖易地而寬廣宜在楊祠左

經始方有期諸楊持不可謂有形家言改橋不利我諸楊世厥居族大其人夥公乃具衣冠戶說如炙輠曰我改斯橋夷平化培塿奈何惑無稽徒此煩言哆一一諾無詞葺石疊嵯峨長虹卧江湖五門高豁闓吁嗟公此舉鄉邦賴安妥至今二十年不聞沈一舸世見浮梁成先大夫所修東津浮橋 目公真磊砢豈知作斯橋心力更勞癉大夫有遺廟郎風棚廟耐公薦果蓏食德報斯人我言理豈頗不肖痛幼孤此時髮猶鬌纘揚負楹書敢云時轗軻兄弟葺浮梁析薪慚負荷聽翁話先德再拜淚雙墮

陳曰此與前話舊篇後石工胡翁篇皆有關世道之作若徒以頌述先德爲明發之懷猶未知作者之用心也

四十生日感懷一章示何韻仙燾午卿焜邵又橋錦泉烏釀仙世耀李蓮史世瀛諸子

仲冬日廿五我生黃昏後嬉戲十六年地天託高厚廿歲與世歲孤兒尚有母是日必祭先饋食祝兒壽嗟嗟今何年太歲在癸丑我年甫四十已作鮮民久月日逢生辰衣冠來我友揖我謂我好登堂索我酒豈不願諸君痛飲兩三斗嗟我缾既罄未堪再回首

咸豐癸丑余年四十明年正月朔忽從子舟得韻仙除夜見詒詩燈下走筆奉酬撫時感慨情

見乎詞

憶我甫少年登壇與君戲君握許城旗我拔趙家幟辛苦遭亂離精悍曾不異時或念及之宛如昨暮事新詩眼驚開歷敘舊遊地始覺初論交倏經年十四君已五十一我亦四十歲在昔皆後生於今不足畏我聞人有言人壽六旬例以比十二時一時五年計今君交戌初而我尾於未無聞滋益懼將弗嗟暮氣雖然我與君蒼蒼所位置生材必有用無用因暴棄立名與立言亦各視爾志勉哉學毋荒晚成斯大器

郭曰因是夫子謙辭然聖賢孜孜矻矻儘有望道未見處讀到無用因暴棄云云如冷水澆背如熱油灌

頂夫子自待待友何惇篤乃爾

二

廿載謬相識雅知夷吾貧慚媿鮑公子乃無財可分歲晚知更急迷途猶問津我曾借前箸而惜君不聞廣廈庇寒士起視今何人樂道廢生計空言徒云云陋巷無簞瓢讀書焉養親君子亦謀食所貴不辱身

童曰至言可佩

三

吁嗟此何世滿地皆風波鬼蜮好顏面視人常笑呵千瘡而百孔力任艮非他含沙忽相射我幾遭畢羅言玷

不可爲圭玷猶可磨束脩思斂跡逼迫其柰何白雲封靜谷猿鳥難見過君意殊怏怏我羨君則多舍己芸人田望歲計已差千秋果安在學荒時蹉跎因君詩言志我亦永吾歌歌聲如金石請君二摩挲

劉曰讀此見吾師與何丈相與之厚相愛之深不是尋常酬答　又曰首章我輩人有言六句極奇創二章陋巷無簞瓢四句極真摯

癸丑十一月二十五日徐十三柳泉四十生日後十餘日大會親朋立兒子爲後詩以話舊並志其事凡六十韻　何琳

憶昔歲庚子與君交始結我年卅有八君年三十七登君烟嶼樓君居宋月湖十洲之烟嶼故以名樓入君神清室君得古銅印文曰神清之室慕君投以詩報我句何疾我時館南湖訪我當春日昆季敂我門高蹤不輕出縱飲復狂歌相逢逸興發是後多往還投贈篇不一閏月記重三竹溪追六逸朱顏皆少年圖畫肖毛髮辛丑閏上巳君兄弟同余及陳子相烏醴仙王稽雲出遊聯句賦詩君既作序復召良工爲之圖而趙粹甫記之歡會無幾時彼此悵離別西夷浮海來侵疆及吳越道路奔波中爰爰如兔脫奉母我山居貧病兩愁絕聞君入光溪芒屩告君實從君負米歸生死而肉骨親愛逾弟兄此情難罄札明年掃妖氛

王師鎮旄鉞流離半載餘家園還故轍相見重相憐話舊各嗚咽轉瞬決文戰努力錦標奪溫卿八叉詩江郎五花筆乃遇九方歅空羣氣超軼癸卯歲君受知於羅侍郎師以文行並優貢成均秋風木犀香有弟興也勃是歲君弟子舟與秋賦一第博親歡秋曹旋釋褐乙巳子舟捷南宮觀政比部君氣益飛揚我亦思振拔相將同入闈相視並奇崛君復遇賞音我復憎命達送君赴京華獨立風瑟瑟文章不值錢有靈向誰乞甲辰丙午余皆薦而不得售君亦悲喜兼空房思忽忽丙午秋售後即悼亡下第歸去來出遊增傲拂所爭身後名眼前甘小屈繡幙重牽絲庶士歌迨吉兒婦權巾盂

晨昏奉甘滑乃弟既遂初承顏同繞膝時子舟乞假南旋養親不出悲風起令原一翼痛彫折庚戌十月五弟覺齋逝世臘鼓慘哀音萱堂蔭旋失是歲十二月八日兒弟撫春衣慟哭線痕密表墓揭瀧阡時在歲庚戌匆匆三年來感時尙衛恤君年忽四旬初度仲冬月自謂荼苦餘忍聞稱觴說顧惟耿耿情嗣續竟猶缺三生而三殤空喜生如達然雖生兒遲可先子吾姪一脈皆至親猶子何區別作爲告廟文拜後禮秩秩酒食會親友我與賓筵列十二月十二日事達哉君所爲計亦何其決屈指十四年境遇相髣髴君志未展舒我心多拂鬱連理四荊樹一樹本先撥有母未能養後君同泣血科名不如君一子愚魯質歲歲苦食貧交謫我無術所幸六人中車笠非契闊詩酒尋舊盟清時祝安謐我作巴人歌不遑計工拙知我同心人酣歌耳當熱

郭曰道光甲辰傳璞嘗以時文就正於韻舳先生未讀先生詩古文也今年夏屬先生壻儉遺集將肩李漢之任尚未得報快讀此作情眞語摯見兩先生相契之雅之深至於如此亟錄別紙爲之泫然

周屛厓明經珪挽詩

昔我住湖西相去不盈咫三世締深交忘年誼明美高燭照四隅痛飲喝盧雉行樂隨少年亦豈嗟暮齒自我卜草堂稍稍遠城市與翁不數見偶見各歡喜春來忽聞訃爲翁悲不已垂死猶念我我悔不一視年華既八齡人壽亦可止庶幾榮孫枝門第蔚然起

山中

干戈四五年金陵久榛棘飛檄速星火滋蔓江南北兩浙嚴保障比戶安耕織瘡痍境外深樂土太平德告我道路言小捷生喜色諸君裕將才何計報君國念無曹劌謀未敢干肉食頗聞高陽徒紛紛獻長策踐土戴皇天杞人憂反側不如空山中充耳無消息

山中夜有鳥呼姑者不知其何鳥也感而賦之

我來山中宿夜夜聞鳥呼呼聲自相續聲聲呼其姑恐是孝婦魂悲念姑拮据垂死不忍舍既死猶嗟吁野鳥啼姑惡性豈與梟殊詩人託歌詠薄俗何恃扶我哀此鳥鳴此鳥類孝鳥聞聲不見形不則摹其圖詬誶遂寢室德色見耰鋤持圖示薄俗可以人不如

山僧掘芋

山僧見我至掘芋將作羹荷鋤上山去我亦隨之行芋田縱不廣葉葉相縱橫下鋤剛烟靄剝葉披其莖僧言今夏旱芋子苦不生千錢買芋種下種以清明七月獻佛會此時當收成拔種四五十一盂猶未盈新來閒月餘稍見旁芽萌九月十月交纍纍其滿罌負筐下山嘴

濯之溪水平松枝雜芋葦溉釜爲我烹嫌此味滑滑不如水田清領取懶殘意斗酒聊用傾山芋不畜水俗名旱芋固與水田芋異種也

咸豐六年八月將盡余至錫山治先墓憩金巖寺中石工胡翁久事先大夫夜坐寺屋爲余道遺訓遂及近事余感其意述其言而賦之成三十二韻

咸豐六年秋我來錫山阜卜吉治先墓食息佛堂右石工有胡翁督役猶健走歎息顧我言我事先公久公昔有匠事事多成我手闘義公勇爲合貲十常九我嘗顧

公言生公豈不偶一揮動千金胡不恤公後公歎顧我言至理汝知否我亦貧窶人不覺積而厚子孫而能賢類我亦何有不然縱多財遺之豈能守況我意不薄一夫田百畝作息事儉勤饘粥可糊口惜公志未竟天不畀公壽可憐喪心人鑽營成利藪窈窈讀書堂卜築傍深柳誦聲幾闋如寂滅無師友坦坦東津橋關河作樞紐造舟粉飾之大木皆枯朽謂阮士達爲柳汀義學司事府胥徐宗岱爲甬江浮橋司今賴賢弟昆一一重任受興起隳敗餘公靈所默誘嗟公歸道山昔歲當己丑至今三十七　亦頹白叟見公賢子孫於公能不負始信公言然太息重回首我歎顧翁言小器如筲斗敢望我先人德量本無只俄頃閱變幻類雲狗惟德資久長遺訓銘戶牖翁能知此意庶幾言無茍爲我語鄉閭勸翁一杯酒

次韻答何大孝廉將出都中有懷徐十三舍人之作

慈母手中綫遊子身上衣努力期報答再拜輕別離出門多苦辛倚閭多苦思遊子不念母母心十二時下第歸去來繫船湖水湄殘冬風弗弗悲絕萊綵嬉浪跡竟何事　我徒奔馳奄忽四五載春風重及期會君新得志奪標果不疑鴻鵠漸高舉順風翔

帝畿晚成慰初願才名無與齊我來走相送一舟門前羈問我行何日我心君未知待我以春仲勿愁知音稀送君君去矣前言吾戲之富貴豈不樂昔是今則非一舉名雁塔再舉身鳳池上林有全樹借我棲一枝春暉已無及寸草長自悲縱我行不負我亦悲無涯況復不如意歸來空歎欷以茲食吾諾應怪吾言欺今君亦歸爾相見雨依依客塵雖云惡遊人仍妙姿示我北遊集見君懷我詩我心漠無動君詩如見催浮名即非願壯遊良亦宜征衣綫猶密君行吾當隨

童曰收得不測　又曰篇中凡作六折迴環如意幾忘其爲和韻之作悅服悅服

原作　　何琳

飛風捲塵沙吹我遊子衣天涯望明月故人新別離別離分兩地一日長相思相思不能寐容顏入夢時昔君北遊日送君河之湄恨不偕君往著鞭同笑嬉迨我東裝去幽燕始驅馳因君來送我我問君行期君言春正月出門定不疑屈指二月盡見我於京畿我舟江與淮我車鄒與齊望見春明門我馬初脫羈念我索居日長安多故知（謂宋蓮叔觀察令弟子舟比部童薇研太史）今我來不易舉目知音稀（時諸君皆歸里中）日日望君至有酒斟酌之輪蹄駐門外謂是而竟非忽見紅杏開春色

盈鳳池羨彼年少郎翩翩高折枝（趙粹甫庶常佑宸盛蓉舟戶部植型）天香聞隔樹顧影殊自悲睽君四千里山巔復水涯殘燈明旅館苦吟而歔欷平安寄君信近狀吾無欺天街車僕僕官橋柳依依相見已不遠快覩君丰姿話舊出西郭（時君新遷居城西）示君都中詩會當尋舊夢行色春風催木天與薇省位置君並宜知君不我棄一鞭願追隨

白晝

白晝入都市手攫金與銀下吏自陳訴見物不見人蟣蝨嗜膚血口中成灰塵闢國得土地眈眈來强鄰萬物各有主忽覺生貪嗔但見目前者焉知非瞽民

二

聞昔老聃言知足自不辱斯言到今稱我謂未超俗人心無階級貪廉各有欲勿問何日知先問何時足旁觀雖了了不得曉當局易地皆復然誰能別清濁（烏曰造語如諸子造意則勝之童曰意則深奧語則洞達）

烟嶼樓詩集卷六　　男隆壽平甫校字

烟嶼樓詩集卷七

鄞　徐時棟同叔稿

慈谿葉鴻年吉甫刊

五古四

咸豐戊午五月有感時事賦示陳子相大令勱

張葆宰善元　范芾廬邦棠　兩明經

城西十萬戶守望遙相統牛刀姑割雞小爲梓桑用三年作寓公我亦憂患共畏事聊閉門欲抱灌園甕任性昧時宜談言未能中況已覆前車鉅創甚傷痛故人知我心知我直而戇不來强逼迫凂我草堂夢君材吾弗

如相較非伯仲乃聞道路言毀譽半輿誦人心之不同如面各種種遇事無小大未或免譏諷論既持短長欲亦難厭縱不因譽言喜豈爲毀言恐我心苟無瑕奚恤人言衆勉持報答心努力萬珍重

童曰沾沾計毀譽者必非有作用人

二

昔我治棼絲欲挈緒無統築室于道謀吾謀適不用臧違否是依患難則與共變故起倉卒使我幾入甕前言猶在耳不幸多言中誰與爲此禍痛定尚思痛慷慨明夙心翻謂吾言戇閱歷知艱難回首如昨夢今君方事事已歷夏初仲老馬識前途往事爲君誦同心事乃濟去莠嚴非種以君舊聲名接物婉多諷不妨意氣閑部分隨指縱矧得素心人相恃以無恐諸君練達材三人已成衆我則猶戒心不足爲君重

童曰此首特申明前篇耳兩首只如一首

徐十三舍人以感事詩見詒次韻奉答

陳　勱

承平二百年車書大一統士也生其閒明體貴達用胞與切吾身憂樂天下共捍衛僅鄉里已等天窺甕袍澤詠同仇挽强誰命中蒿目惜時艱撫心滋隱痛

戲笑抃怒駡不自知愚戇稍破鄙夫慳庶醒癡人夢豈復畏多言折檀賦將仲豈復慕鄭僑殖疇致輿誦舍己而芸人硯田廢耕種平生知己交一一來規諷謂我昧機宜謂我失操縱謂我亢有悔致禍常由恐獲謗而招尤我寡彼曰衆智小愧謀大道遠懼任重

二

昔讀樂志論我慕仲長統載披莊生言樗散安無用只爲念鄉井守望宜與共支廈非一木射鮒古敝甕慷慨談時事情獘頗切中似此切近災難忘剝膚痛遂致驚座名人人笑狂戇尺素忽傳來剝啄破幽夢

始知南州士寄語於陵仲箴言拜良友所願終身誦
桃花源裏栽五柳宅邊種塵書其高閣朝夕資吟諷
懸厓思勒馬一鞭勿輕縱行雲流水意心閑復何恐
老氏守雌黑孔言吾從眾和衷期其濟千鈞不爲重

前詩意有未盡疊韻復寄

鄉郡聞戒嚴鵝鸛三軍統凡有血氣者思爲國家用
矧茲濱海邦勢如脣齒共逐使鄞西皐老圃廢抱甕
非謂具智略十事合九中聊以固吾圉庶免瘡痍痛
抱此區區懷才疏語復贛那知斯人心同牀各異夢
吾黨二三子孝友推張仲直諒吾益友藥石言足誦

少伯亦奇才卓識超文種遇事相籌策微言多婉諷謂葆寀芾廬
我敢執己見詭隨慮或縱不然水懦弱民玩
吾亦恐和光而同塵自謝寬得眾鄉愿非中庸畏葸
異持重

二時舍人書來言將修合印泥

偶習雕蟲技日玩六書統爲之賢乎已勿使心無用
草堂況伊邇素心晨夕共我雖不善飲相邀酌春甕
古法論秦漢方員規矩中投報敵瓊瑤詎抱卞和痛
石交稱莫逆率性忘吾贛有客贈丹砂恰符吞篆夢
配以三年艾研合期夏仲吾豈忘斯言煩君爲載誦

故人良愛我用意非一種聊此代招隱免遭塵世諷
遊藝以適性鐵筆不嫌縱善刀而藏諸懸磬有何恐
雖有鑠金口足弭萬喙眾即此感君意錫比百朋重

子相以手雕私印數十方印作橫卷見詒復疊

前韻報謝

篆刻雖小道問誰別流統人人知抑塗二字見呂覽古人謂印泥爲塗
也祇弗虞倒用蒙君惠此卷與我賞奇其君本工六書
禿筆已盈甕時復爲印人方員矩規中嗟彼摹仿徒俗
陋良足痛後生壞成法師心亦狂贛唯君變而通吞篆
如有夢徐張吾不知謝山稱吾鄉先輩中徐啟睿張逸精篆學鐫印陳盧其伯

仲吾鄉近以印譜行世者有陳籥樓盧抱經余謂君作在陳後盧前但使不背古焉必
問倉誦謂倉頡沮誦粲然茲具陳大小非一種餘楮云俟後
題卷任譽諷需之五百年應識我豪縱世謂太憨生人
言君亦恐問我當謂何我曰吾從眾然而詎浪開君意
則已重後五韻並用來札語意

悼宋仲穆廣文紹周殉節壽昌同子相作仍疊

前韻

王師守嚴陵軍威遙鎮統壽昌非壯縣其國武難用脣
齒藉聲援安危方與共新來忽罷兵時嚴州已撤兵守固圉無
鐵甕壽昌無城鞭長腹不及事急謀誰中於是君誓死義憤

抱深痛從容別諸生暮來嗟子贑致身託宮牆願隨兩
楹夢聞有高子羔謂嚴州學高廣文走勸卞人仲口占絕命詞
慷慨爲之誦嗟嗟六一翁君年六十一鬢髮已種種豈貪身
後名豈畏後生諷忠孝非僞爲至性本天縱羊質而虎
皮俄頃見豺恐不見喪亂來學校仕人衆但有三廣文
鼎足一時重謂同時殉節之松陽教諭徐清翰遂昌教諭景采臣

二

論議好昌言雅似仲長統平生磊落心展材期世用三
年京華歸燈火毛錐其憔悴不得志狂飲開春甕朝朝
與過從時時聖賢中游戲非徵逐語言每沈痛愛我以

箴規謂我直而贑停雲陶公詩生草謝家夢月湖卧雙
虹來往各昆仲謂君弟蓮叔及余弟子舟一去爲人師校士交作誦
異地懷故人如君信情種書來嬾不答我爲君所諷俄
聞將挂冠追歡擬酬縱豈知六年別孤臣泣惶恐灘名惶恐
泣孤臣坡老句也千秋萬歲名會當傳者衆我亦思誄君而豈
足輕重

六用韻悼其六郎宗梁

昔君教子孫每懷仁義統立身勉無忝讀書望有用洎
乎誓死時矢與妻孥共料無覆巢下完卵大如甕嗟嗟
垂髫郎慘遭網羅中聞之淚交流逑之心惻痛兄弟相
訣別大言似狂贑六郎年十三爲賊掠去臨行謂七郎曰我在賊中稍長必當盡殺賊以報父讐鬼神鑒此心足醒倖生夢今閱兩月餘去時當夏仲
消息賊中斷道路無傳誦幸君多男子慭先喜有種五
子早歸來閉戶安吟諷君以多子懼累清廉先遣其長者五子歸里七郎幼
而慧遂爲賊所縱謾罵效乃翁崛強亦無恐七郎宗臯年十一詭言九歲賊縱之罵賊而行遂裹糧奉其母挈幼弟二妹避居山谷中忠孝固有後矧已成
材衆諸郎各自愛遺德千鈞重

悼殉節宋廣文五疊徐舍人見贈韻　陳勱

儒官雖末秩實寄斯文統不幸遭時艱借才資榦用
君與籌軍需切齒

君父仇誓不戴天其我閫憂孔棘焦釜沃漏甕已悲世
網嬰豈畏禍機中口占廿四字字餘深痛忠孝不
兩全吾爲王子贑倉卒聞寇至未熟黃粱夢時方晨炊紛
紛由賓高瞰瞰結纓仲罵賊不絕口道路猶傳誦嗟
哉鄭廣文鬢絲已種種臨老身陷賊徒貽後世諷君
獨明大綱好飲非任縱砥柱當中流委身風波恐如
彼大昕鼓徵之以警衆成仁君不媿一死太山重

七用韻哭及門李勤甫孝廉厚建死事東錢湖
上

廉訪自西來散漫將有統徐徐待割雞忽以牛刀用癖

疥爲癰疽戴天如不共徑入虎所穴遂至鼈居甕不幸
短命人厲氣猝然中歸元非可期覆醢吾滋痛旣懷慘
怛心亦復悲悍贛荀子悍戇好鬬似勇而非戇與贛同秋鷹安可學早絕
尹需夢請纓爾終軍隱居我虞仲閉戶與世忘姑妄聽
與誦近日忽紛紛妄傳謂勤甫曾來見夢於余乞爲之報仇回首嗟斯人奇才亦
雄種慷慨代父行謂免世譏諷追殺自有人指示宜發
縱柰何攘臂前恃氣而無恐徇生已可傷物議猶口衆
此爲鴻毛輕抑爲泰山重
烏曰末四語有分寸
風人之旨史氏之筆
郭曰疊韻諸作妥貼排奡愈出愈奇
載讀和詩眞所謂竝皆佳妙者也

贈朱絳山 祺

故人自光溪來向草堂宿把酒良歡欣夜深猶秉燭古
道照人顏曾不染汚濁相交三十年肫然惟守璞吁嗟
今何時那復舊風俗江河日夜趨雞狗相徵逐讀書解
章句固應別庸碌所居況深山氣誼向惇樸何爲指數
閒使我歎君獨而以斯人斯乃失泥塗足昔來卽我謀
謂我言維服別後更加厲百悔胡可贖君歸語故交守
身貴如玉小心事友生無爲吾黨辱

次前韻答徐曙峰 仁恩

故人和我詩遠寄隔三宿見詩知君心六府明如燭在
山泉水淸出山泉水濁每懷山中人歸眞完太璞入山
當入深深山有雍俗頗聞仁里中末肯與時逐舉世任
滔滔飽飯安碌碌地氣固云良不散嬰兒樸亦賴骨鯁
士矯矯立於獨我思馬少游衣食取裁足所願來深山
芒屩而野服結屋與君鄰良田爲我贖讀書課耕傭我
亦寶吾玉不見逃逵風庶幾遠恥辱
童曰此等詩和平深遠
非專事涉獵者所知

昨以事往宅山從朱絳山扇頭見徐君柳泉贈絳山
詩讀之不禁狂喜昌黎云混混與世相濁而其心獨
追古人而從之徐君眞其人矣主持風教砥柱中流

非君而誰歸卧山齋喜不能寐挑燈起坐次原韻卻
寄 徐仁恩

故人城西來言就君家宿示我扇頭書向明同舉燭
想見徐孺懷淆之不能濁精華蘊物材蒙沙而固璞
起視人世間相習染汚俗懷意貪狠殘乘釁疾狗逐
鐵中誰錚錚澗中但碌碌衣冠逞窮奇心性散惇樸
大廈已將傾烏覩靈光獨惟君著風裁不失紅塵足
德言結爲佩芳猷帶爲服常懼受垢汚兼金嗟莫贖
殷勤勉交遊各貞元圃玉受賜我已多敢拜君言辱

咸豐九年五月二十三日同慈谿馮鱸鄉 廷藻

王簡侯庸敬同縣楊小苑爲煥乘轎出天童寺至小白河頭小憩王家店遂遊阿育王寺看晉松及妙喜泉諸蹟步至寶幢河泛舟而歸暮抵草堂漫述所見示同遊諸子

夜宿天童寺，曉出天童街，夾道長松樹，短者新培栽。行至松盡處，乃有伏虎臺。野景足容與，山色迎面來。以山作門戶，重重天安排。竹輿不設蓋，看山殊復佳。

二

太白山崔嵬，一角劃然裂。道光二十三年事。近志謂寬廣百餘畝者妄也。前年傾倒處，至今爲赤壁。莫壽匪岡陵，何故忽崩塌。佛力豈不勝，忽使巨靈擘。土色黃居中，循名色應白。物性或變遷，白沙在泥黑。何爲如丹砂，力破故常格。乃知造化工，一氣通地脈。吾鄉稱洞天，山丹而水赤。所見證所聞，吾言非耳食。

三

風來吹葛衣，復去拂穲稏。鄉村五月中，茶市猶未罷。市廛接隴頭，誰家短牆亞。倚門頒白翁，相見忽前迓。問我來何方，邀我入旁舍。輿夫佇立聽，謦衣爲之下。與翁昧平生，吾意頗驚訝。翁言耳盛名，文章滿聲價。何處曾見君，一別十年乍。行色惜匆匆，不得留君駕。感翁意慇懃，訪翁迫我暇。轉問翁姓名，自稱爲王稼。能作擘窠書，此鄉名藉藉。一笑別翁行，拱手向翁謝。

四

下嶺小白嶺不數里，彎環入村徑。前旬將入山，道由此中經。叶主人見重來，拍手笑而迎。野店苦不廣，坐客兩三稱。老婦自煎茶，呼兒滌塵甑。少婦罷晨炊，梳頭開明鏡。問我十日來，遊事當已竟。客子雖倦遊，尚有看山興。童曰野店如畫

五

行行重行行，早涼猶未已。我舟泊河濱，放去寶幢艤。招手呼輿夫，同行一時起。眼界豁山川，觸處生歡喜。平疇萬頃風，綠波吹瀰瀰。桑柘蔭前村，知有人家幾。古廟紅粉牆，中祀鬼谷子。傳聞昔曾來，有水硯曾洗。郭璞賦新詩，云亦曾到此。圖經類荒唐，一一不足恃。悵觸懷先人，來著遊山履。買山費靑錢，地與廟鄰比。擬此卜壽藏，江河路迢遞。晚歲遊錫山，舍此而營彼。今我偶經過，先疇何處是。回首三十年，茫茫問誰氏。

六

道出田中塍，遙遙一山阻。云是白雲山，山名一何古。山下何所有，千堆萬堆土。古墓無表碣，縱橫閒禾黍。聞昔

葬王孫輝赫御碑樹宋趙清敏公與權葬其父忠獻公希言於白雲山下有直清乳泉二亭皆理宗御書借問荷鋤人答言不知處

七

遠見育王山山亦不甚高萬山侍左右中處意不驕天童山如抱育王山如朝大造闢勝境故於人意超

烏曰如抱如朝古今游人無不目擊而從未聞有道及之者一經拈出活現當前慧眼耶慧心耶

八

古塔矗山巔不知瓦與鐵此豈晉太康地中湧而出是山靈異多往往聞人說我讀感通傳奇幻無可詰迦葉佛經過左足跡不滅佛跡誠難知左右誰能別又聞盧

空中神光映僧七六僧去不還烏石剩僧一即所謂袈裟石者同人色飛舞願往窮其實我雖不善遊頗曉看山訣大者爲名山小者爲邱垤參錯向背間位置苦心設看山如讀書當以大綱挈數墨而尋行瑣瑣吾不屑

九

入寺恣遊覽東西已周回堂室豈不具景象殊荒頹但見舍利殿璀璨有光輝士女發歡喜以爲布施媒餘或半工作瓦石猶亂堆莎蘿與拾翠皆國朝僧晼荃所葺者晼荃於寺頗有功詳見寺志古址生苔莓僧侶亦寥落三兩聊趨陪荃公已不再璉杲焉能追始歎昨遊寺凜然清嚴規盛名本相埒副實由人爲所可爭勝者此寺多古碑歷歷在牆壁甃以磚四圍不惜爲徧讀久立牆之隈持扇障烈日汗亦不暇揮然而堪與語片石惟宸奎坡老自書宸奎閣銘今尚嵌佛殿下左壁

十

寶殿何壯嚴金鐘舍利在碑記劉薩訶千五百餘載感通傳劉薩訶得舍利在西京晉太康二年辛丑至今咸豐九年己未凡一千五百七十九年黃南雷舍利記謂洪武以上至薩訶歷一千九百七年之久者誤也計太康二年至洪武十二年己未宋景濂作碑時實只一千九十九年耳僧云佛慈悲色相隨人改請我試一觀會當發奇彩願言瞻禮之我遊今已怠長嘯出殿門此意僧不解

十一

我欲觀晉松僧言松已矣殿門咫尺間爲我一遙指地上蟠枯柯矯變非可擬崛強而離奇神龍沒猶覩惜我來已遲眼福慳如此僧言數年來靈物固不死時見殿上嬉玉貌兩童子迹之杳難尋姸乃茯苓是吾師好神仙聞之發狂喜負鋤斸松根徧斸求形似茯苓不可得松根則傷爾其秋風雨作遂仆不能起嗟爾放光松閱人不知幾不幸遭傖父棄之如敝屣松耶亦何心誨盜而衒技遊戲幻嬰兒夫豈不容已

陳曰神龍沒猶覩奇句

烏曰兩責平允

十二

天童分職守育王傳徒孫育王爲父子天童爲君臣三載一考績守法殊斷斷各言勠所司不知方丈尊壽松萬山滿枯枝許爲薪天矯老龍勢莫敢批其鱗育王專甲乙嘻嘻類家門主者逞所欲戒律遂紛紜神物二千載鍬鍤傷厥根坐令古奇蹟掃滅空烟雲公之享年永私之難久存物物理如此一松安足論

童曰育王父子天童君臣惟慧心人有此妙諦與上如抱如朝句同妙 陳曰末四句見道語然是儒理非禪理禪則諸相俱空物物安足論哉

十三

諸僧鬭茶話齊邀入僧廨一僧似相識問之喟然嘅自言本賈人貧病不能耐歉歲遭亂離告愬無門貸徧勘濁世情願受空王戒削髮入山中來向主僧拜逐隊學誦經於今忽三載豈謂此閒樂但喜無罣礙同人聞僧言爲之點頭再此堂號承恩戶冊班班在各詡覲天顏後先矜寵賚逃虛而求名已忘遊方外對使碎鉢盂宋育王僧璉事何似僧言快

十四

客行僧欲留餐飯云已具謝別出寺門行行復還往更尋妙喜泉草逕雜蔬圃在昔湧大池而今絕沮洳突兀道旁碑篆書尚如故因念二士言各各有佳趣無垢一串穿妙喜兩頭疏宋僧宗杲號妙喜住育王掘地得泉爲大池無垢居士張九成方守溫州爲作妙喜泉銘有云妙喜未來泉在何處妙喜來止泉即發生心非泉乎泉非心乎妙喜答偈云居士恁麼妙喜不然徐六擔板爲見一邊泉即是泉難喚作心心即是心決定非泉我則愛無垢足刊妙喜說泉隨妙喜來泉隨妙喜去謂泉非妙喜泉今在何處是心還是泉勿參十成句我亦擔板人只向一邊悟

十五

寺外育王嶺坦坦道不頗東去泊潮縣嶺通鎮海縣即宋時定海縣也

宋人呼爲泊潮縣西出寶幢河卻乘而徒步緩行堪作歌雖復不成詠時覺詩意多

十六

負繖行日中繖影圓在地每經大樹下颯爽生涼意庵亭人煑茶道渴吾亦憩利用別鄉村小坐問農器亭外見人家河干行且至買桃向街頭沽酒問村肆解衣齊入船擠其諸君醉長日眞少年遲遲日西墜薄暮歸草堂把杯話遊事此行吾不虛新詩當遊記

烏曰首二句詩中畫畫家卻斷斷寫不出

童曰十六章以史筆作韻語或記敘或考證或議論或憑弔或摹寫或解悟隨步換形令讀者應接不暇

名作當與
名山並傳
郭曰神龍在霄絳雲卷
舒勝讀柳州山水八記
劉曰拉雜寫來語語
實境亦語語化境

烟嶼樓詩集卷七　　男隆壽平甫校字

烟嶼樓詩集卷八

鄞　徐時棟柳泉稿
慈谿葉鴻年吉甫刊

五古五

見周翁雲巖手錄小簿忽憶五歲入塾時事感而成詠示兒子隆道隆德

兒子阿道來請表外翁碣小簿翁手書持以當行述葉簿從頭看家事臚一一中言歲戊寅始授大兒室嘉慶廿三年十月初五日翁自記家常我念少時節憶我入塾初翁家娶婦吉其時我五歲記年已忘月今見翁所

書月日乍明悉事豈關重輕在我亦瑣屑結習未能忘賦詩聊記實

二

周翁吾父友翁家吾比鄰翁女我長嫂廿一始來嬪我生旣二歲文葆甫離身以嫂愛憐我餔歠依朝昏有時嫂歸省隨嫂入翁門翁見我來止提抱常見珍及我將入塾父已筮良辰我方在翁家嬉笑看新婚家人忽前召號泣行逡巡好語翁慰我嫂爲拭啼痕勸我勿復爾歸著衣裳新讀書拜先聖無使爺怒嗔後此十餘載我試能冠軍歸入母氏室團坐兒女紛嫂亦侍母坐向我話前因自昔慣逃學突而遽能文斯言猶在耳倏經三十春行年將五十老大嗟無聞回首憶曩訓不寐意酸辛

童日瑣細事寫得如許盡致　劉曰以詩紀事白描化境第二章夾敘夾議尤見摹繪入神　又曰撫今追昔無限悲慨

次韻答子相 有序

近余以詩簡子相有昨日雲行去爲雨被風催促不能閒之句子相以爲吾諷之也詩來自解噫吾知子相者也子相自解不如吾解之也次韻成篇以答其意

西北有浮雲卷舒常在山豈謂在山好嗟彼行路難風吹東南行雲出離其關安用上下索此路非漫漫聞昔曹子桓雜曲新鼓彈謂雲不遇時適會飄風牽輾轉爲雲惜久留胡得爲留滯豈雲意遊戲天壤閒乘風吹我去因風飄我還無心亦有心出入良自閒

原作　陳勱

四明山上雲昔時嘗出山豈無霖雨志待族良亦難雲歸不復出出不離故關風忽吹雲去使作游汗漫怡雲有隱者矢口相譏彈爲惜雲去後常受風掣牽那知雲自在蹤跡無滯焉君看二十里過雲在其閒

雲南與雲北朝往夕已還雲去本無心雲來常自閒

有感時事仍次前韻示子相

人生非麋鹿焉能長在山招招呼將伯聞彼求助難何爲五柳生避地行閒關豈無匠石手鼻端斲堊漫但恐千仞雀隋珠發虛彈時不可逸豫往役被羈牽苦辛集尤怨問君奚補焉所以忍不顧優游詩書閒嗟嗟敝賦盡弓玉何時還抱膝看雲者身閒心未閒

咸豐十年九月團練大臣以札見召賦詩言志情見乎辭

以帶授螂且以薦享麋鹿既快施者心亦果受者腹腐鼠投鵷雛鄭重意相屬鵷雛謂鴟言無爲溷吾目萬物無棄材將以求所欲試置周人懷足當鄭人璞

童曰固有以求之不得爲恨者人心不同各如其面讀末二句可發一笑

二

維南有喬木好鳥嚶其鳴居高欣有託乃聞求友聲全樹一枝借擇木知汝能風來或吹汝慮汝寒不勝予羽方譙譙回首驚弓矰卑棲斂歸翮戢影希鴻冥寄言謝茲鳥嘵音姑試聽予尚戀幽谷汝鳴空嚶嚶

三

利濟亦吾分剡關桑梓情兄弟獨裹足豈竊高尙名浮雲巖良友前言明且淸但知爲蚳畫自爲毋乃輕戔戔論束帛懼我懷不平鈞之不可召安問弓與旌旣投札後而覺其誤也使來請易照會余笑謝之

四

招之不肯往欲往不待招君看請見者安用車翹翹肉食謀不遠洒徒情亦豪苟可采葑菲奚必鄙芻蕘我姑匿吾拙非敢避塵囂悠悠此何人謂我士也驕

烏曰終和且平風人之遺

無題

下車上封事以力兩相度謂我當輸將代爾解囊橐吁嘵十年來敝賦常悉索不見富人咨誰云此閒樂與爾非泰越咫尺望城郭何故庇鄉井鄰國以爲壑一言生厲階頑鐵鑄大錯爾非僅徧心我豈不知作

二

衣錦持鄉節古有先行之戢山爾前輩數典胡不知海邦縱疲敝民力猶可支豈無守土吏而以畀爾爲謂爾所生長固當知地宜非謂爾耄老姑快爾恩私嗟嗟天下事滿目皆瘡痍茲土幸保聚責當誰維持

三

舉世皆閉戶生材亦無用無爲纓其冠往救鄉鄰鬬可

憐好事心非狂而實贑事事官威儀昔昔國君夢刻印復銷印出入紛輿從驕詒俄頃閒秋江遠迎送舍舊新是謀已偏輿人誦彼哉昏不知其斂猶猲恐牽牛蹊人田至速田夫訟而遽奪之牛此罰亦已重

四

批答擅威福意態一何豪豈忘禮與分寵命新崇朝夏蟲附炎熱仰視山高高倚勢相怒罵長官如弁髦長官赫然怒高山則已遙倉皇賄官牒盡室作逋逃逋逃不知處悍吏猶叫囂借問何爲爾日出冰山銷

董曰八詩高識巨眼能使聞者變色　又曰前四首合意未申婉而多諷後四首則時事既急不覺感慨悲憤大聲疾呼所謂言者無罪聞者足戒也變風變雅當分別觀之

示壽兒

昔我童丱時父師早期許先師朱紫陽竹林先生諱應詔指我謂乃祖此子具異材不與凡兒伍成則爲蛟龍不成將畫虎乃祖答師言吾豈事嫗煦教子不能嚴良材亦枯窳所由待兒曹辭色未輕與有時違教言笞撻以百數祖母性仁慈恐兒觸翁怒每聞夏楚聲房中淚如雨然而既見之杖痕未摩撫故我至於今不敢辱門戶及我教汝者乃惟恩是主於汝不求多非我忘訓語以汝性惇良而質復愚魯但求無失德奚必責科舉今汝既抱子嘗學爲人父兒生頗類我望其繩祖武我固心愛憐豈宜不勞苦慮汝或未知汝來吾語汝大凡聰穎人其氣必飛舞稍縱志即驕繩削意斯沮聖賢有成轍高曾有規矩事事嚴約束乃肯就班部異材喜可憂長大勢難禦不幸爲敗類不如不材愈愛之在義方教之在童豎惟嚴斯有成與汝同記取

劉曰現身說法語語懇摯大凡以下暢發教子貴嚴之義開闔變化讀之但覺眞氣流溢行閒

同治元年四月七日出建隩買舟至里仁堂信宿兄壻張惠哲家初九夜復由西南河渡銅盆浦明日過江入縣南豐樂鄉抵周家村主故人

周志柳懋才紹文即事有作示志柳

山中日兵燹行矣匆逡巡破甑那足顧相將逃其身兄弟與甥舅輾轉及外姻幾家百餘口入門驚四鄰主人雖倉卒咄嗟辦饔飧房從知我至雞黍留嘉賓里仁豈不美暫得因所親道路忽皇遽謠言復紛紜嗟我方竄脫來此良苦辛亟當舍茲去數舟繫河濱慼慼四瞻望何處非兵塵西笑已不樂東南姑問津

二

我舟將入江村人來告我此去大河中歷經賊營左渠魁既偃息夜必巡幺麼往往星月中羣醜遂飛舸不行

無所留行乎憂賈禍解纜且前行舟人膽先墮遠見村舍旁映水出燈火欲問無來舟進退不知可低頭爲戒語嘿嘿但堅坐婦恐兒亦驚誰敢復聲哆

童曰痛定思痛此時眞覺草木皆兵

三

驚魂少安定險哉吾此行過江二十里廬舍何縱橫停橈乍登岸忽聞絃歌聲稚子嬉村巷老婦饁農耕豈不遭喪亂眼未見戈兵但隔一江水頓覺游昇平

童曰此景本無足異於乍脫危難後見之彌形其安樂耳

四

周君吾故交別餘五六載薄暮始相見謂我容顏改往歲亂初生浮家一舟買時當十月初山中弟兄在憂患聊學詩以意作新解飲酒而著書心神頗瀟灑在建隩著山中學詩記九卷今年春半時惡浪生苦海避地兼避人奔波夜中殆賊欲羅致余兄弟幾將物色及之余與四弟子舟以二月望後星夜奔宅山何況春夏交十日九驚駴竄匿深山陬兒膈手持楞寓宅山朱氏將一月而賊大至復與子舟星夜還隩中及章村師潰遂徧行殺掠深山窮谷無安宇矣君仕安樂窩焉知世途駭吾曹患難餘那得舊風彩

童曰通首一綫

五

長言未及半我歎君欷歔邀我及兩弟四弟子舟季弟石門籠燈入君廬命兒挹家釀呼童摘園蔬江鰣既入饌海錯復盈盂西南百市列月來皆已墟茲鄉信豐樂佳名焉可誣顧我彈長鋏旅食宜無魚何意樂今夕來擾君子廚明朝爲相宅買鄰旁君居借枝欣有託使我心展舒

郭曰故人有孫宰高義薄層雲今昔同此情況

六

家人潔賃室我姑宿君祠時志楙方授徒祠堂中寓廬即在祠之左挑燈不成寐永夜多憂思頗聞道路言捕鹿將有期不惟晉人角諸戎來掎之禦上或狐鼠亢下其熊羆非族心必異但恐猶我欺而君聞有命告我無可疑息壤信在彼樂土何處非

責李生有序

咸豐辛酉冬粵賊據明越明年春餘姚人吳方臨起義兵於大蘭山方臨素驍勇其軍亦強力善戰遠近賴之既而鄞人陳某以策干方臨方臨謝曰吾大蘭無藉君君盍爲局鄞章村號召山衆我分大蘭兵助君進攻退守以爲犄角蔑不濟矣陳歸謀諸村中立局文昌閣於是鄞諸生辟地山鄉者稍稍附之顧皆書生不知兵會李生至自洞橋衆推爲謀主無何方

臨戰死其妻將其軍遣三十餘人援章村夏四月朔賊自後山掩入而援兵適至力戰大破之斬賊數百級殺騎馬者三人（賊首必騎馬）餘賊紛竄去及至局告捷局中無賞不得賞使分食於村人村人供饘飯大蘭兵恚曰我辛苦爲汝曹殺賊保性命家室而乃以鹹菜食我村人笑曰吾儕日日食野粟爲公等辛苦來殺賊百計供米飯耳柰何責大烹大蘭兵益怒明日相率歸急使人追之且召樂人鼓吹往迎之乃止當是時余家與周茹香同避地建澳澳與章村鄰而陳朱嶺聞之是日昏暮李生來澳中遇茹香及余弟石

門同至余寓寧相見賀昨日之勝李盛稱大蘭兵勇敢無不一當百俄頃囁嚅言曰恐不能久留驚詰之以其略告李去吾三人私語曰若是殆矣此中人私鬭悍而義戰怯大蘭兵去賊至皆逃耳因授意二人使籠燈向澳中相識者稱貸得千金此時李已宿澳中二人即臥榻呼之起而告之李亦無喜色勸其連夜入章村貲給而留撫之則曰吾詰朝行未晚也質明往呼之起猶盥而小食遲遲乃行及李生踰嶺至章村而大蘭兵去矣忽樵者自山上見賊紛紛入奔告諸局始驚恐以十餘人往追大蘭兵及之乞少留

不可遮道長跪泣以請亦不可約今日一戰奉千金終不可竟去是日賊由西南入章村而分其軍自西入林村時大蘭兵之援林村者亦數十人賊至與戰克之賊遁追之盡棄其器械亡命入城中林村人大喜馳告諸村落將聚衆大舉而數十人者聞章村援兵歸大蘭章村已灰燼亦相呼而去於是賊恣意焚掠以漸深入無或敢禦之抵大蘭大蘭兵無資用亦潰七八日中由明州西南諸鄉村至深山窮谷入越州境幾二百里無不慘遭兵燹者雖劫數使然然而章村之局實爲始禍書生談兵豈易事哉嗚呼書生

談兵豈易事哉

勇士氣必驕貴在拊循之我欲用其力先當知其私奮身事戰鬭問彼來胡爲豈眞激義氣授命於見危計日給貲用其意亦可窺何況方殺賊辛苦軍中歸虛譽無激勵賓惠無解推饗士以饘飯村人聽指揮士氣一朝散既亡焉可追山中百餘里俄頃成劫灰嗟爾同事者如狂或如瘈春秋有責備此禍貽者誰

二

昔爾入山日彊我賦同仇爾時未當局虛心相咨諏風波險難測與爾同一舟我縱不事事焉忍視沈浮何爲

入帷幄咫尺成阻修先民詢芻蕘非我多遠猶中流將失楫忽來郎我謀一壺千萬金聽我復悠悠吾言不幸中桑榆無可收書生誤家國於人更何尤

三

吾友有心人借箸願籌策謂茹香茹香屢至其局中苟能罄其私固將為之盡何不察邇言迢迢呼將伯鞭長不及腹將飛折其翮昨暮隩中來而目既黧黑匆匆去高卧爾已喪魂魄密室叩夜半乃知爾肝膈大聲交相呼兩耳如豆塞抱火宿積薪伏枕猶反側一旦竟燎原撲滅胡可得殃及池中魚吾曹與窮追林回負赤子空棄千金璧我

亦慚郗鑒難哺邁兒食初六日賊掠隩中茹香少子吉祥及余兒子隆章竝匿山中被擄明朝往窮追妖氛滿山澤被擄時已昏暮次日遣人往追謀以金贖之而賊兵去亙數十里無可蹤跡者可憐骨肉恩思之心愴惻

四

爾既握軍政豈有權可分前師已撓敗而爾猶不聞三月廿九日局中發勇劫賊營為賊所敗後余問李生則曰吾是日方外出募捐不知誰遣之事機貴慎密老生常云云閉諜帳中宿而與為同羣先是謠言余主章村局賊使某生由建隩入章村探之并覘軍實余知其情屬茹香至局告之而局中覘某生為吾黨之士留宿一夕而後去尋常意所料爾猶茫無津兵家語奇奧苦讀空辛勤李生入局時袖孫吳黃石諸兵書以往誰與相逼迫貿然呈其身空空何所恃囂然張吾軍轉瞬十餘日王師清妖氛四月十二日此日足可惜哀哉無辜民

童曰責至誰與四語生復何說之辭

大蘭兵

寇擾窮深山人心久嗟怨義兵自遠來驚喜相告語漿食候柴門舍穡為之助奮臂三家村裹頭一尺布荷鋤揭長竿飆起以雲附耕樵豈能軍有恃則無懼而昨克章村今忽舍之去日方戰林村夜復棄不顧此時山村中無寇亦驚怖但聞咆哮聲奔逃不知處遂令遍西南環山遭劫數萬舍皆燼灰慘殺及嬰孺嗟嗟大蘭眾一

誤而再誤不來禍無因既來去何遽失德在乾餱有士不能馭固知將非人而亦太驕倨

童曰末二句平允之論

二

當其去章村賊方自山入村人聞寇來往追已相及遮道要留之哀鳴為之泣誰知鐵石心還歸行更急而賊既麕至擁旗上山立久久不敢下懼為白兵襲大蘭兵皆戴白布帽衣白衣故號白兵及知虛無人虎奔而狼集茲村既焦土無處不兵劫賊之焚掠山村自是日始是日西山中鏖戰方告捷亡命奔入城幺麿氣驚懾浸假茲有人狹巷短兵接一鼓下

西南犬羊盡維縶豪蠭而千里所爭在呼吸坐看失事機言之可於邑

劉曰此二章直紀時事體近次山

烏曰責李生四章寫豎儒僨事大蘭兵二章寫驕兵失機痛定思痛至今猶有餘恨作者撾鼓未終讀者唾壺欲碎矣

郭曰此卷自見周翁小簿二章及示兒一章外餘二十二章皆四明後辛壬詩史也始則曲突徙薪之詞繼則焦頭爛額之語夫子經濟過人而以事權不屬徒抱感憤讀之聲淚俱下矣

烟嶼樓詩集卷八　男隆壽平甫校字

烟嶼樓詩集卷九

鄞　徐時棟同叔稿
慈谿葉鴻年吉甫刊

五古六

吾孫

吾孫年四歲纔識百餘字向我語喃喃解說字中義賜
之以卮酒既多亦如醉自言屬對能未工差有致念昔
我先人望兒各成器讀書期有用不徒博科第我少稱
神童謂當作騏驥駑駘老伏櫪慚恐負先志今我視童
孫資稟頗聰異來歲送入塾罔使鳩車戲以我今望孫
始識往時意遙知地下心期念更周至

董覺軒沛　母邱孺人輓詩三十六韻

姒氏古聖女後世美難媲詩人託歌詠乃以不妒忌是
知恆性然惠下幾人逮何況親啟之而與肩相比猗嗟
邱夫人高唐萬公配（名岵字穀之高唐所居鄞東里名也）其　孝敬亦慈祥
婦德僉云備從容問夫子聞君有伉儷既許得奇疾來
請罷前議絕昏符禮文刎非君所棄獨憐向隅者老死
更無地昔我受聘時豈以此爲利念我不歸君此女終
廢置今我既來嬪爲君成此義轉側聞需人我不辭勞
勸病女入門來相見都下淚困苦十年中和愛如姊妹
猗嗟邱夫人往古亦無對所由生異材豔博吾亦畏我
少識董公竝几就縣試（道光戊子余年十五始應縣試程邨岑師於二千人中獨召二人試於其室）　邇復交文郎學古得同志昔歲延校書（覺軒嘗來草堂為余校新刻宋元四明六志）童孫今問字省親既安樂歡笑草堂至
八月旁死魄聞疾歸省覲豈知一月餘隔江來信使書
言重九前阿母忽長逝泣血方號咷又墮悼亡涕吁嗟
大木拔旁植與顛斃始知婺福中小大叨蔭庇我答文
郎言節哀姑視事母儀絕世無卓行宜敘次古有先行
之歐衣柳祔誌曾屬不佞文遷延未遑記蓋棺論則定
讓德非容易不腆氿欷詞將傳聖善意一束投生芻先
以挽歌寄素車白馬人遠來有徐穉

童曰前段述孺人語語圓婉約有禮筆亦圓轉自如
又曰轉側需人不辭勞勸有此一節賢德倍著
又曰末處點滴歸源　又曰孺人此事於古來列女
傳別樹一幟故既為鋪張形容而又長言永歎之非
尋常挽
歌例也

挽吳春臺　烺

自我識大山屢與小山接端默而藹如使人消躁急兄
弟承先志家塾義田立我爲過江東規矩手排緝待我
信忠敬別施長史榻君或來伴我無間有微答靜爲壽
者相期頤應古法斯人忽遐逝行年僅登卌遙知北風
寒脊令哀原隰濡墨賦挽歌我亦心悒悒

烏曰無問有徹答其人宛肖　又曰雖尋常酬應之作然春臺能與乃兄寅谷同爲義莊亦欲存其人耳

憶錄舊稾漫成 有序

所著詩文兩遭焚如結習未忘時復憶錄朋好勸阻各持一說賦此爲答且以解嘲

大才必遭忌鬼神驚相看投溷付水火往哲良有然顧我何人斯所著亦戔戔而頗瞰其室扼之俾勿傳或者吾所作未可付雕鐫祝融陰相我欲我重鑽研顧念古今來惡札盈世間而獨我乎厚玉我以成全是知二者說在理皆頗偏今我儀圖之譬之以求仙丹汞待成就羣魔來糾纏心力苟專壹何患不永年毀譽姑勿計努

力思勉旃挑燈夜不寐撚鬚憶前篇如彼貧窶子故物尤愛憐暴富未可期且還吾青氈

郭曰吾師詩文等身存者不過十之二三惜哉然郎所憶錄已自光芒萬丈況閉戶著書日以寸計雖十倍舊觀不難耳

周茹香 棻 每入草堂輒有詩意戲作數詩招之使來

齷齪舉子文常常厭煩聒笑彼兔園書種種都可抹君亦道中人而意獨超脫入我草堂來詩情興也勃見獵輒心喜下筆求髣髴未易幾古人於今已突兀如彼原上草春來生意發何不長養之根株忍輕拔我每語友生過耳飄風忽此事信難言想君有仙骨

二

生榮歿則已富貴如雲烟垂老始悔悟心力焉能專我則早爲計日夜親丹鉛少小有詩癖於今三十年自昔頗豪縱邇來若迍邅石屋燒不盡 同治元年八月 草堂復炎炎 二年十一月 所餘惟四壁故物無青氈使我舊著書苦憶不能完而我性崛彊燼餘理殘編局促蝸居中哦聲驚酣眠我友有陳君 謂子相 勸我當舍旃造物忌君才祝融來連連我笑答陳君萬事皆偶然一切任生滅彼蒼安有權我之才不才姑勿問青天生才苟忌才大造何時閒

爲君述問答非我言諓諓詩豈能窮人莫聽陳君言

三

倉頡方造字聲詩已萌始不廢江河流詩人日興起作詩難療飢好之胡不已豈非謳吟中性情胥在是剽竊與塗澤俗尚吾所鄙詩教無繁言溫柔敦厚耳淋漓抒懷抱自誦良自喜久久情更洽浮名眞敝屣嗟君擁臯比咿唔終暮齒何如來草堂作我詩弟子

童曰是於此道中得眞趣者彼剽竊塗澤家烏能知之

贈陳擷菁 家玗

丈夫重意氣結交輕黃金婚友無厚薄分誼有淺深與

君始知識氣味如苔岑肺腑出相示自昔遂到今君來有商度事事爲酌斟吾謀縱不善未嘗或聾喑今我煩君畫兩月無佳音於君謂不薄何爲聽浮沈固知手拮据一時難勝任而苟易爲力安用勞君心

二

我豈貪鄙奴與人爭瑣瑣向我求利益我豈富人哿況我十年來惠之亦云頗忘德恕小怨遲遲以誤我不平則將鳴焉能任顚簸同舟爲敵國此計毋乃左異時有煩言責當以君坐叶袖手觀成敗君實貽此禍煩君爲寄語念我旣勞瘁但使得其平於我無不可

童曰運筆如轉輪

貍奴

夜深誰伴我房中眠貍奴但聞杯盤聲倏起繞我隅嗷嗷牽我衣乞我分所餘臨食懷主恩齧骨嗚烏烏童來徹匕箸去我安用驅以舌舐其足自洗顏面汙

童曰狀物極工

二

貍奴始來止羣鼠匿無迹誰知數夜來旣飽眠永夕貍奴眠房中羣鼠出牆壁或寢或奔走相見不相識家人爲我言不當與之食飢則爲人用飽則自安息一笑答

家人豈宜使飢瘠結以豢養恩庶幾盡其力

童曰待物如此待人可知

三

每飯與之食旣飽眠如初有時靳不與盡力翻庖廚飢固不堪擾飽亦安所需但見臠魚肉不見捕鼪鼬始知禽獸心本自與人殊結恩徒復爾賦詩三歎吁

讓坐篇有序

客以讓坐落人兩齒小說或紀其事今復見之戲作斯篇得十六韻

高堂良宴會速客急星火齊集立庭除纓弁繁且夥上

坐主擇之指謂一客可客乃善謙讓固辭勿先我主人力挽臂脫手如脫鎖不圖用力猛曲肘擊旁左旁有揭脅客遇肘齒雙墮流血滿襟袪此客胡困坷當其出門時食指知動麼齴然痛不止大嚼料應叵未沾易牙味先遭鑿齒禍翻令滿堂客莞爾笑之瑳禮讓豈不美秩秩初筵頗俄自求口實噬嗑觀頤朶旣醉舍坐遷向者眞瑣瑣爲我語老饕讓食毋讓坐

烏曰謀篇勁而適造句硬而緻押韻險而穩

從姊一首示四六兩弟及諸姪

季父生從姊嫁爲陸家婦闒茸其夫壻無賴其君舅欺

我姊柔懦嗾使少年誘姊也大號哭誓死肯蒙垢威力迫脅之幾與印姑偶明屠印姑嫁陸氏其夫使少年逼之不從而死事見屠隆所爲傳及鄞志中吾父驚聞知命使迎來陡是時吾弟兄甫自能行走兒女諸孫行一一煩吾母顧復而教誨縫紉及井臼姊來分母勞母亦待之厚久之君舅死姊歸執箕帚奉夫疾病多貧賤自相守垂老更可憐膝下空所有而彼夫婦年六十餘八九坐愁破屋中無以餬其口自我居城西遇姊始詳扣聞之心感傷時時饋升斗有無未能常將爲謀長久吾父惠宗蔭義田百餘畝我欲分粟米食姊兼食叟恤宗幸有餘推愛至婚友雖非向時規先

人意無負弟女號飢寒九原應疾首風燭能幾時俾得終戶牖豈惟哀窮耄節義良不苟同此手足情吾言豈其否

陳曰通人之論張子西銘所謂存順歿安即此一事諸可類推要惟善於體會者斯能得之

烏曰讀至後幅使孝友之心油然自生詩教之感人如此

卯小嶼大霖生四子其一亡去近又喪其兩兒

自悲老境賦詩過哀爲作此以解之

伯兄取於周與君爲僚壻吾年才四五已過周家戲少小常見君既壯見非易今來課兒孫與我重把臂先後五十年態度曾不異老境惜頹唐向天時侘傺無聊乃賦詩將作解憂計解憂憂愈來賦詩亦安濟我試爲君言庶幾廣君意

二

鍾山棲霞僧出話如佯狂一見敏慧兒叱咤謂不祥此兒與此父深冤未能償爲劫恩愛賊來割親肝腸勸父勿戀戀於後兒果殤南唐李後主事見玉壺清話今君三子者或死或逃亡焉知非怨家相約登君堂快彼報復心使君神悵悵而君墮奸計爲之長悲傷我作棒頭喝語亦非荒唐何處有恩愛好夢醒黃粱

陳曰視慰趙丈之作意境尤爲警闢

三

死者不可生亡者或來歸來即爲我子去即非吾兒既知非吾兒念之亦太癡膝下況有人往事何庸思萬事歸定數聖賢不能違食子與收子周史已前知僧言倘怪誕史言非吾欺碩果繫桑榆珍重栽培之佳兒一已足不佳多奚爲杜詩已人瘧吾詩解人悲謂予言不信試誦憂來時

董曰安命之言非放情作達也予遭此境三年不能輟哀循環此詩能無媿色耶

生女

丙寅十月朔墮地倘男子料知吾交遊頌聲必盈耳今

豈惟寂寂見我笑不止笑我五十三多事乃生此大造育眾生雄雌無異視世間父母心女悲男則喜我豈遠俗情而既有然矣喜歡固云矯悲酸亦可鄙一笑慰姬人遲速有定理珍重腹子身多男自今始

答覺軒 有序

咸豐初歲余刻宋元四明六志旣成聘覺軒爲余校字時有贈篇未之答和旋遭兵燹遂失來章今覺軒遠寄舊詩索余新作感良友之雅意錫比百朋歎桑梓之遺文功虧一簣自悔濡滯縷縷言之

明州之建國肇自唐開元縣歷至北宋迢遞四百年必

當有專志而皆俄空焉於是張子問乾道爲初編張侍郎津作乾道四明圖經津字子問見二老堂詩話

二

乾道非足帙圖經出四明文獻錄前數卷實節本余作校勘記其中佚文卷帙圖經之佚最多而終不能備也寶慶斯完書胡尚書榘作寶慶四明志全氏宋槧本不知今誰儲謝山得宋刻寶慶志後歸揚州馬氏今又不知流落何所矣乃以草頭謠幷其書亦汙末學妄滋議先生言非與主修出胡氏作者方羅俱謂方校官萬里羅錄參濬語竝詳余校勘記中作者卷錄參不可考校官則眞儒書中嚴體例郡縣分部居史傳或私論而亦非黨譽謝山以草頭古之謠目尙書爲獨遠黨人遂并其所修志而亦惡之然此志體例甚佳惜作史忠定傳至六千餘言似出私意顧忠定忠悃久抑於張浚傳中詳記與浚辨難之言實爲老成持重果用其謀必不至苻離一敗宋室遂不可復振也開慶續斯志或復譏貢諛梅太府應發等作開慶四明續志專記吳丞相潛四明政績及其詩詞後人如錢竹汀等皆厚非之以爲非志乘體例好名固常耳孰爲民勞劬但有政三異何惜書滿家叶責人無已時與君共嗟吁

三

文淸元大儒出入承明廬延祐有繼作其時方家居袁文淸桷作延祐四明志助予呼將伯二老分遂初謂遂初老人王厚孫厚齋先生孫也至正遂初筆讓名於蠡吾遂初應蠡吾王侯元恭之聘作至正四明續志全書皆出其手而歸名於王侯世遂不知遂初修志事余參考之始得其詳語在校勘記中作者卷及雜錄卷前輩

眞謙德自與後賢殊我尙愛近志古志其舍諸善價覓祕本巧借羅鈔胥延祐至正二志余假自洪思嚴明經傳錀呼集弟姪及寫手密抄之二夕而成久而郡五志竝入吾家廚參之以大德馮州判福京作大德昌國州志余借鈔於朱述之司馬是爲六志書附之以它山朱絳山贈余四明它山水利備覽南宋時吾鄉魏吉州峴所作也余附刻諸六志之後是爲六志餘夏貢周職方紀載賅寰區專志一郡縣宋元始權輿郡苟得一本珍之如璠璵吾郡多至此文獻天下無

四

巍峩

七閣藏古志纔二十四明已居四二猶未曾入寶慶開慶大德

(延祐四志竝入四庫乾道至正則時無進獻之者)一鄉水利書亦復見收拾(水利備覽亦入地理類河渠之屬)惜我海濱士未能窺祕笈輿記自明來肆國不修輯人物扳名賢藝文等家集矯之畧亦蕪武功與朝邑(余嘗極笑明人康韓二志之盛得虛名)斯事推宋元輿論至今翕異書不公世我亦徒什襲是用刊刻之別本假曹鄰(天一閣中竟無一種惟抱經樓有五種余與同人往樓中校讐之凡二十餘日)然而校書難秋山掃落葉徐子告陳子(謂子相)晝夜長汲汲君少我十五時年僅逾廿道路阻一江去我里過卅先民掌故書聞君久嫺習刊成始知君鞭長莫之及

五

手民不識丁下刀能改字聘君讐校之乃復參論議所見所傳聞古昔多同異今我述非作安用出新意疇昔傳寫本荒謬不勝計爾時或更正鄙見詳新記(校勘記中劄記凡二十二卷)固知寶鄉書君我有同志而惜君來遲不得更成事(君驟見此書往往以所見商榷文義而轉於校正刊刻之訛者甚畧以是尚不能付工劖改古人謂校刊板之訛須以不知文義者今始信其說也)紛紛百餘卷功成難毀棄烏焉亥豕訛觸目眞比比更校斯未能只今尚深祕一書傳人間精確信非易

六

萬事有定數人謀非能臧昔我刻成日庋板家東廂未幾遭寇警舉室遷倉黃吾兒獨念此斂之周祠堂(辛酉十月余先挈眷避入建陾壽兒載六志板藏周茹香祠中)鴟鴞入我室(壬戌二月開事)三幸不爲薪傷(賊踞民房見刻板無不取以爲薪者)明年罹劫火(癸亥十一月事)又脫回祝殃劫灰十萬卷巍然留靈光鄉賢寶呵護同我恭梓桑我每念茲役黯焉心感傷蹉跎吾既悔願以桑榆償寶慶未刻圖亦得假儲藏(六志如乾道大德皆有圖而皆已佚寶慶志之圖余得影宋佳本是時以吾郡中無刻圖手召之杭州未至今此本已焚如矣然郡中蓄此志者尚多有志必有圖不難補刻之但少遜吾舊本耳)嘉定失丈尺誰能補其亡(嘉定日月湖丈尺圖載之高隱學敬止錄槀本中余以斯世所寡有且亦宋時物擬附刻諸寶慶圖後今吾家敬止槀本已爲灰燼世所傳鈔者皆無此圖是可恨也)事事必求備過隙駒匆忙成其可成者脫

簡眚何妨斯文未墜地百代有光芒兩劫各無恙此意焉可忘

七

近志出雍正百年未修飾貲力今有人主之以婣戚(郡中楊氏擬重修郡志以其事屬陳魚門刺史)前事後事師老馬迷途識何況張曹徒自用違古昔(明張東沙尚書嘉靖甯波志國朝曹太守秉仁雍正甯波志)六志皆淵源顧我僅藏壁我欲以斯時與君同整飭鄞西起老圃(謂子相)開徑延三益既完前人書亦作後來式往日不可追來日足可惜其成一簣功勖哉交努力以是七種者永永傳無極庶幾天下士勿笑海邦僻

柳泉先生屬余校宋元四明志郎事奉贈兼示陳詠橋明府　董沛

百家地里書厥軆始夷堅郡國有計簿乃在班固前
吾鄉建州號肇自唐開元有宋大觀初圖經始成編
作者迭相繼文藻輝山川到今七百載棗本無一傳
傳鈔付寫官謬種相流沿壺矢并爲樂盆稷分爲篇
曹部無正聲誰識宮與軒豈曰有宋存殷禮吾能言

二

吾愛徐孺子萬卷羅高閣連年兵火中猶尋讀書樂
眷懷桑梓鄉文史正穿落旁搜百氏言精究六藝略

連綴改定之一手自刪削遊者之謂明其功乃踰作

三

南里不失眞東沙已殊轍下逮閻曹書涇渭更無別
徒侈新義陳罔顧舊文軼閒或稗販之古人意愈失
豈眞蘭臺經行賄改以漆三家或渡河誰識己亥日
惟君發舊藏論古有眞訣博收天祿書一一證吾說
因博以致精河閒事求實幸此六帙存金甌己無缺

四

校書如揀金披沙每見寶一覽謂了然何由測微杪
於時陳太邱衣著遂初早郵筒日往還相與證幽討
此君故善疑因疑乃生巧每於一綫中時闢康莊道
文懿能補戈荆公戒撲棗空山有落葉時時爲君掃
不見通鑑成兩屋滿堆藁

五

賤子少食貧託鉢走四方著書杳無期辜負日月長
惟君知我心招我登君堂寸寸襪綫才奚補天孫裳
望洋起長歎目眩金碧光敢以蠡測深與海較斗量
咸淳志臨安景定志建康未若吾鄉書彙入
天府藏行當十匹酬羅列几與箱傳鈔八千紙紙價貴
洛陽

烟嶼樓詩集卷九　男隆壽平甫校字

烟嶼樓詩集卷十

鄞 徐時棟柳泉稿

慈谿葉鴻年吉甫刊

七古一

童曰舍人七言古脫口而出搖筆即來然其豪放處正如深山飛瀑一氣奔注而就中御有無數盤旋曲折不令人一覽而盡斯爲奇觀

題周抑齋先生艮劭風雨破蕉圖

一枝兩枝折而舞墨痕如泣筆如怒無端寫得破蕉圖
蒼茫黯淡皆風雨先生自題云無端寫得風雨破蕉圖先生生少多牢愁
長揖靈均拜莊周其於人也爲善哭故其於氣宜乎秋
短幅縱橫裁一尺圖畫猶新人已昔忽驚颯颯風雨來
月照蟲聲滿牆壁

負米行爲邵鏡湖秀才景泉作

東鄰淅米西鄰炊飯香到鼻兒啼飢昨日負米去倉卒
今日望門來遲疑年未三十髮半白意氣頹喪面黧黑
雙親衰老私坐愁男兒欲行行不得黃金百萬何時來
誰能拔爾抑塞磊落之奇才不如從牧豬奴試一擲李
白杜甫欺人之語良可哀

王意山曰讀此詩令天下寒士同聲一哭

畫馬行有序

全太史作其先侍御畫馬記其略曰侍御諱美問小字駒郎非堂先生之子陸大行文虎之壻畫馬入神品始寶藍本松雪國難後諱之或不知而及之則叱曰爾惡知吾馬吾所師者宋遺民龔聖予父子之馬也其實聖予之馬世無傳者侍御特重其人而已嗣是遂祕不示人或盛稱聖予爲人以及其畫輒欣然出得意之筆以贈而箱篋所貯有出松雪者悉焚之以從戎江上累授侍御監軍其後奔走山海思與諸遺民起事康熙壬寅被逮明年卒省獄中所著百尺西樓集無存者而所畫亦希矣夫人陸氏最孝亦工繪事每侍御畫馬夫人從旁爲布景太史之記如此道光丙申余至張氏忽於壁頭見侍御畫馬爲之驚歎馬凡五匹或立或卧或奔或逐皆雄俊有奇氣而丹楓數樹特姿媚娟秀蓋其夫人筆也於是距侍御之卒一百七十有餘年矣紙本完好光彩如新忠臣義士之遺蹟殆有物焉呵護之者顧主人不甚愛惜余欲以所藏松雪馬易之而又不可爲作畫馬行趣其端使知寶貴焉

駒郎畫馬推專門能以慧心師古人晉唐神品不易得
淵源惟有趙王孫王孫晚節何靡靡而其畫馬良足喜

豈知遭際忽相同於是其馬深可鄙崎嶇山海亦勞瘁聊將畫馬抒坎軻何人尚稱松雪翁乃以故吾例今我謂我此畫堪亂眞旁觀嘖嘖駒郎嗔曰爾惡知吾畫馬我所師者龔遺民遺民不肯畫駑駘夫曹下取天馬來人閒塵濁那得有先生之言欺人哉顧其畫馬雖不傳其畫馬法吾能言駒郎隔世稱私淑想其畫法當復然酒酣耳熱呼兒急命兒撲地如馬立鋪紙卻作唐馬圖潑墨淋漓兒背溼狂風驟雨筆不已攏脫一切空摹擬須臾寫出雄俊姿擲筆大笑兒亦起駒郎有兒非凡數先生子名宗然亦有高節嘗搜刻其外祖環堵集亦見太史記中閒中況有同心助吮筆看郎畫馬成胭脂來畫馬邊樹青枝紅葉娟不俗此樹何如管姬竹樹邊一馬獨嘶風雨馬寢立兩奔逐吁嗟乎銅馬不出泥馬徂老驥伏櫪哀龍駒彼戀棧豆甘局促尙圖神駿胡爲乎遺民畫馬既絕塵駒郎畫亦希世珍勸君慎祕此畫勿爲六丁取王孫畫馬筆下空有神

舊評馮柳東師曰畫馬行至於少陵無能繼響者此詩獨闢町畦生氣迴出豪邁颯爽眞能拔趙幟而樹漢幟者矣　又曰全篇以聖予松雪爲陪客而以龔淺陪全宗然是篇中小賓主至以管夫人襯陸夫人尤覺意想不到令人嘆絕也

陳曰杜老畫馬行爲千古絕唱此詩之妙正在離形得似不掩作者本色

董曰集中每用則有然後於是等字以文法爲詩法可驚可愛　又曰如馬立翻用左氏奇警絕倫

童曰風格逼眞老杜必傳之作

庭樹篇贈蔣生椿

蔣家庭樹秋風高大香滿湖雲外飄淡金作色玉作屑八月氣暖花更豪生也折枝翩翩來謂我此花先人栽佳話不敵竇氏樹手澤何異王公槐我聞斯言下座走對花長揖三拱手前輩風流猶儼然世德馨香一何久樹前林立兒與孫一花一粟皆清芬珍重秋風勿相翦故家喬木今幾存月湖大姓舊推陸庭前花井古香馥蒼柯老幹摧爲薪桑田何處問華屋吾家所居在明季爲陸給諫懋龍故宅庭前舊有木犀一樹枝蟠高結闌圞如井縣志所稱木犀井者今屋已屢改此樹久不可問矣老幹蒼柯百尺懸古香馥馥難施鯢皆汪介源澤詩也君家相去不盈咫昔花有偶今僅此書香郁烈將百年太息而今亦衰矣生乎讀書本無種況食先德賈餘勇豐背養翮盍勉旃贈詩意比贈花重異時直上干雲霄杏花簪子楊柳袍天香滿湖月中落蔣家庭樹秋風高

陳曰中閒得陸氏一襯波瀾絕妙倍覺感慨無限特自作者出之爲本地風光在他人便無謂此又移步換形不可以常論也

壽從叔荇湖翁六十

長庚朗朗天無邊照翁顏色如神仙研池南曲開壽讌

我來爲翁歌新篇翁生戊戌我甲戌我後翁生三十有六年（翁生乾隆戊戌十一月二十五日余生嘉慶甲戌十一月二十五日）翁我之生同月日翁言此事當有緣今翁六十神清奇視我但多頷下髭獻翁綠玉杖酌翁黃金罍翁卻我杖飲我卮願翁年年醉倒無窮時後卅六年我亦六十翁期頤大小二老滿頭白髮長追隨此時翁興復不淺會當一笑報我今日之新詩

烏曰大小二老四字奇　又曰不落凡想不入凡格作壽詩最無趣味此爲絕調　童曰妙在達得出

歸自粵西歌爲子相作

邊風蕭蕭水不波如花猺女拍手齊唱歌歌聲嘈雜羌音多錢唐客子柰愁何萬里作孤客對此無顏色百里斷行人日落秋原白吁嗟天涯歷歷多樂郊何爲走馬來此使我朱顏彫柳州城外慘陰雲長劍八尺哭劉蕡昌平去茲遠嗟爾來何因迴風撲面馬蹄立拔劍四顧空無人側身東北望長安長安窈窕雲之端芙蓉老死玉京遠欲歸不歸心煩冤四明山高高如天中有二百八十之峯巒劉綱夫婦只今尚在斯昔我入山采藥髣髴親見之客子歸來路漫漫與我把臂入青山仙之人兮欲言不肯言怨子衣袖多蠻烟憐子遠來意良苦但許洞天石扉留三年天上日月何悠悠人間局促春復秋子規夜啼芳草歇寶刀出匣男兒愁我欲竟此曲此曲多煩憂相思江頭夜夜水爲君擊碎珊瑚鉤

烏曰有似仙李者有似鬼李者奇作也　陳曰全詩音節悲涼神情惝怳令人不可逼視我尤不忍卒讀　王曰朗誦一過令人名利之念俱消　劉曰昔人謂李杜多縹緲恍惚語其原蓋出於騷讀吾師此篇及遊山諸作知淵源遠矣

以酒贈天台傅[illegible]生濂先之以詩

有客下馬入我室豪氣磊落固無匹下筆颯颯天風生題詩作畫皆奇絕去年聞君客明州驚人之句多唱酬

我欲一識奇男子涉江遠訪無蹇修未幾幺麼汙名山聞君負笈已南還干戈滿路塵埃起將軍帶甲守雄關今年海邦尚蠻貊而君飄然仍作客不圖著屐來登樓使我得見君顏色邑家里人楊意死相如躑躅臨邛市袖中字滅萬言書背人夜讀淚不止眼前委瑣齷齪皆庸奴不如短衣長揖高陽徒酒酣自作慷慨歌鐵如意擊金唾壺此閒雖樂非故鄉我亦無才不得狂贈君美酒勸君飲安用抑塞潦倒奔名場

陳曰眼高四海空無人

餞春行

落花滿天香滿宅良辰美景難再得石家餞春作高會
千金買春留一刻門前車馬連翩來白玉爲蓋金爲勒
相呼結客少年場姍姍裙屐風流伯一樹梅花一麗人
翠被鄂君同在側笙歌繚繞滿屋梁纏頭歷亂拋金帛
西山銜日柰樂何卜晝不歡繼之夕雄跳撲朔雌眼迷
長夜未央樂安極不知何來崛強兒攘臂上堂相詰責
堂下屬和忽千聲酒坐敗興齊默默柔枝無力嬌可憐
霎時捲地罡風黑明星亂落燈琉璃迸雷轟擊杯琥珀
君不見去年報賽行故事一物所費累千百女兒多少
豔如花置之高閣鬬顏色樂極則悲理固然無端海國

遭釁尼徵師集餉已經年至今尚未休兵革嬉春開宴
忽喧闐地遠琴堂纔咫尺絕纓斷袖歡無遮伊其謔笑
聲啞啞奔走告語徧國中公乎兩耳如豆塞何況翩翩
佳公子金盤玉粱同作客明朝悍吏狂叫囂東鄰西里
徧搜覓大索夜來蹋座人紛紛逃竄無蹤跡夜聞一夫
自呼名名捕到官堦下擲笑爾逢車空流涎雖復摧辱
亦何惜所嗟斯人君子言昨暮倉遽太無策謣謣法語
心恥之乃謂餱愆成失德我駟不及君舌端坐聽此輩
煩言嘖習俗輾轉將安終賦詩長歎心惻惻

劉曰詞致峭麗語脉新奇在集中似又另爲一格
又曰相其題似當爲風花雪月之篇誦其詞則實關
世道人心之作不特非即景遊
覽亦并不徒紀事感慨而已

遊響巖

上有巉巖峭側壁立千仞之高山下有飛騰歕薄滾滾
直下之奔川眼前突兀所見更奇絕則有石屋幽深縹
緲山中開隔江望之沓無路我欲往遊渡江去乃知山
腰一徑通此屋長數百尺而廣僅容足側身睨視何迢
迢蒼茫四顧心搖搖聞昔遊人到此不敢入而我探幽
窮勝姑自豪兩手捫壁如蟹行兩足縮縮如循繩目亦
不得看山色耳亦不復聞江聲豁然開朗見洞府苔痕
斑駁蘚花舞瓊樓玉宇誰安排其中磐石大如鼓天風

雲外吹飛出笑聲去料得下界人不聞上方語置身天
半一切低黃埃此必有神人仙子常徘徊凌空飛鳥艮
易易不知洞外之徑更復何年開神山可望不可即力
鑿鳥道通天台前人好奇過我乃如此故爲偪仄似恐
俗子紛紛來手題洞門識歲月蟹行而入蟹行出夜來
夢寐驚墜空一落千丈恍惚身江中茲遊雖云樂念之
意常惡固知世間勝境多復多出入道路險側將柰何

陳曰屈曲夭矯筆如游龍若使青蓮再世亦當把臂
入林昔讀吾鄉櫟社長游山諸作歎爲奇恣對此如
培塿矣　又曰讀舍人游杭集中飛來峯詩嶔奇磊
落如對怪石供復讀此詩摹寫山水奇險而出語卻
極自然覺後來
居上進境不少

劉曰鳳章按吾鄉王右仲亦
有游響巖歌尤不足儗矣
陸曰庚申秋廷獻曾與同人游此山今讀先生此詩
勝境奇觀如在目前四明二百八十峯安得先生處
處留題爲名
山增色乎

避地宅山雪後同朱絳山鄭惺齋星懷周仲雲
宏縉四弟子舟游雲石巖

我所思兮桃花源欲往從之行路艱明山自來稱福地
只今何處有洞天霏雪經旬閉門卧廡下局促憂心煎
乍得開朗動游事出門一笑如逃猨諸君愛我導先路
足踏殘雪淸不寒彎環曲折入雲石耳熟此勝今果然
所見巖穴或斤斧此獨高敞無雕鐫廣廈萬間歷劫盡

終古有屋留人閒洞門皎潔密冰柱水晶簾子玉闌干
清空徧室生虛白照徹洞中人心肝安得手攜道書讀
琅琅驚起蛟龍眠下有龍湫飛塵一點不得到那知世外有
烽烟我家月湖古烟嶼宅山作壻今十年扁舟一葉每
來去看山眼福慳無緣聲鼓動地海氛惡倉皇奔走來
江邊翻因亂離得游戲浩歌長嘯登其巔聞道茲山昔
洞府佛跡依稀猶眼前山前有佛跡下有佛跡寺名勝已被凡夫知
芒屩亂踏山欲穿仙人棄去如敝屣巖下流水空涓涓
不知飛鳥更何地必有勝境無人傳客中信美非吾土
先廬無恙兵塵喧赤松黃石多詭祕人生安樂皆神仙

蓬萊淺水縱不遠我亦不願長流連諸君爲我誇勝游
我知此意難復言

陳曰翻因亂離得游戲塵俗往往如此不知
此何以故眼前語一經道破足令頑石點頭
陸曰屑玉雕瓊刻劃盡致寫雪後山景如畫 又曰
人生安樂皆神仙見到語翻因亂離得游戲做到語
語語入情可
以喚醒塵夢
童曰前篇以奇峭勝此篇以
幽邃勝隨境換筆各極其妙

陳母洪太宜人七十壽詩

天樂下奏鳴鸞凰綵衣爭試春風香捧花獻斝綵衣舞
七十年中母勞苦整衣朝拜君舅姑點燈夜課兒詩書
相夫種德徧存問枯魚歲假西江潤頖宮黜昧新卜築

王師啟行輸饟槀昔爲令妻今壽母慈竹靈萱日長久
五色
丹詔天上來兒孫繞膝多奇才木犀花黃杏花紫報答
春暉自今始

陳託巖運亨與龔岳庵海厲駭谷志張春水濬
同客滬上作海天四客圖索題

蒼烟點點海山碧相逢一笑頭半白上有浮雲下高樓
寂寞靑衫同作客披圖識面生歎吁明月無恙長松孤
琴聲詩聲定淒絕問訊三客今何如時駭谷已卒

爲張丈小島芳題臨川李芸甫水部秉文畫梅

怒時畫竹喜畫蘭畫梅意氣淸而閒我不善畫知畫法
古來畫梅傳人難臨川公子今豪傑畫梅畫花兼畫骨
橫枝屈曲花亂生爲花寫照信奇崛張翁得此心喜歡
使我作語題畫端短鐙長劍夜過午聞香壁上香風寒

陳翁秉炎席上賞同心芙蓉集古人詠荷詩賦
贈

上有並頭蓮下有並根藕蓮影向根生當軒對尊酒斑
簾十二卷輕碧蒲茸承露有佳色快哉誰爲乞天公白
應祥瑞生南國飄飄香袖空中舉雙頭並作幽修語高
堂視此青琉璃明年還約看花侶

同陳艅仙福熙宋仲穆兩明經入壽昌寺觀浮
槎及李次公畫十八羅漢像

道光丙午五月五日晡兩客來相過堆盤角黍嬾不食
湖干攜手行逶迤壽昌寺中紛靈蹟東隱古柏虬枝柯在寺西偏張楞寮書東隱二字周鄮山爲之賦聞道二物更神妙逞閒乘興匆
爽蹉有槎卓立大合抱奇雲一朶生烟波砢礧峭削凹
以凸纍珠百萬如旋螺隨手指點肖一物鬼工舌縮交
手搓貫月犯斗或伯仲耳孫雲樹松養和拂几復展應
眞像東絹幅幅輕藍挼低眉怒目佛變相眼見滄海驅
鯨鼉狀貌尊嚴衫履古梵書滿箯疑籀蝌當其揮灑絕
凡境迴與俗筆殊日窠僧云此畫即至寶猶勝寫經換
籠鵞畫師無數稱好手一見自憐才轗軻殿後之槎亦
突兀但恨不知幾羲娥吁嗟豐干漫饒舌往事爲爾重
縷覼天啟辛酉大風雨蟄龍飛出巖之阿雷轟電掣石
崩坼瀾溪溝澮成江河中流熒熒異光發乃有奇根高
嵯峩王翁賞識意珍重敬持慈筏供彌陀羅漢畫本較
晚出李麟所作傳非譌爲憶武林長明院貫休墨寶藏
維摩鄉人謝氏令嘉定乙麟摹仿裁縉緗要生子柔題
畫端十八贊語本老坡謝氏作宰崇禎初頗與文士相
切磋承平無事狃故習公餘燕飲時吟哦四先生集付

剞劂一席宜分風雅科謝氏刻嘉定四先生集婁堅其一也天柱忽傾明
社屋彼哉晚節何險頗思借佛力懺罪悔供養奇園安
樂窩謝氏自作寄園於延慶寺側而供此像既失復得入此寺永與靈槎
降天魔手書本末識歲月什襲篋笥靈異多惜哉佛頭
乃著糞何不剗去吾非苛此時浮槎雜泥滓左廂棄置
誰顧他劉法寬詩六十年來棄左廂康熙甲子汪令君眼驚光怪三
摩挲滌塵獻作大士座空王何須獅象馱賦詩作記一
時盛物得大壽人消磨二物傳今二百年日月逝矣如
奔梭往者滄桑曾變幻洛陽荊棘生銅駝近來福地爲
俘邑天河纔洗腥干戈兩遭小劫各無恙奇物應是神

護呵卻笑吾儕敬桑梓佛緣未及詢迦那窮日文獻迷五色尋勝當爲遊人訶縱非商彝與周簡亦備掌故資網羅歡喜贊歎飽眼福三十年來吾蹉跎歸來卻就廣平飲醉中勸我試作歌艮朋迢遞憶前諾爾時結蒲今結荷詩成聊用記佳話緘以魚書蓬江沱時仲穆爲奉川書院山長西鄰且問陳無己閉門索句復如何餘仙以亂後自定海來寓湖上

陳曰洋洋大篇夾敘夾議直以龍門史筆爲韻語其中波瀾曲折委曲分明斯爲紀律之師不同野戰

董曰屈曲盤拏精神貫注極似龍門作合傳手筆至於狀物具有神工猶其餘事

劉曰章法跌宕縱橫如神龍在雲變化不可方物

董曰渾浩流轉蘇長公得意之作也

郭曰雄深雅健神似長水

胡小文校

招賞十三出蕙花

胡家小藝月湖渚翠羽羣集蕙花吐一花紛𦳝十三出今無後來前無古美人新著芙蓉裳珮環瑣瑣立南浦鹿亭山長趙王孫不遇傾城空作譜主人置酒紅霞房時日曖曖其延佇飛雲入座風吹衣銜杯賞花兼賞雨

烟嶼樓詩集卷十 男隆壽平甫校字

烟嶼樓詩集卷十一

鄞　徐時棟同叔稿
慈谿葉鴻年吉甫刊

七古二

舟發揚子江

雞公三唱天欲明銅鉦鞺鞳催船行紅燈高揭光熒熒
揚子江頭風暗生樓臺丹碧紛縱橫金山拳石移人情
明朝踏月聞簫聲片颿會泊揚州城

烏曰節奏入妙
董曰風骨遒上在吾鄉爲高疏寮一派

殺鴨行 以下二首北行車中作

土人速客戒庖廚明當食鴨今有諸庖人數鴨得十頭
爲言足備來朝需磨刀霍霍向籠鴨鴨籠高大形覆盂
籠中捉鴨籠外殺殺鴨不異刈生芻奏刀次第及第九
籠中剩鴨心膽枯縮項惕息作雛伏側目四顧三躊躇
突然躍起竹籠倒急覓籠隙前奔趨兩掌反側行跛躄
兩翼欲展不得舒哀鳴唧唧入牀下願此微命留斯須
嗟爾微命亦足惜何曾之飽何其愚昔有
聖人戒特殺況爾薄福亦區區

雁帶箭行

少年走馬郊原遊挽彊射雁貫雁頭雁頭帶箭皆撲地
倏然復起飛高秋明年少年戶傍立一烏銜箭當前投
拾箭笑看箭無恙耳垢聊以箭爬搜厲風擊戶戶擊箭
箭躍過腦血橫流老翁錯愕相告語此雁不死能報讎
我聞斯言意忽動老翁之說非其傳箭頭銛利本無比
殺人何異於戈矛去年之雁帶箭去微命焉能須臾留
雁友或俠如俊鶻慷慨能爲同羣謀雁兒或孝如烏烏
鞲轉思洗亡者羞相呼啄箭訴風伯七日七夜聲啾啾
風伯鑒彼區區情鬼鏃如雪陰風颼男兒結交重意氣
長跪進爾千金裘牀頭寶劍作孤嘯出門歎息弄扁舟

童曰奇情奇事曲曲傳出看似易而實難末處含蓄不盡耐人尋味
陸曰絕不道破正意使人言外見得讀先生詩處處當作如是觀　又曰明年少年下六句寫得刻入微至一如此方當得一達字

舟泊維揚大風雨懷趙粹甫大令 佑宸 卻寄

鴻年案古人集中投贈朋好之作名號官職皆以賦詩時爲據不因後來更改遷擢而追易之也今編此集悉仿其例邵君爲秀才名景泉號鏡湖及丁酉登鄉榜更名錦泉號又橋故五古卷癸丑之作曰邵又橋錦泉七古卷乙未之作則曰邵鏡湖景泉若趙君以辛酉官編修時更名佑宸此詩作於丁未宜從其舊而名從其後者以原名犯
今上御名不敢仍用之耳

大船簸浪車揚塵四千里路來見君長衫短揖相爾汝
三年不見容顏新雞缸傾倒渴不止一腔熱血尚如此

別久對酒難爲歡問君聲華滿燕市明駝健僕門前遶致君不得心煩惱搓髯手整朝天衣無人能作承恩表去年決戰秋風急千夫辟易陣頭立青衫落魄長安門侍郎叱咤尚書泣謂羅蘿村師許滇生先生及下馬再拜逢生客黃金來買劉蕡策何人交臂失王孫還家坐歎無顏色雙佩齋頭東風哀一聲羯鼓紅筵開千花帶笑向君舞君曰不樂吾歸來馬蹄亂踏春明路我不得意先歸去君立街頭我登車憀憀楊柳銷魂樹扁舟慷慨新詩聲周郎顧誤無閒情謂廉泉同年狂歌擊節潛魚出此時那

憶人聞名詩囊笑向湖樓擲我歸自號風流伯絃詩中酒花滿天盍歸乎來潞河客

劉曰宏音亮節鏗鏘盈耳結尤悠然不盡所謂篇終接混茫也陸曰以六朝之情韻寫燕趙之悲歌千古才人一齊下淚又曰格調極似何大復

舟中憶范子眞孝廉多銑卻寄

范叔瀟灑多丰姿離家苦作懷人詩氈車曉自潞河發春明門外看花時珊瑚架子秋千索征衫遊戲淨香國吳兒窈窕工媚君故將鄒忌比城北夜闌憶否相思地陌頭柳色申申詈明恩幽怨辜負人前年分手太容易只今憔悴長安道東風得意誰家早紅袖淚比青衫多

坐看姊妹容顏好時子眞僚壻有新登第者問舍豈有黃金穴相君更無封侯骨天涯飄泊胡不歸忍使阿嬌坐愁絕曲終奏雅君當聽芙蓉洲外湖波青雲和吹徹白華曲高堂黑髮如晨星

陳曰末四句孝思錫類天涯游子讀此當爲心骨酸烏曰前篇豪邁悲涼此篇深情遠韻

董丈小非瀾鄱陽湖圖歌

鄱陽湖水清只且鄱陽湖干公下車下車撫字心勞劬行年五十多白鬚公心有如冰玉壺丈自作私印曰清比玉壺笑比清灣梁大夫畫師貌公神清臞坐公湖側公歡娛秋風

起兮思蒓鱸父老歌泣兒童趨門前綠波春盤紆公歸日日觀打魚垂暮卻憶游宦區看取壁上鄱陽圖公不忘民如此圖民不忘公如此湖白雲城外湖之隅白雲城在餘干隋所築也爲公曾作新亭無湖水清清今何如何不汲取薦公乎

陸曰公不忘民二句絕好頓挫絕好結束結句尤有餘音童曰命筆超脫寄情縣邈結語與篇首相映合所謂一綫到底也周曰結語是古人暗記事法蓋舍人題圖時先生已歸道山耳

題徐將軍慶超春波滌硯圖

海島蒼蒼海風黑將軍入海手擒賊磨崖笑勒燕然銘

江山坐鎮風流伯幕府晝靜如蕭齋墨花點滴泌官階健兒抱紙帳前立將軍脫帽方神來蛛絲馬跡徒區區將軍能作一丈書卻召畫師寫眞意寫作春波滌硯圖自歸道山十五年傳家季子能象賢浙東將軍舊鎮地薄宦來此搜新篇帶刀殺賊名將功潑墨揮毫儒將風郎今海外風波惡披圖尙思將軍忠

同舍弟子舟奉陪徐信軒使君敬謁偃王墓

先王受命於鎬酆錫命爲伯弓則彤 事見竹書紀年彤弓即命爲方伯時賜物後人謂通溝陳蔡閒所得者妄也 玉帛朝會四十國蠻荆震慴爭其鋒王仁不忍以民戰避楚之越來甬東會稽之水投几

研翁洲築城居以終海濱有山高崒嵂王沒於茲營幽宮即謚名山曰隱學 漢書徐隱王師古曰即偃王王逸注楚詞曰偃謚也按偃隱古通語詳所著徐偃王志 其地今在鄞東封夏侯地志引古傳徐城遺蹟留崇墉 夏侯志已亡語見史記正義所引括地志中 自彼張華傳異說謂王逃戰彭城中昌黎作碑襲其語轉將古說爲附庸後儒但見昌黎文遂疑明州無王蹤 昌黎碑記據博物志謂王死於彭城而以之越城之隅引爲別說固已錯謬後人見韓文但言越州不言甬東遂疑明州不應有王墓不知當時甬東實越地夲何但以今紹興當之乎 圖經大書王葬地 四明志始於宋乾道即已載王墓 紛紛陋說持矛攻明徵確據在史傳素稱博洽何其昔 謂錢宮詹大昕 王孫昔來官別駕其時記在唐代宗 徐季海以代宗末貶明州別駕 修墓創院拓前規天台譜諜稱厥功 先祖應漢府君以南宋初自天台遷鄞攜有譜諜猶北宋人所作者今尙存余嘗爲之疏證 宋明以來或繼起尙列翁仲與楸松迄今復閱數百載墓前蔓草滋蒙茸山麓但映湖波碧碑趺祇餘斜陽紅僧貧寺老香火歇 郎季海創建隱學院也 空山不聞梵王鐘每拜寒食念先德奔馳人事徒悤悤邇來有志於修葺摶土採石方選工徵召宗庶擬經始一時同志殊難逢海邦忽瞻德星曜彼詔守士來我公興廢舉墜復故道拔薙置水安商農 使君治民不大聲色其修整水利尤有功斯土者 李舟王寀如可作曷媿紀德嗣文雄付姓受氏追本原辱以支派相研窮十望九本先

王出諸徐所祖刅乃同惟王丕宅周在斯但恨歲遠無封崇公聞我語喟然歎數典追遠吾夢夢亡惟遺紹尸厥土謁拜敢忘前輩風 乾隆閒守徐崑亦嘗謁墓 君約我與往薦脯脯昆弟買櫂同追從山中士女走相告歡呼竹馬迎兒童太守仁孝祭先墓道旁感泣蒼顏翁率厥孳從襄祀事 是日使君命其從子之在署者同往謁墓 禮成拜獻何雍雍攝衣升陟事周覽踐踏虎豹攀虬龍羨門傾圮滿荆棘神道茅塞迂弗通防護失冊祭田盡留貽但餘川幾弓入寺少憩長太息隳壞如此神其恫千山萬壑一坏土百年雞酒將不供會當表揭示後來大書深刻碑穹窿吁嗟史事久

荒落妄以嬴徐當淮戎周秦古記弗詳考道聽塗說皆
瞽聵豈惟巵言疑邱隴千載莫知先王忠（漢以後所記罔其尤妄者穆王命楚伐徐之說也余歷據周秦古書確鑿辨正之詳見偃王志中）我生先王墳
墓鄉讀史掩卷心忡忡自忘固陋思辨難引據一洗誣
罔空往歲載筆今垂就竊謂頗足昭發矇晚近著述難
自負書成將以求折衷因公拜墓有新作賦詩答和抒
心胸諸徐孰非王子孫敢告桑梓宜敬恭

陳曰敘述祖德歷落分明詞既辨核筆復莊重在作者七古中另是一種筆墨正如王右軍書樂毅論如端人雅士東方贊如古賢前哲黃庭經如碧落仙人曹娥碑有孝女婉順之容體各有當也

烏曰以考据入詩易近迂腐此篇全以考証爲骨而絕無一點迂腐氣犯其筆端眞空前絕後之作

董曰以敘事法寫韻語源出北征故能浩浩直達不落長慶卑靡之調

劉曰源出昌黎而運以己法不襲其貌故能各有千古

童曰証之鑿鑿足息疑喙　又曰吁嗟史事數語與前半相足而成　又曰收處極完密　又曰似學韓退之而敘事處直是史公得意之筆

七古似以此篇及游壽昌寺爲最

清江酒肆醉歌

自從吳門一醉眠蓬窗日日薰煤烟每飯舉箸無下處
往往江中招魚船縮項之鯿黑頭鯉買得盈尺不値錢
僕夫嬾惰亂斫斮風味那足佐尊前今我舍舟已登陸
相將同入酒家屋老饕指動口流涎壓酒百杯心未足
此去沙村塵店中但是麥餠充飢腹杖頭有錢無酒沽
五日一見花豬肉（用坡老句）座上歷歷呼友生急須豪飲如
長鯨解囊不惜黃金盡放筯何論盤盂傾便當爛醉清
江宿何妨來日歡宿酲莫待下車撲飛垢楞然捫腹思
南烹

題章韻堂年丈（忠型）玉堂富貴圖

名花古稱衆香冠寫生省識東風面披圖一笑話從前
仿佛先人夢中見夢中神語大吉祥樹德務滋培益昌
翁家玉樹無凡質一枝果出超羣芳馬蹄款款簪花歸
綵衣奉笋娛春暉當階芍藥向翁舞會當看取金帶圍

賣書行爲鄭杏卿明經（元祁）作

鄭君囊空無一錢悵悵出門思買官麤車羸馬入都中
都中故人驚且憐依人乞食少生計落魄不易居長安
斂錢束裝趣歸去寶山空手心惘然歸來坐歎無顏色
少婦啼飢兒號寒舊時長物行已盡偷兒棄餘惟靑氈
慈江迢遞一相過繫我門外書滿船屬我沽諸求善價
無慮不得錢萬千在昔徵君好圖籍（謂尊人簡香先生動）卻爲買
書常賣田張華几篋本充物韋述黃墨皆新鮮何爲意
嬾慢藏弆烋朽蟫斷稀完編一朝棄之不甚惜祕笈過
眼付雲烟萬物得失有定數不妨自今遂棄捐況我點
金亦無術豈能强君守丹鉛知我故人只如故脫粟布

被姑醉眠明當僕僕作書估爲君一問交遊前平明別君暮還見嗟余舌燥脣亦乾柳津上章尙驅鬼鬼名何意相糾纏貧生酷好力難致豪宗浮慕心弗專錙銖毫末與計較買菜求益夫何言吁嗟兮鄭君遇合良有緣前年走甌越今玆入幽燕有書賣書只如此無錢買官胡得焉先人手澤猶萬卷先人敝廬猶一椽青鞵布襪老作書蠹自清福安用齷齪奔走宦海風波間吁嗟鄭君亦歸爾吾力猶能供粥饘滿船明月載書去送君聊賦賣書篇

陳曰貧生豪宗二語切中情事妙能以十四字了之又曰有書賣書只如此無錢買官胡得焉二語眞是桶底脫又曰末一段寒儒妙計艮友至言烏曰語長心鄭重又曰較少陵哀王孫篇更說得悲苦痛快童曰讀之令我感憤交作

爲台州人題徐天池天心來復圖

吾家青藤狂不死拉雜作畫盈一紙一枝梅花一萊菔不倫不類有如此梅花會意爲天心萊菔復爲諧音狂生偶然游戲耳松枝瓜瓞沿到今近時畫工寫天竹水仙松樹芝草爲天仙送子圖又有畫一瓜一蝶爲瓜瓞圖者平生舌本幾時改老思懺悔問眞宰不知來復更何年空留畸譜人閒在生時奇窮死則通身後乃遇袁石公餘才旁溢亦珍祕一紙尙寶雞林中

題潘母窺屏圖

客持潘母窺屏圖横廣半丈高十尺索我新詩題畫頭喟然望古生歎息在昔孟陽官丞郎阿母深憂禍不測一朝大會來高軒自屏窺之喜形色滿朝朱紫皆爾曹兒材雖鄙官亦得瑣瑣私語靑史傳後來盛歎知人識想見當時座上人委瑣齷齪皆伴食意氣横誇鄉里兒豈知不得驕巾幗男兒有材如綠衣功名自當留竹帛不然何弗高卧深山中無使潘家屏後老婦笑啞啞

陳曰罵盡一切

王曰發人深省

謝林小屏純初惠酴醾花

古來只有酴醾酒以色名花亦已久寒食之賜今則無䤄是此花名不朽比之蛟骨色非綠擬以龍涎香太俗梨花楊花多不倫自然風韻豁心目吾家細君常病肝蹙頞屢言心骨酸不知何處得妙法云服此花醫能痊奇方不載花經中本草未獲收神農詩人諷詠知多少豔羨香色遺元功我來園林將出門屬我索取言諄諄果見次第數十本但乞一本廉且仁坡老怪爲花所挽涪翁欲眠留不返主人許我我應歸歸去摩挱看花眼

明朝老奴擔花入山妻一笑呼童急攜鋤鐝土汞以鬆清婉春風面牆立自從牆角扶疏栽曉窗晨帳望花開十日已見枝發葉一月更無花含胎未諳花事向君扣君言花移開必後即今已落春去時來歲蓓蕾定當有花開治病不關我我欲醉花漬酒應大可明年花開苦爭當柰何惟有祝花爲我一放三千朵

紀夢 有序

夜來夢讀錦繡萬花谷記一條云丞相鄭清之家女樂名緩舞下該出處不復憶矣醒而異之作此以記

日誦錦繡萬花谷夜來夢攤此書讀行間體例依稀同

條貫連綴皆珠玉忽然驚醒多忘遺中有一行猶可思此卷似是記歌曲乃及丞相鄭清之笙歌繚繞相公府女樂蹁躚名緩舞下注徵引則已忘深念苦憶不能補此書作者名不傳序稱淳熙之所編後人增益或羼入遂及紹定端平年是時安晚始爰立縱使豪奢見難及況該出處似古書誰爲紀載誰收拾我方索古恭梓桑（余考取宋元以前四明詩文遺事以至職官流寓方外皆分編之）搜羅捃摭圖表章無冂漢輔夢神造給我故實何荒唐

讀呂梓州淨德集

昔讀元祐黨人碑中有呂陶名巍巍粟粃苗莠或閒廁保非附驥名長垂今朝書客負書入舊本新本何纍纍私集卌卷號淨德古道猶照人鬚眉奏書陳事洞利害讀史著論當蓍龜相公窮經方反古一士百折不肯回上下學論尤卓絕笑彼字說奚以爲擬之陳亮非儔伍以方賈生堪追隨昔者對策承明殿時相讀卷顏沮摧（策勸帝不惑理財之說不間老成之謀不啟疆埸之事王安石讀至此顏色變沮不能終卷）帝詔馮京爲卒讀再三嗟賞深相推有才不用遭抑置僅以一官判荒陲洎乎他年入黨籍雖復起之終一麾嗟君論性貶荀況不能灼見言依違其他學術邁湛俗詩律頁亦中矩規才名或爲兩蘇掩蜀人至今知阿誰一編足

可下濁酒那惜爲君酬百杯

童曰著語妙有分寸

題四明四友圖

李（東門暾鄞人太學生）萬（西郭承勳鄞人磁州牧）鄭（南溪性慈谿人明經）謝（北溟緒章鎮海人諸生）同時生號爲四友以詩鳴淵源各自紹家學是時老鄭爲主盟（東門之父爲杲堂先生鄴嗣西郭父五河令言南溪父寒村太守梁北溟父侍御兆昌四家合刻集曰四明四友詩而寒村序之）四友詩傳百餘載口操土音典刑在今乃得見四友圖摩挲長卷驚光彩一人松下手蕉扇（謝）一人拂紙（萬）一披卷（李）一人尚領奚奴行（鄭）負書似與來相見不知何人爲寫眞面毛鬚頰無俗塵杲堂

詩子尤奇古豈是尋常行路人東門先生左目上下皆鴉青色貌似羅漢先生初生時頭面有小耳數十爲繫去之後一異僧見之日此海上羅漢化身也當時題詠後來續只今淋漓滿圖幅雖然不比塡詞圖短吟長歌尚非俗吾友陳子相宦粵西曾見陳其年塡詞圖眞蹟自國初至今二百年中名公卿約畧幾備蓋世有賢子孫常出求詩而迦陵名重人樂題之以是圖卷成牛腰矣此卷題者不過數十人其後南谿曾孫簡香徵君亦嘗出求題詠同時有錢唐吳陳炎芊町馮念祖文子東陽王崇炳鶴潭諸人嘉慶閒有無錫秦瀛小峴錢唐吳錫麒穀人吳興陳焯然圃諸人題詠南谿元孫攜以來吳綾蜀錦新翦裁徵君子杏卿明經曾重裝此圖云自先人逮今日什襲藏弆雙硯齋吁嗟四友不可作故家喬木久零落風流何處懷老成耆舊晨星日蕭索就中世家推義門書香一髮而千鈞年

來南北東西走天涯乞食常苦貧手持此圖心惘然謀生無計聊典錢知我桑梓必恭敬不惜割愛留吟邊我愛四友今睹貌知畫圖時年尚少圖中雖東門頷下有鬚南谿則微髭耳鄭重爲君留案頭恰復題詩供一笑問君四明今何有但見里巷逐朋酒兔園冊子科舉書眼中之人誰不朽吾非斯人而誰與奇才旁溢亦無取搔首獨立蒼茫中擲筆重披我思古

烟嶼樓詩集卷十一　男隆壽平甫校字

烟嶼樓詩集卷十二

鄞　徐時棟柳泉稿

慈谿葉鴻年吉甫刊

七古三

咸豐八年三月二十日馮午卿竝時得兩孫喜而有作

君家僮來城西村，報我昨日生兩孫。歲月日時悉無易，天然奇瑞鍾一門。我方爲君發狂喜，座客訝是孿生子。豈知同祖之弟昆，不先不後有如此。生人之數未易窮，干支有盡將雷同。顧我交遊非寥落，似此但見姚與馮。余所交友人皆有親書履歷及生年月日謂之烟嶼樓同人錄其中惟大興馮桀小槎鎭海姚燮梅伯兩孝廉竝生於嘉慶十年七月二十日巳時古來所記姑勿說，今我所知亦燕越。何如君家階庭前，芝蘭玉樹竝頭茁。聞道四柱雖同科，後先杪忽相去多。君曉吾家子平法，二雛祿命定如何。我來左右顧英物，試聽啼聲當一一。湯餅之會亦更番，勿笑老饕徒餔歠。

客有話唐人許道敏科第事者感而成詠

許郎昔爲時宰知，聲價十倍高京師。試官求才相公府，相公大稱力薦之。加餉揖額試官去，許郎聞之色飛舞。好友張郎新結婚，來爲相禮懽賓主。張郎初諧花燭情，許郎待挂金榜名。高談搖佩主賓樂，飛章縱酒餘子驚。相公被[illegible]遷謫，試官竟迷目五色。青衫落魄歸去來，滿腔憤怨啼不得。黃金雖盡舌猶在，潦倒抑塞廿餘載。一朝得志發上科，蹉跎白髮慚時宰。同榜諸君初邂逅，中有少年年十九。許郎見此心感傷，姓名家世詳叩少年。歷歷布親串，許郎聞之發長歎。回首京華二十年，乃翁親迎吾儐贊。少年卽張侍郎讀也自我失意歸故鄉，頗聞好友欣弄璋。通家子弟艱會面，不意今作同年郎。當其慷慨自期許，反掌功名快心語。榜中猶有人未生，勞爾貧緣亦何補。相公勢焰將奈何，試官炎涼空復那。失得詩常勿悲喜，人生由命非由他。童曰熱中人見之定應夢醒　又曰極好筆仗　又曰舍人七古全以敘得清達得出見長　又曰敘得清達得出其源自馬遷來時手烏得有此

門蔭歌爲孫通判懷邦作

通判孫君吾外姻，海壇總鎭之仲孫。一旦過我話家世，自言身被
先皇恩。
先皇恩詔出丹禁，大僚子孫許推蔭。是時伯父已在官，遞及家君以父任。總兵名大綱道光元年以宣廟登極恩蔭一子未及受祿奄然殂，僉議襲蔭當在吾房。從忽起相爭奪，抱牘往控

言虛誣有司積久不能定封章展轉達
天聽方今
聖人親召除始獲銓曹注名姓咸豐五年始得引見以通判候選軍興
大開捐納科黃金臺上賫郎多年年卻送人作郡嗟爾
門蔭可奈何黑貂裘敝面枯槁卅載九上長安道輪蹄
鐵盡歸去來行年六十吾將老歸來妻兒啼飢寒丈夫
貧賤難爲歡作賈無財農無產百計不如仍作官去年
需次將及期行裝羞澁還典衣他人我先已十日親朋
笑我來何遲我有窮交歸自客昨日相逢好顏色鮮衣
怒馬游市中聞道軍前拜恩澤嗟我哀苦難具陳門資

褒䘏慙先人啜飯食肉吾未老逝將往從江南軍陳曰摹寫苦狀淋漓盡致卻是眞情實話

陳擷菁曰案通判後竟從軍死於粵寇之難未膺卹典亦未有爲之表彰者家玗曾以其事告先生而不能得殉節始末亦不能爲之作傳殊可惜也然先生集中有此一詩通判亦可以不朽矣

溪頭老婦行

溪頭老婦哭黃昏哭聲淒楚不忍聞生遭亂離盡哀怨
何爲汝獨啼酸辛自言家住城南窟有兒壯年夫白髮
延慶寺前租荒園年年賣菜爲生活城頭解甲紛逃軍
倉黃奔竄驚四鄰我亦刮錢賃䑸馬最小船名也俗謂之快馬一家
數口依昏姻入山驚定愁無奈出門擕得斗升在來時
雨餘園菜肥商量挑向隩中賣父子相將入城去此時
消息只如故誰知一夜飛風來紅巾偏滿西南路鄰舍
有人逃出城眼見父子驅爲兵裹頭白布赤雙腳長髮
健兒鞭之行悲來不敢啼人屋避人私向溪頭哭悔恨
當時不少留相對餓死意亦足昨日萬人出城分西東
逼迫俘囚爲先鋒聞道此去戰諸暨願他父子辛苦猶
城中

陳曰老婦孤兒兩詩感慨時事而直言之足稱浣花嫡乳樂天尚姑舍是餘子無論矣

郭曰樂天新豐折臂翁等篇同一感慨

劉曰悔恨二句警悲意苦不忍卒讀

孤兒行

孤兒生命一何苦什伯成羣作囚虜孤兒命苦兒不孤
孤兒各有母與父父母看兒如掌珠餓食肉糜寒衣襦
忽遭喪亂抱兒走相逢狹巷被牽驅男爲役夫女爲妻
奪兒懷中兒哀啼大兒十歲小六七隊隊抱上城樓棲
城西酒傭舊相識昨來山中面黧黑爲言身經十日俘
縶在城樓餇兒食羣兒哀啼聲聲續哀極聲低音亦促
每當啼急不忍聽一呼賊來無敢哭此時景狀尤慘然
不知賊復何心肝西城去此七十里啼聲尚猶吾耳邊
吁嗟乎嚴陵昔歲賊竄至十歲小兒都棄置當時收剌

懵懂軍其最少年十一二（賊犯嚴衢時收十一以上小兒教之殺人謂之懵懂兵是時吾友宋仲穆殉節壽昌第六子宗棨以十三歲被掠第七子宗臬年十一詭云九歲得免）而今網羅及幺麼破巢下更無完卵乳臭小兒何罪辜一朝羈紲攖天禍城樓百尺高入雲黑雲低壓城樓昏上有青天下黃口哭聲如雷天不聞

（烏曰門蔭歌至此逼眞老杜）

謝鄭竹溪觀察（勳）惠洋燭

徐孺一下陳蕃榻（謂魚門中翰）西窗話雨燒長蠟佳製云自洋船來惠我十挺賦詩答蛟川鄭君來草堂亂後重逢倍驩洽爲言客滬幾二年蠻賓夷琛五都雜奇技淫巧焉取斯芒鞋空向市頭踏忽見蠟燭白皚皚滿前光怪此爲甲永夜曾無見跋時未有高花須鐵夾棉絲作幹軟無力不知祕造是何法呼僮買取三百枝此時尚未彈歸鋏他鄉風雨懷故人思君不見意勞悒聞君避地墳墓鄉南山阿裏修經業挑燈著書常達旦夜半鶴鳴驚落葉心念此燭持贈君夜夜照君資涉獵紅粉固應貽美人寶劍會當投巨俠不然辜負有用材徒使明光照紛遝草堂一宿詰朝去日晡伻來有長鬛細竹筐中手擘出泥金番書綠油匣開匣笑看白雪丸六六停勻巧排疊燃君此燭賦新詩皎潔一枝眞玉立感君念我當亂離鄭重爲我留行笈眼中蠻燭長復長倘比君情定不及

（烏曰狀小物惟妙惟肖　童曰細膩熨貼其選韻尤天然可愛）

題節母王孺人秋燈課子圖爲倪（繼美）作

倪君念母哀苦節繪圖徵詩成卷帙三索我詩久不報又向吾宗轉陳乞天高地厚江湖深憂心悄悄夜沈沈點燈教子昔年境此境可繪難繪心孤兒弓冶繩祖武（繼美從其祖杏仙爲醫）兩孫讀書耀門戶（去歲繼美二子同入泮）歲時羅拜畫圖前不負當年母勞苦嗟我十六喪嚴君又廿一年爲鮮民慈訓在耳木已拱爲君題句重酸辛

（劉曰吾師至性過人屢因他事而及風木之感讀此篇結四語想見落筆時涕淚俱下　又曰此境可繪難繪心與昊天罔極同旨）

贈江峴山封翁（家燮）

江徐三世爲來往峴翁於我十年長前年徵詩來草堂六十健走不攜杖爲言先人八老圖名輩題詠今留儲我慕風雅思繼志諸君有作君可無翁家門外湖波瀚園林之勝甲句甬詩書科第方鼎盛翁心泊然無所動無何家難起倉卒掠翁東去投虎窟死生度外心泰然以其至誠感狡猾吁嗟世事如雲狗昔日壯夫今已叟

眼中盛衰數十年安樂患難都順受只今老大甘食貧慷慨談笑常率眞游山看花自娛樂有時散步尋故人昨復過我催賦詩自言有過心不知情親如君勿訣我當以語言箴規之歎翁此道照人古書翁舊事述翁語素位而行不願外聊示子孫卽規矩

茹香爲其亡室徐孺人徵挽詩

吾與茹香同筆硯結交今餘三十年往來昵密話家世耳熟內助爲賢媛避地山陬作鄰里驚看孟光霜滿顛支牀病骨安患難柰何少子遭迍邅（吾與茹香同避建陬其仲子吉祥及余仲兄子隆章皆被掠壬戌四月六日事也）歸來先慮幸無恙故物儒素畱

靑氈大兒新采泮池藻難後得此應喜歡豈知憶念亡人心轉當歡會尤愴然丈夫愛憐尙不已何怪婦人思顣顣華言風語覓消息疾病抑鬱恆纏緜參苓可得非心藥殗殜四載辭人閒嗟我老友手拮据頭銜淸貫無俸錢（時茹香新得中書科中書）營齋營奠作功德復乞挽歌聲其賢生時宜家死受福安用悼亡長悲酸獨憐冬夜人獨旦不堪重解葛生篇（客建陬時余作山中學詩記常與茹香往復辯論余以葛生爲悼亡之作茹香極賞歎之）

劉曰吾師言情之作最近漢魏如此篇豈知二句五古卷別時頗落落諸語尤入人肺腑

次韻答釀仙明經井餽之酒

生作蠹魚竄楮葉脈望未化頭漸雪胸中拉雜如亂絲成書不得一編絕窮經餘事爲詩文下筆無難通與折李賀錦囊時暗投禰衡懷刺久漫滅邇來倒篋親別裁壬癸再遘五丁掣破屋夜坐憶亡書寒燈作暈眼花纈故人自遠詒新篇（時釀仙方館余家崇本書院）一一佳言霏鋸屑索和未報忽經年輪轉雙丸眞電瞥以我斗酒媵我詩事業千秋姑勿說有酒不飲徒愛名此錯已鑄六州鐵

用東坡聚星堂詩韻贈柳泉舍人　烏世耀

閉門靜掃書中葉臉底如風胸如雪百餘年來壇坫虛謝山之後君繼絕三家字辨傳寫訛五鹿角爲談

經折案羅飮器宵常溫帷映燈光曉不滅舊侶形忘嬾送迎新題興到隨抽掣一聲霹靂箭離弦五色文章花眩纈爭求傑作奉金科更愛淸言霏玉屑要期事業千百秋肯任光陰過一瞥賤子竅同秋蚓吟不妨冰向夏蟲說龍門許登高恐顚扶我賴君拄杖鐵

贈陳揆卿同年　文楷

揆卿先生眞且樸來課我孫主家塾對君鬑鬑各有鬚卅載光陰歎局促富貴我已輕浮雲而君脩爾更無欲以儉養德勤支家布衣蔬食自然足昔君累上長安車同學少年多酒徒看花結客共君去明燈朗照吹笙竽

吳下雛伶美如玉壓酒勸君聊斯須舉杯一笑爲之盡
目中有妓心中無歸來菽水安食貧難兄難弟同養親
束身軌範本家教讀書服賈皆彬彬莊椿無恙風不靜
嗟君先德貢先民尊甫芷谷先生昌黎生平好諛墓中郎無媿
惟斯人余嘗爲芷谷先生墓志 前年粵寇海濱作君以其家匿巖
竄賊中辛苦戴頭來空竄道路傳聞惡壬戌四月余由建陝奔避豐樂鄉忽傳君及陳子相萬壽亭三家竝陷於賊是時道路隔絕無從探聽然以天理卜之當必無此事已而果知其妄
人生不幸遭亂離豪氣名心盡消索垂老重覩昇平
年一家聚順貧亦樂只今兄弟何怡怡相見無華言無
欺長幼式好既不易外內同德誰維持廉泉讓水在人

世豈必晚近非軒羲與君話舊有新作珍重家風如此
稀

題陳子相四餘讀書圖有序

子相以老爲生之餘合古人三餘稱四餘於是以四
餘讀書名其室復以名其圖而記之云造物佚我以
老人各有能有不能吾所能自佚吾老者讀書而已
矣稱先民話言怡悅吾情性非特辨難爭論之意若
不起於胸中卽掩卷都忘吾何嘗不陶然自樂耶達
哉言乎是又一讀書法也自維鑽研故紙垂四十年
冉冉老至曾不知悔誦君此記爽然若失雖然人各
有能有不能我不能強君舍汝而從我君亦不能強
我舍己而從君好之斯樂之夫固各自有其快然者
在也今題君圖當發君意是亦公羊氏所謂名從主
人者乎

古人三餘君四餘老爲生餘姑讀書灘江送別昔年事君歸自粵西時同僚爲作灘江送別圖今與此圖合裝成卷
召工重畫新畫圖圖中
貌君鬚皓皓手持一卷如年少有客笑謂君計非何必
讀書始娛老聞君舊讀種花譜學宦不成歸學圃君自號鄞西老圃
種菜依然呼菜餔揞腸拄腹空勞苦夜來紡花鄉
鄰議吾鄉鄙諺云日裏走人家夜來紡棉花謂不早也
他生智慧難可期憑君

更讀五千卷來生尚早今生遲君笑謂客不欺我我欲
廢書無不可顧我生來百不能而亦不能竟安坐齊王
雞蹠千乃已嬰兒一餅啼卽止人生有欲總如斯求我
所欲斯已矣不攝生何須道經不佞佛何須上乘不討
論何須三絕不博古何須百城但有文字可屬讀卽復
與之交忘形徐子聞言憮然作我亦生命蠹魚託把卷
不知老將至纔見數行便思索題詩一笑吾非歟輸君
自有讀書樂
九言

戲作生子歌贈湯耕吾淮

湯翁六十一歲初生兒杯盤大會賓友喜可知不肯召我同作湯餅客乃復强之速賦弄璋辭尋常弱冠生子不恨早孫曾行輩之兒毋乃遲胡爲三黨來集月湖渚但聞百喙齊賀枯楊稊久失怙恃地下穿望眼終鮮兄弟旁屬非親支卌年此心宛如轆轤轉一旦入室對此𥿄褓啼欲取卽與雖得未足貴屢求弗獲忽來斯爲奇定知一夜充閭氣鬱鬱何妨六旬阿父鬢絲絲前年范叔畫蘭徵吉夢謂范丈雨生爾時徐子擫管塡好詞縱曰無功而此意良厚豈宜失德使人涎容垂今我斯陶不覺再歌此倘翁怙過未知以報之異時眼看此兒復生子我雖爲翁狂喜定無詩

陳曰欲取卽與二語奇情至理　童曰欲取卽與兩句中包卻多少層折　又曰作九言詩必須大氣盤旋消納一切非但令人增減一字不得便爲合作也此雖偶爾游戲之作而汪洋奔肆中仍自紆迴曲折正由才大心細耳

烟嶼樓詩集卷十二　男隆壽平甫校字

烟嶼樓詩集卷十三

鄞　徐時棟同叔稿

慈谿葉鴻年吉甫刊

五律上

劉曰吾師五律源出右丞參以本色謀篇造字無美不臻鳳章請以管蠡之見臆揣句法可乎諸篇中有以眞實勝者如人賤無知己家貧頗富書書以酣情醉言因得意忘諸聯是也有以悲壯勝者如宦海身猶在家山死不孤丈夫終死國遺恨未收城諸聯是也有以拗折勝者如巖瀑白於雪野花紅到秋黃葉雨中落白雲山外來諸聯是也有以流利勝者如更無終夜月不送一聲雷湖山君再訪談笑我無緣諸聯是也有以澹遠勝者如野花迎客笑水鳥背人飛谿聲隨落月秋氣帶寒鐘諸聯是也有以幽秀勝者如野橋低坐水孤雁濕歸郵雨色寒蒸樹泉聲亂入溪諸聯是也至忽見月生水相隨人過橋一聯兩句併作一句寫景入化細參格律幾與摩詰行到水窮處流水如有意兩聯相頡頏非祇拈得一瓣香矣若令阮亭尚書見之定當入摘句圖

童曰自在流出情韻俱得似學白而出藍者至其聲調激越筆致高超則逼近初唐不得但以明白了當目之　又曰劉評極是又如歸棹半吳語曉山生越烟未到月波去此來春水生皆句圖中句也

喜楊氏從甥歸自台州明日復別

別久不相識稱名我始知家鄉何日到長大竟如斯信已連年斷人來暮雨遲曉聞簷鵲噪應是報歸期

二

吾姊中年死孤兒甚可哀零丁依叔父辛苦到天台年少焉知事山高不易來只今悲喜集爲爾舊醅開

三

大母常思汝相逢感復深何堪悲往事已聽換鄉音似識依人苦難留作客心明朝還走送別淚兩沾襟

陳曰三詩語語質實老到令人不識作者纔弱齡也

王曰情摯語眞老嫗都解而格律渾成不能點竄一字作者不特天才亮特質至性過人也

烏曰明白了當似易卻難

童曰深於情熟於境清空一氣明白如話是爲律呂正聲

登南城尋慶雲樓故址 有序

慶雲樓舊在南城之上明季海道副使王應華所建者也副使用異人伍柳園說謂必建樓斯地而後郡中無兵革既成自爲之記凡高卑丈尺至門戶向背皆有定位未幾天下大亂茲土獨安堵亦可異哉年來忽圮壞余嘗與湯孝廉型謀興復之而未果也尋覓故址慨焉有作

野馬上城頭驕嘶白日秋今看芳草地舊是慶雲樓城堞上花碧江山劍氣收承平二百載鼓腹共嬉遊

二

昔我嘗登此臨風慨以慷叶豈知人世事一夜見滄桑余嘗與陸東岑登城游覽樓側時已荒不可上賦詩記之明日遂圮遺蹟隨流水詩心付夕陽獨憐憂患意載筆有王郎

三

斷碑不可讀而我復登臨此地空寥落何人問古今水
天通異域海市失蠻琛念此忽不樂更無知我心

大梅山懷梅子眞 有序

郡邑志以大梅山爲梅子眞隱處故名竈臼在焉按
漢書稱子眞隱會稽今甯波古會稽地則志說不盡
誣也而或又言山有大梅樹樹爲屯堰及今會稽縣
禹廟之梁以是得名是不又相矛盾乎

抗疏遂高隱吳門與越鄰此來山有主莫道漢無人還
往神仙易安排竈臼新如何載筆者重說樹輪囷

舊評鍾雲屏曰三四對得奇絕

淸晨由戴公嶺入金巖寺

白雲何處宿侵曉尚蓬鬆三折戴公嶺滿山黃隩松溪
聲隨落月秋氣帶寒鐘試立寺門望烟霞知幾重

劉曰氣韻蕭散味在弦指之外
陸曰沖夷澹遠似不食人間烟火者

同子舟詠陶靖節限用五柳先生傳中字 有跋

結會如何往招之許盡觴然而終不樂便去亦何常書
以酣情醉言因得意忘此生空嗜好頗或著詩章

二

著書忘姓氏榮號曰天民樂志何求富爲文自贊貧有
言酣不盡此意解無人情性開如許蕭蕭焉得親

三

親戚常招飲如期造必先少留因醉也旣去亦欣然此
樂曾無盡人生自有天不知便何往或在酒家邊

四

亦有閑閑宅何爲戚戚歟先生常在此短柳自環如人
賤無知己家貧頗富書五言詩賦得樂意輒於於

庚子小除余與子舟同賦此題去傳中重複僅得百
二十餘字而選其平仄字可諧韻者居然足備十律

支韻八字可二律魚韻四字眞韻五字先韻六字陽韻五字尤韻四字皆可成一律紙韻可一律寘韻可二律
戲眉搖膝不知小除之倏而大除也旣遭兵燹盡
失舊稿後乃於燼餘中檢得殘紙尚存四詩錄之以
誌數十年前聯牀之樂而子舟詩不可問矣記當時
成詩後忽復得句云若有酒常醉此其家不貧下句
全用史記頗自得意擬補成之而終不果漫記於此

同治乙丑十月望夕

劉曰四詩氣體高妙澹然自足
陳曰子舟有句云無酒不知己有詩如舊人嘗屬余書楹帖故尚憶之

次韻答董阮山 放

吾愛董夫子翩翩大雅羣有詩先贈我無日不懷君空谷高人畫阮山善寫墨蘭斜陽孝女墳阮山工書余屬題陳孝女碑何當重把臂舊事得多聞

二

十載長安道歸來意致深故鄉好山水閒日一登臨青眼或狂飲白衣常苦吟家風須繼響阮山父名史著有漸齋詩鈔莫憚鬢霜侵

集唐句送粹甫北上

下馬飲君酒詩看卷素裁一經傳舊德五色耀仙材高閣客竟去春風帆正開先侍郎遺句見雲溪友議中以文常會友何日復歸來

二

客路青山下西陵繞越臺故人從此去春色正東來海內存知己明時方愛才近天忻所寄遙想白雲隈

董日明秀似岑嘉州童日對偶天成幾令人忘其爲集句

前余歌歸自廣西贈子相後十餘日子相袖答歌見訪余適他出未晤作此寄之

前度來遊客重聞到水邊湖山君再訪談笑我無緣短

榻懷人夢殘花中酒天平生思君意下筆總纏緜

二

三徑依然在一官歸去來長吟不辭苦作答果然哀似我非知己斯人多愛才豈眞懷壯志幽興到荒萊

三

骯髒西風裏知君壘塊多倘來談往事爲爾續前歌月落星橫斗秋空雁渡河牀頭有長劍把酒且摩挲

四

不識相逢後新詩復幾章但歌今日樂莫悔少年狂野館浮燈火殘星照屋梁何時見顏色重與話斜陽

次韻答柳泉　陳勱

記訪幽人宅雙扉綠水邊好山皆畫意佳客總詩緣舊雨重來日斜陽欲暮天思君不相見有弟話纏緜

二

爲有高堂念歸途萬里來未伸烏鳥思旋抱蓼莪哀作吏無嫌俗逢時愧不才贈言感知己相慰在蒿萊

三

凡事如意少平生壯志多蒼茫身世感慷慨故人歌桂海秋移棹桑乾曉渡河舊遊話燕粵把劍幾摩挲

四

絡繹詩筒寄長歌復短章祇因情繾綣不減興清狂
古調傳流水餘音欲繞梁何人比高格吾愛孟襄陽

亂後歸里鍾雲屏同陸丈靜廬行健董君阮山
見過雲屏出意外吟其讀卽題卷後

談詩誰得要吾愛陸先生世事皆顛倒鍾君獨性情斯
言眞有味非我好隨聲讀罷題吟卷還持作定評

二

更有阮山氏曾無一首詩自言遭喪亂那得復悲思追
睹傷心句常逢點首時應知見此者哀感總如斯

童曰一筆寫出痕跡俱化非老於詩律者不辦

羅蘿村師課士詁經精舍分賦晉宋書隱逸傳
十章

會稽夏統

買藥洛陽去浮橋春水深吳兒歌一曲忠孝是鄉音太
息豪華俗空驚木石心椶櫚花滿野何處更重尋

陳留范粲

優詔二千石陽狂卅六年孤臣無限痛聖主若爲憐生
死一車了清貧有子賢如何忠節士卻廁逸民篇

河內郭文

先生行荷擔刺史尙車迎窮谷苦粖地空山木葉聲此
身隨在樂不憶故無情何事稚川子重留沒世名

武昌郭翻

高節殊難得沈刀事未然固辭虛客意復取受人憐謝
聘將終老居貧卻墾田將軍能下士來入武昌船

敦煌宋纖

鐃鼓喧山谷威儀太守尊見賢不以道欲入閉之門白
髮經生席丹崖隱士村歸來空歎息石壁尙留痕

雁門周續之

開館通三義同門號十經少年都講座暮歲帝王廷處
士高清淨斯人尙典刑鍾山移病去巖澤惜遐齡

南陽宗炳

策蹇匆匆去蕭疏兩鬢斑三湖新買宅四壁舊遊山絕
調驚當宁傳琴未掩關同時戴安道王使竟空還

琅琊王宏之

願作漁師老飄然撥棹過故人無恙在新日得魚多鄉
夢拋江左高風滿浙河貂裘隨意著采藥入山阿

南郡劉凝之

萊子傳投畚嚴陵不曳裾無端對王使稱僕尙修書笑
脫看花屐同乘入市車衡山高絕處曾此結茅廬

會稽朱百年

祅布滿啼痕男兒罔極恩醉中忽棖觸悲絕木棉溫入世身無累談元舌尚存知心有萊婦蕉若老山村

郭曰吾師五律逼眞開寶諸子詠史詩氣體高妙亦在近人五研齋之上

題鄭杏卿杏林春曉圖

吾愛鄭高州文章第一儔至今遺澤遠無改舊風流把酒知豪興論交始去秋瓣香懷往哲應許鸛江遊

二

有約看花去長安二月中鬧紅千樹錦走馬一鞭風圖畫春先在題詩語未工舊時聲價滿重看掃秋虹

越篷聯句

一櫂飄然去何琳秋風越水行望中鄉樹遠王世濬天際莫雲平談笑餘豪興謝輔坫江山歷幾程無端詩思動范邦榦涼月上初更時棟

二

不識蕭山路頻頻問榜師漸聞人語近轉覺櫓聲遲旅館明燈火棲鴉換樹枝時棟官橋斜出路猶有酒家旗時樑

曉渡錢江聯句

如此江山好乘風破浪來琳蚤潮千疊湧初日片帆開時棟不盡古今事誰當利濟才時棟茫茫空闊處回首越王臺世濬

殤同兒寄子舟京都

三十不得子兒生我母歡期年相捨去老淚未能乾我亦愛憐甚念之心骨酸瘞銘悲不已還寄遠人看

送傅𠭩生歸臨海

亂後重相見褰衣入酒壚忽成三載別新長數莖鬚談笑無餘子干戈只故吾醉中君莫問舊事總模糊

二

泱計諸生老看山兩腳忙何人還襏襫謂爾太荒唐綠酒遊仙夢青年結客場眼中浮世事愼弗悔疏狂

劉曰讀眼中浮世事二句見古人臨別贈言之義

三

未了名場債來年尚一行君當知此意我豈愛微名自有傳人業非關問世情馬鞭長揖緩且復說生平

四

此去中秋後木犀花正開滿山香不已送客到天台無計堪留別相看更愛才何時商舊學遲爾四明來

董曰風格逼上滿紙淋漓少陵得意作也

贈湯丈耕吾

謂我逢君久曾無一字貽半關生性懶又恐大巫嗤此夜忽相憶有情從可知來朝聞剝啄敢說報章遲

二

是月多風雨尋常未出廬天寒頻中去酒客去且看書生計今安若新詩問起居梅花定開足香冷復何如

董曰以古體之法作律詩一氣相生不見對偶之迹作者最擅長也集中此類甚多偶拈其一論之

哭楊閑史秀才偉佶

相見不曾數每逢常最親已憐君卧病猶爲我沽春鄰笛淒相感儒冠誤太頻始君兄以劬書夭天年今君又繼之可惜也昔時傳吉夢遺札尚酸辛君嘗夢予生子以札致予

秋夜同王稽雲世濬登吳山絕頂

吳山無暑氣明月水邊樓攜手一長嘯同登最上頭淡雲千片白燈火十分秋何處吹長笛西湖有釣舟

丙午八月十四夜闈中作

六度錢江水頻來鎖院中木犀花正發香遶一身風整頓威儀肅包涵氣象雄儒生觀大體瑣瑣說窮通

二

富貴尋常事吾生早定謀安能懷壯志長此學低頭絕業懸今古諸君任去留卧看明月上客路又中秋

光溪

落日放船去彎環度石根遠橋低坐水孤雁淡歸村紅樹新山色青袍滿淚痕低徊溪上路悽絕兩招魂時仲兄及

亡室皆殯溪上相距一里許

劉曰遠橋二句寫景幽絕卻好引起結意

陸曰遠橋一聯字字烹鍊卻極渾成超詣也

烏曰遠橋一聯琢鍊而出以自然姿學兩到

莫別徐旭林星池兄弟出奉化城

剡上吾宗彥歡然雞黍邀別君時曖曖送我路迢迢忽見月生水相隨人過橋前村投宿去餘醉未全消

岔河旅夜

迢遞來相見關山路幾程行囊煩檢點低笑若平生旅柝驚殘夢鄉心亂別情攬裘長太息涼月正三更

三月十二夜闈中夢見先伯兄明日得家書兄子隆德入郡庠喜而有作

矮屋三條燭更深睡未安見君聞語笑向我索衣冠自得南中信方知地下歡別離十四載來夢豈無端

二

潦倒當年事青氈恨不平故人重話舊時李莪山郭少逸諸君同寓崇文門下孤子始知名尚勖磨圭志無忘式穀情阿咸吾望汝豈獨在簪纓

周丈作槐沅挽詩

十七年來久時時丈室過古人憂患意彌覺老成多獻

歲驚聞訃殘冬，尙養痾後賢師儉德期望定如何

王丈蓮君瀛權知河池州卒於官詩以哀之

陳子歸來日賸詩哀意多陳子相自廣西游宦歸　曾作歸自粵西歌貽之追公將就道勸我續前歌薄宦身名盡驚聞淚涸沱可憐吳札劍長自悔蹉跎

苦雨

何處堪行路江南正作去霉更無終夜月不送一聲雷野望山全墨江空浪欲堆俄聽簷溜斷又見溼雲催

二

比歲遭荒歉稻苗今幸肥老農無限意日日候柴扉蝸

迹壁頭滿鳥聲簷外稀可憐種花者還說有生機

周日此旮人戊申歲和李笙翁作也落句微露作意閒知古人尋常詠物題要自有命意在

范丈筠圃邦晒挽詩

過我作酬飲匆匆已四年邇來豪與減兩鬢早蕭然頗額經生席淒涼坐客氈門前月湖水剛繫孝廉船時長君子

眞新自京師歸里

欲問

欲問漁樵業優游江上村有情天亦老無佛我稱尊世態平心見斯民直道存前言吾旣悔輕薄與誰論

陳曰欠聯以成語作對極工卻極自然

庚戌下第南歸經蘇州信宿閶門外忽見白髮

數莖感賦

往矣觀燈樂來思競渡忙旅懷望燕月歸鬢點吳霜作客易爲老窮途不敢狂舟車八千里無語慰高堂

烏曰第四句點用長吉眞切無痕

弔何一山先生桂馨　有序

先生爲予弟子舟房師道光丁未二月余入都謁先生時先生方官御史一夕招飲邸第歷敘生平自言宦數十年矣屢起屢廢從不知有奔競今年逾六旬浮沈仕籍轉不若令弟不出之爲得也醉中娓娓感

慨久之及庚戌之歲余復入都先生已卒於官歸過吳門往弔其家追念前言悵焉有作

招飲都中日生平細細論始終惟我法拜罷盡君恩羈宦嗟流歲歸田羨及門只今過故里在耳悵言存

烟嶼樓詩集卷十三

男隆壽平甫校字

烟嶼樓詩集卷十四

鄞　徐時棟柳泉稿

慈谿葉鴻年吉甫刊

五律下

哭邵丈海門詩

豪興眼前在難忘是此翁笑談驚左右嬉戲佝兒童摹帖初晴後栽花細雨中只雞社公酒未肯與治聾

二

仲夏一相見爲翁開舊醅出門從此少壯志未全灰既病猶乖念來看覺已臏俄成千古別空奠菊花杯

三

隔水昔三老謂丈及王丈月農湯丈耕吾蓬門時一敲蕭疏飛雪鬢慚媿忘去年交斗酒互爲主新詩同見鈔不堪都去盡冷落月湖坳

鄭弼庵孝廉聖賜母金太孺人挽詩

慚媿黃裳客東湖四度過家風荊布舊陰德里閭多壽母方榮世諸兒早掇科佛桑遭阨閏淒絕是蒿歌

奉懷朱小竹先生緒

去歲草堂至匆匆遂別離亟來是何日久不見吾師定稿新添幾傳經近屬誰春風湖上席卻憶少年時

二

自返故鄉後揚亭道路舒先生生長榆莢村後來寓居湖上數載近復還故鄉佳兒應大可新婦復何如以先生子竹孫今年續昏詩禮承家久桑麻課績初桃源殊不遠載酒訪蓬廬

三

豈有先生者而終老轗軻生涯隨分足大器晚成多飢火驅奔走雄心半折磨問天天不語看劍欲狂歌

四

弟子城西住科頭嬾出門著書聊遣興無佛自稱尊萬卷焉能破千秋未易論異時重請益隅坐倒清樽

明相余文敏公以東錢湖月波寺故址爲五柳莊久之莊廢仍爲寺而祀文敏於寺中咸豐六年九世孫承棨重新堂宇余既爲之記明年正月十有七日奉安成禮同人集寺謁拜即事有作

東錢湖上路三度記曾行未到月波去此來春水生帆隨風尾轉山與樹頭平攜手同登岸衣冠野鳥驚

二

果然名勝地風景壓全湖昔日況臺榭茲山資畫圖門酉雙闕迴寺闢一山孤三百年來事田園已盡蕪

三

天子宣麻日先生種柳年名山開洞府平地失神仙未了歸田願空留記勝篇定應魂魄戀奇夢到西偏文敏構莊將成而入閣命下神宗書名山洞府四字賜之後薨於位不及歸也其樓閣門徑悉摘歸去來辭命名事詳集中自記及莊廢爲寺祀文敏殿隅寺僧塑三官像復遷僻地道光間寺中新作西樓文敏示夢於湖上忻君謂所居湫隘盍遷我西樓覺而奇之且不知寺有此樓也往視果然乃奉祀樓中至是承樑始改祀之西廊王曰字字精當

四

尚識清高像因緣傍佛門滿山無故宇九世有賢孫史傳千秋缺心香一瓣存直翁先到此誰爲賦招魂謂南宋史越王浩

五

鄮峯眞隱老得此結槃阿先墓營湖嶼層樓郲月波山容今古在人事廢興多我欲祠高躅同留掌故科越王自號鄮峯眞隱其先墓在湖上今墓工所稱史墓者也又即此地建月波樓後廢爲寺月波寺之名昉此余謂一寺關宋明兩相古蹟今既祠文敏於右廊其左廊宜祀越王也

六

更尋幽勝去寺後樹蕭蕭洞古高於屋春陰暗似宵御書摩斷碣遺像認前朝蝙蝠知何處空山總寂寥寺右有洞甃甓而成爲當時莊中一勝以奉其父母二像者今裝色剝落殆盡而狀貌依然是日尋勝至此遙見太夫人背倚一石隱隱有字余入洞中手拭像起摩識其文則洞府二大字端書後二行小楷云萬歷九年冬臣有丁恭摹上石蓋所鐫即神宗御書而名山二字斷落不可問矣相傳此山洞中舊有白蝙蝠大於雞余尋之不可得

七

相國諸孫子相邀過此鄉野僧留客嬾古佛看人忙嵌壁慙新記題詩勵和章登臨不盡興放棹已斜陽劉曰紀河間謂東坡五言律皆氣機流動由其一筆寫出不由堆砌而成吾師謂余文敏祠七章亦純以氣運無復筆墨之痕鳥曰俛仰今古寄慨遙深茲游得茲詩名山與賢相並傳不朽矣章曰有記敘有旁及有感慨有摹繪色色俱到筆筆凌空七詩當爲五律壓卷

同葉小峯同年維藩季弟石門泛舟遊林氏夢園

聞說城南路名園綠水邊扁舟才一到小築已三年位置天然別登臨我亦仙何當攜斗酒蕭爾話林泉

二

樓迥深深接山低曲曲通小窗皆卍亞老樹自西東烟靄微茫裏人家指顧中更臨池水上濠濮興相同

三

舊日農耕地新來已闢町短牆圍蒔圃幽徑出雲亭牆外有小亭童丈蓴君顏以團雲豔色春都是奇花眼未經自慙斯事拙

小立問園丁

四

圃外更何有縱橫復結廬一庵新供佛滿架亂堆書圃外有庵曰無無庵以供冬心居士所畫佛像種種因緣見無無色相如庭前千个竹欲爲證空虛

五

遊倦將歸去同行尚戀斯到門無俗客題壁有新詩寒食初過節斜陽欲下時草堂殊不遠應自悔來遲

遊夢園後月餘主人林小屏約以午日過其園中遂自月湖泛棹出甬水門重遊是日陳舲仙

明經張米叔同年慶璜秦和卿孝廉運錦同在園中即事有作

有約看花去名園我復來解舟穿島嶼出郭指樓臺曾得故人聚因之懷抱開十年前事憶梵宇共徘徊丙午午日同門經遊壽昌寺觀浮椿及李次公畫十八羅漢像時余有詩記之今復以午日與明經遊覽斯園回首前事歲星周矣

烏曰每歎眼前景他人或數十語不能達者作者輒以一二語括之如此詩次聯是也且非特敘事明了而重游亦復宛然

二

庾信園名小林逋鶴未歸野花迎客笑水鳥背人飛坐永尊前話涼添雨後衣酴醾三十本欲向乞芳菲

草堂即事

觸熱時來客看書嬾出門蓮房新結子蘭蕊已生孫從好誰求富無憂我自尊狂風聞不害穲足報江村

烏目五六卓然名句

寄余尊沚有序

五柳莊斷碣及文敏父母像皆在月波寺後洞中余嘗屬尊沚嵌斷碣於寺中祠壁而遷二像於大宗祠聞尚未舉行故復以此詩敦迫之

昔時湖上去我獨上巑岏叶斷碣前朝字荒山故相園

礙衣多枳棘拜像識椿萱位置曾相告憑君勿忘言

傅心芝大令自銘死事於上高縣

轉戰圖恢復倉黃復引兵丈夫終死國遺恨未收城斷臂心猶壯歸元面若生數行褒恤詔忠勇史官旌

二

纔脫廬陵轄旋歸望蔡喪王琴仙太守本梧以前一年殉節吉安府吾鄉宦江西者纔二人至是而君復死之幾人官此土大節炳吾鄉刀劍都陳座欃槍尚有芒諸君英爽在應共下朱航

童曰坑結語慨想當時之無人

張東玉中翰士珣挽詩

自我城西住爲君水北鄰去來情更密談笑意都眞話舊追先世論文記宿因（君與余同試郡縣受知於程大令朗岑呂太守仲英兩師其後同試雲石山房復受知於李觀察曉閣師）邇年人事變抑鬱總難伸

二

餘蔭承先業生來安樂窩未堪身世累遂覺苦辛多閱歷紆籌策心神費折磨照人留古道欲問命如何

三

有客談星命（謂馮午舫）今秋謂不祥此時君健飯頗怪語荒唐不幸而多中斯人未可亡露珠弓月夜（君卒以九月初三日）景色太淒涼

雨中登瞻埼嶺絕頂

嶺路何年闢彎環十二重忽驚無上界已到最高峯髮爲天風櫛衣沾潤霧濃南東山下畝大雨慰耕農

二

一望盡空闊衆山無與齊眼中滄海小天半白雲低雨色寒蒸樹泉聲亂入溪重遊待晴霽萬里不應迷

童曰末用虛寫與遊響巖念之意常惡句並妙
陸曰二詩筆健如俊鶻摩空

瞻埼有序

瞻埼距縣將百里背山面海明初設汛其地始移民居之成大聚落海中之埼頭洋在其東烏埼山在其南登高可瞭望故名瞻埼而村人以爲瞻岐誤也咸豐九年村外新築海塘開闢塗田余同諸君往觀塘事客村中周氏者十餘日歎其民物富庶風俗敦厚即景成詠如土風焉

萬嶂圍三面千家自一村早潮登蟹蛤斜日下雞豚桑柘牆陰密衣冠古處敦不須宵擊柝高臥闔重門

二

百里遠城郭眞成安樂窩水清爲酒旨土沃有年多髫丱嫺詩禮功名重甲科山邊瞻埼書院好去聽絃歌（村人合建瞻埼書院）

三

更向前村去溪橋壓水平蜑人修破網浣女鬧初晴生計饒山海鄉風半讀耕憑高試登眺遙見大嵩城

四

聞說湯襄武移民到此來負山初建國傍海尚留臺經制前朝古農疇繼世開無窮延地脈又看闢汗萊（海邊漲塗次第成田近又開墾可得萬畝）

五

萬杵登登築，來游到海邊。下方新畜淡，高處已連阡。虞芮何年事，滄桑此日田。夕陽明兩岸，人坐渡頭船。（對海爲定海廳地以舟渡海頃刻可到）

（童曰詩中有畫）

六

南望州昌國，（元昌國州即今定海廳）東連縣泊潮。（宋人呼鎮海縣爲泊潮縣海岸穿鼻山兩縣分界處也）時清無戰艦，泥滑有飛艭。（潮退後土人以小舟在海塗上拾海物舟甚小一足舟中一足舟外推行如飛或即大禹四載遺製與）碧淖天開險，（數十年來漲塗日遠海盜不能上無煩防汛）紅爐海作燒。（海濱多煑鹽竈戶）尚餘防戍卒，頭白混漁樵。（國朝立汛仍明制額設守兵戰兵馬兵各若干名）

陳曰視舊誌所載呂山人諸詩有其過之無不及也

陸曰六詩搥字必堅鍊詞必雅置之杜集中幾不辨楮葉

童曰節次寫來人情風俗歷歷如見妙筆也杜老詠風土如是如是　又曰第三四首當爲六詩之關鍵

贈周翁君綬

曾與翁無素，相逢意便傾。自言方病足，不得伴山行。雞黍田家味，桑麻隱士情。賢孫氣軒豁，蘭燭話生平。

由寶巖山至戴公嶺

萬樹長松下，籃輿曲曲過。水清魚樂見，春暖草香多。世態消魔障，天風滿澗阿。山深雲在谷，隔嶺有樵歌。

張鑑山廣文（炳奎）挽詩

荷鍤劉伶願，眞當化酒壺。浮名原冷淡，大事不糊塗。豹吠聲何急，烏私淚欲枯。那堪羣季對，共惜一荆株。（用庾子山句）

（烏曰首四語爲廣文寫照）

送張米叔同年司教定海廳

一

送子鄞江上，琴書共一船。冷官棲海國，蜑雨雜蠻烟。變夏悲今俗，移風緬昔賢。青氈商舊學，好闢野狐禪。

二

昔者吾良友，淵深媿弗如。宋元搜祕笈，典詠勒新書。子有斯文責，人當問字初。此邦知愛惜，定爲覓鈔胥。（吾鄉地志莫備於定海宋寶慶元大德二昌國志余既刻於宋元四明六志中明志亦有存本聞國初聞惢泉所作舟山志尤佳余未之見也近時朱司馬述之先生嘗以夷難後收復定海到此因搜羅掌故囊括古今爲昌國典詠十卷考此邦事蹟者今莫備於此書矣書稿在吾家若此邦人士能爲之謀剞劂眞不朽盛事故因送君也而詳言之）

三

島嶼浮空見，吾家古蹟多。徐城今在否，遺廟近如何。（徐偃王避楚至翁洲始見史記正義所引括地志中翁洲即定海也故徐城及王廟定海新舊志並載之）眼已經滄海，身應到普陀。胡僧倘相識，清話夜婆娑。（史越王遊昌國時事）

四

把酒論形勝當年卽弔東臨風一懷古爲我弔三忠謂辛丑殉節三將軍潮湧連天白城孤落日紅和歌慷以慨遲爾寄詩篇

建隩山中

山中何所有好景不勝收巖瀑白於雪野花紅到秋筀歌禽五色奴婢橘千頭若更載書去何須萬戶侯

陳曰三四天然佳句　陸曰神似開府

行人入建隩偶摘一橘爲守者所見償之不啻百倍讀少陵金橘不論錢之句爲之浩歎

金橘山山熟行人但許看滿村譁掩獲令我發長歎可解梅林渴毋彈李下冠鄉風眞負義大劫豈無端陳舜俞都官集山中詠橘詩云有義會分客自注云山中橘熟時見客來者無不分贈

李衮山舍人烱挽詩有序

君常以忠孝自任家在鄞南鄉隻身避寇江北流離顚沛中每恐家人有陷賊者悒悒成病今年三月聞忽譌傳賊掠南鄉全家被陷搥牀大叫遽仰藥死前年君司訓金華聞賊警以死自誓會賊轉而西去得從容解組歸里門至是而終殉之可哀也同治元年秋九月

隻影流離日蒼涼病未蘇妖氛春盡惡淚眼望中枯宦海身猶在家山死不孤吾友鄭弼庵舍人聖颺先君數月絕粒死古來忠孝事何意諒庸愚

陳曰人生得一知己足以不恨死而有知當復如是一結足令九泉瞑目矣

同治二年正月有懷次女時方從其壻淩定甫孝廉忠鎭客京師

失恃猶年少常依大母傍教非嫺保姆身已事姑嫜不幸逢新亂從茲更遠方遙知四千里憶我鬢蒼蒼

烏曰結語反用少陵月夜詩意別有情致

二

五十行年至吾衰難具陳齒牙多脫落哀感況頻因去年四月仲兄長子隆章被掠閏八月閒伯兄仲子隆德病卒大墩祠堂中今年正月二日德婦又故亦有名山業而遭劫火新亂中吾以著作一巨束藏金嚴石屋付石屋巾打坐僧日功餘者守覩之未遭兵燹而竟被焚如亦怪事也近來聊坐憶燈影夜常親

烏曰一氣旋折此四十言詩也

三

別汝前秋暮而今又歲初少時多病痛客裏復何如殤女知悲感客夏在上海殤女由天弗歎吁郎君應有信候看弄璋書

陳曰神行官止如寫家書忘其爲律句

挽周廉泉同年 紹濂

下第南歸日扁舟我與君此行踰帀月後會總浮雲薄宦長爲客彈琴未策勛江南有循吏吾黨惜離羣

烏曰帀月浮雲是熟極後自在流出無心湊巧不比尋常借對俗派

二

聞道周明府儒官有將材夜馳鄰縣去手縛賊王來籌策閒中定荒蕪亂後開至今三仕處丹徒金山華亭士女尚餘哀

烏曰生氣勃勃

童曰一氣奔注熟極而流是舍人擅場處余尤愛其有頓宕有提掇否則非直下即平衍矣

老屋

老屋三閒在天雷劫後棲室眞容膝小牖有及肩低急雨蛛收網狂風燕落泥垂楊依舊綠高蔭敝廬西

烏曰急雨一聯乃閒中有得語不圖劫後有此靜恬之況舍人眞異人也

童曰舍人客慈谿而家遭祝回之變及急足報至時方置酒高會滿座驚歎失色舍人笑曰不可以一人向隅而四座不懽即復命酒重酌明日歸來慰弔盈門舍人處之恬如但稱命數而已蓋其胸襟實有不可測者因讀此詩見烏君評語遂并識其本事如此

挽董面軒孝廉 灝

訪我冬將盡知君正養痾已難驅晉豎姑爲覓秦和京國醒春夢風華付逝波江潮夜淒惋那忍聽蒿歌

挽王小竹 引孫

與世混相濁儒風不脫難兩辭徵辟詔一任廣文官繪事成虛諾今夏過余草堂以余劫後圖書無存將作畫贈余詩情待細看君嘗屬余訂定詩稿靑箱傳舊學蕭瑟爲君歎

君卒後十餘日令子改夫廣文繼卒

陳曰起二非深交眞交不能作此語

劉曰挽詩例多酬應而吾師諸作多表明心跡存其梗概後有讀者可以想見其人之生平如此篇與前挽李舍人諸詩尤其著也以詩傳人不媿詩史之目

老友話舊意似抑塞用賦五言以廣其意

同學少年子紛紛在上頭名將高一世士各有千秋惜命文章賤無才飽暖羞老來應努力愼弗念沈浮

雨後山中

雨後天初霽陰晴尚未分壯心奔峽水遠志在山雲野草纔能活新松漸不羣蜜巖如此近欲向覓鴻文

五排

范汾生夫子 上緯 挽詩

絳帳陪春滿鏡湖前憶昔追隨日於今廿九年城西謀老圃屋外接廉泉有約高軒過空期好月圓去歲時棟遷城西與先生居甚近先生約今年正月望日過草堂一飯已而不果摳衣商邃密撰屨亦遷延元未分揚草詩曾受鄭箋傳家儒素業杖國地

行仙淡飯粗衣樂栽花種樹緣座堆節講籍門繫孝廉
船願已三生了天留五福全光風餘綠帶秋氣冷青氈
李漢收遺集還當作序篇
童日三
四妙對

烟嶼樓詩集卷十四　　男隆壽平甫校字

烟嶼樓詩集卷十五

鄞　徐時棟同叔稿
慈谿葉鴻年吉甫刊

七律上

童曰大將諸將詠漢史懷裕大將軍及游杭集中表忠觀諸作氣韻沈雄識力超卓幾於空絕前後至入己酉以後諸詩則命意深遠措語又極和平格律漸入老成矣

春陰

重疊行雲出岫忙雨晴不定似商量初三夜月逢寒食
十六番風到海棠草色上階青帶潤簾紋如水綠生涼
詩囊入夢頻搔首何必楊花落滿牀

舊評王綱齋師曰三四鉤取題神是追魂攝魄手段

贈鍾雲扉

市上吟聲是也非鑪邊鐵隱有雲扉翁以冶錫爲業而能詩余稱之冶師時人呼爲鐵隱新翻樂府黃棉襖舊署明州老布衣死別生離知己感翁始學詩於其故友陳夢回又極爲陳丈漁珊所賞時丈方遠宦陝右浩歌悲嘯賞音稀翁送陳丈詩有云五千里路相思苦六十年人再見難本佳句也而或以爲語非吉祥强令改之白頭詩事須珍重如此江山力亦微

同人賦西郊古蹟得鸎脰湖

我來話舊廢湖邊世事滄桑總偶然一水豈知關大利
七鄉從此失腴田相傳一萬二千丈曾歷三朝六百年
過望春山長歎息不知何計保東錢望春山在舊鸎脰湖中鄞東西兩鄉西七鄉田賴鸎脰湖東賴東錢湖鸎脰湖既廢更無可復之理而東錢湖亦復多私佃之者且復淤泥日積蓋湖小於舊者什五六矣

二

欲造夷船費不貲好湖拋卻爲高麗幾年薄賦窮黎累初廢湖時募民佃田但稅官賦賦較重於他鄉而無田主之租故民爭佃之且德廢湖人至爲之立廟豐惠廟是也其後復相賣買於是田租如他鄉而官賦大重明時雖經奏減然不能盡減至今終爲民累耳一片深情快埒祠王正己作廢湖辨謂湖可廢正己樓楚公埒也輕廢尚當閒暇日議興況在靖康時可憐功德無窮盡簫鼓年年祭太師豐惠廟俗名樓太師廟

柳汀雅集賦夕陽

夕陽緩緩下平田無數樓臺映水邊燕子歸來雙剪影
鷺鷥飛破一村烟溪山茅屋尋僧路門巷蓑衣賣酒天
風景蒼茫無限好試看春漲兩湖前

二

雨後閒雲淡淡行畫圖萬變是初晴小年長日三分在
近水遙山一半明江上烟波遊子恨天涯離別故人情
短衣小立柴門外村後村前打稻聲

三

荻花楓葉作深秋一抹殘紅罨畫洲江岸平鋪分草色

人家收起在簾鉤宿寒蘆雁飛流水打暮鐘僧上破樓
歷亂野航歸去急幾多帆影落平疇

四

疏林斜出是官橋隄上行人覺路遥衰草荒城臨古渡
中原舊壘認南朝殘陽西下太容易江水東流總寂寥
惆悵何人懷故國黃昏時節有吹簫

陸日夕陽春草諸詩酷似義山

次韻答韻仙

不見何生去後文近來我亦嬾於雲風催花信連番到
酒占詩腸一半分渺渺春波重惜別時王丈鷹軒及趙粹甫張葆宰皆將遠赴京師淒淒夜雨況思君尋常著屐非吾好欲訪蓬廬待
日曛

鳥曰此下二十餘首皆舍人少年之作諸君頗有欲刪去之者余謂舍人七律凡三變始尚清新繼歸雄健近時則以眞實和厚爲宗合觀前後似出兩手要非並存之不足以窮其變境耳

次前韻送趙粹甫

從今日下好論文健翮摩空萬里雲合座杯飛行色動
片帆風緊浪花分少年豪興卿知己春水長江我送君
他日相思何處是淡烟鄉樹帶斜曛

次前韻送張葆宰

傳經家世有鴻文衫袖飄飄氣貫雲春色東來京國滿

潮聲西去大江分風生快論曾驚我己亥七月同客錢唐寓中縱論史事
月照浮梁定憶君不爲送人思作郡書籤萬卷映朝曛

次前韻贈陳子相

白髮燈前手我文交情兩世賦停雲謂停甫西耕先生忽驚先
輩風流盡先君沒後十二年先生亦歸道山可使吾儕意氣分一夜清
談新益友十年名士舊徵君何時再駐湖頭馬坐看歸
鴉掠暮曛

次前韻贈王稽雲

湖水如天浪有文科頭一笑見稽雲人來暮雨輕衫溼
簾捲東風斗酒分座上縱談應讓我夜深高枕獨憐君

別顏不了相思意春樹蒼茫隔浦曛

次前韻即事書懷卻寄韻仙

一本梅花一卷文此時意氣宛凌雲綠波春漲人爭渡
紅樹烟多鳥欲分美酒十千酣過客異書三萬傲封君
無端屢疊何郎韻卻爲詩成恨夕曛原唱末韻用夕曛和之者頗無別意

可選故篇末微調之

前余贈子相長句子相既次韻報余二月二十
八夜忽夢見之明日薄暮而贈詩又至始知昨
夢之非無因也仍次前韻集唐人句卻寄

緣情何幸枉高文遥結芳心向碧雲生計拋來詩是業

報章重疊字難分今朝一望還成暮昨夜三更夢見君惆悵舊遊無復到水邊風日半西曛

次前韻再集唐詩贈韻仙兼示子相稽雲

前度相逢正啓文（前余與韻仙同爲人作駢體壽言）一朝消散似浮雲花鬚柳眼各無賴蓬閣桃源兩處分直道相思了無益不知何地再逢君簾前春色應須惜閑閣陰陰日復曛

郭曰集唐皆自出機杼不同抄撮

再次前韻寄韻仙并約閏重三之遊

下筆令無出世文歌聲那得遏行雲主慙遇敵三人勁僮怨投詩兩地分（子相稽雲同館陳氏韻仙館楊氏相去數里）隔嶼每懷何

水部比鄰絕少卞田君頗聞欲作登樓客看劍彈琴共坐曛

二

乞靈曾借古人文知向城東憶范雲三月已看新置閏四時誰道各平分（用元微之句）明朝小飲遊丁市今夜長吟共卯君（謂子舟）上巳天教作良會湖邊一抹放紅曛

鳥曰平分四時語出九辨詩人沿用久矣此乃謂春多一月不得平分何則仍諸前人意則與之迥別推陳出新其妙全在上句

春草奉和馮柳東先生（登府）韻

輕雨輕晴放鶴天落花時節草芊緜翠邊金粉嬉春路綠外紅旗賣酒船蝴蝶翅粘歌扇底蘼蕪痕上舞衫前細奴攜榼城郊去寒食人家拜墓田

二

歸夢迢遙客未還東風吹綠到人閒江蘺無種年年遠野館誰家寂寂關襟上淚痕湘浦雨馬頭春思潁陽山天涯徧地淒迷景別恨如斯不易刪

三

漢苑無人問馺娑荒荒城郭淡烟拕醉中憑弔皆陳迹天末相思付逝波舊恨六朝殘夢短平蕪千里夕陽多閑門要路都生徧欲乞山開薜荔阿

鳥曰押多字名貴

四

萋萋不斷路三千已掃匈奴尚戍邊斜日昏黃嘶馬地滿山濃綠射鵰天可憐青冢成焦土但見白楊生野烟鋪徧沙場容醉臥酣歌莫問酒家錢

王曰此非作者本色詩存之以備一格

再詠春草次馮太史師韻

門前寒碧接荒城野色搖空暝色橫天意似憐燒易盡人閒無種斷還生翠痕都入家山夢錦道重翻樂府名澗谷采香沿故事促裁春服報初成

二

折柳章臺日半斜眼中秀色徧天涯人歸陌路春三月
夢醒池塘手八叉荒野縱橫迷舊跡淺叢點綴即閑花
榮枯瞬息尋常事惆悵何須感歲華

再和

春色隨人卻上城晴川歷歷遠山橫寸心宛轉相思種
一意纏綿努力生遊客踏莎新唱曲女兒鬬翠各呼名
兔葵燕麥渾忘卻泛淥歸來句已成（烏曰三四亦復纏綿宛轉抵得六朝人春草賦一篇　又曰全不黏說春草卻移換他題不得）

二

掃石題詩字半斜生機從此悟無涯空庭有影飄書帶
廢圃何人負藥叉杏子衫邊飛絮影橘皮韡上染苔花
流波數尺南谿路沈醉東風玩物華

三和

吹到幽香滿洛城油車斜出路縱橫水邊濃翠山邊淡
霜後枯根雨後生蠟屐又迷桃葉渡粉牆新記野花名
拂箋試畫青蔥色一種閑愁寫不成

二

鞭絲柔軟帽欹斜春事撩人未有涯莫唱尊前金縷曲
教尋陌上玉鴉叉踏來晴翠聞啼鳥點破香痕是落花
莫怪舊時詩恨在五侯門外總繁華（郭曰春草諸詩似查初白）

杏花次馮太史師韻

江南消息雨聲闌院落深沈十二干卌里好花天上種
萬家春色馬頭看帽欹疏影絲鞭緩簾挂東風玉笛寒
第一生香標品格錦城桃李已闌殘

避地宅山贈徐秀才 兆蓉

生少無爲忽亂離倉黃聊借異鄉枝當君絳帳談經日（時君館宅山朱氏）
是我青山避寇時枌社衣冠看不異桃源風
景悟如斯蘭江蕙水悠悠在極目烟波總自疑

二

自來秋半已經冬寒夜孤燈意萬重長鋏不歸空寄食
小人有母尙尸饔輸君桑梓承歡久（君居許家橋下與宅山才隔一水）
悵我雲山負米從旅館憂愁勞白髮邇來非復舊時容（童曰情文俱至）

三

每同樽俎露風裁春樹秋雲望我來把酒當年知子面
惘時今日見君才（時君新作惆時詩）關山已擲人何往杼柚將
空意可哀聞說文章堪報
國幾人挾策上燕臺

四

官奴城外急奔瀧連歲兵塵滿海邦天劍未曾清甬水
妖氛又說起姚江縱銷古堞空威遠招寶山上舊有威遠城近聞已爲夷所毀好洗朋山築受降不敢告人聞有命上元應許買歸艭

烏曰落句蘊藉

大將

恭承詔命入江東指顧平蠻膽氣雄大將親師猶竟外纍臣
歸骨已舟中受纓信有終軍策賜樂誰論魏絳功文告
偏傳長歎息伊人失計是和戎

二

卷甲投戈罷戍邊夜來幕府令喧傳安排廬井多新作
歛笑雞豚解倒懸不信亂生眞式月豈知秋至在期年
賈生肯有欺人語係頸單于早眼前

烏曰五六何切合乃爾隸事至此歎觀止矣

三

偶來浦漵任徊徊不料檣傾檝亦摧陷淖尚思游涌逸
獻俘爭看泝江回一舟遊戲海濱潮退舟敗遂獲其夷目一人未妨快意誅
長鬣何必騎心膊就魁聞道將軍謀靜鎮新來千騎乍

驚飈

四

重兵良將守彈丸蕞爾孤懸膽亦寒原爲版圖收既失
已忘軍志退知難海邦昔日常資寇翁山自唐德宗朝爲海寇袁晁所據久不克復遂廢不治歷五代至宋神宗始立昌國縣翁山昌國即今定海地也
昭代初年未置官康熙二十六年始立縣國初地爲遺頑所據至莫謂無人
謀不用罪臣臨別早悲酸謂林制軍

烏曰五六接法直逼少陵

五

飛礮如雷曉夜喧羽書歷歷望兵援帳中四面歌聲慘

海外孤城士氣寃猶使解揚來誑宋可憐先軫竟歸元
謂守定海三總兵江心古寺招魂奠何日奇功慰九原

六

海上危峯鎮不移地形天險界華夷雄關已擊重門柝
聞道曾無一旅師晉國山河原表裏衞公陣卒太支離
平倭尚有前朝碣斜日昏黃總制祠

七

妖氛徧地海天昏又見舟師破虎蹲鎮海縣山名棄甲復來
難睥日守陴皆哭早銷魂已知將去軍無託焉得脣亡
齒獨存百里封疆誰寄命但餘荒谷報

君恩

八

明州淨土忽羶腥黯淡姚江隕將星走保會稽吳入越
犇囚冶父帥聽刑守關尙未知山道伐木空勞塞海陘
可惜斯人無將畧孤忠耿耿照丹青

烏目平允之論

陳曰大將諸將十二首使事雅切婉而多諷不失溫柔敦厚之旨非徒以左癖見長

諸將

受命戎行已喪師罪臣殉節此其時絕懸何處曾逢使
薄酰無人更乞醫天意不教全一死

國恩猶得免三危空留遺愛句東道寂寞千秋事可悲

二

雲臺老將本英雄名在淩烟畫象中李廣數奇逢勁敵
哥舒師敗棄前功嘉門匹馬西風緊鄞水扁舟落日紅
長樂鐘聲太淒慘江邊歎息有村翁

夷人方在鎭海而奪行貨者會余軍門自鎭海來見郡東浮橋已有劫之立斬無賴一二人郡民始安

三

彩仗威儀壯矣哉鄮邇千古號多財祇知海國尊官守
豈料蠻琛釀禍胎肆市不聞秦諜戮犒牛還遣鄭商來
尙臨廣坐談忠義莒子西門已洞開

四

勳名無復望前途高節依稀在月湖豈有從亡供股肉
但聞守藏盡頭須老猶遠戍投邊徼
恩許生還見舊都廉吏口碑眞不媿始終相見只迂夫

烏曰大將諸將等篇至用隸事法別是一樣格式此時舍人篇詠頗多尙有前大將後大將及紀事各若干首悲感淋漓無媿詩史之目惜兩遭劫火僅存什二三耳余猶記其紀事詩中有句云逼處更難容五馬責供何止膳雙雞歎其切合時事用古入化今亦無從得其全矣

陸曰大將諸將諸作感慨時事淋漓悲壯幾欲擊碎唾壺

鴻年案諸將詩惟第三詠鄮太守者爲辛丑舊作餘三詩則雖已屬稾至其人作古復更改論定之故第一詠舒司馬之得免三危第二詠余軍門之長樂鐘聲第四詠王大令之生還舊都皆辛丑以後事也此

集雖是分體各體亦復編年本當編四詩於壬子癸丑間緣題僅諸將二字恐閱者不知所詠何事故類次於大將詩之詠裕大將軍者而附識其說於此

烟嶼樓詩集卷十五　男隆壽平甫校字

烟嶼樓詩集卷十六

鄞　徐時棟柳泉稿

慈谿葉鴻年吉甫刊

七律下

詁經精舍分賦漢史十一章

蕭何

暴露征衣尚戰攻酇侯專任守關中東陵畫策身家事
南鄭追亡社稷功相國勛名高一代漢廷指顧失三雄
咸陽送我贏錢二猶有恩讎記沛豐

曹參

壯歲干戈勞績著暮年輔弼政刑寬匹夫遇主成功易
大將趨朝守法難吏舍醉歌如有意兒曹私諫轉無端
暴秦繼世宜清淨宰相崇高豈備官

張良

漢初競說酇侯事籍甚聲名已到今銷印但聞忠漢計
奮錐不了報韓心飛鴻高舉奈何曲野雉晨鳴空好音
聊向君王稱道引網羅滿地入山深

陳平

頻年糠覈舌猶存負郭窮居獘席門從楚破秦銷壯志
度河入漢壓驚魂無多奇計圖天下第一陰謀誤子孫
陛對數言全大體相臣持重廟堂尊

韓信

不意當年執戟郎已操成算會滎陽市人可戰方眞將
國士無謀請假王羽亦重瞳徒叱咤蒯能相背總荒唐
良弓藏後空飛鳥射雉應憐一矢亡

樊噲

吾愛將軍率性行芒碭同起未知名故宮忽短英雄氣
中禁空留宦豎情不信斯人終寂寞果然數語壓公卿
當年卮酒鴻門會西楚君臣膽已驚

童日八句當
作一氣讀

陸賈

開國儒臣太寂寥陸生清議故超超漢皇圖治書新奏
越尉稱臣語不驕高坐且談天下事浪遊肯仕婦人朝
安車駟馬從容去好時田疇素沃饒

賈誼

主上崇文治運開賈生年少洛陽來新封愛子煩公傅
重爲蒼生老此才謀國經猷歸練達諫書磊落露風裁
異時不幸言多中湘水長流意可哀

周亞夫

帳中曾爲奪符驚誰道淮陰善將兵介冑在身軍禮見

天王按轡壁門行他年不拜滎陽詔成法依然細柳營
蕃服謗言從此起退朝目送太多情

蘇武

凍雪寒冰絕域中廿年歲月太悤悤始終無改貞臣操
親故難忘長者風帝詔單于歸漢節天生通國報孤忠
當年徐趙皆男子不獨長羅意氣同

董仲舒

邪說爭鳴各異途謹遵轍迹是江都才非王佐通經媿
家治春秋絕學無殿上賢良方簇詔關中徵發已防胡
賈生顛頷董生老閒散人閒兩大儒

舊評鎮海姚梅伯曰鄭侯留侯俱有微詞奇論驚人千古卓識　又曰樊賈二詩尤極雄渾

烏曰醞釀深厚斷制精嚴有此識方可論古有此才方可詠史

王曰詠史諸作才雄識卓學人詞人均無從望其肩背

童曰詠史詩識力超卓筆力雄健必傳無疑

劉曰申鳧盟氏評杜詩云今人作七律堆砌排偶全無生氣而矯之者又單弱無體裁讀杜諸律可悟不整爲整之妙吾師詠史諸作節奏自然純乎化境知導源有自矣

陸曰詠史諸作卓識不磨名論不刊迥非人云亦云至其格律之謹嚴音節之宏亮自是三唐嫡派

余丈蒡坪輓詩

二十年前早識公摳衣隅坐尚兒童每因話舊呼從事
更爲論交拜侍中少時隨諸兄兄事丈其後因與嗣君尊沚同學竊取北海拜陳之義呼丈爲叔多難避人常咄咄夕陽流水太悤悤只今腹痛菱池
路陌巷猶留長者風

贈金陵朱述之大令緒曾

脫帽看詩結酒儔有書未擬上荊州勞君自遠來相見
媿我無奇可借留願以所餘波晉國敢因爭長齒滕侯
高人品格儒生學都是塵寰第一流

烏曰五六用古入化

二

君家建業我何餘桑梓徵文兩意如顱髓目睛勤愛惜
蝸碑蟲簡費躊躇荒材無補千秋業海國新添一部書

擬刻宋元四明五志近又從先生處借鈔大德昌國志夢寐經年今果得助余將
伯敢忘諸先是羅鏡泉以智來司訓鎮海嘗語余此書

三

烟嶼樓前又駐驂高軒過我已經三惠貽手澤先人集
先生以手編八世家集見贈頓愈頭風半日談八代文章雄海內一
門壇坫在江南夜深把卷圖詩派元禮搜羅未足貪

四

捧檄西來到海濱清風亭子十洲春先生近以收復定海來鄞住月湖芙蓉洲客途名士多高弟吾鄞王丈月農董虛竹蕭佩蘭諸公皆出先生門下行笈奇
書是故人青眼相期傳世學黑頭好寄宦身浙中廉

訪家聲舊佗日重爲部下民先生從子莊恪公嘗司臬浙江

舟中望惠泉山懷裕大將軍謙

惠泉山色聞天下不爲名山爲美人自昔中丞開幕府
盡驅脂粉出風塵將星悽絶鄞江月歌扇依然傍國春
留得去思無繼響獨教吳語詈申申

陳曰畏子不敢删詩所以録大車隻手障狂瀾其如狂瀾再倒何
童曰渾灝流轉神似老杜

野眺

雲外重山竹外村袷衣野眺近黃昏落花帶雨紅黏葉
古樹分陰綠到門眼界已空無意識月輪初上有微痕

桃源流水渾難辨且看捕魚坐石根

咸豐三年十月將盡忽傳鄉人入寇城中戒嚴
六門晝閉於是紛紛遷避輿馬一空意緒無聊
作此示四弟子舟季弟石門並示坐中馬午卿

邵又橋

城頭戍甲未全除軍帖喧催子夜初吠影無端狂眾犬
賦芧誰爲養羣狙廿年肉食難干策滿地兵塵且著書
時余方作宋元四明六志校勘記未就　席捲倉黃車馬盡弟兄朋友尚吾
廬

二

不知樂土更何地江北江南寇已深連日閉門忘世事
頻年思亂識人心蜚鴻回笑猶巢幕倦鳥將棲尚擇林
聖主中興能勞來只今于野費哀吟

王曰第四句沈痛語

宅邊柳有序

咸豐五年三月余始居城西門外名之曰城西草堂
童丈葵君爲余篆題戶册宅邊有高柳相傳不由人
植初時但見短枝數年遂成大樹樹下有泉適合吾
號此豈所謂因緣者耶賦詩紀之

高蔭吾廬美且清依依似有故人情何須對此成吾隱

便可隨時聽鳥鳴門外未偷陶侃種城西敢慕萬章名
先生自號無心合贏得人呼柳下生

舊評宋述之曰五六寶寶是西門外柳寶寶是城西柳先生詩隸事雅切如此

范沁君同年邦棫母張太孺人輓詩

十年前記拂鸞箋不腆陳辭遡母賢剛擬八旬重致語
豈知先歲忽生天白頭門戶操心久墨帳科名有子傳
新卜草堂鄰孟里巷歌消歇共淒然

咸豐丙辰九月二十二日由光溪入南山訪陳
東生德梧

光溪曲曲入雲鄉秋色深深小雨涼白飯青芻留遠客

碧梧翠竹見諸郎滿山試問皆生計避世今知有祕方廿五年來離別事不嫌情話酒中長道光十二年與君同問字於綱齋王先生

陳曰桃花源記稱良田美池桑竹之屬人寰即仙境不必求之世外也

二

阮修貧苦未成婚我作王敦卻造門王先生孤子正燗年長未娶余謀諸朱繹山偕其事此行亦爲之託鉢也一諾更無慙祖德廿年同此感師恩君大父逢吉翁多陰德君能不媿其家風是日以二十千付余荒厝營室猶微償寂寞重泉早望孫新賦小詩聊記事好傳高義遍山村

丁巳正月望後二日同秦菁沚運鈞何韻仙二孝廉馮午卿烏釀仙余蓴沚三秀才宋蓮叔觀察紹棻李可稼廣文厚田范芾廬明經四弟子舟遊月波寺

幾輩朋儕與弟昆相將一笑上雲根兩朝古蹟留師相寺在宋爲史越王之月波樓在明爲余文敏公之五柳莊十里春波到寺門攀竹徑穿沙印屐繞湖山好樹遮村土牆亂砌題詩石細認當年刻畫痕

謝段鏡湖觀察光清惠荔枝時公子小湖司馬喆宦閩中由海船新獻時果

久聞風骨是傾城白玉紅紗入眼驚曾爲色香疑舊譜

始知鹽蜜累清名薦盤快洗先生醆拜惠同嘗孝子羹今日分甘鈴閣下不才轉覺愧詩情

二

銀印緋衫對絳囊小青天頌到蠻荒浙中呼觀察爲段青天閩人因目公子爲小青天海濱與樹流膏露掌上虬珠傲雪霜坡老豈眞官爲口白公自喜客同嘗紅塵一騎眞堪笑似箭鄞船穩渡洋范石湖新荔枝詩云鄞船荔子如新摘又云趁艫飛來不作難紅塵一騎笑長安蓋是時石湖方守四明亦以海舶自閩中載至耳

豐年

草堂客至啟柴扉閒說鄉村稻正肥雨不爲災猶可喜人方憂亂況堪饑錢爭當十官無策農得餘三盜亦稀但祝豐年歌帝力繫懷塵事早知非

陳子相母王太孺人輓詩

板輿穩坐髮如絲隨意看花笑進卮四世生孫留老眼廿年養志有孤兒恐驚動履疏存問卻憶摳衣拜歲時先大夫與封翁爲執友余兄弟賀歲必拜太夫人近以太夫人病風不敢驚起居矣新卜草堂鄰孟里佐歡不腆獻盤匜劉曰吾師樂道人善惟不輕以孝行許人而特稱陳丈之能養志蓋平日固有獨契者非同人云亦云

三

病無痛癢亦神仙老福閒身自保年私願春輝長照地豈知我佛忽生天奉觴未獻松風卷（太夫人年八十時予相屬爲壽序余以入都不果來歲太夫人年九十思踐前諾又新得奚鐵生松堂圖將重裝爲太夫人壽今皆成空言矣）執紼空歌薤露篇惆悵重三圖畫裏鮮民相對淚潸然（道光辛丑繪閒重三日聯句圖時六人皆以孤兒事老母庚戌十二月不肖兄弟首遭大故厥後王稚雲何韻仙鳥釀仙相繼罹終堂之戚圖中人惟予相尚爲人子嘗私爲之慶幸不意太夫人復仙去矣）

次韻和范雨生丈（上綱）八十自壽

范叔新詩紀八句一時竝作有徐陳（竝作命徐陳虞文懿句也予相首和此詩故及之）吾儕酬和聊乘興此老生平但率眞冊載後重周甲子十年前尙守庚申（丈善導引之術行之數十年）甬東耆舊如開社屈指應推第一人

宿陳魚門中翰（政綸）家見洋燭長身細幹不翦而明索得十挺賦此報謝

話雨西窗夜欲闌一枝長對玉珊珊固知材短消磨易始信心粗洞照難旁映欲穿匡鼎壁高燒不掩孟嘗餐故人索贈非無意聊當投書郢客看

陳曰隨處見道卻不落陳腐一派故佳

二

不翦拳煤到五更檢書起草眼常清玉堂已透紗窗影金谷何勞蠟爆聲同舍有人驚異物乞鄰笑我學微生（葉小峯同年時客余家見此驚喜分贈之）甯王妖燭應相似莫太風狂夜不明

謝陳樹珊駕部（政鍾）送書

客歲吾廬下祝融圖書收拾去匆匆范廬已斷千秋望（范氏天一閣盧氏抱經樓諸書竝以前年寇亂散失殆盡）湯鄭同歸一炬中（縣中湯耕吾懋才溪上鄭簡香徵君兩家多藏書近來大半歸余處）本以網羅遭劫火莫將呵護問天公故人憐我平生志架上新來幸不空

二

卅年精力費居諸問祕搜奇十萬餘今我更無焦尾本憑君重見案頭書癡心敢復圖恢復餓眼終當少積儲

試過長文勞寄語還瓻有約近何如（賊據郡時無賴擄竊吾家烟嶼樓書至江北岸爲君從兄魚門中翰所收贖亂平相見嘗許見還雖復叢殘然而慰情聊勝無也故屬君一問之）

有感

朝三暮四只欺狙今古人心大略如誰肯芸田眞舍己笑他緣木強求魚每每姑妄聽與誦育育而安召我居欲慕孫蘇陽羨客谷風三復轉欷歔

烏曰浩浩者水育育者魚未有室家而安召我居管子引逸詩語也此全用之以對左氏於本事適合文章天成妙手得之信有是者

二

我友卬須伐木聲馮驩爲我費經營（謂馮鮮亭）出奇有計來

相開受誑無端竟沮行里不擇仁焉得智道于謀室自難成平生事事堪人告清夜捫心敢不平

起屋

劫後陳方謝越巫敢將夏屋望渠渠出居作室誰從爾迨雨營巢尙侮予莫怪我眞行我法自今吾亦愛吾廬綢繆牖戶非容易瘏口曉音手拮据（烏曰怨而不怒微婉可思）

寄董覺軒

小築居樓蔽短垣前頭依舊是蔬園架書新有孳經說戶冊堪題面圖軒甚欲招君於我館每因懷仲畏人言

碧梧未長難棲鳳萬里長空且翥鶱（烏曰深情直道非唯詞令妙品）

范雨生丈夫人仇孺人輓詩

陰雨同心五十春白頭如故敬如賓教孫教子劬勞德何有何亡黽勉身曾祝破荒非妄語（范氏先世夫婦多老壽惟尙未有至百歲者前年余爲丈八十壽序有云將爲世壽范氏破期頤之天荒）獨違偕老亦傷神（孺人既卒丈扁其楣云未免神傷）椿庭歲月深於海不見新衣勸著人（童曰不落輓詩窠臼）

補題陳子相灘江送別圖（有序）

子相大令以道光己亥捧檄至粵西明年春遽告歸養其同僚開小芬（勳）爲作灘江送別圖阮素堂（正惠）首倡二律一時宦其地者皆有次和同治丁卯子相重裝成卷袖至草堂郎用卷中倡和原韻補題其後

記曾浪跡入紅塵拙宦如君總是貧一片熱腸空負腹半年冷眼忽抽身可憐瘠土無廉吏何況家山有老親珍重舊時留畫卷幾人相送到江濱

二

何人笑爾十分癡惜爾年華勸爾思（卷中兒君和作有出處還宜子細思之句蓋甚惜其去也）宦海豈無飛渡客戲場終有下來時南陔養志償初願（歸來未幾聲甫西耕先生卒君以潔白養太夫人者至二十年）西圃吟詩其故知惟有蠹魚生相在老來還恨讀書遲（君近繪四餘讀書圖余別有題句）

贈陳樹珊

交到元方與季方我來下榻只尋常春風壓酒聯情話舊雨關心是熱腸分業何嫌多子累消閒翻爲種花忙支持門戶眞非易回首人琴已渺茫（君兄景山運同卒已七年）

二

故人慷慨爲君歌五十年華鬢未皤聊爾功名中外翰（君以議敘得中書科中書後復就教職）晚來知遇孝廉科（同治乙丑歲浙江補行辛酉壬戌鄉試君始與賢書年已四十八矣）江湖薄宦家山近（前年謁選得會稽學）詩卷明

年客路多而後乃今莫之閼扶搖看與補蹉跎

步月山行投宿寶巖寺

雲山疊疊氣蕭蕭薄醉扶人過石橋萬壑秋聲風似雨一天夜色月如潮到門院寂僧初定下榻房空鼠亦驕明日芒鞋穿嶺去墓廬前更有禪寮由寶巖而入踰戴公嶺爲黃陂先義行墓在焉墓東南爲旌義山莊山莊之前有金巖寺甚小

答李笙南運同

梓里今多八十翁幾人矍鑠與君同江淮短簿三春夢戎馬餘年一笑中老至作詩知入妙酒邊看劍忽生風前余集東坡武昌詩帖爲聯得此十四字書以贈君今足成之何時把釣雙湖水指點

餘霞滿碧空

二

已拋世事隱湖村一片聰明是宿根扁鵲活人無定法君精於醫學其法有迥非時手所能知者槖駝種樹亦專門近以屋後隙地賃與賣花者爲園君時時指教之手排位置新堂構眼看科名到子孫又報庭花交送喜賦詩先與忘年論今秋雙桐書屋中荷蘭俱有竝蒂花君賦詩見示

烟嶼樓詩集卷十六　男隆壽平甫校字

烟嶼樓詩集卷十七

鄞　徐時棟同叔稿
慈谿葉鴻年吉甫刊

五絕

大暾道中

行行出郭門清景足容與野花飛上衣風吹不能去

劉曰氣韻最近王孟　又曰下二句興象微至爲上容與二字添毫寫流連景色意入妙

二

夕陽滿芳草逢彼田舍翁何時記曾見遙語平疇中

童曰首五字似古樂府

三

石橋今石子宛似弓鞵小呼作鞋樣橋橋下梅花道路石㔉甃梅花

烏曰質直平淡似易卻難

南山十景詩爲陳東生作

屏山烟雨

一幅烟雨圖持向屏風挂變變是奇觀畫師不能畫

紅巖返照

既雨晴亦佳返照落前町回首尋夕陽乃在紅巖頂

烏曰尋字佳　童曰確是返照

曲水仙橋

誰爲鞭雲根驅來曲水村村看石梁上隱隱有鞭痕

鶴嶺松濤

樓外黃官嶺松風嶺上生夜來驚客夢誤聽是潮聲

阜巖瀑布

青山流不破終古只如斯倒作西江吸周郎絕妙辭

周丈抑齋嘗作此題百字令有云焉得飛身上凌縹緲倒作西江吸眞奇句也

茭湖秋月

秋月落茭湖湖月色如一但見是茭湖那復見秋月

妙智晚鐘

言尋妙智寺楓葉紅時候日暮僧歸來鐘聲落衣袖

溜巖冰柱

八萬四千戶同修廣寒府一戶在南山溜巖採冰柱

陳曰奇想天開　烏曰舍人詩往往奇想忽生爲他人百思所不到定是君身有仙骨世人那得知其故　童曰是從柱字想出

鵝峯積雪

仙子愛鵝峯騎鶴下天半欹斜飛白書攜到南山換

陳曰此則奇之又奇

童曰二詩人賞其奇我獨愛其切

紫雲古亭

有人衣紫雲自言是山靈索我南山什留詩山上亭

周日鄉村譜牒每有十景八景詩白茅黃葦閱之令人思睡東生家修譜時亦沿俗尙而舍人此作寥寥數言迴出蹊徑之外正如客店中滿壁塗抹忽覩仙子留題令人歎賞不置可知雖壽序挽歌亦當自有傳作正不必咎題目之不佳耳

柳汀雅集賦四明窗

太守得山趣錫汝以嘉名我聞古有說惟公乃生明

柳汀雅集賦桃花隄

昔日湖隄上桃花歲歲春至今泛湖者空說種花人

采桑曲

日出采桑去歸來當斜陽野蠶不成繭還食儂家桑

舊評徐遠香曰怨而不怒如讀風騷

郭曰樂府之遺

七絕上

童曰卷中雜詠及游杭集中絕句數十首摹寫盡情不失風人之旨辛丑以後平遠蘊藉不露才氣卻仍不失本色至丁巳後諸作則脫口而出漸臻化境矣

柳汀雅集賦柳汀柳枝詞

萬條垂下綠絲絲似翦春風蓊出時賀監祠堂在汀上勸郎莫唱柳枝詞

童曰用兩蓊字便有姿態

二

壓水憧憧兩岸橫汀東橋曰東憧憧西橋曰西憧憧水雲亭子暮雲平柳絲繫得雙橋住恰放郎船不住行

三

水邊新日見樓臺枝短枝長無數栽深柳堂前湖水綠好聽童子讀書來先義行於汀上建柳汀書院程朗岑師扁曰深柳讀書堂堂上建高閣祀文昌堂前補植楊柳

同作　徐元第

春風蓊綠挂新枝衆樂亭前二月時最是鄉音攬人

耳踏青爭唱賀公詞

二

楊柳依依弄晚晴湖光畫出別離情憧憧橋過重回首人倚斜陽一笛橫

三

柳影湖光一色同亭邊輕颺落花風寄言行客不須折留贈詩人出甬東時柳泉將讀書縣東崇本書院

同作　徐時樑

春風二月綠年年莫道行人折取便留得陰陰倒垂下湖邊好繫釣魚船

二

柳汀汀外湖水肥柳汀汀上楊花飛年來又是清明候放學兒童攀折歸汀上有先府君所建柳汀義學

讀桃花源記同遠香子舟

歷詆歸途矢勿諼豈眞迷卻舊桃源漁郎自記來時路太守前頭不肯言

二

雞犬桑麻隱士居桃源何必異吾廬癡心欲向漁郎問恐有秦人未火書

三

俗人不到是仙鄉縱問津來亦兩忘多少癡人疑幻境不知此境即柴桑

同作　徐元第

茫茫身世急還轅愛引壺觴日涉園除是先生五柳宅人間那復有桃源

二

解組歸來避世喧胸中時幻一桃源先生深意開端露珍重編年晉太原

同作　徐時樑

仙人洞口亦紅塵款款行來二月春流水桃花產肥鱖漁郎曾否此垂綸

二

桃花源裏縱新奇幸得來遊亦暫時曷不委心任留去歸途處處誌何爲

三

縱然絕境隔塵寰也只依稀在此山那有路迷尋不得柴門雖設自常關

柳汀雅集賦月湖欸乃曲有書後

湖水湖船兩有因陸郎古調唱湖濱歌成一曲白雲落橋上人看湖上人

二

小船平底篾篷圓島嶼彎環任意穿只有儂家橛頭好月湖何處覓划船

三

尙書池沼畫圖開亂石房櫳水竹栽四季好花開不斷拗花園裏拗花來

四

南種湘雲北種烟琅玕小嶼水如天史家別業謝家廟竹下鸕鷀飛上船

五

趙家牆外有梅花無數樓臺曲曲遮錦里橋前古烟嶼書聲燈火是誰家

六

柳絲如雨月如弓眾樂亭西館驛東撐遍柳汀汀外路憧憧橋過又憧憧

七

水葫蘆小小如拳水鴨花花只愛眠到信天緣堂外過一雙飛出信天緣朱新仲舍人信天緣堂在湖上其自作堂記甚佳鮑氏搜灊山集遺文未之及也

八

紅蓮閣外紅蓮生偃月隄邊秋月橫釀得十洲春滿甕酒樓夜夜轆轤聲

九

爲郎道古笑顏開話柄風流莫浪猜若遇惱人有春色夜深郎勿過湖來

十

菱芡風來陣陣鮮湖頭多種礙行船使君若道月湖好莫被人家占作田此在宋時猶不過如此今則湖旁拓地造屋無過問者若以嘉定丈尺圖核之湖小於舊十四五矣

劉曰吾師留心水利意興所至自然流露讀此章及游杭集中湖好原因水利開一絕皆慨乎言之得古人竹枝遺意

同作　徐時樑

月湖湖景比西泠只欠孤山半點青唱得浪淘沙一曲阿誰斜倚小樓聽

二

生涯落拓侶魚蝦看徧洲花又嶼花湖上十洲以花名者有花嶼及菊花洲芙蓉洲湖上而今誰管領四時風景屬漁家

三

櫂頭船小坐來輕月到湖心分外明撐過嬾堂水西路夜深猶有讀書聲

四

網得湖鮮醉酒時阿儂隩底老漁師釣竿收拾人歸去冷落前汀月不知

舊作此詩凡四十首稿久失去此從同課友鮑笠山烈錄本中錄出者其錄本亦復叢殘故僅得四之一而子舟詩四章亦與存焉十洲之名創自宋人至今已不可問全謝山太史即宋人十洲詩以核今地作十洲志載鮚埼集中而由余考之其所謂中央四洲東西各三洲者是也至其確指洲名如花嶼月島之屬驗之劉王題詠往往錯誤前因作欵乃曲頗爲考

訂是正詳注所據於詩尾今皆亡失不復記憶特詩之有無無足輕重而島嶼名目頗關掌故他日當重繙諸公詩什刪爲考據而先附識鄙見於此同治四年十一月二夕書

居鄉雜詩 有書後

二

山影匆匆侍我忙暮雲奔走晚風狂野花杂軟眞如穉打麥聲中坐夕陽

我亦猶人未是仙風吹衫袖意飄然落花轉水渾無賴又是人家放鴨天

三

老農洗足話溪東閣閣蛙聲淡淡風閒煞牧童牛背上滿頭斜插種田紅

四

袷衣新試麥秋初冒雨人來叩野廬今日索居闃不寂臨風三坼故人書

五

隱隱青山雨後新模糊有客到溪濱多時未敢關門去或恐前來是故人

道光丁酉讀書大墩故里之崇本書院離羣索居每事吟詠四五月中得詩百數十首名居鄉集質之吾師馮柳東先生先生謂多似竹枝土音亦與四明四友相近至今將三十年此集不知去向一日過海會寺見僧寮懸鎮海吳韻樓遒所書立幅諦視之則七絕一章即余居鄉集中句也旣又得四章於人參店門屏中當時搖頭戲頷亦費經營而僅僅留此殊可笑也同治乙丑十一月二夕書

拜岳鄂王墓 三章錄一

湖上騎驢亦偶然古來大將幾歸田丈夫死國尋常事可惜英雄正壯年

董曰沈痛之語爲古人所未道余亦有一絕云河山恢復寸黃金北望中原遺恨深若待功成始烹狗英雄泉下亦甘心大旨與此同也

鴻年案凡已刻遊杭集者茲刪去之惟此詩董評中附有己作無可附見故復錄先生原詩於此

寶巖探梅同遠香子舟

梅花明月寶巖中身世因緣早悟空鑪雪化梅梅化雪至今還憶戴苊翁 明季苊翁披緇寶巖寺中即所謂鑪雪和尚者也第三句用鑪雪語

二

竟忘遺民老此村寒梅誰與賦招魂祇餘和淚看花句剩水殘山故國恩 十里梅花爲寶巖勝境故明季諸遺紳削髮住此不媿殷頑而諸老絕無與之倡和者是可怪也

三

著屐游山晚歲緣花開時節記留連可憐寒碧坊前路冷落梅花已十年先義行晚歲好游錫山食息寶巖寺中早春花時尤多還往

同作　徐元第

壓水溪橋曲曲遮竹籬茅舍訪山家東風消息知來未寒碧坊開第一花

二

山意衝寒欲雪天梅花依舊小溪邊故人老去空流水回首聯吟已廿年憶王綗齋

三

曾記前番此地過梅香禪味助吟哦東風也解相思苦老樹著花今不多

同作　徐時櫟

騎驢踏雪入松關莫道梅花信息慳且向此中人間路小溪深處是何山用蘇玉局句

二

暗香疏影水之涯春事詩情一路賒但得寶巖山上住不妨回首失梅花李裕寶巖有梅有暮烟生谷口回首失梅花之句

三

記否梅香十里濃芑翁花日笑扶筇而今不識梅千樹十五峯頭第幾峯戴芑翁住寶巖喜山中有梅千樹作梅花詩

柳汀雅集賦蠶詞

夜來攪睡惱人多知是誰家盡夜歌待采桑時問鄰媼恰纔相見又言他

舊詩徐遠香曰此詩人怨而不怒之旨也即詩論詩亦所謂不著一字儘得風流者三十首中別開一境可以風矣

周曰此柳汀雅集題也是時舍人凡作三十首自育種以至紡絲歷歷譜出竹枝上風已括蠶書之全惜亂後盡失其稿此詩得之遠香詩稿中遠香與余皆雅集中人也余猶記舍人一二斷句如曰寒食清明都過了家家門首畫彎弓女伴分桑不知法半空亂鄰又驚蠶滿山雪白郎知否箇箇勻圓是妾心剝去繭衣好收拾冬來要暖白頭人天氣清和新繅繭一層桐葉一層鹽寄語洛陽遊冶子著絲容易做絲難皆不得其全矣

內人買得送別圖乞余題詩其上

自從蠟轉風波起朋輩相逢戒賦詩卻笑山妻持畫本為余吮筆強題之

二

繫棹前溪草色春妻孥送別寫如眞倚門椎髻應知是日詠頭皮斷送人

烏日攻媿先生有詩云久之不動方知是一搭溼雲寒不飛以二句作一句極歎其工妙今讀此詩覺前輩典型正自不遠

董阮山極賞余草書戲贈

我作草書以意造快如蠶食轉如環自來不滿凡夫意第一知音董阮山

雲屏老矣令其二子分主一肆而已往來其閒孫寄廬有作雲屏索和即次孫韻

心遠何妨地亦偏等閒不管只高眠應知白髮相思意無限深情在柳邊戲用玉茗詞

二

特地徵詩意趣偏因君索句廢朝眠不知收拾新篇後此稿更藏何處邊

庚子八月二十日遊西湖拜蒼翁墓

南屏山上樹蕭蕭山徑縱橫草未凋賣酒村姬指迷路蓬頭壚畔話前朝鳥曰高格

二

當年神道已模糊新看穹碑壯聖湖欲向碑陰鐫丈尺于秋爾得墓前圖公墓遠在南屏鄞人不能防護近頗有侵佔墓地者余擬集同人清理之而即記四至入到於新立全碑之後

憶畫

秋水迢迢信息無美人西去尚愁予畫師別畫人間色一樣胭脂總不如

清明後十日將至錫山掃先大人墓稽雲見過遂與同行即景有作因以奉貽

我將放棹晤王猷去去看山抵小遊斜日昏黃誰弄笛滿湖春水一扁舟

二

殘星帶曉樹蒼茫古寺雲封嶺路旁水北叩門僧語出滿山松露溼衣裳陸曰滿山松露好句欲仙劉曰寫曉景幽澹絕倫

三

澄波十里不生塵山外東風解送人醉卧船頭看明月疑君子晉是前身

呈馮太史師

拜清漣日出蓬廬未謁門牆問起居春滿絳帷花滿座康成近注是何書

二

古甎新得自山農可在先生著錄中絕好麻紋無款識定應後輩覷咸通先生著浙江甎錄前余以咸通四年甎告之今所得者似是六朝物當更出其上也

三

收拾遺文要別裁軼時時見眼驚開不知舊學商量密
又讀奇書幾部來先生方與余同校補朱氏遜經考

四

暮春連月雨絲絲忽放新晴不恨遲如此風光天有意
閏重三日可無詩

飲陳氏既醉洪君以詩卷見示對客展卷飛筆塗竄醒而忘之明日有告者賦此謝洪君

示我新詩數百篇醉中飛筆醒茫然劉郎恃酒今慚媿
不待咨嗟後卅年劉禹錫塗竄牛僧孺文後三十年始以詩謝事見雲溪友議中莫嫌恃酒輕言語牛詩也追思往事杳嗟久劉詩也

烏曰使事巧合如此

上虞章小郭汾以其母墓圖索題

迢遞慈雲隔故關青衫作客淚痕斑畫圖手記行營處
河水前頭淡竹山

宋時臨安人以黜卷冪酒故知稼翁集中進士入試詩云要令廋語題甕曰莫把元文覆醬瓿是也近則湖州人盡購之去以糊蠶山謂得此則蠶不壞甲辰省試下第戲作

殘緒抽完力已微樣花不上巧工機死絲尚護春蠶箔
卻看他人作嫁衣

烏曰心思彎折正似蟻穿九曲珠也

二

饞口流涎向麴車曰甕那及醬瓿嘉何人輕改前朝例
末許相從到酒家

暮入寶巖寺

昏黃辨徑入僧家人語微驚宿樹鴉不是清香徐到鼻
幾忘山路盡梅花

劉曰寫晚景入妙
童曰與蘇子人影在地仰見明月一樣入妙

杭州書所見

姑妄言之姑妄聽聘錢百萬迓雲軿那知客路新秋夜
親見牽牛織女星

山行

行笈前挑赤腳奴籃輿高坐兩肩扶過橋又入村中去
一幅鍾馗徙宅圖

悼亡

老母搘家力漸微那堪白髮重歔欷手頭鍼線心頭淚
爲爾親縫小女衣

二

更從何處說情深短榻閒愁淡末禁歡笑不知人已去

五更憶夢最傷心。

童曰哀痛而有體是深於情而不溺於情者

烟嶼樓詩集卷十七

男隆壽平甫校字

烟嶼樓詩集卷十八

鄞　徐時棟定宇稿
慈谿葉鴻年原名維祺刊

七絶下

茬平旅舍

水邊枯樹夕陽明收拾濃陰又作晴多日不嘗南郡酒春風馬背到茬平

二

大令風流最擅場閒來卻憶少年狂酒家新約三章法不許花前蜨使忙

三

野草閒花客路多不妨醉裏聽清歌潯陽老大猶遮面似爾琵琶可奈何　童曰趣語

飛沙

飛沙撲面凍人行路似鄉愁總不平驅馬度河天欲雪僕夫遙指古邳城

訪鈕竹君同年承鈞時以迴避不得與試意頗悵然歸寓有作即紀時事

避親空自上燕臺猶勝雍熙下第回

聖主無私

家法在尚書還乞別頭來　丁未會試以山東孔慶瑚爲同考官於是孔氏宗族迴避者數十人禮部尚書祝慶蕃以爲言請舉行別試迴避之制　上問國家原有此例其後因何停止慶蕃對乾隆間某科有宰相子孫迴避者　純皇帝恐臣僚與有私昵乃停此制　上曰今年非亦有宰相子弟在迴避中耶慶蕃叩頭不能對遂罷官謹案澠水燕談稱宋眞宗令舉子有避親者牒送別頭考校蓋試迴避之例實昉於此時

新市

師姑橋外放船去八十里新市來兩岸蟬聲啼到耳午風吹滿一帆開

張丈芝雲積梓挽詩

廣文獨冷猶辭組棋局雖閒且閉門已忘聲名在人世卻看科第到兒孫

二

一昨逢公神灑灑廿年重見鬢蕭蕭青山太隱知相識丈喜讀葬經時爲人相墓老輩無多忍更凋王丈雲壁擬宋丈爽嵐句

楊丈稼船益寶挽詩

佛壽本來無短折已過八十九年華淸修功行如何是辛苦艱難手起家

王丈筠叟日升挽詩

壯歲揮毫驚客座晚年隨意得神源何人更續書家傳

蛟水聲名接湛園

何韻仙母蕭孺人挽詩

自從玉樹一枝折子舍蓼啼不忍聞今日氤氳迷望眼
階蘭何處不慈雲

周廉泉母李太孺人挽詩

昔其文郎北邸塵客衣慈綫一時新歸來不及三年事
腸斷孤兒盡鮮民

妹夫葛菘生蕃母盧恭人挽詩

嗚咽寒潮夜不鳴敲殘臘鼓迓蓉旌茝蘭欲獻巵匜冷
空聽鍾離慟哭聲

舟行小江湖

過雨輕雲夕照天人家次第起炊烟滿湖秋水兩隄樹
無數蜻蜓飛上船

劉曰此詩及新市等作皆以神韻勝吾師詩格眞覺無所不有

贈奉化鄔翁

剡上新成安樂窩八年前記一經過睽違杖履憑詩問
白髮康虔近若何

二

艱難險阻大其門八十年華里黨尊已看科名娛眼底
要畱陰德與兒孫

童子爲遊蜂所螫啼甚急忽一客來以指書馬
字其上但四足自內而外耳寫畢啼止馬與蜂
何涉乃去毒神速如此眞物理相感之不可解
者因念司馬文正公衎庭樹遇蠆螫召祝師畫
符而愈焉知非即書馬字乎詩以記之

客來書馬與尾五頃刻遨嬉號泣童卻笑東坡無此法
但題團扇悅康公

二

大儒捧手正吟呼也信神奇召畫符妙祕想當聊爾耳
祝師應是謊迂夫

有以殘本江西宗派圖求售者題東萊呂祖謙
撰甚可笑也題詩其上正之

紹興初歲呂東萊收拾同聲有別裁何與明招老學究
㢡伊綴講入圖來文清所作春秋集解紫薇雜說今皆以爲成公作矣而此書又題成公又其所著詩文曰東萊集焉知後人不又改題之乎余嘗戲謂居仁幸得佳子弟又不幸所著書爲人竄奪殆盡可恨也

劉曰妙語解頤眉山風調

二

文清公是右丞子卻是成公祖父行三世東萊風節著
亂人系本太猖狂文清名本中字居仁爲尚書右丞好問伯子著作甚富宗派圖其一也成

公爲右丞曾孫學者稱文清爲東萊先生先於成公而文清作紫微詩話稱其父亦曰東萊公則以右丞封東萊侯故耳三世並曰東萊宜後人之眩於見聞也賈人耳食欺人但知題成公易於求售不知文清聲名何嘗減成公耶

贈樓小淵

作壻它山二十年一時襟韈盡翩然蘭江水漲春波綠記否同尋載酒船

二

荏苒光陰忽五旬好山好水著閒身轆轤不斷中山綆何必羲皇以上人

葛蓁君明府惟辰挽詩

連緜憂患足酸心未老年華白髮侵腸斷令原風雨惡又揩枯淚悵人琴

汪菘蓀承德商賢挽詩

記曾杯酒話宵分不道風流散似雲猶有木犀花兩樹君在杭州爲余買木犀兩株月明香滿定思君

紀夢有序

夜來夢遊郊野閒緩步徐吟若得新句忽見石上坐三老人顧余微笑俄一老人高誦曰憑君吟盡詩千首不敵琅嬛數卷書夢中深自媿謝即復賦詩報之有平生有願如此水會當讀盡琅嬛書之句遂相與歡笑而別醒而異之作此以記

搜盡枯腸撚斷髭每憐下筆略無奇詩成只可自怡悅況我曾無千首詩

二

天上曾聞四庫儲借瓻有志願終虛邇來已醒黃粱夢何日重窺祕府書

三

議論商量要入微但聞是是不非非未曾相識勞相諷如此高風世上稀

四

五萬藏書未是貧尚憐徧讀少閒身空言且訂琅嬛約辜負深情數老人

見染髮者戲贈

近來應怕少年輕購得新方事後生恰憶哥奴曾媚女勸郎甘露試嘗羹

二

不久星星兩鬢多何郎早已賦新歌面如黛墨髮如玉似此艮人可柰何

三

懋先博物善旁搜昨夜新塗今白頭容易有方消蠟點

拔毛但恐使君愁

四

染方雖妙總難言拔本應知是塞源忽記左思曾有賦
恐他瞋目欲呼冤 周曰每讀白髮賦不覺失笑今復誦此更令人絕倒也

蘭孫

蘭花開後幹猶存未忍刪除尚在盆今日山妻喜相告
數枝濃綠已生孫

贈洪張伯同年 昌燕 有序

道光癸卯南海羅侍郎師視學浙中舉優貢六人張

伯第一而余次之其四人則沈玉仁熙齡章采南鋆諸葛楣生壽慈金翰皋鶴清也其後翰皋中乙巳榜眼采南中咸豐壬子狀元張伯中丙辰採花六人之中而鼎甲具焉丁巳夏張伯來四明將行賦二詩貽之非徒充太史行裝亦欲以志浙中佳話也

長工心苦選青錢臚唱蟬聯十二年自昔六人誰第一
果然衣鉢到君邊 南海師中道光壬午探花

二

後先持尺竝量才 翰皋以丙午典試貴州玉[illegible]仙班[illegible]采南以乙卯典試[illegible]
[illegible]開記取來年秋色到第三人又下瀛萊

[illegible]日俾伴六人而鼎甲備焉真古今未有盛事丙戌年之秋洪伯御果典試河南於是舍人此詩又爲後來佳話矣

咸豐九年醉司命日新得朱竹垞太史在杭州
贈鄭寒村太守詩墨蹟喜而不寐賦此記之

醉司命明竹翁詞正是蓬門客到時自喜歲除添眼福
千年有朱十老年詩 詩末自署年七十有九名下私印云朱彝尊老年詩按是年寒村先生年七十有一實康熙四十六年歲在丁亥也

二

誰言文士意相輕好共難忘是曉行別久重逢三復
愛才想見古人情 竹翁詩落句云別久重逢轉傾倒七言復曉行詩自注云太守詩野水

無橋驅馬度曉星如月照人行賦景最工

三

風流好事有元孫跋語題詩細細論 寒村元孫簡香徵君嘗乞人題和冊中有蔣楞庵學鏞梁山舟同書跋阮文達元秦小峴瀛翁覃谿方綱謝蘇潭啟昆錢魯斯伯坰茹古香棻和韻詩
何物狂生不知量也持布鼓向雷門 其後徵君子杏卿明經復乞和詩惟吾邑柳東師一詩無憾前輩耳餘皆惡札可棄去

四

鄭虔孫子老寒儒貧到今年錐也無二百年來南翰墨
至今惟有石中圖 徵君嘗寫二老小影爲車笠圖鈎摹刻石嵌二老堂壁楞庵爲記而山舟書之今惟此石尙在其家圖本亦久歸他人有矣

劉曰四詩感今念古無限深情吾師生平鄭重於鄉國人文故家喬木者即此可見

笴子相

山中新搭一閒屋我與雲分各半閒昨日雲行去爲雨
被風催促不能閒

豈知二首戲贈子相 有序

王君雲干刻其先人笴石先生願學堂詩集子相爲校定而余序之既錄序付子相子相私易序中一二字既而自以爲不可提燈冒雪來草堂相商榷戲和願學集中豈知詩笴子相

壇坫空空六百春 延祐大德閒清容先生古文名天下 斯文一脈倘清眞
豈知廿載知音客也作焚琴煑鶴人

二

良友情深一字師夜來風雪共論之豈知座有烏春草
謂仙 釀冷笑譏君已三思

以南馬樂樂府示子相

抄來樂府是新篇知子相平看一悵然今日營中無匹
馬我歌還溯太平年

山行

隱隱前山打晚鍾寺樓都被白雲封溪邊野碓無人管
流水聲中帶月舂

侍兒

侍兒初到草堂日春雨連緜正十分便擬小名新賜與
莫教錯認比朝雲

姬人

閒話天文坐小庭雛姬嬌慣也同聽夜闌笑指銀河畔
認得牽牛織女星

二

我已新沾雨鬢霜問年汝可入孫行無端斂衽稱門下
笑劚書燈問字忙

三

每唱清歌側耳聽倘關紅袖睡魔醒如何把卷來相問
不誦唐詩誦佛經

四

本來生性本豪奢解識憐貧念不差私檢衣裳貽鄰女
周應鮑叔是卿家

周家村即景

水車聲急轉橫塘太息耕牛日日忙村後村前一夜雨
又拖碌碡碾黃粱

二

鄉村野景足夷猶斜日歸來溪水頭指點酒壚何處是

半園修竹卻遮樓

三

碧琉璃水稻花香已了耕耘慰雨暘羅傘彩旗齊出巷
滿村簫鼓賽龍王

四

濂溪開帳授諸生時周志楖授徒於其祠堂與寓廬最近廊舍東西列座
盈長日少年無一事科頭來聽讀書聲

讀唐史有感

突厥使橋請受盟和戎議定罷戈兵可汗朝拜新天子
咫尺天威膽已驚

二

吐蕃回紇正紛然稱帝稱王盜賊驕括富商錢稅閒架
不知何補建中朝

三

度支贏絀判王涯奇貨原知卽厲階茶樹童童茶價長
又增茶稅到江淮

烏曰奬實旣開有增無減眞千古所同慨者

四

潢池赤子乍稱雄北守南援計亦窮此輩本來無大志
盡移金帛范陽中

五

入告君王殺賊頻賊來依舊只如新漫論諸將功多少
已有從旁奏狀人謂昌黎

六

靈寶無功六馭行佞臣誅後見昇平肅宗皇帝中興日
回鶻輸誠願助兵

七

洞天福地古稱幽纔被腥汙草木愁裘甫成擒王郢死
盜竽何事犯明州

八

嫭苶鄉村半死亡可憐吳越慘兵荒誰知無賴租庸使
豪吏東西白著忙

郭曰詩中有眼故與鐵髓淚使才情者不同

懷章宋南同年時方視學閩中

羡我閒雲不出山著書歲月任漫漫自憐西粤皇華客
到處風波道路難今春君以省親假歸過草堂爲言去秋典試粤西道中屢遇寇警

二

爲覲雙親到甬東又持使節入閩中新來相憶成相妒
三百堆盤荔子紅

芭蕉

移種芭蕉自暮春一枝枝展綠旗新秋來到耳雨聲急
便是風聲也可人

病後讀雨村詩話

手剔孤燈坐夜深每逢佳句一低吟不妨掩卷都忘卻
病後看書怕用心

二

熙朝詩老萃雍乾漢魏三唐各本原太息此君才力薄
一生低首只隨園

郭曰吳仲倫師有句云我獨心欽姚惜抱拜袁揖趙讓前賢又記庚申歲從友人處見戢鵜泉廣文手評小倉山房詩塗抹滿紙亂後不知流落何所蓋先輩菹以隨園爲野狐禪最易惑人雨村其不免乎

桐葉

泬寥天氣雁南飛萬木凋零百卉腓纔覺秋來先脫去
小園桐葉最知幾

劉曰託興深遠詠物上乘

爲兄子隆道書小幅既成有作

阿咸連日到城西乞我行書買赫蹏不似庾家諸子弟
愛求野雉厭家雞

鄭蓮卿雩生母包夫人五十壽詩

鉅細紛紜一力肩齊心處室更懽然只今同拜
恩榮詔勞苦撑家已卅年

二

世澤詩書帶草肥頻年蘭夢接芳蕤杖家笑聽雲和曲
春色循陔滿綵衣

送葉莅田之蕃司教雲和

昔賦新詩贈宦遊而今君又買扁舟慈西二十年中事
兩送鄉人到處州道光己酉余與吾鄞葉雪窗學熾同客慈西葉小峯家會雪窗得雲和教諭以詩送之今君復秉鐸是邑丁卯四月將赴任聞余在葉安甫家特來話別距送雪窗時十九年矣安甫小峯之弟而君之族弟也君亦慈西人

二

一官一集一姬人俗語丹青有宿因吾鄉諺語云做一任教刻一冊稿娶一个小小謂小妻也看徧括蒼好山色一囊佳句一時新

三

我豈堪登著作堂君家昆季嗜痂忙韓潮蘇海談何易
情重新篇是倚裝君族弟吉甫刻余詩集君臨行作題詞四章有韓潮蘇海大文章此日誰登著作堂之句

四

水聲山影冷衙中畫意詩心悟化工料得箬溪諸弟子
自今日日坐春風

草堂秋興

玉簪茉莉白於雪海豆花黃雞冠紅穜老少年滿階砌

綠衣戲綵舞西風

二

金鐙籠草如籠燭石竹花開似罽羅日對秋蘭渾不覺
客來都詫異香多

三

海棠嬌嫩受人憐蓼作疏花特地開不是偏心愛秋色
秋風解識駐紅顏

日本人安嬾翁老山仿米海嶽畫夏山欲雨圖見貽遂乞贈詩賦此答之并送其行

山色濛濛島嶼連海天中有米家船此來看徧蒼茫景

爲我圖成到眼前

二

豈有文章海外知遠將畫本易新詩畫師自昔多詩老
我欲看君一和之

三

小住明州又戒途短歌三疊當驪駒布帆無恙歸舟穩
定寫天山海日圖

烟嶼樓詩集卷十八　　男隆壽平甫校字

游杭合集

同治四年春正月

老友陳勱題

同治三年甲子歲
城西草堂重雕本

重刻遊杭合集序

道光丁酉余同徐君遠香赴省試遊覽湖山各爲韻語明年合正於吾師馮雲伯先生先生爲論次而序之既付削氏遭亂板燬而印本尚有存者回憶舊事逮今將三十年少時遊戲之作有無聽之可已顧念先師之評論亡友之諷詠不容沒也且遠香之詩幽雅新秀亟爲吾師所賞而所謂罨烟稿者遠香自言來吾家烟嶼樓始罨詩稿故名罨烟稿其子楚亭明經付余藏弆而失之祝回則是區區者尤不容沒也抑又可念者己亥客杭州嘗寄邵又橋札云前年遊杭成集此行則西子湖頭裹足未到惟舟泊百官渡口有句云客篷小泊蘆花雨賣酒船從別港來得此十四字差足告知己蓋相去一二年遊興已不同如此是後屢渡錢江在省或數月或數日常常無詩有亦不過一二篇至庚戌遭大故絕意進取閉門不出矣嗟乎窮名勝則可以忘歸撫慈線則自悔浪跡此集之卒所謂客遊雖云樂無事敢輕出者也庸詎知一爲鮮民井此有方之遊不能再得然則前塵如夢雪泥鴻爪亦竟不容遽聽其浮沈也重刻既竟漫書卷端同治四年乙丑一月徐時棟同叔甫書於城西草堂

遊杭合集原序

我杭之有西湖天下景也五方遊士骈集能者各賦詩以去自來名作多矣所言各不同皆視其性情而出東坡所謂淺深隨所得也吾友徐柳泉生山水之鄉優遊家巷四明第九洞天二百八十峯時在几案一日偕同舍生徐遠香遊西泠樂甚各得詩若干首爲一卷而屬余定之夫二子居同里出同遊其志趣相近故其詩若笙簧之迭奏也若松柏之並悅也凡響悉屏靈機轉深使未至西湖者讀之恍置身六橋三竺間徘徊不忍去況以余之熟遊斯地乎顧自來甬東水光山涤相別幾十年所故鄉友朋之樂江湖鷗鷺之盟讀是詩而不禁夢寐依之乃始歎二子之能移我情而前此之所得爲尚淺已於是乎書數語歸之道光戊戌五月由拳舊史官焉登府序

遊杭合集題詞

絳山朱祺本名立淇

收拾江湖勝全歸一卷中名山都歷歷游事尚匆匆薄醉發秋興和歌來古風無緣同把臂題句未能工

雲屏鍾世俊

落拓征衫滿洒痕湖光收拾到吟尊倚樓笛弄紫雲曲立馬碑看紅樹村十里烟波迎畫舫六橋風月醉詩魂遥知客邸錢唐夜秋雨寒燈細細論

二

雲龍才調各縱橫讀罷新詩老眼驚巖岫飛來猶帶墨

山川奇極總沽名（讀此集至柳泉游靈隱詩好境招人來山川亦沽名不覺擊節而遠香和柳泉飛來峯詩實爲勍敵其落句云玲瓏巖岫忽飛來至今蒼蒼猶帶墨花舞）還因一卷同聲什卻憶三年浪跡情笑我曾遊無好句雪泥鴻爪不分明

寄廬孫景烈

高詠眞同調行踪記武林得來山水趣都付短長吟風月暢懷抱江關話古今是予舊遊地展卷恍重尋

阮山董攸

咳唾風生絕點塵嶺梅溪竹認前身當年元白遥酬唱何似湖山把臂人

又橋邵錦泉

去歲秋光好錢唐歷覽時同爲四旬客獨見兩君詩名勝如重到湖山宛在斯北游多古蹟恨我不能詞（戊戌季夏歸自京師時兩君新刻此集方成）

子舟徐時樑

匆匆四十日句留贏得新詩紀勝游三竺六橋都在眼全勝約畧說杭州

重刻遊杭合集題詞

醲仙烏世耀

少時酬唱並稱雄畢竟工同曲不同惆悵故人今絕響

城西獨步老詩翁

二

留烟稿外僅留來珍重良朋劫後灰要使名留同不朽千秋高誼感泉臺

子相陳勱

鬼唱秋墳宿草芊一編遺稿不留煙雪泥鴻爪西泠路回首前塵已卅年

二

良友詩壇眞敵手錦囊收盡好湖山一生一死交情見重把殘編仔細刪

覺軒董沛

錢唐名勝地我亦賦詩徠潮氣蒸衣袂山光落酒杯連年悲劫火滿目總蒿萊乙丑九月余方自杭州歸欲問前遊樂憑君一卷開

二

昔年江上客元白本齊聲落落空儕輩悠悠隔死生亂離餘舊稿鄭重見交情留得詩篇在湖山一代名

重刻遊杭合集目錄

徐遠香詩三十一首
丁酉七月九日買舟出西郭
山陰道中
抵杭和徐十三時棟韻
見徐十三作家書感賦
淨慈寺羅漢堂茶話
孤山懷林和靖
冒雨謁岳鄂王廟
湖上雨歸

蘇隄
西湖雜詩
二
三
四
五
六
飛來峯和徐十三
冷泉亭
雲林寺
謁岳鄂王墓
延清水榭觀紅蓮
登錢氏看經閣
舟中望半閒堂
觀六一泉
恭謁
高宗純皇帝行宮
約友人謁張蒼水先生墓不果
與周大宏維遊萬松嶺
登鳳凰山絕頂尋御教場古址

江山船曲
二
綵旗
八月十七日歸渡錢江
徐柳泉詩七十七首
七月九夜泊慈江
舟中與周大棻談經
車廄山
十一夜過山陰懷賀先生
十二日達西陵

二
抵杭同徐二元第作
作家書畢寄呈仲兄兼示四五六諸弟
杭州書所見
二
三
四
五
登昗山最高處
由七寶山入三茅觀

遊山途迷不得下遇老僧告以歸路
十五日同徐二出清波門始遊西湖
二
入淨慈寺羅漢堂瞻顛僧遺像
次韻和徐二孤山懷林和靖
二
戲次徐二湖上雨歸詩韻
二十日寓中
表忠觀
西湖雜詩

二
三
四
五
六
七
八
九
十
十一

十二
十三
十四
十五
十六
靈隱道中
二
三
飛來峯同徐二
冷泉亭小憩

遊雲林寺遇雨遂過酒樓小酌
酒樓口號
二
三
拜岳鄂王墓
二
三
延清水榭觀紅蓮
和徐二登錢氏看經閣
舟中望半開堂同徐二作

二
六一泉
讀徐二江山船曲有感卽次其韻
二
杭人譏鬼詞 有序
二
三
四
七月晦夕
杭州雜詩

二
三
四
五
六
寓中賦別天台戚小鶴 祖姚 時八月十六夕
二
三
歸渡錢江次徐二韻
歸棹

十八夜舟行姚江大風雨
歸家作

重刻遊杭合集

鄞　徐元第遠香　徐時棟柳泉　撰　男　士琛楚亭　隆壽平甫　校字

往今體詩一百八首

丁酉七月九日買舟出西郭　遠香

買舟出西郭卅里入江中人臥一篷雨潮生半席風別情猶惻惻暮景只怱怱自此他鄉去山川便不同

是夜泊慈江　柳泉

晴風吹雨打篷窗知近鄉村有吠尨廿四年來初作客一舟今夜泊慈江

舟中與周大棻談經　柳泉

生後千百載衆說如雷鳴依傍非良策吾欲空中行奥旨滿墳典誰能逃遺經迷途指示我何一非先正開卷讀傳注師說胡硜硜義疏左右袒胸中無權衡一變談義理空劵敵戈兵盛氣來指斥語亦非平情吁嗟先聖言豈煩紛相爭抱經究終始庶幾明且清日月忽以往古人不復生欲獻爲君言明月落江城

蔦曰意欲舉漢宋之學而空之卓見亦偏見也又曰開卷以下四韻說盡漢唐宋元以來諸儒說經流弊又曰讀盛氣二語可見西河輩攻擊太甚非儒者中和氣象又曰末二韻有及時爲學之意收處一語到題

車廏山　柳泉

得鹿中原仍失兔天涯歷歷皆紅樹明州江上越王山秣馬人知何處去

山陰道中　遠香

水碧沙明十里隄花船長繫柳橋西人家多住深林裏一路野風號午雞

蔦曰幽峭有致七絕上乘

十一夜過山陰懷賀先生　柳泉

洛陽到處飛雲白嚴都送賀監詩自注云將離洛都歷別公卿十數輩其處皆有白雲起山陰道士迎狂客出關仙馭過江船鏡湖千載風流伯

先生昔在開天際兩命方榮作歸計八六行年歸去來後人卻笑何濡滯是時朝中無老成上以宮傅煩先生陳善納誨毓聖德羽翼未成難遠行可久則久速則速時乎時乎非止足果然靈武日再中中興元功歸舊學世儒持論多失眞不知其世爭其人憑君試誦唐賢句我豈無故扳先民齊澣詩云君家在四明李白詩云狂客歸四明山陰道士迎故余斷先生爲四明人而隱於山陰者前人互相爭論多屬附會而毛大可據錯誤唐書爭先生爲蕭山人尤可笑也今我來入山陰道極目稽山無賀老諸君勿喧聽我歌陳言欲以新詩掃我歌汝和狂嘯呼天高月明秋滿湖有賢如此不相識我懷先生高風孤

馮曰音調入古有頓足起舞之概　又曰唐君臣無不美先生止足然以八六大年始歸林下而尚謂之止足可乎故李杲堂詩云滿朝猶說休官早想見當年仕宦情此詩獨闢羣說謂受宮傳重任毓德未成故不可去至教導盡職覩肅宗可以中興而後去之非止足也持論實爲奇刱宋人論靈武之事謂犯父子大倫而以先生早歸不與其事爲知幾其言不合當日時世而亦迂腐此論既出可以廢前說矣　又曰浙東扳先生爲鄉賢幾成聚訟此以同時人詩爲斷極典核極平允足息紛紛

十二日達西陵　柳泉

出門別婚友三日在扁舟驛路漸秋色行人多白頭

二

眼未經滄海江天混渺茫行行遊子意渡口拜潮王

馮曰亦古淡

抵杭同徐二元第作　柳泉

匣劍囊書在紛騰古渡頭大江流滾滾送我到杭州家信十行字西風七月秋湖山如此好吾欲及時遊

抵杭和徐十三時棟韻　遠香

始信錢塘險風波激上頭過江盡吳地回首望明州野色全如畫藕香初報秋廬陵何氏館且去覓同遊

作家書畢寄呈仲兄兼示四五六諸弟　柳泉

五日離家客何須問置郵思兒有老母一日已三秋養飯加平昔關河恍舊遊諸君權繞膝爲我讀從頭

馮曰使我忽動歸養之念詩之能移人情如此

見徐十三作家書感賦　遠香

客路平安報秋光一雁新思君猶有母緊我獨無親餘恨空千古天涯寄此身封完憑附筆傳語到家人

馮曰至性沈著

杭州書所見　柳泉

多少人家比屋居入門廳事儼渠渠柱中聯語堂中扁盡刻山舟學士書

二

相逢傾蓋便歡娛同氣連枝總不殊今日城隍山上去明朝還請落西湖

三

拜客終朝晚始歸綠紗窗轎走如飛歸來鄰米無從貸又喚髯奴去典衣

四

天竺三山已問程淨慈靈隱復行行閒錢更把魚鰕買來日雲棲會放生

五

豈眞難變是鄉風陋俗相沿處處同一陌紙錢猶挂壁殯宮多是敝廬中此杭俗陋習之最無理者不知有司何以莫之問也

焉曰全似竹枝後四首寓意深矣

登吳山最高處　柳泉

上清殿宇梵王宮萬戶千門處處通鐵笛一聲吹落雁白雲三疊唱西風霸圖銷歇人何處猶有樓臺入望中

焉曰用白傅體亦有古致非律詩也

由七寶山入三茅觀　柳泉

未到三茅觀先登七寶山路幽天氣爽溪曲水聲灣荒草人無跡蒼松戶不關垣墉泥剝落榱桷色斕斑朱鼎知何在唐鐘不復頒二物皆紹興間所賜人眞非火食地似隔塵寰鶴去碧桃冷雲封白石頑月高吹鳳管那得鍊師還

遊山途迷不得下遇老僧告以歸路　柳泉

暝色生空谷逢僧策杖還迷途因借問才下紫陽山

十五日同徐二出清波門始遊西湖　柳泉

名勝由來耳熟之不圖奇勝至於斯含毫欲寫西湖景定是人間拙畫師

二

西子西湖舊品題到湖如到浣紗溪從今請自吳宮外不許他湖也姓西前人言天下西湖三十一未有勝於杭州者

焉曰儂家姓西原屬詩人游戲之筆後人以考据論之殊爲多事此乃以氏聖湖眞覺奇巧驚人

入淨慈寺羅漢堂瞻顚僧遺像　柳泉

本來一夢是邯鄲欲脫皮囊亦大難不信世間還有佛指頭曾向肉身彈

淨慈寺羅漢堂茶話　遠香

散步來蕭寺南屏正夕陽隨人數羅漢運木笑荒唐曲沼野荷滿暮山秋意涼卻因茶味好耐我坐禪房

焉曰高韻

孤山懷林和靖　遠香

孤山曲曲水滋滋和靖先生高隱時忽得泥金家報至梅花卷後記新詩

次韻和徐二孤山懷林和靖　柳泉

問訊孤山水已滋先生來作寓公時鄉賢多少無人識差幸將歸尙有詩和靖集中有將歸奉化之作不然幾不知其爲四明人也

二

奇論先生泉口滋梅花新咏襲前時暗香疏影尋常句未許羣芳冒此詩

冒雨謁岳鄂王廟　遠香

哭赴金牌召純臣古所難血留千載碧忠獻一心丹野廟傳靈祀明湖作壯觀可憐三字獄風雨至今酸

湖上雨歸　遠香

朝出清波門晴光滿崖谷買棹抵南屏消受湖山福爛

雨忽然來西子施膏沐湖氣迷濛濛好當奇畫讀天既催我詩亦復新吾目船窗坐遊覽水漲湖橋六上隄易肩輿淋漓溼野服歸來興不淺斯遊吾能續何當攜故人重話孤山麓

戲次徐二湖上雨歸詩韻　柳泉

與子有成約偏走千崖谷壯遊良快心高眠亦清福當子出門時晏起我方沐歸示我新詩其曰皆可讀子游如吾遊臥游等游目擔板見一邊我尚非徐六狂點不浴沂亦既成春服我詩子難賡子游我能續聯榻姑酣眠明當入山麓

焉曰次韻至此眞不愧坡公矣　又曰語雖調侃亦有至理　又曰六服二韻奇妙

蘇隄　遠香

落花深處襯輪蹏面面湖光淡欲迷數尺斜陽挂秋柳回頭人影在蘇隄

焉曰如畫

二十日寓中　柳泉

滿城風雨報初更羅袂生涼睡不成無事懷人忽相憶去年今日女兒生

焉曰天然好詩不可多得

表忠觀　柳泉

千古功名運會中紛紛劉董太凡庸艱難時世民思霸錦繡山河帝表忠五代興朝流水盡一王遺廟大江東穹碑林立新磨刻勛業文章各自雄

西湖雜詩　柳泉

清波門外泛輕艫何處天然好畫圖幾樹垂楊兩隄水有人騎馬到西湖

二

我欲句畱何處邊初來勝地總茫然篙師爲我從頭說已載游人五十年

三

湖上孤山第一山梅清鶴瘦水彎環先生有意成高隱如此柴門不易關　吾鄉徐晉公懋昭淡園集有孤山說極論和靖之非眞隱然讀和靖更欲移家之作則亦未嘗不深悔之也

四

純皇宮殿壓湖開御道無人掃綠苔始信空王能護法聖因寺裏壯樓臺

五

閣外湖波瀲灎如閣中白石映清渠幾時買屋杭州住徧讀

文瀾閣上書

六

居然俗語是丹青摩乳澆胸太不經汙穢岳王乾淨土
不將鉼水沃邾廷（岳王墓前鐵鑄秦檜等四跪像行客往往摩檜妻兩乳而以小便澆四人請如此則百事皆利每過神道穢臭至不可耐官斯土者自當勸禁之也）

七

湖頭仕女日紛紛鄂國祠前散似雲一樣忠魂葬湖上
更無游客弔于墳（問舟子以于墓竟不知所在）

八

南屏山上草蒙茸小有天園景已空嬾看摩崖擘窠字
隻雞斗酒拜蒼翁（張忠烈公葬南屏所謂游神在岳于二少保之間者也）

九

曲曲朱闌護水濱平湖舊景一番新綠藤紅藕楹開帖
半襲時賢半古人

十

聞說當年有撫君選將姬侍塑如眞湖頭新蓋花王廟
派作司花十二神

十一

果然下筆是驚人也許全空冀北羣如此畫圖聊爾爾
恐難輕抹李將軍

十二

湖好原因水利開浚湖餘力作亭臺游人競說西湖好
請讀當年奏議來

十三

南來泥馬亦怱怱爲愛西湖戀此中更有君王看不足
詔開湖景在深宮

十四

到處流連看好花南朝君相愛繁華湖山也解傾人國
西子西湖比不差

十五

茜紗窗幰出閨閣畫舫時時見彼姝生長深閨人未識
卻教飽看在西湖（杭州鄉風居然以泛湖爲歲時公事其害當不止休蠶織已也薦紳先生似宜有以變之）

十六

相逢平白惹相思卻借西湖唱竹枝欲洗人間脂粉色
鐵崖還有女兒詞

西湖雜詩　　遠香

明聖湖邊游興濃雲嵐疊疊水淙淙何人立馬懷天末
指點吳山第一峯（焉日氣象雄視一切）

二

隊隊行來出湧金湖船游戲到湖心直教拗向裏湖去
蕩破湖烟一角深

三

西泠村路護輕雲三尺荒邱蘇小墳可惜美人已黃土
一叢芳草送斜曛

四

食單開向酒邊斟西子湖頭秋已深招手湖船買菱芡
却輸風味與蓮心

五

五柳居前草色青醉中閒愛棹歌聽湖光返照垂楊路
扶過六橋人未醒

六

沙隄十里記歸笻斜日湖頭聽晚鐘最是未能抛得去
斷橋人立看回峯

馮日數詩雅馴

靈隱道中　柳泉

芒鞋入靈隱兩耳皆松聲沙隄嵌峯石芳草相閒生林
深嗁鳥寂水滿秋田平窮勝竭足力行行重行行好境
招我來山川亦沽名

二

中田搭茅屋小坐來清風願言同遊人去此勿怱怱修
竹隔山徑嘹喨出飛鴻飛鴻去不遠翕忽騰遙空但聞
伐木聲丁丁山谷中雲深不得見焉知西與東

三

淮南旣仙去不忘去藩封好秦皇作天子力索風塵表
兩心互相易各各解煩惱武陵津已迷苦憶令人老情
爲境所遷斯言猶未了但得心胸開何處非蓬島偷閒
來一游曠無俗塵擾心空山更幽雲散風亦渺我即仙
中人勿謂吾言矯

飛來峯同徐二　柳泉

吁嗟噫嘻美矣哉此峯云自天竺靈鷲山中飛而來中
天竺國去此一萬五千里竟無一點磞礚剝落有如此
大不過拳石高不過千尺仰而視之陰以黑俯而入之
偪且窄而乃一邱一壑門千戶百或縱或橫或正或側
如立如舞如主如客如不愛惜亂擘之又如鄭重細彫
畫大造欲以巧勝人不顧俗眼驚魂魄蒼蒼莽莽遠道
忽飛來於是人間一切奇山怪石皆沙礫吁嗟噫嘻美
矣乎我家月湖明秀清勁如西湖但少一朵好山作佳
供還能插翅飛來無叱咤嘖噓大聲疾呼去此不過四

百里巨靈爲我挾過錢唐曹娥之江眞須臾不然擲下明聖湖中央亦復奇峭秀澤饒淸光何爲飛在亂山之中㨂且僵使我見此如有不足心鞅鞅叶吁嗟噫嘻天荒唐

馮曰純學靑蓮開拓萬古心胸推倒一世豪傑矣

飛來峯和徐十三　遠香

我家四明稱洞天竹房松牖生雲烟輿來倒騎綠玉杖徧遊二百八十之崖巔鑿險縋幽羅萬有四窗秀削相鉤連自喜此境不易得將欲卑視天下一切之山川俄聞武林有奇勝不知何處峯巒飛墮西湖邊西湖之水淺而碧西湖之山秀而澤攀藤捫蘿幽更幽見此便許非常格一峯搖搖欲下垂一峯躍起抵其隙洞中石乳流涓涓吸之足以淸詩魄奇頑未經女媧鍊嗟爾山靈胡向空中擲我聞在昔摩詰畫石藏祕府天命六丁下追取海風怒發不得上盤空怪影雲無主神仙指點化爲峯欲下不下逗秋雨靈鷲山前選佛場冷泉流破空無補玲瓏巖岫忽飛來至今蒼蒼猶帶墨花舞

馮曰縋幽琢險于規範中寓奇譎與柳泉作眞勁敵也　又曰淺碧秀澤論定西湖之勝

冷泉亭　遠香

澗外碧雲深荒亭對古岑有泉終古冷可以滌吾襟秋色上苔席寒風唬水禽此閒得佳趣少坐夕陽沈

冷泉亭小憩　柳泉

冷水一泓淸且潔塵寰遍地都炎熱飢腸雷動足亦倦空亭小住食黃齎巖巒歷歷寒當風對此肺腑皆淸徹坐聽遊客話古今萬事變幻無成轍康壽宮中鑿冷泉可憐一勺不能咽海上龍雛飛不飛塵埃滿井源頭絕白波冷濺靑苔花鷲山終古拋飛雪人生怱忙如春駒我知此意爲誰說

馮曰昔有妓女讀冷泉詩而入道此詩亦可叫醒世上熱人

遊雲林寺遇雨遂過酒樓小酌　柳泉

老樹環溪立長風又送雷路從峯曲轉亭向小樓開黃葉雨中落白雲山外來半年不飮酒客裏一傾杯

馮曰眞似襄陽矣又似靑蓮

酒樓口號　柳泉

泉待幾時冷轉峯當何日飛歸欲問山靈無語我姑酌彼金罍

二

湖光瀲灩方好山色空濛更奇乍晴乍雨今日游水游山總宜

三

舟子年年泛水酒庸日日看山冷笑游人多事詩歌流
落人閒

雲林寺　　遠香

鷲峯靈隱寺初地賦來遊憑閣容吟夕打鐘僧借秋泠
泉鳴曲澗小雨覓歸舟重到茅家埠湖光望裏收

雋曰鍊句鍊字皆極其至

謁岳鄂王墓　　遠香

古墓傍山麓重來展拜遲精忠貫金石老樹亦南枝過
雨泉鳴壑尋詩壁有碑彼奸今既死鑄鐵復何爲

拜岳鄂王墓　　柳泉

衰草斜陽宋故宮殘山一角葬貞忠前朝多少興亡事
都在遊人下拜中

二

湖上騎驢亦偶然古來大將幾歸田丈夫死國尋常事
可惜英雄正壯年

雋曰不禁英雄淚滿

三

金牌十二惜勛庸再失中原是二宗朽木燈檠如早返
定教痛飲到黃龍

雋曰苛論實定論也

延清水榭觀紅蓮　　柳泉

延清池頭吹天風庭榭芳馥花蒙茸環珮隱約躡仙踪
那知一笑重相逢白露新削玉芙蓉篆烟縷縷噴鮮紅
綠波浮滑媚芳容胭脂輕暈香玲瓏美人贈我以蓮筩
纖手一擲還怨怱折而食之甘且鬆如飲玉液遊仙宮
人生斯世若飛蓬明朝分手各西東願君食此乘長虹
年年醉倒在花叢

雋曰飄飄有仙子意絕唱也

延清水榭觀紅蓮　　遠香

買棹金沙港臨流小榭敞紅蓮競舒蕊相賞欲移時忽
聽可憐曲美人來未遲搴芳有佳興助我賦新詩

雋曰接拍入妙深於律矣

登錢氏看經閣　　遠香

高閣凌虛入畫圖明窗淨几點塵無一經株守成何事
且付游人飽看湖

和徐二登錢氏看經閣　　柳泉

呵護江山佛有靈施將金塔徧西泠錢王新建看經閣
不看儒經看佛經

舟中望半閒堂　　遠香

一徑曲而上數椽廠高岡林端臥白雲不知誰家莊回

首語舟子答言賈平章當年鬬蟋蟀美人刻瑶房誰爲葺遺址老屋明斜陽使我發浩歎望古空茫茫

舟中望半閒堂同徐二作　柳泉

山川無語看興亡蟋蟀聲中老夕陽一代偏安成底事舟人還說半閒堂

焉日不著一字盡得風流

二

湖山處處恣幽探如此風光死亦甘一半清閒先占取半閒留在木棉庵

焉日異想天開鬼雄痛哭矣

六一泉　柳泉

落日滿荒城秋山瓦礫平古來多少事今日但留名茶熟斟鄉味僧貧見俗情何人記佳話碑刻尚縱橫

焉日古人勝蹟大半似此又日作者五律以氣韻勝時入唐賢之室

觀六一泉　遠香

六一佳名記大蘇而今亂砌長蘼蕪不知秋水一潭碧猶似當年風味無

焉日七絕最爲幽峭作者本色

恭謁

高宗純皇帝行宮　遠香

俯身瞻

魏闕琬麗向天開到處

宸章滿當年

聖主來湖山增氣象風月壯亭臺

御路回鑾久蒼蒼點碧苔

約友人謁張蒼水先生墓不果　遠香

歸棹急於鳥滿山秋葉黃未尋忠烈墓此意不能忘論已千秋定神游少保傍幾時一壺酒衰草弔蒼茫

與周大宏維遊萬松嶺　遠香

我遊萬松嶺嶺上多寒松聞昔風雨夜虬枝化爲龍翠濤挾而去一嶺雲自封雲封不可上隔林聞暮鐘去去見歸路夕陽掛晴峯

焉日古音琤琤

登鳳凰山絕頂尋御教場古址　遠香

絕頂平開教戰場那堪終古牘斜陽十分湖景拼前領萬里江流滚大洋沙徑蒙茸秋草碧石碑斑駁土花黃我來憑眺增悲慨人事年光兩渺茫

江山船曲　遠香

相逢一一喚同年滿目江山春可憐著意勸郎須記取臺亭高廠是儂船

二

一生嫁娶在輕舟生長江湖更不愁愛看江頭六和塔教郎寛性住杭州

讀徐二江山船曲有感即次其韻　柳泉

天生尤物西湖景閱盡興亡最可憐那識錢唐江上路亭臺還有女兒船

二

險絶風波蕩客舟恰教紅粉解君愁爲君壓酒爲君舞輕過杭州抵越州

禹日自是正論未可以迂言目之

綵旗　遠香

綵旗隊隊拂平簷金鴨爐中香細添知是今朝新採秀紅樓十里捲珠簾

杭人禨鬼詞 有序　柳泉

楚鬼越禨而杭俗尤甚客杭四旬偶出游覽即所見者成詠以志土風中元節游省城隍廟是日神出北關門外恤孤將出傳梆擊鼓事事如督撫威儀其胥役無慮數百各有人以實之有牌有簿堂上傳呼則階下聲諾土人云諸隸名者即諸大府衙中之爲胥役者也

八座威儀鼓角鳴果然事死即如生吏胥徒役班班在階下齊聽點卯聲

二

七月中大家小室無不施鬼食者疏宗遠戚並書其姓名位號於紙版列供兩旁其施送以冥鏹爲主堆積如山所供祭饌瓜果而已土人云有七百錢便可作此功德耳

盂蘭盆會設家家座上高僧誦法華大會團欒鬼姻亞一壺清酒一盤瓜

三

七月晦夕土人陪余游東嶽殿觀發放餓鬼至則見殿門外列牙笏十一笏書十一府城隍使司俄頃殿上傳宣某府城隍司進則見一人衣冠秉某府城隍笏由東角門報門而入拜舞已殿上一人宣讀詔諭詔諭大略言以紙錢分給郡中餓鬼於是一人肩紙錢數萬隨搢笏者由西角門而出其作何分給不得而知也土人云傳宣十一郡旣畢尚有發符開地獄門諸儀節夜深露冷吾不欲觀之矣

嶽皇宮殿鬱崔嵬夜半傳宣棨戟開讀罷詔書神拜起紙錢領賜出門來

四

吾友邵又橋錦泉寓蕭王廟中八月十五夕余既出棘闈過訪又橋廟中金奏亂鳴人聲雜遝土人云今日蕭王生日也是日省中諸廟皆具儀物書丹刺使人來爲王壽王廟中主者則設筵席禮待來使飲酒食湯餅以去余見其諸廟來刺有書晚生關某頓首拜者有書愚妹觀世音斂衽拜者其夜設家宴移蕭王像於左移寢殿夫人像於前殿與王對坐王側有男侍數十人夫人側女侍稱之奏樂進饌無異人世之饗貴客而每供一湯則王與夫人各換一袍土人云將爲長夜之飲也

紛紛紅束壽蕭王家宴初排夜未央綠錦宮袍一齊換
兩行男女上羹湯

七月晦夕　柳泉

越羅衫子换吳綾鵶髻女兒嬌不勝拜地藏王生日去
毬花香顆藕花燈

杭州雜詩　柳泉

西家有女已傳紅歡會姻鄰酒食中來請異鄉人壓席
酒邊爲我說鄉風

二

相將踏月看新婚簫鼓喧闐正入門蠟炬紗燈天不夜
果然昏禮是黃昏

三

滿堂擲果忽鏗鎗贏得兒童喜笑聲恰與姑嫜無一面
來朝身子始分明

四

紛紛儀仗壯觀瞻旗有垂斿繖有幨十里樓頭簾盡捲
倚將紅袖看迎簾

五

鼓角喧鳴鑠院開不知誰是謫仙才無端也與紅顏事
貢院橋頭拾秀來

六

年年隨例作逍遙山上朱軒水畫橈才過中秋三兩日
望江門外又看潮

寓中賦別天台戚小鶴祖姚時八月十六夕　柳泉

尊府吾鄉老廣文著書真不媿多聞鶴泉先生諱學標教授甯波府學所著四書偶談續談皆淵博而有心得者心香一瓣淵源在斧踏秋高又見
君

二

集唐僧記傳風流亦鶴泉先生所著不替家風是紀游君嘗爲余誦都門紀游詩還有女孫能弄筆詩人佳話在台州君女蓉裳亦能詩嘗見其數絕句清婉可誦

三

小槳狂歌只數句未知後會更何因謂余不信有如月方寸天涯各故人

十七日歸渡錢江　遠香

芒鞋踏沙地緩步到江邊風急兒推浪日高人坐船目中空雁路秋外起炊烟欲待看潮去歸心已浩然

歸渡錢江次徐二韻　柳泉

天與水一色茫茫何處邊大江東去也人坐一篷船歸客半吳語曉山生越烟眼中空闊處圖畫總天然

歸棹　柳泉

歸棹泊橫塘西風拂袖涼半村飛落葉杯酒話斜陽野水亂流急客心歸去忙出門兒未慣白髮倚閭望

十八夜舟行姚江大風雨　柳泉

每過荒村亂報更棹歌低唱不分明寸心百轉無眠客一夜風風雨雨聲

歸家作　柳泉

出門才四旬歸來如久別老母笑相看弟兄同入室闔坐爲問答約畧杭州說湖山佳勝處游情何飛越母言自兒去我心常切切兒生廿四年嬌慣不離膝作客亦近止在路三數日中隔兩重江風波鬪險絕異地生人多世態兒未閱家居意兀傲客中憂拗折每當風雨夜輾轉心如結兒今好歸來我亦心安謐嗟嗟游子情思家有時節那知思兒心曉夜未曾歇豈不撫征衣顧念慈綫密窮勝欲忘歸聞訓頓如失賦詩殿游卷聊以鄙懷述客游雖云樂無事敢輕出

山中學詩記

秀水沈景脩署檢

光緒戊寅十月西
河別墅葉氏開雕

序

姊夫徐柳泉先生宏通博雅君子也早擅才名以詩古文詞主風雅壇坫者二十餘年晚好治經不拘漢宋諸儒之說務在實事求是諸經各有論說於書有逸湯誓考三泰誓考召誥解於詩有詩音通山中學詩記惟學詩記爲避寇時所著稱山中紀實也夫古人著書多在患難中以才愈練則學愈精而識愈定方辛酉粵寇之亂先生挈眷居建陝每聞邏騎入山居人相顧無顏色先生獨坐對溪壑誦詩自如心有所得輒筆記之積久成帙寇退歸里不戒於火失其原稿復取吾師周楚堂

先生錄存副本編定篇目訂正補輯之而亡佚已多今其存者凡三十六篇紬繹詩辭句箋字釋每獲一解足解人頤其說多有前人所未發者亦有前人已言之而與之暗合者由訓詁而兼義理實爲解經家闢一蹊徑焉佶年童時頗爲先生所賞識稍長以弟子禮執經請業先生亦許爲可造顧不能自勉兼以牽於俗冗學殖日荒而先生又久歸道山遺書多燬於火不勝太息今惟詩文集逸湯誓考重校宋元六志刊行其餘譔述未及鏤板竊謂學詩記尤足啟發後學付之剞氏以垂久遠余甥平甫請識數語因書此餉端光緒五年己卯歲

孟冬月受業慈谿葉佶年謹序

山中學詩記目

卷一

卷耳篇一 周南

卷耳篇二

樂只君子福履綏之

汝墳篇

燕燕于飛 邶風

燕燕之卒章

濟盈不濡軌

雉鳴求其牡一

雉鳴求其牡二

雉鳴求其牡三

卷二

誰謂荼苦其甘如薺

涇以渭濁湜湜其沚

國風我躬不閱遑恤我後

邶谷風之卒章

焉得諼草 衛風

褰裳篇 鄭風

卷三

展我甥兮一 齊風

展我甥兮二

展我甥兮三

予美亡此 唐風

誰與獨處

誰與獨旦

歸于其居

匪風篇 檜風

卷四

鉼之罄矣維罍之恥 小雅

先祖匪人胡甯忍予

鮮我覲爾我心寫兮一

鮮我覲爾我心寫兮二

鮮我覲爾我心寫兮三

緜篇 大雅

度其鮮原

庶民攻之不日成之

靈臺一

靈臺二 文佚

下武篇 文佚

卷五
天作篇周頌文佚
昊天有成命一 文佚
昊天有成命二 文佚
昊天有成命三 文佚
時邁執競思文 文佚
自彼成康奄有四方 文佚
雝篇
肇允彼桃蟲拚飛維鳥
般篇文佚

實始翦商魯頌

咸豐辛酉十月避寇入建陝山中旅居無聊偶為詩詞既而讀蘇李詩覺陵詩遠不如武世妄以二人並稱且或駕李於蘇此不知詩教者也乃作蘇子卿詩解一卷又既而思欲治經念憂患當學易而易道深微必非淺見寡聞所能窺測管子有言止怒莫若詩檢視行篋有朱子詩集傳及毛大可解詩諸作發而讀之時與鄙意有不相合者於是始爲學詩記或篇或章或句或字隨其所得各自成文是年十二月始屬稾至明年二月而賊黨蹤跡余兄弟遂與子舟星夜奔它山匿婦家朱氏將及一月賊入朱氏又與子舟還建陝柳車復壁之中從事不輟洎四月之初章村師潰賊遂大掠山中因挈家奔里仁堂又渡江至周家村相寓甫定賊旋遁逃於是可復邦族而人事紛起無暇著書檢視山中之作才九卷耳既歸草堂時或修飾尚未定稾而癸亥十一月晦日忽遭祝融之厄此記亦爲灰燼可長太息也猶幸在山之時與老友周楚堂爲鄰每成一記周君必先睹之成書數卷則攜以去命其伯子獻甫繕錄之余既遭厄詢悉其詳則所鈔存者四卷有奇蘇詩之解亦復具在而吾後妻之弟葉安甫客草堂時曾鈔詩記一篇以

歸慰情勝無可幸可喜惟周君所錄皆是初稾行當取來重事改削其所未錄亦將次第憶念冀還舊觀今先憶錄篇目如右以備檢記同治三年甲子七月二十一夕柳泉書

山中學詩記目

鄞 蔣瑞堂鐫字

山中學詩記卷一　　煙嶼樓經學

鄞　徐時棟同叔學
慈谿葉岱年安甫刊

卷耳篇一

采采卷耳不盈頃筐集傳曰后妃以君子不在而思念之故賦此詩又曰此后妃所自作貞靜專一之至也徐子曰后妃而采卷耳於周行耶曰此託言方采卷耳而心適念君子故不能復采而寘之大道旁也曰后妃何爲而託此耶夫醉有怒詈醒有慍也夜有夢見晝有思也託言之言不類而類也今方采卷耳而忽念君子念

之至於不能復采而又遽棄之宜若與貞靜專一之德不相類也且后妃也而陟崔嵬耶我馬也我僕也我酌酒也皆非女子之宜也而託此耶然則何也曰此急於求賢之詩也孫卿引其詩矣曰卷耳易得也頃筐易滿也左氏引其詩矣曰寘彼周行能官人也夫以求賢之急也得人之爲難而非卷耳之易采也建官之衆也稱任之爲難而非頃筐之易滿也詩若曰采卷耳而寘頃筐而猶不易盈也嗟所懷之賢人其胡能盡寘諸周行耶蓋思之若渴而惟恐其不得也其下三章何也曰苟求之而不得則吾大夫將從事獨賢而不已於行有如是也設身而形容之反復而長言之憂之深求之急也解此詩者莫古於左傳荀子皆不謂后妃思君子也惟荀子解下二語以爲不可貳周行意似主專一而亦不暢其旨故先儒多從左傳以官人爲正解乃朱子則以周南爲房中之樂此詩又緊承關雎葛覃之後遂以爲后妃所自作而以下篇樛木爲衆妾美后妃之詩直以君子當后妃則未免說詩之固也周行指列位言萬無疑義而左氏尤推廣言之所謂王及公侯伯子男甸采衛大夫各居其列者也

卷耳篇二

或曰毛大可解此詩謂婦人而登山乘馬未可也則與子之說同也而解之曰我所懷之人而苦行邁也則何如徐子曰彼亦以爲婦人懷人之詩也特解我馬異爾正猶其解褰裳亦淫奔之詩也特從我從子異爾則是舍其大而問其細也然而其解我馬尤非也曰山可陟也我馬亦可念也此我我人也下我我也蓋親之也夫連文而異義者固有之如曰上斯斯此人下斯斯此德也彼此人已之屬可也若爾我也則未有方翩連言之而上我他人而下自我者三古以來無此詞例也微獨詩也然且三章三陟凡六我而陟砠之我僕殆未可以

婦人而自我也則是陟崔嵬與陟高岡皆二我既一我他人一自我矣而獨陟砠之二我又盡我他人矣此又三古以來詞例之僅見者也若是者皆非也皆不與吾說同也而獨其篇中引焦氏易林則適與吾言合也曰元黃虺隤行者勞疲役夫憔悴踰時不歸此正吾所謂從事獨賢也正吾所謂不已於行有如是也大可引之而不知解詩則是無補於大可之說而適足以證吾言也

朱子小序辨說云首章之我獨爲后妃而後章之我皆爲使臣首尾衡決不相承應亦非文字之體也○

案隔章異我朱子猶譏之況上下句乎

樂只君子福履綏之

樂只君子福履綏之集傳曰君子自眾妾而指后妃猶小君內子也徐子曰后妃也而稱君子耶集傳謂宮人作關雎而關雎以君子指文王夫宮人猶眾妾也浸假賦詩而美兩君子則將誰君子矣此必不爾也然則君子誰也曰西伯也此諸侯歸西伯而頌美之之詩也南有樛木而葛藟得纍之世有西伯而侯國得歸之也夫既得歸之則必視願之何者樛木榮盛則葛藟之蔭庇長也故曰樂只君子其福履綏之乎

汝墳篇

遵彼汝墳伐其條肄既見君子不我遐棄集傳曰此婦人喜其君子行役而來歸之詩也伐枚而又伐肄則踰年矣至是乃見君子之歸而喜其不遠棄我也徐子曰非也世未有曠夫方遠歸而遽棄其怨女者也或有故而去之而非其常也此不必其妻之過慮也東山之詩曰自我不見于今三年則喜可知也今古同情也則未有不歡其乍聚而乃以不棄爲喜者也然則何也曰此非思婦之詩也蓋三分天下有二之時諸侯喜其歸西伯而得所也伐枚伐肄紂之凶暴有如是也蓋始則憂

繼則喜終則喜過望而感且泣也若曰吾遵彼汝墳而見其伐條枚也吾未得見君子而惄如調飢也飢者之求食遑遑然惟恐勿得也可憂也吾遵彼汝墳而又見其伐條肄也事急矣假吾見君子而君子不收恤我我奈之何矣今既見君子而君子不我遐棄也則可喜也於是痛定思痛而不覺其張目言之而曰吾譬則魴魚而既已赬尾也王室信如燬也而幸也雖則其如燬而我有父母之孔邇也喜極而感感極而泣也蓋其始聞風而慕之而以爲君子也猶曰仁人也不可失也至乎身受其德而感之至深乃始知西伯之恩我者切膚而

刻骨無異乎屬毛而離裏也則不復以爲君子而直以爲吾父母也故曰終則喜過望而感且泣也然而詩人之意則又曰魴魚赬尾王室如燬吾昔者方無柰爾何也雖則如燬父母孔邇爾今者且無柰我何也然而詩人之意則又以己之得所而懷他人以招徠之也曰魴魚之赬尾也以王室之如燬也然雖則其如燬也而不見有父母之孔邇也耶

燕燕于飛

燕燕于飛差池其羽集傳曰燕鳦也謂之燕燕者重言之也差池不齊之貌徐子曰此毛傳鄭箋之說而朱子

從之者也傳曰燕燕于飛必差池其羽箋曰謂張舒其尾翼興戴嬀將歸顧視其衣服也然而非也夫燕也者人家常見之鳥也張其翼以飛也則平平也鼓其翼以飛也則兩翼俱上而俱下也鳥見其羽之必差池耶且燕能斂其翼而不能斂其尾也不斂胡張而乃曰張舒其尾翼耶將行顧衣服婦人常態也若此詩無此意也涕泣勞心之不暇而暇及其常態耶二章曰頡之頏之將無戴嬀既顧其衣服而又將舞耶三章曰下上其音將無戴嬀既舞而又將歌耶而乃以差池其羽興顧視其衣服耶然則其曰差池者何也曰此兩燕也非一燕而重言之也燕之入人家未有不兩燕者也然而鳥之以類相從者飛鳴止宿往往其相竝也而燕獨不爾也其飛也常後先而上下也故曰差池其羽其舞也猶是也故曰頡之頏之其止而鳴也猶是也故曰下上其音此詩人之工於體物也而豈一燕之謂耶兩燕者何也一以比戴嬀而一則莊姜自比也今夫燕燕之非家禽而在人堂宇也此猶姜之以齊嬀之以陳而先後而在衛也燕燕之差池而頡頏而下上也此猶姜之以嫡嬀之以妾而相親而相愛也一燕生子而兩燕共覆育之哺飼之此猶姜無子以嬀之子爲子而卵翼而長成之

也詩之以鳥爲興者多矣而此詩則興而比也詩之以鳥爲比者亦多矣而此詩則比而尤切也且夫燕燕之入人家也常以二三月相將而來五六月子成而去今夏六月周七八月也姜之送嬀也蓋在周七八月之間說見後篇燕燕之卒章是時燕猶在堂而嬀則舍我而去矣此所以涕泣勞心而自傷其人而不如鳥也

燕燕之卒章

仲氏任只其心塞淵終溫且惠淑慎其身先君之思以勗寡人集傳曰仲氏戴嬀字也以恩相信曰任塞實淵深終竟溫和惠順淑善也先君謂莊公也寡人寡德之

人莊姜自稱也言戴嬀之賢如此又以先君之思勉我使我常念之而不失其守也徐子曰吾讀燕燕之詩而重有疑也疑夫衛桓雖弒先君之恩義可念也嬀胡以必自絕於衛耶疑夫姜與嬀相得如此嬀去則姜獨留嬀胡忍舍姜而歸陳耶且婦人送迎不出門姜送歸妾胡以必遠于野而于南耶莊姜之賢爲春秋所僅見嬀何至以不失守相勖勉而姜猶理其語而述之耶吾既而反復詩詞至於卒章而後知其有深意也吾又考之春秋悉其本事而後知詩意之大有在而自來傳注之失其眞也隱四年春秋曰戊申（經不書月杜氏推長麻云在三月十七日）衛

州吁弒其君完（桓公立在春秋前至是已十六年）又曰夏宋公陳侯蔡人衛人伐鄭秋翬帥師會宋公陳侯蔡人衛人伐鄭九月衛人殺州吁于濮左氏傳之稱衛有臣石碏者嘗諫莊公之寵州吁禁其子厚之從吁游皆勿聽及吁弒桓自立使厚問定君之策於碏碏紿二人如陳請王覲而馳使告陳使圖之陳桓公爲之執二人而請涖於衛衛使右宰醜涖殺州吁於濮碏使其宰獳羊肩涖殺石厚於陳夫陳桓方以州吁之求寵而與之睦（傳曰於是陳蔡方睦於衛又曰陳衛方睦是時衛桓已弒則陳桓所睦者州吁耳）數月之間不惜兩勤其眾伐無惡於己之鄭爲之修先怨以合諸侯而固其位而

乃僅以彼致仕之臣遣一介之使寥寥數言遠相告語而遂肯革心反面遽執之以諾其請而又請涖以快其心乎謂陳桓感發於大義則未有黨賊之心如是其固而忽變者也謂陳爲衛桓所自出則未有久與殺甥之人共事而至此而始追念其甥者也然而竟執之者則陳之中固有人焉以主之也孰主之嬀之歸陳主之也孰使之姜使之也蓋吾讀燕燕之卒章而知詩意之大有在也其詩曰仲氏任只夫任也者非以恩相信之謂也任事之任也（任去聲讀如論語仁以爲己任之任非平聲○又案以恩相信曰任朱子本鄭箋而誤者）仲氏以討賊自任也塞也者實也淵也者深也實

則必爲之而不妄深則密圖之而不露也此仲氏之心也故曰仲氏任只其心塞淵然而事未可知也以州吁之暴躬行弒逆而國人莫敢誰何則將恣行而奚憚也據其位而居其宮焉知不爲晉夷吾之於賈君也殺其子而執其母焉知不爲齊商人之於子叔姬也則是嬀居衛而懼有無禮之干將反陳而又懼有非意之辱保其身且不暇況敢自任以討賊耶而嬀則終始以溫且惠者陽禮貌而牢籠之於是愼其身以處衛而吁不敢犯也淑其身以歸陳而吁不之忌也故曰終溫且惠淑愼其身此非他人之能與知者也此惟姜與嬀之所默

喻也故媯之行也惟以思先君相勖勉而冀其事之必成而已矣無他語也故曰先君之思以勖寡人故其首章遠送于野曰泣涕如雨其次章遠于將之曰佇立以泣別離之色之愴於懷也送遠者之所同也其三章則遠送于南而曰實勞我心蓋陳在衛南身送其事之人而望其所至之國惟恐事之或不濟而不覺輾轉於懷而勞其心也此則送遠者所未行而莊姜之所獨也至於卒章歎其任事之能美其去國之智而理其臨別之贈言而遂不覺其暢然言之也且夫燕燕之入人堂宇也常以二三月相將而來五六月子成而去今二三月

周四五月也今五六月周七八月也姜之送媯也在周七八月之閒而燕猶在堂故感時觸物而以為比興也當是時陳桓方與衛吁合宋魯蔡伐鄭敗徒兵而取其禾黨惡固寵兩相得也經文書秋伐鄭書九月殺州吁則伐鄭必在七八月之閒而戴媯之歸蓋亦必在此時矣未幾陳桓歸國而媯則已在陳也媯於是乎責桓以公義動桓以私情而陳桓於是乎幡然而改悟也至石子之使來而亂臣賊子於是而授首矣然則討賊之舉姜與媯謀之於內而石子謀之於外者也賊之果討姜與石主之於衛而媯以桓主之於陳者也故春秋書曰衛人殺州吁于濮曰衛人眾也經書衛人殺州吁又書衛人立晉傳於衛人立晉釋之曰眾也眾也二字所以弁釋前書衛人左氏往往有此簡括之文所以表莊姜石碏之功也曰于濮濮者陳地所以表戴媯歸陳之力也不然而據傳而惟石子之謀也則楚比之弒可例也而胡不書衛石碏殺州吁耶昭十三年書楚公子比弒其君虔于乾谿又書楚公子棄疾殺公子比又不然而以為陳桓之所執也則陳舒之弒可例也而胡不書陳人殺衛州吁耶宣十年書陳夏徵舒弒其君平國十一年書楚人殺陳夏徵舒又不然而以為陳執之而衛殺之也則衛喜之弒可例也而胡不書陳人執衛州吁衛人殺州吁耶襄二十六年書衛甯喜弒其君剽又書晉人執衛甯喜二十七年書衛殺其大夫甯喜然後知媯之歸陳正以念先君之恩義而非絕於衛也然

後知媯之行姜實使之而非忍舍姜以去也然後知其事甚祕其行甚重姜所由必遠送之而于野而于南也然後知居者行者各負重任媯所由相勉以先君之思而固非是區區不失守之謂也蓋吾讀燕燕之卒章而後知詩意之大有在也

毋以子貴衛桓立而戴媯尊矣乃桓立十六年而後被弒而凶暴之州吁竟不忌媯則十六年中媯必不以子貴而驕倨謚法云典禮無愆曰戴蓋媯之為人可知也故曰終溫且惠淑慎其身終者終竟也猶言始終如此也然溫惠之德非獨媯也莊姜既子桓公

復惡州吁桓弒而吁亦忘姜姜之温惠可知石子諫君禁子正色侃侃而至此而亂臣賊子尚敢往謀定策則石子之温惠可知想見當時毋夫人在內國老在外默籌機宜芟除元惡而雖宮闈之中家庭之際絕不稍露聲色則皆温惠之力也明乎此義而大臣定變不難矣解家但以尋常贊語視此二字去詩意何啻萬萬

春秋書弒君二十餘衞吁其首惡也春秋弒君之賊多爲漏網而衞吁甫六月而即伏誅大書之曰衞人殺州吁于濮此夫子第一快心筆也吾向疑濮者陳

地書于濮者似錄陳桓之悔過也既而思之夫子蓋極惡陳桓何則宋蔡魯翟黨惡伐鄭無足深責若陳桓之與衞桓雖未知其爲甥舅爲兄弟而陳爲衞桓所自出無惑也孔氏左傳正義謂厲嬀戴嬀皆陳桓公姊妹亦出臆度者乃忍置所親竟爲手刃所親之逆臣大作羽翼妄動干戈謀固其位此尚爲有人心者乎故書弒桓以後連書陳侯衞人伐鄭以著其罪故州吁之執明出陳桓晉執甯喜明是比例而竟置之不論然則于濮之書豈尚錄其功乎然則于濮之書非即以表戴嬀乎戴嬀歸陳事不見春秋傳詩序鄭箋言之必有所本大畧亦

與傳合微此詩則嬀之大功幾泯沒於千古矣傳不言者或策書闕文抑亦宮中隱相籌策固非史臣所能詳悉者乎

史記衞世家謂桓公毋死莊公令莊姜子桓公又謂桓公絀州吁州吁出奔求叔段而與之友收聚衞亡人以襲殺桓公又謂石碏與陳侯共謀使右宰醜進食因殺州吁於濮其說並與左氏違異史遷好以己意度古人見莊姜以桓公爲己子故謂其母早死見州吁弒兄而共叔亦嘗攻兄故謂求與段友見涖殺之人官右宰而誤以爲宰夫故謂進食以殺之皆不

可信之臆說也夫叔段之亂其子公孫滑嘗奔衞矣未聞衞吁之奔叔段也滑之奔衞方藉衞力以伐鄭則叔段在共之無能爲可知而能同州吁襲衞以殺其君乎且弒桓之獄左氏不言其詳但曰弒桓公自立而已而其下文則曰將修先君之怨於鄭所謂鄭怨者即隱二年鄭人伐衞之怨也本杜注則所謂先君者桓公也夫既已弒之而尚稱先君尚爲之修舊怨此其弒逆之事蓋必隱爲謀害而斷非收聚亡人而襲殺之也故莊姜戴嬀雖以温惠遠禍而苟非犯其大忌亦必且依然尊禮之故既行弒逆尚敢泰然與

兵以會諸侯至石子告陳始大發其覆而曰此二人者實弒寡君若果動衆襲殺則罪案彰彰何云實弒乎此愚以意度之而知史遷之爲臆說也然則陳桓黨惡或亦未知其詳乎曰此賊臣掩耳盜鐘之計也而可欺人乎未能和其民則國中徧知之矣詹隱問衆仲則侯國盡知之矣而況陳爲衞桓所自出之國乎

濟盈不濡軌

濟盈不濡軌徐子曰濟盈未有不濡軌者也氓之詩曰淇水湯湯漸車帷裳水湯湯矣漸帷裳宜也而況軌也

今濟盈矣而反不濡軌何也解者曰濟盈必當濡軌也而不濡以比雉鳴不當求牡也而求之夫必相若也而後相比未有比以相反者也今必當之與不當則兩相反矣而相比耶且比者比（音畀）也比物之相類者而以爲比也今濟盈濡軌之與雉鳴求牡何類耶解者又曰以濟盈雉鳴比淫亂合二者而以爲比也則夫濟盈而能不濡是猶俗汙而能不染也以比不淫則可矣而反比淫耶然則何也曰此非刺淫之詩也懼合昏之不以禮而逆女之非其時也興也而非比也夫濟盈則未有不濡軌也而不濡者冰合也夫驅車以渡冰河則雖盈而軌不濡也古者合昏有時故孔子曰霜降而婦功成嫁娶者行焉冰泮而農桑始婚禮殺於此荀子亦曰霜降逆女冰泮而殺今冰已合矣逆女者此其時矣而況又雉鳴求牡彼女而求庶士矣則愈其時矣故曰士如歸妻迨冰未泮

雉鳴求其牡一

雉鳴求其牡集傳曰飛曰雌雄走曰牝牡夫雉鳴當求其雄此常理也今反求其牡以比淫亂之人非匹偶而犯禮以相求也徐子曰此毛傳鄭注孔疏之說而朱子從之者也然而誤也夫物各有偶雉亦自有偶也舍偶

雉而求他雉則淫雉也衞女之淫亂殆若是亦已矣以相比可也而乃曰舍其雉之屬而求之於他禽而且曰舍其禽之族而求合於牡獸苟以比諸人則是西漢諸王之人獸交也而衞女無是也鳥之鳴也曰求友也雉之雊也曰求雌也善格物者察之乎形聲驗之乎類應而後可知也今曰求牡非求雄則詩人雖聰如師曠能造禽經而苟非夷隸之掌與鳥言公冶長之善通鳥語亦惡知此鷕然鳴者之必不求禽而求獸耶（偶資談助耳其實非特公冶事之見皇侃義疏引論釋者爲妄說卽禽經亦後人僞託也）然而知之何術也且詩人之託興也必有是事也而後言之剖判以來曾亦

聞有偶獸之雌雉也耶然而言之何見也況夫雉也者
耿介有守之鳥也周禮注儀禮注及文選注引韓詩章句故士贄用雉取
其春交秋別既別不雜李如圭儀禮集釋守節死義白虎通交有
時別有倫也見儀禮注及穀梁傳注而古帝王凡畫其象於冕服
尙書華蟲作繢周禮鷩冕亨先公鄭注司服云鷩畫以雉謂華蟲也楊烱議云制鷩冕祭先公鷩者雉也有耿介之志表公有賢才能守耿介之節也夫以耿介之節鳥而汙蠛之以斯
言則非惟辱衞女抑亦誣雉已甚也然則何也曰牡猶
雄也雄猶牡也雖別飛走而義可通也故詩曰雄狐綏
綏書曰牝雞之晨且夫獸之陰陽曰牝牡禽之陰陽曰
雌雄而人之陰陽則父母也然而漢書曰父馬母馬然
而孟子曰母雞母彘墨子辭過篇曰人情也則曰男女禽獸也則曰牝牡雄雌也而其非樂上篇又曰雄不耕稼樹藝雌不紡績織紝
國語越語曰設右以爲牝益左以爲牡淮南兵略曰
左牡而右牝是牝牡分左右陰陽故漢五行志及國
語素問老子太元諸注竝曰陰牝陽牡雞雌雄從隹
當屬禽牝牡從牛當屬獸而廣雅釋獸及後漢注等
書又曰牝雌也牡雄也而集韻亦曰禽雄曰牡周禮
疏亦曰飛亦曰牝然則字書及詁訓家尙不以飛走
斷斷爲區別況在行文閒耶不知從來說詩者何固
執乃爾

蛇雉交則生蜃小說家往往載之或遂欲爲雉求非
偶之證然怪異之事得詰經耶況雄蛇豈得謂之牡
獸

雉鳴求其牡二

或曰求牡之說若是乎其明且暢也而毛大可必改牡
爲牝則何也曰此妄之尤妄者也大可嘗與楚人楊恥
庵講詩於吉安爲白鷺洲主客說詩一卷其論鄭衞非
淫詩者二十二條論旨本先儒而又暢之去其嫚罵之
詞則確論也而惟託諸張南士以說求牡則妄之尤妄
者也大可曰吾嘗以朱子所謂衞詩男求女鄭詩女求
男二語質之南士南士作色而非之予曰雖然詩有自
言女求男者雉鳴求其牡非與南士曰此則誣詩益甚
矣詩原本云濟盈不濡軌雉鳴求其牝牝音妣與軌押
謂夫濟雖盈不使濡軌雉之鳴當求其類正深厲淺揭
意也按此數語解詩亦信口妄說不待駁正者其必押牝不押牡者老子谷
神不死是謂元牝淮南子後生而前死左牡而右牝大
戴禮記高者爲生下者爲死邱陵爲牡谿谷爲牝古皆
以牝押紙不以牡押紙可驗也然則陰陽牝牡各求其
類詩未嘗誤而乃以誤本之文竟誣爲原詩之句學何
事矣徐子曰鄭衞本非淫詩也雉鳴求其牡尤非淫語

也已不能解斯已耳而敢於妄改經文以就己意則罪等於毀經而侮聖矣而惜乎耻庵之徒皆不學無能正其謬聲其罪而猶使之得儼然著書而立說也夫雉鳴之雉吾惡知其爲雌雉耶雄雉耶求牡爲女求男於義不可而改爲求牝惡知其非雄求雌耶是信所謂衞詩男求女矣而遂非淫語耶或曰必雌雉也夫不見上云有鷕雉鳴而毛傳以爲雌雉聲耶曰毛傳說文之以鷕爲雌聲者正以求牡句耳若詩本求牝則雄聲矣此猶小弁之詩曰雉之朝雊尚求其雌注家以其求雌也遂曰雄雉聲此皆望文生義而本無確據者也且雄鳴曰

雊雌鳴曰鷕舊注鑿鑿如此然而呂覽季冬紀曰乳雉雊（按月令作雉雊雞乳謂雉與雞皆伏卵耳義與此同）古今有雄雉而伏卵者耶潘岳射雉賦曰雉鷕鷕以朝雊古今有一雉而忽雌忽雄者耶（選注云雉之朝雊尚求其雌雌雉不得言雊顏延年以潘爲誤用按夏小正云雉震呴傳曰震也者鳴也呴也者鼓其翼也然則雉鳴則鼓翼雊者雉鳴也鷕者雉鳴聲也本不分雌雄潘實不誤解詩者誤耳近時作文選理學權輿者乃調停之謂潘賦是雌雄皆鳴又不知而強解之矣）然則雉之雄雌固未易定縱可改牡爲牝而於此雉之貞淫奚別耶然且下章曰士如歸妻迨冰未泮明明懷昏姻之詩也懷昏姻而以雌求雌之物爲比興則夫女求女將安需矣而曰陰陽牝牡各求其類非妄耶且夫求男求女何傷乎夫亦視其求之何若耳昏姻之道配匹之際未有不先言求者窈窕淑女寤寐求之男求女也求我庶士迨其吉兮女求男也關雎摽梅固非淫詩而雉鳴求牡必淫語耶而乃曰誤本而又曰誣詩吾不知其誰誤之而誰誣之也而竟造三家未見之原本而竟改之非妄之尤妄耶

雉鳴求其牡三

乃若其論軌牡之音則尤大妄其言曰古皆以牝押紙不以牡押紙徐子曰此論古音耶論今韻耶論古音則古無所謂紙也焉知牡之當何押耶論今韻則軌在紙

而牡在有而牝在軫牡固不押紙也而牝豈押耶國初之論音者衆矣吾必以亭林爲巨擘然吾猶譏之何譏乎爾譏其以後世之唐韻而上合商周之詩音也（詳見余所著詩音通）若大可則全以今通行韻本爲據而取三百篇牽合附會之今所謂紙即通行韻中之上聲四紙也此其淺陋甚可笑也夫既論詩音當誦全詩不知此篇當考他篇大可亦知古音之牡不押紙而正與軌押乎亦知古音之軌不押紙而押今尤有蕭篠而與牝死之押紙者迥然異類乎則試詳言之古平上去入通一音核之今韻則今尤有中字多與今蕭篠中字相叶（入聲則通）

屋沃等韻○此言其大略耳非全韻相叶也卽如有字在尤有韻中而入今紙韻軌字在紙韻中而入今尤有韻小星之裯猶叶昴也野有死麕之誘叶包也此在全詩靡不然者故牡爲今有韻中字而竝驅從兩牡兮與道好叶從以騂牡與考刀毛膋叶於薦廣牡與考叶若此詩以牡叶軌則正與既有肥牡之叶埽簋舅咎同也夫伐木之肥牡明與八簋叶此詩之求牡尙不與濡軌叶耶三百篇中軌字之叶僅此而牡則五見善讀書者苟見四牡字無不叶尤有蕭篠而以牡例軌必將悟軌之古音亦叶今尤有蕭篠無疑也且軌猶簋也軌雖僅此而簋則兩見伐木之簋既叶埽牡舅咎而權輿之簋又與飽叶善讀書者苟見兩簋字無不叶尤有蕭篠而由簋度軌又將悟軌之古音必叶今尤有蕭篠無疑也而乃不徧考牡叶而敢於塗抹之不旁考軌音而敢以牝强叶之夫亦思老子大戴淮南皆以牝叶死曾亦有以牝叶軌而以軌叶死者乎而引之何爲乎而改之可乎或曰牡之必叶今尤有蕭篠信矣而軌則於三百篇無他證也軌與簋同音在今韻信矣而古音或未必同也浸假古音以簋叶尤有蕭篠而軌如今音在紙韻則大可改牡爲牝或亦未可非耶曰是大不然夫吾以簋例軌適可叶經文之牡覩大可以死例軌又必妄改經

文者此其相去已不啻天淵而況軌猶簋之固有確證在耶則試更詳言之軌簋二字古通儀禮公食大夫禮六簋注云古文簋皆作軌易損卦二簋釋文云簋蜀才本作軌左傳僖四年注包匭菁茅釋文云匭本作軌而匭卽古文簋字也故說文云匭古文簋或从軌蓋軌簋之通多確證有如是也而軌又通宄詩民勞箋輕爲姦宄釋文云宄本作軌左成十七年傳在內爲軌釋文云軌本作宄漢書元帝紀注云軌與宄同文選五等論注云軌與宄古字通故尙書堯典牧誓中姦宄史記無不作姦軌者軌既與簋宄通而軌簋宄三字古皆从九說文云軌从車九聲一切經音義云軌古文衏匭二形按字典軌字古文作边衏疑边卽匭說文載古文簋作匭又作朹於宄字曰从宀九聲讀若軌古文作殳又作惌一切經音義同則是今文之軌也宄也軌古文之衏匭也簋古文之匭朹也宄古文之殳惌也字形不一而無不從九者九在今有韻正與牡同韻也古音正與蕭篠叶也故自我人究究叶褎好矣與子同仇叶矛袍矣此又從九得聲者之與蕭篠尤有爲韻之顯證也故夫說文所云從某得聲者雖不可全據以論音而往往有合軌字從九之可叶尤有正猶牝死从匕之可叶支紙也大可既不識音又不識字

之可通於音則論古音何據矣作古今通韻韻學要指何用矣學何事矣昔唐人讀洪範不知義字從我古音莪俄本可與頗叶也而改頗爲陂夫頗之與陂雖異文無別義也然後儒猶以不知古音妄改經文非之今一改經字至於變雄爲雌化男爲女顚倒牝牡錯亂陰陽而實則以不明經訓不識古音之故而遂有此妄也則罪浮於唐人矣我故曰妄之尤大妄也

劉藝蘭鳳章曰毛氏論音自造名色支蔓紛騰徒炫耳目先生作詩音通但以詩證詩不取後世韻本一字而界畫分明自然不紊凡有可通無不脗

合者讀之眞令人心開目爽此篇偶論軌牡二音雖僅嘗一臠已見穿穴全經七通八達矣

季弟石門時榕曰古音以今尤有韻合今蕭肴屋沃韻始聞駭然及讀先生詩音始恍然也又先生筆記中嘗論此謂今蕭肴豪尤篠巧皓有嘯效號宥屋沃覺十五韻中偏傍每相通借卽如翏之一字具有數音而卽備此三部之音集韻曰力救切音溜又曰力弔切音料憐蕭切音聊又曰力竹切音六而蕭肴部中則有寥漻等十六字尤有部中則有瘳鏐等十四字屋沃部中則有勠戮僇蓼繆等字此亦從某得聲之證也又十五韻在古音爲同部今雖分別而尚有彼此互見者如蕭肴尤有二部互載之字則有調嗺等二十字蕭肴屋沃二部互載之字則有熇蓼等十七字尤有屋沃二部互載之字則有瞀繆等十六字此亦古本同音之證也其詳並見筆記中先生又嘗語余曰吾鄉讀九字在尤有部中而閩廣省人無不讀如高告音者則是尤有合蕭肴古音之尚見於方言者也因讀詩記並附識之

山中學詩記卷一　男隆壽平甫校字

山中學詩記卷二　煙嶼樓經學

鄞　徐時棟同叔學
慈谿葉岱年安甫刊

誰謂荼苦其甘如薺

誰謂荼苦其甘如薺集傳曰言荼雖甚苦反甘如薺以比已之見棄其苦有甚於荼也徐子曰荼之苦也人味之而後苦荼不能自悲其苦也荼之苦也荼之性有然荼不能反而甘也且使苦荼而可反爲甘薺也則是棄婦而可反爲新昏矣而胡以自比耶如曰荼本苦也而以我視之猶甘也我苦於荼也則下將自敘其見棄之苦而胡以反形新昏之樂耶殆非也然則何也曰此詩人見物起興卽尋常日用所需之荼薺舉之以擬其良人翻覆之情也以荼比良人而不以自比也若曰我之去也方中心有違也而爾乃薄送我畿而已爾忍於我如此以我味爾曾何異於荼苦耶然誰則謂爾如荼苦耶爾有時乃甘如薺也夫不見爾之宴新昏固如兄如弟也乎又若曰我則味爾如荼苦也誰謂爾信如荼耶其且有視爾如甘薺者也生相捐與爾怨心誠憐謂爾妍也

涇以渭濁湜湜其沚

涇以渭濁湜湜其沚宴爾新昏不我屑以集傳曰涇濁渭淸二水合而淸濁益分然其別出之渚流或稍緩則猶有淸處以自比容貌之衰久矣又以新昏形之益見憔悴然其心則猶有可取者也徐子曰以二水之淸濁比容貌之盛衰然也而曰猶有淸處則是貌既衰矣而猶有盛時也殆非也以沚屬涇則涇既入渭矣吾烏知其所云沚者涇之沚耶渭之沚耶且既以涇自比矣而復擬於沚既曰容貌矣而又曰其心皆未見其然也然則何也曰涇以渭而形濁而水中之沚固湜湜然其不動也夫我則涇也彼則渭也而爾猶沚也吾知爾不厭棄我而宴爾新昏遂至不我屑以吾諒爾非初心也嗚呼此其所以不欲負良人而猶爲之顧其後也

以涇渭沚分比三人語意較舊解爲安記鄭箋解湜湜爲持正不動搖其以比何人則忘之矣

國風我躬不閱遑恤我後

言國風者以詩詞與小弁同也不稱谷風者以名篇與小雅同也禮記引此稱國風今用之

我躬不閱遑恤我後集傳曰自思我身且不見容何暇恤我已去之後哉絕意之辭也徐子曰詩不若是其薄也夫詩以敦厚爲教則豈有割情斷義悻然決絕至於如此而可以立教者也且夫小弁之詩孟子所謂仁人

怨慕之詩也而其卒之四言全與此同憂危慮患長歌當哭至於曲終奏雅之時忽作不顧其後之語曾謂孝子之心如是其恝而怨慕之衷猶未荒耶然則何也曰遑者暇也爾雅釋詁云偟暇也按偟即遑字揚子法言曰偟乎不偟遑又通作皇書無逸無皇曰左昭七傳社稷之不皇故左傳禮記引此詩並作皇未有明明曰遑而可解爲何暇者也此非若解甯爲無甯不爲豈不之可例也四牡與采薇之不遑啟處也采薇與出車之不遑啟居也四牡之不遑將父不遑將母也小弁之不遑假寐也何人斯之亦不遑舍也漸漸之石之不遑朝不遑出不遑他也是不遑也是猶曰何暇也殷其靁之莫敢或遑莫敢遑息莫或遑處也殷武之不敢怠遑也是莫敢遑不敢遑也是猶曰何敢暇也乃至杕杜之征夫遑止何人斯之遑脂爾車此與小弁之遑恤我後則遑而已矣則未有明明曰遑而可解爲何暇者也且遑止遑脂之必不能解爲何暇也而獨於遑恤有異解耶夫詩人既怨君子之棄我而復諒之而歸咎新昏而以爲非君子之過也解在涇以渭濁篇中於是諄諄然寄語之曰爾則忍我去矣我不忍以垂成之家室坐爲後來人敗壞也譬之捕魚慎無去我所築之魚梁而發我所設之魚笱也我身雖不容於爾我則遑爲爾憂我去後事也蓋重念昔時夫婦創造之艱今雖義絶猶必爲君子三致意焉以冀後來者之知其艱難而共爲黽勉也情之深義之盡忠厚之至也而乃反其詞而害其意而曰何暇也奚可耶且吾讀禮記左傳而知古人之誦是詩者未有解遑爲何暇者也表記引國風曰我今不閱皇恤我後終身之仁也若解遑爲何暇而可謂之仁乎哉乃世儒既昧詩訓而又以誤解解禮文謂惟不恤其後所以僅爲終身之仁鄭注禮記亦解皇爲何暇而不解終身之仁句疏及集說等書解之如此夫詒孫謀爲數世之仁僅恤其後爲終身之仁義至顯也若不恤其後而可謂之仁乎哉且我躬既不閱而其後又不恤也則終

身將安指而仁又奚屬耶左傳衞太叔文子引此詩曰烏乎詩所謂我躬不閱皇恤我後者甯子可謂不恤其後矣襄二十五此猶富辰引協比其鄰而曰吾兄弟之不協也僖二十二季文子引畏天之威而曰不畏於天也文十五賓媚人引布政優優而曰子實不優也成二而其詞例則又與襄二年之引其惟哲人而曰季孫於是爲不哲矣襄二十九年引協比其鄰而曰晉不鄰矣毫髮無少異也蓋引古之能恤以刺今之不恤也而更有顯者子服惠伯曰饑寒之不恤誰遑其後襄二十八此雖不引詩而其語則明用詩詞者若解遑爲何暇將曰誰何暇其後乎古

今無此謬語也夫誰遑其後爲不恤則遑其後爲能恤
又益可知也質之以小弁參之以羣詩而周人之作詩
者無異義也證之以禮記印之以左傳而周人之說詩
者無異解也至漢人劉向作列女傳傳王陵母亦引此
詩爲終身之仁且曰陵母之仁及五世矣是則周秦相
習之舊解尙不替於西京不知康成以來何故盡舍之
而變而爲絕意之辭也張衡西京賦云取樂今日遑恤我後既定且安焉知傾陁蓋平子已作誤解矣或曰高子以小弁爲小人之詩殆亦解遑爲何
暇矣夫涼薄之語出自棄婦之口吾猶惡其戕壞詩敎
而況其爲仁人孝子之詩也耶

必如此解上二句始可一貫不然須用轉語矣梁爲
所築捕魚之地笱爲所設捕魚之器皆以比當日刱
造之家室也下章就其深矣八句卽追溯當日所以
刱造家室者卽後章所云我德又卽末章所云我肄
也全詩六章一氣承接讀之最有意味能長人敦厚
之意化人澆薄之心自解我躬二句爲絕意之詞則
下文皆贅語矣又集傳解梁笱二句謂欲戒新昏毋
居我之室毋行我之事此似是棄婦癡心天下有新
人而不居舊人之室不行舊人之事者乎

邶谷風之卒章言邶者別小雅之谷風也

我有旨蓄亦以御冬宴爾新昏以我御窮有洸有潰既
詒我肄不念昔者伊余來塈集傳曰洸武貌潰怒色也
肄勞塈息也言我之所以蓄聚美菜者蓋欲以禦冬月
乏無之時至於春夏則不食之矣今君子安於新昏而
厭棄我是但使我禦其窮苦之時至於安樂則棄之也
又言於我極其武怒而盡遺我以勤勞之事曾不念昔
者我之來息時也追念其始見君子之時接禮之厚怨
之深也徐子曰吾讀傳注而愈不能得詩解也夫旨蓄
者御冬之物也而以之自比則我信爲御窮之人也御
冬之物之不食於春夏宜也則御窮之人之見棄於安

樂亦宜也而又奚憾耶其次章曰行道遲遲中心有違
不遠伊邇薄送我畿則此婦之去此爲已久也去之已
久而其夫尙能加之以武怒而遺之以勤勞耶而說者
曰蓋將棄時故委以艱難勞苦之事令彼處之不能而
後藉口棄之也陳氏所學語如此噫此後世無良薄行者之所
爲而可以誣古人耶且苟如是則是詒我肄也而詩乃
曰既詒我肄又何也且夫來息之時何時也始見君子
接禮且厚之時也夫棄婦也而不念其薄而念其厚耶
不追敍我之厚彼而轉念彼之厚我耶不令君子念我
之厚與待我之薄而反令其自念昔者之罔嘗厚待我

耶然且斯言何爲者耶則豈不以今日之厚新昏而因爲是追念耶夫今日厚新昏而昔者嘗厚我人事之常也昔者厚我而今日如是則焉知今日厚新昏而他日不如是亦人事之常也苟念及此而又奚怨耶而乃以爲怨之深耶然則何也曰非是之謂也此既去而猶望其畱之之辭也甚矣詩教之柔而厚也夫爾則比我於毒矣而若我之於爾則何所多求也我有旨蓄亦可以御冬冬也爾既宴爾新昏亦可以我而御窮也以御冬上加亦字以御窮上亦自有亦字意在見己於君子無奢望也若曰爾姑與新人享安樂而我爲爾任家室之勤勞也御窮也者任勞之謂也我之御窮猶旨蓄之御冬冬固可食也而非毒也況自我徂爾備嘗艱苦爾昔者有洸有潰亦既嘗遺我以勞肄也我之能任勤勞固爾向所親見者而今猶是也嗟嗟君子爾胡不一念遺肄之昔者維余得皤然而來息也爾雅釋詁云伊維也宴爾新昏以我御窮所謂采葑采菲無以下體者也不念昔者伊余來塈所謂德音莫違及爾同死者也意皆與首章相應也首章言偕老其本願次章言君子之忍棄我三章言君子之棄我以惑於新昏也而因寄語新昏俾勿壞家室解在涇以渭濁篇及我躬不閱篇中四章遂自敘其椒造家室之艱五章言君子之忘其艱苦而竟棄我卒

章深望君子之悔悟得復畱己以遂偕老之願夫見棄而猶恤其後既去而猶望之畱嗚呼何其柔也何其厚也孟子曰王庶幾改之王如改諸則必反予夫出晝而王不予追也予然後浩然有歸志予雖然豈舍王哉王由足用爲善又曰王庶幾改之予日望之蓋古人於君臣夫婦朋友之閒雖至恩斷義絕不可復挽而惓惓愛戀之心常反復輾轉而不能自已其發之於文章也懇懇款款略迹原心既責之而又諒之既怨之而又望之必不至牢騷憤激叫號怒罵徒揭人之過而自以一去者博名高也後世篤誼之君子猶無不爾而況其爲三代之隆而詩教之厚耶自說詩者不得詩意以決裂絕意之語解詩而詩教於是乎大晦而猶虛譽之曰勤而不怨怨而不怒輔氏廣語又曰忠厚之意藹然言表朱氏善語夫既已斷斷然不恤其後悻悻然去此不顧而猶謂之忠厚謂之不怒則假令意不存忠厚而竟怒之而又將奚言耶

上四句鄭箋云蓄聚美菜者以禦冬冬月乏無時也君子亦但以我御窮苦之時至於富貴則棄我如旨蓄朱子即本鄭義者也但學者誦讀傳注隨口過去未之深思今使將此四句口授生徒則直不可解矣凡

比例正反之詞語意必自一貫今依舊解解上二句云我有旨蓄亦但以禦冬也則下二句當云宴爾新昏亦但以我御窮也不可解矣依舊解解下二句云宴爾新昏而但以我御窮乎則上二句當云我有旨蓄而但以禦冬乎不可解矣故如常解必須改上二句爲我豈旨蓄但以御冬語意始合然則非但詩教精義必當改從鄙見卽以語言文字論之而舊說亦不足深恃矣

月令仲秋之月及呂覽仲秋紀竝云乃命有司趣民收斂務蓄菜多積聚此是此經旨蓄鐵板注腳故鄭

注禮記云始爲禦冬之備高注呂氏云蓄菜乾苴之屬也詩云亦有旨蓄以御冬也愚按旨蓄卽今鹹虀乾菜之類國家政令雖云多積而民風不大相遠必且量其家口以爲多寡卽使多餘亦足備不時之需未有棄之於春夏者也鄭氏竝無此語孔疏始云似冬月蓄菜至於春夏則見遺也而朱子從之蓋孔氏先有富貴見棄在胸中故加春夏見遺以配之而不知其詞愈相配合其義愈不可承接矣惟不云見遺亦不云見棄則新菜不能得之於冬月也而乾苴可食也新人不能任之以勞困也而舊人可用也此詩人之正意也雖有新菜而乾苴不妨其竝陳也雖有新人而舊人不妨其共畱也此詩人之餘意也

焉得諼草

焉得諼草言樹之背集傳曰諼忘也諼草合歡食之令人忘憂者言焉得忘憂之草樹之北堂以忘吾憂乎毛大可曰諼者忘也曰焉得善忘之草而樹之此必無之事也故曰焉得猶言烏頭白天雨粟也而曰可忘憂耶可食耶且以合歡爲忘憂尤非也養生論曰合歡蠲忿萱草忘憂夫合歡者青堂也然則青堂非萱矣徐子曰然也諼草非合歡也而曰諼本非草詩人之設詞爾則

妄也夫詩人託物起興將必有是物也而後興可託也乃本無是物而必謂之草又必曰樹之而且曰於背夫子曰多識於鳥獸草木之名乃誦詩至伯兮明明諼草而不知其爲亡是草也是猶曰讀史可以知人而不知史中乃有華毛穎傳也何以異於是夫諼者忘也忘憂之草也爾雅釋訓曰萲諼忘也注爾雅者卽引詩以證萲曰焉得萲草（見爾雅釋文王伯厚詩攷亦曰焉得萲草出爾雅音義）則諼爲萲矣毛傳曰諼草令人忘憂而韓詩作諠其章句曰諠草忘憂也（文選謝惠連詩注引）則諼爲諠矣說文曰藼令人忘憂草也從草憲聲而卽引詩以實之曰詩曰焉得藼草則

諼又爲蘐矣而說文又曰蕿或從煖萱或從宣則諼又
爲蕿與萱矣故集韻曰諼亦作諠萲通作諼詩釋文亦
曰諼本又作萱或作藼是則諼也諠也萲也藼也蕿也
蘐也萱也其音義一也大可徒見諼不從草遂妄爲非
草之說而不知漢人所見本之作蘐而又作萱與蕿也
初唐人所見本之作萲而又作萱與藼也諼諠非草將
無萲蘐藼蕿萱亦非草耶且大可據養生論之分言合
歡萱草以駁朱子萱草卽合歡之說而論以萱草與合
歡相對舉萱草非草將無合歡亦非花耶然則諼草何
草也曰今之鹿葱也此名醫別錄之言而選注引之者

也而本草注又曰花宜懷娠婦人佩之必生男故又名
宜男然則諼草令人忘憂也而又曰宜男則與婦人之
思征夫抑有合也夫膏沐之婦人則年少也尤以宜男
爲亟也此伯之東所以首飛蓬而思伯之所由心痗也
而思亡是草何爲也

褰裳篇

子惠思我褰裳涉溱集傳曰我將涉溱從子爾毛大可
曰女子也而渡河褰裳耶女子曰子思我子當褰裳來
爾徐子曰非也夫女子悅人而招之來也猶可說也而
又曰子不我思豈無他人此豈人語耶而女子言之也
而又謔而詈之曰狂童之狂也且此又何語耶而女子
言之也夫女子而能爲斯言也雖渡河可也褰裳可也
而尙煩大可之護惜之耶然則何也曰此君臣朋友閒
密相告語而非男女喋褻之謂也詩若曰子惠思我我
其從子也子不我思豈無他人也夫不見狂童之狂
也有如是耶褰裳涉溱褰裳涉洧設詞也我不避艱險
以從子也豈無他人豈無他士危詞也我固從子而子
不思吾言而殆將有是也非眞願得他人士而從之也
狂童也者所謂他人也所謂他士也蓋其勢棘矣而勸
其早爲之所也公子呂之告莊公也曰若與太叔臣請

事之若勿與則請除之無生民心其詞不必與詩同而
其心則猶詩意也然而是詩也非必其爲是事也類也
昭厲之黨未必無此言也衞石碏之諫莊公也曰將立
州吁乃定之矣若猶未也階之爲禍亦反言之而其心
猶詩意也皆類也而要非男女喋褻之詞也異時鄭大
夫賦此詩矣魯昭十六年晉侯使韓宣子聘鄭鄭卿餞
之於其歸也而子太叔賦褰裳是時鄭睦於晉而畏楚
褰裳云者則以思我之子指晉國而以他人狂童斥荊
楚也而宣子曰起在此敢勤子至於他人乎則撫慰之
而以爲雖有狂且之楚而無庸憂也然則說此詩而謂

男女喋褻之言其可耶

俞宗大佩韋齋輯聞曰子惠思我言昭公而思我我則褰裳而涉溱子不我思豈無他人但不忍狂童之亂政耳非斥其君爲狂童也案不以狂童斥君其解甚善惟尙歧他人狂童而二之則他人字無可安頓吾故引公子吕石碏語證此詩見詩所謂他人狂童者卽是太叔州吁一流便可打成一片也

山中學詩記卷二

男隆壽平甫校字

山中學詩記卷三　煙嶼樓經學

鄞　徐時棟同叔學
慈谿葉岱年安甫刊

展我甥兮一

展我甥兮集傳曰展誠也言稱其爲齊之甥以明非齊侯之子此詩人之微詞也毛大可曰莊元年公羊傳曰姜氏譖公於齊侯曰公曰同非吾子齊侯之子也則當時姜氏有是言矣故曰此非也信我之甥也微詞也大可說經常與朱子齟齬而此條則從而附和之者徐子曰非也詩人不若是之輕薄也夫苟非我甥而曰信我甥也則微詞也若信我甥而曰信我甥也此何以微詞也舅之與甥人合而天屬者也既我甥矣無所謂稱不稱也而又何微詞之有且夫公穀之傳春秋往往竊左氏而故少變其詞以示異者也其史事固難盡信而又據之以解詩則益惑也夫文姜歸魯桓以三年九月六年九月而子同生三十七月之中文姜不如齊也齊襄不至魯也而何以同之生既十三年而乃曰非吾子也魯桓雖昏憒齷齪豈肯自侮其子而爲斯言也謂文姜僞爲斯言以激怒齊襄則文姜雖淫亂無恥又豈肯自侮其子而故爲不可信之譖以譖其夫也況夫中冓之事他人不能詳若其男其

女則中心藏之而無日忘者也今驟發其私密揜蓋之事以謫之此其所以聞之而驚而羞而懼而怒而不覺其至於殺也苟僞爲本無之事以相告聞者將一笑置此而又奚怒也左傳云齊侯通焉公謫之以告曰通焉也曰以告是懼於夫之已覺而往與淫人相商論也九字之中情事眞而且盡妄造故事何爲哉乃公羊見左氏之傳而欲與之爲同異也又見經之書同生也於是剽竊左氏陳靈戲夏徵舒之言而造爲齊侯之子之說而抑知於史事無一合也夫苟齊侯之子則必生同以前文姜曾如齊也而策書無有也則或文姜未必不歸甯而策書偶闕焉未可知也然而魯桓之十四年齊僖始卒而齊襄始立文姜者僖之女也當齊僖未卒子同未生之時文姜而苟歸省其必歸僖之宮而襄必不能入與之亂可知也齊雖無禮之亂國而君臣父子之倫宮闈男女之別始必不異乎常也而豈有是耶異時之會濼而如齊也其時襄主齊國久矣然而一有鳥獸之行而魯桓方作客而即已知而謫之而苟其爲世子而有是醜行其誰不知也而至於同之生而猶舉之以太子生之禮其不爲卜士士妻宗婦所竊笑耶是則公羊之妄說後世或從而信之而詩人能預知之而爲此微詞耶然則春秋何以書子同生也曰以太子生

之禮舉之是以書之也然則詩何以曰展我甥也曰此詩人之常也何彼穠矣曰平王之孫齊侯之子碩人曰齊侯之子衞侯之妻東宮之妹邢侯之姨譚公維私思齊曰文王之母崧高曰王之元舅韓亦曰汾王之甥蹶父之子閟宮曰周公之孫莊公之子夫世系姻婭言之若斯其備也而獨於此詩有微詞耶然則我甥則我甥耳而曰展我甥兮非微詞耶曰展如之人兮展也大成固不必其微詞也然且展者誠也猶實也然而詩曰實維阿衡實左右商王又曰后稷之孫實維太王夫阿衡太王則何故其微詞耶然則篇首三稱猗嗟何也曰麟之趾三于嗟而騶虞兩之豈微詞也若以篇首爲微詞則商頌之猗與那與嗟嗟烈祖周頌之猗與漆沮嗟嗟臣工皆篇首也皆頌也豈臣子頌君上而有微詞也然則美其善射而首章曰射則臧兮射則臧兮者其必有不臧者也曰此猶曰抑善射忌爾而欲以則字爲言外微詞則夫草蟲之詩曰我心則降我心則說黍苗之詩曰召伯有成王心則甯豈既見君子而心則降而必有不降者耶召伯既有成而王心則安而必有不安者耶何微詞耶夫魯莊之善射於左氏有明證矣嘗以金僕姑射南宮長萬矣齊之詩人見魯莊至止而善射也而喜而歌咏之而曰此我之所自出也展我甥也喜之且不暇而何微詞耶齊詩曰展我甥兮秦詩曰其君也哉一也皆所以深喜之也而方深喜之而故揭其死母中冓之大醜以隱刺之而又以自暴其先君淫虐之大惡則理之所必無者也故曰詩人不若是之輕薄也必魯莊至齊而後齊人乃賦詩以美之孜魯莊如齊之年文姜與齊襄之卒皆久矣故曰死母曰先君

展我甥兮二

徐子曰吾讀猗嗟之詩而知我甥非微詞也吾更讀之而乃重有疑也夫以齊人賦詩而美魯莊則必魯莊至乎齊而後齊人乃能美之也然而魯莊三如齊矣二十二年之納幣也明年之觀社也又明年之逆女也當其納幣之時文姜之卒已歲餘而齊襄之卒且十五年矣而詩人又指而責之曰爾胡不防閑爾母也則無乃已晚耶然且謂之甥者何人也是時齊桓之立已久齊桓之與魯莊則內外兄弟也而謂之甥耶而毛傳曰外孫曰甥則豈將以其先祖僖公臨之耶未可也而鄭箋曰姊妹之子爲甥則豈將以其先君襄公臨之耶未可也夫但知魯莊之爲齊甥而不考其如齊之何年也則尚不能定呼甥者之何人也而遽曰是微詞耶或曰爾雅曰姑之子爲甥夫魯莊固齊桓之姑子也則是齊桓以

魯莊爲甥也然而爾雅曰姑之子爲甥又曰妻之晜弟爲甥又曰姊妹之夫爲甥是皆姻婭平輩之稱謂無足重輕者也固不必其鄭重以出之也而如曰此信我姑之子也則於詞例殆亦有未可者也然則微詞與否姑勿論而我甥則何解也吾是以更讀之而重有疑也

展我甥兮三

徐子曰蓋吾終讀猗嗟之詩而若有會也則不知先儒之已有先我言之者也則不知其無有也然而吾說固可存也夫是詩也魯莊如齊納幣而齊人美之之詩也甥也者壻也爾雅曰謂我舅者吾謂之甥（儀禮喪服傳同）古者

謂妻父母爲舅姑坊記所謂壻親迎見於舅姑也故壻亦爲甥也故孟子曰帝館甥於貳室也曰展我甥兮者謂乃如之人則信足爲吾壻也猶曰子南夫也猶曰吾今而得一快壻也喜之之甚也夫魯莊美儀容者也故南宮長萬以魯囚而猶譽魯侯於其君也（穀梁莊十二年傳云甚矣魯侯之淑魯侯之美也天下宜爲君者惟魯侯爾語雖不可盡信然必魯莊固有美名而後附會爲此說也）而今以納幣而來殆必將修飾之而加美也故詩曰猗嗟昌兮頎而長兮抑若揚兮美目揚兮而又曰猗嗟名兮美目淸兮而又曰猗嗟孌兮淸揚婉兮夫魯莊善射者也故能以金僕姑射南宮長萬也而今以納幣而來殆必將自炫其技也故詩曰巧趨蹌兮射則臧兮而又曰終日射侯不出正兮而又曰舞則選兮射則貫兮四矢反兮以禦亂兮夫魯莊以納幣而來納幣必行禮魯莊殆必禮成而後乃從容以較射也故詩曰儀既成兮終日射侯而於是齊人見而喜之甚也而以爲國之得快壻也而不覺其交口而稱願然也故詩曰展我甥兮然而魯莊之所娶者齊襄之女也齊襄既死而謂之甥者何也曰古猶今也凡新壻無不謂之壻故昏禮皆稱壻固不問女父母之存否也猶之新婦無不謂之婦固不問翁姑之有無也而或者曰爾雅姊妹之夫亦爲甥

是時齊桓以妻兄弟而主昏故亦謂之甥也意亦可通而何其後也夫外孫與姊妹之子皆甥也然而本我甥也本我甥而曰展我甥兮雖可言也而猶不免來微詞之疑也若納幣而來而曰展我甥兮則是向非甥而今始爲我甥也向選甥未得而今始得是人以爲我甥也喜之之甚也而又何疑耶然則篇首之三猗嗟殆以其忘讎而求昏而譏之耶曰此春秋之義也而非齊人之所知也夫齊魯以昏姻之國而爲仇讎然而魯不能與敵也而且爲之迎王姬爲之納亡人納糾不克而始尋干戈至是則釋怨而爲好矣高傒之貴卿如魯盟矣重

之以昏姻而其君親來納幣矣齊人喜之且不暇而又何譏耶

齊俗好勝故其誇壻之詩如此朱子所謂極道其威儀技藝之美者也而魯莊聞之有不大快於心者乎故冬往納幣明春始歸而方興盡而返卽又乘興而往而既奔走於道乃復奢僭於國中故夏爲觀社之行未幾而又與齊桓爲穀之遇秋爲丹楹之舉至冬而又與齊桓爲扈之盟及明年三月刻桷工竣而遂親如齊逆女矣一團高興十分得意皆此三章誇壻之詩誤之也而毋喪甫及期年而親納幣於人國而父死之謂何而身娶仇人之女皆所不計矣觀魯莊他日必丹楹刻桷而後親迎既至而必使大夫宗婦覿用幣則吾所謂加修飾而炫技者非誣之也以意逆志此爲納幣時之詩無疑

惠氏周惕曰猗嗟之詠魯莊也先辨其長短次審其眉目終得其趨蹌步武彎弓執矢之狀非親見而邃觀之不能詳悉如是是爲魯莊適齊時作可知也案莊九年公及齊大夫盟于蔇是時桓公尙未立也十三年春與齊侯會于北杏冬又盟于柯十五年又會于鄄皆未至齊也二十一年夫人姜氏薨二十二年

始如齊納幣二十三年如齊觀社莊公如齊惟此以意求之當在納幣之年蓋文姜薨之明年也公以嘉禮往齊國人聚觀固其恆情而又親見文姜昔年淫亂疑其類於襄公於是注目諦觀知其非是而始忻然曰展我甥兮則人言藉藉從此衰止其詩之有關於魯莊者大矣以上皆見詩說中卷吾始見其說不覺大喜以爲解經固自有人及見其解我甥云云則仍泥於公羊妄語甚矣舊說之足以惑人也然而惠氏能以春秋合詩已是空谷足音故附記之

又案北杏及鄄經傳皆無公會之文惠氏誤也且魯莊自九年伐齊以後和好中絕至十三年冬爲柯之盟始尋舊好故傳曰始及齊平也則是春北杏之會之無魯莊尤顯然者

予美亡此

予美亡此集傳曰予美婦人指其夫也予之所美者獨不在是也徐子曰予美非予之所美也予美猶彼美也而曰彼之所美可耶夫予美者我美人也猶曰彼美人也親之而曰予美耶夫美無別於男女也傳曰美而豔又曰魯侯之美也又曰徐公美美信無別於男女也然而曰予美則猶曰彼美也彼美淑姬彼美孟姜以男子

指婦人可也而以婦人指其夫則是後世之卿卿矣而詩人無是也且以亡爲不在亦非也以亡爲不在是猶曰外出也然而詩咏外出矣曰君子于役也曰之子于征也曰從公于邁也曰之子之遠也則未有外出而以爲亡者也詩有咏亡者矣曰曷維其亡亡猶忘也曰何有何亡亡卽無也曰人之云亡喪亡也曰民卒流亡逃亡也曰無淪胥以亡滅亡也則未有亡而以爲外出者也且古無訓亡爲不在者如曰亡人而曰不在之人未可也如曰吾其亡也而曰吾其不在也未可也且亡而曰亡此又何也聞曰請由此亡矣晉語未聞由此而亡此

者也且以亡此爲不在是尤非也苟在是也而安在耶終南何有有條有枚而曰君子至止至止於終南也思樂泮水薄采其芹而曰魯侯戾止戾止於泮也殷其靁在南山之陽而曰何斯違斯去此南山也殷然之雷尙不離乎南山之陽與其側與其下也何斯人也而違斯也夫違斯之與亡此一也蘞蔓于野蘞蔓于域而曰予美亡此則如其不亡而在野耶而在域耶未可也然則何也曰亡者死亡也逝者其亡之亡也此者斯也語助詞亡此者猶論語之曰亡之也予美者予美人也丈夫之指其妻也今夫詩三百五篇何一而不有也嚮吾讀猗嗟而以爲齊人誇壻之詩今吾讀葛生而以爲唐人喪妻之作也蓋唐人有其妻旣死而葬之於野者卽事而哀悼之而作是詩也曰蘞蔓于野野者予美之所處也予美亡而處於野矣而予則其獨處也誰與也葬必爲之域周禮冢人所謂兆域也曰蘞蔓于域域者予美之所息也予美亡而息於域矣而予則其獨息也誰與也葬之旣歸而見物而思人也角枕之粲錦衾之爛而自悲其獨旦也誰與也夫天長地久恨無絕也由獨處而思向者之共處不可再也則惟百歲之後歸于其居也居者處也其居者予美所處之野也由獨息而思向者之同息不可得也則惟百歲之後歸于其室也室者域也其室者予美所息之域也故曰此喪妻之作也無惑也

誰與獨處

誰與獨處集傳曰誰與而獨處於此者毛大可曰誰與而共處於此此可言也誰與而獨處於此不可言也此倒詞也予美而旣亡此矣則誰哉此獨處者此獨處者我也檀弓曰誰與哭者徐子曰不然夫誰與哭者問詞也而今曰誰哉此獨處者則誰爲爲此問耶而又曰此獨處者我也則又誰爲爲此答耶此必不然也然則何

也曰與猶從也齊語曰桓公知天下諸侯多與己也韋昭曰與從也詩若曰予美而既亡此矣其誰從我於獨處耶然而正不必爾也夫曰誰與而獨處於此則不可言也如曰誰則其與於獨處耶則又何爲其不可耶或曰此亦有詞例耶曰辭達而已矣不必其有例也然而有之莊子大宗師曰孰能相與於無相與夫無相與者獨處也孰相與者誰與也此詞例也

誰與獨旦

誰與獨旦集傳曰獨處至旦也徐子曰凡立言必有體故曰寡婦不夜哭所以避嫌也夫以婦人思君子而曰

獨旦非宜也而況角枕粲錦衾爛而曰誰與於獨旦耶則尤非宜也抱衾與裯實命不猶女子安分之言也枕粲衾爛誰與獨旦則豈婦人專一之詞耶然則何也曰此悼亡之詩也悼亡而曰獨旦何也曰此詩人入情之語信乎其無微而不至也吾聞之劉熙曰無妻曰鰥鰥昆也（太平御覽引詩其魚魴鰥作其魚魴鯤然則古鰥字固有從昆者劉氏語必有所本）昆明也愁悒不寐目恆鰥鰥然也故其字從魚魚目恆不閉者也（以上皆見釋名釋親屬中）夫鰥鰥然不寐而目不閉也則寘獨旦也於是而知誰與其處誰與其息猶可言也而曰誰與其旦則索然而味盡矣且苟其旦則將忘乎其爲旦矣

而惟獨旦者乃知其旦也且苟其旦則將忘乎其與旦之人矣而惟獨旦者乃始知其無與旦也故曰誰與獨旦此入情之語也而亦非未嘗獨旦者之所能知也寤寐思服輾轉反側關雎之求淑女也寤寐無爲輾轉伏枕澤陂之懷有美也皆述男子口中語若爲婦人而作者如曰予與覯夜如曰今夕何夕如曰甘與子同夢則已止矣斷不以寤寐枕衾爲賦與此立言之體也而況婦人所自作者乎

申后賦白華詩有曰之子之遠俾我獨兮極與此詩之子美亡此誰與獨處相似而此有誰與字語意便

爾迥別夫獨處而乃曰誰與此豈婦人口中語耶故余斷以爲悼亡之作而申后哀怨至於至深亦不過曰之子之遠俾我疷兮而此詩乃推究之於獨息獨旦三百篇多思婦之詩斷未有以息偃在牀形諸歌咏者維子之故使我不能息兮苟以此詩爲男女之詩則未有非淫詩者也後人好作閨咏至於窮形盡相而猶妄云樂而不淫曾亦知三百篇中如此其詞嚴而義正耶（古詩十九首云蕩子行不歸空牀難獨守蓋不得志于君臣朋友間而託爲夫婦男女之詞耳然其詞甚褻去三百何啻霄壤）

歸于其居

百歲之後歸于其居集傳曰君子之歸無期不可得而見矣要死而相從耳而又引鄭氏曰婦人專一義之至情之盡而又引蘇氏曰思之深而無異心徐子曰婦人專一無異心可也而曰君子之歸無期也則不可也夫未有婦人思君子而不望其歸者故在詩曰振振君子歸哉歸哉又曰不知其期曷至哉又曰會言近止征夫邇止若此者難勝數也而曰不可得見則未有決絕之甚而至於此者也而復曰要死而相從則尤不可也其在詩曰願言思伯甘心首疾又曰願言思伯使我心痗又曰之子之遠俾我疷兮夫思君子而甘心於疾病則

亦已矣而必要之以死耶且婦人多忌諱故擊鼓之詩曰執子之手與子偕老則婦人之願也而大車之詩曰穀則異室死則同穴夫必穀異室也而後以死同穴要之今不必有是也而出此耶故曰此必悼亡之詩也無惑也然則悼亡之詩而夫子錄之耶曰何爲其不錄也夫夫婦之道人倫之大者也生則其有恩以相愛也死則其有情以相哀也皆性情之正也故於柏舟見匹婦之悉也本孔叢子引夫子語而亦於葛生可以見匹夫之義也則何爲其不錄耶

匪風篇

匪風發兮匪車偈兮顧瞻周道中心怛兮徐子曰此天下大亂道路梗塞詩人蓋思歸而不得者也若曰往吾行役而將歸也風發發而塵冥冥則吾將返而不行也車疾驅而無節則吾姑退而不發也縱吾不得歸也未嘗於吾心有傷悲也今則匪風之發而飄也匪車之偈而嘌也何居乎依然者周道而使我顧之而中心怛而弔也嗟吁乎漑釜可以當食魚寄書可以當歸家夫誰則其亨魚耶我願爲爾漑釜鬵也誰則其西歸耶爾姑爲我懷好音也夫賦詩者不當其時言之不如斯其悲也說詩者不遭亂離誦之亦莫知其悲之至於斯也噫

山中學詩記卷三　男隆壽平甫校字

山中學詩記卷四　　煙嶼樓經學

鄞　徐時棟同叔學

慈谿葉岱年安甫刊

缾之罄矣維罍之恥

缾之罄矣維罍之恥集傳曰孝子不得終養而作是詩也缾小罍大皆酒器也缾資於罍而罍資缾猶父母與子相依爲命也故缾罄矣乃罍之恥猶父母不得其所乃子之責也徐子曰缾小罍大詩乃以缾之小比父母而以罍之大自比耶劉氏瑾曰但取其相資而不取義於小大夫既取其相資則缾罍一也詩何不以罍之大比父母而以缾之小自比耶左昭二十四年子太叔引此而曰王室之不安晉之恥也若果缾小罍大傳乃以罍之大比晉而以缾之小比王室耶此名例之小焉者乃至曰缾資罍而罍資缾則吾重有惑焉夫既兩者交相資則必其兩者交相恥也胡爲乎缾罄不自恥而恥獨在於罍耶且缾罄矣而罍則罄耶未耶如未罄也方將以未罄之罍資既罄之缾而又奚恥耶如竝罄也又胡爲乎罍罄缾不恥而缾罄而罍獨恥耶凡此皆未安也然則何也曰缾小罍大傳注之臆說也而朱子誤信之夫缾挹器也罍酒尊也二者往往同名異物而小大

不齊若此詩以缾罍竝舉則缾也者所以蓄酒者也卽傳所謂挈缾以沽者也罍也者所以酌酒者也卽詩所謂酌彼金罍者也夫豈有酌酒之器而大於蓄酒之器者耶故必曰缾大罍小而後以大者擬君父以小者比臣子而詞順而義當也（吾言分別大小不過爲常解正誤謬耳若細會詩意則詩人但以蓄酒之缾比父母以酌酒之罍自比幷不必齗齗於小大閒也）而若缾罍相資則終養之說誤之也序以此詩爲刺幽王謂民人勞苦孝子不得終養朱子據以解經於是全以不得養父母爲詩義矣而抑知非也今夫蓼莪之詩孝子孺慕之詩也當銜恤靡至之時而念父母俱存之日天高地厚身處覆載彼其心長願以此身爲膝下嬉戲之身以受父母之拊畜我顧復我而不意山烈風發而遽乃爲鮮民之生也於是感物起興聲淚俱下痛維疇昔則曰生我劬勞生我勞瘁哀念今茲則曰無父何怙無母何恃而又健羨他人之具慶也則曰民莫不穀我獨何害民莫不穀我獨不卒一若但知父母之拊畜我顧復我而竝不知己之當養父母也者此其泣爲孺子泣而其慕爲孺子慕而乃以不得終養盡之則淺之乎測詩意矣夫終養者孝之小者也而終身慕者孝之大者也大孝終身慕父母其人於大舜見之而其言於蓼莪聞之且夫缾罍

非相資之器也餅蓄酒以注之罍罍資餅而餅不資乎罍也父母養子以生長子賴父母而父母不賴乎子也今蓄酒之餅罄矣酌酒之罍安需乎可恥也生我之父母死矣留我之身安賴乎不如死之久也何也我既已無父而無怙也我既已無母而無恃也此所以生不如其死也而如曰父母與子相依為命曰不得其所乃子之責則方自恨其不得養父母又胡為乎反思父母之怙恃我耶故終養之說非也（不如死之久矣句下何為忽接無父何怙無母何恃知此便知舊解之謬）若夫子太叔之引此詩則賦詩斷章非詩意也

王裒痛哭蓼莪正吾言孺慕之證若以不得終養為詩義則門人輩方將歸省庭幃何為廢詩相向乎此理甚明

北山之詩曰王事靡盬憂我父母祈父之詩曰胡轉予于恤有母之尸饔以至不遑將父不遑將母父母何怙父母何食皆勞於王事而不得養父母者之所作也蓋父母在固不得不以奉養為急務而若此詩則全無此意況其詩明曰欲報之德昊天罔極而乃僅僅以終養為餅罍之相資何其淺也李密陳情表曰臣無祖母無以有今日祖母無臣無以終餘年餅

罍相資之說即表意也殊不知表所云者其詞則哀而其意甚淺何則子孫之於父祖豈有以恩養權報施之理夫子曰子生三年然後免於父母之懷予也有三年之愛於其父母乎是以眼前極淺極顯語啟發欲短喪者良心而非與之論報施也假令密母不嫁劉於密無恩則將絕裾而去乎故狼狽云云謂不得已鳴哀於新主則可若視為人子至情至性之言則妄矣然則餅罍必不可解作相資而況餅罍本無相資之義乎

先祖匪人胡甯忍予

先祖匪人胡甯忍予集傳曰我先祖豈非人乎何忍使我遭此禍也徐子曰是猶曰先祖豈無人心乎而忍我乎則怒而懟也夫怨而望之可也怒而懟之不可也然則何也曰此詩人無聊之思也亂離瘼矣而我無適歸也民莫不穀矣而我日搆禍也夫疾痛甚則呼籲其父母人謀竭則求助於鬼神詩若曰今者人無能為矣而先祖則固非人也精爽其在天耶游魂其為厲耶而胡不為冥漠之助而一忍予至於斯耶雲漢之詩曰羣公先正則不我助父母先祖胡甯忍予夫羣公先正之與父母先祖皆非人也羣公先正既不助我斯不能無望

於父母先祖也親之之詞也是詩則以神人異途人可爲者旣無如何斯不能無望於先祖之非人也神之之詞也二詩大同而小異而其爲怨而望之而非怒而懟之則一也昔者武王疾而周公禱之於其父祖也曰若爾三王是有丕子之責於天則猶此詩意也故曰此無聊之思也

鮮我覯爾我心寫兮一

鮮我覯爾我心寫兮集傳曰鮮少也我得見爾則我心寫也徐子曰以鮮爲少則少我見爾矣而心寫何也且明明曰少我見爾也而乃曰我得見爾又何也或曰此

轉語也謂我少見爾若我得見爾則我心寫也夫古人賦詩而必煩後人之轉一語而後解耶若必轉一語而後解則是草蟲之未見君子而遂可以我心降也頍弁之未見君子而遂可以庶幾臧也而奚爲其憂心怲而憂心怲耶則必易一說以解之曰鮮也者善也夫以鮮爲善爾雅釋詁之文也是猶廣雅方言之以鮮爲好也故鄭氏箋此詩亦以鮮爲善也詩若曰善哉我之見爾也此我心之所以寫也

鮮我覯爾我心寫兮二

然而未可也夫籧篨不鮮也而曰籧篨不善鮮我方將

也而曰善我方將皆可也而惟鮮我覯爾則喜其得見而言情之詩也未可也夫聞一善言而曰善哉言也得一善問而曰善哉問也皆可也若喜其得見而曰善哉我得見爾也則毋亦於言情之詩固有所不類耶且善之者誰也以鮮我方將例之則豈不曰善我之覯爾耶夫善我之覯爾者非爾也耶夫爾方善我之覯爾而不以爾心寫而我心寫耶則請易一說以解之曰鮮者少也而寫也者憂也寫之爲憂亦爾雅釋詁文也注曰有憂者思散憂也然則憂爲寫也而除憂亦爲寫也見詩泉水傳及廣雅釋詁猶之喪亂爲亂而克亂亦爲亂也詩若曰少哉

我之見爾也此我心之所以憂也是猶曰我不見兮我心不說也是猶曰我不見兮我心蘊結也抑又聞之揚子雲曰沅澧之閒相見驩喜謂之無寫方言十夫驩喜相見爲無寫則少見而心寫何疑也

鮮我覯爾我心寫兮三

然而尙未可也夫詩之異訓者多矣籧篨不鮮鮮我方將之訓鮮爲善固不得以終鮮兄弟鮮克有終相詰難也所謂言非一端義各有當也故夫解寫爲憂而以泉水竹竿之以寫我憂詰難之未可也然而蓼蕭之詩曰旣見君子我心寫兮則不可以寫爲憂也則不可以同

此我心寫兮而異解也而裳裳者華曰我覯之子我心寫兮而又重言以承之曰我心寫兮是以有譽處兮則不可以同此我覯同此心寫而異訓也則未可也則請復易一說以解之然而今吾之所解者則不復求合於鄭箋與朱傳也則雖爾雅與方言亦可以姑舍是也則請以通俗之語解之今夫世俗朋友之欲見而久不得見而忽相見也則必當其乍見也而曰少見然而其心則喜可知也夫詩言亦猶是也詩若曰少哉我之見爾也此我心之所以寫也然則於詩言有相若者乎曰有之素冠之詩曰庶見素衣兮我心傷悲兮夫庶見云者

願見而不得見之詞也夫不得見者冀其一見而曰庶見庶見宜可喜也而實則以未見而心悲也故曰我心傷悲兮則猶夫既得見者憶其未見而曰少見少見宜可憂也而實則以既見而心寫也故曰我心寫兮

緜篇

徐子曰吾於是而知古人之作事也必有次第而不可紊也其爲文也必有先後而不可易也蓋古之人之營室也必有三事焉一曰經營相度其基址而揆之卜筮以就吉也二曰攻位規畫其高深而定之準繩以示則也三曰興作則工役受所定之程式以趨事也始吾據

召誥以解靈臺今吾讀緜之詩而尤信也緜之詩凡九章首一章溯其始也末二章美其後也其中六章則詳言營室之事而次第先後在焉曰古公亶父來朝走馬率西水滸至于岐下爰及姜女聿來胥宇二章周原膴膴堇荼如飴爰始爰謀爰契我龜曰止曰時築室于茲三章走馬胥宇召誥之太保相宅也爰始爰謀靈臺之經始也爰契我龜召誥之卜宅也曰止曰時築室于茲靈臺之經之營之召誥之得卜則經營也此事之一也曰迺慰迺止迺左迺右迺疆迺理迺宣迺畝自西徂東周爰執事四章乃召司空乃召司徒俾立室家其繩則直縮版

以載作廟翼翼五章左右西東疆理宣畝位也繩直縮版攻位也載者始也或曰上下相承載也凡攻位必以繩繫繩必縮版後人之爲室家其定向背猶爾也位成而可以作矣言作廟者君子將營宮室宗廟爲先舉之以概其餘也召司空者司空掌營國邑召之以定位也召司徒者司徒掌徒役召之以役民也凡經營以君子故召誥以太保此詩以古公姜女而靈臺之經始者可知也攻位以小人故靈臺以庶民召誥以庶殷而此詩則以司徒而役衆也此事之二也曰捄之陾陾度之薨薨築之登登削屢馮馮百堵皆興鼛鼓弗勝六章迺立皋門

臯門有伉迺立應門應門將將迺立冢土戎醜攸行（七章）於是乎而土木乃大興也靈臺之所謂庶民子來召誥之所謂庶殷丕作也此事之三也其事之條緒則靈臺召誥言之也略而緜之言也詳其三事之節目則詩之言也隱而書之言也顯靈臺之言亦顯矣然非召誥莫能知攻之之爲攻位成之之爲位成也卽有能知之而能言之者而苟非召誥則亦無徵不信也或詳之或略之或隱之或顯之事皆更端文非一手而不覺其次第先後之若合符節有如是也而惜乎儒者不知而誤解之也

劉曰營室分三事搬解亦確解也召誥每一事爲專節靈臺併作六句每事分二句此詩衍作六章亦每事分二章古人爲文不苟作如此集傳謂此詩一章言在豳二章言至岐三章言定宅四章言授田居民五章言作宗廟六章言治宮室七章言作門社遂覺顚倒重複古人作事次第於今不可見矣得此爲之一快

度其鮮原

度其鮮原集傳曰鮮善也於是相其高原而徙都焉所謂程邑也徐子曰善原之說朱子本鄭箋而鄭氏本爾雅釋詁者然而非也毛傳曰小山別大山曰鮮夫毛傳之文則亦爾雅之文也爾雅釋詁曰鮮善而於釋山則曰小山別大山鮮李氏注之曰大山少故曰鮮夫必度於其山之原也故曰度其鮮原此猶山西爲夕陽而詩曰度其夕陽也且必先度於山而後乃度其原也故曰度其鮮原此猶曰景山與京降觀于桑也此猶曰陟則在巘復降在原也此猶曰迺陟南岡乃覯于京也且夫鮮原必山原而不可以爲善原者則更有說也周書和寤解曰王（案謂武王）乃出圖商至于鮮原而汲郡古文亦曰帝辛五十二年秋周師次于鮮原（蓋是時已都酆鄗以伐紂故興師而北至於舊都所謂次於鮮原者也後乃由北而東至於孟津之上）則是以鮮爲小山之別大山而遂名其原曰鮮原可也而偶以詩人之稱美之曰此善原也而遂名其原曰善原則必無之事也故曰善原之說非也

庶民攻之不日成之

經始靈臺經之營之庶民攻之不日成之集傳曰謂之靈者言其倏然而成如神靈之所爲也不日不終日也文王方經度營表之際而庶民已來作之所以不終日而成也徐子曰此舊說也然而靈臺非蜃樓未有倏然而可成者也所以謂之靈者孟子嘗論之矣其民歡樂

之而謂曰靈臺固非倏然而成之謂也而曰不終日而成之凡作事先後有定序夫固非徒衆之所能猝舉也彼方切之此不能磋之爾將琢之我不能磨之治一物且爾而況於臺耶而曰方經度營表而庶民已來作之則譬之爲衣裳焉主人方量度尺寸而工人已縫緝而成就之又必無之事也而況於臺耶或曰固也蓋詩人形容文王之德之盛而故甚言其速也曰不然仁人之役民也將徐之以紓其力故曰勿亟也而如曰速成而已則暴君酷吏之所能也非德也宋平公之築臺也皇國父欲速成子罕不可而親執扑挟築者以使速成惡

詛祝也襄十七 魯昭公之築郎囿也季平子欲速成叔孫昭子不可而引此詩之勿亟以止速成懼勸民也昭九春秋大夫猶知臺囿之不可速成而詩人乃爲文王願之耶且使速成爲盛德而不日之速成則必無之事也詩人頌嬀文王而乃以必無之事耶而甚言之耶然則何也曰向吾亦未能解也吾讀召誥而後能解之夫攻之者攻其位也非興作也成之者其位成也非臺成也不日者固所謂不終日也成位可以不終日而亦非不一日之謂也有解不日爲不一日者忘其出矣此亦知倏成不可通而妄解之者 經始靈臺經之營之召誥之厥既得卜則經營也庶民攻之不日成之召誥之以庶殷攻位越五日位成也經始勿亟庶民子來召誥之厥既命殷庶庶殷丕作也洛邑之興也有郊社焉有宗廟焉有宮室焉其地廣其事繁故其位必五日而後成也靈臺之作也臺而已囿而已沼而已其地隘其事簡故其位不日而可成也以召誥解此詩經神復起不吾易也

攻之爲攻位成之爲位成漢後儒者直不知此解而周人則固知之觀郎囿之築平子欲速成昭子止之而引此詩之經始勿亟庶民子來爲說若使周人誦詩亦如後人解成之爲臺成則平子必將引庶民攻

之不日成之以轉詰昭子矣

經始靈臺是相度基址之經始也經始勿亟是工役興作之經始也兩經始字文同而事異先儒誤合爲一故解經始勿亟謂是追記未成時事則何不記於經之營之之下而必倒敘之耶

靈臺一

或曰成之之爲位成信不可易也然則倏成而謂之靈者必非也然則毛大可所謂靈臺本舊名而文王特踵之者殆亦可信也徐子曰此又不然也大可之所據者漢書地理志也地理志所謂濟陰成陽有堯靈臺也然

而地志之妄未有不粉飾山川而附會之於古帝王賢聖者也此豈可據也吾聞諸素問黃帝之書府曰靈室矣則是文王踵堯而堯又踵黃帝也此豈可據也孟子曰文王以民力爲臺爲沼而民歡樂之謂其臺曰靈臺謂其沼曰靈沼惟孟子之言則必古無是名而文之民始名之可知也若堯旣有靈臺矣孟子未必不知也解詩據孟子而不據漢書未爲不知史事也是故詩傳曰神之精明者稱靈詩疏曰靈是神之別名則與孟子所謂歡樂以爲靈者義有合也而盧氏注明堂位曰天子太廟上可以望氣故謂之靈臺詩疏引後漢書注曰靈臺望氣之臺也馬融傳大可亦曰觀妖祥望雲物皆神靈也則古之爲臺靡不託諸望候者則是魯莊一年三築臺三十一年春築臺于郎夏築臺于薛秋築臺于秦而無非靈臺也而公羊傳曰天子曰靈臺則是夏啟有鈞臺商紂有鹿臺而無非靈臺也且夫靈臺必望氣耶靈臺必天子臺耶然而莊子則又以心爲靈臺也庚桑楚則又將何說也且夫文王小心翼翼以服事殷而紂之臣且將讒陷之而乃紂名臺曰鹿臺而文王敢於踵帝堯天子之臺名以自名其臺耶此又不通之論也

山中學詩記卷四

男隆壽平甫校字

山中學詩記卷五　　　煙嶼樓經學

鄞　徐時棟同叔學
慈谿葉岱年安甫刊

雝篇

有來雝雝至止肅肅相維辟公天子穆穆集傳曰此武王祭文王之詩假哉皇考綏予孝子皇考文王也孝子武王自稱也宣哲維人文武維后美文王之德也宣哲則盡人之道文武則備君之德既右烈考亦右文母烈考猶皇考也文母太姒也徐子曰美哉朱子之解此詩也所謂至當而萬無疑義者也夫前乎朱子者皆以此

爲成王祭文武之詩也以爲祭文武之詩而詩曰皇考又曰烈考是必當以二考分屬之二王而吾核其說而又互異也序曰雝禘太祖也鄭氏曰太祖謂文王又曰嘉哉皇考文王也毛傳曰烈考武王也文母太姒也孔氏合疏之曰以太祖爲文王皇考當之矣而別言烈考故知爲武王卽洛誥所云烈考武王宏朕恭也此以皇考屬文王烈考屬武王之說也王氏安石曰皇考武王也烈考謂文王也呂氏祖謙曰閔予小子之頌曰於乎皇考故皇考者武王之稱也烈考與文母相配而言故烈考者文王之稱也此以皇考屬武王烈考屬文王之說也及朱子以二考並屬之文王而後乎朱子者猶疑之夫序所謂禘太祖與康成所謂禘文王者朱子既據經文詳駁詰之矣見集傳及小序辨說而惟合祭文武與以二考分屬文武之說則未之有辨也則宜乎後人之尚有異議也今請爲朱子補其遺而爲學人堅其信焉今夫詩先皇考而後烈考父不可以後子也故不得不以皇考爲文王而因以烈考爲武王詩先烈考而後文母子不可以先母也故不得不以烈考爲文王而遂以皇考爲武王此皆議擬詩詞定以已意而未有確據者也至孔氏引洛誥以證武王烈考之說呂氏又引閔予小子以

證武王皇考之說則似以經解經必有一是而不知二說之無不妄也夫洛誥稱烈考而明曰烈考武王誠武王也然而周公對成王之言也由成言之則武爲烈考而由武言之卽文爲烈考矣洛誥不云乎以予小子揚文武烈又曰篤前人成烈是文武並有烈也而必武王稱烈考文王不可稱也非通論也而或者曰書曰丕顯哉文王謨丕承哉武王烈孟子引逸書又曰覲文王之耿光揚武王之大烈似烈考爲武王不獨洛誥之可證也曰子亦聞有以謨考光考稱文王者耶且立政謂文光武烈而洛誥乃盡歸諸武王而曰光烈考武王又何耶夫

周之有天下者武王也宜後人之以功烈歸之也此猶文之謚文而武之謚武也然而善則歸親在武王則未有不以文爲烈考者也夫烈亦何常之有商人之稱烈祖則成湯也（商頌）魯人之稱烈祖則周公也（魯頌）衛人之稱烈祖則康叔也（左傳哀二）而又可泥耶乃至王氏以皇考爲武王呂氏以閔予小子證之則更妄夫閔予小子成王之詩也成王之詩而曰皇考皇考誠武王也然而皇考猶皇祖也謂皇考必武王而何以蒯聵曰皇祖文王（左傳哀二）魯人曰周公皇祖（閟宮）且非獨經傳也通之於金石皇考龔仲碩父之父也（周碩父鼎銘曰子史伯碩父追孝於朕皇考龔仲王母乳母又史頌鼎銘曰史頌作朕皇考龔仲王母乳母尊鼎此偶舉其一耳其他若周頌鼎銘爲攸從鼎銘齊侯鎛鐘銘鄭敦銘之屬至於不可勝數）稽之於賦家皇考伯庸屈平之父也（離騷經）南宋未有禁令之前自天子至於庶人無不可稱其父爲皇考者而偶見成王曾稱其父爲皇考而遂以皇考盡歸之武王此兒童之見尤非通論也且夫子稱父謂之考此一定而不易者也爾雅曰父爲考曲禮曰父曰皇考又曰生曰父死曰考王曰無若爾考對其子蔡仲言之也（左傳定四）公曰乃考文叔對其子孔悝言之也（禮記祭統）而若金縢告三王而曰予仁若考是猶曰曾祖考祖考考也省文也而非專稱也祭法立七廟而皆曰考

廟是猶曰王祖考皇祖考顯祖考也（曲禮祭王父曰皇祖考而祭法則祖曰王考廟曾祖曰皇考廟高祖曰顯考廟核之他經傳未有此禮今姑依其說解之）廟制也而非稱例也固不能據此二者而謂考之稱可通之於王父以上也是故武王之稱文王也於書曰文考（禮記引太誓又見康誥）曰不顯考（康誥）曰穆考（酒誥）於此詩曰皇考曰烈考成王之稱武王也於書曰甯考（大誥）曰光烈考（洛誥）於載見與訪落之詩曰昭考訪落與閔予小子曰皇考夫文謚也故曰文考宗廟之位穆也曰穆考武位則昭也曰昭考周初稱武爲甯王成王稱之（大誥）周公亦稱之（君奭）故又曰甯考斯文武之專稱也而文考昭考周人尚他稱之而不爲嫌也（如周書穆王稱昭王爲昭考而鐘鼎若乃不顯文字子孫稱父爲文考者不可悉計）考皇考烈考光烈考則因文而變矣武稱之則文也成稱之則武也惟必爲子稱其父之詞則一定而不易也而又考之逸周書武王稱文王爲文考也（柔武解大匡解世俘解商誓解五權解）周公亦稱爲文考也（大開武解小開武解大聚解成開解本典解）成王稱武王爲武考也（成開解本典解）周公對成王稱之曰乃武考也（大戒解）穆王稱昭王爲昭考也（祭公解）雖其書或眞僞雜見未可盡據而內外傳及周秦諸子多引之其爲夫子所刪餘之書而古於漢儒之說無疑也而乃以子稱父無非考者則信乎一定而不可易也今諸儒以此詩

爲成王祭文武之詩而詩曰假哉皇考又曰既右烈考夫成王也而稱其祖而謂之考耶且夫金縢之合三王而稱考也其所以對三王者則必曰元孫祭法之統五廟而稱考也其所以自稱者則必曰孝孫孝曾孫而苟以子與考相對舉如易蠱曰幹父之蠱有子考无咎書大誥曰若考作室厥子乃弗肯堂康誥曰子弗祗服厥父事大傷厥考心則必其考爲父而子爲子又一定而不易也今諸儒以此詩爲成王祭文武之詩而詩曰假哉皇考綏予孝子夫成王也而既祖其考而又自稱爲子孝子耶且夫文母之爲太姒尤一定而不易也以考

與母相竝舉則必其爲夫婦而非母子必其爲父母而非祖父母又一定而不可易也今諸儒以此詩爲成王祭文武之詩而詩曰既右烈考亦右文母夫成王也而先其父於大母而又稱其大母爲文母耶是故以子稱父則曰考以孫稱大父則曰祖蓋自剖判至乎今日未之或改也是故驗之於書成王之稱武王也曰烈考而稱文王也曰文祖洛誥曰越乃光烈考武王而又曰承保乃文祖受命民又曰乃單文祖德孔氏知洛誥之有烈考曾不知洛誥之尙有文祖而僅據烈考而遂以皇考爲成王之稱文王可駴也是故驗之於詩成王之稱

武王也曰皇考而稱文王也曰皇祖閔予小子曰於乎皇考而又曰念茲皇祖呂氏知閔予小子之有皇考曾不知閔予小子之尙有皇祖而僅據皇考而遂以烈考爲成王之稱文王可駴也是皆以此爲成王祭文武之詩之所誤也故以二考分屬之二王而靡不妄也而孔氏又曰考者成德之名可以通其父祖則尤袒護傳箋而強爲之辭者也故曰朱子之解此詩至當而萬無疑義也然則專祀文王而既曰皇考又別言烈考何也曰此古人之常也訪落成王朝武王廟之詩也而既曰率時昭考而又曰休矣皇考康誥酒誥武王所以誥康叔

也而既曰丕顯考文王而又曰祗遹乃文考而又曰乃穆考文王然則專祀文王而曰文武維后何也曰美文王也文王有聲曰文王受命有此武功（孔疏亦引此二語爲證）大雅之美文王兼武功矣不獨頌也夫成康則信爲謚矣漢儒猶以德行強解之而況文武爲稱道功德之恆語耶乃武乃文夏書之美天子也（呂氏春秋諭大篇引）允文允武泮水之美魯侯也而謚也耶而或者謂文武而曰維后是殆與文王烝哉武王烝哉相類矣夫說詩而泥其辭則大明之不易維王文王有聲之考卜維王又何其不類耶且文武維后無異乎上句之宣哲維人也若必以文

武爲二后則宣哲爲何人耶文武維后又無異乎時邁之允王維后也若必以文武爲二后則允王爲何王耶然則專祀文王而故不諱其名而曰克昌厥後何也曰此在蘇氏李氏明之矣集傳引蘇氏曰周人以諱事神文王名昌而此詩曰克昌厥後何也曰周之所謂諱不以其名號之耳不遂廢其文也諱其名而廢其文者周禮之末失也又李氏樗曰周人以諱事神者如稱文王不敢斥之曰文王昌書稱惟爾元孫某史官不敢斥其名故也如穆王名滿當時亦有王孫滿襄王名鄭當時亦有王孫鄭魯武公名敖而後世之臣有公孫敖觀此則知詩克昌厥後噫嘻言駿發爾私皆未嘗諱也　而吾考之三頌而皆有是也商湯名履見之論語者也而長發明言至於湯齊而曰率履不越魯莊名同見之春秋者也而閟宮明言莊公之子而曰淮夷

來同皆所謂臨文不諱也夫以諱事神周禮也臨文不諱亦周禮也而何疑也且使臨文而必當諱也則以武王祭文王而不諱其名猶之可也何則武王未受命而禮未定也若周公既定禮而後作樂而以成王祭文武之詩而故斥皇祖之名以干事神之典其可耶且夫雝卽雍也論語曰三家者以雍徹子曰相維辟公天子穆穆奚取於三家之堂夫雍也胡爲乎而三家之堂耶夫樂至備矣頌至繁矣三家既僭天子之樂而獨取於雍耶將固盡僭之而夫子獨斥其歌雍耶蓋魯祖周公而周公則文王之子也追周公所自出而立文王之廟傳所謂周廟者也左襄十二三家祖孟仲季而孟仲季則桓公之子也追孟仲季所自出而立桓公之廟禮所謂公廟者也禮記郊特牲　祭文王而以周公配之而遂僭用祭文王之樂歌而魯於是乎歌雍其後以爲祭周公可歌也而并僭之於羣公之廟又其後而以爲公廟可歌也而并僭之於私家之桓廟而三家之堂於是乎歌雍是故八佾之舞季氏之庭也而雍詩之徹則三家之堂也蓋相沿不察以有此僭妄也惟此詩爲專祀文王故也而如曰不然彼三家者不禘太祖不兼祀文武雍之詩胡爲乎來哉胡爲乎來哉

案劉光祿謂武王周公繼政朝臣和於內萬國驩於外故能盡其驩心以事其先祖詩曰有來雝雝至止肅肅相維辟公天子穆穆或謂朱子武王祭文王之說蓋卽本之光祿者愚謂光祿明稱武王周公是以此詩爲武王之詩也而云事其先祖則亦不必專祀文王矣

毛傳但言烈考武王文母太姒而不曾指皇考爲何人康成箋序中太祖爲文王箋詩中皇考爲文王其箋既右烈考二句云子孫所以得考壽與多福者乃以見右助於光明之考與文德之母歸美焉未嘗以

烈考爲武王也雖毛傳既言烈考武王鄭不必更言之然箋之與傳異義甚多恐康成於此傳亦尙有疑義也又其箋相與肆祀云百辟與諸侯又助我陳祭祀之饌言得天下之懽心相其文義似暗用劉光祿之說特未明言武王祭文王耳然則揆度鄭義殆與朱傳符合惟曲從序說强以太祖爲文王至啟後人訾議而孔氏不解其意竟合傳與箋而通之遂若成王祭文武之說實始康成也者世有論毛鄭異同者未知以此篇鄭義爲何如也

肇允彼桃蟲拚飛維鳥

肇允彼桃蟲拚飛維鳥集傳曰桃蟲鷦鷯小鳥也其雛化而爲鵰故古語曰鷦鷯生鵰言始小而終大也成王自言信桃蟲而不知其能爲大鳥此其所當懲者蓋指管蔡之事也徐子曰吾少時在家塾讀集傳而始知桃蟲之爲鳥名也然而終讀其傳而疑之疑夫小鳥生大鳥詩何不言化生而乃曰拚飛也疑夫桃蟲生鵰詩既名桃蟲而胡不復名鵰而僅曰鳥也且桃蟲與鵰大小異矣而其爲鳥則同也呼鵰爲鳥將桃蟲非鳥耶鈞是鳥也而意別乎大小則胡不顯言大鳥而僅曰維鳥耶於是自以意解之曰肇者始也允者信也吾始信彼桃蟲以爲蟲耳及見其拚飛而後知維鳥也意亦小而大而解則異矣而化生之鵰則無與矣伯氏聞之笑曰童子能爲詩矣雖然其如背集傳何也蓋吾伯氏規行矩步讀集注而常不敢有一字之議擬者也乃吾今復讀詩至小毖相去三十年矣學不加長紬繹詩詞而竊謂童時之說不可易也而又聞張氏詩記之解此詩亦與吾童子之見合也則不妨理而存之也夫小毖之詩成王懲武庚之禍而所以答周公鴟鴞之詩者也莫予荓蜂自求辛螫曾不知蜂之小而其蠆乃有毒也肇允彼桃蟲拚飛維鳥曾不知蟲之名而其實乃維鳥也若曰

吾始信殷以爲小腆耳及見其蠢動而後知誕敢紀其緒也而況吾骨肉又反面而助之則所謂未堪家多難予又集於蓼者也

或曰鵰字從周尤有合蕭肴也故音刁本與鳥字同音可叶蓼也詩本文或當作鵰傳寫脫其半耳曰吾生平說經最惡錯簡誤字之說必不得已而又先儒之說有確據而後敢從之否則與其改經就傳不如闕疑之爲愈也今疑義本可豁然又何爲乎且鳥字可改爲鵰而如拚飛之不能改爲化生則何益矣

實始翦商

后稷之孫實維太王居岐之陽實始翦商集傳曰翦斷也於是而王迹始著蓋有翦商之漸矣徐子曰此古公之寃獄也然而學人聚訟矣夫以太王之避狄而奔岐也自保且不暇而能翦商耶雖詩人張大之而若是其侈耶記古公之事者莫詳於孟子又莫詳於莊周謂得民心而王迹基之可也而曰始斷商可耶卽後世大其詞而頌美之有若緜之詩矣然而曰成宮室也作廟社也又必待文王之生虞芮之成而後大也豈走馬胥宇之時而遂有翦商之漸也或曰非事也其志也夫當流離奔竄方有定居而卽志乎滅天子以自王此雖怪夢

幻想而不必其有是也則夫斷商之說宜後人之惑之也於是有據爾雅釋詁而以翦爲勤者謂太王居岐而始勤事殷商也徐子聞而笑之曰昔蔡謨讀爾雅不熟幾爲勸學所誤今亦讀爾雅不備而幾爲釋詁所誤矣夫周家世篤忠貞而謂太王實始勤商此其說已大妄而詩又曰至於文武纘太王之緒致天之屆於牧之野夫牧野何事也纘勤商之緒而乃勤事之於牧之野其可耶於是有據說文戈部而以翦爲戩者謂戩福也商大也太王實始受福而大其國也徐子聞而又笑之曰以傳證經可也若以傳改經則削趾而就屨矣而尤可笑者說文訓戩爲滅引此詩以證之異文不異義也而乃改戩爲福則尚不知著書者之意而遂可據其書耶且曹丕廣陵詩曰古公宅岐邑實始翦殷商則是漢魏人無不作斷商者而謂許氏有異義耶然則何也曰吾嘗謂解勤商者之讀爾雅不備也夫爾雅釋言不又曰翦齊乎夫以翦翦物則未有不齊者也故釋言曰劑翦齊也而注之者曰南方人呼翦刀爲劑刀詩若曰周家至太王居岐陽而始大而實始可與商齊也而至於文武而遂纘其緒以滅商而有天下也雖不免張大之詞而得天下而歸嫩其先世者如此則旣合於善則歸親

之義而於史事亦無悖也是則以爾雅解詩而詩義如長夜之復旦可喜也乃吾又旣而讀詩正義始知毛公已先我言之而鄭氏始誤之而孔氏實成之毛傳曰翦齊也而鄭箋改之曰翦斷也是始斷商孔疏以爲齊卽斷也太王實始斷滅商也(吾記其大意如此山中無汪疏不能全引其文矣)於是斷商之說遂一成不變以至於今夫毛公據爾雅以解詩此必卜子荀卿以來授受之故訓而於義甚通萬無可惑者不知鄭氏何故舍之而別生異義也夫齊之與斷則亦異矣不知孔氏又何故必牽合兩家之說而附會之以成其誤也譬之聽訟毛公久定讞矣而覆聽

其辭而故反之而至失入者康成也而煅煉周內文致其罪且竄改原讞之詞以私附合覆聽者之意而强坐之者顯達也後人明知其寃思有以昭雪之而皇皇然旁求左證比引名例而卒以不得其情而未能平反之則胡不檢取原問官讞詞一一細核之耶

山中學詩記卷五　　男隆壽平甫校字

尚書逸湯誓考

同治壬申正月峨西
草堂開雕五月工竣

序

吾師徐同叔先生撰尚書逸湯誓考六卷繼聰受而讀之既卒業肅然起曰偉哉先生之有功於聖經也夫自秦火以後伏生傳書老多遺忘孔壁古簡旋復澌滅尚書之存者僅矣幸其佚文散見周秦人書殘句隻字罔非瓌寶晉人作僞專工剽掠掇拾既多至亂篇目術令以爲禹謨湯刑以爲伊訓天明以爲說命嗣征以爲武成竝詳先生所著逸經考中然而由宋至於皇朝諸儒羣起而攻之聲罪致討亦既有定論矣乃惟逸湯誓之竄入僞湯誥者易禱旱之詞爲伐桀之語顯

倒事實厥罪尤大而後人能抉其勦竊之妄不能正其變亂之辜則實由孔班誤於前皇邢踵於後諸儒既崇漢學又膠成見於是數千年來承訛襲舛沿至今日而禱旱之誓之義甚明易曉者昏昏若長夜懵懵若夢寐更無人焉大聲疾呼一破積錮甚可痛也夫前聖經訓後聖定之以垂教萬世辟如日月之代明詎容紊其行度星宿之昭回豈得失其經紀今湯誓雖亡其軼則見於論語國語其詳則證之墨尸荀呂是爲禱旱昭然明白乃始而錯解之既而剽竊之至乎既發僞覆而莫悟其悖繆本事甚或妄訾諸子而反誣以增改原文坐使

古聖王罪己應天其言足爲遇變修省之常法其事足爲雩祭告天之恆典者從茲湮泯無可考究而先生乃擴清羣說起而是正之根据古書合而考定之沈晦二千載彰顯於一旦此其有功於聖經爲何如耶顧或者曰是則然矣雖然詮釋一義動數百言得無詞之煩耶繼聰竊以爲不然夫解經猶折獄也伐桀之訛察於麗而斷制之者爲孔君則西漢之大儒也聽其辭而閱實之者爲班氏則東漢之碩彥也爰書既定法吏相承不矜無辜而師聽於單辭者則兩晉以來之經生也積重難返至今日始知其枉而欲以明允反定讞雖伯夷咎

繇復生於世其能出片言遽折之耶是必察辭於差又必明啟刑書而胥占之廣其徵引而兩造具備多其比例而五辭簡孚而後乃稽其疑而決其疵正其僭亂而別其艮佞夫而後獄成而可以審克之矣孟子曰予豈好辯哉予不得已也先生之繁引博證以斷歸一是者意猶是也而曰吾自暢其說而固非詁經體也則所謂夫子自道者也惟是繼聰學殖譾陋老而益落其於經術尤更荒蕪自慚不能仰測高深發明師說邇者以修葺鄞志之役追隨函丈於今四年每當纂述之暇時聞治經之說開我茅塞略知徑竇茲誓考成書將付削氏

謂繼聰屬在門牆宜序其後繼聰既以不朽之盛業爲
先生賀又以挂名於末簡私自慶幸而猶懼讀是書者
厭其繁詞而或妄以秦近君之說堯典相例也是用原
先生不得不作之意與作之而不得不詳盡之故以告
學人有道之士一　共賞晰之也
同治十年十二月鎮海弟子陳繼聰謹序

序

當代宏碩之彥咸尙漢學夫劉祚四百去古未遠經師踵武授受親切下視宋元憑臆解經譬諸草木區以別矣然其時講席各尊所聞師傳旣殊門戶遂判經說同異天子制詔以臨決之而復駁許箴何詰難不已槪曰宗漢孰適主也今專門之學惟知墨守工其佞悅萬口一聲微或乖違律同非聖甚乃據他引之文改本經之字信傳解之說訾古書之譌高立崖岸自命游夏此近儒之痼疾也殷湯遘旱禱天有誓顧其篇名同於伐桀經有論語傳有國語子有荀墨尸呂凡所徵據胥本禳

災之作鮮涉革夏之事中厄秦火兩誓俱燼濟南口授伐桀之誓僅存禱旱一篇於焉絕矣然古文灰滅散見尙多儒墨雜家章灼可考棘下生手注論語實引墨說而原標大旱率指伐桀強甲比乙墨始受冤班固韋昭貽惑滋甚東晉尙書剽誓爲誥淆亂舊籍誣罔聖經自宋迄今明正厥罪顧諸家能攻梅氏之非猶沿孔君之誤但知爲伐桀之誓之逸文不知爲禱旱之誓之賸簡於是援孔詰墨揣其增竄執子孫傳聞之言疑祖父親見之策過尙漢學流極至此雖喙之長惡能解哉粤惟古氣哲王遇災修行六事責躬不憚己犧爲天下請命

心軫乎兆民而誠格乎上帝記言於太史而垂範於將來雖粱隋李世偶羅旱災猶舉理獄振困進賢黜邪諸事明布爲令用殷禮也而原書久佚舊典始湮徒有旁引之辭莫任補亡之責識者懼焉同叔先生篤嗜經訓博綜羣言融會漢宋無所偏倚爰作逸湯誓考一書根據先秦以糾衆難汎覽曲證敷暢厥辭數千百年沈鬱晦塞之篇粲然復著誠先聖之功臣曠世之傑構也猥以弁文命及下走謹述大旨贅於簡端固始蔣湘南云爲漢學者斥宋之專爲宋學者譏漢之瑣要其尊仰周人手定書也吾從周曰周學而已蒙習斯語心竊取之

三復是編亮哉其周學乎

同治十年十一月同縣董沛謹序

尚書

卷一

徵引篇第一
周秦古書引逸湯誓文
非伐篇第二
論逸湯誓非伐桀之誓
旱禱篇第三
論逸湯誓以禱旱而作
稱誓篇第四
論禱亦稱誓

卷二

兩同篇第五
論商書有二湯誓
湯說篇第六
論墨子引逸湯誓稱湯說
僞誥篇第七
論僞湯誥剽竊逸湯誓之妄

卷三

考證篇第八上
今考定逸湯誓并疏證上

卷四

考證篇第八下
今考定逸湯誓并疏證下

卷五

序錄篇第九
序　後序　錄

卷六

校勘篇第十
鎭海吳君籛校并書　平湖葉君籛校并札
同縣劉君籛校并跋

尚書逸湯誓考目

尚書　　烟嶼樓經學

鄞　徐時棟同叔學　男隆壽平甫校字

徵引篇第一　非伐篇第二

旱禱篇第三　稱誓篇第四

徵引篇第一　周秦古書引逸湯誓文

伐桀之誓在今商書爲第一篇詞嚴義正無可增損且其文首尾完具焉得更有散佚見諸他說哉乃周秦人所引湯誓居然有出今文外者其爲別自一篇而非今湯誓中佚語概可知也先儒合之過矣今先采摭其辭具列如左

論語堯曰篇曰予小子履敢用玄牡敢昭告於皇皇后帝（白虎通三軍篇引作皇天上帝又三正篇引作皇王后帝）有罪不敢赦帝臣不蔽簡在帝心朕躬有罪無以萬方萬方有罪罪在朕躬（漢石經殘本罪字不重又皇侃義疏本亦無下罪字）

此不言湯誓而知爲湯誓文者以國語引此文後四句明稱湯誓也論語引書多不言出處如不恆其德君子思不出其位之不稱易巧笑倩兮不忮不求誠不以富唐棣之華之不稱詩又如予有亂臣十人左傳明稱太誓而既不稱太誓亦不稱書云蓋其體例每或如此

漢書元帝紀建昭五年詔引百姓有過在予一人師古曰論語載殷湯伐桀告天下之文也又藝文志引孔子曰所重民食師古曰論語載孔子稱殷湯伐桀告天辭也據此似通下數節並是湯誓文矣然予小子節以上記堯舜禹湯事至周有大賚明出周字是下數節皆周初開國事也周字縱可別解而雖有周親四語明見尸子墨子爲文王武王時事必不能妄解者顏氏以下數節連予小子節爲湯事正猶鄭氏韋氏以予小子節連上節爲舜禹事並係錯誤不可信也

國語周語上篇在湯誓曰余一人有罪無以萬夫萬夫有罪在余一人

古人引書往往以己意增損原文卽如湯誓此四語凡五見周秦書中而無不大同小異者

墨子七患篇殷書曰湯五年旱

此蓋括用書詞以與上所引夏書之禹七年水相配耳當以呂覽所引爲尚書原文

又尚賢中篇湯誓曰聿求元聖與之勠力同心以治天下

又兼愛下篇湯曰惟予小子履敢用玄牡告於上天后

曰今天大旱卽當朕身履未知得罪於上下有善不敢蔽有罪不敢赦簡在帝心萬方有罪卽當朕身朕身有罪無及萬方

異端之言固多誣妄至於著書立說引經據典方借先王之詞以伸一己之辯而謂敢於妄造故事竄亂經文則事理之所必無者也故其論議無足深詰而其援引正藉以補我殘闕羣書之不可輕廢者此類是也

尸子綽子篇湯曰朕身有罪無及萬方萬方有罪朕身受之羣書治要長短經大私篇

荀子大略篇湯旱而禱曰政不節與使民疾與何以不雨至斯極也宮室榮與婦謁盛與何以不雨至斯極也苞苴行與讒夫興與何以不雨至斯極也

墨子尸子引湯誓文但有湯曰二字論語引湯誓文僅僅一曰字此述成湯禱旱之詞其爲湯誓文無疑也荀卿大儒必無錯誤又況六事自責適與墨子所引未知得罪於上下句相呼應蓋原文固自承接數千年後猶可想見其前後脈絡也

或謂此數語絕類西京制詔文字而不類尙書余謂漢人詔誥原仿尙書而作惟湯誓旣亡後人但見漢文遂有此惑耳假令金縢大誥亡於東漢則讀王莽傳者烏知其爲仿周書乎然且說苑君道篇引成湯祝辭曰政不節耶使人疾耶苞苴行耶讒夫昌耶宮室榮一本作營耶女謁盛耶何不雨之極也其文與此符合荀子非僞書劉向非妄作豈有本無此語憑空揑造之理又且荀卿生於周季秦幷天下且不及見又焉能逆知西京制詔體耶

或又謂節疾榮盛行興並各諧韻爲尙書賡歌陳疇外之所僅見者余謂此亦少見而多怪也夏商書多亡失而其軼時見他說約略數之若鄭注禹貢引夏

書嗣征云厥篚元黃昭我周王墨子非樂引夏書武觀云渝食於野萬舞翼翼章聞於天大用弗式左傳哀六引夏書云惟彼陶唐帥彼天常有此冀方今失其行亂其紀綱乃滅而亡墨子非樂引商書湯之官刑云舞洋洋黃當有誤言孔章上帝弗常九有以亡上帝不順降之百殃其家必懷喪皆有韻語如此其他若孟子之引放勳及太誓墨子之引太誓去發以至呂覽適威史記商君傳賈誼新書班固漢書諸引尙書而諧韻者未易悉數之也而何疑於此

然且荀子所引是篇中禱祝之詞古者禱祝之辭蓋

必諧韻他不具論試引尚書中祝辭證之周書金縢載册祝之詞惟爾元孫某某本發字也先儒謂成王讀而諱之是也而發字與下疾字爲韻是有丕子之責于天天字與下身字神字神字爲韻用能定爾子孫于下地地字與下畏字爲韻我先王亦永有依歸歸字與下龜字珪字珪字爲韻此不必以古音古韻嘵嘵論辯也卽以今韻言之月發與質疾通先天與眞身神通寘地與未畏通微歸與支龜齊圭珪同通祝詞二十四句而用韻十有二一經指點無不恍然有非强詞所可奪者故祝詞本多韻語而使人宣讀之詞尤必諧韻者所以便於史巫之口誦也金縢用韻之說雖出余剏論然而不可易矣

何休注公羊傳云君親之南郊以六事謝過自責曰政不一與民失職與宮室榮與婦謁盛與苞苴行與讒夫倡與疏曰此皆韓詩傳文蓋湯旣自責後世遇旱卽援爲典禮正如晉宋求雨持羽翳而歌雲漢之詩也而春秋考異郵稱僖公三時不雨禱於山川以六過自責此或僖公仿成湯爲之或作緯書者不知湯事聞有其說而妄造始末皆未可定若論衡明雩篇謂世稱湯以五過禱於桑林時立得雨則是王

充不能見湯誓謪六事爲五過耳然湯誓雖亡於秦火爲漢儒所不及見而其事其文博雅者猶能道之故說苑論衡而外若韓詩外傳云湯時大旱禱於山川以六事自責漢明帝永平三年詔云湯引六事咎在一人章帝建初元年孔豐疏云昔成湯遭旱因自責御覽引符瑞圖云昔殷湯之世天下大旱以六條自責會稽典錄引夏香云昔殷湯遭旱以六事自責然則兩漢以還徵據非一荀卿所引何可疑乎

呂氏春秋順民篇昔者湯克夏御覽三百七十三又五百二十九引湯上竝有殷字克竝作剋而正天下天大旱五年不收文選劉孝標辯命論注引作湯克夏四年天大旱御覽五百二十九引作天下大旱湯乃以身禱於桑林曰余一人有罪無及萬夫萬夫御覽引皆作萬方有罪在余一人無以一人之不敏使上帝鬼神傷民之命於是翦其髮鄽其手蜀志郤正傳注引作攦其爪文選劉論注引作磨其手又應休璉與廣川長書注引此亦作鄽御覽引作麗其手以身爲犧牲蜀志注引作自以爲犧牲文選劉論注引作自以爲犧御覽三百七十三引作自以爲犧牲又五百二十九引作自以爲牲用祈福於上帝民乃甚說雨乃大至

此亦不稱湯誓而知爲湯誓文者以旁證甚多也說湯旱者五年七年諸書互異惟墨子之湯五年旱明稱殷誓者獨與此合余一人有罪四句至此凡五見

皆有小異惟國語之明稱湯誓者獨與此所引僅差一字然則此眞湯誓文矣又且墨子兼愛篇旣已引書而復檃括書詞以己意申之曰卽此言湯貴爲天子富有天下然且不憚以身爲犧牲以祠說於上帝鬼神明明是以身爲犧牲五字又明明是上帝鬼神四字若使本文無此語墨子何能僞造之乎若使墨子果僞造呂覽何能暗合之乎然則此一段眞湯誓文矣諸書所引或一二語或三四語皆是逸誓篇中文字此獨采其首尾使後人因此得知逸誓崖略可幸也可喜也

右凡八條皆采自周秦古書中其著書之人皆在秦火未焚之前得見古本湯誓者至於不韋以後無能見之故凡漢人說湯禱旱事皆出自師承授受卽偶引書詞亦自稗販而來或卽引用於吾所見諸書中者故但取其語爲考證篇證佐不敢采入茲篇愼疑之道也

非伐篇第二 論逸湯誓非伐桀之誓

而不意自漢至今二千餘年凡讀論語者無不以予小子一節爲商湯伐桀告天之誓此其謬誤實始孔君而班孟堅韋宏嗣成之

孔君論語注曰此伐桀告天之文也墨子引湯誓其辭若此梁皇氏侃義疏曰此伐桀告天辭是墨子之書所言也宋邢氏昺正義曰云墨子引湯誓其辭若此者以其尙書湯誓無此文而湯誥有之又與此小異惟墨子引湯誓其辭與此正同故言之所以證此爲伐桀告天之文也

孔君但謂墨子引湯誓之辭若此而皇氏竟謂伐桀告天是墨子書所言則墨書具在何可誣也皇氏之時僞書尙未盛行故不及湯誥至邢氏則見之矣故云湯誥與此小異而不能知湯誥是晉人僞作竊怪

孔君何以不言尙書之湯誥而言墨子之湯誓於是妄云湯誥小異而墨子正同殊不知僞誥剽竊論語顚倒離合盡用其文其說正與孔君伐桀之說脗合而墨子引此書則明稱禱旱反與孔君伐桀之說相去萬里也總之二人都不曾見墨子但各以己意臆度之故皆妄言如此

近人翟氏灝迴護邢氏謂墨子非僻書邢氏豈得不見以其爲旱禱之詞不合此章義例故但望注爲疏不舉兼愛篇文以質其實夫作疏不質實而但以望文了事其說已爲無理至云不合此章義例則尤不

善讀書人之言論語此章歷記古帝王言語政事全以得民心爲本唐虞夏則本諸四海商則本諸萬方周則本諸善人及百姓及四方及天下之民及重民及得衆任說歷引古書斷章取義大抵皆言得民心而天下治儒者不知其義謂顚倒失次謂零雜無倫序而翟氏乃謂引旱禱詞不合義例吾不知其所謂不合者在何處也

而若孔君則固非皇邢之比而親見墨子者也乃墨子引此書其中明明有今天大旱四字既引書詞又明明有以身爲犧牲祠說於上帝鬼神諸語明白曉

暢無可曲解而必以伐桀告天注釋論語眞不解其何心況論語竝不稱湯誓墨子又但稱湯說卽欲以伐桀解論語各行其說兩不相謀亦聽墨之自存而已又何必故爲牽合特引墨子以惑後人輾轉反復莫明其故古人文字固有不可解者此眞無奈古人何也

於是以意解元牡謂殷家尙白未變夏禮故用元牡也至班氏諸儒作白虎通承用其義三軍篇曰王者受命質家先伐文家先改正朔質家言天命己使己誅無道今誅得爲王故先伐故論語曰予小子履敢用元牡敢昭告於皇天上帝此湯伐桀告天用夏家之牲也三正篇又引之曰此湯伐桀告天以夏之牲也夫既將誅得而後爲王則未王之前何得僭告上帝既告上帝又何愛於夏禮而惜此一變耶況元牡之用別有意義固非尙黑尙白之說所可泥者說詳旱禱篇闕百詩謂班固當東漢初校理祕典得見古文尚書所著白虎通兩引予小子履皆以爲伐桀告天之詞按白虎通明稱論語而謂其采之古文尚書此持論之失於眉睫者此篇湯誓至秦而亡兩漢儒者安得見之乎

至韋氏解國語云湯誓商書伐桀之誓又云今湯誓無此言則散亡矣夫兩書同名湯誓韋注國語而未

見墨子其解爲伐桀之誓無足怪者特伐桀之誓首尾完好而誣之以爲散亡則武斷矣後來朱氏彝尊謂是湯誓逸句無疑毛氏奇齡謂舊來湯誓原有爲今文湯誓所無者皆不知而強作解人之言然且有必不可合者

伐桀誓中屢稱夏罪一則曰有夏多罪再則曰夏氏有罪卽商民之不欲往者亦以爲夏雖有罪虐不及我故曰夏罪其如台非謂夏王之無罪也而聖人以天下爲一家不忍夏民之受虐故必往正其罪所謂予畏上帝不敢不正者也是則伐桀之舉全爲討罪

起見今此誓不稱夏罪而忽曰朕躬有罪又忽曰萬方有罪又忽曰萬方有罪罪在朕躬然則當日大興問罪之師將往而伐朕躬乎但即國語所引湯誓四語已與伐桀之誓枘鑿不相入如此故禮記坊記引太誓曰予克紂非予武惟朕文考無罪紂克予非朕文考有罪惟予小子無良以勝不勝爲有罪無罪而非以空言歸罪於己也歸罪於己無伐人矣而論語堯曰篇所引百姓有過在余一人二語則是武王大賚告泰山隧之詞（語詳余所著尚書說及山中學詩記中）亦與伐紂時事絲毫無涉僞書不學無術妄竊其語入之太誓又

竊伐桀誓中語加今朕必往四字夫上云夏德若茲下云今朕必往詞明而義順也若上云過在余一人下云今朕必往又將焉往乎僞書勦竊已有定論而漢晉諸儒誤解論語國語則未有能知之者故詳論而幷及之

余采列周秦古書之引逸誓其凡八條其明稱湯誓者二條而已一爲國語已可見斷斷非伐桀之誓一爲墨子尚賢篇引湯誓曰聿求元聖與之勠力同心以治天下夫治天下云者有天下之詞也湯未克夏不過殷侯而言天下乎古人文字謹嚴恐無此等侈大之語是尚賢所引亦斷斷非伐桀之誓也

或曰未革夏命而云治天下固是難通特元聖者伊尹也湯嘗薦尹於桀孟子所謂五就桀者此所云云蓋湯數桀之罪言昔者我嘗求元聖薦之使與之勠力同心以治天下治天下者指桀而非湯自謂也下文想更有桀不肯用等語而墨子引書不全耳余謂此說可謂至辯雖憑空意造而亦有理然而有萬不可通者墨既引此書即申之曰則此言聖之不失以尚賢使能爲政也夫書詞明明是湯責桀之不能用賢而引之者乃誤視爲聖人之能尚賢墨雖異端亦

赫然一時當時至以孔墨並稱而不意其不通文義如此此又事理之所必無者也

然則無藉他證即兩書之明稱湯誓者已斷難混合於伐桀之誓而況兼愛篇與呂覽之確引大旱顯說身禱有萬萬不可妄解者乎

旱禱篇第三（論逸湯誓以禱旱而作）

然則逸湯誓非禱旱之書乎或曰然雖然是時既變夏章而告天猶用元牡何也曰此不過謂殷尚白不宜用黑牡耳然而事非一端義各有當若但泥一說則周家尚赤用騂牲而大田之詩曰以其騂黑閟宫

之詩曰白牡騂剛既用尙赤之騂而又用夏家之黑牲殷家之白牡則又何也

殷人尙白用白牡是也而至於禱旱則變禮矣禮曰凶事用下牲齊旱景公問孔子孔子曰祀用下牲下牲者非所尙正色之牲也如殷尙白則餘色皆下牲也周官牧人曰凡陽祀用騂牲陰祀用黝牲禱旱陰祀也陽祀用牲以所尙之色故三代異制而陰祀之用黝牲則無不同也左傳內史過曰享神各以其物北方屬黑黑爲水禱旱用元牡正所謂其物也故先儒有云旱暵炎赤屬火象勝之當以水色黑此理甚明且正無可疑者

左傳稱天災有幣無牲此或當時列國之制耳雲漢爲禱旱之詩而其詩曰靡神不舉靡愛斯牲何嘗無牲耶春官太祝疏曰祭法雩禜祭水旱用少牢天災有幣無牲得有牲者災始見時無牲及災成之後則有牲此是爲左氏圓全其說其實非正論也至於牲色則必用黑以水剋火所以勝之也乃春秋繁露則謂禱旱衣服牲殺之色各視其春夏季夏秋冬之時又後漢志注引漢舊儀云求雨太常禱天地宗廟社稷山川各如其常牢禮此正通典所謂漢承秦滅學正雩禮廢故不能知牲色也又其後如梁陳用黃牯牛後齊用騂牲竝見隋書禮儀志隋用犢各依方色見大唐郊祀錄唐人用蒼犢見舊唐書禮儀志皆非古法而其衣服則後漢皁衣後漢書禮儀志晉元服通典南齊緇衣南齊書禮志梁袨服隋書禮儀志故南齊祠部郎何佟之議雩禮有曰司馬彪禮儀志云雩祀著皁衣蓋是崇陰之義今祭服皆緇差無所革其說是也然知二五而不知一十但知衣服當用緇黑不知牲色之當用元黝則實由孔班諸君誤解論語遂使後人罔識古制經訓不明害及典禮卽此亦其一端也

元牡之說既明其餘可恍然矣夏罪既正民困既蘇而大旱至於如是之久不可解也故曰未知得罪於上下反躬自省所以彰善癉惡與天下更始者未嘗不上契天心而何以大旱如此故曰有善不敢蔽有罪不敢赦帝臣不蔽簡在帝心則意者我身尙有罪戾不自知乎而萬方何辜遭此大旱耶故曰朕躬有罪無以萬方意者萬方尙有罪戾爲我所不及知乎則請降禍於我一身而無以大旱傷民命也故曰萬方有罪罪在朕躬此豈有一語一字可與伐桀稍相關合者乎然則逸湯誓非禱旱之書乎餘解竝詳考

證篇中

稱誓爲第四 論禱亦稱誓

然而禱亦稱誓何也凡告軍旅曰誓故禮記曲禮曰約信曰誓檀弓曰殷人作誓而民始叛司馬法曰夏后氏誓於軍中殷誓於軍門之外周禮秋官士師曰一曰誓用之於軍旅古書歷歷如此今禱告鬼神而亦名爲誓何也曰此亦非一說所可泥也

左文十八稱周公作九刑之書有毀則爲賊諸語茲非告軍旅也而其名篇則曰誓命但就尚書言之盤庚誥也故左哀十一引其有顛越不共稱盤庚之誥

史記引顛越勿遺亦稱盤庚之誥而其書乃云出矢言顧命命也而其書乃曰恐不獲誓言嗣更就尚書名篇言之今文存五誓其四皆告軍旅而秦誓則秦穆悔過之書也乃亦名爲誓其言曰予誓告汝羣言之首可知誓非一解固不必告軍旅而始得謂之誓也然而告鬼神而亦稱誓者則更有確證在也

逸周書世俘解曰用小牲羊犬豕于百神水土于誓社于者往也誓者告也此告鬼神稱誓之明證也周禮天官太宰曰祀五帝則掌百官之誓戒鄭注曰誓戒要之以刑重失禮也郊特牲亦言卜郊之日王立于澤親聽誓命此告上帝稱誓之明證也故爾雅釋言曰誓謹也注曰所以約勤謹戒眾文王世子曰曲藝皆誓之注曰謹也所以謹習藝事然則誓者告也誓者戒也誓者謹也禱旱稱誓實兼此三義而秦穆悔過自責之書稱秦誓成湯引罪自責之書稱湯誓以書解書尤義之精確而無藉旁證者也

尚書逸湯誓考卷一

尚書逸湯誓考卷二

鄞　徐時棟柳泉學　男隆壽平甫校字

兩同篇第五　湯說篇第六

僞誥篇第七

兩同篇第五 論商書有二湯誓

如是則商書中當有二湯誓乎曰此難言也

伐桀之誓孟子嘗引其時日曷喪二語明稱湯誓必無誤者禱旱之誓周語引之墨子尚賢引之皆明稱湯誓亦必無誤者而不妨其有二湯誓也九共九篇咸乂四篇太甲盤庚說命太誓皆三篇則焉知湯誓之必無二篇乎

而更有說者古人著書雖事異文異而往往同名周公作周禮亦稱周官名周官乎則尚書百篇序中別有周官篇目名周禮乎則左傳別有周禮之書傳云先君周公制周禮曰則以觀德德以處事云云此明非六官之周禮也是故古逸書有禹誓墨子兼愛篇曰且不唯泰誓爲然雖禹誓卽亦猶是也禹曰濟濟有衆咸聽朕言非惟小子敢行稱亂蠢茲有苗用天之罰若予既率爾羣對諸羣以征有苗是禹誓者禹征有苗之誓也乃其明鬼篇引甘誓全文亦稱禹誓明鬼篇曰然則姑嘗上觀乎夏書禹誓曰大戰於甘王乃命左右六人下聽誓於中軍曰有扈氏威侮五行怠棄三正天用勦絕其命有曰日中（此四字疑有譌誤或有又古逸有曰蓋卽又曰而日中則會戰時刻耳）今予與有扈氏爭一日之命且爾卿大夫庶人予非爾田野葆士之欲也予共行天之罰也左不共於左右不共於右若不共命御非爾馬之政若不共命是以賞於祖而僇（明刻本作廖）於社（文較今文甘誓稍詳疑今文有脫簡其字句之異則師承不同或傳寫有誤耳）伐苗伐扈劃然兩事事異文異而居然同名禹誓然則伐桀禱旱劃然兩事而同名湯誓亦何不可之有

然且更有說者書序稱太誓三篇無二名也而墨子天志中篇引之稱大明（所引與非命上中二篇之引太誓者大同小異）非命下篇引之稱太誓去發是則太誓者其大題也大明去發者其子目也然則如九共咸乂之屬焉知當日不別有子目爲後人所不知乎然則此書雖與伐桀之誓同名又焉知其更無子目以爲區別乎而墨子之引此書稱湯說者又焉知非卽當時之子目乎理或有然事無確據此非數千年後所能武斷者而商書之必有二湯誓則更無可惑也

如是則禱旱之誓既已同在尚書何爲百篇序中不

一及之乎曰此又難言也

左傳嘗引景亳之命禹刑湯刑伯禽唐誥等書大傳嘗引揜誥漢書嘗引月采豐刑墨子嘗引總德武觀禽艾豎年術令相年召公執命等書其名篇皆百篇序中所不及固不能但據書序而謂左傳墨子大傳漢書等書諸所稱引者皆妄說也則書序不及禱旱之誓固已無足怪矣（閻氏若璩曰小序雖無湯誓二篇之說然此一篇安知不更在百篇之外乎）

然且今文堯典紀堯崩以後舜卽位命官甚詳直敘至舜崩而止而書序乃曰昔在帝堯聰明文思光宅

天下將遜於位讓於虞舜作堯典由此序繹之一若堯典之書至舜讓于德弗嗣可以完篇而正月上日以下皆非堯典本文者又且汨作等書序曰帝釐下土方設居方別生分類作汨作九共九篇槀飫夫以汨作九共九篇槀飫至十一篇之多而序乃僅僅以帝釐下土等十二字括之此豈能畢舉其大凡乎然則百篇序中之序湯誓者雖僅說伐桀一事又焉知其不已幷伐桀以後禱旱諸事盡及之乎故曰此難言也

湯說篇第六（說墨子引逸湯誓稱湯說）

至於墨子之稱湯說則前人有論及之者兼愛下篇曰且不惟禹誓爲然（卽前所引濟濟有衆伐苗之誓）雖湯說卽亦猶是也湯曰惟予小子履云云而孔君注論語予小子履云墨子引湯誓其辭若此

於是毛氏奇齡解之曰墨子今本稱爲湯說此則傳寫之譌者論語注定無誤耳余謂非也墨子旣引此書將復引他書卽以意起例有曰且不唯誓命與湯說爲然明明別湯說二字於誓命之外何得傳寫錯乎大可讀書鹵莽責朱子攟書據文僅見其半而責人而自蹈之如此

江氏聲解之曰墨子兼愛篇引此稱湯說孔君云墨子引湯誓者蓋後人習見僞孔書之湯誥有此文反疑墨子稱湯誓爲悞因改爲湯說孔君所據墨子實爲湯誓也余謂亦非也如果說字爲後人所改何不竟改誥字而必改說字乎且下文明別湯說於誓命之外此豈又後人所羼入者乎又且墨子尙賢篇又引湯誓其文亦爲僞孔竄入湯誥中後人旣改兼愛篇中誓字何不幷改尙賢篇中誓字爲說字乎以是知叔澐所言亦無據之臆說也

然則其稱湯說何故曰此誤記也古人引書據文往

往增損原辭錯記篇曰漢儒注經且爾而況周秦即如墨子此篇於引湯誓後復引鴻範之王道蕩蕩不偏不黨王道平平不黨不偏而合之小雅之其直若矢其易若底君子之所履小人之所視而盡以爲周詩此固不必穿鑿附會曲爲之解也

而論語注不曰墨子引湯說而曰墨子引湯誓者則又孔君之誤記也孔君蓋見墨子所引中四語與國語之引湯誓者脗合遂決知其爲同出湯誓無疑也及注論語見其詞又與墨子所引脗合遂注之以爲墨子引湯誓其辭若此而忘卻墨子是湯說非湯誓

耳其不證諸國語而必以墨子爲證者則以國語略而墨子詳也此皆了了可爲古人剖析者惟又忘卻墨子所引有今天大旱四字而惑於同名直斷爲伐桀之誓則疏忽太甚不能爲古人解矣

抑又有說者孔君之爲誤記萬無疑義而若墨子之稱湯說則尚未可定其爲錯誤也呂刑爲甫刑說命爲兌命仲虺爲中蘬冏命爲臩命甚或名篇迥異書序爲咸有一德而禮記緇衣引之爲尹吉本康成此在周秦時原有異同則湯誓湯說或本並稱其說一湯誓誓也而墨子引之而曰祠說於上帝鬼神正猶泰誓誓也而呂覽悔過則曰繆公素服廟臨以說於衆則是說猶誓也其說二而周禮春官太祝曰掌六祈以同鬼神示一曰類二曰造三曰禬四曰禜五曰攻六曰說又詛祝曰掌盟詛類造攻說禬禜之祝號秋官庶氏曰掌除毒蠱以攻說禬之則是說本祈告鬼神之一名禱旱稱說尤爲著矣其說三然則湯說爲湯誓之一名正猶甘誓之亦稱禹誓也湯說爲湯誓之子日正猶太誓之又名大明去發也其同引此書而尚賢稱湯誓兼愛稱湯說者正猶同引此書此文而非命稱太誓天志稱大明也周秦人書未易輕議

姑存其說可也

而不意竟有輕議之者插架既空盡忘近儒諸說其後遂漸購書復理舊業每遇與此誓可相發明者即補作一條加入之自此條論王氏至後論惠氏條皆遂漸增加故不能次序諸說之先後耳王氏鳴盛尚書後案曰原墨子之意不稱爲湯誓而易爲湯說者蓋亦有故論語所引自予小子履起至罪在朕躬止玩其辭孰不以爲告天伐桀之誓者乎惟墨子所引於告於后帝下增多今天大旱即當朕身履未知得罪於上下三句不得不以爲禱祠之說矣不知此三句實衍文也何以明之湯之大旱在革夏命改正朔後今方伐桀豈桑林自禱之時乎

墨子欲取湯禱旱翦其爪髮身爲犧牲之事以證成其兼愛之說故改伐桀爲禱旱斷章取義稱爲湯說而其實則湯誓也云云按此眞不得其說而强爲之辭者誣之爲改易爲增多爲衍文恐墨子不任受也夫論語所引自予小子至罪在朕躬凡四十五字此四十五字中何嘗有一字稍涉伐桀意者曾子見餳可以養母盜跖見餳可以發門牡心中先有伐桀之說眼中無非伐桀之語矣而乃曰孰不以爲伐桀曰今方伐桀誰告之是必將曰漢人告我也夫親見尚書之周人且不足據而謂未見尚書之漢人反可據

乎漢人親見墨子而引其書而尚誤其說而謂未見之尚書其所立說反可據乎且以身爲牲尸子呂覽皆言之則是周秦時無不知此事者墨子欲明兼愛之義但引此事便可證成己說何以必取此事夾雜於伐桀誓中乎又且翦髮鄜手呂覽所說較詳墨子而呂覽著此事於余一人有罪四句之下余一人有罪四句固國語之明稱湯誓者呂氏不主兼愛之說又何故改伐桀爲禱旱乎過信漢學遂至盡廢古書甚矣其蔽而錮也

既而讀閻氏若璩尚書疏證則王氏之說大略是襲疏證而尚有襲之未盡者疏證曰墨子引書多好自增竄如甘誓易爲禹誓增多有曰日中爭一日之命等句豈非其衍文耶古人讀書精審孔君注論語即以論語所引爲正文而墨子所增多者自不足信又以國語所引爲正名而墨子所改竄者自不足信云云余謂皆非也即如左傳隱六莊十四兩引商書盤庚如火之燎於原上皆有惡之易也四字而尚書大傳引盤庚有若德明哉湯任父言卑應言又引酒誥有王曰封惟曰若圭璧等語傳春秋之左氏傳尚書之伏生乃好自增竄耶增多之爲衍文耶若謂甘誓

易禹誓則記禮者何以易咸有一德爲尹吉耶大抵師承傳授各有不同古今人引書常常異文此豈可盡誣之爲改竄耶且墨翟方著書攻詰儒者必不敢故改儒書自露破綻又且文字異同詞句多寡尚或爲師承之別傳寫之誤而至引書而改易竄亂其本事明明伐桀告天而妄以爲身禱大旱此古今庸妄人所必無之事何則本書具在彼不能以隻手盡掩天下人兩目也今此篇湯誓雖亡墨子不能前知而敢竄亂改易之乎至謂孔君讀書精審孔君西漢大儒何敢輕議而論語此注則未敢深信之也

既而又見翟氏灝四書考異則語益誣矣考異曰墨者所稱詩書俱有別本私授與吾夫子所刪定不同云云則吾不知墨子而外凡周秦漢人之引詩書者往往篇名不同多寡互異略或散見前條數之不勝數也豈皆有一別本私相授受耶況墨家果有私授之別本必當謹守其本一字不易乃墨子中引一書至兩見三見者輒復字句參差與前引互異是豈別本之外復有兩三別本耶且翟氏據東晉晚出之禹謨伊訓以攻墨子所引之眞古文尙書是當僞書定論既久之後猶不能辨別黑白則更不足與深論矣

又既而讀惠氏棟九經古義則眞先得我心矣古義歷引墨子呂氏春秋尸子韓嬰詩傳汲郡古文以證論語予小子云云爲大旱請禱之事且云墨子呂氏皆見百篇尙書故所載與論語同又云今所傳古文湯誥如敢用元牡等語乃湯時大旱請禱之文此實灼然眞有所見所謂好學深思心知其意者惟引而不發未暢其旨耳乃江叔澐作尙書集注謂伐桀與禱旱皆必告天告天皆必自責其詞不妨適同說雖武斷尙未敢斥之爲增竄爲私本也至王西莊遂據百詩之說妄誣周秦人書而翟晴江之說尤悍江氏爲惠氏弟子王氏後案序稱就正於有道江聲而乃變本加厲不數十年遂頓失其師傳如此故吾嘗謂近世治漢學者必以定宇氏爲巨擘也

僞誥篇第七 論僞湯誥剿竊逸湯誓之妄

至乎東晉而妄人來矣彼見墨子明明湯說而孔君乃曰湯誓說可稱誓則誓亦可稱誥矣況今文湯誓完好無恙必不能更作下篇而書序中但有湯誥而無湯說則舍湯誥奚僞矣又見墨子明明大旱而孔班乃曰伐桀造爲禱旱全文無可依傍僞爲征討之作則易相摹仿矣況湯誥序云湯既黜夏命還歸於

亳作湯誥又適可以追溯之辭申孔班之意則舍湯誥奚僞矣而不知數百年前司馬遷已將眞湯誥收入史記中若豫破其罔而發其覆也者而彼昏不知也

史記殷本紀曰既絀夏命還亳作湯誥維三月王自至於東郊告諸侯羣后毋不有功於民勤力迺事予乃大罰殛女毋予怨曰古禹皐陶久勞於外其有功乎民民乃有安東爲江北爲濟西爲河南爲淮四瀆已修萬民乃有居后稷降播農殖百穀三公咸有功於民故后有立徐廣曰一作士昔蚩尤與其大夫作亂百姓

帝乃弗予有狀先王言不可不勉曰不道毋之在國
徐廣曰之一作政女毋我怨以令諸侯此蓋史遷從孔君問
古文而得之者雖史遷錄尚書往往以訓詁代書詞
亦或少有變亂處然而大略不外乎此此眞古湯誥
文也
乃晉人不學罔知收拾王西莊謂僞作者取他書語已足成篇若將史記所載入之反覺不類故遂棄之耳而反取諸書之引逸湯誓者割裂顚倒
塗改竄亂僞作湯誥一篇眞罪大而惡極也前人攻
之已有定論此但論其竊逸誓者
首云王歸自克夏至于亳誕告萬方此竊取序語也

而呂覽引古湯誓首云湯克夏而正天下故亦以歸
自克夏爲起語使若與暗合耳但彼是告天之文此
欲改爲伐桀以後之誥不得不云誕告萬方故下文
即云嗟爾萬方有衆明聽予一人誥也其必云萬方
者以論語墨子竝稱萬方下文既將竊用其語故開
端先襲用之下又連用三萬方字末乃可以勦竊論
語之二萬方不嫌突見也
惟皇上帝降衷于下民諸書所引實爲告天之詞故
論語曰皇皇后帝墨子曰上天后呂覽曰上帝鬼神
其告詞一曰帝臣再曰帝心今既改告天爲告萬方

而又欲竊用其語不得不以天字爲全篇主意故起
處即云惟皇上帝下文則曰上下神祇曰天道曰天
命曰上天神后曰上天曰上下曰天休曰上帝眞珠
魚目混合於一盤之中又孰能別其眞僞乎
肆台小子將天命明威不敢赦此竊論語墨子文也
特二書引之俱有湯名而此竟去之者彼意以天子
告萬方百姓焉可自稱其名反復事理必不能安故
割愛去之然而古人引書未嘗無少增損而豈有以
古聖王告萬方百姓之詞本不可以稱名原書又本
不稱名而引書者乃故加之名乎孟子引堯典流其

工於幽州上加一舜字帝乃殂落改爲放勳乃殂落
堯舜禹湯後人常稱放勳爲史臣贊堯之詞皆與帝
王名諱迥然不同而所以加之改之者則亦有故蓋
堯典一書竝紀二帝之事又竝紀二帝之崩流共工
不加舜字恐人混於堯事也帝乃殂落不改放勳恐
人混於舜卒也按說文引此亦作放勳乃殂落許氏用書古文而與孟子合則孟子所引蓋是古文如此尙非孟子之以意改也而至於引周書之有罪無罪惟
我在引太誓之我武惟揚則萬不能改兩我字爲武
王名也若謂論語歷敘帝王之事恐混此節於上節
故加湯名則何不於節首曰字上加湯字而必於予

小子下加湯名乎然且雖加湯名而經神如鄭氏尙
混此節爲舜命禹之詞說見考證上篇則雖加何益矣若墨
子則上稱湯說又稱湯曰下又言湯貴爲天子顯明
如此又豈恐人之混雜而乃加之名乎一加不已而
乃屢加之乎墨子引此經又云即當朕身履且論語墨子各自引書
非相襲也故所引之辭詳略互異乃閉戶造車出門
合轍其必爲原書所本有可知而可去之乎至予之
與台雖無關大旨而兩處各自引書皆是予非台則
原書之亦必爲予可知彼意旣去湯名商書中又屢
見台字故特改之以小異耳而其改墨子之惟字爲

肆字者則以上文旣有僞造誥辭八十餘字故此用
肆字相承接耳而不知又大誤也墨子惟字是開端
詞例蓋亦原書所有正如金縢記周公祝辭首云惟
爾元孫呂覽長利引成王定成周辭首云惟予一人
也論語無之所謂詳略互異少有增損者然而論語
緊承曰字墨子緊承湯曰字其必爲告詞開端之語
灼然可見而蚩蚩然妄加而妄改之此僞造之無理
者論語予小子句下即云敢用元牡墨子惟予小子
句下亦即云敢用元牡則原書之本相承接可知而
又妄加將天命明威不敢赦八字於中閒此僞造之

更無理者且不敢赦三字論語墨子文也乃下文至
竊其詞特改有罪不敢赦爲罪當朕躬弗敢自赦此
處則先竊其不敢赦三字豈孔墨讀湯誥並誤記上
下文而上文則皆塗抹之下文則皆竄易之乎墨子
姑勿論論語柰何

敢用元牡敢昭告于上天神后請罪有夏首句竊論
語墨子次句則敢昭告於四字竊論語上天后三字
竊墨子而故於后上加一神字以示異然而其勦竊
有大不通者古者治兵出師原有祭告天地鬼神如
王制司馬法所云者而史官則未有紀其伯禱之詞

以爲誓者也故今文尙書如甘誓湯誓牧誓費誓皆
詳錄當時命師戒衆之言而若後世持矛禱請之說
一字不及蓋國之大事在祀與戎戎事以整飭軍政
爲先務而不在於乞憐鬼神以求必勝也僞書無知
妄作於武成則竊武王告泰山詞以爲征商告皇天
后土之語於湯誥則竊成湯禱旱詞以爲伐桀告上
天神后之語僞武成居然以後世尙克相予無作神
羞等語入之古聖王口中已爲悖繆無理而僞湯誥
則妄之又妄者也夫孔班諸君解禱旱爲伐桀雖於
事爲舛而謂史錄其當時告天之詞以爲書尙可通

也今既變爲伐桀以後告萬方百姓之語則不過如多士多方詳言夏氏有罪我不得不伐而已而乃追溯向者未伐之時曾告上天神后且追溯向者告上天神后之時曾用某色之牲而且曰敢用且曰敢昭告平心思之有是理耶至請罪有夏四字直不可解蓋論語墨子於告天句下皆述告天之詞作僞者見心發見亦知向萬方百姓詳述向者告天之語爲更無理不得已劃去下文另作別用而此處未易收煞故妄加此四字耳其心可惡其情亦可憐也

聿求元聖與之戮力以與爾有衆請命此竊墨子尚

賢篇所引湯誓文也彼引云聿求元聖與之勠力同心以治天下作僞者亦知此時尚不得云治天下故刪去而妄改之如此特請命何解上云告上天神后請罪有夏下云上天孚佑下民罪人黜伏則此所謂請命者不過是伐夏放桀耳然而元聖非他伊尹也即僞孔傳亦謂是伊尹謂湯求得尹與之勠力同心以治天下是尹信不媿爲元聖也若湯求得尹與之戮力以伐夏放桀則伊尹者不過當時一大將而豈元聖乎且僞孔訓聿爲遂夫既已用牡告天而尚云遂求大聖恐後世築壇拜將亦不至如是之晚矣竊而改之則錯竊之而不改則又錯作僞眞心勞而日拙也

茲朕未知獲戾于上下此竊墨子兼愛篇文也彼引云今天大旱即當朕身履未知得罪於上下詞明義暢智愚盡曉今去其上二句突出此言而其上文則歷歷云夏王有罪百姓告無罪天彰夏罪我奉天不敢赦罪因請罪有夏而已罪人黜伏即又申之曰天命弗僭賁若草木兆民允殖俾予一人輯安爾邦家則是夏桀既放萬方之兆民有邦之諸侯有家之卿大夫無不允殖而安輯矣而忽云今我未知獲戾于

上下前不陳冤抑後不愬苦難無緣無故突出此言此爲病中譫語乎爲夢中囈語乎不通文義至於此極而敢勦竊人書僞造聖經眞怪事也

爾有善朕弗敢蔽罪當朕躬弗敢自赦惟簡在上帝之心此竊論語墨子文也翦裁塗乙恣所欲爲何其快也而妄亦極矣論語曰有罪不敢赦帝臣不蔽簡在帝心墨子則曰有善不敢蔽有罪不敢赦簡在帝心有善不敢蔽論語所闕帝臣不蔽墨子所無此引書互異處而原書則皆當有之蓋有善不敢蔽有罪不敢赦二句是言天下人善惡帝臣不蔽簡在帝心

二句是言自己善惡帝臣者湯自謂也而僞書知之特改有罪句爲罪當朕躬弗敢自赦其詞若但竊二書之有罪不敢赦而不知以朕躬代帝臣暗中已併竊論語之帝臣不蔽也其計可謂甚巧然而有罪不敢赦兩書同引並此五字此必原書本文而可塗改之乎且上文旣云爾有善朕不敢蔽下句必當云爾有罪朕不敢赦而乃略去此意竟以罪當朕躬接之則自有語言文字以來非唯無此文法亦幷無此語例也又且弗敢自赦四字大是奇語何則天子下罪己詔古今恆有而曰弗敢自赦試問天子有罪當作

何議處又當作何赦法此眞晏子春秋所謂若得罪於民誰將治之者嗚呼譎詭變詐之言王莽曹操所以愚天下者也而妄以爲古昔聖王之經訓乎至簡在帝心四字兩引一律其亦必爲原書本文無疑乃故加三字以示異則吾不解論語墨子之引此句何以必摘去三字而兩不相謀又兩適相合如此

其爾萬方有罪在予一人予一人有罪無以爾萬方

此四句自論語墨子外又見國語尸子呂覽周秦書中至於五見勦竊之似無大害而不知略一點竄而卽已大妄也論語曰朕躬有罪無以萬方萬方有罪

罪在朕躬國語曰余一人有罪無以萬夫萬夫有罪在余一人尸子曰朕身有罪無及萬方萬方有罪朕身受之呂覽曰余一人有罪無及萬夫萬夫有罪在余一人皆先言己罪而後言天下卽論衡感虛篇長短經大私篇之出自輾轉援引者亦曰余一人有罪無及萬夫萬夫有罪在余一人曰朕身有罪無及萬方萬方有罪朕身受之惟墨子引之則曰萬方有罪卽當朕身朕身有罪無及萬方此明是墨翟偶然錯記顚倒書詞非有他也乃作僞者故舍家絃戶誦之論語而特用隱僻不經見之墨子使博雅者視之決

爲眞本而不知尚有國語尸子呂覽三書之引之而與論語相符合也古昔聖王責己周而與人恕故論人善惡必先言有善而後言有惡論人己罪戾必先反之一身而後及諸萬姓故尸子曰湯不私其身而私萬方朱子曰言君有罪非民所致民有罪實君所爲見其厚於責己薄於責人之意是原書必當先言己罪而況四引之如出一轍乎至萬方萬夫及朕躬朕身余一人之屬詞字小異原難定原書之畢竟奚若而僞誥之必用萬方者以前文所僞旣有四萬方此則與相照應而又與論語墨子尸子合也其必用

予一人者以前文所僞既有兩予一人此則與相照應而又與國語呂覽合也此皆詞例之小焉者乃至誕告萬方而曰有罪在余將從此愍不畏死之徒皆可以無惡不作一罹罪譴皆可援天子此誥爲護身符執法之有司且無柰之而湯誰與治天下乎悖謬無理已不勝詰而況一則曰爾有善再則曰其爾萬方有罪三則曰無以爾萬方湯誥中歷歷稱爾毫無錯誤如此而引書者乃熟視無睹竝改爲告天地鬼神之詞呂覽在禱於桑林曰之下墨子在告於上天后曰之下論語在昭告於皇皇后帝之下此爲湯誥

僞乎諸書僞乎無論告天告萬方判若霄壤即以文字論之四句中連出兩爾字而周秦人至五引此四句且各有小異而絕不見一爾字亦可以決眞僞矣

尚書逸湯誓考卷二

尚書逸湯誓考卷三

鄞　徐時棟同叔學　　男隆壽平甫校字

考證篇第八上

考證篇第八上 今考定逸湯誓并疏證上

逸誓之文既采列於徵引篇先儒之錯解僞書之剽竊亦既具論前卷中而又考定之者此誓之全雖不可復諸書所引首尾差具聖王引罪自責之精心亦略足表見一二既治其學不敢不盡吾心遂乃掇拾舊解斷以己意論衡多而援据少故不曰集注而曰考證詮釋一義動數百言辭求其達語不能簡我自

暢其所欲言而固非詁經體也

商書湯誓 國語周語上篇 墨子尚賢中篇

名篇之說已見前稱誓及兩同篇中而墨子七患篇引此誓湯五年旱稱殷書茲不從者古人引書或稱殷書尚書大傳亦有殷傳之目而今文中則但稱商書從其同也且墨子明鬼篇引古者有夏云云疑亦出此誓中 說見後 而亦稱商書則固不必以偶稱殷書而遂據以立異也

湯克夏而正天下天大旱五年不收 呂氏春秋順民篇 墨子七患篇

呂覽湯上有昔者二字以非尚書體例去之呂覽所引不稱書曰參稽互考而知爲逸湯誓文 說詳徵引篇 原不能必其所引八十餘字字字盡出古尚書中也特由他書核之明證確據至於三四則以可徵信所無徵又不能必其所引之非尚書文也而若昔者二字之非書詞是又可臆測者

又按墨子兼愛下篇云泰誓曰文王若日若月乍照光於四方於西土其中篇則云昔者文王之治西土若日若月乍光於四方於西土較下篇所引更詳雖不稱太誓其爲太誓文無疑也而不言書曰而言昔者正與呂覽此引相似然則呂覽所引之爲書詞與

昔者二字之非書詞卽墨子兼愛篇亦明證矣

云正天下者漢高氏誘曰正治也愚按墨子親士曰昔者文公出走而正天下呂覽誠廉曰今周見殷之僻亂也而遽爲之正與治義皆與此略同又按伐桀誓曰舍我穡事而割正夏又曰予畏上帝不敢不正蓋正字有整飭更新之義故曰克夏而正天下非但訓治已也

云天大旱者管子山權數曰湯七年旱民有無饘賣子者湯以莊山之金鑄幣而贖民之無饘賣子者竹書紀年亦曰二十一年大旱鑄金幣莊子秋水曰公

孫龍曰湯之時八年七旱而崖不爲加損荀子富國曰湯七年旱而天下無菜色賈誼新書曰湯有十年之積故勝七年之旱鼂錯曰湯有七年之旱而國亡捐瘠者以畜積多而備先具也氾勝之書曰湯有七年之旱伊尹作爲區田法教民糞種負水澆稼許慎曰湯遭旱作土龍以象龍雲從龍故致雨也大唐郊祀錄曰神農求雨不雨則命爲龍湯旱作土龍後漢法之周禮疏引鄭注書序夏社曰犧牲既成粢盛既潔祭以其時而旱暵水溢則變置社稷當湯伐桀之時旱致災明法以薦而猶旱至七年故湯遷社而以

周棄代之山海經西山經曰太華之山有蛇焉名曰肥遺六足四翼見則天下大旱郭璞曰湯時此蛇見於陽山下復有肥遺蛇疑是同名太平寰宇記曰湯井在陳州門內故老傳云殷湯大旱人民衆穿此井地志說湯井非一今不悉引王充論衡曰堯湯水旱天之運氣又曰旱氣閒湯趙蕤長短經曰堯湯水旱天數也此皆諸書說成湯遭旱時事其他可與此誓互相證明者散見後條按文苑英華載唐顧況廣異記序有云湯之問旱以語怪疑必有湯旱軼事見之僻書者後閱辨證云旱一作華並非當作革乃始恍然知爲列子湯問篇之夏革也

云五年者梁氏履繩曰後凡不繫時代者皆國朝人論衡感虛篇書傳言湯遭七年旱或言五年知此言五年亦非誤李善注文選應休璉與廣川長書亦作五年愚按梁說非也選注所引即是呂覽以呂覽證呂覽豈有不作五年之理至云五年亦非誤則五年何但不誤書詞正當作五年故呂覽此引既云大旱五年而墨子七患引殷書括用書語亦云湯五年旱也其諸書如管子莊子荀子尚書大傳賈誼新書淮南說苑之屬皆云湯七年旱者則幷未伐桀時連數之耳墨子非攻曰還至乎夏王桀天有酷命日月不時寒暑雜至五穀焦死呂覽慎大曰商涸旱湯猶發師又曰盡行

伊尹之盟不避旱殃漢公孫宏曰湯之旱桀之餘烈也蓋未伐桀時大旱已二年伐桀以後大旱又五年諸書合數前後則曰七年史臣紀得天下以後則曰五年故曰湯克夏而正天下天大旱五年也近代江聲爲尚書鄭學以鄭注書序有七年之文遂以五年爲誤江氏雖博而多臆說武斷不足據也故竹書紀年於湯十八年書王即位十九年至二十三年連書大旱二十四年書大旱王禱於桑林雨陳氏逢衡集證曰湯旱五年七年之說不一今据紀年十九年書旱至二十四年共六年而二十四年即得雨當以五年爲是愚謂陳氏由紀年而信五年之說其說亦

正而尚不知逸湯誓中之云五年更爲確據且不知五年之與七年乃是起數各異而固非歧說也至文選辯命論注引呂覽作四年御正傳注引呂覽又作三年不收則皆傳寫之誤矣漢魏以後文人引用幾於無不七年者則以湯誓久亡傳聞之說皆云七年故相沿用耳

云不收者高氏曰穀不熟無所收

湯乃以身禱於桑林曰呂氏春秋順民篇荀子大略篇

此呂氏文也荀子括用書詞作湯旱而禱曰而論語曰字朱子論語注曰曰上當有湯字墨子湯曰字亦卽括引此句文也以僅采用一二字不復標爲證據

云以身禱者高氏曰禱求也愚按以身禱者卽下文所云以身爲犧牲是也帝王世紀曰二十有四祀大旱太史卜曰當以人禱湯曰吾所爲請雨者民也若必以人禱吾請自當遂齋戒翦髮斷爪以己爲牲禱於桑林之野左襄十正義曰書傳言湯伐桀之後大旱七年史卜曰當以人爲禱湯乃翦髮斷爪自以爲牲而禱於桑林之社又尸子曰湯之救旱也乘素車白馬著布衣身嬰白茅以爲犧牲當此時也弦歌鼓舞者禁之是皆說湯身禱之事而新序雜事第二篇曰齊景公之時天大旱三年卜之曰必以人祠乃雨景公下堂頓首曰凡吾所以求雨者爲吾民也今必使吾以人祠乃且雨寡人將自當之言未卒而天大雨方千里愚謂此葢因湯事而附會於齊景猶六事自責之附會於魯僖也藝文類聚太平御覽引莊子說苑並載不許人祠之說而又易齊景公爲宋景公梁先君而莊子說苑並無此文彭叔夏謂皆新序之誤是也然說苑固嘗載齊旱一事矣辨物篇稱齊大旱之時景公召羣臣問曰天不雨久矣吾使人卜之祟在高山廣水因欲賦歛以祠靈山而晏子不可又欲祠河伯而晏子不可及晏子教之避宮殿出野暴

露三日而果大雨兩事同出劉向所著書中言語事實自相矛盾如此考之晏子春秋則所載齊旱與辨物不異而若新序之說絕不之及以是知新序所記爲影響附會斷斷然矣若湯事則尸子墨子呂覽並出周秦在湯誓未亡之時其語較新序實爲可信乃新序旣移身禱事於齊景說苑君道篇又稱湯時大旱使人持三足鼎祝山川敎之祝曰云云御覽引世說略同易身禱爲使人易告上帝爲祝山川則論語諸書粲然具在更可不攻而自破矣

又按帝王世紀云湯自伐桀後大旱七年洛川竭瀆

人持三足鼎祝山川曰政不節耶云云又云殷史卜曰當以人禱云云又云遂齋戒翦髮斷爪以己爲牲禱於桑林之社曰惟予小子履云云分祝山川與禱桑林爲二事蓋皇甫謐不能見眞古文但見呂覽與說苑兩不相合故復圓通其說分作前後其實非信史也

云桑林者高氏曰桑林桑山之林能興雲作雨也淮南子修務訓曰湯旱以身禱於桑山之林漢許氏愼曰桑山之林能興雲致雨故禱之義與高同愚按桑林者蓋當時地名不得解爲桑山之林也桑林者蓋

當時築壇告上帝之地不得解爲桑山之林能興雲雨也故尸子紀年論衡帝王紀諸書皆稱桑林或曰桑林之野或曰桑林之社淮南子主術訓曰以身禱於桑林之際其修務訓雖云桑山之林而御覽引修務實作桑林之下卻正傳注引作桑林之際今本作桑山之林者直後人因注而妄改之耳然且桑林地名後人仍之左傳昭二十一曰宋城舊墉及桑林之門墨子明鬼篇引燕春秋曰燕之有祖當齊之社稷宋之有桑林楚之有雲夢也此男女之所屬而觀也國策張儀說韓王曰秦東取成皋宜陽則鴻臺之宮桑林之苑非王之有矣又且湯既禱於桑林得雨遂以桑林名其樂左傳襄十曰宋公享晉侯於楚邱請以桑林又曰桑林見杜注桑林殷天子樂名呂覽誠廉曰武王使保召公就微子開於共頭之下而與之盟曰世爲長侯守殷常祀相奉桑林高注曰使奉桑林之樂又愼大覽亦有宋奉桑林之說而莊子有桑林之舞然則地名樂名歷歷如此豈得解爲桑山之林乎左昭十六傳曰鄭大旱有事於桑山斬其木不雨此則鄭自有桑山不能混於宋之桑林許高諸儒或遂因此立說耳

惟予小子履 墨子兼愛下篇 論語堯曰篇

原書既不可見諸書所引異詞必當以論語爲主所以尊經也惟或詳略互異不得不後略先詳此句以墨子引多一惟字蓋爲原書所有故注徵引先墨子餘仿此

云予小子者梁皇氏侃曰予我也小子湯自稱謙也將告天故自稱我小子而又稱名也

云履者漢孔氏安曰 魏書禮志孫惠蔚上書淹中之經孔安所得稱孔君名去下國字愚以先大夫之字適同孔君之名以家諱依前史非好異也 履殷湯名也愚按湯名之說紛紛不一云湯名乙者易緯之說也皇疏引

之云湯名天乙者世本之說也宋邢氏昺論語正義引之周盧氏辯注大戴禮引王侯世家同按王侯世家疑即世本云本名履王後更名乙者白虎通之說也云名天乙至將爲王改名履者邢氏正義之說也云名履字天乙者邢氏引皇甫謐之說也至紀年謂湯有七名而九征而金樓子興王篇悉數之云成湯姓子名履字天乙凡有七號一名姓生二云履長三云瘠肚四云天成五云天乙六云地甲七云成湯說雖怪異然固不敢謂履非湯名也至於康成乃專主緯書云湯名天乙而竟不復以履爲湯名矣詩商頌正義曰殷本紀云主癸生天

乙是爲成湯中候雒予命云天乙在亳注云天乙湯名是鄭以湯之名爲天乙也云云又鄭注檀弓曰易說帝乙曰易之帝乙爲成湯書之帝乙六世王天之錫命疏可同名云云夫鄭既以天乙爲湯名則於論語此句當作何解鄭注論語既亡而書正義嘗引其注云用元牡者爲舜命禹事詩閟宮疏亦引之云論語說舜受終於文祖宜總祭五帝然則鄭以予小子節全屬諸舜命禹中其解履字蓋直以爲踐履帝位之意而斷不以爲湯名也新奇穿鑿至於如此尚可信乎世儒但知崇尚漢學墨守鄭義如此等類亦不

敢輕議一字可謂鄭氏之佞臣矣即如王氏鳴盛作尚書後案專表鄭氏其辨駁僞湯誥先引疏曰鄭元解論語云用元牡者爲舜命禹事復以己意斷之曰此節據孔安以爲伐桀告天而鄭亦以爲爲舜命禹事是鄭與孔合也云云兩義顯然背戾如此而乃强加亦字强謂之合眞逌辭知其窮也總之履爲湯名本之論語之經參之大戴之禮少閒篇云乃有商履代興盧辯注履湯名合之竹書之史紀年稱天乙履墨翟之子孔君所注萬無疑義而天乙者直是當時位號故并但成湯以後世世天子以甲癸爲號即其先世爲夏侯時已有上甲報丁報乙報丙主壬主癸觀此知白虎通所謂湯王後始更變用甲乙爲名爲子孫法者眞妄說也而夏王季世亦有孔甲帝癸之號也位號蓋君王而外惟太子有之故

成湯之太子曰太丁紂辛之太子曰武庚也位號蓋略如後世年號臣下不必避之故商家之臣名祖己而其婦人亦名妲己也而苟以天乙爲名且爲殷家常法則天干有限不過十日而乃子孫以犯祖父臣妾以犯君上甚且開國烈祖既名帝乙六世之王復名帝乙商家雖質有是理耶

宋人薛季宣作尙書古文訓專以奇形怪狀之字寫經文其說湯名謂湯名見論語曰履古文履字作復篆文與湯類蓋履者湯之誤爾云云此又劈空自造新說者豈薛氏并大戴禮紀年墨子諸書俱未之見

耶抑亦諸書盡誤耶本不足辨偶因康成之不以履爲湯名而幷及之

敢用玄牡敢昭告於皇皇后帝論語堯曰篇　墨子兼愛下篇

云敢用元牡者皇氏曰敢果也元黑也牡雄也果敢用於元牡也漢鄭氏元曰用元牡者爲舜命禹事於時總告五方之帝莫適用用皇天大帝之牲愚按鄭以予小子上曰字連上節舜亦以命禹爲句故誤解之如此鄭注論語已佚此見引於書湯誥正義者大旨既錯卽其解帝爲五方之帝亦誤說詳下文而至解元牡則自孔君以來無不錯者已詳旱禱篇中且自孔君既錯後世革命告天遂無不用元牡者矣

云敢昭告於皇皇后帝者孔氏曰皇大后君也大大君帝謂天帝也皇氏曰昭明也皇大也后君也帝天帝也用元牡告天而云敢明告於大大君天帝也詩疏引論語鄭注曰帝太微五帝孝經疏引鄭注論語曰皇皇后帝竝謂太微五帝在天爲上帝分主五方爲五帝愚按帝者天也孔君解爲天帝其義甚正而祭天則必有配食之鬼神故下文又云上帝鬼神故墨子天志曰昔三代聖王禹湯文武欲以天之爲政於天下明說天下之百姓故莫不犓牛羊豢犬彘潔爲粢盛酒醴以祭祀上帝鬼神而求祈福於天則是祭祀祈福以帝天爲主而鬼神從而與饗之天一而已豈有他哉乃自康成好用緯書於是以帝爲太微五帝其注月令大雩帝謂爲壇南郊之旁雩五精之帝配以先帝而所謂五帝者卽河圖所云蒼帝神名靈威仰赤帝神名赤熛怒黃帝神名含樞紐白帝神名白招拒黑帝神名汁光紀後世竝以鄭說爲本雩祭五方上帝配以五人帝故齊謝朓撰雩祭歌分靑赤黃白黑五帝夫五帝二字已見周官原不敢謂緯書之言全屬妖妄而若禱旱祭雩則論語所引卽是典禮大唐郊祀錄引開元禮序例云夫上帝者天之別名元屬昊天是則皇皇后帝一天帝而已豈有他哉宋楊氏復曰月令注言雩五精之帝疏言春夏秋冬共成歲功則不可偏祭一帝其言似矣然天一而已矣因時迭王則有五帝之名易曰帝出乎震是也祭於四郊則有五帝之位小宗伯兆五帝於四郊是也注疏謂夏雩總祭五帝是一天而有五祭祭於南郊乎抑兼祭於四郊乎其義何居自注疏之說行諸儒莫之能決有雩祀五方上帝五人帝五官於南郊者如唐正觀禮是也有雩祀昊天上帝於圜丘者如

唐顯慶禮是也及開元中起居舍人王仲邱奏祀昊天上帝於圜丘尊天位也然雩祀五帝旣久請二禮竝行以成大享帝之義旣祀昊天上帝又祀五帝與明堂竝祀上帝五帝之禮同歸於誤此則學禮者之所深惜而不可以不辨也秦氏蕙田曰天子雩帝當在南郊之圜丘詩亦曰自郊徂宮尤爲明證其所雩之帝鄭注謂五精之帝夫五帝兆於四郊祭五帝而不及昊天固無是理且四郊各有壇兆則不在南郊水旱之壇可知卽其說已矛盾而不可信矣陳氏禮書又謂昊天上帝及五帝夫合上帝五帝而雩於南

郊之旁則必與百神竝舉則猶鄭注之謬也若合上帝五帝而祭於圜丘則又虛設四郊之兆而六天竝祭禮所必無則惟楊氏專祭上帝之說爲簡易明確而不可混矣愚按諸儒之說是已然尚未知論語此節是成湯禱旱之詞故須旁證曲引反復辯難如此若知元牡告天卽是雩祭之祖何庸煩言乎蓋經義關典禮余之嘵嘵者非僅經生家考據已也

曰墨子兼愛下篇

上已有曰字此復有之者上是史臣紀湯詞此是紀湯告天之詞故墨子引此上既有湯曰字此處告上天后之下復有一曰字也商書如盤庚上篇上旣云正法度曰下復云王若曰高宗肜日篇上旣云祖己曰下復云乃訓於王曰而周書牧誓旣云曰逖矣又云王曰嗟又云王曰古人有言曰蓋書例原自如此不嫌複也

嗚呼古者有夏方未有禍之時百獸貞蟲允及飛鳥莫不比方矧惟人面惟字舊譌作住下同畢氏沅曰住字之譌隹古惟字江氏聲曰墨子引此隹皆作仕仕字非古且不辭由變隸而悞也當作隹隹讀當皆爲惟古假借字也愚按二說是也朱氏彝尊謂仕疑伊字恐非胡敢異心山川鬼神亦莫敢不寧若能共允惟天下之合下土之葆墨子明鬼下篇

墨子引商書其詞若此既不稱湯誓亦不及禱旱而以爲告詞之首者以意擬入之也兼愛篇引湯誓於告上天后曰之下卽云今天大旱細按語氣必非開端而詞必有首云今必先云古原書既不得見明鬼篇所引商書適可爲此開起語故擬入之諸書所引誓詞皆反復於己與萬方之罪戾則未有禍時上下之無罪可知也而此書之矧惟人面胡敢異心二語適與之合呂覽及說苑說湯旱之時雒坼川竭煎沙爛石尚書中候亦云夏桀無道山亡土崩古今五行記亦云夏桀末年瞿山地陷一夕爲大澤則未有禍

時山川之安可知也呂覽所引有鬼神傷民命之語金樓子亦云夏桀時火神回祿見於黔隧則未有禍時鬼神之安可知也而此書之山川鬼神亦莫敢不安二語適與之合玩其詞義多相比附故擬入之乃晉人竊此文爲伊訓開端之語曰嗚呼古有夏先后方懋厥德罔有天災山川鬼神亦莫不安暨鳥獸魚鼈咸若割裂顚倒痕跡顯然彼亦知無故而云天災爲無病而呻故下文即云于其子孫弗率皇天降災云云此其竄竊僭亂無足深詰若予則非尤而效之也明注徵引以與學人相商榷正如朱氏考定貍首取考工記祭侯詞爲首章亦以末二句詒女曾孫諸侯百福適可與射義所引逸詩之曾孫侯氏四正具舉相比附故遂連綴成文蓋所謂自成一家之言而固非敢妄謂古經文必當如是也

余嘗作逸經補正一書頗爲謹嚴即如前卷所收逸誓并此所擬入共凡九條在鄙意皆以爲古逸湯誓中文也而補正逸經則惟國語一條墨子尚賢一條入之逸湯誓中以兩書皆明稱湯誓也墨子七患一條與此所擬入明鬼一條入之逸商書中以兩篇皆明稱殷書商書也論語一條墨子兼愛一條尸子一條呂覽一條則皆類附國語引湯誓之後以諸書皆不稱湯誓而所引之詞與國語稱湯誓合也而若荀子一條則不敢采作正文以原書但云旱而禱曰不言湯誓亦不言商書也蓋著書體例各自不同此以己意自成一說不妨相其文義條貫成篇而至收拾先聖遺經苟無確據豈容妄入乎

云嗚呼者嗟歎之詞也先儒並說雩爲吁嗟求雨之祭故此以嗟歎發語也雲漢詩亦云王曰於乎

云貞蟲者淮南原道訓曰蚑蟯貞蟲高氏曰貞蟲細腰之屬也又說山訓曰貞蟲之動以毒螫高氏曰貞蟲細腰蜂蜾蠃之屬無牝牡之合曰貞愚按凡幺麿細小之蟲皆貞蟲也不必定指細腰蜂蜾蠃之屬其云無牝牡之合爲貞則義至精當易曰女子貞不字故後世謂女子之不嫁者爲貞女婦之未嫁守志者爲貞婦蓋幺麿細小之蟲皆由化生不待合而生子長大亦不知牝牡故謂之貞蟲也又按僞湯誥不知貞蟲之義妄以貞蟲當介蟲故改百獸貞蟲允及飛鳥二語爲鳥獸魚鼈也

云莫不比方者比和合也夏官形方氏曰大國比小國禮射義曰其容體比於禮其節比於樂注曰比親

合也方居方也易繫辭曰方以類聚未濟曰君子以愼辨物居方疏曰各居其方皆得安其所

云人面者人面猶云人類言具面目而爲人也對鳥獸言之故曰人面越語范蠡曰余雖靦然而人面哉余猶禽獸也

云共允者江氏曰共讀爲恭恭恪也允誠也愚按爾雅釋詁云恪恭敬也檀弓恭世子左傳稱共太子是共恭古通也允誠亦釋詁文

云惟天下之合下土之葆者葆與保同呂覽直諫保申作葆申高曰葆太葆官也而說苑作保是葆保古

字通也保與合同義易曰保合太和

此節言當有夏旱災未作之時雖鳥獸貞蟲莫不比合居方各遂其生況在人類其敢有異心以干天譴是以天不降禍山川鬼神亦莫不安謐若苟能共恪誠信敬事上帝將天下和合下土永保必無有災害如今日也言此以起下文今日大旱之禍必非無因而至也

尚書逸湯誓考卷三

尚書逸湯誓考卷四

鄞　徐時棟定宇學　男隆壽平甫校字

考證篇第八下

考證篇第八下 今考定逸湯誓幷疏證下

今天大旱即當朕身履未知得罪於上下 墨子兼愛下篇

云即當朕身者當猶值也即當朕身猶詩言甯丁我躬也故爾雅云丁當也注云相當值墨子引此經下文罪在朕躬亦作即當朕身字句與此同而義則迥別下文云云謂萬方之罪願即以我身當之此云云者謂大旱之禍適值於我身也朕身皆當作朕躬下文論語引作朕躬墨子亦作朕身可見特此處自墨子外更無他證不能妄易也

云上下者謂上天下地之鬼神也論語曰禱爾於上下神祇晉語曰上下神祇

此節言今天降禍大旱至於如是之久而我適當之此必有所獲罪於天地鬼神者而我未之知也言此以起下文六事自責之意

古人制作往往有所師承如周人雲漢之詩爲禱旱而作也而即以成湯禱旱之誓爲之祖如王曰於乎即此誓之曰嗚呼也何辜今之人即此誓之云萬方

民命也天降喪亂饑饉薦臻即此誓之天大旱五年不收也耗斁下土甯丁我躬即此誓之今天大旱即當朕身也集傳載或說謂與其耗斁下土甯使裁害當我身則即此誓之萬方有罪罪在朕躬也胡甯瘨我以旱憯不知其故即此誓之大旱當朕身未知得罪於上下也敬恭明神宜無悔怒即此誓之若能共允惟天下之合下士之葆也何求爲我以戾庶正即此誓之無以一人之不敏使上帝鬼神傷民之命也歷呼昊天上帝即此誓之皇皇后帝也靡神不舉靡神不宗即此誓之上下鬼神也靡愛斯牲即此誓之敢用元牡也歷稱庶正冢宰趣馬師氏膳夫左右以至大夫君子昭假無贏即此誓之聿求元聖與之勠力同心以治天下也而若上下若下土若山川竝與此誓相合說苑僅以上下奠瘞靡神不宗二句證湯禱旱事殊未備也惟吾鄉宋高氏閌有曰詩靡神不舉靡愛斯牲宣王必以側身修行爲之本今考其辭但哀籲於昊天上帝后稷先祖羣公先正而若此誓六事自責之言蓋無聞焉則豈古今人不相及乎抑此爲史臣紀錄之書可以直陳彼爲仍叔頌媺之詩有難備錄者乎

政不節與使民疾與何以不雨至斯極也宮室榮與婦謁盛與何以不雨至斯極也苞苴行與讒夫興與何以不雨至斯極也荀子大略篇

云政不節者節節制謂凡所行政事失法度無有節制也左哀十六傳楚未節也杜解謂政令猶未得節制與此不節同義漢明帝憂旱詔曰自春以來時雨不降政失厥中憂懼而已春秋考異郵曰旱者陽氣移精不施君上失制奢淫僭差氣亂感天則旱徵見京房傳曰庶位踰節茲謂僭其旱澤物枯爲火所傷皆所謂政不節也故瑞應圖曰遇旱責躬引咎側修

惠政則降以零雨符瑞圖作靈雨不節何注公羊傳作不一後漢禮儀志引何注作不善御覽八十三引帝王世紀作慾不節非也又三十五引世說六與字皆作邪其引世紀皆作耶

云使民疾者唐楊氏倞曰疾苦也愚按何注引此句作民失職與失職則疾苦義亦同也京房別對災異曰人君無施澤惠利於下人則致旱也其救也貰讁罰行寬大惠兆民勞功吏賜鰥寡稟不足洪範五行傳說曰刑罰妄加羣陰不附則陽氣盛其罰常暘也劉昭漢志注曰人君恩澤不施於民則致旱故漢永平中旱明帝詔鰥寡孤獨篤癃貧不能自存者粟人三斛又理冤獄錄輕繫永元中京都旱和帝幸雒陽寺錄囚徒理冤獄永初二年京師旱太后幸雒陽省獄舉冤雖斯民疾苦不僅在貧病冤獄而此亦體恤之一端也

又按六事自責本經雖已散佚猶賴諸書稱道其事後世尚知仿而行之故梁制四月後旱則祈雨行七事一理冤獄及失職者二賑鰥寡孤獨者三省徭輕賦四舉進賢良五黜退貪邪六命會男女恤怨曠七撤膳羞弛樂懸而不作若郡國縣旱請雨則五事同

時竝行一理冤獄失職二賑鰥寡孤獨三省徭役四進賢良五退貪邪隋制孟夏後旱則祈雨理冤獄失職存鰥寡孤獨賑困乏掩骼埋胔省徭役進賢良舉直言退佞諂黜貪殘命有司會男女恤怨曠七事五事名目雖異其皆本諸六事遺意則一也先聖經訓鉅細盡關政體有司奉行縱其末必盡力而以較之禁屠殺斷織扇召僧道書符誦咒者則五代之制猶爲告朔之餼羊矣

云宮室榮者楊氏曰榮盛也愚按何注作崇御覽引世紀作營漢書五行志釐公按卽魯僖公二十一年夏大

旱董仲舒劉向以爲作南門勞民興役之過又京房傳曰居高臺府茲爲犯陰侵陽其旱萬物根死數有火災故後漢鍾離意傳稱永平三年夏旱帝詔敕大匠止作諸宮減省不急

云婦謁盛者楊氏曰謁請也婦謁盛者謂婦言是用也愚按夫子歌曰彼婦之謁可以死敗夫子此歌爲齊人受女樂而作是謂婦人請謁而來非謂用其言也則婦謁盛者言人君好色多聚婦女京房易傳曰上緣求妃茲謂僭其旱三月大溫亡雲師古曰緣歷也言歷衆處而求妃妾也又陳蕃疏曰宮女多聚不

御憂悲之感以致水旱之困也晉書曰太始十年旱去年秋冬採擇女子積陰生陽之應故梁隋遇旱命會男女恤怨曠亦卽此意婦說苑作女御覽引世說及世紀皆作女又引世紀盛作行

云苞苴行者楊氏曰貨賄必以物苞裹故總謂之苞苴鄭注禮記云苞苴裹魚肉者或以葦或以茅也愚按云鄭注者鄭注上曲禮文也曲禮曰凡以弓劍苞苴簞笥問人者孔疏云苞者以草苞裹魚肉之屬也故尚書云厥苞橘柚是其類也苴者亦以草藉器而貯物也愚按旣引尚書橘柚何爲專指魚肉大抵裹謂之苞以草藉之謂之苴故釋文訓苴爲藉凡物有所藉以裹之者皆謂之苞苴而此經言苞苴者則以賄賂之故不欲人見故以物苞裹而進之也御覽引世說苞苴正作賄賂故東觀漢記曰曹褒爲河內太守旱省吏職退去貪殘廪得澍下

云讒夫興者楊氏曰興起也愚按京房別對災異曰誅讒佞之臣於市則三日之雨降於天矣興何注公羊傳作倡漢志注及說苑及御覽兩引皆作昌又說苑御覽竝以苞苴讒夫二事爲第三四在宮室婦謁之上又按梁制第五事黜退貪邪貪卽苞苴邪卽讒

夫隋則分別言之曰退佞諂黜貪殘也

此節皆反躬自責之言謂必如此而後致災禍而我豈有此乎而何不雨至於如是之久耶聖如成湯何至有斯咎政而乃歷歷言之聖人恐懼修省之心千古如見矣

聿求元聖與之勠力同心以治天下墨子尚賢中篇

云聿求元聖者聿與遹同發語詞元大也元聖大聖猶詩采芑云方叔元老禮記文王世子云一有元良也元聖蓋謂伊尹孟子曰伊尹聖之任者也又曰伊尹耕於有莘之野湯使人往聘之故曰求也

云勠力者國語吳語曰勠力同德吳韋氏昭云勠并也說文力部曰勠力幷力也
上既反躬自省不得其故因思天下人或有罪戾以致旱災故言我既求得大聖人與之幷力同心以治天下以起下文天下人之善惡亦未嘗不知之也

有善不敢蔽有罪不敢赦墨子兼愛下篇論語堯曰篇

上句惟見引墨子蓋此經重在責罪上云未知得罪下文歷云有罪而有善只是陪說故論語但引其下句也

云有善不敢蔽者廣韻曰蔽掩也蔽善卽是蔽賢言天下人有善我必登庸之不敢掩蔽也

云有罪不敢赦者漢苞氏咸曰從邢疏本作順天奉法有罪者不敢擅赦也皇氏曰湯既應天天不赦罪故凡有罪者則湯亦不敢擅赦也

帝臣不蔽簡在帝心論語堯曰篇墨子兼愛下篇

云帝臣者湯自謂也人君爲上天之子卽爲上帝之臣稱帝臣義猶天子其語例正如左傳之官臣史記之主臣也魏何氏晏曰言桀居帝臣之位也皇氏曰帝臣謂桀也桀是天子天子事天猶臣事君故謂桀爲帝臣也愚按前儒既解此誓爲伐桀之誓故皆以帝臣指桀然帝臣之與天子雖屬同義而稱謂之閒要自有例臣下稱其君爲天子宜也其君自稱天子非例也以告天自稱帝臣禮也臣下稱其君爲帝臣非例也若此時湯猶桀臣何爲稱桀爲帝臣乎但卽帝臣二字亦可見此誓非伐桀之誓矣

又按注疏雖以帝臣指桀而以此二字屬之天子理無可惑乃有以帝臣屬之善人謂善人皆上帝之臣者則更不合詞例矣

云不蔽者何氏曰有罪過不可隱蔽皇氏曰言桀罪顯著天地共知不可隱蔽也愚按集解義疏皆不見墨子故解此句皆以罪過言之且以帝臣指桀尤不得不專言罪過其實上云有善不敢蔽有罪不敢赦則此句不蔽亦當兼有善有罪言之也

云簡在帝心者鄭氏曰簡閱在天心言天簡閱其善惡也此注見論語正義及書湯誥正義中愚按鄭兼善惡言之義較何氏爲長

上既言我求大聖人共治天下天下人之有善有罪我無不知之矣因復言若我身有善有罪雖或有爲我所不及知臣下所不能言者然亦斷斷不可隱蔽何則以簡閱在上帝之心也言此以起下文朕躬有

罪之意

右愚所解義既通暢辭亦明了而如舊解以帝臣指桀則方言桀罪何爲忽云己罪忽云萬方罪乎下文朕躬有罪四句恐不可連貫矣

又按周語王子晉言皇天嘉禹胙以天下韋氏即引論語此二句證之蓋亦承鄭說以此節爲舜命禹事耳韋解國語多謬詳見余所著國語雜記中

朕躬有罪無以萬方萬方有罪罪在朕躬（論語堯曰篇　國語周語上篇　墨子兼愛下篇　尸子綽子篇　呂氏春秋順民篇）

愚始疑周語明稱湯誓其所引必當字字出湯誓本文既而思之諸書雖不稱篇目而必爲湯誓文無疑也莫古於論語自當以論語爲主且周語引朕躬爲余一人韋解曰天子自稱曰余一人左哀十六傳魯哀誄夫子自稱余一人子貢曰稱一人非名也則余一人自是尊稱必非告天自稱語氣而墨子所引令天大旱下有即當朕身之語前後相應此處亦當是朕躬而非余一人矣又且尸墨並是朕身與論語而三則三占從二尤當以朕躬爲是若下文無以一人之一人則猶曰一个人非余一人尊稱之比也

云朕躬有罪無以萬方者皇氏曰朕我也萬方猶天下也孔氏曰無以萬方萬方不預也皇氏曰湯言我身若自有罪則我自有當之不敢關預於天下萬方也

云萬方有罪罪在朕躬者孔氏曰萬方有罪我身之過韋氏曰乃我教導之過也皇氏曰若萬方百姓有罪則由我身也我爲民主我欲善而民善故有罪則當歸責於我也邢氏曰過在我身自責化不至也愚按諸儒解此節俱極明暢惟誤以爲伐桀之誓則語語皆無關痛癢竟不知成湯當日之爲此言是主何意見也

又按北魏書孝文本紀太和十五年自正月至四月不雨詔曰昔成湯遇旱齊景逢災並不由祈山川而致雨皆至誠發中澍潤千里萬方有罪在予一人其以齊景與成湯並稱蓋沿新序之誤其云不祈山川爲求雨之詔則論語此引雖經孔班誤解而固有不以爲伐桀之誓者矣

此承上文我身善惡天盡知之因言然則果爲我身有罪以致大旱乎則萬方何辜同遭此禍若萬方倘有罪戾爲我所不及覺察乎則化導不至罪我之由

言此以起下文一人不敏之意臧文仲曰禹湯罪己
其興也勃焉桀紂罪人其亡也忽焉韓詩外傳引孔
子曰昔者桀紂不任其過其亡也忽焉成湯文王知
任其過其興也勃焉呂覽論人曰昔上世之亡主以
罪爲在人故日殺僇而不止以至於亡而不悟三代
之興王以罪爲在己故日功而不衰以至於王
無以一人之不敏使上帝鬼神傷民之命呂氏春秋順民篇
云一人不敏者高氏曰不敏不材愚按上言朕躬有
罪是不材者止一人也又言萬方罪在朕躬則不材
仍止一人故曰一人之不敏也

云上帝鬼神者高氏曰上帝天也天神曰神人神曰
鬼
云傷民之命者高氏曰穀者民命也旱不收故曰傷
民之命愚按三國志郤正傳注引呂覽此句作使上
帝毀傷民之大命
禱詞至此已畢自嗚呼古者至傷民之命皆一氣承
貫大略謂夏世盛時君民上下皆無罪戾故禍災不
作乃當吾世而遭此大旱是必有獲罪之處而我竟
未之知也於是求之於上以六事反躬自省疑若無
此罪過求之於下我與大聖共治天下又若不至失

察則豈六事而外我尚有不及檢者乎然我之善惡
簡在天心若我信有罪罪只在我一人即使下民有
罪我不能化之罪亦在我一人願無以我一人之罪
累及萬方而傷百姓之命也范注穀梁定元傳引大
雩禱詞曰方今大旱野無生稼寡人當死百姓何謗
不敢煩民請命願撫萬民以身塞無狀成七穀梁疏引鄭氏釋廢
疾中所載禱請山川詞與此大同小異詞義略同蓋即祖商湯禱詞以
成文也
於是翦其髮酈其手以身爲犧牲用祈福於上帝同上
云酈者畢氏曰李善注文選應休璉書引此亦作酈

音酈後精通篇按此謂呂覽也刃若新酈研注按此謂高誘注也酈
砥也竊意酈若作歷音則似當從磿得聲善又注劉
孝標辯命論引此竟作磨字恐是磿字之誤從邑本
無義戰國燕策故鼎反乎磿室磿室猶楚辭招魂之
所謂砥室王逸注砥石名也引詩其平如砥誘之注
非取此義乎而音又同故余以磿字爲是孫侍御主
辯命論注作磨與刃若新磨較合但不讀酈耳愚按
畢說皆妄說也明明酈字而以選注偶有音酈二字
遂謂酈作歷音則酈本音麗廣韻呂支切集韻鄰知
切春秋敗莒於酈是也惟人姓始音歷前漢酈食其

讀爲歷異基是也畢氏何從知選注之音鄺者必讀爲歷而非麗乎乃遂妄云若作歷音當從磿得聲則歷磿明明異文字書且有鄺字畢氏又何從知歷之必當爲磿乎於是改鄺作磿而謂從邑無義作磿必誤則說文云磿石聲玉篇云磿磿石小聲卽周禮地官遂師有抱磿之文鄭注謂磿者適音的歷執綍者名也此二義有絲毫可與呂覽二鄺字相關涉者乎而妄改之乎彼亦知難强合也不得已引國策磿室妄附會於楚辭砥室以證高氏訓鄺爲砥之義不知招魂所謂砥室翠翹不過言是美室如漢賦所云瓊室璇室者原不必眞有是室卽使眞有砥室而磿室砥室明明兩室明明兩地二字既不同音又不同形又不同義畢氏又何從知燕磿室之卽爲楚砥室乎而謂高氏必取義於此乎按國策云大呂陳於元英故鼎反乎磿室磿字下或從日則與砥義相去更遠又按括地志云元英磿室燕二宮名在幽州薊縣西四里甯臺之下然則與楚詞所云砥室眞風馬牛不相及者畢氏校正呂覽多妄語叵信余嘗爲呂氏春秋雜記辨定其繆若此條亦武斷之一也然則鄺字何解曰鄺卽磿也其從邑者古今異字呂覽兩處竝作鄺知非錯誤也高氏此篇無注於精通篇訓砥砥者磨石也以磨訓砥卽可以砥訓磨此古人

輾轉訓義卽此尤可見鄺之卽爲磨也故字書無鄺字字彙補始有之亦云與磨同引呂氏此文爲證故李善注文選兩引此文一作鄺一則竟作磨字而選注之又云音鄺者傳寫有脫誤也原本蓋云音磨攡也今本脫去磨也二字傳寫者又以攡字眼生遂因上鄺字從邑誤攡爲鄺其云攡者莊子胠篋篇攡工倕之指而天下始人有其巧矣注云折也撕之也李意攡指與此鄺手義合裴注三國志引此又作攡其爪故遂訓鄺爲攡此雖出余臆測而由呂覽兩見選注兩引度之必當如此不然辯命論注明明引作磨字明明以磨當鄺而可音之以音麗音歷之鄺字乎卽使音麗音歷又何必故音之以眼生之鄺字乎又路史云商時有鄺國音摩余以羅泌最喜僞造未能深信其說而平湖葉孝廉勤諏云逸周書世俘解命陳本伐磨下又有蜀磨蒐磨凡三見似商時實有磨國則是羅說可信而鄺之卽磨尤無疑義矣

云鄺其手者謂翦去其指爪也爪長於指翦去之使與指平有若磨之也故經文云鄺手而帝王紀漢書注左傳疏諸書竝云斷爪御正傳注引作攡爪攡者撕之也折之也義與斷同論衡御覽竝作麗其手麗

猶離也曽植湯禱桑林贊曰翦髮離爪自以爲牲故
廣川縣旱縣長岑文瑜求雨不得應休璉以書戲之
有云知恤下民躬自暴露拜起靈壇勤亦至矣今者
雲重積而復散雨垂落而復收得無賢聖殊品優劣
異姿割髮宜及膚翦爪宜侵肌乎意謂商湯聖人但
須割髮翦爪遂能得雨足下賢者必割膚翦肌而後
可以救旱也然則鄜手卽是翦爪古解無不如是而
或謂折其手者非也又按爾雅云翦齊也蓋以翦翦
物無不齊者猶以砥磨物之無不平也此亦與翦爪
爲磨手之義有可相通者也
云以身爲犧牲者翦髮斷爪卽是身爲犧牲蓋罪人
必翦髮斷爪湯旣歸罪於己則以爲天之罪人故翦
髮斷爪也又翦爪爲送終禮淮南子稱將軍辭行乃
鬋爪注云鬋爪送終之禮去其手足爪也湯旣自以
爲牲故翦爪京房別對災異曰若夏大旱則雩祠之
以素車白馬布衣以身爲牲卽本諸此成湯因卜史
云當用人祭故以身代之然旣有元牡未嘗無牲以
身爲牲者猶後世彊項吏塞長官索羊之請而曰我
卽羊也蓋因史言以存其意而非裸其身體眞如犧
牲然也故張平子思元賦云湯㓗體以禱祈兮蒙庬

褫以拯民注云㓗絜也㓗體潔身不過齋戒沐浴之
意而尸子謂湯之救旱素車白馬布衣其說可信謂
身嬰白茅卽恐未必然耳或謂聖人因災自責理之
正也而至翦髮斷爪自以爲牲毋乃言之過當乎愚
謂旱旣太甚五穀不收關係民事甚重故後世賢吏
或積薪自焚或翦髮肉袒或自暴日中或自繫於獄
皆以至誠格天得雨何況古聖且古聖情切之事未
可以常理測之卽如周公身代武王已啟後人之惑
乃史記又稱周公嘗代成王有王少未有知識奸神
命者旦也之祝而焦氏易林有曰植璧秉珪請命於
河周公剋敏沖人瘳愈說與史合則是大聖如周公
而乃屢代人死幾類後世村巫所爲者此豈常理所
可臆測乎故淮南修務訓曰聖人者不恥身之賤而
愧道之不行不憂命之短而憂百姓之窮是故禹之
爲水以身解於陽盱之河注爲治水解禱以身爲質解讀解除之解湯爲
旱以身禱於桑林之下聖人之憂民如此其明也御覽引明作切
卻正釋譏亦曰陽靈幽於唐葉陰精應爲商時
陽盱請而洪災息桑林禱而甘澤滋則是禹之救水
不惜以身爲質湯之救旱不惜以身爲犧古聖憂民
情切實有如是者故王仲任雖不知天人感召之理

其作論衡極辯雨至非因自責謂是適然而於其事則亦信之有曰剪髮麗手自以爲牲用祈福於帝者實也

云上帝者上言上帝鬼神則祭上帝而鬼神與饗之也此及篇首皆專言上帝舉尊以統卑也

民乃甚說雨乃大至（同上）

云民乃甚說者未有下不足以感民情而上可以格天心者也故將言雨至必先言民說呂氏謂湯達乎鬼神之化人事之傳（高注達通化變傳至）猶淺之乎測聖人也而其引此經入之順民篇中則可謂能知本矣

云雨乃大至者淮南子主術訓曰禱於桑林而四海之雲湊（高注湊會也或作蒸）千里之雨至說苑君道篇曰蓋言未已而天大雨故天之應人如影之隨形響之効聲者也論衡感類篇曰湯自責天應以雨孔豐疏曰成湯遭旱因自責省畋散積減御損食而大有年典錄引夏香曰以六事自責而雨澤應澍御覽引符瑞圖曰身代犧牲於是大雨又引搜神記曰於是大雨忽至洽於四海帝王世紀曰禱於桑林之社而大雨方數千里歲則大熟左傳疏引書傳曰禱於桑林之社而雨大至方數千里其他如曹植傳元孫楚應璩傳

咸等文之說湯禱雨至者多不勝載

按李善文選思元賦注引淮南子曰湯時大旱七年卜用人祀天湯曰我本卜祭爲民豈乎自當之（句似有脫誤）乃使人積薪剪髮及爪自潔居柴上將自焚以祭天火將然即降大雨云云今本淮南似無此語積薪自焚等語亦不見諸他書姑存異聞以備考耳

世紀又曰天下驩洽遂作桑林之樂名曰大濩左傳疏亦曰禱桑林以得雨遂以桑林名其樂也蘇氏古史亦同愚按竹書紀年曰二十五年作大濩樂徐氏文靖統箋曰杜注左傳桑林殷天子之樂名是大濩因桑林之禱而作也集證曰史記司馬相如傳匪惟雨之又潤澤之匪惟徧之又氾布濩之則大濩因雨得名自是正解今據紀年作大濩樂不書於克夏之時而紀於得雨之後可爲世紀切證故說文云雨流霤下貌蓋湯作樂本名大濩作護字者古通用耳按徐陳之說是也水勢相激謂之濩郭璞江賦云濆濩滅滯大雨數千里水勢之盛可知故喜而志之名曰大濩又周禮春官大司樂疏云濩即救護也救護使天下得其所也此因鄭注本祭瀆立義云湯以寬治民而除其邪其德能使天下得所也故疏云救護得

所然既解濩爲救護則湯以得雨作樂名爲大濩救護萬方具有實事不當但作空言春秋元命苞曰湯之時民大樂其救之於患害故樂名大濩濩者救也武王之時御覽引作文王民樂其興師征伐故樂名大武武者伐也夫湯武同以征誅得天下而獨以征伐歸武是所云湯救患害實因救護旱災故也又鄭注大夏云禹治水傅土言其德能大中國也然則禹之水湯之旱皆爲古今莫大災異而禹以治水名樂曰大夏湯以救旱名樂曰大濩不亦宜乎經傳竝作大濩或作護左傳大濩徐邈云一作大護又呂覽曰湯乃命

伊尹作爲大濩歌晨露淮南齊俗訓曰殷人之禮其樂大濩晨露

右逸湯誓經文總凡二百五十字皆以鄙意考定之者古史官記言記事每作一書各有一篇精義而其體例則未始不相則倣者也卽如此篇之作所以詳記成湯救旱始末也中述其禱告上帝之詞金縢之作所以詳記周公代武王始末也中述其祝告三王之語其事雖異其體則同故周史卽依仿商史以成書也而其首尾尤極相似此記大旱而追敘克夏以後五年彼記王疾而亦追敘克商以後二年此以湯乃禱於桑林一句爲主彼亦以公乃自以爲功一句爲主此記其終事而曰雨乃大至彼亦記其終事而曰歲則大熟雖此書抄撮成篇其中必尙有爲諸家所未引者亦必有引之而愚不能見者然而弇陋之胸搜索略盡原書縱不得見殆亦可以得其什之六七矣

尙書逸湯誓考卷四

尚書逸湯誓考卷五

鄞　徐時棟同叔著　　男隆壽平甫校字

序録篇第九

序録篇第九　序　後序　録

序曰逸湯誓考者所以考商書禱旱之誓之放佚者也
昔者成湯正夏湯誓爰作於後禱旱史録爲書同厥名
篇是有二湯誓焉傳閱姬周篇各無恙內史過實擧後
誓以告襄王吾夫子又稱述之以詔弟子其他墨翟尸
佼之徒皆得見之戰國之季荀卿善著書而呂不韋以
相父之尊招致豪桀而作春秋竝嘗奮筆援据其辭故

凡周秦古書若論語國語墨子荀子尸子呂覽其諸采
引之在禱旱篇者灼然明白未可混也秦政不道焚滅
經術帝王遺言蕩爲灰燼漢興濟南伏生憶所誦習口
以傳授而年過九十耄多昏忘伐桀之篇粲然禱旱之
誓無聞焉猶幸天不喪道斯文興起若前所稱諸書後
先而出雖商史舊冊終復湮微而奇章隻句賴不泯絕
乃漢儒不察炫惑同名但見湯誓概爲伐桀目睹大旱
之語而妄解元牡之文手注祠禱之書而謬指征討之
作則是是書也既亡其全於秦人燬書之秋而又滅其
佚於漢儒注經之日也於是東晉妄人乘釁而動竄竊

古書之所徵引綴集塗點僭爲湯誥佞僞馳騁紅紫亂
朱朝野信之罔悟依託哀哉至於趙宋漸發其覆元明
以來交相掊擊洎我
皇朝瓌儒接踵是乃抉擿隱匿始有定獻然而蠱於漢
學阿好曲從一字之微無敢擬議墨稱禱旱孔云伐桀
謂孔君所注論語堯曰篇以周人難漢儒用經文詁傳義祇悟至顯
而爲漢者左袒故諸儒能知僞誥之剽逸誓曾莫知逸
誓之所由作譬彼汙吏既伏其辜而敗露之贓未歸厥
主也嗟乎古昔聖王爲民請命憂勤惕厲反躬自責精
誠格上帝驩聲徧萬國史氏備紀其詳將爲後世遇變

常法而其書火於秦滅於漢竄於晉晦於今茲尚書之
厄於斯爲盛夫以先王恐懼修省之大經而坐令其隳
廢於
右文稽古之世此逸湯誓考之所以不能無作也是用
攟摭遺軼會粹舊聞發揮隱滯考定而疏證之敷暢鄙
愚時有論駁總若干言雖然鄙諺有之虜自賣裘而不
售士自譽辨而不信膚淺末學不經師匠辭理典據豈
云至當惟是經義蒙塞餘二千年千慮一得其敢自祕
孟子曰予豈好辯哉予不得已也輒復繕寫成書貢疑
有道儻博雅君子化其門戶準裁紛錯其必將有取於

吾言也同治二年九月謹序

又序曰余年二十好觀諸子嘗以墨稱湯說文符晉論同述告天之辭獨有大旱之語心竊異之研精覃思驗以他書豁然疑滯決爲禱旱是嘗著說一篇質之吾師馮雲伯先生先生奇余所作謬加稱賞謂斯實遺經之功臣而先儒之諍友也顧其爲說不過千言詞既簡略義亦未備於後瀏覽羣籍念茲在茲凡可證明手自錄附書眉紙尾幾無閒隙雖人事奔走未遑整比然而留意於斯學者則既三十年矣客歲之秋始撫羣言次第先後辨論而考定之分爲上下其年冬仲遭罹鬱攸會

余方客慈溪倉皇顚沛中壽兒慭置儲符輩余著作而暴客麕集攘奪以去拋散泥塗或擲諸河重拾棄餘檢視殘賸則鄙著詩文什存五六說經諸作靡有孑遺而逸誓之考不可問矣夫經義宏深累世莫究前儒訓詁悉有淵源而欲以檮昧後進哆其辯辭妄思易幟攻勝往哲斯已難矣草稾甫就旋爲灰燼淸夜自省良用警懼雖然墨書布在詞非奧祕明明禱旱萬難曲解而違反文義引其書而故歧其說此愚所未解者一也唐宋諸儒誤信僞誥又墨書微晦獲見不易至乎僞覆既發墨書盛行而視若無睹置之不論甚或私意發難誣以增改此愚所未解者二也墨者所援實爲聖經諸儒據依盡出傳注夫紛競之論宜尊儒以闢墨考据之學豈容舍經而從傳乎此愚所未解者三也墨之爲道也是古非今呰賢毀聖至其稱說儒書豈敢僞造經語倒其戈戟反授人柄何況呂覽不謀同辭爲之證佐而乃盡廢周秦阿附漢晉此愚所未解者四也魯鈍固執其惑益甚欲達所疑復理前說顧藏書數萬焚如盡矣彊憶曩證或記其略而失其詳或識其義而忘其語故復入城借留時下陳榻(謂魚門中翰樹珊駕部兩家)客散主寢檢其插架手錄以歸始屬稾以今夏五月下旬積四十餘日克有

就緒粗可覽觀回念前著大略不異若其援引不能備也往者爲書二卷萬數千言今茲所成數幾倍之馬齒日長而學無寸進典據加少而議論滋多譽辯不信所由誦前言而生作也而又歷序所遭并言其意惟庶幾正德君子矜我劬瘁閔其改作蘄削紕繆參酌是非所謂擁篲淸道企望高躅者意在斯乎意在斯乎同治三年歲在甲子七月既望謹序

錄曰匪闢漢儒彼亡古書我徵周秦虐燄未噓作逸湯誓考徵引篇第一

嚋云書亡古文孔彰胡棘下生乃正夏王作逸湯誓考

非伐篇第二
豈命未革禮變牲色吁嗟求之殷商典則作逸湯誓考
旱禱篇第三
下土笑道曷誓穹昊請陳二義證茲旱禱作逸湯誓考
稱誓篇第四
云何同名他篇足徵前有共父後有甲庚作逸湯誓考
兩同篇第五
云何異名空奪勿爭生後千載疇見聖經作逸湯誓考
湯說篇第六
經亡說歧妄人乘之史有眞誥彼昏不知作逸湯誓考

僞誥篇第七
於乎小子敢補商史聖擇狂言姑考定是作逸湯誓考
考證篇第八
我治斯編既三十年且燬且輯于時言言作逸湯誓考
序錄篇第九
周則懷樸鄭沽其璞亦理羣言以殿吾錄作逸湯誓考
校勘篇第十

尚書逸湯誓考卷五

尚書逸湯誓考卷

鄞　徐時棟柳泉著　　男隆壽平甫校字

校勘篇第十

校勘篇第十　鎮海吳君籤校并書　平湖葉君籤校并札　同縣劉君籤校并跋

諸君不棄鄙著蒙惠簽校愛我甚厚糾舉及於細微匡所不逮良可感佩顧其爲言或同聲相應交足發明亦或意見各殊可備參核覶縷考中則苦於繁瑣棄置不錄則虛此雅懷今彙錄成卷開著鄙意以與學人有道共斟酌之凡吳君澥城葉君勤諏各若干條竝其書札具錄如左至去年劉生藝蘭校此一過

旁搜博采以證佐余所未逮將及二十條而其言類多順余匡正者少幾似無所不說者顧意雖阿好而其徵引不可棄也亦附於後同治六年丁卯五月二十有一日書

著一書而使數千年之塵封以啟數千年之冤獄以伸數千年之缺典以彰則其書直爲數千年長夜忽旦而不可不有之書其諸大箸之逸湯誓考乎自來經典以說者之多而疑以滋疑而晦而逸湯誓則以說者之少而人莫之疑而晦大儒如孔君既以論語所引同於墨子而知爲湯誓文乃獨忽於今大旱之語而以篇同伐桀文屬告天率下斷語則是書之蒙塵始此矣自僞古文竄掇其詞以爲湯誥後人輒又以爲文出湯誥無復知其爲逸誓文則是書之銜冤始此矣誣之爲伐桀攘之爲湯誥而古人元牡禱旱之禮爲朝政國典之大者從此湮泯歷代莫之舉行莫之議及古人有知其可怨可恫何如也僞書之妄發自宋儒而備摘於

國朝閻氏然能知僞誥之竊湯誓而莫知禱旱之文别乎伐桀則猶溺於孔說而弗之省誠哉大箸所云譬彼汙吏既伏其辜而敗露之贓未歸厥主也夫前之人既誤於孔君伐桀告天之說而無復以禱旱爲疑復誤於

僞誥之剽竊邢氏反以之證論語更無復以他書引稱湯誓及孔注稱墨子引湯誓爲疑而幸有揭僞書之辯能知馬之非仍不知鹿之是即或證禱旱之文能知鹿之是仍不知馬之非蓋錮之甚而發之難如此也不意明眼慧心如足下疑人所不敢疑疑人所不能疑直若有鬼神來告豁然爲數千年發伏摘幽使古經古禮之韜石沈淵者一旦揭日月而行此作乃可千古矣箸述有此其爲可寶何如異哉祝融回祿能奪子之珍藏而不能奪子之拱璧也辱承不棄命以校勘展讀終卷見其發一難則拉朽摧枯無瑕不抉樹一義則深溝高壘

無閒可攻咄咄怪事直令小儒咋舌尙何能以蚍蜉撼大樹土壤培泰山哉雖然有疑不獻非下問之意也反覆再三其大者心悅誠服其小者不無可商敢竭芻蕘謬攄管見倘不以爲班門弄斧而有取於千慮之一得俾是書不留餘隙予利口以吹求也則幸甚愚小弟吳善述頓首

卷一徵引篇（荀子大略篇條）苞苴行與讒夫興與　古音行如杭與昌韻說苑諸書皆作讒夫昌與荀子昌作興當爲後人竄改興與古不韻行亦不韻榮盛

又（或又謂節疾條）嗣征　嗣征之嗣雖本閻氏然不如作允

征爲題與元牡之元一例（劉藝蘭曰閻氏當作惠氏）愚案不始閻氏也宋人避太祖諱有稱嗣征者其以此字爲姓亦改稱嗣氏見姓氏書又或改此字爲裔新唐書楊貴妃傳駙馬都尉程昌裔是也而公主傳中尙仍原名未改蓋偶失之

又（前條）昭我周王　昭當作紹

又（然且荀子所引條）此不必以古音古韻嘵嘵論辨也　不必以古音論將以今韻論乎古音自有部分界畫秩然亭林顧氏始知古音部分然猶僅能分十部其正唐韻顧不知唐韻分五支六脂七之之理唐韻之分支脂之正爲審於古人有此三部之別特其編次未能全韻淸純尙有數字淆雜耳古音支類有佳齊字脂類有微齊灰字之類有灰尤字三類劃然分用地屬支類畏屬脂類歸屬脂類龜屬之類珪屬支類從未有混用者古音一部之字錯入今韻數韻自是古今音變後人見古人一詩之音參今數韻遂以爲全韻皆通倡爲古通之說如以支微齊佳灰爲五韻通用豈古人先有今韻書乎抑古既可以通用韻書何苦瑣爲分析乎且尤韻正多之類字如以古韻參見爲可通則何不幷尤韻而通之五韻乎如謂尤與之

類聲氣有別則何以裘邱牛尤謀紑等字古音悉屬之類謂此乃古今之別歟則一隙之明何不舉一反三也同一古韻參見之韻而以今音近者謂之通今音不近便謂之不通是果論古音乎論今音乎故通韻之說可以作今詩不可以論古音著書者萬勿於所不審作孟浪語貽識者譏也

又（前條）金縢用韻出余刱論　以金縢祝詞爲用韻實爲卓識但江晉三羣經韻讀內當數及之恐非刱論也詞內天身神諴韻而發疾則非畏與歸爲韻而地與畏歸與龜珪則非古音畏屬平韻畏威通用詩將

仲子及東山畏皆與懷韻雲漢詩與推雷遺摧爲韻
歷歷可證從未有韻入去聲者湯禱旱詞非全用韻
何必金縢祝詞謂爲皆韻也
愚案吳君審於唐韻之學故其言精核如此然余
嘗謂顧氏最稱知音而以唐韻求詩音則非今較
顧氏更加精密於唐韻愈合則於詩音愈離矣故
嘗盡棄後世韻書專求之三百篇以詩通詩爲詩
音通一書劫後僅存殘稾數十紙今作逸誓考旁
及金縢祝詞但就臆見爲說未暇究心音學也而
下筆屬稾意求淺顯遂有不必以古音論辯即以

今韻言之之語語極孟浪非治經者所宜言果蒙
指摘故備錄其語以志吾過然吳君之論古音殊
未盡信即如詩第一篇關雎以得服側爲韻而唐
韻得在二十五德服在一屋側在二十四職又以
采友爲韻而采在十五海友在四十四有又以芼
樂爲韻而芼在三十七号樂在三十六效此可以
唐韻之部分界畫論古音乎唐韻分五支六脂七
之縱極有理而於古音則直風馬牛也如皮字紕
字皆在五支而羔羊之皮字與七歌之紽字叶干
旄之紕字與六至之四字畀字叶私字逵字皆在

六脂而葛覃之私字與八微之歸字衣字叶兎罝
之逵字與十八尤之仇字叶絲字治字思字皆在
七之而綠兮之絲字治字與十八尤之訧字叶終
風之思字與十四皆之霾字十六咍之來字叶謂
支脂之三部秩然從未混用則巧言之斯字在五
支而麋字在六脂緜之飴字在七之而龜字在六
脂抑之之字在七之而知字在五支桑柔之資字
在六脂而疑字在七之酌之師字在六脂而熙字
在七之駉之駓字伾字皆在六脂而騏字期字皆
在七之所謂古人三部之別安在耶抑愚所數者

適皆在未能淸純尚有淆雜中耶又如歸之與龜
吳君謂古人不韻然泂酌篇挹彼注茲茲字與民
之攸歸歸字爲韻而緜篇築室于茲茲字即與爰
契我龜龜字爲韻則歸龜何嘗不韻乎以今韻言
古音固屬一時妄語而以唐韻核詩音實非千古
卓識也此事當以他日重論定之
葉勤諏曰吳云古音畏屬平韻從未有韻入去聲
者案大雅板詩畏與壞叶壞正今去聲字也雖朱
子於胡罪紆會二反後復有胡威於非二反然兩
字本音自叶又非與上文爲韻必兩讀爲平聲贅

矣

又非伐篇而不意自漢條　而不意　篇章分隔氣脉相承文之正也虛字相銜亦體之常而以轉折作起則不可從蓋篇章既分則當自爲起訖乃以然而等字作起以爲蒙上作轉歟則不應分隔以爲另起歟則不應以轉折爲頭自古經史未見有以轉折虛字爲提頭者孟子長篇在當時本無空斷後人分爲節段其有虛字相銜者則如非惟字且字止爾且雖分節必不提行今則然字而字不惟行首且在篇首將置篇目一語於何地得毋好奇之過歟

愚案此言是也始則興之所至隨意遣詞今則無關宏旨憚於修改一家之言姑聽之可已

又伐桀誓中條　武王大賚告泰山隧之詞語詳余所著尚書說及山中學詩記中　不注告泰山所出而標己所著似有意

愚案前在山中解詩般篇參考論語墨子定爲武王大賚告泰山隧之詩其說頗長此條但詰僞書之竊百姓有過在余一人二語未便縷述旁文而學詩記又將刊刻問世故遂注之如此非有他意也今吳君似以不注所出疑余自爲新說則請證明之墨子兼愛中篇曰昔者武王將事泰山隧傳曰泰山有道曾孫周王有事大事既獲仁人尙作以祗商夏蠻夷醜貉雖有周親不若仁人萬方有罪維予一人

卷二湯說篇然則其稱湯說條　不必穿鑿附會　惠氏棟引論語孔注而謂湯誓依墨子作湯說又引墨子下文祠說亦作祠祝改說爲祝皆穿鑿之過也

又僞誥篇爾有善條　帝臣者湯自謂也　帝臣究以善人皆上帝之臣一說爲是墨子之有善不敢蔽即論語帝臣不蔽句之異文當以論語爲古書原文恐非有兩句也

卷三考證篇上云貞蟲者條　不必定指細腰蜂蜾蠃之屬　於細腰中特舉蜂蜾蠃二者以明其狀下仍有之屬二字包舉一切語較原道注細腰之屬也及墜形訓萬物貞蟲注諸細腰之屬也更爲明晰似不必糾之

又前條　玄曆細小之蟲皆由化生　細腰特化生之一種化生而細腰者不合化生而細身者有合如蚑蟯蜻蛉之類常以合而飛蠶化蝙蝠化蛾蛾復以合而生子尤化生之顯然有合者故高注但以細腰釋貞蟲化生義不確

愚案吳君之言甚辨特蛾蝙之蟲不得謂之細小合而生子不得謂之化生愚所謂幺麿細小之蟲謂若草木果實中生者穀米衣書中生者器用食物中生者皆不待合而生亦旣生而不能合是謂化生中之最細小者亦非統化生之蟲而概謂之貞蟲也若但云細腰不合細身能合則如蚪斗蠹魚之屬細身而不細腰亦何嘗能合乎

葉勤諏曰案莊子天運篇細要者化高注本此說文云蠕蠃細要土蠭也亦與之合說有證據而又加之屬以賅其餘似乎未爲挂漏吳云不必糾者是也

讀逸湯誓考眞乃貫弗百家隻眼千古名山盛業先聖功臣欽服之餘何能與參末議而傳語懃拳屬司校事雒誦再四謹簽十二條極知僭妄無所逃隱聊以慰下問之虛衷快就正之私願云爾　葉廉鍔謹識（一條已見本書考證）（下篇二條見前吳籤中）

卷一徵引篇（或又謂節疾條）降之百殃其家必懷喪　案畢校墨子云殃卽祥之異文祥亦怪異也左昭十八年傳將有大祥又案懷喪作壞喪者是此懷字疑誤

愚案明刻墨子作懷喪經義考引同又百殃一本作日殃經義考作百殃

又案祥字凡三解有作吉祥解者中庸必有禎祥是也有吉凶未定僅作兆字解者左傳是何祥也吉凶安在是也有作妖異解者則此百祥與書序祥桑鴻範五行傳靑祥白祥與葉君所引大祥是也晉人不識祥字遂妄改上帝不順降之百祥爲作善降之百祥竄入僞書中可笑也

又稱誓篇（左文十八條）不必告軍旅始謂之誓　案王肅家語有困誓楚辭有惜誓均以誓名篇亦其證

又（逸周書條）祀五帝則掌百官之誓戒　案此因祀帝而

誓戒百官非竟誓告上帝也似未足爲告帝稱誓之證

愚案鄗著謂禱旱稱誓兼告戒謹三義故引逸書證告義引爾雅證謹義而引周禮禮記以證戒義意謂成湯戒誓百官以告上帝故名湯誓非卽以周禮誓字當告字也

卷二兩同篇（然且更有說者條）天志中篇引太誓稱大明

案畢本天志中引紂越厥夷居云云與非命上中均作泰誓無大明字

愚案明刻本墨子天志中篇云大明之道之曰紂

越厥夷居不肯事上帝棄厥先神祇不祀乃曰吾有命無廖僔務天下天亦縱棄紂而不葆又非命上篇云於太誓曰紂夷處不肯事上帝鬼神禍厥先神禔不祀乃曰吾民有命無廖排扇天亦縱之棄而弗葆又非命中篇云先王之書太誓之言然曰紂夷之居而不肯事上帝棄闕其先神而不祀也曰我民有命毋僇其務天不亦棄縱而不葆夫天志但稱大明焉知其爲何書及核之非命而後知大明即太誓也故敢斷之曰天志引太誓稱大明而復隸其故而注其下云所引與非命上中二

篇之引太誓者大同小異而朱氏經義考於逸經門直以大明爲尚書太誓逸篇目且曰去發也大明也皆太誓之篇分而名之者也梅賾未詳其義分竄其辭不知墨子所述秦火以前之書太誓大明去發初不相紊也云云余家明刻本劫後雖已無存而吾友陳樹珊兵部藏本板刻甚惡無序跋及門劉藝蘭懋才藏本有茅鹿門序稱唐別駕重刻宋本又有陸宏祚序皆明刻本也其天志篇中無不作大明者且三家所藏或係誤本若竹垞則插架甚富交遊又多藏書巨家今其言亦復云云是明以前刻本於天志篇中無不作大明可知也乃至畢氏校刻墨子竟改大明爲太誓又且竝不注明一若自有墨子以來從未見有大明二字也者其書彫刻頗工足廢舊本將使後來學人遂不知天志篇中有大明字其害猶小而使後人更不知古尚書太誓有大明篇目則事關聖經其害甚大故因葉君之過信誤本而覼縷言之

劉藝蘭曰鳳章按段若膺古文尚書撰異引墨子大誓之道之曰誓字下夾注今本作明是段氏所見本亦作大明

又湯說篇抑又有說者條非命稱太誓天志稱大明　案帝謂文王六語天志中篇稱皇矣天志下篇稱大夏

卷三考證篇上云正天下者條文公出走而正天下　正畢注讀如征存參

又上已有曰字條此紀湯告天之詞　案上曰字是史臣紀湯詞予小子履三句亦是湯告天之詞此曰字當逆上后帝讀語氣直下乃當時祝文中發端入事之詞今祝文尚沿其體如某某謹以某牲某饌之儀祗告於某曰嗚呼云云若以古文例之如立政篇乃敢告教厥后曰上曰字之比拜手稽首后矣敢昭告句之比曰下曰字之比宅乃事云云彷彿近之若

篇中引證三條或間以史文或引用古語似皆非直
下語氣也又案孟子莊暴見孟子曰下又有曰好樂
何如
又嗚呼古者有夏條百獸貞蟲允及飛鳥　案此但欲言萬
物得所耳百獸飛鳥各舉總名何獨於蟲別其貞之
一類妄臆動物之中幺麿細小者莫若蟲類此亦當
舉其總名考說文有𧴪字穌果切通借爲𧴪屑字與
幺麿細小意合貞𧴪形近因𧴪字罕見率爲貞字雖
淮南二稱貞蟲恐亦類此不然獸何不曰仁獸鳥何
不曰靈鳥乎貞蟲莫不比方非貞蟲竟不比方乎蓋

百獸舉其大者貞蟲舉其小者飛鳥幷及其在空虛
中者故其次如此否則飛鳥不當在蟲下矣附識於
此俟正
愚案葉君此言非但精於小學亦有功經訓之語
也本當刻入卷中以備一義特近世治尚書者以
攻僞古文之故往往引據他書專輒改竄經字流
禍之極不至於經無完膚不止愚最惡之因噎廢
食故但錄其言於此
又案墨子非樂篇亦有禽獸麋鹿蜚鳥貞蟲語
卷四考證篇下案李善文選條自潔居柴上　案窮愁志云

古人乃有翦爪致詞積薪自誓精意上達雨必滂沱
此亦至誠也當即用此事
吾師逸湯誓考一書搜商史之佚文正漢儒之違義精
心孤詣實事求是洵不刊之盛業也嚮者葉吳兩先生
盛稱是書曾有簽語今年重繕清本命司校勘鳳章譾
陋無學莫贊高深猶幸親炙有年婁蒙啟牖敢竊緒論
分綴各條自忘窺測之愚聊慰依坿之願同治五年十
一月望後弟子劉鳳章謹跋
卷一徵引篇墨子兼愛下篇條告於上天得罪於上下　鳳
章案兩於字當從舊本作于

又或又謂節疾條昭我周王　鳳章案郭注爾雅引作釗我
周王
又何休注公羊條論衡明雩篇稱五過　鳳章案論衡感類
篇亦云湯遭旱七年以五過自責篇中凡四稱五過
而感虛篇則云湯遭七年旱以身禱於桑林自責以
六過或五或六自相矛盾總係不能親見湯誓之故
耳
又此亦不稱湯誓條此獨采其首尾　鳳章案采湯誓首尾
者不獨呂覽也論衡感虛篇云傳書言湯遭七年旱
以身禱於桑林自責以六過天乃雨或言五年禱辭

曰余一人有罪無及萬夫萬夫有罪在余一人无以一人之不敏使上帝鬼神傷民之命於是翦其髮麗其手自以爲牲用祈福於上帝上帝甚說時雨乃至云云以余一人有罪數語爲湯禱詞與國語墨子呂覽諸書所引若合符節而篇中不之采引者以漢人說湯禱旱皆自稗販而來不能如周秦人之親見湯誓也

卷二兩同篇左傳嘗引景亳條月采　鳳章按困學紀聞云召誥正義引周書月令云三日粤朏漢律厤志引古文月采篇曰三日曰朏顏注謂月之光采愚以書正

義考之采字疑當作令翁氏元圻曰朱子亦云是令字之誤

又前條其名篇皆百篇書序所不及　鳳章按尚書大傳引大戰篇亦書序所不及又按盧氏見曾大傳補遺引吳曾能改齋漫錄大戰篇云大公曰罵女毋歎唾女毋乾毋歎毋乾是謂艱難

又湯說篇於是毛氏條湯說則傳寫之譌　鳳章按阮氏元論語注疏校勘記於孔君注墨子引湯誓句下引孫志祖云今墨子兼愛篇作湯說疑說字正誓字之譌蓋亦囿於毛氏之說者

又抑又有說者條仲虺爲中蘬　鳳章按仲虺之誥荀子作中蘬之言史記殷本紀作中䨓又按吾師嘗謂書序仲虺乃湯誥仲虺之書墨子嘗引之非命上篇曰於仲虺之告曰我聞于夏人矯天命布命于下帝伐之惡龔喪厥師此言湯之所以非桀之執有命也中篇引略同其語與尚書誥詞相類若左傳所稱仲虺之志則是仲虺自著之書名書與周任之志史佚之志相若傳所引志中語亦迥異誥詞晉人不學盡收入僞仲虺之誥中而後儒攻僞書者亦莫知誥與志之不同也吾師此言眞發前儒所未發者謹附識之

又前條名篇原有異同　鳳章按益稷馬鄭王三家本作棄稷盤庚大傳作般庚史記殷本紀作般庚之誥西伯戡黎大傳作戡耆據釋文今雅雨堂刊本作戓耆段若膺曰當是惠氏所改說文作戓黎據釋文分器殷本紀作分殷之器物賄肅慎之命周本紀作賄息慎之命梓材大傳作杍材君牙緇衣作君雅費誓大傳作鮮誓又作粊誓禮記曾子問鄭注亦作粊誓史記魯世家作肸誓

卷三考證篇上云天大旱者條鄭注書序　鳳章按尚書正義於夏社序引鄭注云湯伐桀之時大旱既致其禮

祀明德以薦而猶旱七年故更置社稷與周禮疏所
引大同小異又按漢書郊祀志云湯伐桀欲悉夏社
不可作夏社應劭注曰遭大旱七年明德以薦而旱
不止故遷社以棄代爲稷欲遷句龍德莫能繼故作
夏社說不可遷之義
又前條諸書說成湯遭旱　鳳章按論衡治期篇云堯
遭洪水湯遭大旱水旱災害之甚者也
又云五年者條引呂覽作四年又作三年　鳳章按初學
記天部下雨類禱林注引淮南子曰湯九年旱以禱
於桑林云云又作九年亦傳寫之誤也

卷四考證篇下云帝臣者條魏何氏晏曰　鳳章按論語
筆解引此注作包曰
又云不蔽者條有罪過不可隱蔽　鳳章按邢疏本罪上
無有字此從皇本
又又案北魏書條用萬方二句爲求雨之詔　鳳章按後漢
鍾離意傳永平三年夏旱而火起北宮意詣闕免冠
上疏帝詔報曰湯引六事咎在一人亦以成湯引咎
之辭屬禱旱之舉又論衡全以余一人有罪四句爲
湯禱旱辭知王仲任亦不從孔君伐桀之說也至後
漢書陳蕃疏云昔禹巡狩蒼梧見市殺人下車而哭

之曰萬方有罪在予一人以湯言爲禹言則傳聞異
辭之故又按說苑君道篇記禹泣罪人事未引書曰
百姓有過在余一人是劉氏自引書以證禹事也陳
疏或因此致誤
又云以身爲犧牲者條湯歸罪於己故翦髮斷爪　鳳章按史
記魯世家云初成王少時病周公乃自揃其蚤沈之
於河以祝於神曰王少未有識奸神命者乃旦也又
蒙恬列傳云昔周成王初立有病甚殆公旦自揃其
爪以沈於河曰王未有識是旦執事有罪殃旦受其
不祥是亦歸罪於己故揃其爪以爲罪人也

又云雨乃大至者條論衡感類篇曰湯自責天應以雨　鳳
章按論衡單行本漢魏叢書本湯自責上皆有書曰
二字篇中又曰此言書之語也又曰書之言未可信
也仲任不信自責雨應之說故云然耳其下又極不信金縢悔過反風之事皆以一己之辯妄攻經文
者似此二語實采自商書者今吾師於徵引篇搜輯
諸家之引書詞不采列此二語此篇雨乃大至下注
出處亦不及論衡之名而僅於此條收作證佐者蓋
當後漢時原書久佚仲任亦不過采自呂覽諸書故
考定經文但據周秦不入漢人所引書一字愼之至
也然感虛篇既稱傳書感類篇又稱書曰又稱書言

感虛詳記首尾既與呂覽仿彿感虛感類屢有自責及六過五過等語又與荀子脗合然則荀子呂覽雖不明稱湯誓核之論衡其爲商書原文斷斷無疑仲任固不及見湯誓而其人博極羣書直稱書曰明稱書言蓋必有所受之於是而知吾師之所考定確乎其不可易矣

又按李善文選條自潔居柴上　鳳章按初學記引謝承後漢書有西華令戴封旱禱不獲積薪自焚火起大雨之事又范曄後漢書有五官掾涼輔積薪聚艾自環搆火將自焚未及中時雲合澍雨之事選注云云似

以後世事附會於成湯者

又世紀又曰條作桑林之樂名曰大濩　鳳章按左傳疏云經典言殷樂爲大護而此復云桑林者蓋殷家本有二樂如周之大武象舞也皇甫謐以桑林爲大護別名無文可馮未能察也是孔氏以桑林大濩爲殷之二樂而不以桑林當大濩矣鳳章質之吾師師云殷有桑林之樂明見左傳必不妄者而呂覽淮南皆稱殷二樂一大濩一晨露若桑林非大濩豈殷有三樂乎果有三樂呂劉何不併數之乎且竹書紀年紀作大濩在二十五年得雨之後禱桑林得雨卽作大濩是大濩卽桑林可知然則世紀雖不可盡信而桑林別名大濩之說殆未可厚非也

尚書逸湯誓考卷六

書後

尚書逸湯誓攷六卷徐柳泉先生箸蜺曩爲書序攷異於周秦人所引湯誓逸文曾據惠氏九經古義（孫氏尚書今古文注疏同）定爲禱旱而作惟篤信墨子兼愛篇兩稱湯說其尚賢篇及春秋外傳稱湯誓者疑後人據古論語注肊改讀先生書謂商書有二湯誓伐桀禱旱各自名篇博引繁偁寔事求是始悔嚮時孟浪之失今竊紬繹其指而㝵四證焉論衡感虛篇云書傳言湯遭七年旱以身禱於桑林自責以六過天乃雨（或言五年四字乃仲任自注）禱辭曰余一人有罪無及萬夫萬夫有罪在余一人此所引書

傳（今本作傳書者轉寫誤到）當即伏生大傳中語（近人輯補大傳未能引此）伏生親見古尚書者記憶遺文時箸其說則濟南師授本分伐桀禱旱爲二篇其證一也書大傳言湯伐桀之後大旱七年史卜曰當以人爲禱湯乃翦髮斷爪自以爲牲而禱於桑林之社而雨大至方數千里（孔氏左傳正義引書傳略同）是今文家說湯誓本不誤其證二也史記殷本紀典寶夏社次湯誓後鄭君注夏社據孟子旱乾水溢則變置社稷而爲之說其篇目先於湯誓皆與今本書序不同孔疏據僞傳謂湯即位之後七年大旱不當在湯誓前因釋爲未伐桀已爲是謀眞謬說也竊謂殷本紀夏社

在湯誓後此伐桀之誓漆書篇目在湯誓前此禱旱之誓史遷鄭君俱得其一而遺其一耳其證三也尚書後案謂史記所載湯誥乃孔壁眞古文蜺謂此亦今文剩簡伏生所記（其文未全）書大傳當有之而今亡矣孔壁所得逸篇絕無師說故不可讀若史公得從安邦問故何不并十六篇而竝存之班孟堅言史遷惟堯典禹貢微子洪範金縢有古文說則已外皆今文班氏親見漆書古文者若孔壁之湯誥可讀孟堅何不數之此以知今文家自有湯誥逸文而非僞古文之所得託其證四也夫百篇之序非出於孔子微特今文無之孔壁所出古文

亦無之（說詳余所著書序攷異）逸湯誓之無序猶大戊唐誥伯禽之命之不見於篇目也百篇只六十有二序而種種牴牾按之周秦古書動不相合此蓋自孔壁十六篇既出之後學者掇拾傳記而爲之辭今之存者又爲劉歆所竄梅賾所亂而尚書千古如亂絲矣然則先生是書固今文家之功臣也先生說經著述尚有尚書說毛氏舜典補亡駁義二太誓攷召誥解山中學詩記詩音通周官書錄論語說孟子劄記四書毛說駁義烟嶼樓經說等書將次第刊布以惠來者蜺竊以先覩爲快已

同治壬申七月黃巖王蜺書後

附校勘

卷一微引篇（荀子大略篇條）苞苴行歟讒夫興歟　蜆按劉向親校荀子說苑此條即本大略篇而言其所見本作昌也詩外傳作倡即昌字之叚借外傳說詩亦多據荀子爲言可以知今本作興之誤（興在蒸部詩五見易二見考工記弓人一見大戴禮一見左傳昭十年一見管子一見楚辭天問一見鼓祠）吳君謂古音行與昌韻（行詩十二見易四十六見鼓祠如杭）先得我心矣

又（或又謂節疾條）翱翔黃言孔章　蜆按黃言乃簧言之叚借詩所謂巧言如簧也舞上疑脫一字

又（然日荀子所引條）而發字與下疾字爲韻　蜆按吳君謂發疾非韻甚是古音發字爲脂部之入聲（詩八見易坤象傳一見考工記弓人一見楚辭思美人一見）疾字爲眞臻先之入聲（詩伯兮雨無正二見易鼎九二一見）二者不同部不得爲韻

又（前條）地字與下畏字爲韻　蜆按吳君謂畏與珪爲韻而地與畏歸與龜珪則非是也地从也聲古音在歌戈麻部（詩斯干一見易繫辭一見屈賦天問橘頌二見）畏與歸同在脂微齊皆灰部龜在之咍部（詩緜一見易頤初九一見褚少孫引古傳一見）珪在支佳部（詩板一見）惟地字古有音轉而脂支之三部究自劃然此在江氏古韻標準尚未能分段懋堂六書音均表始刱爲之實不易之定論也其每部所分之字本不拘于唐韻審之以說文偏旁證之以毛詩羣經無不劃一閒有一二字出入此或出方言或由聲轉俱有脈絡可尋段氏强以合韻名之則武斷之失耳近人朱氏所分三部字數較精核矣（城西弟子郭傳璞附校朱氏即箸通訓定聲者）

非伐篇（於是以意解元牡條）白虎通明稱論語　蜆按白虎通所引皆今文尚書陳恭甫氏言之最詳此條自引古論語說與孔壁古文無涉也百詩未之審耳

卷二兩同篇（左傳嘗引條）其名篇皆百篇序所不及　蜆按史記殷本紀有大戊篇作書序者亦遺之

湯說篇（又既而禱惠氏條）乃湯時大旱請禱之文　蜆按孫淵如氏尚書今古文注疏曰按諸書所引合證其文知此是桑林禱雨之文非伐桀誓師之文趙岐謂是今湯誓散亡者非也亦主惠氏之說

僞誥篇（其爾萬方有罪條）至萬方萬夫　蜆按孫氏曰方與夫聲相近當爲萬夫蓋爲民請命之詞

卷三考證篇上（云臘者條）漢孔氏安曰、蜆按孔氏本名安邦似可依據東晉人注尚書有與孔君同姓名者若依史文割裂恐未然

又（云貞蟲者條）易曰女子貞不字　蜆按虞仲翔訓字爲

姙非不嫁也說詳王伯申經義述聞　細蟲無胎生故謂之貞
又云共允者條是共恭古通也　蜺按恭正字共叚借字
南皮張編修師曰以義引申者爲轉注以聲相通者
爲叚借叚借之字往往與本文豪無干涉必欲說之
固矣嘗服膺其言以爲郅論
又云惟天下之合條是葆保古字通也　蜺按保正字葆叚
借字
卷四考證篇下云政不節條何注公羊傳作不一後漢禮
儀志引何注作不善　蜺按節疾一古音同部善字
非韻續志所偁蓋誤字傳璞附校善疑壹之誤

又云宮室榮者條何注作崇御覽引世紀作營　蜺按崇字
非韻形之誤也營榮兩通
又云婦謁盛者條師古曰　蜺按上引京房易傳曰此接引
顏注似宜標明漢書五行志又篇中所引亡書如春
秋考異郵等似俱應注明出處如引帝王世紀稱御
覽八十三之例
又云鄺者條音鄺　蜺按鄺从麗得聲古音當讀如羅與
磨近段氏音均表分麗聲于支佳部然于經傳無證
以麗離二字通叚驗之離从离聲詩新臺湛露二見屈賦四見皆讀如羅知
本讀若離在歌戈麻部磨正字鄺別體字也麗擺同

聲以裴注引擺其爪論衡御覽作麗其手證之似李
善所見呂覽有作擺其手者故以音鄺釋之辨命論
注引作磨所見不同兩引斯異今本選注引作鄺者
恐係後人據呂覽校改非其舊也
卷六校勘篇吳校君條愚案吳關雎以得服側爲韻　蜺
按得側同部服字古音亦在職德部詩十四見易五見士冠禮一見公冠篇一見考工記梓人一見爾雅釋訓一見並同似不得以陸韻在屋而疑
之
又前條又以宋友爲韻　蜺按止海同部爲之咍上聲
友字同詩九見左傳一見屈賦橘頌一見　今从唐韻入有非古音也

又前條又以芼樂爲韻　蜺按樂字詩九見離騷與遠
韻遠游與撟韻古音與芼本同部
又前條唐韻分五支六脂七之　蜺按言古音者鄭庠
分六部萬循初分九部萬氏寫本會稽趙撝叔孝廉有之顧亭林分
十部江愼修分十三部段懋堂分十七部支脂之古
音之分自段氏始也東原戴氏從之孔顨軒又分爲十八部
王伯申又分爲二十一部以漸加密若江晉三劉申
甫朱豐芑曹葛民俱有論箸臧在東氏謂毛詩隨處
有韻然無唐韻之部分界畫則後人于何而辨之先
生所數斯㯉等字此正所謂清純中之淆雜不得以

疑古音幷率詆唐韻也傳璞附校先生謂不宜以唐韻合古音耳未嘗疑古音亦
何嘗有一字詆唐韻耶又王君所校闕雖闕二條皆與先生書中本旨相左
又前條則歸龜何嘗不韻乎　蜺按茲字在之部詩緜召顯
散之二見離騷兩見與龜同故緜三章以膴飴謀龜時茲六字
爲韻蜺按表从巳詩作膴以爲合韻非是此字韓詩作䐜本同部若泂酌二章歸
與罍韻不與茲韻也吳君謂歸龜古人不韻甚是
又葉勤取日條壞止今去聲字也　蜺按壞从褱得聲古
音本讀平葉君仍據今韻而言且詩釋文已有兩音
亦不必引集傳
又葉校不必告車旅條王肅家語有困誓　或疑家語爲王

肅僞撰其篇目不足據蜺按子雍雖妄作亦必依託
爲之左海經辨所引一條眞家語篇目也此困誓亦
當是家語舊名
又劉校鄭注書序條又按漢書郊祀志云　蜺按郊祀志
本書序左傳言夏已上祀杜商已來祀棄是成湯明
有變置之事矣然改易制度必在即位之後
又前條作夏社　孫氏尚書今古文注疏後一說引或
謂此篇即是夏社佚文所謂既致其禱祀明德以薦
而猶旱至七年故告天以遷社也周語既引作湯誓
姑附爲疏于此蜺按孫氏既定諸書所引爲禱雨之

辭而又引或說以爲夏社佚文此信之未篤也
又湯歸罪於己條周公乃自揃其蚤　蜺按史記周公揃爪
之說近儒莊氏劉氏俱力闢之然史公所載本今文
家說路史引書大傳漢書梅福傳儒林傳谷永上疏
漢紀張奐上書後漢書張奐傳並同又琴操引書後
漢書周舉傳洪範五事傳白虎通喪葬篇公羊僖卅
一年解詁言周公事大略相同至蒙恬傳言周公走
而奔于楚此楚地在秦見杜注左傳新楚國策以爲
王季葬地或疑其遠涉荆蠻者非也因劉君之語而
幷及之